佛冈年鉴

FOGANG YEARBOOK

2012

中 共 佛 冈 县 委
佛冈县人民政府 主办
佛冈年鉴编纂委员会 编

廣東省出版集團
广东人民出版社
·广州·

图书在版编目（CIP）数据

佛冈年鉴·2012／中共佛冈县委　佛冈县人民政府主办　佛冈年鉴编纂委员会编. —广州：广东人民出版社，2012. 12
ISBN 978-7-218-08457-2

Ⅰ. ①佛…　Ⅱ. ①中…　Ⅲ. ①区（城市）—清远市—2012—年鉴
Ⅳ. ①Z526. 53

中国版本图书馆 CIP 数据核字（2012）第 304982 号

佛冈年鉴·2012
中共佛冈县委　佛冈县人民政府主办
佛冈年鉴编纂委员会　编

出 版 人：曾　莹

责任编辑：肖风华　钱　丰
责任技编：黎碧霞

出版发行：广东人民出版社
地　　址：广州市大沙四马路 10 号（邮政编码：510102）
电　　话：（020）83798714（总编室）
传　　真：（020）83780199
网　　址：http：//www. gdpph. com
印　　刷：韶关市典经社彩印有限公司
书　　号：ISBN 978-7-218-08457-2
开　　本：787 毫米×1092 毫米 1/16
印　　张：25　　彩　　插：26　　字　　数：660 千
版　　数：1—1000 册
版　　次：2012 年 12 月第 1 版　2012 年 12 月第 1 次印刷
定　　价：160. 00 元

如发现印装质量问题，影响阅读，请与出版社（020-83795749）联系调换。
售书热线：（020）83790604　　83791487　　邮　购：（020）83781421

《佛冈年鉴》编纂委员会

《佛冈年鉴》编辑部

编辑说明

一、《佛冈年鉴》是由中共佛冈县委、佛冈县人民政府主办并由佛冈年鉴编纂委员会组织编纂的地方综合年鉴，属资料性工具书。《佛冈年鉴》以马列主义、毛泽东思想、邓小平理论和“三个代表”重要思想为指导，贯彻落实科学发展观，全面、准确、翔实记载佛冈县政治、经济和社会发展的基本情况，为各级、各部门及社会各界人士了解佛冈、研究佛冈和支持佛冈建设提供综合性的信息和参考资料。

二、《佛冈年鉴·2012》的内容，载录2011年佛冈县经济社会发展的资料，由文字、图表两大部分组成。文字部分设类目、分目、条目三个层次。同时组编部分彩色图片进行直观宣传记载。2011年县四套班子领导人名录列于相关栏目内容之前，全县副科级以上单位（含省市直管单位）主要负责人名录见附录表。

三、年鉴类目、分目、条目的标题分别用不同字体和版式编排。其中，条目为表现内容的基本形式，标题用黑体字加粗置于【】内表示，包含多方面内容的条目，则用楷体字标题标明各段资料主题。

四、年鉴稿件由各镇、各单位（含省市直管单位）提供，社会经济统计资料由佛冈县统计局提供。如出现统计数字不一致的情况，以佛冈县统计局公布的数字为准。其中，各单位数据为统计快报数，《社会经济统计资料》为县统计局提供的年报数。

五、除“专载”的撰稿人姓名标示在文题下之外，特辑及所有条目的撰稿人姓名均标示在条目之后。

六、本年鉴在编辑出版过程中得到全县各级、各单位及各界的大力支持，在此深表感谢。由于经验不足，差错难免，敬请读者指正。

佛冈县政区图
FO GANG XIAN ZHENG QU TU
碧落洞
洞尾
侧塘圩
瓦子圩
英
德
市
石颈
老围
左坑
上坪
茶园
高坎
湾子
南坑圩
黄泥湾
大玢
英佛公路
亚婆髻
1218
湖洞
佛冈观音山省级自然保护区
龙蕉园
黎洞口
黎溪
铁溪林场
大陂头
止山尾
大岭
大塘
九背
下坪
放牛洞
石龙头
学田
石埔
大田村
西岭
放牛洞
七星墩
895
芹菜塘
茅田
大埔
雷公尾
观山
杨梅坪
乌石
在仔
铺头
龙塘
大坝
白芒坝
张田坑
杨塘
旱塘
小潭
里水
飞鹅塘
佛冈县
黄竹坑
龙
小梅
莲溪
寨下
山猪楼
赤米田
南
白坑
石角
梅坑
元山
牛皮塘
北
斩田山
山湖
科旺
高排
河
塘肚
茅田
西坑口
榄仔窝
吉田
天堂山林场
二渡河
水围
金斗角
清水迳
到庄
钓鱼潭
大崩岗
高路
省大庙峡水文站
252
上岳古村
低村
519
榄树脚
黄牛庙
杨火坑
高髻顶
岐安
仙人石
上岳
门楼富
杨名韶
发水米
企洞石
南蛇头
三门
双溪岭
民
暖坑
岑坑
带禄塘
升平
民安
从化围
浮良
安
竹山
定古石
松塘
江
下岳
瓦铺
果山
江
三姓亭
先鸡田
九十库
上四
城
升平
河
车步
木塱
大埔
大凉亭
西瓜埔
关前
潖镇
新塘
高岭
汤塘
下山口
孔成桥
华侨农场
坑口
水塘
黄塱
官路唇
汤塘温泉
围镇
高家庄
良塘
龙山
潭洲
汤塘
脉塘
106
四
黎安
乐格
联和
妙山
湖竹脚
黄岗
白沙塘
鹤田
麒麟山
289
牛路围
上黎
黄口
南坑塘
区
荷包塱
石门
洛洞四村
老虎山
高桥
车仔
上西岭
洛洞
湖洞
高中埔
积余堂
高平
大路脚
贵山
方田
长岭皮
354
横江
京港澳高速
从
化
市
253

英
德
市
新
丰
县
从
化
市
流溪河水库
京港澳高速
半山
坑尾
礼溪
中社
陈洞
鹏屋
山下
晒禾岗
廖排
墩下
山子背
杨梅塘
长江
三联
高岗
上陈屋
仙子背
白生湖
三江
梅子斜
新联
新村
瓦屋场
横江
吊中岭
高镇
白石洞
东坑
塘肚
大高洞
官厅
486
禾洞
开公王
春昌
石龙
水尾
诚迳
下洋洞
咸水
象山
二七
鲤鱼塘
王岩
三八
冰潭
羊角山林场
鱼龙坪
大白洞
秀田
水尾
水口
杨梅坑
佛公
白水带
溁江
大望田
菱园
四九
留田
迳口
山仔
官山
高田
田心
围脑
沙田
长山
黄竹田
大头岭
白沙
象贵镇
井前
井岗
五洞坑
王屋
中心村
前所
龙冈
社坪
石宜下
楼下
胡屋
禾田凹
大村
车角
深坑
下洞
上洞
县林科所
黄泥塘
大陂
坣头围
菜洞尾
菜洞口
井下塘
迳头
大房
社背
高岗
仓前
桃岭下
一六圩
湖洋
青竹
上岭排
中洞
风迳
五洞
长坑
潭坝
东天蜡烛
1047
王塘
咸水塘
桂元
虎子岭
石古凹
上潭洞
新联
西田
崔清献公祠
王田
水头
桂田
石潭
庵仔
潭洞
莲瑶
新坣
铜溪
榕树塘
东坑祠
桐油坝
黄霜头
耀洞
下坪
青牛塘
705
米仔田
高佬围
大塘
东洞
黄竹脚
背阴
陈围
黄龙带
北斗
黄龙带林场
水尾洞
赤薯洞
354
石岭
格木岗
米埗
高沙
105
106
252
白沙圩
长安街
鸭麻湖
社背
牛角龙
埆背
黄竹坑
山塘尾
中坎岭
松柏榔
林屋
黄善田
遥田
上卢
崩江头
桃金洞
苕茶山
738
石教围
锅下
天堂
排子
茅田
东明
下湾
斗潭
乐溪
仙娘溪
暖水
上黄谷田
耕富岭
温塘肚
图例
县政府
镇政府
村委会
自然村
水系
铁路
京港澳高速公路
国道及编号
省级公路及编号
县道、乡道
县界

佛冈名片

★ 中国最具投资价值旅游强县

★ 全国科技进步先进县

★ 广东省名镇名村示范村建设示范县

★ 广东省社会主义新农村建设试验区（佛冈）

★ 广东省农业综合开发县

★ 广东省县域旅游综合竞争力十强县

★ 佛冈县计生服务站、汤塘计生服务所荣获“国优”称号

★ 佛冈县人民检察院荣获“全国先进基层检察院”称号

★ 全国文明单位——石角镇人民政府

数字佛冈·2011

土地面积1295.3平方公里

年底常住人口30.61万人

年末户籍总人口32.81万人

地区生产总值718400万元

第一产业增加值75886万元

第二产业增加值327455万元

第三产业增加值315059万元

人均生产总值(当年价)23577元

规模以上工业总产值(现价)1170507万元

全社会固定资产投资409124万元

邮电业务总量20380万元

社会消费品零售总额309448万元

地方财政一般预算收入78071万元

地方财政一般预算支出124820万元

各项税收41057万元

城乡居民储蓄存款余额517325万元

农村居民人均纯收入7706元

农村恩格尔系数48.91%

普通中学在校学生数22174人

专业技术人员数6615人

医院、卫生院床位719张

2011年9月24日至26日，中国共产党佛冈县第十二次代表大会在县人民中心礼堂召开。
（县委办供稿）

2011年11月28日至30日，佛冈县第十四届人民代表大会第一次会议在县人民中心礼堂召开。
（县委办供稿）

2011年11月27日至28日，中国人民政治协商会议第九届佛冈县委员会第一次会议在县人民中心礼堂召开。（县委办供稿）

2011年7月22日，县委常委会听取龙山镇党委工作汇报现场会。（龙山镇供稿）

2011年8月5日，县委常委会听取石角镇党委工作汇报。（石角镇供稿）

2011年12月9日，在县人民中心主楼门前举行2011年广东佛冈中国汽车拉力锦标赛发车仪式。（宋抗壹　摄）

2011年10月18日晚，在县人民中心广场举办2011年佛冈县“新苗杯”中小学生合唱比赛。图为总决赛现场。（县教育局供稿）

2011年1月21日，全县村、社区“两委”换届选举工作会议在县人民中心礼堂召开。（县委组织部供稿）

2011年4月26日，县委组织部举办佛冈县村（社区）党支部书记、主任培训班。
（县委组织部供稿）

2011年1月25日，佛冈县新型农村社会养老保险待遇发放仪式在县人民中心礼堂举行。
（县社保局供稿）

2011年12月24日，中共中央政治局委员、广东省委书记汪洋（右三）和省委副书记、省长朱小丹（前排右四）视察广东省社会主义新农村建设试验区（佛冈）石角镇龙塘村格岭自然村。（县科农局供稿）

2011年7月21日，中纪委驻人社部纪检组副组长、监察局局长樊德新（前排右三）一行到佛冈县考察人力资源社会保障系统优质服务窗口创建工作。（县人社局供稿）

2011年11月30日，广东省常务副省长肖志恒（中）在清远市委书记葛长伟（左)、佛冈县委书记华旭初（右）陪同下到佛冈县考察农产品平价超市建设情况。（县市场开发中心供稿）

2011年3月28日，广东省副省长刘昆(左二）率队到佛冈县视察广东省社会主义新农村建设试验区（佛冈）。（县园区委供稿）

2011年12月9日，广东省副省长刘昆（右八）等省市县领导为佛冈县重点项目剪彩。（宋抗壹　摄）

2011年4月8日，在佛冈县财政局三楼大会议室召开全县财政国库集中支付改革工作会议。

（县财政局供稿）

2011年5月31日，在县人民中心西楼403室召开2011年"小金库"专项治理工作会议。

（县财政局供稿）

2011年3月31日，佛冈县财政局举办财税廉政风险防范机制建设专题讲座。

（县财政局供稿）

2011年10月10日，举行广东省广播电视网络股份有限公司清远佛冈分公司成立仪式。

（县广播电视台供稿）

2011年8月9日，在汤塘镇和四九村委有关负责人的陪同下，县委常委、县纪委书记温兆康到汤塘镇四九村现场视察农村公园建设情况。

（县纪委供稿）

2011年9月19日至20日，在县委常委、县纪委书记虞卫旗、县纪委副书记陈文景、县监察局局长朱向民的陪同下，市纪委监察局小汽车定编室主任徐开明率领市公务用车问题专项治理工作检查二组成员，检查督导佛冈县开展公务用车问题专项治理工作。

（县纪委供稿）

佛冈县2011年春节文艺晚会上县领导与演员合影。（宋抗壹　摄）

2011年12月15日，副县长黄河（中）到佛冈移动分公司开展调研指导工作。

（移动佛冈分公司供稿）

2011年10月9日，广东省农信联社党委书记、理事长罗继东（前一）到佛冈联社开展调研指导工作。
(县农信联社供稿)

2011年9月18日，佛冈县统计从业资格考试开考，清远市统计局调研员刘东富（站立者中）、法规科副主任吴森泉（站立者左一）、县统计局局长卢建荣（站立者右一）在巡考。
（梁曼莉　摄）

农行佛冈支行参加由县人民银行组织的《金融消费者权益宣传活动》。
（农行佛冈支行供稿）

2011年9月19日，中国共产党佛冈县直属机关工作委员会代表会议在县人民中心召开。（县直工委供稿）

2011年3月21日，《佛冈年鉴》（2011）编纂工作会议暨业务培训班在县人民中心西楼召开。（县史志办供稿）

2011年8月19日，清远市史志办公室主任邓翠萍（左一）到佛冈县调研史志工作。（县史志办供稿）

2011年1月10日，佛冈县公安局组织110指挥中心、交警、巡警、监督、法制、消防及县城派出所联合开展“给力110，一起保安宁”主题宣传活动。（张蜜 摄）

2011年7月3日，团县委联合移动佛冈分公司开展“赢在广东，第四届希望工程南粤会亲”——佛冈会亲活动，50名贫困小学生受到资助。（团县委供稿）

2011年9月7日，县残联联合团县委、县教育局等部门共同举办“共享阳光，快乐同行——佛冈特殊儿童亲子游”活动。图为参加活动全体人员在县人民中心广场合影。（县残联供稿）

2011年6月1日，县妇联在森波拉度假森林公园举办“关爱儿童 共享幸福”佛冈县庆“六一”亲子同乐活动。（县妇联供稿）

2011年4月14日，团县委举办"我与祖国共奋进"形势政策宣讲活动暨2011年广东农村青年"春季大培训"专题培训班。
（团县委供稿）

2011年6月26日，县妇联、县禁毒委、县综治办等单位在县人民公园联合开展2011年佛冈县"6·26国际禁毒日"暨反邪教宣传活动。
（县妇联供稿）

2011年3月15日，县妇联联合县司法局等单位在县人民公园开展以"维护妇女权益、给力幸福佛冈"为主题的2011年"三八"妇女维权周现场咨询活动。
（县妇联供稿）

2011年6月21日，县检察院在县人民公园开展举报宣传周活动。
（县检察院供稿）

2011年7月1日，县国土资源局联合清远市妇联和高级技工学校、县妇联等部门到石角镇二七村委开展"颂党恩送温暖"主题党日党活动。

（县国土资源局供稿）

2011年11月11日，佛冈县质监局举办宣传贯彻农业地方标准培训班，60多名农村沙糖桔种植户参加培训。

（县质监局供稿）

2011年，县工商局执法人员加强市场巡查监管，维护食品安全。（县工商局供稿）

2011年8月31日，县工商局举行领导干部大接访活动。（县工商局供稿）

2011年6月27日，县人力资源和社会保障局在县人民公园宣传《中华人民共和国社会保障法》。

（县人社局供稿）

2011年7月7日，县邮政局举办“关爱贫困学生、倡导全民读书”佛冈县精品图书普及惠民助学活动启动仪式。

（县邮政局供稿）

2011年7~8月，县邮政局举办的“精品图书普及惠民助学活动”展出图书800多种3000多册，都以低价出售，受到广大市民的欢迎。

（县邮政局供稿）

2011年3月21日，石角镇科旺村委进行换届选举，图为工作人员正在认真核对选票。

（县民政局供稿）

2011年11月5日，县纪委在石角镇人民公园举办“行风热线”节目进社区户外活动。
（县纪委供稿）

2011年11月15日，县社保局参与行风热线进社区活动，工作人员接受群众咨询。
（县社保局供稿）

2011年4月27日，佛冈县人民医院在医院收费大厅举行义诊咨询活动。（县卫生局供稿）

2011年全县各基层卫生院深入农村为广大农民群众义诊咨询，建立健康档案。图为迳头镇烟岭卫生院义诊咨询活动现场。
（县卫生局供稿）

2011年11月22日，团县委组织青年志愿者开展“幸福广东，健康同行”——广东青年医疗卫生志愿者扶贫济困健康直通车行动。图为青年志愿者到石角镇黄花村为群众义诊。

（团县委供稿）

2011年3月20日至23日，佛冈气象局围绕2011年世界气象日“人与气候”这一主题，开展形式多样的活动。图为气象局技术人员为市民讲解气象仪器工作原理。

（县气象局供稿）

2011年11月5日，县环保局党组书记、局长范志明率业务骨干参加“行风热线进社区”咨询活动。（县环保局供稿）

2011年8月8日，佛冈县环保局开展“环保为民，幸福你我”——全省环保大接访活动。

（县环保局供稿）

2011年12月11日迳头镇举行送兵入伍仪式。

（迳头镇供稿）

2011年，县交通联合执法组和汤塘治超点的执法人员加大执法力度，严厉查处辖区道路超载超限车辆。（县交通运输局供稿）

2011年中秋节前，县工商局执法人员检查月饼等食品。（县工商局供稿）

2011年12月8日，召开清远佛冈广电网络改革重组工作调研座谈会。（县广播电视台供稿）

2011年，县路灯所组织员工在县城青云路安装智能节能路灯控制箱，推广节能减排增效益新技术。（县路灯所供稿）

2011年，佛冈公路局养护工人在国道106线龙山路段进行沥青修补路面作业。（佛冈公路局供稿）

2011年9月，县总工会领导在县城人民公园举办职工法律咨询会。（县总工会供稿）

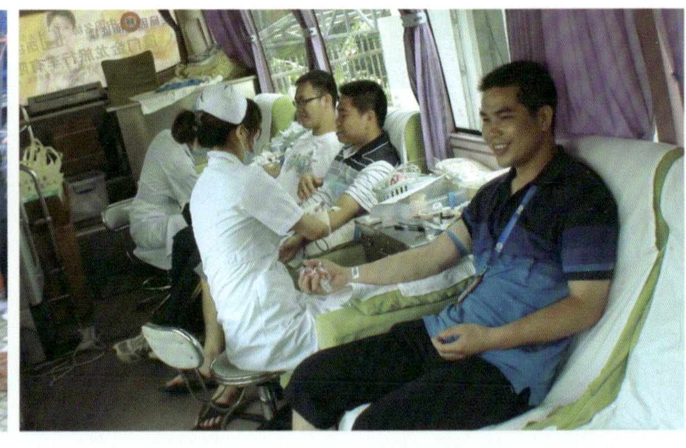

2011年7月5日，佛冈移动员工踊跃参加献血活动。（移动佛冈分公司供稿）

2011年，县质监局联合县工商、卫生、烟草、盐业、供销社等部门开展相关执法行动，打击生产加工假冒伪劣产品违法行为。（县质监局供稿）

县城监大力整治市场环境，图为经整治后摆卖井然有序的为食街。

（县城监大队供稿）

2011年6月9日，县统计局局长卢建荣（左一）到调查户家中指导城镇住户调查工作。

（黄灵辉　摄）

2011年，交通执法人员加强交通行业管理，打击非法营运，整治县城运输市场秩序。

（县交通运输局供稿）

2011年5月24日，清远地区销毁废旧弹药佛冈首爆任务圆满完成。

（县人武部供稿）

2011年12月，通过严格体检和政审，一批优秀的有志青年奔赴军营。

（县人武部供稿）

2011年11月1日，清远市暨佛冈县征兵报名仪式在佛冈县人民中心广场隆重举行，县人武部部长邓国宏在现场为入伍适龄青年解答相关问题。

（县人武部供稿）

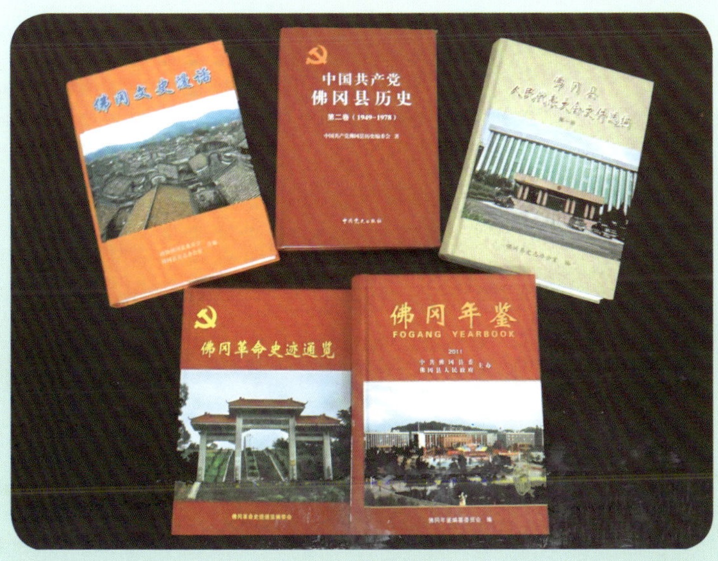

2011年，佛冈县史志办公室编纂出版的5部史志文献。

（县史志办供稿）

2011年9月，清远市公安系统第四届“前卫杯”男子篮球赛在佛冈县人民中心篮球场举行，佛冈县公安局取得第二名的好成绩。清远市委常委、政法委书记、公安局局长周细牛，清远市公安局党委副书记、副局长陈海洪，佛冈县委副书记蓝山鹰等出席了开幕和闭幕式。（张蜜供稿）

2011年6月22日，县委书记华旭初（左上角）宣布县第二届运动会登山比赛开始。

（宋抗壹　摄）

2011年广东佛冈中国汽车拉力锦标赛比赛现场之一。（宋抗壹　摄）

2011年广东佛冈中国汽车拉力锦标赛之短道赛现场。（宋抗壹　摄）

2011年6月22日，在县人民中心广场举办2011年佛冈县庆祝中国共产党成立90周年歌曲合唱比赛。图为宣传系统参赛照。

（宋抗壹　摄）

2011年6月8日，县检察院举办庆祝中国共产党成立90周年暨深入开展“发扬传统，坚定信念，执法为民”主题教育实践活动晚会。（县检察院供稿）

2011年8月31日，县残联举办佛冈县2011年残疾人中国象棋友谊赛。（县残联供稿）

2011年10月28日，县国税局组队参加清远市国税系统首届办税服务礼仪竞赛。

（县国税局供稿）

① 佛冈县第二届运动会趣味体育（掷豆腐）比赛现场。（宋抗壹　摄）

② 2011年9月6日，佛冈县第二届运动会趣味体育（水中捉鸭）比赛现场。

（宋抗壹　摄）

③ 佛冈县第二届运动会拔河比赛现场。

（宋抗壹　摄）

④ 佛冈县第二届运动会篮球赛现场。

（宋抗壹　摄）

2011年12月30日，县北山公园业余歌咏队到迳头镇敬老院慰问演出。

（迳头镇供稿）

① 龙山镇黄塱村人口文化悠闲园。
（龙山镇供稿）

⑤ 位于水头镇的碧桂园别墅群。
（县招商局供稿）

⑥ 2011年，迳头镇商品林基地一角。
（县林业局供稿）

⑦ 2011年，完成放牛洞除险加固工程建设，增强灌溉、防洪、发电等功能。
（县水务局供稿）

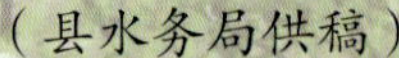

② 2011年建成的石角镇三莲村坑尾公园。（县科农局供稿）

③ 2011年12月27日，迳头镇大陂村上新围文化室落成庆典。
（迳头镇供稿）

④ 2011年，高岗镇商品林基地生机盎然。（县林业局供稿）

⑧ 2011年8月11日，县环保局组织开展以“大手拉小手，携手守卫环境”为主题的亲子活动暨“激励进取，表彰先进”活动。
（县环保局供稿）

2011年9月21日，水利部农村水利司联合调查组到佛冈县对农村饮水安全保障行政首长负责制进行专题调研。

（县水务局供稿）

2011年12月7日，广东省文化厅副厅长、省文物局局长苏桂芬（前排左一）在佛冈县委常委、宣传部长卢少峰（右二）陪同下视察上岳古围村。（宋抗壹　摄）

2011年4月7日，广东省公安厅纪委书记白先河（左一）到佛冈县公安局督导"粤安11"专项行动以及涉警涉法涉诉信访案件。

（县公安局供稿）

2011年10月11日，广东省公路管理局党委书记顾青波（前排左二）、清远市副市长许国（前排左三）、佛冈县代县长梁金鉴（前排右二）、清远市公路管理局局长曹志明（前排右一）到佛冈检查省道252线石角镇龙南段大修工程。（佛冈公路局供稿)

2011年5月25日，广东省公安厅党委委员、警官学院党委书记张小云（中）率省厅督导组一行在清远市公安局党委副书记、副局长王耀国，局党委委员、副局长刘伟文陪同下，到佛冈县公安局督导大要案侦破“断源”行动。（县公安局供稿）

2011年3月30日，佛山市委书记陈云贤（左三），佛山市委常委、常务副市长冼瑞伦（左二），清远市副市长曾贤林（左一），在佛冈县委书记李玉楷（右一）陪同下到佛冈县汤塘镇竹山村视察扶贫开发“双到”工作。（县科农局供稿）

2011年10月13日，清远市委书记葛长伟（中)在佛冈县委书记华旭初（左二)、代县长梁金鉴（右二）的陪同下，到石角镇老虎涂料企业现场视察。
（石角镇供稿）

2011年10月13日，清远市委书记葛长伟（右二）在佛冈县委书记华旭初（右一）的陪同下，视察佛冈鑫源恒业电缆科技有限公司建设情况。
（石角镇供稿）

2011年12月21日，清远市副市长、市公安局党委书记、局长何国森（前排右一）到佛冈县公安局调研。
（县公安局供稿）

2011年12月22日，县委副书记、县长梁金鉴（站立发言者）在广东省2011年省级小型农田水利重点县竞争性评审会上介绍佛冈县情况。

（县水务局供稿）

2011年7月22日，清远市委常委、市纪委书记黄兆芬（前排右三）在佛冈县委常委、县纪委书记温兆康（前排右二）的陪同下，视察石角镇九龙公园建设情况。

（石角镇供稿）

2011年3月12日，县委书记李玉楷（右二），县委副书记、县长华旭初（右四）带领县直机关干部职工在县烈士陵园参加义务植树活动。

（廖海萍 摄）

2011年12月9日，在县人民中心广场举行2011年广东佛冈中国汽车拉力锦标赛暨广东省社会主义新农村建设试验区启动仪式，县委书记华旭初在启动仪式上讲话。

（县园区委供稿）

2011年4月13日，广东省综治督导组组长徐学锦（右三）一行在市、县领导的陪同下到佛冈县人民法院检查督导诉前调解工作。（县法院供稿）

2011年12月24日，广东省农业厅副厅长陈祖煌（右二）在佛冈县委副书记蓝山鹰（右三）的陪同下到水头镇桂元村指导木棉陂建设。

（水头镇供稿）

2011年11月21日，广东省计生委党组书记骆文智（左三）在佛冈县委书记华旭初（左一）、县长梁金鉴（左二）的陪同下到水头镇调研。（水头镇供稿）

2011年3月4日，广东省气候中心博士王春林（右五），在清远市气象局副局长蒋国华（左二）等陪同下，到佛冈县调研新农村建设气象服务试点工作。

（县气象局供稿）

2011年4月19日，县水务局举办佛冈县第一次全国水利普查县级培训班，副县长郑中化（右二）到会讲话。

（县水务局供稿）

2011年5月，县政协主席冯福祥（前左一）、县委副书记蓝山鹰（前左二）检查指导龙山新城建设。

（龙山镇供稿）

2011年5月23日，清远军分区司令员王良大校（左二）、政治委员谢迎春大校（左三）、参谋长杨雷大校（左一）率工作组到佛冈人武部检查指导工作。

（县人武部供稿）

位于迳头镇的佛冈盈泰纺织品染整有限公司，2011年实现工业产值为5946.4万元。（县招商局供稿）

位于建滔工业城的科惠白井（佛冈）电路有限公司，2011年实现工业产值3.96亿元。（县招商局供稿）

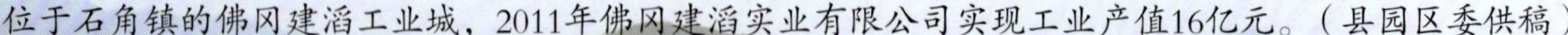

位于石角镇的佛冈建滔工业城，2011年佛冈建滔实业有限公司实现工业产值16亿元。（县园区委供稿）

2011年7月19日，县委常委、县纪委书记温兆康（中）到迳头镇万兴玩具有限公司调研。
（县纪委供稿）

位于汤塘镇的国珠集团，拥有全自动数控高精确度生产设备。2011年实现工业产值2亿元。
（汤塘镇供稿）

2011年3月，位于汤塘镇的清远加多宝草本植物科技有限公司“加多宝”浓缩液项目正式投产。（汤塘镇供稿）

2011年9月27日，佛冈公路局领导班子到省道252线工地检查指导施工。（佛冈公路局供稿）

佛冈公路局组织实施在国道106线大庙峡Ⅱ桥抢修加固工程。（佛冈公路局供稿）

位于龙山镇的约克广州空调制冷设备有限公司，2011年实现工业总产值19.68亿元。（龙山镇供稿）

2011年12月9日，佛冈县十大道德模范表彰大会在县人民中心广场召开。（县委办供稿）

2011年12月9日，在县人民中心广场举行佛冈县沙糖桔销售大户颁奖仪式。（县科农局供稿）

2011年10月13日，2011年广州·清远（佛冈）两地同城“双转移”劳务对接校企合作签约仪式在佛冈县举行。（县人社局供稿）

2011年5月23日，在石角镇龙塘村举行广东省名镇名村建设示范县佛冈启动仪式。

（县住建局供稿）

2011年8月1日，县公安局召开2011年佛冈县公安机关纪律教育学习月活动暨政风行风民主评议动员大会。

（县公安局供稿）

2011年8月9日，佛冈县人民法院举行“法院开放日”活动，特邀市县人大代表、政协委员及社会各界群众参加。

（县法院供稿）

2011年8月4日，副县长刘峥（右）带队检查整治迳头镇社坪村长塘地段非法采矿点。

（县国土资源局供稿）

2011年12月，佛冈县沙糖桔省级农业标准化示范区顺利通过验收。

（县质监局供稿）

2011年12月5日，县农信联社在篁胜温泉酒店举行广东省党内三大工程“红色创业信贷”项目启动仪式。

（县农信联社供稿）

2011年6月17日，佛冈县地方税务局税源管理执法风险防范专题讲座。（县地税局供稿）

2011年8月3日，县环保局党组书记、局长范志明率队参加佛冈电台环保“行风热线”直播节目。

（县环保局供稿）

2011年，由国土资源部全额投资1656万元的龙山镇土地整理项目，整理面积784.2公顷，建成的设施已投入使用并逐渐发挥效益。

（县土地开发储备局供稿）

2011年4月15日，县委、县政府召开佛冈县简政强镇事权改革工作会议。

（县编办供稿）

佛冈县房管部门举行2011年城镇廉租房抽签选房仪式。

（县房管所供稿）

2011年3月25日，县委、县政府召开佛冈县事业单位分类改革工作会议。

（县编办供稿）

2011年3月29日，2011年全县统战工作会议在县人民中心召开。
（县委统战部供稿）

2011年9月8日，县委、县政府召开佛冈县庆祝2011年教师节暨表彰大会。
（县教育局供稿）

2011年3月10日，县政府召开佛冈县创建国家级药品安全示范县工作会议。
（县药监局供稿）

2011年11月9日，县社保局召开佛冈县社会保险工作会议，部署城镇居民养老保险试点工作和城乡居民医疗保险费征缴工作。
（县社保局供稿）

2011年11月22日，清远市创建和谐劳动关系示范区工程和建立仲裁院工作经验交流会在佛冈县召开。

（县人社局供稿）

2011年10月13日，县人力资源和社会保障局召开全县人力资源社会保障工作会议。

（县人社局供稿）

2011年3月11日，全县教育工作暨启动教育现代化建设工作动员大会在县人民中心礼堂召开。

（县教育局供稿）

2011年6月22日，县国土资源局召开佛冈县城乡建设用地增减挂钩试点项目拆迁安置听证会。

（县国土资源局供稿）

2011年，北山公园经重修后面貌焕然一新。（县住建局供稿）

2011年5月继续完善的佛冈县水轴线建设工程。（县水务局供稿）

2011年春节前，县路灯所员工实施悬挂灯饰工程，分别在振兴路、水轴线悬挂及安装霓虹灯（五星灯）、LED白光串灯和樱花树灯，营造和谐欢乐的迎春街景。（县路灯所供稿）

2011年11月1日，石角镇黄花小中心学开展突发地质灾害应急演练。（县国土资源局供稿）

2011年，国营羊角山林场被市林业局党组评为“创建文明行业先进单位”。（羊角山林场供稿）

2011年12月5日，县政府在全国汽车拉力赛（佛冈站）暨佛冈健康养生文化美食旅游节期间举办“2011佛冈十大金牌养生菜烹饪大赛”，大赛最终评选出20道金牌养生菜和4道金牌养生汤。（县旅游局供稿）

位于汤塘镇的苏州园林风格的金龟泉度假酒店。（汤塘镇供稿）

2011年，国家AAAA级旅游景区——聚龙湾温泉旅游度假村接待旅客数量大为增加。（汤塘镇供稿）

风景如画的黄花湖旅游景区。（汤塘镇供稿）

2011年，金谷羊角山生态旅游度假区的设施更为完善。（县招商局供稿）

2011年2月15日，在2011年高岗豆腐狂欢节上制作的特大豆腐，由上海大世界基尼斯总部颁发世界纪录证书。（高岗镇供稿）

2011年2月15日，佛冈县高岗镇社冈下村举办“豆腐狂欢节”，国内外游客闻讯后蜂涌而至。图为部分外国人在现场参与活动。（高岗镇供稿）

2011年，县非物质文化遗产——田心舞鲤鱼灯现场。（汤塘镇供稿）

2011年，省非物质文化遗产——汤塘镇围镇村舞被狮现场。（汤塘镇供稿）

养生谷温泉

Grand Winner Hot Spring

养生谷温泉位于原生态峡谷旁，极具特色的养生温泉泡池依山而建，自然简约。温泉区内绿意盎然，舒适惬意。

温泉占地10000余平方米，40余个特色温泉池镶嵌在峡谷和半山之中，与其独具特色的功能和别出心裁的装修相衬托，让您身、心、灵得以彻底放松，是回归自然的理想场所。

国际会议中心

International Conference Center

酒店拥有15个多功能会议室，会议室的面积为30～1280平方米不等，能满足各种会议的不同需求。酒店拥有完善的宴会和会议设施、专门有一支优质的服务队伍为您做出最专业的会议行程安排。

篁胜轩中餐厅

Huangsheng Xuan

设有各式豪华贵宾房、佛冈厅、珍宝厅以及可容纳1000多人的国际宴会厅。特聘名厨掌勺，为您提供色、香、味、型、器齐全的菜肴，及颇负盛名的鲍、翅、燕等高端粤菜。无论大型商务宴会或是家庭、朋友聚会，这里是您最佳选择。

圣保罗西餐厅

Saint Paul Western restaurant

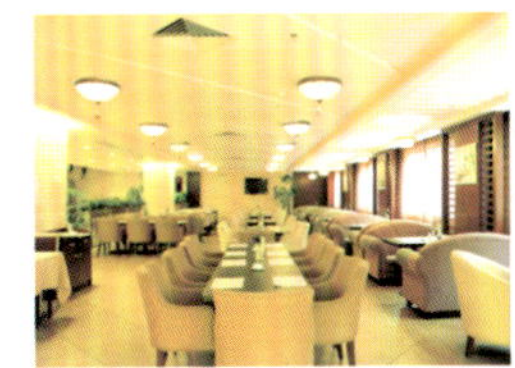

提供中、西式自助早餐，午餐和晚餐，还配有客房送餐服务。在精心制造美味的同时，坚持倡导健康饮食的观念，是您会友、小憩之理想去处。

药浴养生馆

Herbs Spa

来自云南无量山的精华一千年古方，哈尼药浴

让你体验真正健康养生项目，远离亚健康状态。

广西中医保健疗法一神秘东方养生疗法

各种调理项目是你休养身心的最佳选择。

潮皇国际俱乐部

Chao Huang International Club

各式豪华的大、中、小公爵房、总统豪华套房等共六十间，奢华的装修，秉显尊贵；独立VIP私家歌库，全新的娱乐模式，专业一流的音响、灯光组合，让您尽情挥洒激情。

客房

Room

我们为你提供

豪华双人房、豪华蜜月房、豪华套房、家庭复式房

湖畔温泉别墅、半山木屋温泉别墅等多种功能齐全的房型

半山木屋温泉别墅依山而建，藏于绿树葱笼半山中，宁静怡然，有独立庭院和隐密的私家温泉泡池，极具特色的装修风格，让你远离喧嚣生活，品味静谧人生。在这里能让你体会大自然的宁静与清新，能让你与大自然进行最亲密的接触！

半山木屋温泉别墅

2011年，佛冈县金鲜美粮油食品有限公司生产的金鲜美优质大米。
（汤塘镇供稿）

2011年，佛冈县双凤食品有限公司生产的双凤牌凉果。（汤塘镇供稿）

广生元畜牧发展有限公司蛋鸡示范场一角。
（县科农局供稿）

广生元牌鸡蛋
（汤塘镇供稿）

2011年12月27日，汤塘镇竹山村粉葛专业合作社在当地收购粉葛现场。
（县科农局供稿）

2011年，汤塘镇种植的砂糖橘硕果累累。（汤塘镇供稿）

2011年，汤塘镇生产的青梅。（汤塘镇供稿）

2011年，汤塘镇名优佳果——石硖龙眼。
（汤塘镇供稿）

2011年，汤塘镇四九村的荔枝。
（汤塘镇供稿）

2011年，汤塘镇省级一乡一品特产——竹山粉葛。
（汤塘镇供稿）

2011年9月6日，县委副书记、县长梁金鉴（右二）到高岗镇调研永福小区建设情况。

（高岗镇供稿）

2011年10月18日，召开迳头镇第十六届人民代表大会第一次会议。（迳头镇供稿）

2011年10月11日，县委书记华旭初（前排右三）、代县长梁金鉴（左二）在石角镇党委书记袁卫国（前排右二）和石角镇镇长谢振权（前排右一）的陪同下，到重点项目现场办公。

（石角镇供稿）

2011年8月5日，县委书记华旭初（左二）一行在石角镇党委书记袁卫国（右二）的陪同下，到佛冈鑫源恒业电缆科技有限公司视察。

（石角镇供稿）

2011年8月5日，县委书记华旭初（前排左二）带领部分县领导视察吉田村文化公园建设情况。
（石角镇供稿）

2011年9月5日，县委书记华旭初（前排左二）在石角镇党委书记袁卫国（中）及相关职能部门负责人的陪同下，检查龙南片新农村建设试验区建设情况。
（石角镇供稿）

2011年9月2日，代县长梁金鉴（左四）在石角镇党委书记袁卫国（右一）陪同下，到佛冈鑫源恒业电缆科技有限公司视察。
（石角镇供稿）

2011年12月5日，副县长、县公安局局长陆上顶到水头镇指导工作。（水头镇供稿）

2011年12月20日，县委书记华旭初（中）视察迳头镇新集镇建设。（迳头镇供稿）

2011年12月27日，县委常委、县纪委书记虞卫旗到石潭村调研。（水头镇供稿）

2011年，汤塘开发新区建设已具雏形。（汤塘镇供稿）

目 录

专 载

特 辑

佛冈大事记

佛冈概况

政 治

地方军事

政 法

经济管理

农　业

工　业

交通·邮电

基本建设与环境保护

外经贸

商贸流通

旅游业

财政·税务

金融业

教 育

科学技术

社会科学

文化 · 体育 · 传媒

博物 · 图书 · 档案

卫生 · 医疗 · 保健

社会生活

建制镇

自然保护区·林场

社会经济统计资料

县委、县政府规范性文件目录

荣誉奖项

附　录

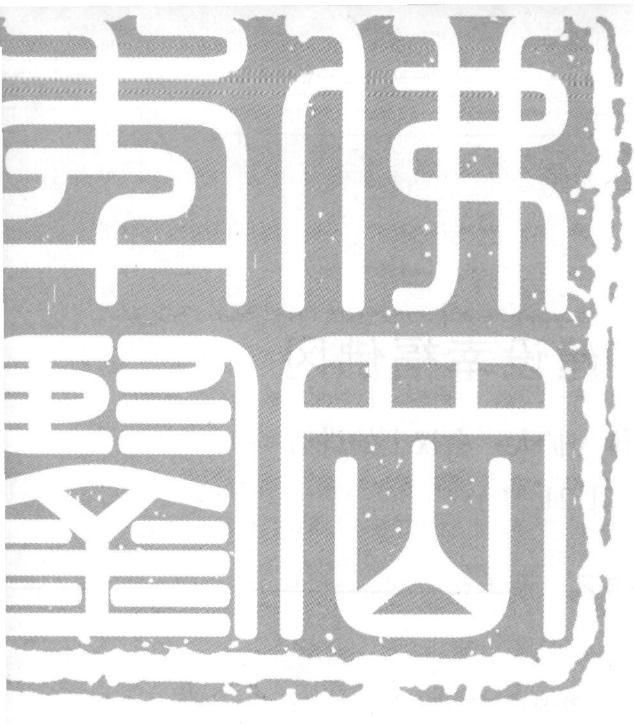

专载

责任编辑：李阳光　谢春江

统筹城乡发展　建设幸福佛冈

——在县委十一届九次全体（扩大）会议上的讲话

（2011年1月21日）

中共佛冈县委书记　李玉楷

同志们：

这次县委全体（扩大）会议的主要任务是：学习贯彻中央经济工作会议、省委十届八次全会、市委五届十二次全会精神，回顾总结过去一年的工作，部署新一年的工作，研究县委关于制定全县国民经济和社会发展第十二个五年规划的建议。刚才，旭初县长总结了2010年全县经济社会发展工作，具体部署了2011年工作，讲得很全面、很务实、很到位，我完全赞同。下面，我代表县委常委会向大会作工作报告。

一、过去一年的工作

2010年，面对错综复杂的发展形势和各种困难挑战，我们以科学发展观为指导，深入贯彻落实市委、市政府“抓提速、调结构、促转变、惠民生”和“四个化”的战略部署，以为全市继续当好全省高速增长的排头兵和又好又快发展的示范市多作贡献为目标，以统筹城乡一体化科学发展为主线，围绕在六个方面争取在全省占有一席之位的总体部署，深化解放思想，广泛寻求合作支持，大力转变经济发展方式，着力推进“三圈四园”规划建设，全力以赴保高速，取得了经济保持高速增长、经济效益显著提升、增长后劲持续增强、社会事业发展加快、城乡发展更加协调、区域形象大幅提升的良好成效，统筹城乡一体化科学发展迈上了新台阶，为我县“十一五”画上了圆满的句号，为“十二五”打下了坚实的基础。去年省委巡视组对我县巡视后，代表省委反馈的意见指出：佛冈的党政领导班子是一个政治坚定、思想解放、团结务实、开拓进取、干事创业的领导集体，坚持以科学发展观为统领，认真贯彻落实上级决策部署，承前启后，不断推进全县经济社会较快发展；注重发展民生，各项社会事业取得明显成效；广大干部群众对县党政领导班子给予了较高的评价。市委陈家记书记去年在佛冈调研时指出，佛冈发展势头很好、变化很大，是全市城乡发展比较协调、发展比较全面、变化比较大的一个县，要认真总结经验，继续探索出一条更加符合佛冈经济社会加快发展的新路子。

总结过去一年的工作，主要是在以下五个方面取得了明显成效：

（一）全力保高速，为全市当好经济增长排头兵作出明显贡献

初步统计，去年全县GDP突破百亿元大关，达122.6亿元，增长22.1%；人均GDP近4万元，增速比上一年加快了近2个百分点；规模以上工业增加值增长31.2%，人均增加值增速比上年加快了近8个百分点，1—11月利润总额同比增长29.8%。财政收入保持高速增长，一般预算收入增长41.1%。人民收入稳步增长，连续三年农民收入的增幅高于在岗职工。外贸出口增长20.8%。金融机构贷款余额、居民储蓄余额均增长20%以上，人均居民储蓄存款仅次于清城区排全市第二。从在全市所占份额看，我县人口占全市的8%，而GDP占11%、规模工业增加值占

16%、固定资产投资占13%、财政一般预算收入占9.5%、外贸出口占17.7%，人均GDP比全市平均水平多40%以上，为全市继续当好全省高速增长排头兵和又好又快科学发展示范市作出了积极的贡献。

“十一五”期末与“十五”期末相比，全县GDP增长2.3倍，工业增加值、固定资产投资、财政一般预算收入都增长3倍以上，全社会消费品零售总额增长1.7倍，在岗职工年平均工资增长70.8%，农民人均纯收入增长74.2%，外贸出口、居民储蓄余额增长1倍以上。去年的第二届广东县域经济综合发展力研究报告显示，我县在全省67个县（市）中，综合发展力从上一年的第11位上升到第7位，在山区5市中继续居首位；发展实力从上一年的第17位上升到第10位，在山区5市中从第2位上升到首位；发展活力继续位居全省第7位。省政府副秘书长刘晓捷指出，佛冈抓住先试先行机遇，大力推进统筹城乡一体化科学发展，成为全省县域经济科学发展的范例，逐步凸显广州北卫星城、粤中明珠的地位。

（二）全力促转变，经济发展方式得到明显优化

抓好发展思路转变。以创建学习型党组织为抓手，县委学习中心组先后到广州、中山、湛江等市和清新、高要、鹤山等兄弟市县学习思想解放、思路转变、统筹城乡一体化科学发展的经验做法，形成了广泛共识。各级各部门围绕县委发展主线，深入调查研究，广泛征询意见集思广益，制定出《佛冈县统筹城乡一体化发展行动方案》，着力推进建设规划、产业布局、基础设施、公共服务、社会管理五个一体化进程，实现了发展思路的提升，体现了立党为公执政为民。

抓好现代产业集群发展。切实帮助企业解决生产经营过程中遇到的资金、电能等问题，积极支持出口企业开拓国际市场，扩大国内市场的份额。建滔集团去年实现产值60.4亿元，增长68.8%，其中内销增幅83.1%，全年纳税1.4亿元，增长27.8%。重点项目建设进一步加快，加多宝项目已经试产成功，约克、亿利达等增资扩产项目加快推进，海兴、鑫源恒业、松峰机械等项目正进行大规模建设。万兴玩具在汤塘、迳头开设分厂，规模快速扩大。龙清电力器材有限公司和广州电池工贸企业集团公司佛冈分公司组建了我县首家集团公司。

抓好企业自主创新。去年全县投入2.2亿元进行技术改造，致力提升企业自主创新力。天壤生物工程技术有限公司通过绿色食品A级认证，新菱获得“广东省创新信息化示范企业”荣誉称号，竹山粉葛国家级农业标准化成功通过验收，森波拉、聚龙湾温泉旅游示范基地通过省的验收。目前，全县已有11家企业先后获得了《采用国际标准和国外先进标准证书》，增强了企业的竞争力。

抓好节约集约发展。南方日报头版发表《15年寸土未扩产值增长10倍》文章，我县“约克模式”集约节地发展成为了山区工业发展典范之一。约克关联企业亿利达等增资扩产步伐加快。促进了建滔、东溢、金城金属、冉拓、盈泰等一批企业落实节能减排措施。

（三）全力争先进位，在全省争取有一席之位六个方面重点工作取得明显成效

——在省级工业园区建设方面，四大工业园区规划建设顺利推进，江森约克科技工业园继2009年成为省级产业集群升级示范区后，2010年又被省科技厅认定为省火炬计划特色产业生产基地。

——在全省基础设施建设插“红旗”竞赛方面，大力开展“三边”整治工程和城乡清洁工程，国道106和县城水轴线的绿化、亮化、洁化、美化有了显著改善，启动龙凤大道、S252线县城段改线工程。推进房地产健康发展，房屋总销售面积和销售额分别增长46.7%和68.9%。完成河西公路及48条81公里农村公路建设。

——在新农村建设方面，累计投入4.3亿元推进新农村建设。省委农办、省农业厅、市政府、国家开发银行广东省分行确定将石角镇龙南片作为全省新农村建设先行试验区共同建设，已完成实施方案纲要的起草。去年完成市定的10个新农村建设项目。

——在全省休闲旅游产业方面，全面加快三大旅游经济圈建设，成功举办全国汽车拉力锦标赛暨养生旅游文化节系列活动，公开征选出旅游标志和宣传口号，“农家乐”发展如火如荼，商务会议经济兴旺，石角镇荣获“广东旅游美食之乡”称号，龙山镇上岳古民居获得国家历史文化名村称号。去年全县接待游客386万人次，旅游收入超过10亿元，健康养生旅游示范基地建设成效显著。

——在省级品牌企业打造方面，博华创得省级著名商标，选准企业参与广东现代产业“500强”竞争，金鲜美和聚龙湾分别入选省重点培育的现代农业和现代服务业百强项目，田野休闲度假农场列入省重点建设项目，聚龙湾五星级酒店改造工程基本完成，不断提升企业竞争力。

——在全省法治县建设方面，积极开展创建“法治佛冈”工作，大力弘扬“开拓创新、勤劳致富、开放包容、大气和谐”的佛冈人精神，荣获首批国家和省“法治县（市、区）创建活动先进单位”称号。

（四）全力统筹民生事业，群众幸福感得到明显提升

认真落实利民惠民措施。财政支出中社会事业和公共服务方面的支出比重占49.6%，人民群众从中获取更多实惠。稳步推进省义务教育均衡发展、学前教育发展模式、人口和计划生育综合改革和宣传教育创新、综合应急救援队伍建设试点（示范）县工作。全力推进全国第二批新农保试点县工作，超额完成省下达的新农保任务，从今年起3万多60周岁以上的农民可领取社会保险金。县委常委会对“双到”扶贫进行专项部署，全面落实“真扶贫、扶真贫”的政策措施，去年全县84.6%的贫困村集体收入超过3万元，其中18个省贫困村全部超过3万元，全县58%的贫困户实现脱贫，提高了五保、低保户的保障水平，获省考核组高度评价。积极推进卫生事业发展。妇联、共青团以小额贷款贴息方式扶持妇女和青年创业。加强环境保护，抓好安全生产和食品药品安全监管。

抓好沙糖桔产业实现群众增收。着力支持农业龙头企业和农民专业合作社发展，积极推进沙糖桔绿色食品认证、出口基地认证和品牌培育，成功举办沙糖桔节，做好市场拓展工作，广大果农从中获得更多实惠。全县23个涉农企业（组织）、专业大户获得市委、市政府表彰奖励。对6个项目共8400多亩基本农田实施整治，提高了农业生产能力。全国“平安农机”示范县工作顺利通过国家农业部验收。农村集体林权制度主体改革基本完成。

加强社会管理。深化县委书记大接访活动，整合综治信访维稳资源，全面完成县、镇、村三级综治信访维稳中心建设。县委常委会专门研究劳资纠纷调处工作，有效化解了大批矛盾纠纷。聘请百名保安确保校园安全，县城安装了视频监控系统；以做好亚运安保为重点，严打各类犯罪，打掉了持枪团伙，大大提高了群众安全感和满意度。

（五）全力开展创先争优，党的建设继续取得明显进步

以创先争优活动为载体统筹城乡党建工作，不断加强和改进党的领导，各级党组织的执行力显著提升。

大力抓好创先争优活动。县四套班子党员干部和各镇党政主要领导积极参加基层支部生活会，听民意、集民智、解民困，以“六个一”为主要内容把联系点办成示范点，得到省市委创先争优办的充分肯定。认真配合省委巡视组在佛冈的巡视工作，对照巡视组反馈的意见进行了深入剖析、积极整改，推动了创先争优活动的深入开展。以提高执行力为重点，加强制度建设，强化督促检查、行政问责，促进了工作落实。县委常委会根据各个时期的工作重点，采取听取有关镇党委和部门党组的工作汇报方式进行重点指导，推动工作、解决问题。各部门党组和共产党员把创先争优活动作为一项竞赛，积极发挥战斗堡垒和先锋模范作用，去年共有45个单位、53人获得市以上表彰奖励。其中县史志办、县环保局、县水务局等获全国性光荣称号。

大力抓好政治建设。不断加强和改进党的

领导。加强党对人大、政协的领导，充分发挥人大、政协参政议政、民主监督、政治协商的作用，落实民主集中制，完善重要工作通报制度，积极支持工青妇等组织依照章程开展工作，进一步构建生动和谐的政治局面。

大力抓好干部选拔任用工作。坚持党管干部原则，以强化学习宣传为抓手，进一步提高了贯彻执行《条例》的自觉性。坚持正确用人导向，以规范程序为主线，坚持选任标准，严格选任程序，完善选任机制，拓宽监督渠道，不断提高选拔任用干部的公信度。坚持以群众公认为准则，把民主推荐、民主评议、民主测评结果作为确定考察人选、选拔任用干部的重要依据，其中对乡镇2个党政正职和7个部门的正职实行县委全委会民主推荐，增强了干部工作的透明度，真正把群众公认度高的干部及时提拔到领导岗位上来。坚持以深化干部人事制度改革为重点，积极推进科级领导干部交流轮岗制度，强化对党外人士、妇女干部的使用力度，共提拔非党干部2名、妇女干部6名，选拔了5名县直机关副科干部到镇基层任职，选拔了10名第三批专业技术拔尖人才，公选了2名优秀村（社区）书记进镇班子，录用1名优秀大学生村官为公务员，做到凭实绩用干部，进一步激发了干部队伍活力。坚持以健全机制为保障，执行述职述廉、诫勉谈话、任期经济责任审计等一系列制度，注重发挥县人大、政协、纪委和公检法等部门的监督作用，进一步加强领导干部特别是一把手的监督管理。按照干部选拔任用工作“四项监督制度”，在县委十一届七次全会报告了2009年度干部选拔任用工作并进行了民主评议，干部群众对我县干部选拔任用工作的总体评价满意率、执行《干部任用条例》和相关政策法规情况的满意率、防治用人上不正之风工作的满意率、深化干部人事制度改革的满意率达到92%以上；对2009年新提拔的10名党政主要领导干部民主测评整体满意率达到94.3%以上。这几年，我县在国际金融海啸这种异常艰难的大背景下，取得经济社会跨越式发展的骄人成绩，充分说明我们的各级领导干部是不辱重托、善打硬仗、敢打大仗、能打胜仗的，充分说明广大人民群众对各级领导干部是支持的、信任的、共同奋斗的，充分说明县委管理干部的水平得到较大提升，群众是高度满意、充分认可的。

进一步理顺了县直单位党组织管理体制，完成政府机构改革任务，打造效能型、服务型班子取得明显成效。完善干部考核制度，首次对村（社区）班子进行年度考核奖励；提高村干部补贴，保障基层组织工作经费，提高了村级干部工作积极性。

大力抓好党风廉政建设。具有佛冈特色的开放、动态、创新的惩治和预防腐败体系框架基本形成，主要体现为“六个新”：一是优化服务发展有新环境。严肃党的政治纪律，加大治庸治懒力度，确保了县重点工作、重点项目、试点工作、民生工程落到实处。二是反腐倡廉教育有新思路。突出多样性，切实抓好《廉政准则》的贯彻落实；突出针对性，切实抓好“廉风和畅”和纪律教育学习活动；突出实效性，积极开创纪检监察工作品牌。三是制度建设有新举措。加大暗访力度，建立效能监察工作长效机制，加大制度创新力度，扎实开展岗位廉政风险防范机制建设试点工作，推进惩防体系建设。四是监督检查取得新突破，认真开展“小金库”专项治理，强力推进农村信息公开平台建设，打造“阳光村务”。五是纠风工作取得新成效。加大责任追究力度，着力治理公路“三乱”，狠抓惠民政策落实，开通网上举报，加强政风行风建设。六是案件查办工作有新作为。始终保持案件查办的“高压态势”，连续四年各镇纪委都有自办案件。

过去一年，我县的发展成效有目共睹，发展态势令人鼓舞。这些成绩的取得，是上级党委政府正确领导、全体县委委员共同努力的结果，是全县干部群众奋勇拼搏的结果，是社会各界大力支持的结果。在此，我代表县委常委会表示衷心的感谢！

过去五年，我县能够实现跨越式发展，我们深深体会到，主要是因为：有一个好的发展思路——县委、县政府把为全县人民谋福祉放在首位，承前启后谋求更高层次的发展，确立符合佛冈实际的统筹城乡一体化科学发展新思路，形成园区经济发展战略共识，成为推动我县跨越式发展的强大思想动力；有一个好的发展环境——重在加强基础设施建设、发展第三产业、落实“三边”整治和城乡清洁工程等措施改善硬件环境，加强效能建设、加强社会管理创造了良好的政务环境、社会环境，不断提升软实力；有一个好的发展态势——多年坚持不断招商引资，招商引资成果丰硕，连续多年举办重点项目庆典活动，在去年的汽车拉力赛系列庆典活动上，总投资312亿元的49个项目参加签约、奠基、剪彩，而且质量优规模大预期效益好，培育出良好的发展态势；有一个好的群众基础——贯彻落实以人为本科学发展观，大力推进民生工程，统筹社会各项事业协调发展，促进发展成果人民群众共享，从而使我们的发展思路和举措得到了检验和考验，获得了群众的信任和支持，凝聚了智慧，形成了强大动力；有一支好的干部队伍——坚持正确的用人导向，大批想干事、会干事、能干成事的干部脱颖而出，成为推动全县科学发展的最重要力量。

与此同时，我们也清醒地认识到工作中还存在一些问题和不足。主要表现在：经济总量小，结构有待优化，效益有待提高；受土地、能源等因素制约，项目落实难度加大，有些项目错过了最佳投资时机；区域发展不平衡，南北差距较大；社会维稳压力加大，群众内部矛盾纷繁复杂，解决难度大；党的建设和干部队伍建设仍存在薄弱环节，影响工作推进，等等。这些问题，我们要在今后的工作中努力解决。

二、“十二五”规划建议说明

从今年至2015年，我县将实施第十二个国民经济与社会发展五年规划（简称十二五）。“十二五”时期是我县推进统筹城乡发展、建设幸福佛冈的重要时期，是进一步打牢经济基础、大幅增加经济总量的黄金时期，是推动经济结构优化升级和发展方式转变的关键时期，是经济社会发展进入新阶段、面临诸多新形势和新任务的战略机遇期。县委经过广泛调研、周密论证、集思广益，形成了《关于制定全县国民经济和社会发展第十二个五年规划的建议》，提交本次全会审议通过后，县政府将根据《建议》编制“十二五”《规划纲要》。下面，我就“十二五”发展的有关重大问题强调几点意见。

（一）要准确把握形势，抢抓机遇乘势而上

统筹城乡发展思路符合科学发展观要求，切合佛冈发展实际，是我们加快发展的前提。我们要敏锐地看到，转型跨越将是我县“十二五”经济社会发展的显著特点。我们要全面准确把握形势，抢抓机遇乘势而上。

一要充分认识我县加速转型跨越的战略机遇。省委、省政府，市委、市政府统筹区域协调发展的政策措施，为我县提升发展水平提供了良好的政策环境；珠三角地区产业结构调整和“腾笼换鸟”步伐的持续加快，为我县提升产业层次、促进产业集聚、壮大经济总量、加快人口聚集提供了难得的机遇；我县统筹城乡一体化科学发展试点稳步推进，为争取先行先试政策，优化产业布局、促进协调发展注入澎湃动力。

二要充分认识我县加速转型跨越的交通区位优势。我县具有良好的区位优势，交通等基础设施的不断改善，加上规划在“十二五”期间建成汕湛高速公路和佛连高速公路，我县未来五年将拥有7个高速公路出口，将为我县加快对接融入珠三角、拓展区域合作提供更为广阔的空间。

三要充分认识我县加速转型跨越的产业基础优势。经过“十一五”时期的高速发展，我县综合实力跃上了一个新台阶，产业基础进一步夯实。结构调整成效显现，“三圈四园”建设加快推进，经济效益显著提高，为高效益项目进入提供了有利条件。特别是旅游业迅速发展，影响力不断增强，已成为珠三角商务、休闲旅游首选地之一，将成为明显的产业竞争优势。

四要充分认识我县加速转型跨越的思想优势。在加快发展过程中，全县形成了统筹城乡一体化科学发展的共识，培养锻炼了一支干事创业的过硬队伍。各级领导干部思想不断解放，坚定了科学发展的信心，积累了推动科学发展的丰富经验。始终高度关注民生，使广大干部群众更多地享受改革发展的成果，极大地凝聚了民心民智，激发了干部群众的发展热情。

综合各方面因素，“十二五”时期我县高速发展、统筹发展、高效发展、协调发展的基础扎实，只要用踏石留印、抓铁留痕的力度抓落实，“十二五”规划是前景光明的。

（二）要准确把握科学发展主题，加快转型升级

转变发展方式是贯彻落实科学发展观的必然要求。我县正处在发展方式转型的关键时期。因此，制定“十二五”规划，做好“十二五”时期工作，要准确把握发展主题主线，围绕核心推动科学发展。

一要紧扣科学发展这一主题。要全面准确领会科学发展观的深刻内涵，准确把握我县发展的阶段性特征，将贯彻落实科学发展观与我县实际紧密结合起来。要始终把保持经济高速增长作为重中之重，千方百计做大总量，尽快缩小与发达地区的差距。

二要把握转变经济发展方式这一主线。加快转变经济发展方式是贯彻落实科学发展观的必然要求，也是我县的实际需要。我县近年发展实践证明，只有加快转变经济发展方式，才能真正破除旧的发展模式，有效解决这些深层次矛盾和问题，加快提升我县的经济实力和综合竞争力。要认真总结我县加快转变经济发展方式的成功做法和经验，进一步理清思路，明确方向，突出产业结构优化调整，突出增强经济发展的内生动力，突出提高经济运行的质量和效益，突出提升自主创新能力，努力提高发展质量，努力使转变经济发展方式的过程成为推动经济高速增长的过程，成为实现又好又快发展的过程。

三要围绕“统筹城乡发展、建设幸福佛冈”这一核心。我们认为，把省委十届八次全会、市委五届十二次全会精神落实到我县“十二五”发展，核心就是统筹城乡发展、建设幸福佛冈。这个核心符合科学发展观的要求、符合人民群众的新期待、符合佛冈发展的实际。因此，要坚持民生为本、共享发展，努力解决人民群众最关心、最直接、最现实的利益问题，使人民群众更加充分、更加全面、更加普遍地分享经济高速增长的成果。要继续实施文化惠民工程，积极发展公益文化，壮大文化产业，繁荣文化事业，满足人民群众多层次、多方面、多样化的文化消费需求。要以建设资源节约型、环境友好型社会为目标，加快发展绿色经济，促进经济发展与资源环境相协调。

（三）要准确把握发展目标，努力实现发展新跨越

县委提出，“十二五”期间，经济总量和均量继续攀升，到2015年全县本地生产总值达到225亿元，年均增长18%；户籍人均GDP达到70000元左右，年均增长17%。要通过五年的努力，确保转变经济发展方式取得更大成效，保持广东省山区县域经济综合发展力领头羊地位，努力把佛冈建设成为广州北绿色工业基地、旅游会展旺地、创业宜居福地，全力打造具有广东山区特色的统筹城乡一体化发展先行地，不断提高人民的幸福水平，为全面建成小康社会和基本实现现代化奠定基础。提出这一目标，一是有需要。“十二五”时期是经济社会转型的重要时期，考虑到佛冈自身的发展阶段，GDP增长率将低于“十一五”时期的29.8%，但必须保持在18%左右，才能保证缩小同珠三角的差距，在全市保持在中上游水平。作为全市的南部核心区，我们要继续为全市当好高速增长的排头兵和又好又快发展的示范市多作贡献，如果我们不保持一个相对较快的速度，就辜负了市委、市政府的期望。从人民群众过上更加美好幸福的新生活的期盼来说，只有高速发展，迅速壮大经济实力，提高社会建设水平，才能更好地满足人民群众的多样化需求。二是有基础。多年的高速

增长培育了良好的发展气候，积累了丰富的经验。三是有可能。所提目标和定位，留有一定余地，是可期、可行的，通过努力完全可以实现。

（四）要准确把握重点，明确发展的主要任务

围绕加快统筹城乡一体化进程、建设幸福佛冈，“十二五”我县经济社会发展要切实做到“十个必须”。

——必须推动城乡统筹与一体化。以统筹城乡规划为首要任务，建立城乡建设规划、土地利用规划、产业发展规划以及主体功能区规划相互衔接的规划体系，重点统筹城乡基础设施建设、产业布局、公共服务以及社会管理，全力打造绿色工业基地、旅游会展旺地、创业宜居福地、具有广东山区特色的统筹城乡一体化科学发展先行地。

——必须加快产业集聚与优化。要以“农业增效、农民增收、农村改貌”为目标，着力打造“特色农业、观光农业、品牌农业、生态农业、产业化农业”，加大统筹城乡发展的力度，着力解决“三农”问题。要以发展绿色工业为先导，强化主导产业、改造存量产业和优选引进产业的方式大力提升工业发展质量，坚持走“工业园区化、产业集群化”的新型工业化道路，积极承接珠三角产业转移，把“工业强县”战略的实施推上一个新台阶。要进一步拓宽服务业领域，优化服务业结构，重点发展旅游、房地产、商贸流通和信息服务业，加快发展商务服务、社区服务、餐饮旅馆、中介、金融等新兴行业，提升服务业现代化水平。要推动三次产业的协调发展及其结构的正向调整，全面推进县域产业结构的优化升级。

——必须推动自主创新与创业。要把创新作为推动经济发展方式转变的根本动力，推动经济增长动力转换到科技引领、创新驱动的轨道。健全区域自主创新体系，优化人才引进和成长环境，培育企业自主创新能力，优先发展高新技术产业和先进制造业。同时，要大力促进本土创业，发展民营经济。

——必须加快促进城乡区域协调发展。要推动主体功能区划分与区域协调。继续加强主体功能区建设，实现县域产业空间布局的优化，促进南北地区优势互补、互动发展，重点扶持北部的发展，形成城乡区域协调发展的新格局。

——必须加快推进城镇化。要提升城镇的规划建设水平和品位，加快“三旧”改造步伐，推动土地利用管理和城乡建设上新水平。加大城市建设和交通基础设施建设力度，突出高效管理，促进提质扩容。以工业园区化和城镇特色化为抓手，加快推进产业集聚和人口集聚，增强发展内生动力，全力提升我县的城镇化水平。

——必须加快大文化建设。着力构建公共文化服务体系，大力推进文化事业建设；着力提高文化创新能力，促进文化产业优化升级；着力深化文化体制改革，进一步解放和发展文化生产力。通过文化建设，进一步提升我县的综合竞争力，以文化软实力推动发展。

——必须推动民生与福利改善。要按照以人为本的要求，把保障和改善民生作为工作的根本出发点和落脚点，努力实现城乡居民收入普遍较快增加。重点抓好居民就业、社会保障、社区服务、生活质量等事关民众切身利益的民生工程，让广大城乡居民共享改革发展成果。

——必须推动社会发展与和谐。在加快经济发展的同时，更加重视社会发展和进步，将社会事业发展提升到一个新的高度，大力推进基本公共服务均等化，推动教育现代化建设，发展医疗卫生事业，加强民主法制和精神文明建设，不断推进管理人性化进程。推进民主法制建设，促进社会公平与正义。不断提高人民生活质量和幸福指数，建设和谐佛冈。

——必须推动资源节约与环境保护。进一步强化可持续的科学发展观，着力调整优化土地利用结构和布局，集约利用土地。要加大污染防治力度，严格产业选择，大力发展循环经济和低碳经济。要加强生态保护和建设，真正建立资源节约型、环境友好型社会。

——必须推动体制机制改革与对外开放。高度重视行政管理体制改革、企业体制改革、市场运行机制改革，坚持市场化改革方向，发挥市场机制在资源配置中的基础性作用。要下大力气推动外贸从规模数量型向质量效益型转变，提高招商引资的质量和水平；充分利用毗邻珠三角和承南启北的地缘优势，扩大对外经济联系，提升对外开放水平。

县委“十二五”规划《建议》明确了我县未来五年的发展思路和目标。要将这一美好蓝图变为生动现实，需要全县上下继续保持锐意进取的精神状态、求真务实的工作作风，齐心协力抓好规划编制和组织实施工作，共同建设美好未来。

三、关于今年的工作重点

今年是建党90周年，是“十二五”规划开局之年，是县、镇、村三级换届年，也是佛冈发展进程中承前启后、继往开来的重要一年。做好今年的工作，责任重大，意义深远。我们要立足“十一五”发展基础，着眼“十二五”发展任务，继续巩固和拓展又好又快发展的良好势头，努力推动全县各项工作上新台阶。因此，今年我县工作的总体要求是：深入贯彻落实党的十七届五中全会、省委十届八次全会和市委五届十二次全会精神，围绕“统筹城乡发展、建设幸福佛冈”核心，紧扣科学发展主题，加快转变经济发展方式，着力“保高速、调结构、惠民生、促和谐”，加快绿色工业基地、旅游会展旺地、创业宜居福地建设进程，在更高层次上推进统筹城乡一体化科学发展，以优异的成绩迎接建党90周年，确保“十二五”规划起好步开好局。重点要做好以下五个方面的工作：

（一）深刻认识加快转型升级、建设幸福广东的伟大意义，把思想和行动统一到统筹城乡发展、建设幸福佛冈上来

省委十届八次全会最大的亮点，就是根据中央提出关于“十二五”发展要以科学发展为主题，以加快转变经济发展方式为主线的精神，结合广东的实际，创造性地提出了“加快转型升级、建设幸福广东”的核心任务。抓住这一核心任务，就突出了我省“十二五”的主攻方向，就把握了广东科学发展的行动指南。转型升级是手段，幸福广东是目的，二者统一于加快转变经济发展方式、推进科学发展的具体实践中。加快转型升级，就是要夯实物质基础，保证人民群众有更给力、更长久的幸福；建设幸福广东，就是要强化转型升级的目的依归和价值导向，保证转型升级的成果更好地转化成人民群众的福祉。

近两年来，我们通过深入学习实践科学发展观活动和思想解放大讨论，提出了统筹城乡一体化科学发展的工作思路，完全符合省委、市委全会的精神，并已取得了阶段性的重大实践成果。统筹城乡发展，一是通过建设规划一体化，实现了全县发展一盘棋统筹；二是通过加大工业、旅游业和城镇发展力度，能够加快工业反哺农业、以城带乡步伐；三是通过基础设施、公共服务、社会管理的城乡均等化，能够不断扩大人民群众共享改革发展的成果。因此，我们必须把为人民群众谋求更多更实在的幸福作为各项工作的出发点和落脚点，贯穿于“十二五”时期乃至推动科学发展、促进社会和谐的全过程；把保障和改善民生，解决关系人民群众切身利益的热点难点问题，作为建设幸福佛冈的重头戏，进一步加快统筹城乡建设规划、产业布局、基础设施建设、公共服务、社会管理的一体化进程，围绕工业园区化、农业产业化、城镇特色化和管理人性化发展战略，加快“三圈四园”建设步伐，不断增强我县经济社会发展的均衡性、协调性、可持续性和核心竞争力，不断创造社会财富和公平分配社会财富，让全县人民共享发展成果，过上好日子，增强幸福感。

宣传文化部门要组织开展好幸福佛冈大讨论活动，让全县人民正确理解幸福佛冈的含义，大力宣传建设幸福佛冈的意义，明晰建设任务，为推进建设幸福佛冈献计献策。

（二）坚定不移地打好转变经济发展方式这场硬仗

建设幸福佛冈，发展经济是基础。根据这个要求，今年我县主要经济指标预期目标是：

生产总值增长18%左右，人均生产总值增长16%左右，在岗职工平均工资增长12%左右，农民人均纯收入增长13%左右。加快转变经济发展方式，既是中央的重大战略决策和省委、市委的重要部署，更是我县优化调整经济结构、夯实可持续发展能力、增强县域经济发展活力、提高经济综合实力和竞争力、开创统筹城乡一体化科学发展新局面的迫切要求。因此，我们必须全力打好转变经济发展方式这场硬仗，加快现代企业制度建设，推进自主创新，促进传统产业转型升级。

1. 要进一步加强和完善招商引资工作。一要完善并切实发挥招商引资联席会议制度的"参谋部"、项目"孵化器"和信息"交换站"作用，统筹做好项目洽谈、签约、动工、投产全过程的服务工作，不断提高招商引资效率。二要加快整合园区资源，完善园区综合功能配套，继续努力千方百计争取进入省级产业园的行列，以加快产业集聚，形成群体优势。三要大力推进软环境建设。服务就是效益，环境就是生产力。当前时有出现办事程序复杂拖拉、卡壳、短路的现象，影响了外来投资企业的积极性。对此，要加大行政监察力度，对不作为、乱作为的行为严加查处。要稳步推进简政强镇事权改革，积极推进"一网式"办理制度，大力推行"联办制"、"代办制"，强化各级行政服务中心建设，强化电子政务大厅管理，切实提高行政服务效能。要信守承诺，兑现政策，取信于企业和基层。

2. 要集中优势兵力打好大项目建设攻坚战。大项目带动是经济实现持续高速增长的重要支撑。今年省市委把工业投资增长列为各地推进科学发展工作的重点考核内容，我们要学习广州市委利用重大活动压任务的经验，实施每月一次大项目活动，掀起新一轮项目建设的新高潮。

一要抓重点。县主抓"三圈四园"、龙凤大道、S252改线改道、加多宝、碧桂园、恒大、京珠出口板块、建滔"退二进三"等项目，石角镇着力抓好松峰汽摩配件、鑫源恒业、金谷、华龙等项目，汤塘镇着力抓好勤天城、涉外学院等项目，龙山镇着力抓好海兴、龙山新城建设和约克、新菱扩产等项目，迳头镇着力抓好再生铝基地、华劲机械等项目，水头镇着力抓好碧桂园、利多地块项目，高岗镇着力抓好观音山风景区、美中航空俱乐部等项目。

二要抓关键。要加快土地储备，加快"三旧"改造工作的进度，加大对闲置土地的处置力度，千方百计盘活土地资源，想方设法解决项目落地问题。要通过运用土地调整和规划杠杆，将全县土地开发指标优先安排给重大项目、有实力的项目、正在实施的项目。

三要抓措施。去年重点项目庆典时签约、动工、剪彩的这批项目，是佛冈经济社会发展新的增长点和重要支柱。我们要把这批项目的建成投产、产生效益作为我县创先争优活动的载体，作为提升政府执行力的检验标准，作为机关单位和干部年度考核的主要内容，狠抓落实。要向社会公开"晒任务"，接受群众监督，营造在抓项目落实上见分晓、比高低、论英雄的良好氛围。继续执行限时办结制，加大督查力度，并以适度的庆典活动倒逼项目落实。要创新工作方式方法，学会把复杂的问题简单化，切实提高工作效率。

3. 要围绕特色化推进城镇建设，加快人口集聚。一要加快山水园林城市建设，加快路网、水网、管网等基础设施延伸连接，着重抓好龙凤大道、S252线县城段改造等建设工程，加快碧桂园、金谷等项目推进，加快龙南片新农村先行试验区建设，加快县城东扩南拓北进步伐，努力使一个个"桥头堡"连接变成县城版图。二要各镇区将城建放在更加重要的工作地位。加强医疗卫生、文化教育等公共服务设施建设，进一步完善城镇功能，扩大城镇规模，促进产业和人口集聚。加强农村宅基地的管理，充分利用"三旧"改造政策改变农村有新房无新村的状况。水头镇要加快与县城的融合，汤塘镇要加快建湖工程、大学城建设，提升城镇档次。三要大力抓好宜居城乡建设。继续推进"三边"整治和城乡清洁工程，大力实施"碧水蓝天"工程，进一步美化城镇环境，增强城镇的吸引力和竞争力。切实做好城市管理工作，加快城市管理辐射到农村。加强建筑节能工作，颁布实施《佛冈县建筑节能实施规定》。

4. 要进一步提升旅游业发展水平。切实抓住我县被授为全省旅游综合改革示范县这一新契机，加快绿道网络规划建设，继续推进国际健康养生旅游示范基地建设，深度开发观音山祈福文化、温泉健康养生文化、拉力赛及豆腐节激情文化。建设幸福佛冈，不仅在经济上富裕群众，还要为老百姓提供健康的体魄和积极向上的精神面貌，研究恢复举办全县运动会，探索举办登观音山、赛龙舟等体育比赛活动，举办丰富多彩的文娱活动。丰富旅游产品的形式和内涵，加大旅游景点、宣传口号、标志和佛冈十大养生菜、五大手信的宣传推广工作，延伸旅游产业链；深化“百万重奖农家乐超越计划”，开拓乡村风情游，规范农家乐发展；大力发展商务会展经济，提升水平，做大做强旅游产业。

5. 要进一步激发全民创业热情。创业是富民之本。解决民生问题，出路在就业，关键在创业。在经历了多年的改革开放和市场意识培育之后，我县人民群众已蕴藏着巨大的创业热情，拥有一定的创业实力。我县农家乐雨后春笋般的发展，数额巨大的银行存款，充分说明本地经济有着巨大的发展潜力。因此，我们要着力激活各类生产要素，充分利用各类社会资源，大力开展全民创业行动，形成全民创业的热潮。开展全民创业，各级各部门要不断解放思想，转变观念，敢于在实际工作和解决具体问题中寻求突破，营造更好的创业氛围。要围绕全民创业做好服务工作，行政审批部门要摆脱部门利益束缚，为创业者多开绿灯。要大力培育民营企业，已有一定基础和规模的要重点培育、重点扶持，促进我县民营企业发展壮大。

（三）大力营造以为民办好事实事为荣的风气

建设幸福佛冈，需要办一些人民群众看得见、用得上、摸得着的实事，让人民群众共享发展成果，增强生活幸福感。因此，要坚持以人为本，高度关注民计民生，在全社会形成以为民办好事实事为荣的大好风气。今年重点要抓好以下十项民生工程：一要加强沙糖桔黄龙病的防控。沙糖桔产业是我县广大农民实现可持续增收致富的支柱产业，必须千方百计发展好。县将成立专责领导小组，增加经费，引进人才，强化措施，加强以黄龙病为重点的各种病虫害的防控工作，确保沙糖桔产业的健康可持续发展。要加大沙糖桔绿色食品生产基地和出口基地建设力度，努力提高规模化种植、标准化管理、组织化集中、加工化增值、商品化经营的水平。二要扩大社会保障覆盖面，实现新型农村养老保险全覆盖，解除全县农民养老后顾之忧。三要抓住今年中央一号文首次聚焦水利建设机遇，认真做好项目前期工作，加强农田水利和生态建设，启动村村通自来水工程。四要由县城建规划部门设计款式多样、布局合理、节约用地、节能环保、富有佛冈特色的农民住宅图纸，无偿提供给农民选择使用，推进宜居城乡建设。五要实施村村有公园工程，丰富农民精神文化生活，让广大农民享受到和城市一样的文明生活。六要把人民中心广场改建成全民健身广场，在电视台周边建设文化广场。七要加快推进九龙公园规划建设。八要启动教育现代化工作，加快推进汤塘大学城项目，抓紧落实省科贸学院项目，提升教育强县水平。九要大力发展医疗卫生事业。深入推进医药卫生体制改革，健全城乡基层医疗卫生服务体系，促进基本公共卫生服务逐步均等化。十要深入推进扶贫开发“双到”工作。春节期间迅速开展以“心系贫困户、温暖进万家”为主题的慰问帮扶活动，深入了解贫困户当前生活情况，及早研究和部署新一年脱贫措施，全力确保今年贫困村、贫困户基本脱贫目标的顺利完成。

各镇、各部门要围绕县定的十项民生工程，结合各自实际，照此谋划好本地本部门今年必须要办好的民生实事、大事，采取强有力措施抓好落实。

（四）着力建设一支坚强有力的三级干部队伍

建设幸福佛冈，干部队伍是关键。我们的

一切发展都是为了人的全面发展。我们无时无刻都要牢固树立党建主业意识，建设好我们的干部队伍，依靠这支队伍，发挥这支队伍的积极性。

1. 要进一步提升党委领导经济社会发展工作的水平。积极创新党委领导体制，努力提高领导班子决策的前瞻性、科学性和有效性，不断提升党委领导经济工作、驾驭全局发展的能力和水平。一要善抓政策，认真学习研究上级政策趋向，做到各项政策了然于胸，准确把握政策实质，深入挖掘政策内涵，努力在国家政策与我县发展的结合点上找机遇、找优势、找项目，实现政策效应的最大化。二要善于决策，加强对重大决策、重要干部任免、重大项目安排、预算外大额资金使用的决策研究，坚持县委常委会议集体讨论决定。决策一旦作出，要营造好在思想上合心、工作上合力、行动上合拍的氛围，确保每一个决策事项在推进落实中无杂音、零障碍、快速度。三要对今年牵动全局发展的各项重点工作、重点项目及早分解任务，定目标、定时限、定责任，高效率推进工作落实。

2. 要切实抓好三级换届工作。今年是三级换届年，时间安排大概是：5月前完成村级班子换届，7月前完成镇党委换届，9月前完成县委班子换届。这是各级党委重中之重的一项中心工作。

今年县镇村三级换届，是在我县推进统筹城乡发展、建设幸福佛冈的起步之年进行的，各级党委必须高度重视，做到思想不乱、队伍不散、劲头不减、工作不断，以取得换届工作和经济社会发展两不误作为考验各级党组织和领导干部大局意识、执政能力和工作水平的标准。

要把握正确的用人导向。立足对党负责、坚持德才兼备原则，做到公道正派，确保群众公认，把思想解放、作风扎实、勇于创新的干部靠拢到领导岗位，不让老实人吃亏、不让投机钻营者得利，为建设幸福佛冈提供可靠的人才保证，使选拔出来的干部组织放心、群众称心。切实做好人才工作，谋划建设好佛冈发展"智库"，制定提高干部职工待遇为主的吸引和留住人才的各种政策，营造尊重人才风气，提供更多的机会、更大的舞台发挥好人才作用。

要继续扩大民主。推进党代表常任制工作，进一步抓好党务公开，促进权力透明运行，规范权力行使，强化用权监督，从源头上防止腐败。积极探索更多的选人用人方式，大力开展选人用人公信度示范县工作，完善初始提名制度，拓宽参与范围，充分尊重民意，健全监督机制，确保干部选拔任用工作实用管用。加强干部考核和合理使用考核结果，做到不给力者不给位，进一步提振干部干事创业激情。

要强化换届纪律。集中开展对选人用人不正之风的专项治理，严肃整治拉票贿选、跑官要官、买官卖官和突击提拔干部等问题，特别是对他人进行人身攻击、造谣、无中生有等违反换届纪律，对以欺骗或利用黑恶势力威胁等手段干扰、破坏换届工作等行为，发现一起，依法查处一起，绝不姑息，大力营造风清气正的环境。

3. 要进一步抓好党风廉政建设。对照《廉政准则》，深入持久地开展党性党风党纪教育，抓好"廉风和畅"教育，启动"清和园"建设，打造农村"廉政文化"教育品牌。加快制度改革创新步伐，全面推进岗位廉政风险防范管理工作，进一步加强作风建设，强化对重点工作、重点项目、土地市场、节能减排等方面的督查问责，促使各级领导干部不断增强进取意识、表率意识、责任意识、实干意识，努力开创工作新局面。切实维护人民群众根本利益，严肃查处损害群众利益的违纪违法行为，以党风廉政建设和反腐败斗争的实际成效取信于民。

（五）进一步夯实大气和谐佛冈的基础

大气和谐的良好风气是建设幸福佛冈至关重要的问题。一要进一步弘扬"开拓创新、勤劳致富、开放包容、大气和谐"的佛冈人精神，加强统战和群团工作，为建设幸福佛冈广聚人才、凝聚力量。二要深入推进以法治惠民为宗旨的法治县创建工作，实施"六五"

普法工作，整合文化、组织、人才各类资源，加强法制宣传，将九龙公园、水轴线一河两岸、乡村公园建设成为包括法治文化在内的宣传品牌。三要怀着深厚感情做好信访工作。要深刻认识做好群众信访工作的极端重要性，充分发挥县、镇、村三级综治信访维稳中心（站）作用，把群众上访当成送上门来的思想工作，以深厚的感情了解群众疾苦，倾听群众呼声，关心群众生活，变信访办理为信访服务，及时理顺群众情绪，平衡群众心理，化解人民内部矛盾。四要保持高压严打态势。平安佛冈是幸福佛冈的前提，稳定压倒一切。扎实开展一系列重点打击行动，严打各种违法犯罪活动，切实维护社会和谐稳定，增强群众安全感。要创新社会管理理念，加快由防控型管理向服务型管理转变。五要舍得让利于民。着力扩大公共服务资源供给，创新公共服务方式，把更多的财力用在教育、医疗、文化、科技、体育等群众直接受惠受益的社会事业发展上。

同志们，回首去年乃至“十一五”，我们为辉煌成就而欢欣鼓舞；展望“十二五”，我们为美好蓝图而信心百倍。让我们紧密团结在以胡锦涛同志为总书记的党中央周围，高举邓小平理论伟大旗帜，以“三个代表”重要思想为指导，深入贯彻落实科学发展观，进一步解放思想，开拓创新，同心同德，奋力拼搏，加快统筹城乡发展、建设幸福佛冈的步伐，全力确保“十二五”起好步开好局，以优异的成绩为建党90周年献礼！

坚定信心　鼓足干劲
全力开创又好又快发展新局面

——在县委十一届十次全体（扩大）会议上的报告

（2011年7月28日）

中共佛冈县委书记　华旭初

同志们：

这次县委全会，是在全县上下深入学习贯彻胡锦涛总书记“七一”重要讲话精神和省委十届九次全会、市委五届十三次全会精神，加快统筹城乡发展、建设幸福佛冈的关键时刻召开的一次重要会议。会议的主要任务是，全面贯彻落实中央和省、市的重大决策部署，总结上半年工作，分析当前形势，部署下半年工作，动员全县广大干部群众坚定信心，鼓足干劲，奋力拼搏，全力夺取全年目标任务的重大胜利，开创我县又好又快发展新局面。

一、认真总结上半年工作，坚定加快推进我县又好又快发展的信心

今年以来，我们围绕“统筹城乡发展、建设幸福佛冈”核心，紧扣科学发展主题，加快转变经济发展方式，着力“保高速、调结构、惠民生、促和谐”，加快绿色工业基地、旅游会展旺地、创业宜居福地、一体化先行区和广州北卫星城建设进程，经济和社会保持了快速健康发展的良好势头，为“十二五”开好局、起好步打下了良好的基础。上半年，全县完成生产总值47.2亿元，比上年同期增

长10.6%；完成工业增加值26.8亿元，增长19.5%；完成地方财政一般预算收入3.08亿元，增长23.3 %；完成固定资产投资11.2亿元，增长14.9%；完成社会消费品零售总额14.6亿元，增长16.8%。

（一）加强招商引资工作，转变发展方式取得良好成效

突出抓好大项目引进。上半年，全县共引进4个外来投资项目，合同资金25.5亿元，实际利用资金11.58亿元。其中，南玻、王老吉罐装线、老虎涂料等3个项目投资超亿元，规模大、效益好、科技含量高，将成为未来几年支撑佛冈快速发展的重要增长点，全部建成后预计可再造一个佛冈税收。突出抓好重点项目建设。集中力量抓好30个重点项目建设，纳入市重点的7个项目上半年已完成年度投资计划的52%，其中王老吉首期于3月投产，碧桂园首期于5月1日开盘销售，鑫源恒业有2条生产线已试产，松峰机械有望8月底前投产。突出抓好转型升级。千方百计激活各种生产要素，去年11家停产的企业目前已有10家复产。加大对中小企业的扶持力度，对4个企业启动县财政贷款贴息工作。新菱上市的相关准备工作进展顺利。约克、国珠、标旗、新菱、佳特等积极进行技术改造，9家企业自愿开展清洁生产审核，节能降耗取得新成效。

（二）加强“三农”工作，农业农村发展取得良好成效

继续做大做强特色农业产业，加快无公害和绿色农产品基地建设，广生元有80万只蛋鸡获无公害认证，潖江荔枝专业合作社有2000亩荔枝获绿色产品认证。新农村建设步伐加快，龙南片先行试验区建设前期工作顺利推进。全面启动省名镇名村示范村示范县建设，各项工作稳步推进。加大农田水利设施建设力度，荷田涝区改造工程推进顺利。加快推进林业改革，林改主体和林业配套改革任务基本完成。

（三）加强包装推介，旅游业发展取得良好成效

以推动全省旅游综合改革示范县工作为载体，深入推进国际健康养生旅游示范基地建设。旅游项目不断做大做强，聚龙湾创五星级酒店步伐加快，篁胜、王山寺、森波拉等加快扩建，金龟泉正式营业，金谷漂流强势推出，国鑫龙泉半岛等一批旅游项目开始建设。加强旅游品牌包装、营销、宣传工作，获得“中国最具投资价值旅游强县”称号，知名度和美誉度不断提升。举办高岗豆腐狂欢节，成功创造世界最大水豆腐，汤塘舞被狮走上央视舞台，启动这两项省级非物质文化遗产向国家级升格工作。上半年全县共接待游客191.3万人次，同比增长11%；旅游收入9.7亿元，增长40%。

（四）加快推进城镇特色化，宜居城乡建设取得良好成效

切实抓好主体功能区规划工作，加紧推进县城总体规划修编、县城控制性详细规划编制、高岗镇和龙山镇镇区总体规划修编。积极推进房地产业持续健康发展，碧桂园、钱隆天下等一批房产项目建设如火如荼。上半年全县房地产开发投资3.82亿元，增长1.4倍；房屋销售12.87万平方米，增长1.2倍；销售额8.14亿元，增长3.3倍。大力完善市政基础设施配套，北山公园展现新面貌，九龙公园动工建设，龙凤大道、龙凤大桥、省道252线改道等积极推进。大力改善城乡生活环境，认真开展城乡清洁工程、“三边”整治工程、亮化工程和“三旧”改造，鼓励建设农村公园，大力推进名镇名村示范村建设，宜居城乡建设取得明显成效。

（五）统筹各项事业发展，社会建设取得良好成效

突出抓好十项民生实事，大力改善民计民生。已投入200万元专项经费防控沙糖桔病虫害并取得阶段性成果。新型农村养老保险参保人数稳步上升。农田水利、村村通自来水工程和生态建设稳步推进。全民健身广场、文化广场筹建工作稳步推进。启动教育现代化建设，省农村学前教育发展模式和义务教育均衡发展试点工作取得阶段性成效，高考考生各类上线人数全面飘红，中考总分平均分继续位居全市

前茅，县城教育资源整合取得初步调研成果。全省人口和计划生育综合改革示范县、全省人口和计划生育宣传教育创新示范点创建工作扎实推进，人口计生工作成果得到巩固。全面实施医改方案，县人民医院和汤塘医院配套工程正加紧建设，县妇幼保健院新院工程建设顺利，创建国家级药品安全示范县工作稳步推进，医药卫生事业不断发展。全面落实帮扶措施，积极开展技能培训，扶贫“双到”取得新成效。开展“大排查、大接访、大调解、大调研”活动，解决了一批群众反映的突出问题和历史遗留问题；扎实开展一系列重点打击行动和专项行动，严厉打击“两抢一盗”等违法犯罪行为，维护了社会公平正义、和谐稳定，群众安全感、幸福感有较大提升。加大文化体育设施建设力度，新影剧院投入使用，成为为数不多的可与全国同步上映新片的山区县之一；举办第二届全县运动会，振奋了各级精神，丰富了群众生活。

（六）加强干部队伍建设，党的建设取得良好成效

加强学习促思想解放。以县委理论学习中心组为主体，组织到广州、惠州、梅州、茂名和英德、连州、阳山等地学习先进经验，促进了思想解放，带动了学习型社会的形成。以开展庆祝建党90周年系列活动为载体，通过举办大合唱、邀请省内知名交响乐团演出红剧《江姐》等方式，洗礼广大党员干部心灵，进一步唱响主旋律。深入开展创先争优活动。充分发挥党的政治优势和组织优势，以强大的政治动员、团结高效的政治组织保证创先争优工作，在全县掀起一股创先争优热潮。县委、县政府划拨近200万元集中表彰奖励了一批先进集体和个人，推动创先争优活动深入开展。切实抓好三级换届工作。村级换届选举工作圆满完成，实现群众参选率高、交叉任职率高、班子成员整体素质高、群众对换届信访少目标；镇级已完成镇党委换届工作，实现100%配备了上级要求的班子结构、100%组织规划的人选当选、100%党委班子高票当选。认真抓好党风廉政建设。努力探索将农村公园作为廉政文化建设的新载体，将廉政文化深入农村。认真开展廉政风险防范工作，积极推进惩防体系建设。加大对领导干部监督检查和执法监察力度，强化效能建设。强化对重点工作、重点项目的督查问责，认真开展“小金库”等专项治理，强力推进农村信息公开平台建设，坚决纠正损害群众利益行为，以廉洁高效的形象提升党委、政府的公信力。

上半年的工作实践，创造了“十二五”开局的崭新气象，保持了佛冈发展的良好势头，更加坚定了我们统筹城乡发展、建设幸福佛冈的信心和决心。这些成绩的取得，来之不易、难能可贵。这是上级党委、政府正确领导的结果，是社会各界支持帮助的结果，是历届班子打下良好基础，全县人民奋勇拼搏的结果。在此，我代表县委，对全县广大干部群众和社会各界人士表示衷心的感谢！

二、科学判断当前形势，增强加快推动经济社会又好又快发展的紧迫感和责任感

准确判断形势，是做好各项工作的前提。对照当前国内外形势，对照今年目标任务和工作进度，对照人民群众的迫切愿望，我们必须保持清醒头脑，最大限度地用好积极因素，规避消极因素，努力保持经济社会又好又快发展势头。

要清醒地看到我们面临的不利因素：一是内外环境不容乐观。世界经济复苏缓慢，发展面临的不确定、不稳定因素增多。国家进一步加强宏观调控，银行贷款紧缩，项目资金落实难和企业贷款难问题将更加突出。同时，发展面临的土地、环保等约束因素也将越来越突出。二是多数指标表现不尽如人意。从上半年完成情况看，我们多数指标落后于时间进度，增幅在全市各县（市、区）中排名不理想，与作为清远市南部核心区之一的地位不相称。三是产业结构调整压力不容忽视。我县产业层次不高，自主创新能力不强，经济结构性矛盾比较突出，第三产业的比重不高，过于依赖工

业，以高耗能为主的产业结构并没有得到根本改变。四是社会稳定形势不可高估。随着我县经济转型升级步伐的加快，社会结构发生了深刻变化，社会利益格局呈现多元化趋向，一些深层次矛盾逐步凸显，因利益诉求引发的社会矛盾增多，综治维稳压力较大。

在前进的道路上，我们还可能遇到这样那样的困难和挑战，但同时更要看清发展的有利条件。要充分地认识到，我县正处于重要的战略机遇期，支撑高速发展的条件完全具备：一是我县实现又好又快发展有坚实的基础。经过多年的高速发展，我县已奠定了坚实的经济基础、产业基础和物质基础，综合发展力、发展实力、发展活力稳居全省山区县前列。人均GDP达5500美元，已迈入国际上公认的黄金发展期。二是我县实现又好又快发展有强劲的动力。我县正处在发展的快车道上，发展的空间极为广阔。特别是近年来，招商引资十分强劲，继王老吉浓缩液项目投产后，今年又签订了王老吉罐装线、瓶装线项目，还签订了南玻、老虎涂料等项目。这些项目规模大、效益好，将对我县发展产生强大拉动力。就今年下半年情况看，不乏增长亮点，锦欣新材料、鑫源恒业、松峰机械成为工业增长新的生力军，约克、亿利达、顺亚、国珠等一批原有企业将在下半年增资扩产，碧桂园、恒大、勤天、国鑫、名镇名村示范村建设、九龙公园、龙凤大道、252线改道等项目建设，将为固定资产投资增长提供有力保障。三是我县实现又好又快发展有科学的思路。实践证明，我们现行的发展战略、发展思路，符合科学发展观的要求，符合经济和社会发展的一般规律，符合佛冈的实际，必将引领我县新一轮跨越式发展。四是我县实现又好又快发展有干事创业的良好氛围。经过多年的历练，一大批想干事、会干事、能干成事的干部脱颖而出，执政水平不断提高，领导经济发展和驾驭复杂局面的能力不断增强，为我县持续快速健康发展提供了坚强保证。同时，通过抓好换届工作，调整班子调出了战斗力，调出了发展活力。

总之，我们要时刻保持清醒的头脑，对不利因素和困难我们要充分估量，对利好因素我们要充分认识，对难得机遇我们要充分把握。要进一步增强加快发展的紧迫感和责任感，统一思想，鼓足干劲，坚持不懈抓发展，千方百计提高经济发展质量，全力确保全年目标任务的顺利完成，向全县人民交上一份满意的答卷，为今后的长远发展打好基础。

三、突出重点抓落实，千方百计夺取全年目标任务的重大胜利

当前，面对繁杂的工作和繁重的发展任务，我们必须站在战略和全局的高度，发扬千斤重担众人挑、众人拾柴火焰高的团队精神，统筹兼顾，科学安排，抓住关键环节，强化工作举措，实施重点突破。要坚持两手抓，两手都要硬。一手抓经济高速增长，推动经济发展方式加快转变，一手抓社会建设，不断提高社会管理能力和水平，推动我县经济社会又好又快发展，全面夺取全年目标任务的重大胜利，开创统筹城乡发展、建设幸福佛冈的崭新局面。重点要千方百计抓好以下六个方面的工作：

（一）千方百计抓投入，着力增强可持续发展动力

没有投入就没有产出。抓住了投入这个“牛鼻子”，就抓住了经济发展的关键。当前如何抓好投入，是对全县各级领导干部领导水平、组织能力的一次重要考验和检验。一要狠抓重点项目落实，打造新的经济增长点。当前是项目建设的黄金季节，县委、县政府进一步明确了全县30个重点项目的牵头责任人、责任单位和今年的推进目标。全县各级各部门要振奋精神，抢抓时机，争分夺秒，转变工作作风，提高工作效率，把主要精力放在推动项目落实上。要加大协调服务力度，想方设法帮助企业解决好建设过程中遇到的各种困难和问题，增强投资商的投资信心，提高投资热情，力促项目加大投入、加快建设，早日形成生产力。要严格执行重点项目跟踪落实责任制。各重点项目牵头责任人、责任单位要进一步加强项目现状分析，细化工作目标，强化工作措施，明确工作进度，用倒计时的办法推进项目落实，掀起新一轮项目建设的高潮。县委常委会近期将分别听取各镇党委、各相关职能部门党组的工作汇报，集中精力督办，解决一批重点项目推进过程中遇到的重大问题。二要激活各类资本，努力巩固和扩大现有产能。强化服务，充分激发企业投资活力，积极支持企业推进自主创新，开展技术改造，拓宽出口营销渠道，实施节能减排，提升企业的市场竞争力和可持续发展能力，加快产业升级和经济结构转型。认真做好银企对接服务工作，不断拓宽融资渠道，积极帮助企业解决资金难题。加大对民营企业的扶持力度，重点扶持一批民营企业做大做强。加强对民间投资的引导和推动，优化投资环境，充分激活各类生产要素，掀起全民创业热潮。三要加快工业园区化步伐，不断提高产业发展和集聚水平。稳步推进四大工业园区规划建设，不断完善园区基础设施配套，推动产业集约、资源节约，做大做强园区经济。要抓住市委、市政府推进佛山（清远）产业转移园扩园整合的契机，争取将我县革命老区工业园纳入其范畴，提升园区档次，加快园区开发建设。加大闲置土地的清理力度，大力推进“三旧”改造，抓好城乡土地增减挂钩工作，进一步盘活存量土地，缓解用地不足难题。进一步优化土地资源配置，优先保障工业园区、重大项目和新引进高端产业项目建设用地。围绕园区定位，突出主导产业、新兴产业、高端产业大招商、大引资，努力增加项目储备，夯实可持续发展动力。

（二）千方百计抓城乡建设，着力建设宜居城乡

加快推进城镇特色化进程，努力建设宜居城乡。一要努力提高山水园林城市建设水平。加快县城京珠出口板块的开发建设，年底前要有一个大的变样。加快青松东西路连接线建设，确保年底前贯通。加快新的县城生活垃圾填埋场建设，确保两年内基本建成。加快县城集污管网工程建设，争取年底前完工。加快推进龙凤大道、龙凤大桥、省道252线改道等建设工程相关工作，龙凤大道建设工程106国道至湛江河南岸段10月1日前要完成路面建设。强化房地产项目报建审批工作，加快碧桂园、华府上域、华府壹号、钱隆天下、圣菲康城、金碧花园、港深豪苑等一批房地产项目建设，力促恒大项目早日动工，保持房地产业持续健康快速发展。今年力争建成20幢高层建筑，面积超30万平方米，总投资超10亿元。加快推进九龙公园建设，力争今年国庆节前开园。在抓好城市建设的同时，要加强城市管理，提高城市精细化管理水平，巩固省文明县城、省卫生县城成果，切实提升城市品位。各镇要因地制宜，突出特色，加快推进城市化进程。二要大力推进名镇名村示范村建设。抓住我县作为全省2个名镇名村示范村建设示范县之一的重大机遇，围绕“一年初见成效，两年实现目标”的要求，着力打造具有广东特色的生态宜居和产业发展并举的名镇名村示范村，为全省名镇名村示范村建设探索先进经验。要抓统筹，严格落实名镇名村示范村建设《实施方案》，各级各部门各司其职，协调推进；要抓进度，细化目标，落实责任，突出重点，攻破难点，以倒计时的方法推进工作落实，确保年底前取得明显成效，接受省、市领导的“检阅”；要抓投入，用足用活政策，通过各条战线千方百计向上争取资金支持，广泛动员社会捐资、直接受益企业及村民出资，多渠道筹集建设资金；要抓宣传，加强宣传攻势，促进群众思想解放，充分调动方方面面支持名镇名村示范村建设的积极性和主动性；要抓带动，通过重点抓好石角镇龙南片、汤塘镇汤塘村、龙山镇上岳村、高岗镇陈屋村、迳头镇土仓下村、水头镇王田村等示范点建设，带动全县新农村建设迈上新水平。三要大力优化城乡生活环境。完善公路交通网络，加快推进佛连、汕湛高速佛冈段建设前期工作，抓好既定的公路桥梁的改造、扩建和路面维修工程，争取106国道佛冈南段大修工程尽快实施。认真抓好公共交通和物流运输管理工作，尽快启用

新的客运站。完善供电网络，加快城东220千伏变电站等电力基础设施建设，大力改善城乡供电条件。重视革命老区建设，促进区域协调发展。突出抓好106国道沿线环境整治，深入推进城乡清洁、“三边”整治工程，全面打造宜居城乡。

（三）千方百计抓旅游，着力促进社会消费

以推进广东省旅游综合改革示范县工作为抓手，继续抓好国际健康养生旅游示范基地建设，抓紧完成旅游总体规划编制，加快和深化旅游产业综合改革和转型升级。大力推进南方盛世、金谷森林公园、国鑫龙泉半岛、勤天城、体育公园等重点旅游项目的建设，继续支持森波拉、聚龙湾、篁胜等旅游龙头企业的发展，不断做大做强会展经济。积极筹备2011年全国汽车拉力锦标赛总决赛，让佛冈旅游的健康养生文化、激情狂欢文化再放异彩。结合社会主义新农村先行试验区建设和名镇名村示范村建设，大力打造富有佛冈特色的农家乐。要抓住工业经济加速发展的良好机遇，着力扶持扎根本土的大型物流基地和配送中心的发展，提升商贸流通业水平。深入挖掘和培育金融、保险、文化、休闲娱乐、信息咨询等新兴消费热点，扩大消费需求。继续巩固“万村千乡市场工程”，开展“家电下乡”、“以旧换新”工作，改善消费环境，促进居民消费。贯彻落实国家有关政策，引导房地产市场健康稳定发展，努力提高房屋等大宗消费对经济增长的拉动作用。

（四）千方百计抓增收，着力优化财政收支结构

各级各部门尤其是财税部门要挖掘潜力，努力提高财政调控手段的针对性和灵活性，切实把握好各项政策落实的力度、节奏和重点，确保收入均衡入库。一要下大力气抓好增收节支。要综合运用信贷奖励、税收奖励、财政贴息等财税政策，推动金融部门和企业投资，支持企业做大做强，力促约克二期、王老吉、碧桂园、恒大等一批项目今年产生税收，成为财政增长新的支撑点。强化收入运行监测和分析，加强部门协调，挖掘增收潜力，紧密跟踪收入进度，依法狠抓征管工作，做到应收尽收。完善公共财政体制，优化财政支出结构并形成长效机制，将更多财政资金投向社会建设，确保社会建设支出增长高于财政一般预算收入增长，集中财力用于改善民生。二要扎实推进财政体制改革。严格落实改革方案，及时发现和处理好改革过程中出现的新情况、新问题，确保改革成功。稳步推进收入分配制度改革，支持落实事业单位绩效工资制度，不断完善低收入群体财政补助的稳定增长机制，合理分配社会财富，维护社会公平。

（五）千方百计抓民生，着力推进发展成果全民共享

民生工程，关乎发展的大局，关乎社会和谐稳定。保障和改善民生，是发展经济的最终目的。今年以来我县集中力量在农业、水利、饮水、社保、医疗、住房、教育、文化、扶贫等方面办好十件民生实事，得到了群众的充分肯定和赞赏，下半年要毫不松懈地继续抓好。要进一步加强沙糖桔病虫害的防控，加快绿色食品生产基地和出口基地建设，办好沙糖桔节、竹山粉葛节，为特色农产品搭建良好的销售平台，做大做强特色农业产业。加强农田水利建设，全力做好农村饮水安全工程示范县迎国检工作，推进村村通自来水规划试点县工作。扎实推进社会保障扩面工作，确保今年实现新型农村养老保险全覆盖。积极开展“送图纸下乡”活动，大力整治违建行为，严厉打击非法开采稀土、瓷土以及非法买卖土地行为。加快全民健身广场和文化广场建设。加快推进教育现代化和医疗卫生事业发展。突出抓好扶贫开发“双到”工作，确保今年率先完成脱贫任务。十项民生实事的牵头责任人和单位要树立人本意识，切实负起责任，把保障和改善民生作为体现以人为本的执政理念、打造取信于民的有效渠道去抓实抓好。要将落实十项民生实事的情况作为牵头单位和责任人年度考核奖励的重要依据。在重点抓好十项民生实事的基础

上，统筹兼顾搞好"基本民生"，保障"底线民生"，关注"热点民生"，让城乡居民更充分、更公平地共享改革发展成果，不断增强幸福感。

（六）千方百计抓维稳，着力维护社会和谐稳定

要牢固树立"发展是第一要务，稳定是第一责任"和"保稳定就是保发展"的思想，全力维护社会和谐稳定。一要以防为先，及时排查矛盾纠纷。社会管理要重视"治未病"，未病先防，既病防变。要努力提高做好群众工作的能力和水平，加强对社情民意的收集、分析、研判，完善矛盾纠纷排查机制，充分发挥三级综治信访维稳中心的作用，增强工作预见性和主动性，努力将矛盾纠纷化解在基层，解决在萌芽状态。二要以疏为重，畅通民意表达渠道。"通则不痛，痛则不通"。这中医理论用在群众工作中同样在理。我们要怀着深厚的感情做群众工作，畅通群众意见表达渠道，创新公众利益诉求表达机制和社会矛盾化解机制，化堵为疏。要充分发现、尊重和发扬人民群众的首创精神，培育群众公民意识，积极扩大公民的有序政治参与，防止以官意代替民意。三要以管为主，不断创新社会管理。要认真贯彻落实省委、省政府《关于加强社会建设的决定》精神，把思维观念真正实现从"依靠群众打天下"向"依靠群众治天下"转变，从"对社会管理控制"向"为社会和群众服务"转变，从由党委政府"撑船"向由党委政府"掌舵"转变，加快推进法治政府和服务型政府建设，强化政府社会建设的职能，创新政府公共服务和管理机制。为切实加强这项工作，县委、县政府将成立社会建设工作领导小组、设立社会建设工作委员会、成立社会建设工作办公室。深入推进以法治惠民为宗旨的法治县创建工作，认真开展"六五"普法工作。四要以打为辅，强化严打震慑威力。扎实开展一系列重点打击行动，严厉打击"两抢一盗"等违法犯罪行为，增强法律对违法犯罪行为的强大震慑力，提高群众安全感。

四、加强党的建设，全面提升各级执行力

要完成今年的目标任务，关键在党，关键要有较强执行力的各级党组织和坚强战斗力的广大共产党员作保障。因此，我们要深刻认识强化党建工作的重要性和紧迫性，抓住关键环节，努力提升党的建设科学化水平，全面提升各级执行力。

（一）深入学习贯彻胡锦涛总书记"七一"重要讲话精神

学习贯彻胡锦涛总书记"七一"重要讲话精神，是当前和今后一个时期的一项重大政治任务。全县各级党组织、广大共产党员和干部群众要认真学习、深刻领会讲话精神实质，把思想和行动统一到讲话精神上来，积极投身加快统筹城乡发展、建设幸福佛冈的伟大实践，在改革开放和社会主义现代化建设的新征程上迈出更加坚实的步伐。

学习贯彻胡锦涛总书记"七一"重要讲话精神，关键要做到"八个深刻领会"：一要深刻领会我们党90年来完成和推进的"三件大事"，坚定党作为领导核心力量的信心。二要深刻领会我们党90年来奋斗历程中取得的"三大成就"，坚定走中国特色社会主义道路的信念。三要深刻领会我们党90年来探索的基本结论和"四个根本点"，坚定党领导人民不断前进的方向。四要深刻领会新形势下我们党面临的"四个考验"、"四个危险"，时刻保持清醒头脑。五要深刻领会在新的历史条件下提高党的建设科学化水平的"五个必须坚持"，明确新时期推动党的建设的基本要求。六要深刻领会对改革开放的深刻阐述，坚定深化改革开放的抉择。七要深刻领会在新的历史起点上全面推进中国特色社会主义伟大事业"四个坚定不移"的大政方针，明确新时期发展的主要任务。八要深刻领会以人为本、执政为民的理念，始终坚持全心全意为人民服务的根本宗旨。

（二）要正确处理好换届选举和推进发展的关系

要进一步提高对搞好换届选举工作重要性

的认识，充分认识到这既是党的组织制度的基本要求，更是加强我县各级领导班子建设，提高领导经济社会发展和驾驭复杂局面能力，加快推进统筹城乡发展进程、建设幸福佛冈的迫切需要，努力做到开展换届选举工作和推进日常工作“两不误”、“两促进”。要完善和改进对干部考察的方式方法，坚持以“德”为先，注重在具体工作落实上考察干部的“绩”，强调有为才有位的思想，选拔任用德才兼备、有德有绩、群众公认的干部，让能干事者有机会、干成事者有舞台，不让老实人吃亏，不让钻营者得利，着力提高选人用人质量，打造一支坚强有力的三级领导干部队伍。要营造风清气正的换届环境，严格遵守“5个严禁、17个不准、5个一律”和八项承诺，加强纪律监督，从严从快查处跑官要官、买官卖官、拉票贿选等违纪违法行为，让投机钻营、跑官要官、买官卖官的人没有市场。各级领导干部要把党和人民的事业放在第一位，正确对待自己的进退留转，端正态度，做到人心不散，工作不断，秩序不乱。

（三）要切实抓好基层组织建设

继续深入开展创先争优活动，不断拓展和丰富创先争优活动成果，形成加强基层组织建设的长效机制。加强干部教育培训，深入推进学习型党组织建设。坚持不懈地用党的创新理论武装党员、教育干部、指导实践，不断增强干部的宗旨意识、党性观念、业务知识，提高干好本职工作、解决实际问题、推动改革发展的能力。积极推进基层党组织活动创新，充分调动广大党员的参与热情，不断增强基层党组织的创造力、凝聚力和战斗力，凝聚强大的发展合力。

（四）要深入推进党风廉政建设

要坚持标本兼治、综合治理、惩防并举、注重预防的方针，深入开展党风廉政建设和反腐败斗争。扎实推进惩防体系建设，全面推进岗位廉政风险防范管理工作。继续抓好“廉风和畅”教育行动，积极探索廉政文化建设新载体，加快推进“清和园”和各镇“农民公园”廉政文化基地的规划建设。

要紧紧围绕“以人为本，执政为民”主题，认真开展纪律教育学习月活动，推进反腐倡廉建设上新台阶。一要深刻认识新形势下开展纪律教育学习月活动的重大意义。纪律教育学习是党风廉政建设和反腐败斗争的基础性工作。实践一再证明，搞好纪律教育活动，不仅是永葆党的先进性的重要举措，更是促进地方经济社会持续健康发展的重要保障。当前，我县正处于巩固经济高速增长和又好又快发展势头的关键时期，正处于全面探索科学发展新模式、加快推进统筹城乡发展进程、建设幸福佛冈的重要阶段，今年的纪律教育学习月活动，比以往任何时候都显得更为重要和迫切。二要联系实际，突出重点，切实把纪律教育学习月的各项活动落到实处。这次纪律教育学习活动，重点是开展好大学习和加强作风建设。要创新学习形式，注重学习效果，建立健全各项学习交流制度，广泛开展争创学习型、服务型机关活动，做到学习教育和推进工作相互促进，努力把学习体会和成果转化为谋划工作的思路、推动工作落实的动力。各级党政“一把手”要带头学习，带头作辅导报告，带头参加教育活动。要通过召开座谈会、设立意见箱、开通热线电话、开展谈心活动、接访群众、深入基层和群众面对面沟通等多种形式，切实解决好群众反映突出的热点、难点问题。要认真对照加强“五个方面”作风建设和树立“八个方面”良好风气的要求，切实把加强作风建设作为一项重要的经常性工作抓紧抓好。三要加强领导，扩大宣传，确保纪律教育学习活动取得实实在在的成效。各级党委和纪检监察机关，要认真研究今年纪律教育学习月活动的特点，认真部署，精心安排，狠抓落实。组织、宣传、党校、教育、文化等部门要主动配合，加强组织，加强宣传，加强教育辅导。要推动载体创新，注意随着形势、任务的变化不断推陈出新，力求体现时代精神、突出佛冈特色、适应党员成长规律。要进一步加强宣传力度，继续深入推进廉政文化“六进”

活动，扩大廉政文化的覆盖面，增强廉政文化的渗透力和影响力。此外，根据省纪委和省委保密委员会的要求，在今年的纪律教育学习月活动中，要认真开展保密纪律教育和保密宣传教育，增强全民保密观念。

要脚踏实地抓好工作落实。大兴求真务实之风，建立完善抓落实的工作机制，努力营造集中精神抓落实的工作氛围。要突出重点项目抓落实，各重点项目负责人要每月报送一次项目进展情况，督导组每月通报一次，好的表扬，不好的批评甚至问责。要不断加大对重点工作、重点项目、民生工程、土地市场、节能减排等方面的监督和问责力度，使各级领导干部不断增强表率意识、责任意识、实干意识、创新意识，提高办事效率，提升机关服务效能。要严格执行请销假制度，除了重大项目的招商引资，下半年一般不要安排外出，集中精力抓好工作的落实。

同志们，美好的发展前景激励着我们，光荣的使命召唤着我们，全县干部群众对我们充满了期望。让我们紧密团结在以胡锦涛同志为总书记的党中央周围，深入贯彻落实科学发展观，以学习贯彻胡锦涛总书记“七一”重要讲话精神和省委十届九次全会、市委五届十三次全会精神为动力，进一步坚定必胜的信心和决心，以更加饱满的精神，以更加昂扬的斗志，求真务实，拼搏实干，奋力夺取全年目标任务的重大胜利，为加快统筹城乡发展进程、建设幸福佛冈作出新的更大贡献！

佛冈县人民中心广场

政府工作报告

——2011年3月2日在佛冈县第十三届人民代表大会第五次会议上

佛冈县县长　华旭初

各位代表：

我代表县人民政府向大会报告政府工作，请予审议，并请政协各位委员和其他列席人员提出意见。

一、“十一五”时期工作回顾

“十一五”时期是充满压力和挑战的五年，也是我县经济社会实现跨越式发展的五年。面对国际金融危机的严重冲击和低温雨雪冰冻等自然灾害的严重影响，县政府在上级党委、政府和县委的正确领导下，在县人大、县政协的监督支持下，坚持以邓小平理论和“三个代表”重要思想为指导，深入贯彻落实科学发展观，坚定不移地以统筹城乡一体化科学发展为工作主线，大力推进“三促进一保持”，坚定不移调结构，脚踏实地促转变，经济社会发展实现“科学引领、结构优化、增长较快、实力增强、民生改善、形象提升”的良好格局，2010年和“十一五”各项目标任务圆满完成。主要表现在“五个新”：

（一）“十一五”时期，是我县紧抓加快发展、县域经济实现新跨越的时期

——综合实力迈上新台阶。2010年全县生产总值突破100亿元大关，达到122.8亿元，比上年增长22.3%，比2005年增长2.7倍，年均增长29.9%；人均生产总值约4万元，比上年增长19.8%，比2005年增长2.1倍，年均增长25.2%。来源于佛冈的财政总收入13亿元，比上年增长24.3%，比2005年增长3倍，年均增长32.4%。财政一般预算收入6.89亿元，比上年增长41.13%，比2005年增长3.3倍，年均增长34%。金融机构本外币存款余额66.5亿元，贷款余额28.2亿元，分别比年初增长21.2%和23.3%。GDP、固定资产投资、财政一般预算收入比“十一五”规划目标分别超出46%、36%、64%。我县综合发展力在全省67个县域排第7位，连续两年位居全省山区5市县域首位。

——工业经济迅猛发展。2010年，规模以上工业企业由2005年的72家增至99家，完成总产值505.7亿元，比上年增长42.1%，比2005年增长5.5倍，年均增长45.5%；完成工业增加值101.6亿元，比上年增长30%，比2005年增长3.3倍，年均增长34%；实现利润5.24亿元，比上年增长29.8%，比2005年增长6倍。

——农业农村经济有新提升。“十一五”期间全面取消农业税，发放各类农业补贴共计5000多万元，农民负担大幅度减轻。2010年实现农业总产值9.25亿元，比上年增长10%，比2005年增长41.5%，年均增长7.2%。粮食播种面积22.9万亩，优质稻比重提高到96.1%。沙糖桔种植面积16.5万亩，比2005年增加1倍多。农业产业化程度进一步提高，有省、市级农业龙头企业7家，农民专业合作社34个。积极扶持沙糖桔产业，加强沙糖桔病虫害的防控。申报注册“佛冈沙糖桔”商标。佛冈沙糖桔走进了人民大会堂，并成为了省委十届八次全会的礼品，知名度进一步提升。成功举办多届沙糖桔推介会，拓宽销售渠道，帮助果农增收。广生元蛋鸡场扩大到20万种鸡的规模；金鲜美

优质水稻种植与深加工项目列入省现代产业500强，正在积极扩建加工生产线，争取今年达5万吨的生产能力。

——旅游经济快速发展。加快国际（中国·佛冈）健康养生旅游示范基地建设，聚龙湾温泉度假村成功纳入省重点培育的现代产业500强。征集并评出我县旅游标志和宣传口号。积极开展佛冈十大养生菜、五大手信评选及推广。大力扶持农家乐，全县现有农家乐60多家，其中星级农家乐11家，直接解决1000多人就业。2010年全县接待游客386万人次，比上年增长28%，比2005年增长3.15倍，年均增长32.9%；旅游收入15亿元，比上年增长67%，是2005年的20倍，年均增长83%。积极发展会议经济，全年接待旅游会议团队8000多个，我县已成为珠三角地区会议休闲旅游首选目的地之一。

——经济发展内生动力增强。实施扩内需战略，积极应对国际金融危机冲击，投资需求和消费需求有效扩大。五年完成固定资产投资432.4亿元，2010年达130.8亿元，比上年增长22.2%，比2005年增长3.7倍，年均增长36.3%。2010年社会消费品零售总额28.8亿元，比上年增长22.1%，比2005年增长1.7倍，年均增长21.6%。

——区域形象显著提升。成功举办两届全国汽车拉力锦标赛，展示了我县改革发展的丰硕成果和干部群众良好的精神风貌，提升了佛冈的知名度和美誉度。“十一五”时期我县先后获得全国农田水利基本建设先进单位、全国计划生育优质服务先进单位、全国农村饮水安全工程建设示范县、全国兴果富农百强优质示范县、全国平安农机示范县和省卫生县城、省文明县城、省旅游强县、省教育强县等10余项国家和省部级荣誉称号。县水务局、环保局、史志办、烟草局等多个部门获国家级行业表彰。

（二）“十一五”时期，是我县紧抓结构调整、发展方式转变实现新起步的时期

——招商引资成果丰硕。“十一五”时期共引进外来投资项目164个，合同资金580亿元，实际利用资金180亿元。其中引进外（外国及港、澳、台）商投资项目75个，合同资金近4亿美元，实际利用资金近2.4亿美元，分别是“十五”时期的1.2倍和2倍。2010年外贸出口总额3.39亿美元，是2005年的2.16倍。

——自主创新能力有效增强。“约克模式”成为全省自我升级创新发展的典范。国珠“佛冈创造”的品牌影响力和发展竞争力持续提高。新菱自控获得2010年第一批广东省中小企业创新产业化示范基地和省创新信息化示范企业荣誉称号，成为清华大学研究生院第二个全国性实习基地。天壤公司通过绿色食品A级认证，博华创得省级著名商标，竹山粉葛国家级农业标准化成功通过验收，森波拉、聚龙湾通过省温泉旅游示范基地验收。全县有11家企业先后获得了《采用国际标准和国外先进标准证书》，增强了企业的竞争力。“十一五”期间全县申请专利112件，专利授权量60件。

——产业结构进一步调整。加快传统产业改造提升和先进制造业、高新技术产业发展，国家级高新技术企业增加到7家。2010年高新技术企业实现工业总产值60亿元，比上年增长43%。三次产业结构由2005年的11.2∶58.9∶29.9调整为5.1∶76.7∶18.2，工业对经济增长的主导作用进一步增强。

——工业园区化进程加快。龙山空调制冷配件产业集群被认定为省产业集群升级示范区。形成了建滔电子工业园覆铜面板和江森约克科技园盘管两个全球最大的生产基地。江森约克科技园还被省科技厅认定为广东省火炬计划特色产业生产基地。我县园区工业产值占全县工业总产值的比重达80%以上。

——节能减排目标顺利完成。强化节能预警调控，认真落实节能措施，加快淘汰落后产能。加强污染减排设施建设，强化重点流域及重点排污企业监管。建成县城生活污水处理厂，日处理能力达3万吨。单位GDP能耗、二氧化硫排放量、化学需氧量排放量顺利完成市下达的“十一五”目标。

——节约集约用地工作取得新成效。优化土地资源配置，深挖用地潜力，积极推进土地节约集约利用。大力开展利用园地、山坡地补充耕地工作，五年开发补充耕地19065亩。启动了“三旧”改造工作，制定了年度实施计划和专项规划，已上报省审核。

（三）“十一五”时期，是我县紧抓城乡统筹、城乡面貌呈现新变化的时期

——基础设施不断完善。“二纵三横”主干公路网逐步完善。五年共完成基础设施建设投资56.2亿元，其中交通设施投资近5亿元，完成106国道县城段扩建和全线中修工程，78个行政村全部通硬底化公路。我县公路通车里程达1250公里，五年新增370公里，每百平方公里公路密度从2005年的67.6公里提高到96.2公里。汕湛高速公路佛冈段已列入全省1000公里高速公路建设规划，佛连高速公路已纳入省“十二五”规划。五年共投入电网建设资金3.5亿元，是“十五”时期的1.46倍。相继建成220千伏滘江变电站等一批输变电工程，用电负荷提升至62万千瓦，比2005年增长1.68倍。西气东输二线工程佛冈段进展顺利，在我县设置了分输阀室，为日后使用管道天然气奠定了基础。

——城市品位逐步提升。“十一五”期间，市政建设累计投入5亿多元，深入推进县城“东扩南拓北进”战略，先后集中实施“五大建设主战场”和“五路一桥”建设，完成了环城东西路升级改造和水轴线、英佛公路、北山公园美化亮化工程等多项城市建设项目。启动了龙凤大道、省道252线县城段改线等项目，初步奠定了县城50平方公里的交通框架，形成了以石角镇为中心，汤塘、迳头镇为次中心，其他各镇人口加快集聚发展的新格局。县城区域面积扩展到10.3平方公里，人口增加到13万。加快房地产业发展，引资开发了碧桂园清泉城、城市春天、明珠花园、枫仕丹顿、港深豪苑、圣菲康城、钱隆天下等10多个大型高尚房地产项目，2010年房地产施工面积61万平方米，竣工面积24万平方米，销售面积32万平方米，销售额6.7亿元，分别比上年增长82%、122%、46.7%和68.9%。县城现有18层以上高层建筑25幢，报建在建25层以上高层建筑16幢、30层以上5幢。大力推进宜居城乡建设、“三边”整治和城乡清洁工程，城镇管理水平不断提升。

——镇容村貌明显改观。累计投入4.3亿元推进新农村建设。龙南区域已被确定为省新农村建设先行试验区。五年共投入水利建设资金2.5亿元，是“十五”时期的2.8倍。完成农村饮水安全工程建设任务，解决8.8万人的饮水安全问题。完成堤防建设和加固总长度40公里、病险水库除险加固工程20宗、省人大议案机电排灌工程5宗，全面完成3000亩农田水利整治任务。省村村通自来水试点县、省现代排涝试点工程之一的龙山荷田涝区改造工程稳步推进。

——扶贫开发成效显著。积极实施农村安居工程，加大扶贫开发力度，贫困地区生产生活条件进一步改善，贫困人口脱贫奔康步伐加快。尤其通过“规划到户、责任到人”扶贫开发，实现扶贫资源配置到户，扶贫责任落实到人。全县累计投入帮扶资金8500万元，33个贫困村和1983户7483人实现脱贫目标，村、户脱贫率分别为84.6%和58%。贫困社区互助试点工作进展顺利，共发放互助金210万元，有效解决部分贫困户生产资金不足的问题。

（四）“十一五”时期，是我县紧抓社会建设、人民生活有新改善的时期

——重点领域改革扎实推进。围绕建设为民、高效、廉洁的服务型政府，全面完成政府机构改革任务。深化行政审批制度改革，推行精简审批、提速审批和“阳光审批”，行政审批效能得到提高。简政强镇改革加快推进，企事业单位改革、人事制度改革和绩效工资制度改革取得新进展。金融机构改革进一步深化。教育、卫生、文化体制改革深入推进。完成基层农业技术体系改革和建设，集体林权和林业体制改革进展顺利。

——人民生活质量稳步提升。高度重视以保障和改善民生为重点的社会建设，人民生活

水平稳步提高。2010年在岗职工年人均工资29367元，比上年增长11%，比2005年增长70.8%，年均增长11.3%；农民年人均纯收入6538元，比上年增长12%，比2005年增长74.2%，年均增长11.7%。城乡居民储蓄余额46.36亿元，比年初增长24.9%，比2005年增长1.15倍，年均增长16.6%。认真落实促进就业各项政策，积极帮扶大学生、农民工等群体就业，五年新增城镇就业2.8万人，2010年新增5508人，城镇登记失业率为2.9%；五年组织各类职业技能培训16176人次。大力推进农民工入户城镇工作，目前已有506名农民工入户佛冈。

——社会保障体系进一步完善。积极拓展城镇居民基本医疗保险、农村合作医疗、农村养老保险和失地农民养老保险的覆盖面，社会保障体系基本覆盖城乡。2010年全县农村合作医疗参合率达98.67%，参合农民报销医疗费用3275万元；新农保试点工作取得可喜成绩，全县参保人数91464人，参保率为52%，超额完成省下达的30%的参保任务。全县4252户11249人享受低保政策，实现应保尽保。完善城乡医疗救助制度，救助13056人。各项社保基金历年滚存累计结余3亿元，是2005年的2.67倍。积极推进城镇低收入家庭住房保障工作，48套廉租住房和16套公共租赁房工程被评为市“双优”工程。

——教育强县成果不断提升。义务教育阶段学生“两免一补”政策全面落实，贫困学生助学体系基本建立，各级各类教育均衡发展。2010年全县财政用于教育支出2亿元，比2005年增长1.6倍。提前两年实现基本普高目标，为全市提前实现普高作出重大贡献。教育教学质量稳居全市前列。高中学位100%为“国示”学位，在全省独树一帜。省学前教育发展模式、义务教育均衡发展两项试点工作全面推进。落实教师住房公积金制度。全面实施教师绩效工资，增加教师岗位津贴，解决教师工资福利待遇“两相当”问题。通过招录考试和转岗的方式，全部解决中小学代课教师问题。

——卫生事业加快发展。基层卫生服务体系建设不断推进，医疗条件明显改善。2010年全县财政用于医疗卫生事业支出8500万元，比2005年增长3.4倍，年均增长35%。稳步推进医药卫生体制改革。县镇卫生基础设施建设得到加强，县人民医院住院楼、县疾控中心综合楼、汤塘镇医院综合楼相继投入使用，县妇幼保健院新院建设进展顺利。县人民医院争取到国家1100万元资金进行改造建设。中医药事业不断发展。突发公共卫生事件应急机制逐步健全，有效防控了禽流感、甲型H1N1流感等疫情，确保了人民群众的生命安全。

——计生工作取得显著成绩。认真落实“关心到户、服务到人”工作，加大人口出生控制力度，提高人口素质。在保持全省一类地区先进水平的基础上，实现计划生育优质服务上新水平，连续多年受到省委省政府表彰奖励，被确定为“2011年全省人口计生综合改革示范县”，县人口计生服务站、汤塘人口计生服务所分别被国家人口计生委授予“全国计划生育优质服务示范站、所”称号。2010年全县出生率为12.87‰，政策生育率为96.23%，自然增长率为6.88‰，出生人口性别比107。全县4个镇实现无政策外多孩出生，56个村（居）实现无政策外出生。率先在全市实行城镇独生子女父母奖励，开展免费婚检和产检。

——社会保持和谐稳定。县、镇、村三级综治信访维稳中心全面建成。加大对各类社会矛盾的排查和调处力度，及时解决影响社会和谐稳定的问题。实施“平安佛冈”工程，深入推进“社会矛盾化解、社会管理创新、公正廉洁执法”三项重点工作，大力推进社会管理创新六项工程，严厉打击各类违法犯罪行为，公众安全感和群众满意度明显提升。加强安全生产专项整治，有效防范重特大安全事故的发生，安全生产形势总体稳定。

——各项事业全面进步。科学编制《佛冈县国民经济和社会发展第十二个五年规划纲要》和《佛冈县主体功能区规划》。响应省委省政府积极推进文化强省建设的号召，研究部署我县的文化强县战略，扎实推进农民健身工程、2131电影放映工程和农家书屋工程建设。加大环保执法力度，强化环境状况监测，加强环境质量整治。盈泰被省授予环保诚信企业，县城生活污水处理厂被评为"广东省环境保护优秀示范工程"。省综合应急救援队伍建设试点工作取得阶段性成果，试点经验在全市推广。加强重大动物疫病防控，免疫率达100%。金融服务当地经济发展的力度不断加强，2010年末中小企业贷款余额16.13亿元，扶持沙糖桔产业发展贷款1亿多元。超额完成市下达的造林任务，大力调处山林纠纷。积极开展地质灾害防治，顺利通过全国地质灾害防治"十有县"建设检查验收。认真开展第六次全国人口普查。全面启动国家级药品安全示范县创建工作。大力开展产品质量和食品药品安全专项整治，加大打假、打私、打传力度，市场经济秩序进一步规范。此外，武装、双拥、优抚和残疾人工作稳步推进，人才、编制、邮政、消防、审计、统计、妇儿、爱卫、档案、供销、粮食、物价、人防、房改、气象、外事、侨务等工作取得新成绩，发展改革、广播电视、新闻出版、机关事务、民族宗教、对台事务、老区建设、市场开发等各项事业全面发展。

（五）"十一五"时期，是我县紧抓依法行政、执行力有新提升的时期

——依法行政全面推进。认真实施《行政许可法》。全面推进行政审批电子监察系统建设，提前完成了所有窗口部门视频监察系统建设，实现"一网式"行政审批，"阳光政府"工程日趋完善。坚持向县人大及其常委会报告工作、向政协通报情况，自觉接受人大和政协监督，"十一五"期间共办理人大代表建议294件、政协委员提案614件。深入开展全民法制教育，"五五"普法工作顺利通过验收。"法治佛冈"创建活动取得新成效，成为首批全国和省法治县（市、区）创建活动先进单位。

——政府执行力有大提升。深入开展争创"五个一流"、学习实践科学发展观、创先争优等活动。全县各级干部围绕中心工作、履行职责、服务群众、工作作风、组织纪律、廉洁自律、道德修养等方面作出公开承诺，接受社会监督，以点带面推动全县创先争优活动的深入开展。强化行政问责，全面实行网上咨询投诉处理末位通报制度。加强督促检查，将县委、县政府确定的重点工作、重点项目、试点工作和民生工程进展情况张榜公布，定期督查。坚决贯彻上级反腐倡廉重大决策部署，积极推进党风廉政建设和反腐败工作的深入开展。精心组织"行风热线"节目，有效解决群众反映的热点问题300多个。

各位代表，成绩来之不易，经验弥足珍贵。五年的工作实践，我们深深地体会到，要加快佛冈发展、办好佛冈人民的事情，必须保持好、发展好以下成功经验：第一，坚持以科学发展观统揽全局，是推动佛冈跨越发展的思想指南。深刻领会科学发展观的实质内涵，转变粗放型发展路径和理念，注重速度与质量的统一，努力寻求破解发展难题的新途径，推动了经济与社会的又好又快发展。第二，坚持调结构促转变，是推动佛冈跨越发展的必由之路。紧紧把握国际金融危机带来的倒逼压力和转型契机，积极推进产业和经济结构调整，提高自主创新能力，加快发展高端产业，提高产业发展水平，有效提升了经济发展质量。第三，坚持改革创新，是推动佛冈跨越发展的强大动力。以解放思想、创新观念为先导，深入推进重点领域和关键环节改革攻坚，不断创新政策、体制机制，积极探索符合佛冈实际的发展路子，最大限度释放了发展活力，为加快发展注入了强大动力。第四，坚持统筹城乡区域发展，是推动佛冈跨越发展的重要抓手。坚持全面谋划、统筹协调、分类指导，深入推进"双转移"和"双到"扶贫开发，抓好"三圈四园"产业布局，积极开展主体功能区规划试点工作，以经济区域来谋划推进经济工作，促进了城乡和区域的协调发展。第五，坚持以人为本、改善民生，是推动佛冈跨越发展的根本宗旨。把解决民生问题作为发展的前提与归宿，大力发展教育、文化、卫生等各项事业，

不断提高人民群众物质文化和社会保障水平，扎扎实实为群众谋福祉。第六，坚持提高政府执行力，是推动佛冈跨越发展的重要保障。深化行政审批制度改革，狠抓公务员队伍建设，全面推进政务公开，切实提高政府依法行政和服务水平。大力倡导真抓实干的作风，完善责任落实机制，狠抓督促检查，推动了各项工作的有效开展。

各位代表，“十一五”时期是我县经济实力提升最快、城乡面貌变化最大、社会各项事业进步最为显著、人民群众得到实惠最多的五年，是具有里程碑意义的五年。这些成绩的取得，是上级党委、政府和县委正确领导的结果，是县人大及其常委会和县政协监督支持、通力协作的结果，是全县人民同心同德、抢抓机遇、开拓进取的结果，是历届政府打下良好基础，所有老领导、老同志、民主党派、群众团体、驻佛部队和港澳台同胞、海外侨胞及社会各界人士关心支持的结果。在此，我代表县政府，向给予政府工作大力支持的全县人民群众、各级人大代表、政协委员、各民主党派、工商联和无党派人士，向支持帮助地方工作的驻军指战员、武警、消防官兵，向为佛冈发展作出贡献的港澳同胞、台湾同胞、海外侨胞和外籍友人，表示衷心的感谢并致以崇高的敬意！

回顾“十一五”时期的工作，我们也清醒地看到，我县经济社会发展的道路上还存在不少困难和问题，主要表现在：一是产业结构调整优化任务依然艰巨，发展方式尚待进一步转型；二是部分镇、村发展相对滞后，统筹城乡发展、协调区域发展、实现南北均衡发展的任务还比较艰巨；三是资金、土地等要素供应不足问题日益突出，缺乏大项目带动，发展后劲受到制约。对此，我们将在“十二五”时期努力加以克服和解决。

二、“十二五”时期的奋斗目标和主要任务

“十二五”时期是推动经济结构优化升级、加快发展方式转变的攻坚期，也是我县建设全面小康社会、推动经济社会实现更大跨越的关键期。我们要准确把握形势，积极应对各种挑战，奋力开创我县统筹城乡发展新局面，努力建设幸福佛冈。

根据党的十七届五中全会、省委十届八次全会、市委五届十二次全会精神和县委关于“十二五”规划的建议，县政府组织编制了《佛冈县国民经济和社会发展第十二个五年规划纲要（草案）》。《规划纲要（草案）》及其说明已印发大会。《规划纲要（草案）》提出，“十二五”时期工作的总体要求是：以邓小平理论和“三个代表”重要思想为指导，深入贯彻落实科学发展观，以科学发展为主题，以加快转变经济发展方式为主线，以“统筹城乡发展、建设幸福佛冈”为核心，全面推进经济、社会、文化和生态文明建设，实现经济与社会、环境的协调发展、城乡区域的统筹发展、人与自然的和谐发展，努力打造绿色工业基地、旅游会展旺地、创业宜居福地、城乡一体化发展先行区和广州北卫星城，不断提高人民的幸福水平，为全面建成小康社会和基本实现现代化奠定基础。

“十二五”时期我县经济社会发展主要目标是：经济实力显著增强，到2015年，全县生产总值达到275亿元，年均增长18%；人均GDP达到7.5万元，年均增长17%。经济结构明显优化，城乡发展明显加快，民生质量明显提高，社会事业明显提升，生态环境明显改善。

根据上述总体要求，实现“十二五”规划目标，要在“十个着力”上下功夫：

（一）着力推动城乡统筹与一体化。以统筹城乡规划为首要任务，建立城乡建设规划、土地利用规划、产业发展规划以及主体功能区规划相互衔接的规划体系，重点统筹城乡基础设施建设、产业布局、公共服务以及社会管理。

（二）着力加快产业集聚与优化。以“农业增效、农民增收、农村发展”为目标，打造“特色农业、观光农业、品牌农业、生态农业、产业化农业”，加大统筹城乡发展的力度，切实解决“三农”问题。坚持走“工业园区化、产业集聚化、集聚高端化”的新型工业化道路，积极承接珠三角产业转移，推动三次产业的协调发展及其结构的优化调整。

（三）着力推动自主创新与创业。要把创新作为推动经济发展方式转变的根本动力，推动经济增长动力转换到科技引领、创新驱动的轨道。健全区域自主创新体系，优化人才引进和成长环境，培育企业自主创新能力，优先发展高新技术产业和先进制造业。同时，要大力促进本土创业，发展民营经济。

（四）着力加快促进城乡区域协调发展。要推动主体功能区划分与区域协调。继续加强主体功能区建设，实现县域产业空间布局的优化，促进南北地区优势互补、互动发展，重点扶持北部的发展，形成城乡区域协调发展的新格局。

（五）着力加快推进城镇化。要提升城镇的规划建设水平和品位，加快“三旧”改造步伐，推动土地利用管理和城乡建设上新水平。加大城市建设和交通基础设施建设力度，突出高效管理，促进提质扩容。以工业园区化和城镇特色化为抓手，加快推进产业集聚和人口集聚，增强发展内生动力，全力提升城镇化水平。

（六）着力加快大文化建设。积极构建公共文化服务体系，大力推进文化事业建设；不断提高文化创新能力，促进文化产业优化升级；深化文化体制改革，进一步解放和发展文化生产力。通过文化强县建设，提升我县科学发展软实力。

（七）着力推动民生与福利改善。要按照以人为本的要求，把保障和改善民生作为工作的根本出发点和落脚点，努力实现城乡居民收入较快增长。重点抓好劳动就业、社会保障、社区服务、食品安全等事关民众切身利益的民生工程，让广大人民群众共享改革发展成果。

（八）着力推动社会发展与和谐。在加快经济发展的同时，更加重视社会发展和进步，将社会事业发展提升到新的高度，推进基本公共服务均等化和管理人性化，加快教育现代化建设，大力发展医疗卫生事业。加强社会治安综合管理，推进民主法制建设，促进社会公平与正义。

（九）着力推动资源节约与环境保护。大力调整优化土地利用结构和布局，集约利用土地。加大污染防治力度，严格产业选择，强化节能降耗目标责任管理，大力发展循环经济和低碳经济，加强生态保护和建设。

（十）着力推动体制机制改革与对外开放。高度重视行政管理体制改革、企业体制改革、市场运行机制改革，发挥市场机制在资源配置中的基础性作用。推动外经贸从规模数量型向质量效益型转变，提高招商引资的质量和水平；充分利用毗邻珠三角和承南启北的地缘优势，扩大对外经济联系，提升对外开放水平。

各位代表，“十二五”的宏伟蓝图已经绘就，佛冈发展新的航程已经开启。只要全县人民团结一致、奋力拼搏，就一定能在科学发展的道路上阔步前行，开创更加美好的明天！

三、2011 年工作安排

2011 年是实施“十二五”规划的开局之年，也是中国共产党成立 90 周年。做好 2011 年的工作，对于巩固应对金融危机成果、实现“十二五”良好开局意义重大。今年政府工作的总体要求是：深入贯彻落实科学发展观，全面落实党的十七届五中全会、省委十届八次全会、市委五届十二次全会和县委十一届九次全会精神，围绕“统筹城乡发展、建设幸福佛冈”核心任务，在县委的正确领导下，以加快转变经济发展方式为主线，着力“保高速、调结构、惠民生、促和谐”，加快绿色工业基地、旅游会展旺地、创业宜居福地、城乡一体化发展先行区和广州北卫星城建设进程，开创经济社会持续健康发展新局面，为“十二五”时期的科学发展奠定基础。

今年全县经济发展的主要预期目标是：生产总值增长 19.8%，人均生产总值增长 17.6%，固定资产投资增长 17.6%，地方财政一般预算收入增长 22%，在岗职工年人均工资增长 12%，农民年人均纯收入增长 13%。

要完成上述目标任务，必须突出抓好“九个努力建设”：

（一）以大项目推进为抓手，努力建设工业佛冈

佛冈近年来的高速增长，工业经济是首要推动力。我们要抓住工业不放松，坚持近年工业经济高速发展的有效经验，结合新机遇新形势，推动工业经济向更好更快更高效益发展。一要抓好大项目的引进。坚持招商引资联席会议制度，大力实施服务承诺、限时办结、无偿代办等工作制度。加强王老吉罐装生产线、南天电力、南方玻璃、通用玻璃等在谈项目的跟踪，力争全部落户佛冈。二要推进大项目建设。紧紧围绕2010年系列庆典活动签约、奠基的重点项目以及县确定的15个重点项目，以更大的力度提升工业投资水平，确保工业投资有大突破。落实重点企业直通车服务，确保王老吉浓缩液项目在3月投产，并按合同约定产生效益；松峰机械、鑫源恒业、海兴等项目力争上半年投产；约克二期、亿利达等项目力争下半年形成新的产能。三要加快园区建设。提升发展先进制造业和高新技术产业，实现产业多元化、结构合理化。促进铸造业等传统产业提高技术水平和转型升级，加快诚康再生铝产业基地建设。努力在电子化工、食品饮料、空调制冷等关键产业实现新的突破，延伸产业链，积极创建省级产业转移园和高技术产业基地。四要加强自主创新。继续大力推进以企业为主体、以市场为导向、产学研相结合的创新体系建设，打造1－2个科技型领军企业，争取在约克、国珠建立两个博士工作站，加快留学生创业园建设。实施名牌带动战略，争取把国珠、新菱、王老吉培育成为省的现代产业500强。把新菱自控培育上市。

（二）以“三农”工作为抓手，努力建设强农佛冈

按照统筹城乡发展的要求，扎实推进“三农”工作。一要稳定粮食生产。大力推进粮食规模化和优质化种植，落实对种粮农民的各项补贴政策，提高农民种粮积极性。二要加快新农村建设。加强与共建单位的协调沟通，加快推进龙南“共建新农村先行试验区”建设，确保年内取得明显成效。建立整村拆建、复耕复绿补助制度，加强农房改造，改善农村居住环境。加强农村饮水安全工程运行管理，让农饮工程惠及更多农民群众。三要做大做强特色农业产业。加快无公害农产品和沙糖桔绿色食品生产基地和出口基地建设，继续办好沙糖桔节，将竹山村粉葛节提升为佛冈竹山粉葛节，扩大特色农业产业影响力。高度重视沙糖桔销售网络建设，推动农副产品销售电子商务化，建立稳定的销售市场。推进农业产业化，加大对金鲜美、广生元等重点农业龙头企业扶持力度。

（三）以城镇建设为抓手，努力建设宜居佛冈

强化城乡规划建设，提升城镇管理水平，努力打造宜居城乡。一要提高规划水平。围绕将县城建设成为30万人以上、50平方公里左右中等规模的山水园林城市的目标，加快城乡规划。重点抓好县城总体规划修编、县城控制性详细规划编制、高岗镇镇区总体规划编制和龙山镇镇区总体规划修编工作。二要抓好城乡基础设施建设。县城龙凤大道工程106国道至潖江河南岸段要在今年7月1日前建成，向北延伸的工程力争下半年动工；继续完善北山公园相关配套设施建设；京珠出口板块年内要有明显成效；选址新建县城生活垃圾填埋场，两年内要基本建成投入使用；加快青松东西路连接线建设，确保今年内贯通；县城集污管网工程争取年底前完成。做好县人防指挥中心建设工程的前期准备工作，争取省人防疏散基地在我县建设。加快城东220千伏变电站建设，提高城东片区供电能力。加快推进佛连、汕湛高速公路佛冈段前期工作。抓好县道374线（旗大线）的改造、省道252线龙南段的路面维修、国道106线的危桥改造、县道362线和376线（民龙线）扩建工程建设。加强乡村公路的管理和养护，提高农村公路的通达深度和畅通水平。三要加快房地产项目建设。强化房地产项目报建审批服务，加快碧桂园、恒大、华龙、钱隆天下、圣菲康城、明珠花园等一批房地产项目建设，今年力争建成20幢高层建筑，面积超30万平方米，总投资超10亿元。

碧桂园清泉城项目要在上半年开盘；恒大金碧山庄项目要在上半年动工，下半年开盘。加快建滔“退二进三”项目的规划建设。四要继续抓好“三边”整治。积极争取上级立项和资金支持，规划将县城城防工程延伸至水头镇区，打造更加靓丽的水轴线。五要抓好城乡管理。整合城管资源，建立县镇统一的城管体系。巩固城乡清洁工程阶段性成果，建立城乡卫生管理长效机制。加快实施城乡亮化工程。坚决清理违章建筑，规范建筑市场。六要抓好“三旧”改造。积极争取“三旧”改造年度实施计划和专项规划及早得到省的批准。扎实稳妥推进以“增减挂钩”方式进行的旧村庄改造，力争年内完成旧村庄改造面积3000亩。

（四）以增加收入为抓手，努力建设富裕佛冈

今年及今后一段时期，我们要将壮大地方财力、增加城乡居民收入作为经济工作的主要目标，建设富裕佛冈。一要壮财力。综合运用信贷奖励、税收奖励、财政贴息等财税政策，推动金融部门和企业投资，支持企业做大做强，力促约克二期、王老吉、碧桂园、恒大等一批项目今年产生税收，成为财力增长新的支撑点。强化收入运行监测和分析，加强部门协调，坚持依法征收、应收尽收，提高征管效能，挖掘增收潜力，确保均衡入库。加强政府融资平台建设，加大政府融资力度。二要节开支。坚持节约办事，大力压减一般性财政开支，将财力更多地用于公共设施、公共管理、公共服务、保障民生和重点项目建设。三要增收入。努力提高干部职工工资福利待遇，积极实施“城乡居民收入五年倍增计划”。加强农业综合开发，大力发展现代农业，增加农民收入。统筹落实就业政策，加强城乡劳动力培训和转移就业，积极拓宽就业渠道，大力开发就业岗位，不断优化就业服务，增加城乡居民工资性收入。鼓励和支持全民创业，通过创业增加非农收入。

（五）以旅游综合改革为抓手，努力建设养生佛冈

今年我县被纳入广东省旅游综合改革9个示范县之一，我们要以此为契机，继续抓好国际健康养生旅游示范基地建设，加快和深化旅游产业综合改革和转型升级。规范农家乐发展，做大做强农家乐。规划设计我县绿道网络，加快106国道县城段绿道建设。抓好勤天城、国鑫、华希、金龟泉、观音山风景区和金谷生态园等旅游重点项目建设，全力促进中国度假联盟项目落户佛冈，不断壮大佛冈旅游产业和提升综合实力。推进聚龙湾、观音山王山寺、篁胜创A评星工作，提升佛冈旅游品牌。整理保护优秀民俗文化，办好中国佛冈（高岗）豆腐狂欢节。举办全县运动会，继续办好全国汽车拉力锦标赛。通过举办社会文化体育活动，包装、打造佛冈在全省乃至全国叫得响的文化品牌，促进文化旅游相辅相成，为建设幸福佛冈注入强大的文化动力。

（六）以确保可持续发展为抓手，努力建设生态佛冈

我县要保持经济良性发展势头，必须更加注重完善发展模式，走可持续发展之路，着力推进资源节约型、环境友好型社会建设。一要加大节能降耗力度。完善节能目标年度考核机制，加强重点耗能企业监管，全力落实节能措施。积极推广和使用新能源、新技术，大力推进清洁生产和资源综合利用。二要狠抓污染治理和减排。严格执行主要污染物排放总量控制和前置审核制度。狠抓重点流域、区域、行业污染治理，加大农村及城乡结合部环境整治力度。着手规划建设汤塘、迳头两个中心镇生活污水处理厂。三要抓好生态建设。进一步强化森林资源保护和管理，积极开展“万村绿”大行动。全面落实集体林权制度改革和各项配套改革，高质量完成改革任务。加强饮用水源水质保护，认真抓好水源涵养林保护和水土保持林建设，着手规划新建几个中型蓄水工程。四要扎实推进节约集约用地。完善耕地保护考核机制，严守耕地保护红线，继续推进开发补充耕地工作。建立健全节约集约用地导向机制，引导建设用地向产业升级和城乡布局优化倾斜。以铁的手腕，坚决清理闲置土地。加强土地储备，增加政府储备用地。加大违法用地

整治，坚决严厉打击非法买卖土地行为。

（七）以改善民生为抓手，努力建设惠民佛冈

抓好统筹城乡医疗保险工作，争取全部农民群众参加合作医疗，顺利实现新农合与城居医保的合并。积极稳妥推进事业单位岗位设置管理，规范公务员津贴补贴，扎实推进事业单位实施绩效工资。进一步加强城镇廉租房保障工作，努力解决城镇低收入家庭住房困难问题。全力推进校舍安全工程，确保今年全面完成任务。推进教育试点工作，力争出成果、出特色、出经验。继续深化计生改革，强化综合治理。提高村（居）两委干部补贴，2011 年村（居）党支部书记、村（居）委会主任岗位补贴提高到 1050 元，一般干部 800 元。落实好“家电下乡”、“摩托车下乡”等补助政策。加强国防教育，提高国防动员和后备力量建设质量。切实做好双拥和优抚安置工作。

在这里，我代表县政府郑重承诺，今年集中力量为人民群众办好十件民生实事：一要加强沙糖桔病虫害的防控。沙糖桔产业是我县广大农民实现可持续增收致富的支柱产业，必须千方百计发展好。县将成立沙糖桔病虫害防控工作总指挥部，强化防控措施，确保沙糖桔产业的健康和安全。二要扩大社会保障覆盖面，实现城乡居民养老保险全覆盖，解除全县城乡居民养老后顾之忧。三要加强农田水利建设，全面完成城乡水利防灾减灾、病险水库除险加固任务。加大小流域治理力度，扎实推进省现代排涝试点工程建设和村村通自来水试点县建设。四要推进宜居城乡建设。今年整治 10% 的自然村，集中力量打造 1 个名镇、3～4 个名村，示范带动宜居城乡建设。按照布局合理、节约用地、节能环保、富有佛冈特色的原则设计农村住宅图纸，无偿提供使用。五要实施村村有公园工程，丰富农民精神文化生活，让广大农民享受到和城市居民一样的文明生活。六要以四馆一院（县博物馆、图书馆、文化馆、展览馆和影剧院）为依托，建设县文化广场，改建全民健身广场，筹建县体育馆和县游泳馆。七要加快推进九龙公园建设，确保在 7 月份完成。八要启动教育现代化建设，加快推进广州涉外经济学院项目，抓紧落实省科贸学院项目。九要大力发展医疗卫生事业。深化医药卫生体制改革，健全城乡基层医疗卫生服务体系，促进基本公共卫生服务逐步均等化。十要深入推进扶贫开发“双到”工作。巩固现有成果，广泛动员社会力量参与扶贫开发，细化规划到户的各项措施，提高贫困户自我发展能力，确保完成脱贫任务。

（八）以和谐稳定为抓手，努力建设平安佛冈

平安佛冈是幸福佛冈的前提，没有平安就谈不上幸福。进一步完善县、镇、村三级综治信访维稳平台建设，认真落实信访条例，坚持领导包案制度，大力开展信访排查和矛盾化解，解决一批群众反映的突出问题和历史遗留问题。完善“平安佛冈”工程建设，扎实开展重点打击行动，严厉打击“两抢一盗”等违法犯罪行为，切实维护社会公平正义、和谐稳定。全力抓好食品药品安全监管，确保群众食品药品安全，争创省级食品安全示范县。推进国家级药品安全示范县创建工作，力争今年取得实效。加强应急管理，提高应对和处置各类突发事件的能力。强化安全生产监管，确保全县安全生产形势稳定。

（九）以提高政府执行力为抓手，努力建设法治佛冈

新的形势和任务对政府工作提出了新的更高要求，我们必须加强政府自身建设，进一步提高政府执行力和公信力。一要坚持依法行政。认真落实人大及其常委会各项决议，坚持向人大及其常委会报告工作。认真接受人民政协的民主监督，主动听取各民主党派、工商联、无党派人士和人民团体的意见建议。认真办理人大建议、政协提案。加强法治政府建设，规范行政执法，提高政府依法行政水平。加强审计监督和财政监管，强化权力运行制约和资金使用监控。二要提高行政效率。强化社会管理和公共服务职能，把更多精力放在服务企业、监管市场和解决民生问题上。继续推进富县强镇和简政强镇事权改革，加大简政放权

工作力度。完善工作目标责任制，强化目标管理考核，健全重点工作领导挂帅、整体推进制度。三要狠抓廉政建设。推进政府机关和公务员队伍廉政建设，确保反腐倡廉各项措施落到实处。认真开展廉政风险防范工作，推进反腐倡廉制度建设，坚持从源头上预防和治理腐败。

各位代表，回顾“十一五”，我们创造了令人瞩目的辉煌成就；展望“十二五”，科学发展的宏伟蓝图催人奋进。让我们紧密团结在以胡锦涛同志为总书记的党中央周围，深入贯彻落实科学发展观，紧紧围绕县委统筹城乡发展、建设幸福佛冈的决策部署，进一步解放思想，提振信心，锐意进取，扎实工作，奋力拼搏，为实现“十二五”时期的良好开局和建设幸福佛冈而努力奋斗！

政府工作报告

——2011年11月28日在佛冈县第十四届人民代表大会第一次会议上

佛冈县代县长　梁金鉴

各位代表：

我代表县人民政府向大会报告政府工作，请予审议，并请政协各位委员和其他列席人员提出意见。

一、本届政府工作回顾

县十三届人大一次会议以来，在上级党委、政府和县委的正确领导下，在县人大、县政协的监督支持下，面对国际金融危机的严重冲击和低温冰冻旱涝等自然灾害的严重影响，本届政府坚持以邓小平理论和“三个代表”重要思想为指导，深入贯彻落实科学发展观，大力调整经济结构、转变发展方式，着力进行主体功能分区和“三圈四园”规划建设，大力推进城乡规划、产业布局、基础设施、公共服务、社会管理“五个一体化”进程，落实“工业园区化、农业产业化、城镇特色化和管理人性化”工作部署，超额完成了县十三届人大一次会议确定的五年预期发展目标任务。

2010年，全县完成生产总值114.5亿元，比2006年增长120.5%，年均增长21.9%。其中，第一产业增加值6.2亿元，第二产业增加值80.5亿元，第三产业增加值27.7亿元，分别比2006年增长32.2%、135.5%和111.4%。完成财政一般预算收入6.9亿元，比2006年增长204.2%，年均增长32.1%；财政一般预算支出10.6亿元，比2006年增长138%，年均增长24.2%。完成固定资产投资130.8亿元，比2006年增长202.6%，年均增长31.9%。实现社会消费品零售总额28.8亿元，比2006年增长116.1%，年均增长21.2%。2010年末全县金融机构本外币存款余额66.48亿元、贷款余额28.18亿元，分别比2006年末增长91.2%、223.2%，年均增长17.6%、34.1%。2010年第二届广东县域经济综合发展力研究报告显示，我县在全省67个县（市）中，综合发展力上升到第7位，在山区5市中连续两年居首位；发展实力上升到第10位，在山区5市中上升到首位；发展活力继续位居全省第7位。

今年以来，在全县上下的共同努力下，我县各项工作继续保持良好的发展态势。初步统计，今年前三季我县生产总值达87.9亿元，同比增长16.6%；完成农业产值7.3亿元，增长8.1%；实现规模以上工业增加值58.6亿元，增长35%；固定资产投资21.2亿元，增长17.7%；财政一般预算收入4.5亿元，增长43.9%，财政一般预算支出8.6亿元，增长21.7%；实现消费品零售总额23.8亿元，增长20.3%；在岗职工年平均工资23788元，增长11.1%；城镇居民可支配收入10201元，增长11.5%；农民期内现金收入7757元，增长3.7%。

五年来，我们重点抓了“五个坚持”，取得了“五个显著”成绩：

（一）坚持致力于加快发展，全县综合经济实力显著攀升

工业经济大幅增长。坚定不移地实施招商引资促跨越战略，五年来，全县共引进优质项目116个，合同资金490亿元，实际利用资金161亿元。坚持县四套班子领导分工联系重点项目、重点工作制度，有效推进项目的落实。王老吉浓缩液、鑫源恒业、锦欣新材料、松峰机械等一大批重点项目相继投试产；南玻、约克二期、老虎涂料、王老吉二期及三期等一大批重点项目顺利开工建设。着力推进“四大工业园区”规划建设，初步培育形成分别以约克、建滔、王老吉、南玻等为龙头的空调制冷、电子化工、食品饮料、节能材料四大支柱产业。江森约克科技工业园聚集了14家关联生产企业，成为全市首批省级产业集群升级示范区、首个省级火炬计划特色产业生产基地。建滔电子工业园已形成较完整的电子元件产业链，成为全球最大的覆铜面板生产基地，2010年产值超100亿元，年缴税1.8亿元。食品饮料工业园呈现强劲的发展态势，龙头企业投产当年缴税近亿元，并吸引一批链条产业项目进驻。高岗—迳头产业转移工业园吸引了南玻、美中航空俱乐部等一批优质大项目进驻，逐步成为新兴产业成长基地。2010年，全县完成工业增加值72.5亿元，比2006年增长125.9%，年均增长22.6%。园区工业产值占全县工业总产值的85%以上。

农业经济稳步前行。全面落实各项支农惠农政策，2007年以来累计发放种粮直补等补贴资金6563万元。2010年粮食播种面积22.9万亩，产量8.5万吨。坚持把沙糖桔产业作为一号富民工程，积极扩大种植规模，高度重视病虫害的防治，广开渠道做好销售服务工作，建成全市规模最大的沙糖桔批发市场。目前全县种植沙糖桔17万亩，比2006年末增加8万亩，实现农民单项人均收入3000元，沙糖桔产业已成为我县农民增收的主要途径。积极培育农业龙头企业，全县已有省、市级农业龙头企业7家，金鲜美米业成为全省现代农业100强重点培育企业，广生元蛋鸡场扩大到30万只种鸡规模，有80万只蛋鸡获无公害认证。引导成立农民专业合作社34个，有5个合作社8000亩水果通过国家绿色食品认证，1万亩沙糖桔获得出境种植基地注册证。成功注册“佛冈沙糖桔”商标，竹山粉葛顺利通过国家级农业标准化验收。2010年完成农业总产值9.3亿元，比2006年增长33.7%，年均增长7.5%。

旅游经济迅猛发展。突出抓好旅游项目建设，森波拉、聚龙湾、篁胜等相继增资扩建，聚龙湾成为全省现代服务业100强重点培育企业，金谷漂流、金龟泉度假村今年正式营业，碧桂园、国鑫龙泉半岛、勤天城、华熙禾田等一批高端旅游酒店项目加快推进。抓好旅游宣传推介，征集并评出我县旅游标志和宣传口号，积极开展佛冈十大养生菜、五大手信评选及推广。成功举办两次全国汽车拉力锦标赛，高岗豆腐狂欢节制作的世界最大水豆腐创下全市首个上海大世界基尼斯纪录，汤塘舞被狮走上央视舞台，大大提升了佛冈旅游品牌形象和影响力。做大做强农家乐，开设农家乐60多家，拓宽了休闲度假新渠道。积极发展会展经济，2010年全县接待旅游会议团队8000多个，成为珠三角地区会议休闲旅游度假首选目的地之一。成功创建省旅游强县、国际健康养生旅游示范基地，被列为广东省旅游综合改革示范县和中国最具投资价值旅游强县，跻身“广东省县域旅游经济十强”，龙山镇上岳古围村获得“中国历史文化名村”称号。2010年全县接待游客386万人次，旅游业总收入15亿元，比2006年分别增长4倍和14倍。

（二）坚持致力于夯实基础，城乡环境显著改善

基础设施日臻完善。积极实施“二纵三横”主干公路网规划。五年交通设施建设累计投入近5亿元，完成纵线国道106线县城段扩建改造工程，完成横线大旗线工程可行性编制及初步设计工作，县道362线改造工程建设将在今年内完成，启动省道252线佛冈段大修工程，县道839线改建工程已竣工通车，建设农村公路里程752公里，公路桥梁227座，建成农村客运候车亭80座，全面完成78个行政村通硬底化道路的建设任务。至2010年底，全县公路通车里程达1388公里，公路密度达到每百平方公里107公里，居全市之首。五年来电网建设投入3.3亿元，相继建成110千伏羊角变电站，完成220千伏滃江变电站、110千伏龙山和黄花河变电站扩容等一批输变电工程，总容量提升至60万千伏安，是2006年的1.5倍，全县供电能力大幅提高。通信业迅猛发展，固话线路和手机信号基本实现全覆盖。西气东输二线工程佛冈段建设基本完成，并成功争取在我县设置了分输阀室，为直接使用主管道天然气奠定了基础。

城镇面貌日新月异。以建设现代化山水园林城市为目标，深入推进县城“东扩南拓北进”战略。五年来，市政建设累计投入5亿多元，完成县城环城东西路升级改造，启动龙凤大道、省道252线县城段改线等项目，县城建成区面积从2006年的8平方公里扩展到13平方公里，人口从10万增加到12万，初步奠定了50平方公里的县城框架。建成县城生活污水处理厂，日处理污水能力达3万吨，被评为“广东省环境保护优秀示范工程”。县城垃圾压缩站已投入使用，水轴线、北山公园不断美化亮化，完成国道106线县城至迳头段等路灯工程，九龙公园已动工建设。房地产业蓬勃发展，引资开发碧桂园清泉城、钱隆天下等10多个大型高尚房地产项目。2010年房地产施工面积61万平方米，竣工面积24万平方米，销售面积32万平方米，销售额6.7亿元，分别比2006年增长103%、44%、100%和158%。各镇因地制宜、突出特色推进小城镇建设，形成“一城五区”齐头并进的城市化发展良好局面。大力推进宜居城乡建设、“三边”整治和城乡清洁工程，城镇管理水平不断提升，城乡面貌不断改善，成功创建省卫生县城和文明县城。

新农村建设逐步加强。以名镇名村示范村建设为契机，进一步加大新农村建设力度。五年来新农村建设累计投入4.4亿元，完成一批新农村建设项目，农村面貌焕然一新。石角镇龙南片区被确定为首个省市县共建社会主义新农村先行试验区。名镇名村示范村建设全面启动，推进顺利。实行以奖代补推动村村有公园工程建设，全县已建成乡村公园20多个。进一步加大农村水利设施建设力度，五年来水利建设投入2.5亿元，完成农村饮水安全工程建设，解决8.8万人的饮水安全问题；完成堤防建设和加固总长度40公里、病险水库除险加固工程9宗，主要江河防洪体系初步形成。对12个项目1万多亩基本农田实施整治，农业生产能力大大提高。省村村通自来水试点县工程和省现代排涝试点工程之一的龙山荷田涝区改造工程稳步推进。先后被评为全国农田水利基本建设先进单位、全国农村饮水安全工程建设示范县。

（三）坚持致力于转变方式，发展活力显著增强

自主创新能力有效增强。积极扶持约克、建滔、国珠、东溢等企业开展技术改造、技术创新和品牌培育工作，自主创新能力不断提高。约克“地半功倍”模式成为全省企业创新发展典范；国珠开创“佛冈创造”先河，并成功在美国上市融资扩建；新菱自控上市顺利推进；万兴建设全市首个玩具检测中心进展顺利；鑫源恒业成功研发具有自主知识产权的碳素纤维电缆，正申请国家质量认证。近年来，全县实施企业技术改造、增资扩产项目32个，总投资6亿多元。2011年，在建的增资扩产和技术改造项目18个，总投资4亿元，预计项目完成后可增加产值27.8亿元。

产业结构进一步优化。加快传统产业改造

升级，目前全县有省级以上高新技术企业6家，2010年实现总产值60亿元。三大产业结构从2006年的8∶67.5∶24.5调整为5.4∶70.4∶24.2，工业对经济增长的主导作用进一步增强。

节能减排任务顺利完成。认真落实节能措施，加快淘汰落后产能，杜绝高耗、高污行业发展。加大环保执法力度，强化环境状况监测。关停落后的炼铁产能16万吨、造纸8千吨、水泥17万吨，顺利完成市下达的各项节能减排任务。

节约集约用地成效显著。强力处置闲置土地和低效用地，提高土地利用效率和土地节约集约利用水平；加大土地储备力度，为优质项目的进驻提供了用地保障，有效破解发展土地瓶颈问题。2007年以来共收回闲置用地10宗1066亩，重新引入项目14个。加快“三旧”改造步伐，“三旧”改造专项规划已获得省的批准。

（四）坚持致力于构建和谐，社会事业发展水平显著提高

重点领域改革扎实推进。围绕建设为民、高效、廉洁的服务型政府，全面完成政府机构改革任务。简政强镇和农村综合改革加快推进，企事业单位改革、人事制度改革和绩效工资制度改革取得新进展。金融、教育、卫生、文化体制改革深入推进。基层农业技术推广体系改革与建设全面完成，集体林权制度主体改革任务和林业配套改革任务基本完成。

城乡居民生活水平不断提高。积极推进十项民生工程建设，人民生产生活明显改善。扎实推进就业工作，五年来开展城乡富余劳动力就业前和技能培训12976人次，实现城镇新增就业22993人，城镇下岗失业人员再就业4449人，就业困难对象就业585人，新增富余劳动力转移就业48507人，城镇登记失业率始终控制在3.5%以内。2010年，在岗职工年人均工资29394元，农民人均纯收入6638元，年均分别增长11.5%、12.7%。

社会保障体系不断完善。积极拓展城镇居民基本医疗保险、农村合作医疗和农村养老保险的覆盖面，社会保障体系基本实现全覆盖。截至2011年9月底，我县新农保参保94702人，养老、医疗、失业、工伤、生育保险参保人数分别是2006年的1.5倍、18.2倍、1.3倍、2.2倍和1.3倍。基金历年滚存累计结余3.87亿元，是2006年的2.5倍。积极推进城镇低收入家庭住房保障工作，新建一批廉租住房和公共租赁房，基本解决城镇低收入家庭住房问题。

扶贫开发成效明显。积极实施农村安居工程，加大“规划到户、责任到人”扶贫开发力度，贫困人口脱贫奔康步伐加快。至2010年，累计投入帮扶资金1.3亿元，有33个贫困村1983户贫困户7483人实现脱贫，其中18个省贫困村集体收入全部超过3万元。今年我县有望在全市率先完成脱贫任务。

教育事业跨越发展。成功创建全省第一个教育强县，全县所有镇都是省教育强镇、所有义务教育阶段学校都是规范化学校、所有普通高中都是国家级示范性普通高中，在全市率先实现基本普高目标。教育教学质量稳居全市前列。全面实施教师绩效工资，增加教师岗位津贴，落实教师住房公积金制度，解决教师工资福利待遇“两相当”问题。通过招录考试和转岗的方式，全部解决中小学代课教师问题。

人口计生工作成绩显著。在保持全省计生一类地区先进水平的基础上，强化集中服务活动，稳定低生育水平，实现计划生育优质服务提质提速，开展免费婚检和产检服务，并率先在全市实行城镇独生子女父母奖励、农村计划生育节育奖励政策。被评为全国计划生育优质服务先进单位，被确定为全省宣教创新示范区、信息系统改造升级先行区和“十二五”广东省人口计生信息化建设试点单位。2011年，我县出生率为13.31‰，政策生育率为96.85%。

卫生事业加快发展。2007年以来全县财政用于医疗卫生事业支出3.13亿元，年均增长42%。医药卫生体制改革稳步推进，医疗卫生服务体系不断完善，初步建立基本药物制度，有效推进公共卫生服务均等化，顺利通过

省初级卫生保健验收。卫生基础设施建设不断加强，县人民医院住院楼、县疾控中心综合楼、汤塘镇医院综合楼相继投入使用，县妇幼保健院新院建设工程进展顺利。积极争取省级大医院的帮扶结对，医疗服务水平得到有效提升，中医药事业不断发展。突发公共卫生事件应急机制逐步健全。国家级药品安全示范县创建工作稳步推进。

社会保持和谐稳定。深入开展“平安佛冈”创建活动，严厉打击各类违法犯罪行为，公众安全感和群众满意度明显提升。高度重视信访维稳工作，全面完成县、镇、村三级综治信访维稳中心的规范化建设任务。认真落实领导接访和包案制度，加大对各类社会矛盾的排查和调处力度，及时解决影响社会和谐稳定的问题。强化监督管理，积极开展安全生产大检查和专项整治，有效防范重特大安全事故的发生，安全生产形势总体稳定。加大行业行政监管工作力度，切实开展产品质量和食品药品安全专项整治，打假、打私、打传工作成效显著，市场经济秩序进一步规范。

此外，大力推进文化强县战略，扎实抓好全民健身、电影下乡和农家书屋等工程建设。成功举办第二届全县运动会。科学编制《佛冈县国民经济和社会发展第十二个五年规划纲要》和《佛冈县主体功能区规划》。林业生态建设得到加强。第六次全国人口普查进展顺利。镇、村换届工作顺利完成。殡葬管理工作常抓不懈，火化率保持100%。省综合应急救援队伍建设试点工作取得新成果。救济、低保五保、双拥、优抚和残疾人工作稳步推进，人才、编制、武装、消防、统计、爱卫、档案、史志、供销、粮食、烟草、邮政、盐业、物价、人防、气象、外事、侨务、科协、工青妇等工作取得新成绩，汽车客运、广播电视、新闻出版、机关事务、民族宗教、对台事务、老区建设、知识产权、市场开发等各项事业全面发展。

（五）坚持致力于提高效能，政府执行力显著提升

依法行政全面推进。认真执行县人大及其常委会的决议、决定，自觉接受人大、政协和社会监督，定期向县人大报告、向县政协通报工作。广泛听取意见和建议，五年累计办理人大代表建议269件，政协委员提案594件。积极开展“五五”普法宣传教育和法律“六进”活动，“法治佛冈”创建活动取得新成效，成为首批全国和省法治县（市、区）创建活动先进单位。政府依法行政的能力和水平进一步提高，政务公开全面推进，审计、监督工作力度加大。行政服务中心高效运作，机关服务质量、服务效能显著提升。

信息建设加快推进。积极推进行政审批电子监察系统建设，完善了“一网式”和并联式审批系统，真正实现了“一网式”行政审批。完成政府内网搭建工作，实现政府内网与国库支付网络二网合一。积极推进政府无纸化办公系统建设，廉政、高效的“阳光政府”工程日趋完善。

各位代表，回顾过去五年，我们欣喜地看到，佛冈的发展思路更加清晰，发展步伐更加坚实，经济更加繁荣，城乡更加美丽，社会更加和谐，开创了改革开放以来又好又快发展的新局面。这些成绩的取得，是上级党委、政府和县委正确领导的结果，是县人大及其常委会和县政协监督支持、通力协作的结果，是全县人民同心同德、抢抓机遇、开拓进取的结果，是历届政府打下良好基础，所有老领导、老同志、民主党派、群众团体、驻佛部队和港澳台同胞、海外侨胞及社会各界人士关心支持的结果。在此，我代表县政府，向给予政府工作大力支持的全县人民群众、各级人大代表、政协委员、各民主党派、工商联和无党派人士，向支持帮助地方工作的驻军指战员、武警、消防官兵，向为佛冈发展作出贡献的港澳同胞、台湾同胞、海外侨胞和外籍友人，表示衷心的感谢并致以崇高的敬意！

五年的探索和实践，为我们奠定了一个坚实的发展基础，打造了一个崭新的发展平台，也为我们加快发展积累了宝贵经验：

第一，必须始终坚持科学发展的理念。发展是硬道理。几年来，我们坚持用科学发展观

统领全局，牢固树立经济工作项目化理念，千方百计争投资、上项目，将项目建设成果转化为经济发展的主要动力，促进经济社会协调发展。我县要实现富民强县，就必须始终坚持科学发展、加快发展，切实转变经济发展方式，优化产业结构，实现经济社会又好又快发展。

第二，必须始终牢记以人为本的宗旨。民生是政府工作永恒的主题。这些年，我们尽心尽力，办了一系列惠民利民的实事，赢得了广大群众的赞许。我们始终牢记以人为本的宗旨，想群众之所想，急群众之所急，以满足人民群众的生活需求、改善人民群众的生活条件、提高人民群众的生活水平、提升人民群众的幸福指数为目标，大力实施民生工程，真正让人民群众共享改革发展的成果。

第三，必须始终弘扬真抓实干的作风。过去几年，在县委领导下，我们务实求新、真抓实干，将赶超发展的举措一件件落到实处，推动了佛冈快速发展。我们坚持弘扬真抓实干的工作作风，全县上下齐心协力，攻坚克难，形成助推发展的强大动力，为全县经济社会发展提供坚强保障。

第四，必须始终强化改革创新的意识。近年来，我们敢想敢试、敢为人先，不断创新政策、体制机制，在经济社会各个领域进行了一系列有益的探索，取得了一些突破。实践表明，佛冈要实现更快发展，就必须进一步加快改革创新的步伐，激发新活力，释放新潜能，努力将佛冈打造成为投资旺地、创业福地。

总结经验是为了更好地指导实践，正视差距才能奋起直追。在五年的发展实践中，我们清楚地知道，我县经济社会发展还面临很多困难和问题，工作中仍存在不少的差距和不足，主要表现在：经济总量和产业规模仍然偏小，粗放型经济增长方式仍未改变，产业结构调整优化任务依然艰巨；农业抵御自然灾害的能力较弱，农民增收的渠道尚需进一步拓宽；资金、土地、能源、人才等要素制约加剧，转变发展方式的任务繁重；协调区域发展、实现南北均衡发展的任务还比较艰巨；政府公共服务和社会管理需要进一步加强，等等。对这些问题，我们将高度重视，用改革和发展的办法，在今后的工作中着力加以解决。

二、今后五年的奋斗目标和主要任务

今后五年是我县全面建设幸福佛冈的关键五年，是我县加速崛起、进位赶超的攻坚时期。能否圆满完成“十二五”规划目标，迈出全面建设小康社会的坚实步伐；能否构建较为完整的产业体系，为县域经济发展提供强大支撑；能否有效化解各类矛盾和问题，保持社会和谐稳定，新一届政府面临的压力巨大、面对的考验严峻。我们必须紧紧抓住各种有利条件，直面应对各种挑战，全力破解各类难题，在新的起点上推动佛冈经济社会跨越式发展。

综合分析发展大势，佛冈经济社会发展面临重大机遇，具备提速发展的诸多有利条件。从全国发展看，今后五年是我国实施“十二五”规划、全面建设小康社会的关键时期，国家全面推进经济战略性转型，出台积极政策推进又好又快发展，将带来非常好的发展形势。从广东发展看，省委、省政府密集出台加强统筹区域协调发展的政策措施，给我们加快发展带来重要的战略机遇。从区域发展看，市委、市政府着力提升包括我县在内的南部核心区发展水平，全力支持周边工业园区对我县的辐射带动工作，给我们提升发展水平提供更多的政策支持。汕湛高速、清佛快速干线和连佛高速公路等重大项目的相继建设，将使我县成为广东中部的一个重要交通枢纽，为我县招商引资、发展工业、经济转型创造有利条件。经过“十一五”时期的高速发展，我县综合实力跃上了一个新台阶，招商引资效果明显，产业基础进一步夯实，积聚了较为明显的产业竞争优势，形成了良好的发展态势，必将进入人均 GDP 5000 美元以上国际公认的发展黄金期。全县干部群众加快发展的愿望更加强烈、步调更加一致，广大县内外乡亲支持家乡建设的热情更加高涨、行动更加积极，发展氛围更加浓厚。

按照县十二次党代会确定的发展定位，今后五年，县政府工作的指导思想是：以邓小平理论和“三个代表”重要思想为指导，以科学发展为主题，以“共创富民强县、建设幸福佛冈”为核心，坚持工业主导、产业集聚、统筹城乡、和谐惠民发展思路，着力转变经济发展方式，着力加强社会建设，努力建设高端产业成长区、宜居养生示范区、和谐富民先行区和广州北卫星城，争当广东山区科学发展排头兵。

今后五年全县经济社会发展的主要目标是：全县生产总值年均增长18%以上，城镇化水平进一步提高，产业结构进一步优化，自主创新能力进一步提升，区域发展协调性明显增强，生态文明建设取得明显成效，民生福祉明显改善。

各位代表，佛冈有毗邻广州的区位优势，有不断完善的基础设施，有比较充分的后发条件，我们相信，只要我们咬定目标不放松，坚持发展不动摇，就一定能在“十二五”期间有新的更大作为；只要全县上下进一步凝神聚力，务实奋进，我们就能在全面建设小康社会的进程中迈出关键的步伐，就能把佛冈建设成为全省山区最具幸福感的县域之一。

按照上述指导思想，要完成既定目标，必须做到“六抓、六促、六重”，实现“六个推动”：

（一）抓平台、促招商、重转型，推动工业经济大发展

以完善四大工业园区建设为平台，切实加大招商引资力度，狠抓结构调整，促进发展方式实现新转变；进一步优化产业布局，强化产业集聚，全面推动工业经济大发展。

提升工业园区化水平。进一步创新思路，拓宽融资渠道，加快完善园区的基础设施和公共服务设施，增强园区吸引力，为高端项目的落户创造条件。进一步做好园区产业对接，设法培育壮大一批产业联盟，引导产业有序发展，优化产业空间布局，促进形成区域协调发展新格局。进一步抓好工业园整合对接，把顺德北滘（佛冈）产业园列入佛山（清远）产业转移工业园范围，争取获得更多优惠政策和支持，推动园区早出效益。

提高招商引资质量。千方百计招引科技含量高、发展潜力大、低耗环保型的优质项目，增强县域经济的发展后劲。要依托制冷、食品饮料等产业优势，抓好集群示范区建设，不断增强吸引力，引进一批相关配套企业，延伸产业链，促进产业升级。力争把新菱自控公司申报为“省战略性新兴产业基地”，把加多宝公司培育发展成为“省市共建食品饮料产业基地”。要依托优质廉价的天然气能源，抓好新型工业企业的引进，推动工业经济全面发展。

推进产业升级改造。积极实施外贸转型升级，努力开拓多元化市场。不断优化产业出口结构，提升外贸竞争力，科学引导扩大进口。稳妥推动加工贸易转型升级，继续扩大内销。积极推进江森约克制冷产业集群升级示范区建设，做优做强食品饮料、电子化工、节能材料等主导产业，打造具有核心竞争力的产业集群。大力推进民营企业自主创新，开展成长型中小企业评价与培育，引导走“专、精、特、新”发展道路。

（二）抓品牌、促龙头、重特色，推动农村经济大突破

以“农业增效、农民增收”为目标，加快农业龙头企业和特色农产品基地建设，推动农村经济转型升级，提高农业效益。

打响沙糖桔品牌。加大政策扶持力度，整合各类涉农资金，进一步提升佛冈沙糖桔的品质和知名度。着力提高沙糖桔产业化水平，积极开展绿色农产品认证工作，争取五年实现60%以上沙糖桔通过绿色食品认证。加强病虫害防控，突出抓好出口基地建设，使沙糖桔真正成为全县广大农民可持续增收致富的核心产业。

扶持龙头企业。继续培育壮大农业龙头企业和农民专业合作社，完善“公司+基地+农户”、“合作社+基地+农户”等产业化模式，引导金鲜美米业、广生元蛋鸡场扩大生产规模，力争形成10个以上省市级重点农业龙头企业。积极发展农民专业合作经济组织，加强农民生产技能培训，推动农产品销售电子商务化，加快建立适应经济发展的农产品流通体系和市场体系。

发展特色农业。全面落实农业补贴政策，扩大补贴资金规模和范围，加大奖补力度，提高农业主体的生产积极性。加大农业基础设施建设投入，进一步推进现代标准农田建设，力争五年内整治农田1万亩以上，提高农业产出效益。做大做强特色农业产业，大力发展基地种养，形成一批有山区特色的农副产品生产基地。扩大汤塘竹山粉葛、水头莲瑶芦笋等特色农产品基地面积。力争五年内建设优质水稻基地3万亩、优质水果出口基地6万亩、优质蔬菜基地1万亩。重点引导群众因地制宜发展特色高效农业和休闲农业，不断调整优化种养结构，提高农业效益。注重引入种植价值高的经济作物，培育继沙糖桔之后新的富民产业。

（三）抓旅游、促商贸、重物流，推动现代服务业大繁荣

积极发展以文化旅游产品和现代商贸物流为主导的现代服务业，实现现代服务业发展的新突破，促进第三产业的快速发展，进一步提升县域综合竞争力。

加快发展旅游业。按照“大品牌、大景点、大服务”的战略思维发展旅游业，着力引进和打造一批旅游旗舰，培育“5A”级旅游景区。继续推进健康养生旅游示范基地建设，依托社会主义新农村先行试验区和名镇名村示范村建设，积极创建全国休闲农业与乡村旅游示范县。推进聚龙湾、王山寺、篁胜创A评星工作。加大旅游资源整合力度，保护弘扬优秀民俗文化。推进农家乐特色化、规范化发展。强化旅游形象宣传推介，提升旅游行业管理和服务水平，努力提高佛冈旅游品牌知名度。不断壮大佛冈旅游产业和提升综合实力，力争五年内实现年接待游客超千万人次。

大力发展新兴服务业。优化提升商贸流通、餐饮住宿等传统服务业，大力发展金融保险、中介服务、社区服务业，加快发展科技信息、电子商务服务业，着力发展教育、文化、卫生等公共服务业。到2016年，力争服务业增加值达到65亿元以上。

加快发展现代物流业。按照规模化、专业化、集散化的原则，着力在中心城区建设适应消费需要的起点高、辐射力强、功能配套齐全的专业市场；依托各镇特色经济，建设一批镇级专业市场；依托南玻、王老吉、建滔、约克等大型企业，建设一批上规模的现代物流企业，努力打造粤中繁华商埠和“环珠三角”重要物流集散地。

（四）抓规划、促建设、重管理，推动城乡环境大优化

进一步强化城乡规划，加大城乡建设和管理力度，加快城镇特色化建设，全力打造宜居佛冈。

强化城乡规划。在确立城市发展定位的基础上，把中心城区做强做大，提升城市功能，将县城建设成能够支撑高端产业发展的50平方公里左右的山水园林城市。尽快完成县城总体规划修编、县城控制性详细规划编制、高岗和水头镇镇区总体规划编制、汤塘和龙山镇总体规划修编工作，加快“一城五区”建设进程。在县城规划建设几个标志性建筑和若干个亮点片区。规划将县城城防工程延伸至水头和龙山镇区，按照堤路结合的原则，打造更加靓丽的水轴线。继续完善城乡路网规划，加快城乡一体化进程。

抓好城乡建设。一是继续完善县城基础设施建设。完成县城龙凤大道、龙凤大桥工程和青松东西路连接线建设。加大北山公园和九龙公园相关配套设施建设力度，增加市民的休闲活动场所。两年内建成县城生活垃圾填埋场。二是加快集镇建设步伐。汤塘、迳头镇要在“十二五”期间完成镇污水处理厂和生活垃圾填埋场的建设，进一步提升镇区品位，充分发挥省级中心镇的辐射带动作用；龙山镇要加快新区建设进程，打造南部现代新城；水头镇要依托碧桂园清泉城，主动融入县城经济生活圈建设；高岗镇要发挥生态和新兴工业基地优势，建设精品新集镇。三是加快社会主义新农村建设进程。结合省市县共建社会主义新农村先行试验区工作，强力推进名镇名村示范村建设，为全省名镇名村和新农村建设出经验、树典型。抢抓全省今后10年安排3000亿元用于水利建设的机遇，积极争取更多的建设资金，

大力发展民生水利事业。加强和完善农村饮水安全工程的建后管理工作，加快推进村村通自来水试点工程、五洞水库规划建设及供水工程等水利项目建设，启动城乡排涝工程建设，认真开展“小流域”治理和山洪灾害防治工作。四是完善城乡公路网络规划建设。全力推动汕湛高速、清佛快速干线和连佛高速佛冈段的规划和建设。重点落实好国道106线佛冈段升级改造、省道252线县城段改线和龙南段大修工程，抓好县道374线、376线的升级改造，尽快启动潭州大桥建设，加快龙山门楼富至石角山湖村乡村道路的建设。大力加强乡村道路的维护，推动自然村道路硬底化建设。五是加快能源设施建设，重点推进新联220千伏、佛东110千伏、四九110千伏变电站建设，构建安全高效的供电网络，提高全县的供电能力。加大城镇管道燃气的建设力度，力争县城在五年内用上管道天然气。

加强城乡管理。创新城乡管理模式，大力整合城管资源，建立县镇统一的城管系统，将城市管理延伸到镇村。加大城乡统筹力度，扩大公共财政向农村覆盖，提高科技、卫生、文化、教育和社会保障等基本公共服务水平，切实帮助农民群众解决生产生活中遇到的实际困难。进一步建立健全环境卫生长效保洁机制，结合“万村绿”、“城乡清洁工程”、“三边”整治行动，全面推进农村垃圾和生活污水等治理，加强市容市貌和环境卫生整治，打造整洁亮丽的城乡环境。加大查处违章违法建筑力度，规范建筑市场秩序。

（五）抓改革、促创新、重服务，推动发展活力大迸发

进一步深化重点领域和关键环节改革，不断推进政策创新、管理创新和科技创新，提升政府服务水平，为经济社会发展创造更加优越的环境，增强发展活力。

深化改革增活力。抓好企事业单位分类改革，整合优化国有资源。进一步深化人事制度改革，积极引进高素质人才。全力推进农村综合改革，积极推进财政奖补的村民一事一议制度，力争成为全省农村综合改革试点县。继续深化医药卫生体制改革，全面完成改革各项任务，优化整合卫生资源，逐步实现基本公共服务均等化，切实解决群众“看病难、看病贵”等问题。

积极创新添活力。进一步创新社会管理机制，推进社会管理、服务市场化和数字化。进一步创新考核评价机制，实现“动态考核”与“静态考核”有机统一、过程考核与年终考核有机融合，引导各级领导干部树立正确政绩观，提高工作积极性和主动性，推动各项工作落到实处。进一步创新企业提升激励机制，继续鼓励企业在我县实施总部经济，及时兑现有关奖励政策；鼓励企业开展科技创新，对获国家专利或国家、省科技进步奖的给予奖励；鼓励企业创品牌拓市场，对成功创建中国名牌产品、中国驰名商标或者省名牌产品、省著名商标、省优质产品的给予奖励。

加强服务激活力。加大政府对民营经济的指导协调和支持服务力度，促进民营经济快速健康发展。创新培训方式，扩大培训范围，切实提高创业能力。积极鼓励和支持金融部门创新服务方式，推动银企互动发展。引导非公有制企业和社会力量出资建立信用担保机构，破解中小企业融资难题。

（六）抓民生、促统筹、重保障，推动社会发展大和谐

从群众最关心、最直接、最现实的利益问题着手，妥善解决民生问题，努力建设和谐幸福新佛冈。

积极解决民生问题。采取有力措施抑制通胀，确保物价基本稳定。统筹落实就业政策，加强城乡劳动力培训和转移就业，积极拓宽就业渠道，大力开发就业岗位，不断优化就业服务，增加城乡居民工资性收入。继续加大社会保障体系建设力度，积极稳妥推进城镇居民社会养老保险试点工作，形成城乡一体化的养老体系。创新人口服务方式，稳定低生育水平，年均出生率控制在13‰以内，年均自然增长率控制在7.5‰以内，切实提高人口素质和生活质量。加大“双到”扶贫力度，巩固扩大扶贫开发成果。继续加强城镇保障性住房建设

工作，努力解决城镇低收入家庭住房困难问题。进一步完善社会救助体系建设，加大对福利院、光荣院、敬老院的投入，促进社会和谐幸福。

统筹发展社会事业。继续推进义务教育均衡发展，全面普及学前到高中阶段教育，发展高等教育，重视职业教育，全面推进教育现代化建设进程。积极解决进城务工者子女的就学问题，进一步完善困难家庭学生助学机制，努力促进教育公平。大力推进文化建设，巩固精神文明建设成果，进一步塑造和弘扬新时期文化精神。广泛开展科普和全民读书活动，不断提升全民素质。深入开展“六五”普法活动，提高全民法制观念。加强文化强县建设，提升佛冈科学发展软实力。整理保护一批优秀民俗文化，进一步提升高岗豆腐狂欢节等民俗文化活动水平。整合建设县文化广场，建设维护全民健身广场，建成县体育馆、博物馆和游泳馆。积极实施农民体育健身工程，确保全县所有镇完成达标建设任务。

提升社会管理和保障水平。扎实开展打击各种违法犯罪行为，加大信访维稳社会综合治理和人民调解工作力度，切实维护社会和谐稳定，增强人民群众的安全感。加强出租屋和流动人口管理，不断提高社区管理和服务水平。强化安全生产监管，确保全县安全生产形势稳定。加大市场监管执法力度，抓好食品药品安全监管，确保群众饮食用药安全。加大闲置土地清理力度，盘活土地资源，切实解决项目用地问题，为加快经济发展提供有力支撑。坚决从严从重打击非法采矿和买卖土地行为，提高政府管治威信，切实维护社会公平正义。严把环保准入关，加强环保执法，严肃查处违法排污行为。强化森林资源和水资源的保护管理，切实抓好林业生态县建设，大力发展生态公益林，着力构建生态安全屏障，力争5年内森林覆盖率提高到69%。深化财政改革，加快构建公共财政体系；切实降低非税收入比重，不断提升财政收入质量；强化财税征管工作，不断提高财政保障能力。大力提高公职人员、村干部工资福利待遇，积极探索和完善村民小组以奖代补考核机制，提高村民小组干部工作积极性。加大对贫困村和低收入水平家庭的扶持力度，让人民群众共享发展成果。

三、加强政府自身建设

新的形势、新的任务对政府工作提出了更高的要求。要确保实现新一届政府任期目标，必须切实加强政府自身建设，转变政府职能，提高行政效能。

坚持学习为先，努力建设学习型政府。面对未来五年的繁重任务，新一届政府必须强化学习的理念，不断掌握新本领、适应新要求、迎接新挑战。坚持学用结合、学以致用、用有所成，努力把学习成果转化为解决问题、破解难题、推进工作的实际能力。

坚持求真务实，努力建设实干型政府。深入开展“走基层、转作风、改文风”活动，大力弘扬求真务实、雷厉风行的工作作风，深入一线，直面困难，解决问题，推动落实，坚持做到说了就办、办就办好，定了就干、干就干成。加大工作督查力度，严格实行领导干部包重点项目、重点工作责任制，实行公开承诺，形成倒逼机制，确保各项工作落到实处。

坚持亲民为民，努力建设服务型政府。坚持执政为民、以民为本的理念，以群众需求为第一动力，以群众利益为第一选择，以群众满意为第一标准，认真倾听群众呼声，及时了解群众意愿，主动关心群众疾苦，为群众诚心诚意办实事、尽心竭力解难事、坚持不懈做好事，让群众切实感受到惠及自身的发展成果。

坚持依法行政，努力建设法治型政府。严格执行政府议事规则，坚持民主集中制，加强班子团结协作，不断提高依法治县水平。自觉接受县人大及其常委会的法律监督和人民政协的民主监督，高度重视新闻舆论和人民群众监督，支持审计、监察等部门依法独立行使监督权，推进民主法治进程。

坚持严以律己，努力建设廉洁型政府。加强党风廉政教育，切实增强领导干部的廉洁自律意识，提高拒腐防变能力。深化领导干部经济责任审计，加强对政府机关、事业单位和企业领导人的监督。认真落实“一岗双责”制度，严肃查处各类违纪违法案件，坚决纠正部门和行业不正之风。坚持勤俭办一切事业，严禁铺张浪费，努力建设勤政为民、清正廉洁的政府。

各位代表！过去五年，我们创造了辉煌的成就，为佛冈今后发展打下了坚实基础；未来五年，宏伟目标已经确定，科学发展、进位赶超的新征程已经开启。让我们高举中国特色社会主义伟大旗帜，深入贯彻落实科学发展观，在市委、市政府和县委的正确领导下，在县人大及其常委会和县政协的监督支持下，紧紧依靠全县人民，同心同德，励精图治，为加快富民强县步伐，建设幸福新佛冈而努力奋斗！

观音卧佛

特　辑

责任编辑:李阳光

汪洋、朱小丹同志到佛冈调研

2011年12月24日下午，中共中央政治局委员、省委书记汪洋，省委副书记、代省长朱小丹在市委书记葛长伟、代市长江凌、县委书记华旭初、县长梁金鉴等的陪同下，到佛冈调研社会主义新农村建设和工业化发展。

汪洋一行首先来到广东省社会主义新农村建设的试验区——佛冈县石角镇龙南片区，认真听取县委书记华旭初和省社会主义新农村建设试验区共建方代表、国家开发银行广东省分行行长吴德礼的介绍。他充分肯定试验区用工业化和城市化的思路促进农业增产、农民增收和农村发展，强调要认真研究、妥善解决农民在收益提高的过程中由于利益分配所产生的矛盾，确保农民既能享受到合作的好处，又能调动起个人的积极性，使到利益的提高既和合作挂钩，又和个人实际努力挂钩，使试验区健康持续发展，创造农村合作社带动广大农民发展的新商业模式。汪洋要求，要支持佛冈闯出一条具有推广价值的新农村建设的新路子。

接着，汪洋还听取佛冈县委书记华旭初关于示范村龙塘村西田、格岭自然村建设的介绍，强调佛冈要充分挖掘岭南特色，注重和自然环境的协调发展。

当前正是沙糖桔成熟的季节，汪洋、朱小丹来到果农中间，关切地询问桔子的产量、销量和收入情况，并亲手采摘沙糖桔，赞赏佛冈沙糖桔品味甜、口感好，并嘱咐要扶持好当地农民搞好农业生产。

接着，汪洋、朱小丹一行前往约克空调冷冻设备有限公司。一路上，华旭初等向汪洋汇报佛冈县经济社会发展情况，认真回答汪洋的提问。当经过英佛公路佛冈段，听到华旭初介绍两旁在建的工业项目时，汪洋高度评价我县工业发展工作，认为很不错，要继续抓好。

在约克空调冷冻设备有限公司，汪洋、朱小丹认真听取公司负责人的介绍，并参观了企业生产车间。汪洋要求佛冈认真总结、广泛宣传企业转型升级的经验和做法，积极出台政策帮助企业进行技术改造、技术创新，不断增强发展后劲。

随后，汪洋、朱小丹一行前往清远加多宝草本植物科技有限公司考察。当车队经过加多宝饮料有限公司三期工地时，汪洋听了华旭初简要介绍后，认为近年来佛冈县坚定不移实施“双转移”战略，成为环珠三角投资热点地区之一，特别是引进了加多宝这样的大项目，带动产业集聚发展，产生如此之好的效益，了不得。

在考察清远加多宝草本植物科技有限公司生产线时，汪洋希望加多宝公司亮出广东的招牌，用广东深厚的中医药文化底蕴去开拓国内、国际市场，不断提升品牌的影响力。

省委常委、秘书长徐少华参加调研。

（郑秀红）

制定并实施全县“十二五”规划

根据中共佛冈县委十一届五次全体（扩大）会议审议通过的《中共佛冈县委关于制定全县国民经济和社会发展第十二个五年规划的建议》，县人民政府主持制定的《佛冈县国民经济和社会发展第十二个五年规划纲要》于2011年3月2日经县人大十三届五次会议审议通过。2011年是“十二五”开局之年，全县人民上下一心，以重点项目建设为抓手，积极调结构、转方式、强基础、统城乡，经济社会保持平稳较快的发展态势，工农业生产实现平稳较快增长，市场消费持续旺盛，各项主要经济指标稳步提升。

2011年全县实现生产总值140.4亿元，完成人大常委会调整年初计划的107.5%，同比增长16.3%。其中，第一产业完成增加值7.8亿元，同比增长8.1%；第二产业完成101.4亿元，同比增长20%；第三产业完成31.2亿元，同比增长7.3%。三次产业比重为5.5∶72.2∶22.3。2011年各项指标完成情况如下：

一、工业生产实现平稳较快增长　全县规模以上工业企业完成总产值478.9亿元，同比增长54.6%；完成全年预期目标的130%。实现工业增加值97.2亿元，同比增长28.8%。

二、农业各项指标持续平稳增长　2011年，实现农林牧渔业产值11.6亿元，完成全年预期目标的114%，同比增长8.3%。蔬菜播种5.8万亩，花生1.62万亩；新种水果面积1.05万亩；沙糖桔面积达17万亩，产量30万吨，生猪饲养量28.5万头，上市量12万头；家禽饲养量170万只，上市量80万只；鱼塘养殖面积960公顷，产量7440吨，产值5765万元。全县共完成造林13110.5亩，超额完成市下达佛冈县的造林任务。

三、固定资产投资保持快速增长　2011年，全社会固定资产投资达40.9亿元，完成全年预期目标的106%。房地产开发投资完成14.2亿元，同比增长107%。

四、社会消费以及旅游收入快速增长　2011年，全县实现社会消费品零售总额32.3亿元，同比增长16.9%，完成全年预期目标的92.3%。其中城镇消费品零售总额完成29亿元，同比增长17.2%，农村消费品零售额完成3.4亿元，同比增长14.2%。全县旅游接待人数435万人次，同比增长12%，实现旅游收入20亿元，同比增长33%。

五、金融稳定，财政收入稳步增长　2011年，金融机构本外币存款余额76.6亿元，同比增长15.3%，本外币贷款余额34.6亿元，同比增长22.7%。地方财政一般预算收入累计完成7.8亿元，为调整年初预算的101.2%，同比增长17.4%。一般预算支出累计完成12.5亿元，为调整年初预算的103.3%，同比增长18%。

六、各项社会事业全面发展　新农村建设加快推进，已确定“一个名镇、两个名村、五个示范村”作为试点建设。教育事业全面推进，在普通高考中，全县考生各类上线人数全面飘红，上本科线率、上3A线率、总上线率、万分人口上线率继续位居全市前列。医疗保健工作全面开展，医疗卫生系统积极开展九大项基本公共卫生服务项目。城乡居民生活进一步改善。在岗职工年人均工资32333元，增长10%，城镇居民人均可支配收入15097元，增长12.5%，农民人均纯收入7706元，增长16.1%。全县医疗保险参保308147人（含农民工12908人)，完成市下达任务的112.1%。30宗农村安全饮水工程顺利完成并已投入使用，新增日供水规模22408吨，受益人口达13.9万人。低保工作有序进行，社保工作强力推进。全县城乡居（村）民最低生活保障全面纳入动态管理，社保参保扩面工作强力推进。2011年年各项社保基金收入合计2.5亿元，同比增长52.2%；累计总支出1.8亿元，同比增长51.9%；基金历年滚存结余4.2亿元，同比增长36.8%。就业与再就业工作进展顺利，全县城镇新增就业5506人，完成全年任务的100.1%，下岗失业人员再就业1502人，完成全年任务的100.1%，城镇失业率控制在3.5%以内。运输市场秩序得到治理，有效遏制超限超载车辆对公路的危害，保障道路交通安全。公安、文化、体育、广电、机关团体等各项事业同步发展，并取得新的成绩。

（严玉峰）

十项民生工程顺利推进

为促进全县民生事业发展，佛冈县于年初确定2011年全县及各镇十项民生工程（佛委办〔2011〕35号文），明确项目内容，全县上下集中力量抓落实。

一、积极做好沙糖桔病虫害防控，大力发展沙糖桔产业 组织农业技术专家讲授以控制木虱为重点的柑桔黄龙病综合防治技术，培训人员2万人，覆盖各个镇、村。开展疑似黄龙病动态疫情地毯式普查，组织果农扑杀沙糖桔木虱，沙糖桔病虫害的防控取得阶段性成果。建立沙糖桔无病苗圃1个、防控示范点6个。全县沙糖桔产业不断扩量提质，种植面积达17万亩，产量达30万吨，产值9亿元。12月9日成功举办沙糖桔节；组织果农参加市第三届沙糖桔节，加强政府服务、强化宣传促销。石角镇嘉华水果专业合作社2000亩沙糖桔获得绿色食品认证，水头桂元等3家水果专业合作社申报沙糖桔有机食品认证。

二、实现新型农村养老保险全覆盖 广泛宣传发动督促农民参加新型农村养老保险，多次对各镇劳保所、邮政储蓄银行业务经办人员进行业务培训，改善镇劳保所办公条件。举办三次全县新农保加温会议，扩大新农保覆盖面。进一步加强新农保基金管理，2011年基本养老保险参保3.91万人，全面完成市下达任务；基本养老保险基金征缴收入1.3亿元，完成市下达任务127%；基金运行稳健、保障有力。

三、农田水利、村村通自来水工程和生态建设稳步推进 水头镇小型农田水利示范镇建设争取省水利建设资金800万元。完成省第二批中小型灌区试点——迳头镇社坪村灌区改造以及龙塘村东门坝水整治工程的前期工作。稳步推进社坪、围镇和龙塘灌区改造以及总投资2.4亿元的面上灌区改造工程。9月，被确定推荐为第一批参加村村通自来水工程建设竞争性安排整县推进实施县。

四、完成全县新农村住宅设计图集（送图纸下乡工作）编制工作 设计款式多样、布局合理、节地节能环保、富有特色的农民住宅图纸无偿提供给农民选择使用。

五、实施村村有公园工程 印发《佛冈县农村公园建设奖励办法》，采取“以奖代补”方式支持农村公园建设，对经考评合格的农村公园分等次奖励10万元、8万元和5万元。已建成或在建的农村公园达20多个，县政府已奖励9个农村公园共69万元。

六、基本完成全民健身广场改造 把人民中心广场改建成全民健身广场，建成后总面积约31万平方米（除配套建筑外，广场面积约28.5万平方米），主要行走路径总长约3600米，广场内有6个篮球场、10个羽毛球场、15张乒乓球台以及合理配置了各种健身器材，在原绿化系统上增加绿化、环艺雕塑等，项目总投资约8500万元。

七、加快九龙公园建设　于2月21日启动建设，3月7日成立工程指挥部，并制定了实施方案，年底前完成了工程勘察、施工图设计及审查预算编制及审核等工作。

八、教育事业巩固发展　省农村学前教育发展模式、义务教育均衡发展试点工作及普通高中“扩容促优”工作成效明显，各类教育发展日趋均衡化、优质化和普及化。

九、深化医药卫生体制改革　初步建立国家基本药物制度，促进基本公共卫生服务逐步均等化。全县11所基层医疗机构实行了基本药物网上采购，零差率销售。对未达标的乡镇卫生院进行标准化建设，落实了省财政对各行政村卫生站1万元的补助。积极开展九大项基本公共卫生服务项目，初步建立起居民健康档案，累计建立居民健康档案218521人。积极开展住院分娩补助、免费补服叶酸、补种乙肝疫苗、白内障患者免费复明、无害化卫生户厕建设等重大公共卫生服务项目工作。

十、扶贫“双到”工作见成效　通过入股分红、直接投资、劳务输出、互助金等六种模式，开展扶贫开发工作。2011年在继续脱贫成果的基础上，完成1433户5215人的脱贫任务（其中省贫困村435户1653人），全县扶贫“双到”总投入1.2亿元，被帮扶的贫困户脱贫率达95.3%。

（李秀芳）

深入推进扶贫开发“双到”工作

佛冈县以扶持壮大村集体投资入股分红、扶持专业合作社带动贫困户实行农业产业化、以农业产业化带动乡村休闲旅游开发为重点，其他扶贫模式为辅助开展“大扶贫”。2011年全县扶贫开发总投入1.3亿元。其中，18个省定贫困村累计投入9307万元、村集体纯收入平均值达12.18万元，比帮扶前增长3倍；60个非省定贫困村累计投入3631.3万元，平均每村纯收入达4.9万元、增长53%；78个村全部脱贫。全县具有劳动力可开发式扶贫的有4277户、14666人，通过帮扶有4157户、14516人脱贫，脱贫率分别达97.2%和98.9%；符合条件的低保户做到应保尽保；全县危房改造完成率、义务教育入学率、农村合作医疗参保率、安全饮水工程完成率、镇到村公路实现硬底化等指标全部实现100%。在扶贫开发中，坚持实施“一村一策”、“一户一法”。具体措施有：

一是引导入股分红，构建脱贫长效机制。支持鼓励经济落后的村委会筹集资金入股县周转房项目。该扶贫项目为10万元一股，股金按县、镇、村、挂扶单位4∶1∶4∶1的比例筹集，每股每年固定回报给村集体1万元分红，回报期为50年，期满后返还本金，不再作分红。在各级和帮扶单位的大力支助下，全县入86股，使这些村就此项每年增加了3万元收入。同时，各村委通过盘活旧村委、旧学校、闲置土地行等进行折价入股创业致富。

二是专业合作社带动农业产业化，促进农民增收。通过沙糖桔合作社带动、创设优质服务平台、狠抓合作社品牌建设、设立扶贫互助资金，将资金借给贫困户发展和扩大生产等模式，2011年全县沙糖桔销售为农民人均单项增收3000元，其中贫困户人均单项增收1100元。

三是发展乡村休闲旅游扶贫，推开农民致富之门。佛冈县加大对发展乡村旅游的投入，改善乡村旅游基础设施建设，打造一批名镇名村和旅游品牌，让更多的农村剩余劳动力从农业转移到第二、三产业中去，直接增加农民收入。

四是积极转移剩余劳动力，加快脱贫步伐。2011年，全县组织农村劳动力培训达1.26万人次，通过“春风行动”等11场现场招聘大会，新增农村富余劳动力转移就业人数9468人。

五是注重基层党建，提高村干部的综合能力。帮扶单位注重加强基层组织建设，抓好班子建设、村民自治、建章立制、组织阵地，村“两委”干部战斗力和凝聚力得到增强。帮扶干部以“六个一”（即参加一次支部会、上好一堂党性课、提出一条好建议、发展一个好项目、帮扶一户贫困户、办好一件好事实事）为载体加强对镇村的联系和指导，为联系点的经济发展想办法、找出路。

六是加强农村基础设施建设，促进城乡平衡发展。2011年全县新建硬底化道路133公里，农田有效灌溉面积增加2.73万亩，贫困村通电、通邮、通讯、通广播电视率均达100%。34个行政村建成或在建休闲公园和文化室。

（罗云飞）

三十个重点项目推进落实

2011年，全县确定南方盛世、高岗迳头产业转移工业园等30个重点项目，并逐一落实项目牵头责任人和牵头单位。为切实推进重点项目的落实，完成年度目标任务，迅速掀起项目建设的新高潮，实行县领导跟踪联系重点项目、重点工程责任制，由县委办、县府办牵头做好重点项目、重点工作的责任分工安排，并向社会公示，接受监督。通过抓土地供给攻坚，加快土地储备，加快“三旧”改造工作的进度，加大对闲置土地的处置力度，千方百计盘活土地资源，想方设法解决项目落地问题；通过运用土地调整和规划杠杆，将全县土地开发指标优先安排给重大项目、有实力的项目、正在实施的项目；制定科学的清理方案，采取先易后难、分类分步实施的方式，以破解用地的瓶颈问题；坚决严厉打击非法买卖土地行为。

一年来，各项目牵头责任人与牵头单位领导一起深入项目现场，采取有效措施，有力推动了项目取得落实。相关职能部门也切实增强大局意识和服务意识，积极配合，形成合力，确保了重点项目的顺利推进。截至2011年底，30个重点项目进展顺利，松峰机械、鑫源恒业等建成投产；加多宝二三期、勤天城、国鑫龙泉半岛、约克二期等项目开工建设。

（李秀芳）

佛冈县正式启动创建广东省名镇名村示范村建设示范县工作

2011年5月23日上午，广东省名镇名村示范村建设示范县启动仪式在佛冈县举行。作为全省首个示范县，佛冈将着力打造具有广东特色的生态宜居和产业发展并举的名镇名村示范村，建设全省乃至全国最美的乡村，为全省名镇名村示范村建设探索先进经验。副省长刘昆出席仪式并宣布建设工作启动，省政府副秘书长颜学亮，市委书记、市人大常委会主任陈家记，市委副书记、市长葛长伟，省农业厅副厅长陈祖煌，副市长曾贤林，以及县领导李玉楷、华旭初等出席了启动仪式。

推进名镇名村示范村建设工作，是省委十届八次全会的重要部署，是加快转型升级、建设幸福广东的重要内容，也是广东省加快转型升级、缩小城乡差距的一个重要载体，汪洋书记、黄华华省长对此提出明确要求。5月16日，省政府批复同意将佛冈县列为全省名镇名村示范村建设示范县之一。

县委副书记、县长华旭初在仪式上指出，名镇名村是一项科学发展工程和民心工程，是建设幸福广东的一项重要工作。省委、省政府将佛冈县作为全省名镇名村建设试点县，充分体现了省委、省政府对我县工作的肯定和信心。佛冈县一定要以此为契机，举全县之力，又好又快地推进各项工作，完成好省委交给我们的任务，把佛冈试验区建设成为全省乃至全国最美的乡村之一，为全省名镇名村和社会主义新农村建设打造“佛冈样板”和“佛冈模式”。

市委书记、市人大常委会主任陈家记在仪式上作了讲话。他指出，广东省名镇名村建设工作是省委、省政府加快城镇化建设，促进城乡统筹发展的重大决策。市委、市政府将继续加大协调力度，全力支持名镇名村示范县建设工作，努力打造具有广东特色的生态宜居和产业发展并举的名镇名村，为全省名镇名村和社会主义新农村建设创造更多更好的经验。

佛冈县名镇名村示范村建设将按照一年内“看得见、摸得着、做得好”的目标要求，形成名镇名村示范村建设基本模式。力争通过五到十年的发展，构建起试验区现代农业和观光旅游业为主体的产业体系，建设景观型、生态环保型种植业、养殖业，提高土地产出率，实现居民小城镇集居，提升公共服务水平，增加农民幸福指数，形成可推广的“生产发展，生活宽裕，乡风文明，村容整洁，管理民主”社会主义新农村建设发展模式。

（黄锐坚）

保证“三农”投入 落实惠农政策

2011年，佛冈县财政局紧紧围绕“共创富民强县、建设幸福佛冈”核心任务，发挥财政部门聚财、管财的职能作用，按照社会主义新农村建设的需要，保证“三农”投入，落实惠农政策。

一是做好“三农”立项工作。积极向省、市申报农业产业化、农田水利建设、农业综合开发等项目。2011年全县批准立项17项，到位项目资金1315万元，另迳头镇社坪灌区改造项目通过竞争以第一名的好成绩入选省第二批中小型灌区改造试点工程项目，成功获得省补助资金500万元，为全县农业经济的发展及社会主义新农村建设注入活力。

二是组织实施农业综合开发工作。2011年佛冈县作为省级农业综合开发县，全面抓紧推行实施农业综合开发工作。省批复佛冈县2011年土地治理汤塘镇四九河灌区7800亩的中低产田改造项目总投资为936万元，该项目已进入施工阶段，力争在2012年底竣工验收。同时，通过积极争取，成为村级公益事业“一事一议”财政奖补工作试点县，全年规范审批6个镇共76个村的“一事一议”筹资，筹资总额为3000多万元，其中中央和省级奖补1200万元、市级财政奖补148万元、县级财政配套151万元，受益群众达14.8万人，全年争取涉农项目资金5000多万元。此外，还着力推进农民专业合作社发展，加大全县对农合项目资金的争取和扶持力度。

三是保障农村饮水安全。2011年拨付资金116万元，用于农村饮水安全工程建设、维修、建后管理及农村自来水取水点建设等。

四是积极推进城乡水利防灾减灾工程建设。2011年财政拨付1659万元，用于加固堤围21.04公里、水库8宗、冬修水利50宗，有力地推进全县的水利工程。

五是保护农民种粮的积极性，促进农民增收、农业增产。2011年全县下拨种粮直补资金和农资综合补贴资金共1395万元，比2010年增加157.5万元。共有农户5.34万户、农民23.71万人享受到每亩地农资综合补贴56元、粮食直补6元的政策优惠。

六是积极支持沙糖桔种植户的生产。县级财政预算安排专项资金200多万元，加强全县沙糖桔疑似“黄龙病”的防控、防治工作，大力扶持农民实现可持续增收致富的沙糖桔支柱产业。

七是落实城乡居民各项补贴政策。2011年拨付家电下乡、汽车摩托车下乡及家电“以旧换新”等补贴资金共396.3万元，扩大了全县城乡的消费市场。

八是落实培训和再就业政策。抓好农村劳动力免费技能培训和转移就业工作。严格审核及时拨付再就业补助资金283万元，完成再就业人员培训补贴568人。

（黄韶锋）

全力以赴打好六场攻坚战

一是全力以赴打好重点项目建设攻坚战。2011年初确定30个重点项目，为了加快推进重点项目建设目标的落实，全县上下各司其职，加强协调服务和分类指导，按照“未动工促动工、已动工促投产、已投产促增产”的原则，集中优势兵力打好大项目建设攻坚战。

二是全力以赴打好财税增收攻坚战。通过争取省市财政专项资金、申报中小企业贴息贷款、严格落实招商引资奖励政策兑现、安排旅游推介宣传经费等方式，支持工业园区、企业以及旅游产业建设，通过支柱产业发展培植地方财源着力增强县域经济发展后劲。着力把组织收入放在首位，强化税收征收管理，确保财政收入及时足额入库；规范非税收入征管，继续深化“收支两条线”管理，落实收入目标责任制，确保非税收入应收尽收，进一步增大全县财力规模。

三是全力以赴打好计生工作攻坚战。严格落实计生目标管理责任制、工作问责制和“一票否决”制度，强化兼职责任的落实和追究制度。2011年10月召开全县人口计生、卫生联席会议，进一步形成齐抓共管的工作合力。继续深化综合改革，制定佛冈县《关于实施基层人口计生工作例会制度的意见》，狠抓工作例会制度的落实。完善“关心到户、服务到人”的新模式和人口计生综合治理机制，扩大优质服务覆盖面，积极推出惠民便民措施。

四是全力以赴打好扶贫工作攻坚战。2011年初制定全县扶贫开发“双到”工作任务，把责任具体落实到帮扶单位和个人。通过入股分红、直接投资、劳务输出、互助金等6种模式，积极开展扶贫开发工作。全县18个省定贫困村通过入股县周转房项目，建立6个互助金试点村，发放互助金210万元，有效地解决部分贫困户生产资金不足的问题。

五是全力以赴打好民生工程建设攻坚战。以十项民生实事为重点，制定目标任务、落实责任、加强督办、狠抓落实，促进发展成果人民群众共享。

六是全力以赴打好打击非法开采稀土矿攻坚战。强化由县委书记和县长亲自挂帅的联合执法领导小组，配齐直接对县委书记、县长负责的联合巡查执法队伍，全天候开展巡查执法工作；先后出台一系列重要文件，强化考核，实行“一票否决”；切实强化经费和物质保障，2011年投入经费1000多万元；坚决做到“三不留、一毁闭”；加强新闻宣传，畅通举报渠道，实行镇班子成员包点制度，层层签订责任状，形成“铁拳”行动强大合力，取得了阶段性成效。

（李秀芳）

2011 年广东佛冈中国汽车拉力锦标赛暨系列庆典活动

2011 年 12 月 9 ~ 11 日，佛冈县举办“广东省社会主义新农村建设试验区启动仪式·2011 年广东佛冈中国汽车拉力锦标赛暨系列庆典活动”。12 月 9 日上午，广东省社会主义新农村建设试验区启动仪式·2011 年广东佛冈中国汽车拉力锦标赛开幕式·佛冈沙糖桔节、粉葛节、养生美食旅游节、重点项目庆典系列活动在县人民中心广场隆重举行开幕仪式。副省长刘昆，国家体育总局汽车摩托车运动管理中心主任严建昌，市委书记葛长伟，省农业厅党组书记陈家记，时任市委副书记、代市长江凌，国家开发银行广东省分行行长吴德礼，市政协主席邹学军等省市领导参加了开幕仪式。开幕式由县委副书记、县长梁金鉴主持，县委书记、县人大常委会主任华旭初致欢迎词。

仪式上，副省长刘昆作重要讲话。开幕式还表彰了振兴小学教师邓细林等佛冈十大道德模范，向“2011 佛冈金牌养生菜烹饪大赛”活动中荣获金牌的部分单位代表颁奖，授予 9 个单位沙糖桔销售先进单位称号，高岗镇、迳头镇等 12 家农业合作社与沙糖桔、粉葛出口商及内销商签订合作协议，有 45 个（总投资 318 亿元）重点项目参加签约、动工和剪彩仪式。随后，国家体育总局汽车摩托车运动管理中心主任严建昌宣布 2011 年广东佛冈中国汽车拉力锦标赛正式开幕，刘昆、严建昌、葛长伟、陈家记、江凌等领导为参加 2011 年广东佛冈中国汽车拉力锦标赛的赛车举行发车仪式。这次共有 20 多支车队、约 80 辆赛车报名参加 2011 年中国汽车拉力锦标赛的收官之战。比赛在 9 ~ 11 日举行，设置了短道赛、汤塘北、黄花村、车壹村、新围和汤塘等赛段，总里程共 150 公里。

（郑秀红）

佛冈县举行广东省社会主义新农村建设试验区（佛冈）启动仪式

2011 年 12 月 9 日上午，广东省社会主义新农村建设试验区（佛冈）启动仪式在佛冈县隆重举行。副省长刘昆出席启动仪式并作讲话。省农业厅党组书记、副厅长陈家记，清远市委书记葛长伟，清远市市长江凌出席启动仪式，省农业厅副厅长陈祖煌宣读省人民政府《关于同意广东省社会主义新农村建设试验区（佛冈）基本框架方案的批复》。

试验区位于佛冈县石角镇西面，总面积为 118 平方公里，包括 6 个行政村、154 个村民小组，总人口为 1.86 万人。距京珠高速佛冈出口仅 5 公里，省道 252 线贯穿其中，规划中的佛连高速公路将贯穿试验区东北部并设有出入口，地理位置十分优越。试验区山川秀美，拥有得天独厚的自然环境，旅游资源十分丰富。当地农民群众以沙糖桔种植业为主导产业，目前沙糖桔种植面积达3万多亩，2010年沙糖桔总产量约4万吨，总产值约2亿元，是当地农民经济收入主要来源。试验区建设将与省委、省政府打造名镇名村的战略部署相结合，突出“农”味、“农”文化，充分体现广东特色，以打造全省、全国最美的乡村之一为目标，创造全省名镇名村示范村和社会主义新农村建设的“佛冈样板”、“佛冈模式”。

按照中共中央政治局委员、省委书记汪洋“完善方案，可以试验”的批示精神及省人民政府《关于同意广东省社会主义新农村建设试验区（佛冈）基本框架的批复》（粤府函〔2011〕310号），佛冈县将以名镇名村示范村建设为重要载体和突破口，不断探索农村经济发展、社会管理的新机制。计划通过实施产业发展、基础设施、环境和社会事业建设，在3至5年时间内，在试验区形成以产业为支撑、以企业为主体、以城镇为依托、农民安居乐业的社会主义新农村发展格局。

在启动仪式上，刘昆作了重要讲话。他指出，建设社会主义新农村是党的十六届五中全会提出的重大历史任务，当前，在加强新农村建设面上工作的基础上，通过建立试验区，开展先行先试，鼓励试点地区大胆探索，创造具有推广价值的经验，培育农村典型，对深化我省农村综合改革、实现全省社会主义新农村建设取得新突破、全面推进农村小康社会建设具有重要意义。他希望清远市、佛冈县以启动仪式为新起点，按照“以政府为主导、以企业为主体、以金融为引导、农民广泛参与”的原则，在国家开发银行广东省分行的支持下，加大力度推进试验区建设，积极探索农村经济发展、社会管理的新机制、新载体，努力把试验区建设成为全省名镇名村示范村建设的示范点、现代农业发展的样板区、农产品产销对接的基地，形成土地集约利用和优化发展一体化的农村综合改革试验区，为全省农村改革发展创造经验。

江凌代表市委、市政府对启动仪式的举办表示热烈祝贺。他希望佛冈县委、县政府高度重视这项工作，扎实地推进社会主义新农村试验区建设的各项工作，为全省社会主义新农村的建设探索经验，不辜负省委、省政府的期望和重托。

（黄锐坚）

佛冈县人民检察院荣获“全国先进基层检察院”称号

2011年，佛冈县人民检察院围绕“打造品牌、培育亮点”为中心，坚持践行科学发展观，推动检察工作创新发展，荣获全国、省、市先进基层检察院称号。

一、抓业务建设，以依法办案促进检察工作

以“打造品牌，培育亮点，科学发展，争先创优”的工作思路，提出把刑检和侦查打造成检察工作的品牌，全面促进检察工作。

一是打造刑检工作品牌，全力维护社会和谐稳定。深入推进社会矛盾化解、社会管理创新和公平正义执法的三项重点工作，突出抓好侦查监督、公诉业务，把维护社会和谐稳定的第一责任落到实处，坚决依法打击各类刑事犯罪活动。两年来，侦监、公诉部门受理提请批准逮捕案件213件319人，受理移送审查起诉案件222件348人。

二是打造侦查工作品牌，深入推进反腐倡廉建设。两年来反贪局、反渎局查处涉民、涉农及工程建设领域职务犯罪案件23件23人，通过办案为国家挽回经济损失1260多万元。经省院对全省41个先进基层检察院候选单位考核，佛冈县人民检察院在2010年和2011年分别名列第一和第八位。

三是积极培育亮点，全面加强法律监督。首先是加强对刑罚执行活动的监督，由监所检察部门切实加强驻所检察工作，保障国家刑罚的正确执行。其次是加强对控告申诉工作的监督，由控申检察部门以创建文明接待室为工作目标，切实做好控告申诉工作，排查化解社会矛盾纠纷。再次是加强对民事、行政诉讼活动的监督，做好申诉人的息诉服判、化解当事人的矛盾。第四是加强对刑事诉讼活动的监督，在办理批捕、起诉案件工作中，严格履行职能，严把事实关、证据关、法律关，以案件质量体现司法公正。

二、抓班子促队伍，不断提高检察队伍的整体素质

一是抓班子，做好表率作用，充分发挥党组领导班子的核心作用。两年来，始终坚持加强班子建设，党组一班人做好表率，做到：坚持党组中心学习组学习制度；坚持集中领导和分工负责相结合；坚持民主生活会制度；坚持勤政廉政，坚持每年层层签订党风廉政责任状，建立廉政档案。

二是抓素质，建立一支高素质的检察队伍。坚持把队伍建设作为开创检察工作新局面的基础工程，在强素质、创业绩、树形象上下功夫。做到：积极开展各种主题实践活动，不断提高干警的政治素质；拓宽培训渠道，积极开展岗位练兵和业务竞赛，提高检察队伍业务素质；繁荣检察文化，丰富干警文化生活；加强抓检务保障，为队伍建设和检察事业发展提供支持。

三、服务大局，推行阳光检务，提升检察机关的良好社会形象

坚持党对检察工作的领导，对检察机关的重大案件和重要事项主动向县委、县政府请示汇报，自觉接受县人大的监督。积极参与各项中心工作，认真组织干警完成县委、县政府组织安排的扶贫、维稳等各项工作任务。同时认真贯彻落实高检院和省、市院关于为经济平稳较快发展服务的意见，充分发挥检察机关在社会管理中打击、预防、监督、保护等职能作用，积极推进社会管理创新，实现在保障我县经济发展上有新作为。

（郑阳胜、王　双）

县计生服务站荣获“国优”称号

佛冈县计划生育服务站是全县开展计划生育技术服务的主要场所，在2009年底佛冈县被国家人口计生委评为“全国计划生育优质服务先进单位”后，抓住有利时机，继续加大经费投入，优化服务环境建设，加强科技培训，提高技术服务水平，不断扩大计划生育优质服务的覆盖面，努力实现优质服务的提质提速。

一、优化服务环境　县计生服务站按照《农村计划生育服务机构基础设施建设标准》、《计划生育服务站机构形象规范手册》要求，以及甲级站建设标准，进一步规范内部环境建设，共有服务场所1200多平方米，设有诊室、咨询室、注射室、妇检室、手术室、观察室、

B超室、化验室、药具室、药房、病房等，配备B超机、血细胞分析仪、尿分析机、负压人流吸引机、微波妇科治疗仪、乳腺扫描仪、综合手术床、全自动生化分析仪等医疗设备。同时还设立了婚育学校，配备了投影仪、DVD机和音响等多媒体优生优育宣教设备。目前，县计生服务站服务环境温馨舒适，技术设施齐备，较好地满足了全县育龄群众的服务需求。

二、功能完善健全 具有比较完善的功能，取得了含计划生育技术指导咨询和随访、避孕药具服务、避孕和节育的医学检查、避孕节育手术、不育症诊治、计划生育手术并发症和药具不良反应诊治以及其他生殖保健服务项目等7个服务项目的计划生育执业许可证。目前县计生服务所有医技人员17人，其中主治医师3人、主管护师1人、执业医师2人、执业助理医师3人、执业护师（士）4人、药剂师（士）2人、检验士2人，全部持有计划生育技术资格证，妇科、B超、检验、护理、药管、宣传教育人员配备合理。每年，还通过选派技术人员进修、参加再教育培训和举行科技大练兵等活动，较好地提高技术人员的服务技能和水平。

三、质量制度健全 严格按照执业许可证的业务范围进行服务，没有出现超出许可项目的行为。全站医技人员能严格执行《计划生育技术服务质量管理规范》和《常用计划生育技术常规》，严格手术操作规程，确保服务质量，规范服务行为。积极推行避孕节育措施知情选择，科学指导育龄妇女采取一孩上环，二孩结扎的避孕节育措施，与受术对象100%签订《避孕节育知情选择协议书》。积极开展“三查一治”服务工作，每年4月、10月固定为单位干部职工及家属查环查孕。同时建立医生联系镇制度，定期下乡，会同镇计生服务所技术人员到村为育龄妇女开展普查普治。积极参与各种计划生育宣传、咨询活动，每年的计生协会“5·29”会员日和“7·11”世界人口日，在人民公园举行义诊咨询活动，现场派发生殖健康宣传资料和避孕药具，为育龄群众进行免费诊治，取得良好的反响。近年来，服务站没有发生违法服务行为，没有发生因违规操作引起的计划生育技术服务事故。

（朱志坚、谢秋霞）

佛冈传统民间习俗舞鲤鱼灯

佛冈县大事记

责任编辑：钟榕斌

2011 年佛冈县大事记

1 月

8 日 □上午，县人口和计划生育局在县人民中心礼堂举行 2010 年度“婚育新风进万家”现场抽奖答题活动。副县长郑中化，市、县人口和计划生育局主要领导参加这次活动。

9 日 □上午，国家人口宣教摄影队到佛冈县龙山镇上岳古民居采风。

10 日 □据《佛冈报》报道，佛冈县 2010 年一般预算收入 68926 万元，完成年初预算的 115.68%，同比增收 20088 万元，增长 41.13%。超额完成市政府下达的目标任务。

□据《佛冈报》报道，根据中央、省、市关于革命史迹普查、保护、开发和利用的文件精神，县组织专门普查队伍进行普查、核对，参照《革命史迹保护级别划分标准》，对全县初步确定的 55 处革命史迹进行审查评定。经县委批准，佛冈县县级革命史迹保护单位（点）有 13 个：（1）佛冈县革命烈士纪念碑；（2）东纵北江支队司令部旧址；（3）北江第一支队司令部旧址、思源亭；（4）中共佛冈特支、中共佛冈区委、中共佛冈县委旧址（邹华衍烈士故居）；（5）中共滗江区工委、中共滗从区工委旧址、广东青年抗日先锋队滗江支队旧址；（6）中共滗从区、中共滗江县工委旧址；（7）滗江地区革命烈士纪念碑；（8）清从佛人民义勇大队、东三支四团、北一支六团秘密活动据点旧址；（9）挂牌径大捷遗址及纪念碑；（10）佛冈军事管制委员会旧址；（11）中共滗江县委、滗江县人民政府旧址；（12）解放佛冈县城战场遗址；（13）黄渠成烈士故居。

11 日 □投资 1400 多万元的佛冈移动公司综合大楼举行落成庆典仪式。县领导袁镜焕、蓝山鹰、蒋良柏、温兆康、冯炽兴及市、县移动公司主要领导为新办公楼落成剪彩。

12 日 □全市水务系统第八届“水务杯”男子篮球赛在连山体育馆闭幕，佛冈县水务局代表队荣获本次篮球比赛冠军。

13 日 □县纪委召开十一届六次全体会议，总结佛冈县 2010 年党风廉政建设和反腐败工作情况，部署 2011 年佛冈县党风廉政建设和反腐败工作任务。县纪委委员，各镇纪委书记、纪委副书记，县直各系统（局）纪委书记、纪检组长，省市直管单位纪检组长，特邀监察员，县纪检监察机关全体干部参加会议。

14 日 □县委、县政府在清远市召开迎春座谈会，邀请佛冈籍或在佛冈工作过的干部和知名人士，共商佛冈发展大计。

□县妇联在石角镇吉田村举行全县首个“妇女之家”挂牌仪式，县委常委、宣传部部长卢少峰，县妇联、石角镇主要负责人以及县镇村三级妇联代表参加仪式。

16 日 □县委、县政府在广州市举行 2010 年佛冈乡亲代表迎春座谈会。县政协主席冯福祥，县人大常委会常务副主任袁镜焕，县委常委、常务副县长黄镇生，县人大常委会副主任谢雪良、副县长刘峥，县政协常务副主席赵仲轲和佛冈籍或在佛冈工作过的领导干部以及各界人士 100 多人参加座谈会。

21 日 □县委、县政府在县人民中心礼堂召开村、社区“两委”换届选举工作会议。

县委常委、县纪委书记温兆康主持会议并作讲话，副县长郑中化就全县村、社区“两委”换届选举的有关工作提出具体要求，县委常委、组织部长黄永华就换届选举工作作动员和部署。

24 日　□据《佛冈报》报道，2008～2010 年，佛冈县有 19 件文学艺术作品获得省、市文联的表彰，其中获得省二、三等奖的有 4 件，市一等奖的有 6 件。

□晚上，佛冈县在人民中心广场举办 2011 年佛冈县云星 · 钱隆天下春节大型文艺晚会。李玉楷、华旭初、冯福祥、蓝山鹰等在家的县领导出席文艺晚会。

25 日　□佛冈县在县人民中心礼堂举行新农保基础养老金发放仪式。

2 月

12～14 日　□县委书记李玉楷，县长华旭初率领佛冈县考察团，赴四川省成都市考察学习统筹城乡发展等方面的做法和经验，为加快佛冈县统筹城乡一体化发展取经。

15 日　□一年一度的高岗豆腐狂欢节在高岗镇社冈下村举行。今年的豆腐节以“激情豆腐砸出幸福”为主题，邀请广东省文化厅副厅长杜佐祥，清远市副市长王得坤以及知名民俗专家、国际友人现场考察、溯源。李玉楷、华旭初、蓝山鹰等在家的县领导出席活动。新华社、广东电视台、南方卫视台等国内 20 多家媒体共同见证。揭幕仪式上，展示一块长 3.49 米、宽 3.45 米、高 0.38 米的重达 6 吨的巨型豆腐。在广东省公证处公证员和上海大世界基尼斯总部工作人员的共同见证下，由上海大世界基尼斯总部向社冈下村颁发世界纪录证书。

□佛冈县在文化公园举行 2011 年“春风行动”富余劳动力就业招聘会。参加招聘会的 45 家企事业共提供 2800 多个用人岗位。吸引了数千名富余劳动力前来应聘，达成就业意向 1500 多人。

20 日　□在清远市委常委、市委秘书长刘汉球，佛冈县委书记、县人大常委会主任李玉楷等市、县领导的陪同下，清远市委副书记、代市长葛长伟到佛冈县调研。

21 日　□佛冈县召开全县党风廉政建设工作会议。会议由县委副书记、县长华旭初主持，县委书记、县人大常委会主任李玉楷作重要讲话。县委常委、县纪委书记温兆康总结佛冈县 2010 年党风廉政建设和反腐败工作情况，部署 2011 年佛冈县党风廉政建设和反腐败工作任务。

□《佛冈报》报道，2011 年春节假期，佛冈县旅游市场畅旺。全县共接待游客 36 万人次，同比增长 28%；实现旅游收入 1.1 亿元，同比增长 30%。

28 日　□《佛冈报》报道，2011 年 1 月中旬，由广东省委党校主办的第一届广东镇域改革发展论坛会暨《2010 广东镇域经济综合实力研究报告》成果发布会正式发布，佛冈县石角镇位列清远市镇域经济综合发展实力第三名，北部山区镇域经济综合发展第六名，并获得“广东山区十强”称号。

□《佛冈报》报道，佛冈县获“广东省旅游综合改革示范县”称号。

3 月

1 日　□县委创先办举办佛冈县创先争优活动图片展，图片展用蓝、绿、橙、红等四色作为主色调，通过一幅幅具有代表性的照片，从不同角度直观生动地展现党组织、党员干部在推动科学发展、促进社会和谐、服务人民群众、加强基层组织等方面发挥的战斗堡垒和先锋模范作用以及取得的成效，进一步推动创先争优活动的深入开展。

1～2 日　□政协佛冈县第八届委员会第六次会议在县人民中心主楼礼堂召开。来自社会各界的173名政协委员参加会议，会议围绕关系佛冈县统筹城乡发展、建设幸福佛冈的重大问题，切实履行职责，积极建言献策，共谋发展大计。

2~3日 □县十三届人民代表大会第五次会议在县人民中心礼堂召开，全县179名人大代表参加会议。会议审议通过了《关于佛冈县人民政府工作报告的决议》、《关于佛冈县国民经济和社会发展第十二个五年规划纲要的决议》、《关于佛冈县“十一五”时期国民经济和社会发展计划执行情况与2011年计划的决议》、《关于佛冈县2010年预算执行情况和2011年预算的决议》、《关于佛冈县人民代表大会常务委员会工作报告的决议》、《关于佛冈县人民法院工作报告的决议》、《关于佛冈县人民检察院工作报告的决议》。会议通过无记名投票方式，依法选举佛冈县人民法院院长。

3日 □由县妇联主办、佛冈移动分公司承办的县首届女子乒乓球团体赛，经过角逐，县经贸系统代表队获得第一名，教育、宣传、党群代表队分别获得第二、三、四名。

4日 □清远加多宝草木植物科技有限公司在佛冈县举行开业庆典，标志着旗下的红色罐装饮料“王老吉”（后更名为“加多宝”）正式投产。清远市委副书记、市长葛长伟等省、市领导出席并祝贺，佛冈县委书记、县人大常委会主任李玉楷，县委副书记、县长华旭初等县领导参加庆典仪式。

7日 □为庆祝第101个“三八”国际劳动妇女节，县委组织部、县妇联联合举办主题为“三八新百年，共谋新发展”的佛冈县副科以上女干部庆祝三八联谊会。

□《佛冈报》报道，从2月15日至2月25日，春风行动现场招聘会在佛冈县6个镇同时开展。第一阶段已成功举办6场，共有178家企业参加，提供岗位13691个，约2万人次参加，其中8742人进行现场求职登记，达成就业意向4639人。

8日 □上午，佛冈县“三农”暨人口计生工作会议在县人民中心礼堂召开。会议贯彻落实中央和省市有关工作会议精神，总结2010年度“三农”和人口计生工作，部署新一年佛冈县“三农”和人口计生工作，通报2010年度人口计生目标管理责任考评情况，对2010年度“三农”和人口计生工作中表现突出的先进单位和个人进行颁奖，并与各镇、县直有关部门签订2011年人口计生目标管理责任书和柑桔黄龙病防控责任书。

11日 □上午，全县政法暨信访维稳工作会议在县人民中心礼堂召开，贯彻落实全国和省、市政法工作会议精神，表彰2009~2010年度社会治安综合治理工作先进单位，总结2010年佛冈县政法和信访维稳工作，部署2011年及今后一个时期的政法和信访维稳工作任务。

17日 □县振兴小学通过市语言文字规范示范校评估验收。

21日 □《佛冈报》报道，佛冈县检察院被最高人民检察院授予第四届“全国先进基层检察院”荣誉称号。

23日 □县委书记、县人大常委会主任李玉楷，县政协主席冯福祥，县人大常委会常务副主任袁镜焕，县委副书记蓝山鹰等县理论学习组成员、县有关职能部门主要负责同志、各镇党政一把手等50多人到广州市、从化市参观学习，汲取先进经验。

24日 □县委、县政府组团赴香港与加多宝集团签订新项目投资合同，新项目将建设“加多宝”罐装生产线，年产值预计约20亿元。

27日 □全国首个胸痛中心在广州军区陆军总医院成立。佛冈县人民医院与陆军总医院是军民共建友好医院，成为首批联网的四家单位中的一员。

28日 □下午，广东省副省长刘昆一行在清远市市长葛长伟、副市长曾贤林、佛冈县委书记李玉楷、县长华旭初等陪同下，到广东省社会主义新农村建设试验区（佛冈）调研。

29日 □全省农机安全监理所所长例会在佛冈县召开。来自省农业厅、各地级以上农业安全监理所所长以及佛冈县农业管理部门相关人员共60多人参加会议。会议总结交流创建“平安农机示范县（市、区）”活动经验，分析全省农机安全生产形势，研究农机安全生产工作中存在的主要问题，部署2011年农机安全监理重点工作。

□佛冈县召开全县统战工作会议，总结佛冈县2010年度统战工作，部署2011年工作任务。县委常委、统战部部长冯小华在会上传达中央、省、市统战工作会议精神，总结2010年工作。会议通报2010年度全县统战信息工作，表彰奖励2010年度全县统战信息工作先进单位。

31日 □佛冈县在县人民中心礼堂召开2011~2012年维稳及社会治安综合治理目标管理责任书签订会议。与县综治委成员单位、各有关责任单位、各镇签订2011~2012年维稳及社会治安综合治理目标管理责任书。

□佛冈县召开宣传文化体育工作会议，学习贯彻上级宣传文化体育工作会议精神，总结2010年宣传文化体育工作，分析当前宣传文化体育工作面临的形势，部署2011年宣传文化体育工作任务。

4月

6~8日 □县委书记、县人大常委会主任李玉楷，县委副书记、县长华旭初率领县相关职能部门主要负责同志，各镇党政一把手一行30多人到粤东考察学习梅州市梅县、惠州市惠城区在推进名镇名村建设方面的经验做法。

7日 □广东省公安厅党委委员、纪委书记、督察长白先河在清远市公安局纪委书记刘国平、指挥长何备沿，佛冈县委常委、政法委书记、公安局局长冯天佑等同志的陪同下到汤塘镇指导调研基层综治信访维稳工作。

9~10日 □中央电视台《欢乐中国行》栏目组一行在主持人张蕾的带领下到佛冈县进行外拍选景工作，摄制组拍摄了被誉为民俗民间文化“舞被狮”全过程。

12日 □交通运输部全国干线公路养护管理检查组在省交通运输厅、省公路管理局有关领导的陪同下，到国道106线佛冈段进行路况检测。

□佛冈县村、社区“两委”换届选举工作结束。这次换届选举工作，全县共选出村（社区）委员会委员472人，党支部委员277人，交叉任职的255人，全县交叉任职比例为92.1%；村（社区）书记、主任“一肩挑”的83人，比例为92.2%。

13~14日 □清远市推进各地工作现场会参会人员考察佛冈县工业项目、“三边”整治、城乡清洁工程，市委书记、市人大常委会主任陈家记在考察中认为，佛冈工业项目、“三边”整治等方面工作亮点突出。

15日 □佛冈县召开简政强镇事权改革工作会议，正式启动佛冈简政强镇事权改革工作。根据有关实施方案，高岗、迳头、水头、龙山等4个镇为较大镇，石角、汤塘2个镇为特大镇。各镇综合性办事机构统一按7个部门设置：党政办公室（挂人大办公室牌子）、社会事务办公室、经济服务办公室、农业办公室（挂科技工作办公室牌子）、人口和计划生育办公室、规划建设办公室、综合执法队。推进事权下放或职权委托，县直部门共下放或委托镇政府行使职权共38项。

16日 □下午，在省、市国土资源监察部门的带领下，佛冈县依法捣毁龙山镇一处非法开采瓷沙土场。现场扣押钩机10台，推土机1台和非法采矿设备一批。

19日 □县人大常委会执法检查组，对县政府和相关职能部门及社会单位贯彻执行《中华人民共和国消防法》和《广东省实施〈中华人民共和国消防法〉办法》情况开展实地检查。副县长廖振灵和县府办、县公安局、县消防大队等相关职能部门负责人陪同执法检查工作。

19~20日 □县委书记、县人大常委会主任李玉楷率领县四套班子领导，各镇党委书记和有关部门负责同志组成的学习考察团赴英德、阳山、连州参观考察工业园、“三边”整治、城乡清洁工程、教育资源整合方面工作。

20 日 □上午，由慧谷集团有限公司外方投资“新加坡丰隆集团”及合作方的多名董事等联合组成的参观考察团，到佛冈县参观考察慧谷集团的房地产开发项目。

21 日 □中国侨联办公厅副主任李洋一行在广东省侨联和清远市侨联领导的陪同下到佛冈县调研。

□佛冈县与广州联炬科技企业孵化器有限公司签定框架协议，共建广东佛冈联炬科技孵化园。广东佛冈联炬科技孵化园项目规划用 10 年时间开发完成，首期启动用地规模约 3000 亩，预计 2015 年建设，首期建成后，每年技、工、贸总收入不少于 150 亿元，税收不少于 15 亿元。

25 日 □清远市副市长曾贤林会同市水务、“三防”、农业、气象部门负责同志一行到佛冈县检查指导抗旱保春耕工作。

□南方医科大学第三附属医院卫生下乡巡回医疗队在汤塘医院举行巡回医疗活动启动仪式，正式拉开该医疗队在佛冈县为期一周的送医送药活动。

□召开中国共产党龙山镇第十五次党员代表大会，来自全镇各行各业的党员代表 169 人参加了会议。大会通过无记名投票、差额选举方式，选举产生 9 名党委委员、5 名纪委委员以及 31 名出席县第十二次党代会代表。

26 日 □县委举行 2011 年村（社区）党支部书记、主任岗位培训班开班仪式，培训班为期 3 天。全县 78 个行政村的党支部书记、主任，12 个社区党支部书记、主任，各镇组织委员共 101 人参加培训。

26 日 □由省财政厅副巡视员吴仰和为组长的省政府督导组到佛冈县开展春季农业生产督导工作。

28 日 □佛冈县天域数字电影城正式试影。县天域娱乐有限公司投入 850 万元，可与全国同步上映 3D 电影。

29 日 □佛冈县首家以农超对接为经营模式的农产品平价超市正式开业。

5 月

6 日 □县团委举办“高举党旗跟党走，建设幸福新佛冈”——我是幸福的佛冈人青年主持人大赛总决赛，纪念“五四”运动 92 周年。赛前，团县委对先进团委、先进团支部、优秀团干、优秀团员等进行表彰。

7 日 □农业部春耕生产督导组一行到佛冈县检查指导春耕生产工作。

9 日 □《佛冈报》报道，2011 年“五一节”假期，佛冈县养生旅游持续火爆。假日期间，共接待省内外游客 12.1 万人，旅游总收入 4250 万元，同比分别增长 10% 和 29%，其中自驾游客近 80%，县内各大酒店开房率达 97%。

10 日 □佛冈县召开创建国家级药品安全示范县工作协调会，总结前阶段创建工作情况，进一步明确下阶段目标任务。

□晚上，县政府对 10 名“佛冈县十佳护士”和 35 名“佛冈县优秀护理工作者”进行表彰，并宴请全县 400 多名护理工作者。县委书记、县人大常委会主任李玉楷，县委副书记蓝山鹰，县委常委、县委办主任徐文婉，县人大常委会副主任李功志，副县长廖振灵、蓝应禄，县政协副主席范桂宁出席并给获奖者颁奖。

10～11 日 □受广东省档案综合管理升级评审领导小组的委托，清远市档案局会同佛冈县档案局组织 4 名省级评审员、3 名市级评审员组成的评审组，先后对佛冈县第一中学、振兴小学和城东中学档案综合管理进行正式考评。评审组通过审议，一致同意三所学校评定为省特级档案综合管理单位。

11 日 □下午，佛冈县召开 2011 年度全县打假工作暨 2010 年度先进表彰大会。会议总结 2010 年打假工作，对获得 2010 年打假先进的单位及个人给予表彰。

12日 □《佛冈报》报道，中国旅游品牌世界之旅·香港峰会暨中国国际旅游投融资洽谈会在香港举行。佛冈县通过组委会严格考核评审，荣获“中国最具投资价值旅游强县”荣誉称号。县委书记李玉楷当选“中国旅游品牌国际化建设先进人物”。

13日 □上午，由市委常委江明坤率领的市“三边”整治及城乡清洁工程检查组，到佛冈县检查“三边”整治工作。

□清远市委常委、副市长温镜潮率领督导检查组到佛冈县督导检查招商引资、重点项目落实情况。

18日 □上午，县综治委14个成员单位在县文化公园广场集中开展社会治安综合治理宣传活动，宣传相关法律知识。

19日 □以清远市人大常委会副主任关翰琴为组长的市人大常委会执法检查组一行到佛冈县，就佛冈县贯彻《中华人民共和国职业病防治法》的情况进行检查。

23日 □广东省名镇名村示范村建设示范县启动仪式在佛冈县石角镇龙塘村举行。仪式由佛冈县委副书记蓝山鹰主持。广东省副省长刘昆，省政府副秘书长颜学亮，省委农办副主任、省农业厅副厅长陈祖煌，清远市委书记、市人大常委会主任陈家记，市委副书记、市长葛长伟，副市长曾贤林，以及佛冈县领导李玉楷、华旭初等出席启动仪式。

23~24日 □市销毁民兵报废危险品现场会在佛冈县举行，现场销毁处理一批民兵报废危险品弹药。

25日 □省审计厅调研组到佛冈县调研审计法制建设工作。

27日 □上午，位于佛冈县黄花湖温泉度假区金龟山谷的金龟泉生态度假村首期正式开业。金龟泉生态度假村为苏州山水园林式的生态旅游度假胜地。

□下午，佛冈县组织召开镇级换届动员会，部署镇级换届选举工作，确保镇级换届工作顺利进行。

6月

3日 □佛冈县在人民中心举行奥地利老虎粉末涂料制造（太仓）有限公司建设项目签订仪式。整个项目占地60亩，总投资约2亿元，预计项目投产后年产值可达10亿元，实现年税利1.05亿元以上。

14日 □上午，佛冈县经济运行分析会在县人民中心会议室召开。1~5月，佛冈县经济运行情况总体平稳，各项经济指标保持稳步增长的态势。全县规模以上企业累计完成工业增加值同比增长20.5%，完成工业增加值同比增长12.7%，累计完成固定资产投资同比增长14.1%，社会消费品零售总额累计实现同比增长15.5%，累计实现地方财政一般预算收入同比增长22.1%。会上，各镇、各相关部门负责人分别汇报经济运行情况，并对下一步如何促进经济发展提出意见和建议。

□县委副书记蓝山鹰等县领导参观“全国检察机关惩治和预防渎职侵权犯罪展览”清远巡展。

15日 □由省政府主办，省外经贸厅、省经济和信息化委、东莞市政府共同承办的第三届广东外商投资企业产品（内销）博览会在东莞市开幕。佛冈县副县长蓝应禄率团参加外博会。尊福（佛冈）竹木有限公司、雄展（佛冈）五金工艺有限公司和佛冈县广荣工艺制品有限公司3家外商投资企业到场参展。

22日 □上午，佛冈县第二届运动会开幕，县委副书记、县长华旭初在人民中心宣布佛冈县第二届运动会正式开幕，停办16年之久的佛冈运动会再次启动。

□上午，省依法治省办检查组对佛冈县实施《法治广东建设五年规划》情况进行调研。

□国家开发银行总行第三局副局长梅世文，国家开发银行广东分行行长吴德礼，市场投资局、国家金融有限公司等部门负责人在广东省农业厅副厅长陈祖煌，清远市委副书记、市长葛长伟的陪同下到佛冈县，调研“广东省社会主义新农村建设试验区（佛冈）”建设情况。

□晚上，由县纪委、县委组织部和县委宣传部联合举办的以“颂党恩、倡廉政”为主题的佛冈县机关干部红歌大合唱比赛。县直第一名由教育系统夺得，镇第一名由石角镇夺得。

23 日 □下午，清远市副市长许国到佛冈县检查嘉华合作社农产品水果平价超市和供销佳信平价超市，了解平价超市产品进货和销售等情况。

□《佛冈报》报道，佛冈中学荣获广东省教育工作委员会、广东省教育厅、广东省公安厅联合授予的“广东省安全文明校园”称号。

23～24 日 □省政协“深化农村综合改革”专题调研组到佛冈县开展“深化农村综合改革”推进情况进行专题调研。座谈会上，清远市委常委、常务副市长梁志强和佛冈县委常委、常务副县长黄镇生分别向调研组汇报清远市和佛冈县关于“深化农村综合改革”工作的进展情况。

26 日 □据县招考办统计，2011 年佛冈县参加高考的考生 2227 人，考上本科线率、上 3A 线率、总上线率、万分人口上线率继续位居全市前列。

27 日 □召开中国共产党高岗镇第十三次党员代表大会，来自全镇各行各业的党员代表 129 人参加会议。大会通过无记名投票、差额选举方式，选举产生 9 名党委委员、5 名纪委委员以及 20 名出席县第十二次党代会代表。

□召开中国共产党迳头镇第十四次党员代表大会，来自全镇各行各业的党员代表 130 人参加了会议。大会通过无记名投票、差额选举方式，选举产生 9 名党委委员、5 名纪委委员以及 28 名出席县第十二次党代会代表。

□召开中国共产党汤塘镇第十四次党员代表大会，来自全镇各行各业的党员代表 197 人参加了会议。大会通过无记名投票、差额选举方式，选举产生 13 名党委委员、7 名纪委委员以及 51 名出席县第十二次党代会代表。

28 日 □召开中国共产党水头镇第十三次党员代表大会，来自全镇各行各业的党员代表 89 人参加了会议。大会通过无记名投票、差额选举方式，选举产生 9 名党委委员、5 名纪委委员以及 20 名出席县第十二次党代会代表。

□召开中国共产党石角镇第十四次党员代表大会，来自全镇各行各业的党员代表 235 人参加了会议。大会通过无记名投票、差额选举方式，选举产生 13 名党委委员、7 名纪委委员以及 54 名出席县第十二次党代会代表。

29 日 □下午，佛冈县举行纪念中国共产党成立 90 周年暨表彰先进大会。大会由县委副书记蓝山鹰主持，大会总结佛冈县近年来党建工作的新成就、新经验，表彰一批近年涌现的先进基层党组织、优秀共产党员和优秀党务工作者，表彰过去一年在佛冈县经济社会中作出重大贡献的先进集体和先进个人。在家县四套班子领导和县直副科级以上单位及省市直管单位主要负责人参加大会。

7 月

5 日 □广东省关工委主任张帼英一行到佛冈县调研创业青年培训班工作情况。

□下午，全县领导干部大会在人民中心礼堂召开。会上，清远市委组织部副部长朱志诚宣读市委组织部关于佛冈县县委主要领导职务变动的决定：经省委批准，决定任命华旭初同志为中共佛冈县委书记；市委同意提名华旭初同志为佛冈县人大常委会主任，并按有关法律规定办理。

8 日 □县教育局在全省中小学教师继续教育工作会议上被评为广东省中小学继续教育工作先进单位。

10 日 □由宁波隆兴集团与广州国鑫投资公司共同开发兴建的龙泉半岛生态住宅区举行隆重奠基剪彩仪式，项目计划投资 10 亿元。县领导袁镜焕、梁艳红、冯炽兴、吴子伟参加仪式。

15 日　□上午，县公安局新看守所举行启用揭牌仪式。位于石角镇三八上里村的新看守所，建筑面积 4661 平方米，25 个仓位，设计容量可关押 400 人；武警中队营房按可驻扎一个大队（2050 平方米）的标准建设。

22 日　□清远市委常委、市纪委书记黄兆芬等一行到佛冈县视察九龙公园建设现场，并视察水头镇王田村王田公园、汤塘镇汤塘村上闸公园和龙山镇黄塱休闲公园等三个农村公园的建设情况。

25 日　□《佛冈报》报道，上半年佛冈县地方财政一般预算收入 30836 万元，完成年初预算的 38%，同比增长 23.32%。

□第二届县运会"诚康杯"中国象棋比赛在城市春天广场举行开赛仪式，县委常委、宣传部部长卢少峰，副县长丘剑华出席。比赛开幕之际，邀请广东省中国象棋专业运动员、特级大师许银川到佛冈县与象棋爱好者进行 1 对 20 人的"车轮战"表演赛，许银川大师以 17 胜，3 和结束比赛。

26 日　□下午，应中共中央对外联络部的邀请，由刚果（金）争取重建与民主人民党（简称人民党）全国副书记、议员顿达·雅·卡桑德率领的刚果（金）人民党高级干部考察团一行 10 人在省外事办及市、县外事侨务局有关负责人的陪同下，参观考察佛冈县党组织在开展经济建设和社会发展的成功经验。

27 日　□下午，南方医科大学第三附属医院与县人民医院举行技术合作签约、揭牌仪式，县委书记、县长华旭初，县委常委、县委办主任徐文婉及南医三院、县卫生局、县人民医院主要负责人参加。

28 日　□上午，中共佛冈县第十一届委员会第十次全体（扩大）会议在人民中心召开。会议全面贯彻落实中央和省、市的重大决策部署，总结佛冈县上半年工作，分析当前形势，部署下半年工作。

□全市价格形势分析暨推进平价商店建设工作会议在佛冈县召开，清远市副市长许国，佛冈县委书记、县长华旭初和副县长廖振灵，全市各县（市、区）政府及相关职能部门负责人参加了会议。会议由清远市政府副秘书长蔡东旭主持。会上，佛冈县副县长廖振灵代表县政府作平价商店建设经验介绍。

29 日　□第二届县运动会"诚康杯"中国象棋比赛在城市春天御茶坊落幕。石角镇代表队获得团体第一名，县直三团、龙山镇分别获得二、三名；李欣欣、朱文星、杨志明获得个人赛冠、亚、季军。

8 月

2 日　□上午，民盟佛冈县基层委员会第十次会议在县人民中心西楼 403 室召开。县委常委、县委统战部长冯小华，县人大常委会副主任李功志，副县长梁艳红，县政协常务副主席赵仲轲，副主席张小风参加会议，清远市民盟主委关翰琴到会祝贺并作讲话。会议听取和审议民盟佛冈县第九届基层委员会工作报告，通过无记名投票等额选举方式，选举产生民盟佛冈县第十届基层委员会。

2～3 日 □由县委书记、县长华旭初主持，在龙山、高岗、汤塘镇分别召开县委常委会，听取镇党委 2011 年上半年工作汇报，对今后工作提出意见。

3 日　□美国驻穗总领事馆总领事高来恩一行到佛冈县龙山镇江森约克空调冷冻有限公司参观考察。

3～5 日　□由县委书记、县长华旭初主持，在迳头、水头和石角镇分别召开县委常委会，听取镇党委 2011 年上半年的工作汇报，对今后工作提出意见。

4 日　□清远市副市长王得坤到佛冈县调研绿道网建设和使用中央资金建设医疗卫生设施情况。

□清远市市委常委、宣传部部长雷广财一行到佛冈县调研宣传文化思想工作。

□投资 18 亿元的佛冈羊角山生态旅游度

假区举行隆重开业仪式。广东省政府副秘书长刘晓捷，清远市人大常委会副主任何木葵，副市长王得坤，佛冈县委书记、县长华旭初等省市县有关领导出席开业仪式。

11 日 □县委书记、县长华旭初率领县委常委、常务副县长黄镇生，县委常委、县委办主任徐文婉，副县长蓝应禄及相关职能部门负责人组成的调研组，到建滔、约克、加多宝等重点企业进行调研，了解企业的生产情况，帮助解决企业在发展过程中遇到的问题。

12 日 □清远市检察长会议在佛冈县召开，会议贯彻全省检察长会议精神，研究部署全市检察工作。

15 日 □佛冈县与海明堡（亚洲）直升机有限公司、中国度假联盟、途明通用控股有限公司签订投资合同，计划在高岗镇投资建设旅游度假项目，该项目规划总用地面积 1600 亩，总投资金额约 40 亿元。

□上午，佛冈县召开政府工作会议，总结 2011 年上半年工作，分析面临的形势，研究部署下半年工作，确保全面完成县十三届人大五次会议提出的各项目标任务。

18 日 □上午，佛冈县召开领导干部动员大会，对县领导班子换届考察工作进行动员部署。

20 日 □佛冈县成立羽毛球协会。

23 日 □市妇联主席工作会议在佛冈县召开。

24 日 □清远市关工委农村创业青年培训经验交流现场会在佛冈县召开。

25 日 □下午，佛冈县召开中共佛冈县第十一届委员会第十一次全体会议，传达贯彻胡锦涛总书记在广东视察工作时的重要讲话精神、广东省水利工作会议精神以及中共清远市委五届十四次全会精神。会议表决通过《关于召开中国共产党佛冈县第十二次代表大会决议》。

29 日 □县在人民中心礼堂举行《法治广东建设五年规划（2011～2015 年）》宣讲活动。会议由县委副书记蓝山鹰主持，清远市委宣传部副部长、市文联主席刘国华主讲。

31 日 □上午，县十三届人大常委会举行第四十七次会议，会议由人大常委会代主任袁镜焕主持。会议审议并票决通过任命梁金鉴为佛冈县人民政府副县长，接受华旭初辞去佛冈县人民政府县长职务，决定任命梁金鉴代理佛冈县人民政府县长。

□上午，清远市委常委江明坤率领市“三边”环境整治检查组到佛冈县检查指导“三边”环境整治工作。

9 月

1 日 □《佛冈报》报道，2009～2010 年期间，佛冈县投入 500 多万元在县城解放路乐洲巷建设八层廉租住房和公共租赁住房各一幢，解决 78 户家庭住房困难，其中有实物配租 47 户、租赁补贴 21 户、公共租赁住房 10 户。

2 日 □由国务院综改办副处长石义霞率领的调研组一行到佛冈县，对作为试点的佛冈县村级公益事业建设“一事一议”财政奖补工作开展调研。

□县人社局组织各大企业在人民公园开展 2011 年“一企一岗·互济共赢”高校毕业生就业现场招聘会，共 129 人成功就业。

8 日 □佛冈县在人民中心礼堂举行庆祝 2011 年教师节大会，表彰优秀教师、优秀班主任及为佛冈县教育事业做出突出贡献的先进单位和先进个人。

14 日 □上午，佛冈县在人民武装部召开国防动员会议。

19 日 □佛冈县启智学校被评为“广东省特殊教育先进单位”，原校长曹维财被评为“广东省特殊教育先进个人”。

□上午，位于佛冈县龙山镇，总投资金额 1 亿元人民币的江森自控广州工厂二期扩建项目举行动工仪式，项目建成后预计 5 年内产值可达 50 亿元。清远市委副书记何炳华，市委、市政府办公室副秘书长兼市委书记助理刘泽和，江森自控建筑设施效益业务亚洲制造与研发副总裁兼执行总监林坚和佛冈县委书记华旭初，县委副书记、代县长梁金鉴，县政协主席冯福祥，县委副书记蓝山鹰等县领导出席动工仪式。

21日 □县委副书记、代县长梁金鉴，副县长蓝应禄领队，组织参加在江西省南昌国际展览中心召开的2011清远名优产品展销推介会，达成签约项目1个，投资额为40亿元。

□国家水利部农村水利司灌排中心副主任闫冠宇一行，先后到石角镇龙塘村和莲溪村，调研农村饮水安全保障行政首长负责制执行情况。调研后认为，佛冈县做法和经验值得借鉴。

□佛冈县创建省名镇名村示范村建设示范县工作会议在县人民中心主楼召开，会议总结目前名镇名村建设情况，并就共同推进全省名镇名村示范村建设示范县有关工作任务和工作职责做进一步的安排。会议由副县长郑中化主持。县委副书记蓝山鹰、县人大常委会副主任谢雪良、副县长丘剑华和相关负责人出席会议。2011年5月，省政府正式批复同意将佛冈县列为全省两个“名镇名村示范村建设示范县”之一。经研究和初步确定试点：一个名镇（石角镇，后改为汤塘镇）、两个名村（汤塘镇汤塘村和龙山镇上岳村）、五个示范村（水头镇王田村、迳头镇土仓下自然村、高岗镇上陈村、石角镇龙塘村格岭自然村和西田自然村）。

22日 □由团县委组织的“希望家园”授牌仪式及爱心助学活动在龙南中心小学举行，龙南中心小学成为佛冈县首届省级“希望家园”。

25日 □由县委宣传部联合相关单位组织来自县企业的45名外来员工，前往清远参加“广东系列游—万名外来工广东系列游暨广东建设成就游”。

25～26日 □中国共产党佛冈县第十二次代表大会在县人民中心召开，来自全县的301名代表出席大会。大会审议并通过中国共产党佛冈县第十一届委员会和佛冈县纪律检查委员会工作报告，通过无记名投票方式，选举产生中国共产党佛冈县第十二届委员会和中国共产党佛冈县纪律检查委员会。26日上午，中国共产党佛冈县第十二届委员会召开第一次全体会议，分别选出中国共产党佛冈县第十二届委员会常务委员、书记、副书记。常务委员（按姓氏笔画为序）：甘运红、卢少峰、冯炽兴、华旭初、李贤成、徐文婉（女）、黄永华、梁金鉴、温兆康、蓝山鹰、虞卫旗；华旭初当选为县委书记；梁金鉴、蓝山鹰当选为县委副书记。

28～29日 □由广东省水利厅、省发改委和省财政厅组织在广州召开省第二批中小型灌区改造试点工程项目竞争性安排评审会。经过专家评审、现场陈述和答辩、专家现场打分等环节，最终产生5个入选项目。佛冈县迳头镇社坪村灌区改造项目以参选同规模项目排名第一的好成绩，入选省第二批中小型灌区改造试点工程项目。

10月

10日 □广东省广播电视网络股份有限公司清远佛冈分公司在县广播电视中心正式挂牌成立，县广播电视台将以“经营性资产整体进入”方式参与全省网络。

□省级德育课题结题评估验收专家组一行5人到佛冈县第一小学，对该校省级德育课题《以孝行教育为载体，弘扬中华民族的传统美德》进行现场验收。

11日 □广东省交通厅副厅长、省公路管理局党委书记顾青波，清远市副市长许国，市公路管理局局长曹志明等到佛冈县调研公路建设情况。佛冈县委副书记、代县长梁金鉴，副县长刘峥，园区委和佛冈公路局有关负责同志陪同参加调研。

□下午，县人大常委会、县纪委、县委组

织部在县人民中心联合举办培训班，对佛冈县镇级人大换届工作骨干进行培训。

11～12日 □县委书记华旭初，县委副书记、代县长梁金鉴到石角镇的龙凤大道、华龙项目、老虎粉末涂料项目，迳头镇的南玻集团项目和汤塘镇的国鑫龙泉半岛、国珠集团、王老吉等重点项目进行调研并现场办公，详细了解项目的进展情况，研究解决项目建设中遇到的问题。

12日 □下午，受省文明办委托，由市有关部门组成的复查组到佛冈县，复查广东省文明县城相关工作。复查组认为佛冈县工作有新举措，新气象，新亮点。

□是日下午，县在佛冈县解放日当天举行第六次防空袭警报试鸣活动，增强市民防空意识。

13日 □清远市委书记葛长伟一行，在佛冈县委书记华旭初，县委副书记、代县长梁金鉴等领导的陪同下，到佛冈县重点项目实地调研，强调要抢抓机遇，大力推进招商引资工作，做大做强现代工业，全力开创佛冈工作新局面。

□《佛冈报》报道，佛冈县"十一"黄金周接待游客31万人次，同比增长10%；旅游总收入1.3亿元，同比增长53%；人均消费420元。

□上午，在县人民中心召开全县价格调节基金工作会议。会议传达全市价格调节基金工作会议精神，总结佛冈县价格调节基金工作基本情况，明确下一阶段价格调节基金工作主要任务。县委常委温兆康，县价格调节基金管理工作领导小组成员单位负责同志，各镇各部门分管价格工作负责人及联络员参加会议。

14日 □上午，广州·清远（佛冈）两地同城"双转移"劳务对接专场招聘会在县人民公园举行。来自广州的23家以及佛冈县的15家企业，提供1500多个招聘岗位，入场人数4300多人。达成意向就业人数1150人，成功就业人数260人。

15日 □下午，由广东省水利厅、省财政厅等部门组成的专家组到佛冈县迳头镇社坪村考察灌区改造试点工程项目。经过现场考察，专家组一致认为，社坪区灌区改造试点工程项目将极大地推动周边农村经济社会发展，具有必要性和可行性。同意社坪区灌区改造项目入选省第二批中小型灌区改造试点工程项目。

17～18日 □香港热心人士蔡悦礼女士到佛冈县为佛冈中学和佛冈一中两所中学共捐助180万元人民币建设教学楼。至此，杜景成先生等香港热心人士已为佛冈县教育事业共捐资近千万元。17日，县委书记华旭初，县委副书记、代县长梁金鉴在人民中心会见香港热心人士杜景成先生、蔡悦礼女士等人，并与他们进行座谈，高度赞扬杜景成先生、蔡悦礼女士热心社会慈善公益事业的高尚情怀。

18日 □上午，广东省政府副秘书长、省人口计生委主任张枫带领省人口计生委宣教处有关领导，到佛冈县进行人口计生宣教创新调研，指导村级人口文化休闲园建设。

□下午，清远军分区参谋长杨雷，在佛冈县委常委、县人武部政委甘运红、县人武部部长邓国宏的陪同下，到佛冈县指导征兵工作。

□下午，佛冈县2011年新苗杯"爱祖国、颂党恩"中小学生合唱大赛总结赛在县文化馆举行。经过激烈角逐，由振兴小学代表队获得小学组一等奖，城北中学和县职校代表队获得中学组一等奖。

18～19日 □召开高岗镇第十五届人民代表大会第一次会议，来自全镇各行各业的人大代表58人参加会议。会议通过无记名投票选举方式，选举产生新一届高岗镇人大主席和镇长、副镇长。

□召开迳头镇第十六届人民代表大会第一次会议，来自全镇各行各业的人大代表60人参加会议。会议通过无记名投票选举方式，选举产生新一届迳头镇人大主席和镇长、副镇长。

□召开汤塘镇第十六届人民代表大会第一次会议，来自全镇各行各业的人大代表85人参加会议。会议通过无记名投票选举方式，选举产生新一届汤塘镇人大主席和镇长、副镇长。

19日 □召开水头镇第十五届人民代表大会第一次会议，来自全镇各行各业的人大代表59人参加会议。会议通过无记名投票选举方式，选举产生新一届水头镇人大主席和镇长、副镇长。

□召开龙山镇第十六届人民代表大会第一次会议，来自全镇各行各业的人大代表69人参加会议。会议通过无记名投票选举方式，选举产生新一届龙山镇人大主席和镇长、副镇长。

19～20日 □召开石角镇第十六届人民代表大会第一次会议，来自全镇各行各业的人大代表115人参加会议。会议通过无记名投票选举方式，选举产生新一届石角镇人大主席和镇长、副镇长。

20日 □下午，清远市人大常委会党组书记、代主任邓光荣到佛冈县挂扶点水头镇王田村调研。听取镇村干部就王田村集体经济发展、党建工作、扶贫工作等情况的汇报，现场捐赠10万元给王田村，支持该村经济发展。

21日 □上午，清远市委副书记、代市长江凌在佛冈县委书记华旭初，县委副书记、代县长梁金鉴，县委常委、县委办主任李贤成的陪同下，先后到约克、加多宝、建滔、碧桂园等重点项目和县人民中心广场、行政服务中心进行实地考察并召开座谈会，调研佛冈县产业发展情况。

□在北京丽晶酒店举办的2011年美国国家地理全球摄影大赛中国赛区颁奖仪式上，佛冈县石角中学教师黄超贤参赛作品《探》和《食蚊鱼》在数十万幅参赛作品中脱颖而出，分别获得2011年美国国家地理全球摄影大赛中国赛区自然类一、二等奖，一等奖奖品为价值3万元海达路德游轮挪威之旅。这是佛冈摄影界有史以来所获得的最高奖项。

22日 □水头中学（崇本中学、莲瑶中学）举行建校68周年庆典活动，到会校友1000多人，共为母校建设赞助100多万元。

24日 □下午，广东省第八期“银龄行动”在佛冈县启动，开展农业、科普、医疗、教育等服务活动。省老龄委员会委员、省民政厅党组成员、副巡视员高党生、省老龄办主任陈瑞峰等省、县等有关部门人员参加启动仪式。

□《佛冈报》报道，第六届珠三角报业联盟旅游节暨商报温泉节在深圳隆重举行，聚龙湾总经理文飞荣获“2011年度旅游突出贡献奖”，聚龙湾天然温泉度假村荣获“2011年度深港市民喜爱的度假胜地”。

25日 □清远市人大常委会副主任范金樯一行5人到佛冈县视察综治维稳信访工作。工作组一致认为佛冈县综治维稳信访工作领导重视、措施得力、成效显著。

26日 □佛冈县召开表彰2011年度佛冈县市容环卫工作先进集体和优秀美容师大会。

28日 □2011年广东省文艺创作培训班（清远）暨清远市文艺创作总结表彰大会在佛冈县黄花湖度假区召开。大会总结表彰2010年清远市文艺创作的成就和经验，对2010年群众文艺创作获奖的作品进行表彰。县广新局获得市文艺创作优秀组织奖，张春兰创作的小戏《回家》等7个作品获得省市奖励，文艺创作量在全市排名第一。副县长丘剑华，省市文化部门有关领导和各市县（市、区）文艺创作者参加会议。

□上午，省道252线佛冈段28公里路面大修工程签约。工程总投资约7000万元，并于2011年9月底完成招投标工作，前期准备工作已经就绪，施工方进场做好施工准备。副县长刘峥代表工程业主方与施工单位、监理单位代表签订施工合同、安全生产合同、廉政合同。

31日 □晚上，由广东省委宣传部和省文化厅主办的“欢乐广东”文化志愿者百场义演活动在佛冈县汤塘中学举行，现场1000多人观看演出。

11月

1日 □上午，清远市暨佛冈县2011年冬季征兵适龄青年报名仪式在县人民中心举行。据统计，征兵首日就有2000多名青年报名。此次活动邀请了中央电视台招商频道之清远视窗、《南方日报》、清远电视台、《清远日报》等中央、省、市各级新闻媒体前来采访报道。仪式由清远市委、市政府副秘书长杨宁主持。军分区司令员王良在仪式上宣读了“清远市2011年冬季征兵命令”，市委常委、纪委书记黄兆芬，佛冈县委副书记、代县长梁金鉴分别作了动员讲话。

3日 □上午，县政府召开工作会议，研究本届政府工作报告，听取各有关部门建议，进一步完善报告相关内容。梁金鉴、温兆康、冯炽兴、陆上顶、郑中化、蓝应禄、刘铮、黄丽等县政府班子成员，各镇镇长，县直及省市直管单位主要领导参加会议。

□上午，县法院道路交通事故巡回法庭在清远市高速公路一大队挂牌成立。

4日 □县人社局在文化公园举办2011年“一企一岗·互济共赢”高校毕业生就业现场会，成功就业220人。

□县公安局完成“清网行动”第一阶段工作目标任务，共抓获逃犯47人。

8日 □上午，县政协第九届佛冈县委员会新任委员培训班开班，100多名新任委员参加培训。

9日 □上午，清远市副市长曾贤林在佛冈县委副书记、代县长梁金鉴，县委副书记蓝山鹰，副县长郑中化和市农业局、石角镇、县直相关单位负责人的陪同下，到佛冈县调研名镇名村示范村创建工作进展情况。

10日 □上午，佛冈县在县人民中心礼堂召开全县三级干部会议。会议全面总结、分析前三季度经济运行和重点项目推进情况，通报全国汽车拉力锦标赛暨系列庆典活动筹备工作情况，以及当年以来全县计生、扶贫和打击非法开采稀土矿等工作情况，动员全县上下齐心协力、迅速行动，全面完成全年各项指标任务。

15日 □上午，清远军分区参谋长杨雷一行到佛冈县检查征兵体检工作，与县委常委、县人武部政委甘运红，县人武部部长邓国宏等座谈，详细了解佛冈县征兵体检工作情况。

□广东省名镇名村督查组组长、省住建厅副厅长蔡瀛一行在清远市委市政府副秘书长杨宁及省市相关部门负责人的陪同下，到佛冈县督促检查名镇名村示范村建设等相关工作情况。佛冈县委书记华旭初汇报佛冈县名镇名村示范村建设和新农村建设工作。下午，督查组一行先后到龙山上岳古民居和广东省社会主义新农村试验区（佛冈）实地检查指导。县委副书记、代县长梁金鉴，县委副书记蓝山鹰，副县长郑中化和县相关单位负责人参加此次活动。

□由广东省水利厅副巡视员茜平一带队的省校舍安全工程督查组到佛冈县开展校舍安全工程督查工作。省督查组实地抽查佛冈一中、城北中学和汤塘二中3所学校的校安工程工作，查阅了相关资料。随后，在县人民中心会议室进行座谈，听取县政府党组成员、副组长黄丽关于佛冈县校舍安全工程实施情况汇报。

16日 □清远市人大代表团听取佛冈县政府和有关部门汇报以及实地视察佛冈县农村公园及县城清和园（九龙公园）建设情况。县委常委、副县长、县政法委书记冯炽兴，县人大副主任李功志参加视察活动。

18日 □“广东农民读书活动”组委会在全省统一举行“岭南流动书香车百车下乡惠民活动”在佛冈县龙山镇文化站启动。广东省新闻出版局副局长杨广锐，清远市委常委、宣传部长雷广财，佛冈县委书记华旭初，县委常委、县委宣传部长卢少峰，副县长丘剑华等领导出席活动。

21日 □广东省人口计生委党组书记骆文智在清远市计生局局长邓菲，佛冈县委书记华旭初，县委副书记、代县长梁金鉴，县委常委、组织部长黄永华，副县长郑中化等领导的陪同下，到水头镇进行人口与计划生育工作调研。

24日 □上午，中国共产党佛冈县第十二次代表大会第二次会议在县人民中心召开，286名党代表参加。会议选举出佛冈县参加清远市第六次党代会代表。

25日 □下午，为深入学习宣传贯彻党的十七届六中全会精神，清远市委宣讲团成员、清远市社会科学界联合会专职副主席邹锡恒到佛冈县开展宣讲活动。报告会由佛冈县委常委、宣传部长卢少峰主持。华旭初、梁金鉴、冯福祥、蓝山鹰等在家的县四套班子领导，各镇党委书记、副书记、镇长、宣传委员，县直副科以上单位及省市直管单位班子成员参加报告会。

□团县委在人民中心西楼会议室召开2011年广东（佛冈）中国汽车拉力赛锦标赛暨系列庆典志愿服务工作动员大会。会议明确志愿者服务活动的主要内容、要求和细化分工，确定各组的任务和责任。

27～29日 □政协第九届佛冈县委员会第一次会议在县人民中心主楼大礼堂召开，来自社会各界的政协委员208名出席会议。会议围绕关系佛冈县共创富民强县、建设幸福佛冈的重大问题，切实履行职责，积极建言献策，共谋发展大计。

会议审议并通过县政协常委会工作报告及提案工作报告，听取并讨论了《政府工作报告》及其他报告。会议在充分协商的基础上，选举产生政协佛冈县第九届委员会主席为冯福祥，副主席为赵仲轲、范桂宁、周玉兰、朱沛爽、吴子伟、谢国华，县政协秘书长黄方洪及其他常务委员。会议表彰2011年度先进专委会、先进委员、优秀信息员、优秀通讯员和八届一次会议以来优秀调研视察报告、优秀参政议政发言，以及2011年度优秀提案和承办提案先进单位、先进个人，审议通过《佛冈县政协九届一次会议决议》。

28日 □佛冈县第十四届人民代表大会第一次会议11月28日至12月1日在县人民中心召开。183名人大代表出席会议，大会分别由县委书记华旭初，县人大常委会副主任李功志，县人大常委会常务副主任袁镜焕主持。大会议程有听取和审议佛冈县人民政府工作报告等11项。

大会通过无记名投票方式，依法选举华旭初为县人大常委会主任；梁金鉴为佛冈县人民政府县长；袁镜焕、李功志、郑中化、吴琼芳、朱沛付、谢雪良为县人大常委会副主任；温兆康、陆上顶、蓝应禄、黄河、刘峥、黄丽为佛冈县人民政府副县长；选出新一届县人大常委会委员；黄富强为佛冈县人民法院院长；卢跃科为佛冈县人民检察院检察长（按法律规定报市人民检察院提请市人大常委会批准任命）。选举佛冈县出席清远市第六届人代会代表。

29日 □下午，广东省委常委、常务副省长肖志恒在清远市委书记葛长伟，市委副书记、代市长江凌，佛冈县委书记华旭初，县委副书记、县长梁金鉴等陪同下到佛冈县德星市场嘉华平价超市和县供销嘉华农产品平价超市进行实地调研。

是月 □经中华全国供销合作总社审定，佛冈供销嘉鑫农贸有限公司被认定为中华全国供销合作社系统农业农产化重点龙头企业。这是广东省供销系统5个获得此荣誉称号的单位之一。

12月

1日 □《佛冈报》报道，来自佛冈县近千名60岁以上老人齐聚南海食街宴会厅，参加由县人民政府、香港圣约翰爵士敬老基金会联合举办的“香港圣约翰爵士敬老基金会佛冈县千人敬老晚宴”。县人大常委会副主任郑中化、县政协副主席吴子伟参加敬老晚宴。

□《佛冈报》报道，自佛冈县部署在全县范围内重拳打击非法开采稀土矿工作后，佛冈县国土、林业、公安等相关部门和各镇政府迅速行动，已炸毁8个矿点，68条矿窿，500多口钻孔；拆毁工棚38间，扣押勾机24台，其他车辆2台；抓获现场非法采矿人员29人，其中行政拘留2人，刑事拘留22人。

5日 □由国家体育总局汽车摩托车管理中心、中汽联和佛冈县人民政府联合举办中国汽车拉力赛赛前新闻发布会在国家体育总局举行。佛冈县委副书记、县长梁金鉴，县委常委、宣传部长卢少峰等赴京出席新闻发布会。中央和北京各类体育记者共50多人应邀参加新闻发布会。

□上午，广东省委组织部、省金融办、省扶贫办、省农信联社在佛冈县联合举办广东省党内三大工程“红色创业信贷”项目启动仪式。省委组织部副部长方锐，清远市委组织部长梁建文，佛冈县委书记、县人大常委会主任华旭初，县委常委、组织部长黄永华，副县长蓝应禄及省市组织部、金融办、扶贫办、省农信联社、社科院等单位相关负责人出席仪式。“红色创业信贷”项目实施时间为2011年至2013年，每年向有创业需求而缺乏启动资金的党员发放贷款，带动困难党员或农民工党员就业。能够安排10名以上困难党员或农民工党员就业的创业户单户贷款最高额度为人民币30万元，其他农村党员单户贷款额度最高为人民币5万元。“红色创业信贷”贷款实行全额贴息。

□2011年佛冈金牌养生菜烹饪大赛在篁胜国际温泉花园酒店举行。来自全县27个餐饮企业和单位的众多选手参与比赛。经过一天激烈角逐，大赛最终评选出20道金牌养生菜和4道金牌养生汤。县委常委、统战部长徐文婉，县委常委、县纪委书记虞卫旗，县人大常委会副主任吴琼芳，副县长丘剑华，县政协副主席朱沛爽出席大赛。

9日　□佛冈县举行“纵横梦想福地 激情山水佛冈”2011年广东佛冈中国汽车拉力锦标赛暨系列庆典活动。45个重点项目总投资318亿元。9日上午，县委副书记、县长梁金鉴主持启动和开幕仪式。广东省副省长刘昆、国家体育总局汽车摩托车运动管理中心主任严建昌，清远市委书记葛长伟，省农业厅党组书记陈家记，市委副书记、代市长江凌，国家开发银行广东省分行行长吴德礼，清远市政协主席邹学军，市人大常委会代理主任邓光荣，佛冈县委书记、县人大常委会主任华旭初，县委副书记、县长梁金鉴等在家的县四套班子领导和省市有关部门领导出席开幕式。

11日　□2011广东佛冈中国汽车拉力锦标赛收官战圆满落下帷幕。80多辆赛车经过3天激烈角逐，贵州百灵车队的马克·希金斯/艾安·托马斯夺取第一名；斯巴鲁拉力车队李微/姜伟涛获得第二名；斯巴鲁拉力车队韩寒/孙强获得第三名；韩寒也因此加冕本赛季国际组国内车手年度总冠军。国际组（中国车手）方面，斯巴鲁拉力车队李微获得第一名；斯巴鲁拉力车队韩寒获得第二名；锦湖轮胎万宇车队徐俊获得第三名；国家组方面，上海大众柯达红牛车队帕特里克·桑德尔获得第一名；上海大众柯达红牛车队林德伟获得第二名；奇瑞星飞腾车队谢春旭获得第三名。

闭幕式上，佛冈县委副书记蓝山鹰致闭幕词。中汽联副主席詹郭君为佛冈县颁发优秀组织奖，佛冈县委副书记、县长梁金鉴上台领奖。佛冈县领导梁金鉴、蓝山鹰、徐文婉、卢少峰、虞卫旗、冯炽兴分别为获奖车手颁奖。

12日　□《佛冈报》报道，佛冈县获得清远市1000万元教育强县奖励资金。

13日　□上午，省文化站评估定级验收小组到佛冈县龙山镇文化站进行检查验收。

17~18日　□佛冈春天太极辅导站代表佛冈县参加由清远市体育局和清远市太极拳协会联合举办的清远市首届太极拳锦标赛暨武术段位考段赛，荣获24式太极和32式太极团体一等奖，42式太极剑男子老年组和女子青年组一等奖。

20日　□上午，佛冈县开展以“关切民生，解决民忧，建设幸福佛冈”为主题的县委书记公开大接访活动。华旭初、梁金鉴等县党政班子领导和部分职能部门的负责人参加接访活动。

□上午，原清远市四套班子领导骆雁秋、赵伯杰、廖斌一行在佛冈县委常委、组织部长黄永华等领导的陪同下，到佛冈县先后参观考察清远加多宝植物科技有限公司和碧桂园清泉城等重点项目。

□下午，清远市副市长王得坤一行在佛冈县委书记、县人大常委会主任华旭初、副县长黄河和迳头镇党政负责人的陪同下，到迳头镇视察南玻项目建设情况。

□佛冈县社保局档案综合管理晋升为省特级单位。

21日 □老虎高性能涂料（佛冈）有限公司项目举行奠基仪式。县委书记、县人大常委会主任华旭初，县委副书记、县长梁金鉴，县政协主席冯福祥，县人大常委会常务副主任袁镜焕，县委副书记蓝山鹰等在家的四套班子领导、相关部门负责人出席奠基仪式。该公司位于石角镇莲溪柯木迳村，占地面积58.2亩，总投资2.5亿元人民币，分两期进行建设，投产后年产高性能涂料1.4万吨，年总产值20亿元，年创税收超亿元以上，计划2012年10月投产。

□清远市副市长、市公安局党委书记、局长何国森在市局有关领导的陪同下，到佛冈县公安局开展调研工作。

22日 □受清远市人大常委会委托，佛冈县人大常委会组织驻佛冈县的市六届人大代表进行培训，并到广东省社会主义新农村建设试验区（佛冈）的石角镇龙塘西田村进行视察。

□《佛冈报》报道，佛冈县首届气象信息服务站在高岗镇落户。

24日 □下午，中共中央政治局委员、广东省委书记汪洋，省委副书记、代省长朱小丹到佛冈调研社会主义新农村建设和工业化发展情况。在省委常委、秘书长徐少华，清远市委书记葛长伟，代市长江凌，市委常委、秘书长刘汉球，佛冈县委书记、县人大常委会主任华旭初，县长梁金鉴，县委副书记蓝山鹰和省市县有关部门领导的陪同下，汪洋、朱小丹一行先后到广东省社会主义新农村建设试验区（佛冈）、佛冈县约克空调冷冻设备有限公司、清远加多宝草本植物科技有限公司考察。

28日 □上午，县委、县政府召开全县领导干部会议。会议由县委副书记蓝山鹰主持，县委书记、县人大常委会主任华旭初，县委副书记、县长梁金鉴，县政协主席冯福祥，县人大常委会常务副主任袁镜焕等县四套班子领导成员，法检两长，各镇党委书记、镇长、党委副书记、宣传委员，县直副科以上单位和省市直管单位班子成员，各村党支部书记、主任参加会议。会上，梁金鉴县长对扶贫开发“双到”、打击非法开采稀土矿、新农保试点工作、沙糖桔销售等四项重要工作进行全面部署，对当前存在的主要问题进行深入剖析。华旭初书记在会上通报12月24日中共中央政治局委员、省委书记汪洋，省委副书记、代省长朱小丹到佛冈调研情况，并对确保全年各项工作任务的圆满完成强调三点意见。

□上午，清远市委宣讲团到佛冈县宣讲清远市第六次党代会报告精神。会议由佛冈县委副书记蓝山鹰主持，华旭初、梁金鉴、冯福祥、袁镜焕等县四套班子领导成员，法检两长，各镇党委书记、镇长，党委副书记、宣传委员，县直副科以上单位和省市直管单位班子成员参加会议。

佛冈奥园别墅群

佛冈概况

责任编辑：刘瑞生

建置沿革

清雍正九年（1731 年）在大埔坪（今石角镇府城附近）设捕盗同知，辖清远、英德、从化、花县（今广州市花都区）、长宁（今新丰县）、广宁6县捕务。

嘉庆十八年（1813 年），划出清远县吉河乡（今水头镇、石角镇）和英德县6个乡，即白石乡、迳头乡（今迳头镇境内）、独石乡、观音乡、高台乡、虎山乡（均在现高岗镇内），建立佛冈直隶军民厅，简称佛冈厅，成为国家行政区划的地方独立建置。

民国3年（1914 年）6月3日，撤厅改县，称佛冈县。

1949年10月12日，佛冈县全境解放。

1952年4月13日，佛冈县与从化县合署办公，佛冈只设办事处。同年10月，分县办公。

1953年2月，清远县第七区（即今汤塘镇）划归佛冈县辖。

1958年7月，清远县龙山乡（即今龙山镇）划归佛冈县辖。

1958年10月23日，佛冈县与从化县合并，称从化县。

1961年5月4日，原佛冈县辖区由从化县分出，恢复佛冈县建制。

（编辑部）

自然地理

【位置·范围·面积】 佛冈县位于广东省中部，北回归线北侧，珠江三角洲北部边缘。处于东经 113°17′28″ 至 113°47′42″，北纬 23°39′57″至 24°07′15″。县境东西长 50.92 公里，南北宽 50.35 公里。佛冈县东北与新丰县交界，东南与从化市接壤，西南与清城区毗邻，西北与英德市相连。全县行政区域范围总面积为 1295 平方公里。

（编辑部）

【地质·地貌·河流】 佛冈地处广东中部，地质属华南褶皱系，白垩纪第三系断陷盆地。早古生代为海水所淹。在侏罗纪与白垩纪发生的燕山运动中，陆地上升出海平面，并产生多次强烈断裂及大规模酸性岩浆侵入和喷发活动，形成海拔较高的山地，现代地貌轮廓基本奠定。喜马拉雅运动使在隆起山地之间或边缘又产生了许多拗陷或断陷盆地，以后在断陷盆地上又有第四系数覆盖物，遂成至今雄伟的观音山、阿婆髻等。县境内仍为板块活动活跃地带，存在断裂带，轻微地震时有发生，并出现多处地热矿水，俗称“温泉”，如汤塘、水头等地均有。

地势自东北向西南起伏下降，地形大体可划分为山地、丘陵、平原三种，在东南和西北部有较多的中山分布，多为东北—西南走向。在西北边境的亚婆髻海拔 1219.08 米，是全县最高峰。北部地区海拔一般为 200～250 米；中部地区海拔 150～180 米；南部地区海拔在 100 米左右。县内两大山脉近似平衡走向，一条北起于亚婆髻连绵井公山、独王山直至东南部的通天蜡烛（海拔 1047 米）和棋盘山（海拔 700 米以上），是全县的分水线，把东北部和中部分划成两大部分；另一条山脉起于青牛塘连绵石寨、大庙峡、高警顶直至黄巢点兵，把中部和西南部分隔开来。全县分为三大部分，即北部的高岗、迳头镇、中部的水头、石角镇、南部的汤塘、龙山镇。

岩石类型以花岗岩为主。西南与英德相连的石联山体属石灰岩，是发育典型的喀斯特地貌。石角镇黄花湖有一处特殊的花岗岩地貌，一溪流两旁的岩石上遍布大小不一、形似锅底、内壁光滑的洞穴，一说是“冰川遗迹”，另一说认为是被流水在局部形成的环流驱动沙砾长期磨蚀形成，目前仍待考究。

在山地中，500米以下的坡麓地带以赤红壤为主，500米以上地形起伏大，坡度变化明显，多为红壤和山地黄壤，土层厚薄差异悬殊。现存的天然植被大多分布于山地地区，丘陵分布于山前地带，主要由花岗岩构成，海拔高200～400米，风化壳达10～30米，如石角、汤塘、龙山等镇的丘陵地带，外貌浑圆，坡度和缓，在植被破坏之处，易产生冲沟和崩岗，导致水土流失。

境内土壤以花岗岩发育而成的赤红壤为主，占土地面积68%，是红壤与砖红壤的过渡类型，土层深厚，土质偏沙，土体的总孔隙、通气孔隙和持水孔隙均较高，有利于调节土壤水气矛盾。粘粒矿物以高岭石为主，呈酸性，pH多在5.0～5.5间，有机质含量低，矿质养分中等。

河流主要有潖江及烟岭河。发源于水头镇上潭洞通天蜡烛的潖江河，向南流经水头、三八、石角、汤塘、龙山等地后汇入北江河，县内全长69.3公里，流域面积903.5平方公里；发源于高岗礼溪羊子山东主峰（观音山）的翁江支流烟岭河，向北经高岗、烟岭进入英德市境内，县内全长32公里，集雨面积361平方公里。河流中下游有冲积平原，约占全县面积24.5%。

（廖海萍）

【气候·水文】 2011年佛冈县的气候变化比较平稳。1～4月经受春旱，4～7月汛期期间降雨量普遍比正常年景减少3到4成，8～10月降雨量较正常年偏多，其中最大降雨量日出现在10月13日，录得最大降雨量179毫米。大部分水库最高蓄水位在正常水位3到4米以下，只有黄花河、香粉厂、山田等水库出现溢洪。中小型水库及山塘蓄水总量2586.5万立方米，比多年平均蓄水量偏少20%。全县平均年降雨量1568毫米，最大降雨量山田站录得1858.0毫米，最小降雨量汤塘站录得1361毫米，县水务局站录得1672毫米。综合比历年同期偏少3成，潖江河水量持续偏少，大庙峡水文站4月、6月、7月连续出现历史同期最低水位，年最高水位46.76米，最低水位44.36米，最大流量270立方米/秒，最小流量4.41立方米/秒，没出现过警戒水位。具有“平均降水少、江河水位低、水库蓄水量少”等特点。

（黄杰海）

资源物产

【矿产资源】 佛冈县已探明的矿产资源有铅、锌矿、褐铁矿、萤石矿、石英矿和花岗岩等，其中铅、锌矿储量101.72万吨、褐铁矿储量259.83万吨、萤石矿储量148.16万吨、石灰岩储量887.51万吨、霞石正长岩储量2604.39万吨、瓷砂储量184.46万吨、花岗岩储量1315.09万立方米，石英矿储量1644.05万吨，以上矿产资源均已开发。铅、锌矿位于水头镇，矿区面积0.6043平方公里，年产量3.5万吨，保有储量30.54万吨；褐铁矿位于水头镇，矿区面积0.35平方公里，年产量2万吨，保有储量14.10万吨；萤石矿共二处，分别位于高岗镇和石角镇，矿区面积共0.704平方公里，年产量1万吨，保有储量84.12万吨；石灰岩共二处，位于石角镇，矿区面积0.0726平方公里，年产量26万吨，保有储量66.2万吨；霞石正长岩共三处，位于汤塘镇，矿区面积0.1165平方公里，年产量7万吨，保有储量1867.08万吨；瓷砂矿岩共三处，位于汤塘镇，矿区面积0.1063平方公里，年产量9万吨，保有储量86.7万吨；石英矿共二处，分别位于汤塘镇和龙山镇，矿区面积1.5526平方公里，年产量13万吨，保有储量185.19万吨；花岗岩共六处，分别位于迳头、石角、汤塘和龙山镇，矿区面积0.23775平方公里，年产量22万吨。保有储量1315.09万立方米；全县可供开采利用的矿产划分为八类。（1）黑色金属矿产有铁、钛2种。（2）有色金属及贵金属矿产有铜、铅、锌、钨、锡、钼、金、银等8种。(3)稀有稀土金属及分散元素矿产有钽、铌、铍、钇族稀土、镓、铟、镉等7种。(4)冶金辅助原料矿产有熔剂用的硅石、耐火粘土、萤石等3种。(5)化工原料非金属矿产有硫铁矿、钾长石、霞石正长岩、石英正长岩等4种。(6)特种非金属矿产有压电水晶、熔炼水晶、工艺水晶等3种。(7)建筑及其他金属矿产有高岭土(瓷土)、石墨、砖瓦黏土、水泥用的石灰石、建材用的霞石正长石、花岗岩板材等5种。(8)地下水有地下热水、矿泉水等2种。

(黄　煦)

【生物资源】 佛冈县属南亚热带湿润气候以及南亚热带岭南丘陵常绿阔叶林区，拥有丰富的物种资源。植物资源有桉、松、杉、樟、桐、黄檀，还有桫椤、观光木、白桂木、吊皮锥和红椿等珍贵植物，以及砂仁、巴戟、栀子、金银花、蔓京子、土茯苓、杜鹃花、黄姜等药材资源。常见乔木植物树种有：马尾松、湿地松、杉树、黎蒴、木荷、鸭脚木、小叶榕、大叶榕等；经济林树种有砂糖桔、橙、荔枝、龙眼、贡柑、板栗、菠萝、青梅、李等，灌木有黄牛木、桃金娘、岗松、马樱丹、野牡丹、酸藤子、了哥王等；草本有芒萁、芒草、狗尾草、鸭嘴草等。

野生动物资源有黄猄、山猪、果狸、穿山甲、雉鸡、白鹇、龟类、蛇类、鸟类等。常见蛇类有眼镜蛇、榕蛇、过山风等。根据观音山省级自然保护处调查考察报告记录有野生动物164种，其中：鸟类106种；哺乳类25种；两栖类11种；爬行类22种。国家一级保护动物有云豹和蟒蛇2种；国家二级保护动物有穿山甲、小爪水獭、斑林狸、大灵猫等14种。

(廖海萍)

【土地资源】 全县行政区域土地资源总面积为129516.96公顷。按土地利用结构地类划分，全县土地包括一级地类8个，二级地类24个。在一级地类中，耕地为11202.42公顷，占总面积的8.65%；园地为16540.42公顷，占总面积的12.77%；林地为88141.63公顷，占总面积的68.05%；草地为486.45公顷，占总面积的0.38%；城镇村及工矿用地为5721.07公顷，占总面积的4.42%；交通运输用地为1396.75公顷，占总面积的1.08%；水域及水利设施用地为4798.80公顷，占总面积的3.71%；其他土地为1229.42公顷，占总面积的0.95%。

(黄　煦)

【旅游资源】 佛冈旅游资源丰富，结构优质，以生态旅游、休闲度假、商务旅游及农家乐旅游在省内外独树一帜。全县已开放的景区(点)有聚龙湾天然温泉度假村、黄花湖温泉度假区、观音山王山寺、观音山风景区、森波拉度假森林、龙啸峡漂流、金龟泉温泉度假村、羊角山生态旅游度假区等9个。在佛冈旅游业发展潜力巨大的影响下，很多投资商也加入到佛冈旅游业的开发大潮中。2011年，佛冈县旅游项目建设、旅游资源利用成绩喜人。碧桂园清泉城会所对外营业；勤天旅游大道按时完工通车、勤天城建设进入三通一平阶段；黄花湖温泉度假区内的国鑫龙泉半岛项目加快建设进程；海明堡直升机有限公司、中国度假联盟、途明通用(控股)有限公司联合投资的航空俱乐部与佛冈县签定投资协议。

近年来，佛冈县的乡村旅游也凭借良好的生态优势、交通区位优势蓬勃发展。在106国道、城郊农村及大景区周围建起农家乐场所约60家。其中办得较好的有豪杰休闲山庄、嘉华山庄等，设有果园供游客采摘四时佳果、有山水游泳池、有供游客荣作的菜地，还有鱼塘可供游人钓鱼。绿色休静、空气新鲜、游乐活动多样，深受游客青睐。

佛冈“温泉引人、山水迷人、艺术醉人、风情乐人”的旅游特色，让许多游客慕名而来。2011年佛冈进一步把民俗风情融入到旅游发展中。春节期间，县旅游文化部门在高岗镇社冈下村举办“豆腐狂欢节”。期间，制作产生一块入选上海大世界基尼斯记录的水豆腐，重达6吨。通过这次活动增强外界主流媒体、网络对佛冈的关注度，提高佛冈县旅游知名度。

（朱炳权）

环境质量

【空气质量】 2011年，县环保局对县城城监大队和环保局两个空气监测点进行每周三次的环境空气质量监测，累计采集环境空气样本936个，共获环境空气监测数据1716个（含气象要素）。同时完成环境空气质量周报52期。县城空气质量良好，县城两测点二氧化硫年均值分别为0.024和0.023，二氧化氮年均值分别为0.021和0.018，总悬浮颗粒物年均值分别为0.113和0.112，分别达到二级标准，降尘年均值为3.48吨/平方公里·月，在推荐标准以内。县城空气环境质量能得到保持。

【降水质量】 2011年全县降雨次数为71次，获监测数据284个。降雨总量为1558.4毫米，PH均值6.79，无酸雨。

【水环境质量】 饮用水源 2011年县城饮用水源为放牛洞水库。县环保局对放牛洞水库凉亭断面和湖心断面进行水质监测，采集水质样本13个，监测项目29项，获饮用水源水质监测数据377个（不含气象要素）。监测结果表明，所有监测项目均达到《地表水环境质量标准》二类标准，符合饮用水源标准，水质良好。

河流水质状况 2011年县环保局对佛冈县境内河流潖江河坝仔坑、升平、良塘3个断面，烟岭河文昌阁断面及潖二河博华桥断面水质监测，采集水质样本30个，监测项目29项，共获水质监测数据870个（不含气象要素）。监测结果表明，潖江佛冈段水质达到三类标准，烟岭河水质达到二类标准，水质良好。

（廖礼多）

人口·民族·语言

【人口】 2011年末，佛冈县户籍人口32.81万人，比上年减少0.04万人，下降1.3‰；其中男性人口16.85万人，与上年基本持平，女性人口15.96万人，减少0.09万人，性别比为105.6∶100。全县非农业人口6.23万人，占总人口的19%，农业人口26.58万人，占总人口的81%。全县当年出生人口0.56万人，出生率为16.94‰，死亡人口0.23万人，死亡率为6.99‰。据计生部门统计，政策生育率达96.85%，自然增长率为7.40‰。全县人口密度为253人/平方公里。年末家庭户总户数为8.51万户。全县年末就业人员15.77万人，其中第一、二、三产业就业人员分别为9.53万人、3.50万人和2.74万人。三次产业就业人员结构为60.4∶22.2∶17.4。年末家庭户和总人口按区域分：高岗镇7630户，3.11万人；迳头镇8374户，3.19万人；水头镇8288户，3.03万人；石角镇30495户，11.65万人；汤塘镇18175户，7.07万人；龙山镇12116户，4.76万人。

近几年，佛冈县人口自然增长率稳定在较低的水平，户籍人口增长较慢。由于经济发展步伐加快，流入人口明显增加，流出人口相对减少。2011年末全县常住人口为30.61万人，比上年增加0.28万人，增长9.2%。

（李欣欣）

【民族】 佛冈县居住的人口，以汉族为主，另有少量的少数民族。据调查，2011年散居在佛冈经商务工的少数民族30个共1803人，其中常住在佛冈一年以上的有1521人。

（民宗局）

【语言】 佛冈县的地方语言，可分为两大类，即佛冈白话和客家话。白话属粤语系，客家话属客家语言，语调硬而高亢。佛冈白话接近广州方言（白话），只是音调略有不同。水头、石角、汤塘、四九等地区的白话在音调、声尾上亦有差别。居住人口纯使用佛冈白话的地区只有四九，纯使用客家话的地区有高岗、迳头、烟岭。其余地区是两种语言均有使用，全县讲白话的人居多，讲客家话的人较少，但人数比例各镇略有不同。在全县人口中，佛冈白话人口约占70%，客家话人口约占30%。

（编辑部）

行政区划

【概况】 2011年末，佛冈县辖高岗、迳头、水头、石角、汤塘、龙山6个镇（乡级政区），设立78个村民委员会、12个居民委员会。全县行政区域8个，其中建制镇6个，省级林场1个（国营羊角山林场），省级自然保护区1个（观音山自然保护区）。

佛冈县行政区划简表

区　划	面　积（平方公里）	行政村数	行政村名称	居委数	居委会名称
全县合计	1295.29	78		12	
高岗镇	174.04	8	高镇、新联、墩下、高岗、长江、宝山、三江、三联	1	高岗社区居委会
迳头镇	185.02	10	大陂、青竹、龙冈、大村、社坪、楼下、迳头、井冈、湖洋、仓前	1	迳头社区居委会
水头镇	146.21	10	潭洞、新联、新坐、西田、石潭、桂田、桂元、王田、铜溪、莲瑶	1	水头社区居委会
石角镇	347.68	17	凤城、观山、莲溪、小梅、石铺、三莲、黄花、三八、诚迳、二七、科旺、小潭、山湖、龙塘、里水、吉田、冈田	6	附城社区居委会、城南社区居委会、城东社区居委会、振兴社区居委会、沿江社区居委会、站前社区居委会
汤塘镇	229.34	19	暖坑、升平、高岭、黎安、洛洞、围镇、脉塘、大埔、新塘、石门、联和、竹山、汤塘、四九、湴江、菱塘、江坳、官山、田心	2	汤塘社区居委会、四九社区居委会
龙山镇	160.57	14	关前、黄塱、浮良、车步、门楼富、湴镇、官路唇、鹤田、白沙塘、从化围、上岳、下岳、良塘、清水迳	1	龙山社区居委会
羊角山林场	26.74				
观音山自然保护区	25.69				

【地名管理】 2011年，完成地名命名33处，其中路街巷命名27处（石角镇的福源街、福康街、福乐街、龙凤大道、龙凤大道北、龙凤大道中、龙凤大道南、祥云巷、福田东巷、福田西巷、吉安巷，汤塘镇的汤盛大道、富民路、惠民路、利民路、兴业街、兴隆街、文明街、平安街，高岗镇的永泰街、永福街、永富街、永富一巷、永富二巷、永富三巷、永富四巷、永富五巷），建筑物、住宅区命名6处（石角镇的锦绣江南花园、龙泉半岛、金汇花园、利鑫·圣菲康城花园、文昌苑和江畔名城花园）。安装30座新的灯箱路牌。

【行政区划界线管理】 佛冈县辖区内有市级界线2条，韶清线佛冈—新丰段（25.15公里、2个界桩），广清线佛冈——从化段（99.61公里，3个界桩），共长124.36公里、5个界桩；县界2条，英德佛冈线（102.76公里、3个界桩），清城佛冈线（31.839公里、9个界桩），共长134.599公里、12个界桩；县内镇级界线8条，高岗——石角线（16.3公里）、高岗——迳头线（25.6公里）、水头——高岗线（0.85公里）、水头——石角线（22.96公里）、石角——汤塘线（32.15公里）、石角——龙山线（17.05公里）、迳头——水头线（24.4公里）、汤塘——龙山线（19.15公里,），共长158.46公里、35个界桩。

2009年3月，飞来峡镇由清新县划归清城区管辖，致使行政界线管辖变化，原来的佛冈——清新线变更为清城——佛冈线。清城区人民政府和佛冈县人民政府于2010年3月至9月开展“清佛线”调整段的勘界工作，经重新勘定调整段界线为22.44公里，双方在原佛冈——清新线实地更新埋设了5个双面桩和1个三面桩。清城佛冈线原界线总长9.399公里，重新勘定界线后，清城区与佛冈县行政界线总长调整为31.839公里，沿线共埋设界桩9个（含起止三方交会点界桩）。协议书附图由广东省国土资源测绘院测量及标绘，勘定后，清城区人民政府和佛冈县人民政府双方重新在《清远市清城区人民政府与佛冈县人民政府行政区域界线调整协议书》和协议书附图签字确认。县级界线由原来的3条调整为2条。

2011年协助市民政局做好广州—清远线的联检工作，认真细致检查界桩是否完好，并重新描绘界桩，清理周边杂草，维护界桩的完整性。落实各级界线和界桩签约委托管理，将各级界线和界桩的管护责任逐级委托落实到镇、到专人。分别与清城区、英德市签署了清城佛冈线、英德佛冈线开展平安边界共建活动的协议书，维护边界地区政治、社会的稳定。

（谭卫卫）

经济社会发展

【经济发展】 2011年，全县经济保持平稳较快发展。完成生产总值71.84亿元，比上年增长8.4%；人均GDP达2.36万元，增长7.6%。一、二、三产业分别完成增加值7.59亿元、32.75亿元、31.50亿元，三次产业结构由上年的5.1∶76.7∶18.2调整为10.6∶45.6∶43.8。社会消费品零售总额32.3亿元，增长16.9%。地方财政一般预算收入7.8亿元，增长17.4%。完成全社会固定资产投资40.9亿元，比上年增长15.0%。招商引资工作取得明显成效，共引进外来投资项目11个，合同资金68.4亿元，实际利用资金46亿元。全年进出口总额5.77亿美元，同比增长2%。在岗职工年人均工资33098元，农民人均纯收入7706元，同比增长12.6%、16.1%。全县金融机构本外币存款余额76.6亿元、贷款余额34.6亿元，分别比年初增长15.3%和22.7%。佛冈县综合发展力在全省67个县域中排名第7位，发展实力排名第10位，发展活力排名第5位，连续三年位居全省山区5市县域首位。

【社会发展】 拓展城镇居民基本医疗保险、农村合作医疗、农村养老保险和失地农民养老保险的覆盖面，社会保障体系基本覆盖城乡。教育教学质量稳居全市前列，省农村学前教育发展模式、义务教育均衡发展试点及普通高中“扩容促优”工作成效明显。省人口和计划生育综合改革示范县、宣传教育创新示范点创建工作扎实推进。实施文化强县战略和文化惠民工程。

（李秀芳）

政治文明建设

【加强和改进党的建设】 认真开展建党90周年系列庆祝活动，积极开展创先争优活动。认真学习贯彻胡锦涛总书记“七一”重要讲话精神，隆重召开全县庆祝中国共产党成立90周年大会。佛冈县创先争优“五点评”做法被中央简报刊发。

圆满完成三级换届工作，加强领导班子和干部队伍建设。严格换届纪律，县委常委带头作表率，带领全县广大干部营造风清气正的换届环境，圆满完成全县三级换届工作，一大批政治坚定、德才兼备、群众公认的干部走上更加重要的领导岗位。换届实现班子结构100%按上级要求配备、组织规划的人选100%高票当选目标。各级班子结构更加合理，整体素质进一步提升，为推动佛冈发展实现新跨越奠定了坚实组织基础。不断加强基层党建工作，扎实推进“两新”组织党建，进一步提升基层组织的凝聚力和战斗力。

切实推进反腐败斗争，加强党风廉政建设。深入推进“廉风和畅”教育活动和廉政文化“六进”示范创建工作，开展形式多样的正反典型示范和警示教育。努力探索将乡村公园作为廉政文化建设的新载体，将廉政文化深入到农村。积极开展岗位廉政风险防范管理工作，推进惩防体系建设。加大对领导干部监督检查和执法监察力度，强化效能建设，加强对重点工作、重点项目的督查问责。强力推进农村信息公开平台建设，坚决纠正损害群众利益行为，以廉洁高效的形象提升党委、政府的公信力。

【人大、政协依法履行职责】 切实推进民主政治建设，不断推进人大工作的制度化、规范化和程序化建设，支持人大及其常委会依法履行职能。进一步加强同民主党派、无党派人士的团结合作，充分发挥人民政协政治协商、民主监督、参政议政的职能。加强宣传、统战、武装工作，充分发挥工会、共青团、妇联等人民团体的桥梁纽带作用。加强基层民主政治建设，完善基层民主管理制度，保证广大群众依法行使选举权、知情权、参与权、监督权。

【深入推进依法行政】 加强法制宣传教育，深入开展“六五”普法工作，提高全民法律意识。抓好行政复议、法律服务工作，保障公民合法权益。健全重大问题集体决策、社会公示、风险评估和听证制度。严格落实行政执法主体责任制和执法过错追究制，进一步规范各级行政机关施政行为。自觉接受县人大的法律监督、工作监督和县政协的民主监督以及社会舆论监督，认真做好人大代表建议和政协提案办理工作。

【加快推进政务公开】 全县共8个党委、40个党组、14个党总支部、325个党支部全部按要求完成各项准备工作。认真贯彻落实国务院《信息公开条例》，全面推行政务公开。通过党务公开、政务公开、村务公开等制度的实施，有力地促进全县“阳光村务”和“阳光政府”的建设。

（李秀芳）

精神文明建设

【概况】 2011 年，精神文明建设工作坚持以邓小平理论和“三个代表”重要思想和科学发展观为指导，以“统筹城乡发展、建设幸福佛冈”为核心，大力推进生态文明村等精神文明创建活动，加强社会主义核心价值体系建设，大力推进公民道德建设，为佛冈县经济社会发展和统筹城乡一体化提供强大思想保证和精神动力。

【加强思想道德建设】 利用各种节日开展主题教育活动。举办“维护妇女权益给力幸福佛冈”妇女维权周宣传活动、“高举团旗跟党走，建设幸福新佛冈——我是幸福佛冈人”青年主持人大赛、庆祝建党 90 周年暨“颂党恩、倡廉政”歌曲合唱大赛、大型交响清唱剧《江姐》、“永远跟党走”歌咏比赛等一系列活动。8 月举办“永远跟党走·与信仰对话”形势报告会（企业专场），让青少年进一步深入学习党史、了解党情。成立县关工委讲师团，开展爱国主义、安全、法纪等一系列教育活动，加强青少年思想道德教育，促进青少年健康成长。11 月举办十七届六中全会精神宣讲活动，深入宣传贯彻落实党的十七届六中全会精神。举办“佛冈县十大道德模范”评选表彰活动，在全社会形成学习道德模范、崇尚道德模范、争当道德模范的热潮。对全县的网吧、娱乐场所、音像制品、出版物等进行专项排查，净化社会文化环境。通过组织青年志愿者开展活动，增强青年志愿者对社会的参与和奉献精神。

【深化文明创建活动】 充分利用石角镇龙南区域建立“广东省社会主义新农村建设先行试验区”和名镇名村建设的契机，加大对全县农村群众的思想道德、民族传统等的宣教力度，进一步提升村民的文明素质。举办第二届县体育运动会，历时 6 个月，开设登山健步行、羽毛球等十个项目的比赛，带动全县群众兴起“全民健身热”。对县文化广场进行改建，为人民群众健身休闲娱乐提供场所。在“广东省文明县城”的基础上，进一步按照省文明县城建设现代化山水园林城市的定位和要求，营造更好的政务环境、市场环境、人文环境和生态环境，于 10 月份通过省市的复检。

（曹惠珍）

生态文明建设

【概况】 2011 年，佛冈县采取多种措施，加强资源和环境保护。切实加强环保宣传力度，努力提高全民环保意识。切实加强重点能耗企业管理，严格把好新引进项目环评关，顺利完成节能减排任务。全面推动绿色佛冈建设，改善生态环境，促进经济社会发展。

【生态环境整治】 加大执法力度，深入开展整治环境违法行为专项行动，着力解决危及环境安全和人民群众健康的环境污染问题，重点整治影响饮用水源水质的违法排污行为。以铁的手腕打击违法开采稀土等矿产资源行为，查处矿产资源违法案件 85 宗。

民间传统习俗上灯

【生态环境建设】 认真开展林业生态文明“万村绿”大行动，加大植树造林和绿化荒山力度，改善林种结构，加强林政执法，严厉打击乱砍滥伐行为，积极创建林业生态县，确保佛冈环境优美、青山绿水，促进经济社会可持续发展。加强饮用水源保护和饮用水后备水源规划建设。结合新农村建设和生态文明村建设，深入开展农村环境综合整治工作，推广生态农业、生态能源，改善农村生态环境。

（袁冬英）

洛洞九曲弯生态园

政　治

责任编辑：何东树

中共佛冈县委

【2011年中共佛冈县委书记、副书记、常委名录】

书　记　李玉楷（~2011.5）
　　　　华旭初（2011.7~）
副书记　华旭初（~2011.7）
　　　　梁金鉴（2011.8~）
　　　　蓝山鹰
常　委　温兆康　徐文婉
　　　　黄永华　卢少峰
　　　　蒋良柏（~2011.5）
　　　　黄镇生（~2011.9）
　　　　冯天佑（~2011.9）
　　　　冯小华（~2011.9）
　　　　甘运红（2011.5~）
　　　　虞卫旗（2011.9~）
　　　　冯炽兴（2011.9~）
　　　　李贤成（2011.9~）
　　　　刘恩举（2011.10~）

【中共佛冈县委十一届九次全会】 2011年1月21日，中共佛冈县委十一届九次全体（扩大）会议在县人民中心主楼礼堂召开。十一届县委委员、候补委员，不是县委委员、候补委员的县四套班子领导成员，县纪委常委，县直正科单位班子成员，省、市直管单位和县直副科单位主要领导，各镇班子成员，各村（社区）党支部书记、村（居）委主任，在佛冈居住的原担任过县四套班子实职的老干部，十八级离休干部代表参加会议。会议主要学习贯彻党的十七届五中全会、省委十届八次全会、市委五届十二次全会精神，回顾总结2010年的工作，部署2011年的工作，研究县委关于制定全县国民经济和社会发展第十二个五年规划的建议。

县委书记李玉楷代表县委常委会作题为《统筹城乡发展，建设幸福佛冈》的讲话，要求各级各部门要围绕“统筹城乡发展、建设幸福佛冈”核心，紧扣科学发展主题，加快转变经济发展方式，着力“保高速、调结构、惠民生、促和谐”，加快绿色工业基地、旅游会展旺地、创业宜居福地建设进程，在更高层次上推进统筹城乡一体化科学发展，以优异的成绩迎接建党90周年，确保“十二五”规划起好步开好局。重点要做好五个方面的工作：一是深刻认识加快转型升级、建设幸福广东的伟大意义，把思想和行动统一到统筹城乡发展、建设幸福佛冈上来；二是坚定不移地打好转变经济发展方式这场硬仗；三是大力营造以为民办好事实事为荣的风气；四是着力建设一支坚强有力的三级干部队伍；五是进一步夯实大气和谐佛冈的基础。

会上，县委副书记、县长华旭初代表县委、县政府总结2010年全县经济社会发展工作，全面部署2011年工作。

【中共佛冈县委十一届十次全会】 2011年7月28日，中共佛冈县委十一届十次全体（扩大）会议在县人民中心主楼礼堂召开。十一届县委委员、候补委员，不是县委委员、候补委员的县四套班子领导成员，县纪委常委，县直正科单位班子成员，省、市直管单位和县直副科单位主要领导，各镇班子成员，各村（社区）党支部书记、村（居）委主任，在佛冈居住的原担任过县四套班子实职的老干部，十八级离休干部代表参加会议。会议主要学习贯彻胡锦涛总书记“七一”重要讲话精神和省委、市委全会精神，总结2011年上半年工作，分析当前形势，部署下半年工作，动员全县广大干部群众坚定信心，鼓足干劲，奋力拼搏，全力夺取全年目标任务的重大胜利，开创统筹城乡发展，建设幸福佛冈的新局面。

县委书记华旭初代表县委常委会作题为《坚定信心，鼓足干劲，全力开创又好又快发展新局面》的讲话，提出面对繁杂的工作和繁重的发展任务，要突出重点抓落实，千方百计夺取全年目标任务的重大胜利，重点要抓好六个方面的工作：一是千方百计抓投入，着力增强可持续发展动力；二是千方百计抓城乡建设，着力建设宜居城乡；三是千方百计抓旅游，着力促进社会消费；四是千方百计抓增收，着力优化财政收支结构；五是千方百计抓民生，着力推进发展成果全民共享；六是千方百计抓维稳，着力维护社会和谐稳定。

【中国共产党佛冈县第十二次代表大会】 2011年9月25日，中国共产党佛冈县第十二次代表大会在县人民中心主楼礼堂召开。县第十二次党代会代表、列席人员参加会议。会议主要审议华旭初代表中共佛冈县第十一届委员会所作的报告。

会议认为，五年来，县委以科学发展观统领经济社会发展全局，大力调整经济结构、转变发展方式，着力进行主体功能分区和“三圈四园”规划建设，大力推进城乡规划、产业布局、基础设施、公共服务、社会管理“五个一体化”进程，落实工业园区化、农业产业化、城镇特色化和管理人性化工作部署，取得了经济持续高速增长、发展后劲持续增强、社会事业全面进步、城乡发展更加协调、区域形象大幅提升的良好成效。主要体现为“五个新跨越”：一是推进经济持续高速发展，县域综合实力实现新跨越；二是切实转变发展方式，经济结构调整实现新跨越；三是着力建设宜居城乡，城镇特色化发展实现新跨越；四是统筹社会事业发展，和谐佛冈建设实现新跨越；五是大力实施固本强基工程，党的建设实现新跨越。

会议强调，五年奋斗发展的体会有五个：一是发展是硬道理，必须始终坚持赶超发展；二是创新是总动力，必须始终坚持改革创新；三是实干是总要求，必须始终坚持真抓实干；四是民生是总目标，必须始终坚持以人为本；五是党的领导是根本保证，必须始终坚持党委核心。

会议提出，今后五年，要以科学发展为主题，以“共创富民强县、建设幸福佛冈”为核心，坚持工业主导、产业集聚、统筹城乡、和谐惠民发展思路，着力转变经济发展方式，着力加强社会建设，全面提升党建科学化水平，努力建设高端产业成长区、宜居养生示范区、和谐富民先行区和广州北卫星城，争当广东山区科学发展排头兵。今后五年全县经济社会发展的主要目标是：2016年，全县生产总值310亿元以上，年均增长18%以上；财政一般预算收入超过20亿元，年均增长20%以上；固定资产投资年均增长15%以上。城镇化水平进一步提高，产业结构进一步优化，自主创新能力进一步提升，区域发展协调性明显增强，生态文明建设取得明显成效，民生福祉明显改善。为完成既定目标，必须实施“五大战略”，全力推进“五个化”：一是实施大招商、大提升战略，全力推进工业新型化；二是实施大龙头、大基地战略，全力推进农业产业化；三是实施大旅游、大商贸战略，全力推进服务产业现代化；四是实施大县城、大集镇战略，全力推进城镇特色化；五是实施大管理、大和谐战略，全力推进基本公共服务均等化。

会议还选出中共佛冈县第十二届委员会委员、中共佛冈县纪律检查委员会委员和佛冈县出席市第六次党代会代表。

【重要决策和重要活动】 确立“三区一城”发展战略　在中国共产党佛冈县第十二次代表大会上，县委提出今后五年全县工作的指导思想是：以科学发展为主题，以“共创富民强县、建设幸福佛冈”为核心，坚持工业主导、产业集聚、统筹城乡、和谐惠民发展思路，着力转变经济发展方式，着力加强社会建设，全面提升党建科学化水平，努力建设高端产业成长区、宜居养生示范区、和谐富民先行区和广州北卫星城，争当广东山区科学发展排头兵。

确定“十项民生实事”　一是加强沙糖桔黄龙病的防控；二是扩大社会保障覆盖面，实现新型农村养老保险全覆盖；三是加强农田水利和生态建设，启动村村通自来水工程；四是由县城建规划部门设计农民住宅图纸，无偿提供给农民选择使用；五是实施村村有公园工程，丰富农民精神文化生活；六是把人民中心广场改建成全民健身广场，在电视台周边建设文化广场；七是加快推进九龙公园规划建设；八是启动教育现代化工作，提升教育强县水平；九是大力发展医疗卫生事业；十是深入推进扶贫开发“双到”工作。

举办第二届全县运动会　本届运动会历时6个月，开设登山健步行、羽毛球、乒乓球、象棋、拔河、篮球、网球、长跑和掷豆腐、水中捉鸭（趣味体育）十个项目的比赛。其中，象棋赛特邀中国象棋国际特级大师许银川与本县中国象棋爱好者进行1人对20人的“车轮战”表演赛。

配合中央电视台录制节目　积极配合央视《欢乐中国行》栏目组到佛冈县进行“欢乐中国行·魅力清远”外拍选景以及在中央电视台综艺频道文艺晚会现场录制工作，协助央视拍摄佛冈县汤塘镇围镇村“舞被狮”和汤塘村温泉文化。

圆满完成三级换届工作　营造风清气正的换届环境，严格遵守“5个严禁、17个不准、5个一律”和八项承诺，加强纪律监督，顺利完成三级换届工作，实现班子结构100%按上级要求配备、组织规划人选100%高票当选目标，各级班子结构更加合理，整体素质进一步提升。

加强县委理论学习中心组学习　以县委理论学习中心组为主体，组织到广州、惠州、梅州、茂名和英德、连州、阳山等地学习先进经验，促进思想解放，带动学习型社会的形成。

继续深入开展创先争优活动　紧紧围绕“推动科学发展、促进社会和谐、服务人民群众、加强基层组织”的总要求，继续把创先争优活动作为一项竞赛活动，在全县348个党组织和12813名党员中深入推进，形成科学发展主题突出、争创活动务实创新的生动局面。其中“五点评”经验做法被中央简报刊发。

启动广东省社会主义新农村建设试验区（佛冈）建设　2011年11月24日，《广东省社会主义新农村建设试验区（佛冈）基本框架方案》获得省政府批复同意，12月9日广东省社会主义新农村建设试验区（佛冈）工作正式启动。县委、县政府提出要举全县之力推动落实，建成全省新农村建设的新亮点，探索广东省农村经济发展、社会管理的新机制、新载体，为农村改革发展创造经验。

启动广东省名镇名村示范村建设示范县工作　2011年5月16日，省政府办公厅《关于同意将清远市佛冈县列为全省名镇名村示范村建设示范县的复函》，同意将佛冈县列为全省名镇名村示范村建设示范县。县委按照“一年初见成效，两年实现目标”的要求，确定“一个名镇、两个名村、五个示范村”作为试点建设。一个名镇为汤塘镇，两个名村为汤塘镇汤塘村和龙山镇上岳村，五个示范村为水头镇王田村、迳头镇土仓下自然村、高岗镇上陈村、石角镇龙塘村格岭自然村和水头镇西田自然村。

农村综合改革　进行主体功能区划分，将全县6个镇划分为先进产业集聚开发区（优化开发镇）、高新科技工业拓展区（重点开发镇）、绿色经济综合发展区（生态发展镇）三类主体功能区。县相关职能部门下放38项职权到镇，明确乡镇政府职能、机构和人员编制设置。建立科学的县直机关和镇政绩考评机制、绿色经济综合发展区镇级财力保障制度、村级组织经费保障制度、镇村公共服务体系等机制制度。

纪念建党90周年　先后举行“颂党恩，倡廉政”红歌合唱比赛和新苗杯“爱祖国、颂党恩”中小学生合唱大赛，邀请省内知名交响乐团演出红剧《江姐》，使广大党员干部心灵受到洗礼，进一步唱响主旋律。

举办2011年广东佛冈中国汽车拉力锦标赛暨系列庆典活动　在举办汽车拉力赛的同时，精心挑选总投资达318亿元的45个项目集中进行签约、奠基、剪彩，同时举行养生旅游文化节和沙糖桔节。

（江飞跃）

【组织工作】　县、镇、村三级领导班子换届

工作　紧紧围绕“好民意、好班子、好风气”三个好的换届工作目标，认真落实发扬民主、推进改革、严肃换届纪律三项关键举措，实现科学换届、平稳换届、和谐换届。一是认真抓好换届纪律教育，营造风清气正换届选举环境。县四套班子成员带头签订换届纪律承诺书，严格执行“5 个严禁、17 个不准、5 个一律”换届纪律要求；全县 12813 名党员、90 名村（社区）支部书记层层签订换届纪律承诺书，编印 15000 多份换届纪律明白卡发放到“两代表一委员”和党员干部手上，发送 5000 多条换届纪律手机短信同时，成立换届工作指导组和换届风气督查组，全程参与换届考察和选举工作的监督。全县 6 个镇开展的换届风气测评结果总体评价认为“很好”的达 98.7%，实现换届“零差错、零投诉、零上访”的目标。全县选人用人公信度和组织工作满意度明显提高。二是村（社区）“两委”换届选举圆满完成，实现“三高一少”的目标。坚持先村党支部换届后村委会换届，实行县镇领导包镇、村（社区）换届工作责任制；认真开展调查摸底；派出换届工作督导组加强指导各村（社区）依法依规办事，及时化解矛盾，确保村（社区）“两委”换届选举顺利进行。全县村（社区）“两委”换届选举实现“三高一少”目标。即：群众参选率高，投票率 95.36%；交叉任职率高，村（社区）“两委”交叉任职 255 人，占 92.1%；“一肩挑”比例高，书记、主任“一肩挑”83 人，“一肩挑”比例 92.2%；群众对换届信访大幅减少。三是县、镇领导班子换届圆满完成，100% 实现组织意图。坚持把谋划和推动科学发展作为选干部、配班子的出发点，把“德”情作为选拔任用干部的“风向标”，注重改善领导班子知识、专业和工作经历结构；加大选拔年轻优秀干部、女干部和党外干部的力度；大力选拔那些落实科学发展观态度坚决，转变经济发展方式有思路、能力强，实绩突出，切实维护群众利益的干部。同时，每个镇都邀请 50 名“两代表一委员”参加群众满意度的测评，进一步扩大换届考察的民主。全县 6 个镇的班子换届，实现 100% 配备上级要求的班子结构、100% 组织规划的人选当选、100% 班子成员高票当选目标。新一届镇级党政领导班子成员共 86 人，平均年龄 39 岁，本科以上学历的有 43 人，妇女干部 9 人，新提拔 3 名女干部，其中 1 名为党外干部。积极配合市委考察组做好县级领导班子考察工作，严谨周密组织好县党代会、政协和人大会议的选举工作，100% 实现组织意图。

干部队伍管理　以扎实推进干部人事制度改革和选人用人公信度示范县创建活动为抓手，深入推进领导班子和干部队伍建设。一是加大干部培训力度，进一步提高干部能力素质。围绕适应加快转变经济发展方式这个主题，制定《2011－2015 年佛冈县大规模培训干部计划》，坚持分类别、分层次、分专题大规模培训干部。举办 1 期新提拔科级干部主体培训班，与县经济和信息化局联合举办信息能力培训班 10 期，全年共培训各级各类干部 1455 人次。通过组织外出参观、参加市委举办的学习论坛等方式，切实提高领导干部在发展、稳定、民生、党建等重大问题上的学习决策、谋划发展和推进工作能力。二是加大干部调整交流力度，领导班子和干部队伍建设得到加强。充分利用县镇领导班子换届的有利条件和班子建设的需要，凭实绩任用干部，合理搭配班子。一年来调整交流领导干部 71 人次，提拔任用干部 31 人次。此外，一批优秀女干部、党外干部进入组织的视野，有 10 名女干部、2 名党外干部得到提拔，其中有 1 名女干部被提任单位一把手。三是加大竞争性选拔干部力度，进一步拓宽干部选拔的来源途径。坚持德才兼备、以德为先的用人标准，重视在一线选拔干部的导向。不断健全培养和选拔基层一线干部工作机制，加大竞争性选拔干部力度，新一届镇级领导班子成员中，新进领导班子 13 人，其中从基层选拔的有 3 人；选送 12 名符合条件的优秀基层干部参加全省竞争性选拔部分乡镇领导班子成员提名人选考试；从全县村（社区）中选拔 2 名支部书记（主任）

进入镇班子；从优秀工人、农民中选拔1名公务员。四是加大干部选拔任用监督力度，选人用人公信度进一步提高。认真抓好领导干部对《干部选拔任用工作条例》、干部选拔任用工作“四项监督制度”等干部工作政策法规的学习培训和宣传，为端正选人风气，树立正确用人导向打下坚实的思想基础。全面执行干部考察预告制度、干部考察公示制度、干部选拔任用征求县纪检监察、计生、综治等部门意见制度等。严格执行县委全会推荐制度，2011年所选拔任用的2名党政“一把手”实行全委会推荐。不断健全和完善单位“一把手”“人权、财权、事权”监督机制。全年共对7名任期届满或任期内办理转任、改非的单位“一把手”进行离任审计；受理27名科级干部出国（境）政审。五是认真落实《人才发展规划》，人才队伍建设取得新成效。大力实施“科教兴县，人才强县”发展战略，全面加强人才队伍建设，根据全县各行业、各部门的人才需求，积极吸收和招聘人才。全年共引进各类人才192人，其中本科以上学历的有172人，研究生学历的有3人；进一步加强对16名县管拔尖人才的跟踪管理，落实拔尖人才工作经费，鼓励他们在各自的岗位上积极工作。

创先争优活动 一是深入推进创先争优活动，基层党组织的战斗力得到进一步增强。围绕“推动科学发展、促进社会和谐、服务人民群众、加强基层组织”的总要求，建立基层党组织和党员“创先争优、争先竞位”工作机制，突出抓好基层党组织、窗口单位和服务行业创先争优。广泛开展“五种方式推进领导点评”、“八比八争创”、“三服务”和“为民服务创先争优”等专题活动，使创先争优活动亮点纷呈，涌现出一批先进基层党组织和优秀共产党员，基层党组织的战斗堡垒作用得到进一步体现。二是认真开展纪念建党90周年系列活动，典型示范引领作用得到充分发挥。6月30日召开庆祝建党90周年纪念大会，隆重表彰43个先进基层党组织、138名优秀共产党员、34名优秀党务工作者，并向1000多位50年以上党龄的老党员颁发南粤“七一”纪念奖章。广泛开展“学党史、强党性”教育活动，邀请华南理工大学与佛冈县心连心献礼演出交响清唱剧《江姐》，800多名党员干部接受爱国主义教育，期间80多名新党员举行集体入党宣誓活动。

基层党组织建设 一是建立健全基层党建保障机制，充分调动党员干部的工作积极性。研究出台《全县农村基层组织工作经费保障方案》，县财政每年安排2万元办公经费补助贫困村，对非贫困村和社区每年安排0.5万元办公经费补助；村（社区）书记、主任每月补贴从原来的850元提高到1050元，另外补贴每月通信费100元；一般干部每月补贴从原来的663元提高到800元；认真开展党内三大工程“三老”暖心项目实施工作，对全县生活困难的60岁以上的老党员、老党员干部、老党员模范，每人每年发放300元生活补贴。对符合退休条件的村干部，县、镇财政采取固定补助与一次性补助相结合的方式，每月发给补助金，让村干部收入有保障、干事有希望、退有所养，充分调动村干部的工作积极性。二是加强农村党员干部的教育管理，党员的素质与能力进一步提高。及时抓好新一届村（社区）“两委”干部的培训，切实加强村党支部书记“三种能力”建设。举办一期村（社区）支部书记、主任培训班，来自全县各村（社区）党支部书记、主任和各镇组织委员共100多人全脱产参加学习培训；委托镇党委对全县新任村干部进行业务培训；与县科协联合举办2期种养技术和劳动技能培训班，有3000多名党员群众接受培训。三是认真抓好党代表工作室建设，搭建党代表联系党员群众的桥梁。大力推进党代表工作室建设，每个镇党委都设立1个党代表工作室，全县有1个党代表联络办公室和8个党代表工作室，并按要求配备党代表工作室联络员。不断规范和健全党代表工作室的运作机制，建立工作制度、工作流程、联络员职责等一系列规章制度，使党代表工作室真正成为党代表联系党员群众的桥梁。

组织部门自身建设 以内强素质，外树形

象为目标，坚持把组织部门自身建设作为提高组织工作质量和水平的基础来抓，以务实作风和创新精神推进“学习型、服务型、廉洁型”部门建设，推动组织工作的全面发展。全年共组织干部集中学习12次，与其他县市组工干部学习交流2次。积极开展创先争优、“组织部长下基层”和扶贫开发“双到”工作等专题教育活动，进一步增强组工干部的党性观念、服务意识、廉洁意识和表率意识。进一步健全和完善组织调研信息工作目标责任制，努力做好调研信息工作，积极探索开展组织工作的新办法、新途径，全面及时地反映组织工作的新做法、新经验、新情况、新问题，为推进全县组织科学发展发挥参谋作用。

（刘建华）

【宣传工作】　2011年，县委宣传部与县文化广电新闻出版局合署办公后，内设部（局）综合办公室、县精神文明建设委员会办公室、文化市场股、文化市场综合执法队，常设机构有县企业思想政治工作人员专业职务评定领导小组办公室，挂靠团体有县社会科学领导小组、县文联。县委宣传部以邓小平理论和“三个代表”重要思想为指导，深入贯彻落实科学发展观，围绕加快转变经济发展方式这条主线，围绕“统筹城乡发展、建设幸福佛冈”这一中心任务，通过抓导向、抓亮点、抓落实，全力服务发展，推进全县宣传文化体育工作跃上新台阶，为庆祝中国共产党成立90周年营造浓厚氛围，为推动经济社会发展提供思想保证、舆论支持、精神动力和文体条件。

理论教育工作　一是推进学习型党组织建设，从领导班子学习、基层组织学习、全体党员学习和长效机制建设四个方面做好县委中心组学习计划和工作安排，指导各级理论学习中心组组织学习加快转型升级、建设幸福佛冈、加快转变文化发展方式、换届选举、社会主义新农村建设等系列专题。二是在继续完善“网络学习天地”、“3G学堂”手机学习服务系统的基础上，组织好党的十七届五中、六中全会、省委市委县委全会、省市县“两会”精神的学习宣讲、加强法治广东建设的理论学习讲座等工作。三是深入推进党的理论创新成果的宣传普及。开设理论学习专栏，刊发共创富民强县、建设幸福佛冈以及学习党的理论、路线方针等方面理论文章，把全县上下的思想、行动统一到县委、县政府的决策部署上来。

舆论宣传工作　紧紧围绕县委、县政府中心工作，充分发挥“喉舌”鼓与呼的作用。一是筹办好县新闻信息中心。2010年底把新成立的县新闻信息中心升格为副科级单位，健全机构，落实编制，有效整合县平面媒体信息发布平台。二是围绕县委、县政府中心工作，精心策划主题宣传系列活动，推出《佛冈新农村试验区发展又好又快—副省长刘昆调研时希望为全省名镇名村建设提供经验》等报道，做好省市领导视察调研佛冈、省社会主义新农村建设试验区和省名镇名村示范村建设等宣传报道。推出《佛冈：争当实施“桥头堡”战略排头兵》等文章，做好全县学习宣传贯彻市党代会精神的报道。

对外宣传工作　利用大型节庆活动，邀请大型的知名媒体做好佛冈品牌的对外宣传推广工作。在举办佛冈高岗豆腐节、2011年“佛冈之夏”旅游宣传推介会、2011年广东佛冈中国汽车拉力锦标赛暨系列庆典活动期间，邀请新华社、香港卫视、省电视台等知名媒体参加采访报道及宣传推介工作，“养生佛冈”、“生态佛冈”、“休闲佛冈”、“活力佛冈”的品牌进一步为外界所知晓。大力宣传基层党组织和广大党员开展“创先争优”活动的进展、经验、成效，佛冈县“创先争优”的经验总结多次在国家的“创先争优”网站上刊载。

思想道德教育　扎实开展社会主义核心价值体系建设，广泛组织社会各界开展学习道德标兵陈贤妹活动，评选并表彰佛冈县十大道德模范，大力提升公民道德素质和彰显社会公平正义。结合建党90周年活动，组织社会各界利用春节、清明、中秋等节庆日广泛开展热爱中国共产党、热爱社会主义祖国的“我们的节日”主题实践活动，使广大群众感受国家、

家乡和家庭的巨变，坚定走中国特色社会主义道路的信念。大力发展志愿服务事业，县选报二位同志参加市志愿服务协会常务理事；成立佛冈县志愿者联合会，组织开展社区平安建设、环境维护、扶老助残、便民利民等志愿活动18次，全县志愿者活动逐步形成由文明办牵头，以共青团为依托，社会齐抓共管的工作格局。抓好未成年人思想道德建设，继续抓好校外辅导站、做好留守儿童的帮教工作，全县78个行政村全部设立校外教育辅导站，与相关部门一起积极开展问题少年的帮扶工作。指导、帮助各镇村健全工作机制，培训校外辅导员，切实开展未成年人思想道德建设。进一步发挥青少年宫、烈士陵园等爱国主义教育基地、国防教育基地的宣传教育阵地作用。

精神文明建设　扎实搞好省文明县城创建巩固工作，县城市容市貌整洁美丽，文明有序，顺利通过省文明县城的复检。培育、挖掘一批精神文明创建工作先进单位和个人，其中，石角镇成功创建“全国文明单位”，该镇沿江社区成功创建“省文明社区”。以名镇名村示范村建设为抓手，深化文明村创建，打造全省乃至全国最美的乡村。

文化体育事业　围绕文化强县建设目标，结合自身实际，积极推进文化建设。建成县级全民健身广场，为全县群众提供良好的休闲健身场所。完善基层文化宣传阵地建设，推进文化氛围板块建设，龙山镇文化站荣获省基层文化工作先进单位。建好78家农家书屋并投入使用，解决农民群众借书难、看书难的问题，佛冈县的农家书屋建设成效与经验和在龙山镇文化站举办全省“岭南流动书香车百车下乡惠民现场活动”得到省市领导的赞许。组织举办春节文艺晚会、民间民俗文艺表演等活动，组织好佛冈县第二届运动会、广东佛冈全国汽车拉力锦标赛等各项工作，为全县群众送上一场场文化体育盛会。推进精品创作，县上送参评作品获得市一等奖（金奖）1个、二等奖（银奖）8个、三等奖（铜奖）1个、佳作奖1个。日渐繁荣的佛冈文化，增添佛冈的独特魅力，扩大佛冈的对外影响。在市国际会展中心举办的2011年广东佛冈全国汽车拉力锦标赛摄影大赛作品展，反响热烈，吸引不少市民前往观看。汤塘镇围镇村民俗活动“舞被狮”节目入选央视“欢乐中国行·魅力清远”文艺晚会现场录播，展示佛冈县的别样风采。规范文化市场管理，狠抓市场执法工作。一年来，出动检查人员1861人次，出动车辆98辆次，收缴盗版音像制品1500张、非法书报刊2400多册，检查30家网吧，发出口头整改通知书5家，使全县文化市场发展健康有序。积极配合做好全省县（市、区）广电网络改革重组工作，指导县广播电视台按照省的要求，认真做好全省试点县工作，以“经营性资产整体进入”模式加入省网管理，2011年10月广东省广播电视网络股份有限公司清远佛冈分公司正式挂牌成立。

【纪念中国共产党成立90周年】　一是精心组织县内媒体围绕纪念活动开设专题专栏，集中推出一批纪念文章，大力宣传中国共产党的光辉历史和丰功伟绩，大力宣传全县各个时期先进基层党组织和优秀共产党员的时代风采。二是指导县直副科以上单位，面向基层广大职工群众，采用灵活多样的形式，组织举办交响清唱剧《江姐》、红歌大合唱等群众性主题纪念活动，引导社会各界深刻认识和全面了解建党90周年的伟大历程和所取得的辉煌成就，坚定跟党走中国特色社会主义道路的信念。

（陈世定）

【统战工作】　2011年，统一战线工作以“为幸福佛冈建功业”系列行动统揽工作，以创先争优活动为契机，继续解放思想，锐意进取，科学发展，凝聚各方力量努力开创统战工作新局面。

“为建设幸福佛冈建功业”六大系列行动　2011年，统战部在全县统一战线开展“我为幸福佛冈建功业”系列行动，贯彻落实全省、全市统战部长会议提出的在全省统一战线开展“为建设幸福广东建功业”系列行动的重要工作部署，以实际行动服务“统筹城乡发展，建设幸福佛冈”建设目标。一是开展助力行动，促推经济发展方式转变。统战部和工商联通过组织非公有制企业和非公有制经济代表人士，采用集中座谈和个别征求意见建议的方式，围绕促进非公有制经济可持续发展深入调查研究，掌握全县非公有制经济发展的具体情况，总结不同类型、不同规模的非公有制企业在转变经济发展方式中的成功做法，提出多条切实可行的意见和建议，为县委、县政府在加快全县转型升级的决策中提供决策参考。二是深入开展“百家民企进老区扶百村感恩行动”。广泛动员全县非公有制企业、各民主党派积极参与，将“感恩行动”与“光彩事业”结合起来。该项行动已使全县老区村公路面貌焕然一新，为当地农副产品转化为商品创造条件，使老区农民真实感受到感恩行动带来的直接经济利益。三是开展建言献策行动。广泛发动组织民主党派、工商联会员、无党派代表人士等统一战线成员开展“为建设幸福佛冈建功立业”专题调研活动，收到《关于加快绿道规划建设的建议》等十多条建议，引起县政府高度重视。四是开展经济统战。发挥统一战线联系广泛的独特优势，通过主要领导及外侨事务局、侨联、台湾事务办公室，围绕招商引资、招才引智积极做好穿针引线工作。一年来，共协助引进南玻（10亿元）、老虎涂料（1亿元）、王老吉灌装线（12亿元）、美中航空（40亿元）等4个优质项目，合同资金达63亿元。五是深入开展扶贫开发“双到”工作。帮扶思路明确，措施得力，帮扶项目得到村干部和群众的支持，县统一战线成员单位的挂扶村和结对帮扶户全部实现脱贫。六是开展共建和谐行动。构建和谐劳动关系，维护民族宗教领域的和谐稳定。县工商联积极引导非公有制企业深入开展构建和谐劳动关系主题活动，形成了互利共赢局面。县民宗局以创建“和谐寺观教堂”活动为抓手，切实加强宗教事务管理，做好重点专项工作，坚决抵御境外势力利用宗教进行渗透破坏，2011年无发生一起民族宗教领域事件。

着力提高多党合作共事水平　一是协助组织民主党派和党外人士加强理论学习和组织建设、作风建设和制度建设，夯实统一战线的思想基础。2011年5月，选派5名党外代表人士参加市委组织部和统战部举办的党外科级干部培训班，有效提高党外人士的政治理论素质和参政议政水平。联系协助和鼓励民主党派、党外代表人士参加县委、县政府、县政协及有关部门举办的各种协商会、通报会、座谈会、茶话会、征求意见会，发挥参政议政、建言献策的作用。在2011年县政协八届六次会议期间，民盟佛冈县基层委员会向大会提交提案40件（其中民盟集体提案27件，盟员中的政协委员个人提案13件），占立案总数的36.69%。民盟及盟员中的政协委员提交大会发言5篇（其中代表民盟3篇、代表专委会发言2篇），占大会发言总数的35%。盟员中的政协委员闫玉珍、罗文华、宋远玲等8位委员，被县政协评为2010年度优秀政协委员，闫玉珍委员同时被表彰为2010年度优秀信息员。二是协助县委做好民主党派“民盟佛冈县基层委员会”换届工作，配优配强民主党派基层领导班子，切实提高民主党派领导班子成员的政治把握能力、参政议政能力、组织领导能力和合作共事能力。三是做好县政协九届和市政协六届委员的推荐考察工作。推荐19名民主党派人士和107名无党派人士为政协县九届委员建议人选，并按市委统战部要求推荐考察了11名党外人士为市政协六届委员建议人选。

管理民族宗教事务　一是抓好民族工作政策法规的学习宣传，加大对宗教活动场所管理组织人员的学习教育力度。坚持每月一次深入到各宗教活动场所与宗教管理组织人员座谈、学习、讨论，帮助领会掌握宗教政策法规的相关规定，以利于确保县内各种宗教活动能够依法依规进行。二是加强对县内宗教事务的管理，督促和指导各宗教活动场所建立完善内部管理制度，发现问题及时指出纠正，使全县的宗教团体及宗教活动都能够做到合法合规。一年来，分别4次到县内三个宗教活动场所组织信教群众学习《宗教事务条例》。三是加强调

查研究，了解掌握县内散居少数民族人员的情况。2011 年，散居在佛冈县经商、做工的有 30 个少数民族共 1803 人，其中比较集中的有青海兰州地区的回族同胞 31 人，在县城经营 9 间拉面店。四是抓好创建文明和谐宗教活动场所的工作。按照省、市民宗部门的要求，楼下教堂作为佛冈县参加第二批创建活动的场所，坚持每 10 天一次，督促和指导楼下教堂做好各项工作，以确保顺利通过省市检查组的验收，成为第二批创建活动达标的场所。五是挖掘和发扬宗教教义的积极因素，促使佛冈县宗教自觉与社会主义发展相适应。3 月动员信教群众在宗教活动场所的周边地或自留山上及耕地上种植树（果）木 1 万多棵，为营造良好的生态环境，促进农村经济发展；4 月动员王山寺佛教信众为云南地震灾区救灾捐赠 6500 元，为帮助地震灾民渡过难关贡献爱心。

致力服务富民强县　一是加强非公经济人士思想政治及政策法律法规的学习教育。（1）于 2 月 18 日召开县工商联正副主席、执委以上 50 多人的会议，学习传达贯彻市联有关会议精神和县委十一届八次全委（扩大）会议精神，使广大非公经济人士的思想统一到县委的决策部署上来。（2）根据当前非公经济企业如何做到以人为本，化解劳资纠纷，构建和谐劳动关系，关爱员工、树立人本理念，企业如何解决融资难等问题，县工商联与中国银行清远分行于 3 月 23 日在人民中心西楼举办政银企业金融产品演示会，使企业经营者深刻了解掌握如何解决企业融资问题，促使和指导所管企业做强做大。二是围绕中心工作认真履行职能，当好县委、县政府的参谋和助手。（1）统战部领导与工商联驻会领导多次深入会员企业调查研究，了解和掌握情况，及时将企业的意见和建议整汇总写并以书面报告等形式反映到县委、县政府，为县委、县政府及有关部门提供有价值的信息。2011 年，执委中的政协委员质量较高的提案有 30 份，较好地发挥参政议政的作用。（2）为使在佛冈县举办的中国汽车拉力赛佛冈站顺利进行，扩大佛冈的影响力，部领导与县工商联正副主席主动分担县政府的相关工作任务，共筹集 30 多万元作短道赛冠名经费。

指导县工商联工作　根据上级要求，于 2011 年 8 月进行县工商联换届选举工作，陈荣当选为工商联十二届委员会主席，王文培、陈应金等 16 人当选为副主席，梁社松等 57 人当选为执委委员。培养和发展新会员。一年来，经广泛动员共吸收 20 名有一定经济实力和影响力的私营企业为工商联的新会员，且通过考察提名、推荐和选举程序当选为执委委员。引导企业开展公益、光彩事业活动。陈荣主席为帮助全县考上大学而家庭困难的学子，出资 6 万元为 20 位成绩优异或家庭特困的大学生解决部分学费问题；李远伟副主席响应团县委“关注贫困学生，做教育强县带头人”的号召，出资 3 万元为 60 名贫困中小学生解决上学费用，还在水头中学 68 周年校庆期间，捐资 1 万元，为该校改善教育设施添砖加瓦；曾庙南执委在教师节出资 2 万元奖励石角镇教师。此外，在广东开展“扶贫济困日”活动中，全体会员响应省委的号召，共筹集到扶贫款现金 8.3 万多元。

做好非公有制经济人士工作　一是深入开展“感恩行动”，促进非公有制经济人士健康成长。该项工作自 2011 年开始后，共得到佛冈金谷公司、建滔公司张国荣、佛冈亨地水泥厂、水头“龙啸峡漂流公司”、高岗温氏猪场、佛冈诚康投资有限公司、益大农业有限公司、金鑫房地产有限公司、黄慕贞女士等企业或个人合计捐资 1336 万元，帮扶老区建设混凝土公路 40.4 公里（占全县目标 56%）、安全饮水工程 5 宗、农田水利建设项目 2 宗及建桥 1 座，参与当地旅游开发投资 3.5 亿元。二是扎实开展非公有制经济代表人士综合评价工作。按照省市委统战部的部署要求，组织 16 个部门经过近半年的工作，得出参加此次综合评价 82 名非公经济代表人士的综合评价结果：A 级优秀，为“优先做安排或评选表彰”的 29 人，占总被评对象人数的 35.36%；B 级合格，为“可以做安排或评选表彰”的 43 人，占总被评对象人数的 52.44%；C 级基本合格，为“不宜做安排或评选表彰”的 10 人，占总被评对象人数的 12.2%，D 级不合格的零人。三是开展非公有制企业党组织创先争优活动。全县非公有制企业有 6 个联合党支部，14 个独立党支部，1 流动个党支部，214 名党员参加创先争优活动。

港澳台和海外统战工作　一是发挥外事侨务局的对外窗口作用。（1）继续做好出国（境）管理和证件签证（签注）工作。全年全县派出 132 人次赴港澳执行公务，出访人员能严格执行外事纪律，认真完成出访任务，没有违规违纪的现象。（2）做好外事接待、加强对外宣传。2011 年接待来自外交部驻澳门特派员公署、以色列驻广州领馆官员、刚果（金）人民党干部考察团、美国驻广州领馆等考察团，并向考察团成员详细介绍佛冈的投资环境，增强对佛冈的投资信心。（3）协助县有关部门顺利处理新加坡人在佛冈县某酒店意外死亡事件。二是积极发挥侨联为侨服务的职能。（1）积极开展暖侨心活动。通过以佛冈县人民政府的名义给全县的归侨侨眷和海外侨胞、港澳同胞寄新春贺年卡，组织侨联干部上门慰问农村散居归侨侨眷，召开迎春茶话会听取意见和建议，帮助解决部分实际困难等暖心活动，使归侨侨眷切身感受到党和政府的关怀。（2）开展助侨奔康活动，2011 年县侨联开展送果苗送肥送技术下乡助侨奔康活动，把价值约 3000 元的果肥送到种植沙糖桔的归侨侨眷的果园里，还邀请专业技术人员上门指导种果。（3）通过加强海内外联谊，密切与海内外侨胞、侨眷及社团的联系，配合党委、政府招商引资引智工作。做好归侨侨眷的来信来访，热情接待海外华人工作。2011 年有 9 人次归侨侨眷和海外侨胞、港澳台胞来信来访，都得到圆满解决。三是认真做好涉台宣传和交流交往工作。（1）开展台资企业调研活动。县委常委、统战部长深入龙玮（佛冈）织造有限公司、科门氟硅应用材料（佛冈）有限公司、汇康荧光科技（清远）有限公司等多家台资企业进行调研，并将了解到的企业发展情况、存在的困难及今后的发展打算详细向县委主要领导汇报，引起县委、县政府的高度重视。（2）加强与台属台胞的联系。深化对台交流效果，定期走访慰问台属台胞，搞好对台政策宣传，组织台属台胞学习党的对台政策及对台形势，宣传县的富民政策、经济发展重大变化情况，关心生产生活，热情接待台属台胞的来信来访，认真办理相关事宜。

（黄政雄）

【政策研究】　2011 年，以科学发展观为指导，不断研究新情况，探索新方法，适应新要求，发挥服务县委决策、服务地方经济发展的职能作用，积极开设调查研究工作，参与重大文稿、领导讲话起草工作，编印《佛冈调研》，完成综合汇报材料，协助县委、县政府和上级政研部门开展有关专项调研。

文稿起草工作　加强综合文字工作，围绕“创精品、上层次、求突破”的目标，贴紧中心，突出重点，开拓创新，打造亮点，高质量、高效率地做好综合文字工作，为县委决策和实施决策提供高层次、全方位的服务，提高服务领导决策的针对性。参与县委十一届九次全体（扩大）会议、县委十一届十次全体（扩大）会议以及县第十二次党代会报告的起草工作。参与推进十项民生实事、30 个重点项目、打击非法开采稀土矿、国民经济和社会发展“十二五”规划、法治佛冈“十二五”规划等多个促进经济社会发展的重要政策文件的起草工作。参与县对镇、对部门的年度考核办法起草工作。参与起草多个专题会议、专题汇报会的县委领导讲话稿、汇报稿。

调研工作　切实加强工作调研，充分发挥参谋助手作用，为上级调研出谋划策，提高信息服务领导决策的时效性，提高调研服务领导决策的有效性。认真筹划组织好省、市政研部门到本县开展的专题调研工作，推广佛冈科学发展的经验，树立良好形象。推荐多篇调研文章和有关资料到市政研室并在《清远调研》上刊发。坚持编印《佛冈调研》，2011 年编印 3 期，部分推荐到《清远调研》刊发。

专题调研　围绕全县工作中心和群众关心

的热点问题开展专题调研工作。调研工作切实做到服务领导决策、服务各镇和县直部门决策，推广先进经验，在指导工作、促进县域经济发展等方面作出贡献。一是撰写“双转移”专题调研报告。自2008年省委、省政府实施产业和劳动力“双转移”战略以来，佛冈县委、县政府全面贯彻省委、省政府“双转移”战略部署，结合全县实际，采取切实可行的措施，健全产业发展机制，扎实推进，确保“双转移”工作落到实处。为梳理在“双转移”工作中一些好的做法和典型例子，为今后工作提供经验借鉴以及思路方向，县委办开展“双转移”专题调研。调研报告紧紧围绕全县四大工业园区大力承接珠三角产业转移以及本县加大力度组织农村富余劳动力培训转移两大方面，进行深入调研探讨，阐明全县产业转移和劳动力转移的现状和制约因素，并为县委县政府提出建议以供领导及职能部门决策参考。二是撰写医疗纠纷的调研报告。近年来，全县医疗纠纷逐年增多，出现恶意巨额索赔、暴力索赔以及医疗纠纷新趋势，停尸闹丧、打砸医院、围堵打伤医护人员等“医闹”事件频繁发生，已成为影响医疗机构正常工作秩序的主要因素。这些医疗纠纷、医闹事件的发生不仅阻碍医疗机构的健康发展，危害广大人民群众的权益，而且严重影响社会稳定，在一定程度上对建设幸福佛冈造成不良影响。如何防范和处置医疗纠纷，已成为医疗机构亟待破解的难题。针对这一问题，县医疗纠纷调研组通过听、谈、议等方式开展调研，提出有效防范和处置医疗纠纷，构建和谐医患关系的途径，供县委、县政府参考。三是撰写新形势下加强群众工作的调研报告。近年来，全县经济社会进入高速发展时期，同时也进入转型升级发展时期。在这个时期，利益格局重新调整分配，出现利益失衡、观念交错和情绪不稳等各种情形，各种不利于发展和稳定的因素开始聚集、凸显，群众工作出现新的发展趋势和新的特征，群众工作面临的新变化、新情况和新问题。联系近年来做好群众工作的主要措施和经验，县委办总结出如下几点体会：领导带头，是做好群众工作的前提条件；发展经济，是做好群众工作的重要保障；关注民生，是做好群众工作的关键所在；加强基层组织建设，是做好群众工作的重要基础；加强宣传，是做好群众工作的有力推手。

（杨活东）

【机构编制】 县编办围绕县委、县政府的中心工作，在管住管好机构编制的同时，着力深化政府机构改革、推进简政强镇事权改革和事业单位分类改革、社会体制改革、机构编制实名制网络系统建设等方面做了大量的工作，为佛冈县推动科学发展提供有力的体制机制保障。

机构编制管理　年初，县编办根据机构编制管理相关法规文件，结合全县实际，拟定并实施《佛冈县机构设置和编制管理暂行规定》，联合组织、人事部门拟定实施《佛冈县机关事业单位工作人员调配工作规定》，以制度的形式规范机构编制审批程序和机关事业单位人员调配做法。2011年，经县编委会讨论通过的事项54项；经县机关事业单位调配工作领导小组讨论通过的人员调配事项3批64人次。

县政府机构改革评估　2011年初，县编办采取多种形式对2010年完成的县政府机构改革工作进行全面评估。并形成评估报告上报市编办，顺利通过市编办的评估验收。

简政强镇事权改革　2011年，简政强镇事权改革在全县6个镇全面铺开，到10月份，各镇机构编制方案均已印发实施，12月份，县编办对各镇实施情况进行督查，取得阶段性的成果。通过改革，进一步扩大镇管理权限，规范镇社会事务管理，提高工作效率。

事业单位分类改革　经过大量认真细致的调研，2011年10月，县编办对各事业单位“三定”方案完成初审，10月下旬提交县编委讨论通过并印发实施，年底，县直事业单位分类改革工作已基本完成。实施事业单位分类改革前，全县事业单位有241个；改革后，全县事业单位有202个，对比减少39个，减少率

16.2%；其中明确分类的事业单位有173个。实施事业单位分类改革前，全县事业编制6221名，改革后事业编制6179名，对比减少42名，减少率0.7%。除不纳入本次分类改革的10个单位和暂缓分类改革的19个单位外，其他事业单位均已印发“三定”方案并实施。通过本次改革，进一步规范全县事业单位的管理，优化资源配置。

实名制管理系统平台建设　根据市编办《清远市机构编制网络管理平台框架建设工作方案》，2011年5月，县编办对机构编制实名制管理系统平台建设工作作出统一部署。至6月底，完成全县机构编制实名制管理系统建库和数据审核入库工作，信息采集涵盖全县345个机关事业单位和7127名人员，实现机构编制情况实时监控以及信息数据及时统计和快速查询。8月，县编办印发《佛冈县机关事业单位机构编制实名制管理暂行办法》，以实名制为依托，强化监督检查，发现并清理佛冈县龙山镇文化站1名“吃空饷”人员，维护机构编制的权威性和严肃性。10月中旬，县实名制系统建设工作顺利通过省编办评估考核组的评估考核，并获得省市编办高度评价。

事业单位法人年检登记工作　2011年，全县已登记的事业单位144个，应年检并已年检的125个，合格单位120个，占96%；逾期未参加年检的有5个，占4%。办理事业单位设立登记2项次、事业单位变更2项次，注销登记1项次。

队伍建设　县编办着力全面加强自身建设，提升干部素质，为顺利完成各项工作提供有力保障。一是强化制度建设，提升管理水平。年初，进一步完善《佛冈县编办自身建设若干规定》，从班子队伍、效能建设、内务管理三个方面作全面规定，在制度上规范管理。二是强化班子队伍建设，提升班子战斗力。县编办领导班子从编办单设以来，认真贯彻民主集中制，做到小事交心通气，大事集体讨论，充分发扬民主，集思广益，使决策科学化、民主化、规范化。三是强化学习培训，提升业务本领。按照年初制订的全年学习计划，先后组织全体干部到广州科技馆、广东省博物馆等地参观学习、到农村实地调研、到兄弟县市交流学习、积极参加省市机构编制系统举办的各项学习培训活动，并不定期举办集中学习、专题辅导、集体研讨等学习活动，进一步拓宽干部视野、增长干部见识。在参加省编办举办的纪念颁布《机构编制违纪行为适用〈中国共产党纪律处分条例〉若干问题的解释》两周年征文活动中，县编办朱英萍提交的调研文章《从“破窗效应”看机构编制管理》获得全省机构编制系统一等奖；在参加市编办举办的“歌唱祖国，祝福清远”歌咏活动中，县编办陈灿开演唱的歌曲〈精忠报国〉，获得全市机构编制系统二等奖。

（陈灿开）

【中共佛冈县直属机关工作委员会】　创先争优活动　2011年，县直工委根据县创先争优动员会议精神和部署，成立由书记刘纯心任组长的开展创先争优活动领导小组，召开所属党（总）支部动员会议，制定《佛冈县直工委开展创先争优活动实施意见》和《佛冈县直工委开展创先争优活动工作方案》。开设宣传专栏，集中精力对所属党（总）支部创先争优活动进行督导，指导县直机关单位开展创先争优活动。县直机关各党（总）支部在创先争优活动中，向党和人民承诺事项280多件，并基本得以落实。

党务公开工作　根据《关于印发<佛冈县推进党务公开工作实施方案>的通知书》精神，县直工委制定《中共佛冈县直属机关工作委员会推进党务公开工作实施方案》，成立县直工委党务公开工作领导小组，制作党务公开栏，指导所属各党（总）支部全面实行党务公开。

扶贫开发“双到”工作　一是认真做好“规划到户、责任到人”工作。挂扶村水头新坐村经过帮扶，集体经济收入达到3万元，3月搬迁新办公楼，达到脱贫目标。县直工委干部共帮扶贫困户9户。全部年底实现脱贫，人均收入达到2600元以上。二是开展扶贫济困活动。在6月25日举行的县“扶贫济困日”活动中，县直工委共筹得款项1786元进行扶贫济困。县直工委全年为贫困户送上生产资金3000多元，为村发展集体经济送上7000多元.

党风廉政建设工作　切实抓好廉政风险防范建设。各党员干部填写《岗位廉政风险排查表》，签订《岗位廉政风险承诺书》。抓好对党员干部的政治学习教育，对各种违法违纪行为加强查处力度，2011年，查办各种违法违纪案件9宗，处分违纪党员6人，其中开除党籍2名，严重警告2名，警告2名。

庆祝建党90周年系列活动　一是做好“七一”表彰。做好向市、县委表彰先进单位及个人的推荐工作，2011年受市委表彰的先进基层党组织4个，优秀党员4名，优秀党务工作者4名；受县委表彰的先进基层党组织21个，优秀党员53名，优秀党务工作者20名。工委表彰先进基层党组织19个，优秀党员136名，优秀党务工作者20名。二是组织和参与“颂党恩 倡廉政”歌曲合唱活动。县直工委从党群系统的三十多个组成单位中抽调近70位领导干部参与县纪委组织的佛冈县庆祝建党九十周年“颂党恩 倡廉政”歌曲合唱活动，并于6月22日晚的合唱比赛活动中取得二等奖。三是组队参加县第二届运动会。县直工委组织运动员60多人参加象棋、乒乓球、羽毛球、登山、拔河、篮球等项目的比赛，通过激烈角逐。荣获一等奖1个，二等奖3个，三等奖1个，四等奖1个。四是为老党员颁发了纪念奖章。根据省、市委组织部的要求，县直机关将有50年党龄以上的老党员174人、40~49年党龄的老党员212人资料上报有关部门，把省、市委颁发的纪念奖章送到这些老党员手中。

培训党干和发展党员　一是举办“组织委员”培训班。培训组织委员97人，培训班辅导学习《中国共产党和国家机关基层组织工作条例》、《党的组织工作问答》、《党员组织管理》等课程，参观交通局和公路局两个党务工作做得比较好的党（总）支部。二是举办“建党对象”培训班组织建党对象观看了党员教育的电教片，学习了“中共党史”、“纪律检查”两个条例和“党章”等知识。2011年，发展预备党员104名，预备党员转正50名，延期转正2名。

党代表、人大代表的推荐和选举工作　一是推荐选举出县直工委党代表会议代表和选举出席县第十二次党代表大会的代表，采取自下而上，自上而下的方法推荐确定县直工委党代表会议的141名代表和出席县第十二次党代表大会130名代表候选人。在2011年9月19日召开的中共佛冈县属机关工作委员会代表会议上，选举产生108名出席中国共产党佛冈县第十二次代表大会的正式代表。二是积极抓好推荐出席市第六次党代表大会代表工作。三是配合做好县、镇人大代表的推荐和选举工作，在2011年9月28日的选举日组织选举出县直工委选区的2名县人大代表和2名石角镇人大代表。

（朱玉镜）

【党校教育】　中共佛冈县委党校履行《中国共产党党校工作条例》和佛冈县干部培训工作文件精神，始终把干部教育培训工作作为主要工作，充分发挥党校干部教育培训干部、党员主阵地、主渠道作用，集中人力、财力，确保培训任务的圆满完成。2011年共举办培训班10个，38期，培训3360人次。

公务员培训班　举办公务员培训班12期，参加培训人员1631人。其中：举办公务员更新知识培训班，参培1525人。主要学习《转变经济发展方式》和《公务员职业道德规范概论》等课程。2011年11月24日至12月15日，举办公务员初任培训班1期，参培106人。主要学习《公务员通用能力读本》、《邓小平理论和“三个代表”重要思想》、《国家公务员初任培训读本》、《科学发展观》、《公共经济》和《公共政策》。

干部培训班　举办干部培训班13期，参加培训人员623人，每期5天。其中：举办科级以下干部信息化与电子政务培训班12期，参培549人。主要学习windows XP操作系统基本操作、中文打字、网上论坛、网上购物、Word 2003（文字处理）、Excel 2003（电子表格）、PowerPoint 2003（幻灯片制作）、网上信息搜索与下载、电子政务等。2011年10月31日至11月10日，举办科级干部培训班1期，参培74人。主要学习县“十二五规划解读”、“建设富民强县、幸福和谐新佛冈”、“中国社会管理体制创新”、“环保知识”、“胡锦涛‘七·一’讲话精神”、反腐倡廉电教片、“传统文化、文化的自觉自信与文化体制改革”、“建设服务型政府”、“干部礼仪与形象塑造”等内容。

组织委员培训班　2011年3月15日至16日，举办县直工委系统组织委员培训班1期，参培100人。主要学习《中国共产党和国家机关基层组织工作条例》、“党的组织工作问答”、“党员组织管理”等。

党员发展对象培训班　2011年4月11日至4月15日，举办县直及省市直管单位党员发展对象培训班1期，参培78人。主要学习“学习中共党史，提高对党的认识”、“突出重点，把握好‘两个条例’、“对照党章，创造条件，实现梦想”等专题。

村级计生干部培训班　2011年6月11日至7月9日，分3期举办村级计生专干计算机初级培训班，参培150人。主要学习windows XP系统基本操作、中文打字、Word 2003（文字处理）、Excel 2003（电子表格）等内容。

专业技术人员培训班　举办专业技术人员培训班7期，其中：2011年7月20日至9月20日，分5期，每期7天，举办专业技术人员公需课培训班，共有547人参加学习。主要学习《低碳知识与低碳广东》和《广东转变经济发展方式读本》等课程。2011年10月31日，举办广东省专业技术人员继续教育管理系统学习班2期，参培100人。

岗前培训班　2011年8月16日至25日，举办事业单位新录用人员岗前培训班1期，参培131人。主要学习“公务人员礼仪知识”、“低碳知识与低碳广东”、“广东加快转变经济发展方式”、“岗前公共知识”等内容。

（黄　亮、黄惠燕）

【信访工作】　2011年，县信访局共受理群众来信来访147件（宗），与上年同期减少63件，下降30%。其中，来信4件，同比减少3件，下降42.86%；来访143批832人次（其中咨询96批231人次），批次和人次同比分别下降29.56%、39.58%；集体访26批577人次，批次和人次同比分别下降57.38%、47.16%，个体访117批255人次，批次和人次同比分别下降17.61%、10.53%。群众越级进京上访3批3人次，到省集体访3批47人次，到市集体访5批25人次。受理网络信访35件，办结35件，办结率100%。全年中央、省、市交办信访案件13宗，办结13宗，办结率100%。

责任考核制度　坚持“一把手”对责任范围内的信访工作亲自抓、负总责的机制，将信访维稳工作纳入县、镇年终考核，严格兑现奖惩，明确主要领导是维护本辖区社会稳定的第一责任人。

矛盾纠纷排查　据统计，全年开展矛盾纠纷排查16次，排查出42宗信访案件，办结38宗，办结率90%。

开展形式多样的信访活动　继续开展“四访”活动，增强干部下基层的积极性。推进“基层大接访”活动，切实为群众解决矛盾；开展领导干部“大调研、大排查、大下访、大化解”活动，推动信访问题的解决；开展县委书记大接访活动，集中处理信访突出问题。

重要信访事项的督办　通过加大督查督办力度，努力实现“四个明显好转”。即：在现有案件息诉罢访上取得明显好转，在处理初信初访能力上取得明显好转，在减少新的信访问题上取得明显好转，在维护信访秩序上取得明显好转。

信访工作责任制　坚持领导阅批重要来信和领导接待群众来访制度，2011年县党政主要领导累计收到群众来信31件，阅批30件，阅批率达96.8%，协调解决问题28件。全年有18名县党政领导参与接待群众来访，共接待来访群众67批447人次。

（徐金龙）

【保密工作】 2011年，保密工作围绕县委、县政府的工作部署，以实施2010年修订的《中华人民共和国保守国家秘密法》和《“十二五”时期全国保密事业发展规划》为主线，加强管理、主动服务，加强检查、狠抓落实，切实维护国家安全和利益，为构建和谐佛冈发挥服务保障作用。

县委保密委员会全体成员会议 4月，召开县委保密委员会全体成员会议。会议传达省和市保密工作会议精神，总结2010年保密工作及部署2011年保密工作，学习清远市泄密事件查处情况通报。会上，县委常委、县委办主任、县委保密委副主任作重要讲话。会后向各镇各部门印发《会议纪要》和《中共佛冈县委保密委员会2011年工作要点》。

保密监督检查工作 4月，成立由县委常委、县委办主任，县委保密委员会副主任为组长的专项检查领导小组和由县保密局、县委机要局、县经信局等单位抽调4人组成专项保密检查小组，检查指导各单位加强涉密载体管理。一是到县内两间承接较多机关单位文件印制的印刷厂开展国家秘密载体印制情况专项检查，对发现的问题，责成相关单位限期整改。为指导各单位做好秘密载体印制环节的保密管理，向全县各镇各部门发出《关于加强国家秘密载体印制保密管理的通知》。二是做好换届期间保密工作。下发《关于换届选举中做好有关保密工作的通知》，县保密部门提前介入，在换届期间切实抓好关键环节的保密管理，组织检查组到各机关单位开展保密监督检查。三是开展涉密测绘成果保密检查。8月，由县国土资源局和县保密局抽调人员组成涉密测绘成果保密检查小组，对国土、水利、民政、公路、住房建设、规划、林业等部门进行保密检查，在检查过程中及时消除泄密隐患。四是积极配合县属有关部门做好各类考试保密工作。派出人员参与考试试卷保密工作，在考试期间加强保密巡查。

加强保密技术装备配备 5月县财政局拨款5000元增配计算机终端保密检查工具。对重点涉密单位加强技术指导和监测，认真监控全县涉密计算机安全使用尤其是严格监控和防范涉密计算机违规连接国际互联网，为部分单位的新设立涉密计算机安装保密安全U盘管理系统。

保密宣传教育 制定《佛冈县“六五”保密法制宣传教育规划》。将保密法纪宣传教育纳入到全县纪律教育学习月活动中，在7月28日召开的县委十一届十次全体（扩大）会议上，县委书记华旭初作出指示：“在今年的纪律教育学习月活动中，要认真开展保密纪律教育和保密宣传教育，增强全民保密观念。”7月由县财政划拨培训经费，举办一期全县专（兼）职保密员培训班，对各镇各部门专（兼）职保密员120多人进行集中培训。9月，由县委书记带队，县委保密委成员、重要涉密部门领导、各镇党委书记、保密员50多人到广州参观广东省“全国窃密涉密案例警示教育展”。利用县委党校举办的副科以上干部轮训班的机会，对全县副科以上干部进行保密知识培训。组织县供电局等单位干部职工深入学习《保密法》，重点学习防范现代办公设备泄密知识。抓好《保密工作》杂志和《内参选编》等内部刊物的征订工作，采取得力的措施和灵活的方法，征订数大幅增加。

（何焕光）

佛冈县人大常委会

【2011年佛冈县人大常委会主任、代主任、副主任名录】

主　任　李玉楷（~2011.7）
　　　　华旭初（2011.11~）
代主任　袁镜焕(2011.7~2011.11)

常务副主任　袁镜焕（~2011.7）（2011.11~）
副主任　李功志　吴琼芳
　　　　朱沛付　谢雪良
　　　　黄　河（~2011.11）
　　　　郑中化（2011.11~）

【县十三届人大五次会议】　2011年3月1日至3日在县城召开。县十三届人大代表179人出席本次会议。会议听取和审议县长华旭初所作的佛冈县人民政府工作报告，县人大常委会常务副主任袁镜焕所作的佛冈县人民代表大会常务委员会工作报告，县人民法院代院长黄富强所作的佛冈县人民法院工作报告，县人民检察院检察长何富添所作的佛冈县人民检察院工作报告；审查和批准佛冈县国民经济和社会发展第十二个五年规划纲要（草案），佛冈县“十一五”时期国民经济和社会发展计划执行情况与2011年计划草案的报告，佛冈县2010年财政预算执行情况和2011年财政预算草案的报告。会议通过上述7个报告并相应作出决议。会上，县委书记、县人大常委会主任李玉楷作讲话：动员和要求县人大代表、全县广大干部群众要进一步认清形势，切实增强加快统筹城乡发展、建设幸福佛冈的信心和决心；要抓住重点，全力开创统筹城乡发展、建设幸福佛冈的新局面；要认真履职，群策群力，为统筹城乡发展、建设幸福佛冈添砖加瓦。

【县十四届人大一次会议】　2011年11月27日至12月1日在县城召开。县十四届人大代表183人出席本次会议。会议听取和审议代县长梁金鉴所作的佛冈县人民政府工作报告，县人大常委会代主任袁镜焕所作的佛冈县人民代表大会常务委员会工作报告，县人民法院院长黄富强所作的佛冈县人民法院工作报告，县人民检察院代检察长卢跃科所作的佛冈县人民检察院工作报告；审查和批准佛冈县2011年以来国民经济和社会发展计划执行情况的报告，佛冈县2011年以来财政预算执行情况的报告。会议通过上述6个报告并相应作出决议。会议依法选举华旭初为县十四届人大常委会主任，袁镜焕、李功志、郑中化、吴琼芳、朱沛付、谢雪良为副主任，丘韶文、朱龙腾、朱群香、杨明、杨雪琼、何玉琼、邹昌军、陈荣、范秋萍、欧彩霞、罗巨兴、郑小诚、钟永纪、袁海灵、黄少钦、彭德海为委员；选举梁金鉴为县人民政府县长，温兆康、陆上顶、蓝应禄、黄河、刘峥、黄丽为副县长；选举黄富强为县人民法院院长；选举卢跃科为县人民检察院检察长。会议依法选举佛冈县出席清远市第六届人民代表大会代表33名。会上，县委书记、县人大常委会主任华旭初作讲话：一要奋发图强，以新班子引领新发展。要求新一届县国家机关领导班子及其成员要增强宗旨意识、坚持以人为本，增强法制意识、坚持依法办事，增强创新意识、坚持求真务实，增强大局意识、坚持团结协作，增强廉政意识、坚持艰苦奋斗；二要狠抓落实，以新作风保障新发展。动员和要求全县广大干部群众坚定信心抓落实、明确责任抓落实、突出重点抓落实、转变作风抓落实；三要依法履职，以新作为推动新发展。要求新一届县人大常委会要突出政治立场、突出发展主题、突出职能作用，积极行使宪法和法律赋予的各项职权；四要凝心聚力，以新业绩服务新发展。要求新一届县人大代表要当好带头学习的表率、当好献计献力的表率、当好顾全大局的表率、当好干事创业的表率、当好维护稳定的表率，为佛冈县经济社会发展提供更加可靠的群众基础和动力源泉。

【监督工作】　常委会注重监督与支持并举，从支持的角度部署监督，以理解的方式开展监督，以促进工作的实效深化监督，有力地支持和促进县“一府两院”的工作。一是实行“票决制”，听取报告工作力求实效性。常委会坚持“抓大事、少而精、求实效”的工作方法，共召开10次常委会会议，听取和审议县“一府两院”有关沙糖桔病虫害防控、深化医疗卫生体制改革等群众普遍关心关注的专题工作报告10多项。常委会听取和审议专项工作报告后，在常委会会议上，由常委会组成人员对专项工作报告按照“满意、基本满意、不满意”三个档次进行无记名投票表决。二是实施“分步制”，执法检查工作体现针对性。常委会注重抓住本级，科学安排执法检查计划；注重深入实际，加强执法检查前的调研；注重突出重点，增强执法检查的针对性；注重创新方法，确保执法检查取得实效；注重督促整改，督促落实执法检查意见，先后组织对消防法及广东省实施办法、水法、劳动合同法等4部法律法规的实施情况进行执法检查。三是落实“分工制”，备案审查工作保证规范性。常委会制定《佛冈县人民代表大会常务委员会关于加强规范性文件备案审查工作的暂行办法》，进一步明确常委会各委、办的备案审查工作职责，完善规范性文件的接收、登记、分送、存档和审查的工作流程，使备案审查工作有章可循。一年来，受理县人民政府报送备案的规范性文件4件。

【讨论决定重大事项】 常委会紧紧围绕县委的重大决策和工作部署，把行使重大事项决定权作为促进科学发展的重要保障，为全县经济社会科学发展提供有力的决策支持，推动县“一府两院”的工作。一年来，常委会在深入调查研究的基础上，以实事求是的态度，依照法定程序，先后作出决议、决定4项，切实把县委的重大决策、部署通过法定程序转变为全县人民的共同意志，较好地实现常委会与县委思路同步、决策同向、工作同力。

【人事任免】 常委会对县委推荐和县“一府两院”提请任免的干部人选，坚持干部队伍“四化”方针和德才兼备、群众公认的用人标准，任前，把好任命干部素质关、法律知识考试关、提请程序关、党组初审关、书面任职承诺关，力求知人善任；任后，抓好年底书面述职备案等工作，激励被任命干部不断建功立业。通过抓好了“五前一后”的工作，既保证县委组织人事意图的实现，又维护常委会依法任免干部的严肃性、权威性。一年来，共接受辞去国家机关人员职务7人，任命、决定任命9人，免去、决定免去职务5人，决定代理职务4人。

【代表工作】 常委会把代表工作作为经常性、基础性的工作来抓，努力为代表知情参政、执行职务创造条件，提供服务。一是积极组织代表活动。邀请112人次的县人大代表列席常委会会议以及参与执法检查、专题调研和代表建议的督办等工作，组织代表观摩县检察院出庭公诉活动、旁听县法院案件庭审活动和见证具体案件执行工作等活动，组织代表开展对房地产业发展等情况的集中视察和代表小组活动。二是积极抓好建议督办。常委会对代表建议办理工作实行“台账式”管理和组织“回头看”活动，狠抓代表建议的交办、催办、督办工作。县十三届人大五次会议上代表提出的建议35件已办理完毕，承办单位的答复率为100%。三是积极开展人大信访。共办理代表、群众和上级人大常委会转办、交办的信件76件，接访102人次，解释、答复率为100%。

【换届选举工作】 2011年7月下旬至12月上旬，进行县、镇两级人大换届选举工作。常委会周密部署、精心组织，科学安排代表的年龄、知识和专业结构以及界别构成，注重代表人选的综合素质和履行职责的能力，确保代表素质的提高。依法选出县十四届人大代表183名。并及时召开县十四届人大一次会议，选举产生县新一届国家机关领导成员和市六届人大代表，各项职务的选举结果100%实现了组织意图。

【联系和指导镇人大工作】 常委会重视加强与镇人大的联系，指导和帮助镇人大开展工作，发挥各镇人大的作用，提高全县人大工作的整体水平。一是督促抓好各镇人大专职副主席和人大专干的业务知识学习；二是常委会领导和机关工作人员经常到各镇了解工作情况，支持和帮助镇人大解决工作中存在的问题和困难，三是通过召开情况汇报会、经验交流会等形式，及时交流镇人大工作的做法和体会；四是根据需要邀请部分镇人大领导列席常委会会议和参加代表视察活动；五是将县人大工作情况及时以书面材料或会议的形式向镇人大通报；六是重点指导各镇开好镇人民代表大会会议，顺利完成各次会议的各项议程。

【常委会及其机关的自身建设】 常委会坚持不懈地抓好自身的思想、组织、制度、作风和机关的建设，不断提高人大履行职责的能力和水平。一是扎实加强思想建设。紧扣“创新人大工作，服务科学发展”的主题，认真组织开展常委会及机关创先争优活动，加强思想政治理论、法律法规和人大业务知识的学习。二是扎实加强制度建设。常委会制定《佛冈县人民代表大会常务委员会关于听取和审议专项工作报告暂行办法》、《佛冈县人民代表大会常务委员会关于加强规范性文件备案审查工作的暂行办法》、《关于县人大代表建议、批评和意见重点督促办理的办法》等制度，从制度上确保常委会有效行使职权。三是扎实加强作风建设。认真抓好常委会及机关的思想作风、学风、工作作风和党风廉政建设。四是扎实加强机关自身建设。常委会大力推进“学习型、团结型、创新型、服务型”机关建设，充分调动了机关工作人员的积极性、主动性。此外，努力做好县人大离退休老干部的服务管理工作，认真做好挂扶联系镇、村工作和“规划到户、责任到人”扶贫开发工作，认真抓好机关党支部的党务工作。2011 年，机关党支部获清远市“先进基层党组织”称号。

（钟永纪）

【依法治县】 *制定方案，部署任务* 2011 年 5 月，县依法治县工作领导小组召开领导小组成员会议，讨论通过《佛冈县 2011 年依法治县工作要点》，向全县下发中共佛冈县委关于印发《法治佛冈建设五年规划（2011－2015 年）》的通知（佛委〔2011〕12 号）和转发《佛冈县贯彻落实〈法治广东建设五年规划（2011－2015 年）〉实施意见》的通知（佛委办〔2011〕66 号）。一年来，全县认真按照《要点》和《通知》的工作部署，积极组织实施，有计划、有步骤、有重点地推进依法治县的各项工作。

开展大型活动 县依法治县工作领导小组于 2011 年 8 月邀请市宣讲团前来宣讲《法治广东建设五年规划（2011－2015 年）》。县依法治县工作领导小组办公室对本县运用法治手段化解基层矛盾纠纷，促进社会和谐”情况等课题进行调研。

总结推广工作经验 2011 年 12 月，在全省县域法治文化建设云安现场会上，县从领导重视，把法治文化建设摆在突出位置；丰富形式，大力营造法治文化建设浓厚氛围；突出“四个结合”，大力拓展法治文化建设的发展空间；创新载体，大力推进法治文化阵地建设四个方面作了题为《丰富形式，创新载体，全面推进县域法治文化建设协调发展》的经验介绍。

巩固和扩大“法治佛冈”创建成果 基层民主法治建设得到新提升。切实加强基层民主法治建设，坚持“四民主两公开”，接受群众监督，实现政府行政管理与基层群众自治有效衔接和良性互动。

坚持服务大局，推动经济社会发展 一是严厉打击经济违法犯罪活动，加强经济法治建设。坚决维护社会主义市场经济秩序，切实加强企业经营监管，切实维护企业合法权益，力促企业依法经营、健康发展。二是加大法律对各方面关系的调解力度，积极建立司法调解、行政调解、人民调解互相衔接的社会矛盾纠纷解决机制，综合运用教育、协商、调解、法律等手段，依法及时妥善处理侵害企业利益的各种行为及矛盾纠纷。三是进一步完善政府法律顾问制度，强化司法建议力度，为政府科学决策、民主决策、依法决策提供法律咨询。四是组织招商、旅游、司法等部门深入企业进行政策法规指导，引导企业运用政策法规发展生产、壮大规模。五是大力开展创建“农资商品示范店”、“食品经营示范店”和“文明诚信经营示范街”活动，使之努力实现“文明

经营、守法经营、诚信第一”的社会氛围。

坚持执法为民，法治惠民　一是坚持公正司法。县审判机关扎实推进各项审判执行工作，实现收案增加结案增长良性局面和调解工作再创佳绩，县检察机关认真实践“强化法律监督、维护公平正义”的检察工作主题，做好涉检信访案件，推进治安防控体系建设，坚持以侦带防、侦防联动，协助发案单位健全完善内控机制，努力从源头上预防和治理腐败，加大对刑事诉讼、民事审判、行政诉讼、刑罚执行等诉讼活动的监督力度，不断提高监督水平和监督实效。二是切实维护社会稳定。深入开展“平安佛冈”创建活动，严厉打击各类违法犯罪行为，进一步规范县、镇、村三级综治信访维稳中心建设，认真落实领导接访和包案制度，加大对各类社会矛盾的排查和调处力度，及时解决影响社会和谐稳定的问题。三是着力推进公共服务均等化。突出抓好十项民生实事，大力改善民生和社会保障体系建设，有力促进城乡一体化建设，城乡基础设施建设水平、城乡公共服务水平、城乡管理水平有较大提高。切实加强流动人口综合管理服务，外来工在劳动就业、社会保障、计划生育、子女入学等方面的合法权益得到有效保障。

坚持制度先行，完善权力制约和监督机制　一是加强制度建设，推进党委、政府的依法执政、依法行政。建立和完善落实科学评价体系和对各级干部的考核办法，充分发挥考核评价的导向作用和监督作用，提高各镇、各单位、各部门科学执政能力。二是建立健全法治监督体系。首先注重把握好党委带头依法执政、政府带头依法行政，引导全社会树立法治意识，不断加强县委常委会自身建设，充分发挥“统揽全局、协调各方”的领导核心作用，健全集体领导与个人分工负责相结合的制度，不断扩大党内民主，提升科学决策和民主决策的水平。坚持民主集中制决策，凡重大决策、重要干部任免、重大项目安排和大额度资金使用等，都由集体讨论决定。积极支持和保证人大及其常委会依法履行职能，推进政治协商、民主监督和参政议政职能的制度化、规范化、程序化，特别是坚持把承办好人大议案、政协提案作为自觉接受监督的标志。县四套班子成员围绕中心工作、履行职责、服务群众、工作作风、组织纪律、廉洁自律、道德修养等方面作出公开承诺，将每人负责的重点工作、重点项目、试点工作和民生工程进展情况向社会张榜公布，接受干部群众监督。县人大及其常委会对“一府两院”开展半年和全年以及重点工作进行调研，听取“一府两院”半年、全年工作汇报，加强对“一府两院”的依法行政、公正司法的监督力度。县政协委员会组织政协委员视察法律法规实施情况，深入司法机关考察调研，关注法治建设中的热点问题提出监督意见，运用提案形式开展监督。县纪委向县直部门和农村基层派驻纪检监察组，推行暗访机制，在行政服务中心建立了行政审批电子监察系统，加大治懒治庸、督查督办和行政问责力度，坚决惩治腐败和纠正损害群众利益行为。行政审批100%纳入电子监督系统，完善网络咨询投诉处理相关制度，举办“行风热线”电台直播节目，在佛冈政务网、纪检网公布行政效能监督投诉电话和电子举报邮箱，确保各种监督渠道畅通，确保社情民意得到充分表达。

（禤国恒）

佛冈县人民政府

【2011年佛冈县人民政府县长、代县长、副县长名录】

县　长　华旭初（～2011.8）
　　　　梁金鉴（2011.11～）
代县长　梁金鉴（2011.8～2011.11）
副县长　黄镇生（～2011.8）
　　　　郑中化（～2011.11）
　　　　廖振灵（～2011.9）
　　　　梁艳红（～2011.9）
　　　　冯炽兴（～2011.11）

蓝应禄
陆上项（2011.9～）
梁金鉴（2011.8～2011.11）
刘恩举（挂职）（2011.10～）
温兆康（2011.11～）
黄　河（2011.11～）
刘　峥(挂职)（～2011.11）
刘　峥（2011.11～）
丘剑华（挂职）
黄　丽（2011.11～）

【县政府常务会议】 2011年，佛冈县政府为研究经济社会发展和处理日常性政务问题，召开8次常务会议，会议研究讨论72项内容，主要有：选择集成商建设佛冈县数字电视前端平台、审议佛冈县县城市容和环境卫生管理实施细则、沙塘桔病虫害防控、县城违法建筑整治、审议佛冈县土地储备收益分配暂行办法、县辅警大队和县环卫所参保经费、提高村级计生专干补贴标准、审议佛冈县投资项目工程建设并联审批实施方案、审议佛冈县城市照明规划建设管理办法（试行）、县城各医院住院部病人生活垃圾和废弃物处理费用、佛冈县农村公园建设奖励办法、九龙公园（清和园）建设、佛冈县排水管理规定、佛冈县农村宅基地管理暂行办法、县振兴客运站移交、2011年住房保障工作、提高县城环卫临时工人待遇、成立佛冈中石油昆仑天然气利用有限公司、调整污水处理单价、严厉打击非法采矿行为、佛冈县强化殡葬基本公共服务实施办法、审核首批“三旧”改造项目、撤销原县畜牧水产事业局属下种猪场、提高敬老院管理员工资、提高五保户供养标准、破产转制企业离退休干部管理、成立小额贷款公司、调整干部职工住房公积金缴存比例和基数、佛冈县村村通自来水工程建设规划、农村综合改革工作实施方案、实施广东省农村计划生育节育奖励办法、有线数字电视整体转换工作实施方案和基本收视维护费、增加石角镇流动人口和出租屋管理服务中心人员工资等。

（袁冬英）

【重要政事和决策】 政府换届选举　2011年11月28日，佛冈县第十四届人民代表大会第一次会议选举产生新一届政府班子。

认真办理人大代表议案、建议和政协委员提案　2011年共办理涉及全县政治、经济、文化和社会生活等方面的人大建议35件，政协提案99件，对促进全县经济社会又好又快发展具有十分重要的意义。

农村建设稳步推进　加大农村基础设施建设，农村面貌焕然一新　2011年佛冈县石角镇龙南片区被确定为广东省社会主义新农村建设试验区，佛冈县被列为全省两个省名镇名村示范村建设示范县之一。

区域形象继续提升　成功举办2011年广东佛冈中国汽车拉力锦标赛暨系列活动。被评为“全国科技进步先进县”、“中国最具投资价值旅游强县”，跻身“广东省县域旅游综合竞争力十强县”。

举办2011年中国佛冈（高岗）“豆腐狂欢节”　2011年2月15日，在佛冈高见社冈下村举办2011年中国佛冈（高岗）“豆腐狂欢节”，制作长3.49米、宽3.45米，高0.38米，重约6吨的世界最大豆腐，创造了上海基尼斯纪录。《南方日报》、《清远日报》、南方电视台、清远电视台、中新网等多家媒体对此进行报道。豆腐节成为了每年元宵节前，广东最具吸引力的旅游民俗节庆活动之一。

举办第二届全县运动会　本届运动会历时6个月，开设登山健步行、羽毛球、乒乓球、象棋、拔河、篮球、网球、长跑和掷豆腐、水中捉鸭（趣味体育）10个项目的比赛。

新影剧院投入使用　2011年11月10日，佛冈县新影剧院“天域数字电影城”正式全国同步上映，两间3D放映厅投入使用，佛冈成为全省屈指可数的可全国同步上映首轮影片（含3D电影）的山区县之一。

实施佛冈县县城市容和环境卫生管理实施实则　为加强城镇市容和环境卫生管理，促进城乡清洁工程和宜居城乡建设，2011年第1次常务会议通过《佛冈县县城市容和环境卫生管理实施细则》，由县住房和城乡规划建设局按程序实施。

实施佛冈县农村公园建设奖励办法 为全面实施村村有公园工程，丰富农民精神文化生活，让广大农民享受到和城市居民一样的文明生活，2011 年第 3 次常务会议通过《佛冈县农村公园建设奖励办法》。

实施佛冈县排水管理规定 为加强排水管理，防治洪涝灾害，保护水环境，促进佛冈县经济和社会的科学发展，2011 年第 4 次常务会议通过《佛冈县排水管理规定》。

实施佛冈县农村宅基地管理暂行办法 为加强农村宅基地管理，合理利用农村集体土地，保护村民的合法权益，促进社会主义新农村建设，2011 年第 4 次常务会议通过《佛冈县宅基地管理暂行办法》。

成立佛冈中石油昆仑天然气利用有限公司 为尽快落实西气东输二线 159#分输阀室开口及天然气供气指标，确保佛冈县重点工业项目用气，2011 年第 4 次常务会议同意成立佛冈中石油昆仑天然气利用有限公司。

调整污水处理单价 2011 年第 5 次常务会议决定，从 2011 年 8 月 1 日开始将佛冈县污水处理结算单价由 0.829 元/立方米调整为 0.94 元/立方米。

严厉打击非法采矿行为 为进一步规范佛冈县稀土等矿产资源开发秩序，保护生态环境，维护人民群众的根本利益，2011 年第 5 次常务会议决定严厉打击非法开采稀土等矿产资源的行为。

提高五保户供养标准 2011 年第 6 次常务会议决定，从 2011 年 9 月 1 日开始将全县散居五保户的供养标准由 160 元/人 · 月提高到 332 元/人 · 月，集中供养五保户的供养标准由 260 元/人 · 月提高到 400 元/人 · 月。

调整干部职工住房公积金缴存比例和基数 2011 年第 7 次常务会议决定，从 2011 年 9 月起，佛冈县单位和个人住房公积金月缴存基数上限为市统计部门公布的上一年度在职职工月平均工资（2726 元）的 5 倍，缴存比例最高上限为 12%，月缴存额最高限额为 2940 元。

（袁冬英）

【政府法制工作】 2011 年，县法制局紧紧围绕县委、县政府的中心工作，切实履行法制工作，深入贯彻落实科学发展观，按照《全面推进依法行政实施纲要》的总体要求，大力推进依法行政，加快建设法治政府进程。县法制局充分发挥政府法制机构既有一定的法律专业知识又熟悉行政管理业务的优势，积极主动参与政府多项重大决策活动，协助处理涉及法制方面的事务，从法律角度提出意见或参与协调处理，较好地发挥参谋助手的作用。

规范性文件清理 根据国务院、省、市政府的部署，县法制局按照“谁制定、谁清理”的原则，指导各镇政府、县直属各单位认真开展相关规范性文件清理工作。经县法制局审核认定为规范性文件的有 79 件，其中政府规范性文件 69 件，部门规范性文件 10 件，上述规范性文件中，保留 45 件，修改 18 件，废止 16 件。通过规范性文件清理，推动经济社会的快速健康发展，也加快推进县政府依法行政步伐。

规范性文件审查 县法制局把规范性文件的审查、登记和备案工作作为一项重要任务来抓，严格按照规定的程序办理，把好质量关，做到“有备必审，有错必纠，有件必备”。通过对规范性文件的审查备案，有效地维护国家法制的统一和政令畅通，推动经济社会的快速健康发展，加快推进县政府依法行政的步伐。2011 年，县法制局依法审查以县政府或县府办名义出台的规范性文件 15 份。

办理行政复议与应诉案件 县法制局充分发挥行政复议在行政监督、解决行政争议、化解人民内部矛盾和维护社会稳定方面的作用。在办理行政复议案件过程中，以维护当事人的合法权益为己任，充分发挥层级监督作用，坚决纠正不当的行政行为，做到坚持原则，以事实为依据，以法律为准绳，深入基层调查研究，认真查阅卷宗、核实证据，公平公正地办好每一宗行政复议案件。2011 年，县法制局

办理行政复议案件2宗。行政应诉是县法制局代表县政府到法院出庭应诉的一项工作，县法制局代理行政案件时，做到认真准备、积极应诉、据理力争，切实维护县政府的形象。2011年，代理县政府行政诉讼应诉案件11宗。

行政执法监督　2011年，县法制局对全县20多个具有行政执法权的行政机关实施有效的行政执法监督和指导，尤其对药监、城管、交通、卫生、科技和农业、林业、水务等部门的执法纳入重点监督和指导的范围，帮助和指导做好行政执法工作。指导县科技和农局、县经信局、县住建局等部门做好行政委托的相关工作。组织县政府所属部门和各镇政府198名执法人员进行法律法规培训，并办理相关手续，申领《广东省人民政府行政执法证》，确保行政机关依法行政，执法人员持证上岗、文明执法。

人大建议、政协提案督办　县法制局具体负责督办县人大代表议案和政协委员提案工作。认真办理人大代表建议和政协委员提案，是政府的一项重要工作，是涉及政府形象和人民群众对政府信任程度的重要标准。做好这项工作，对于密切政府与人民群众的联系，增强政府科学决策的能力，都具有十分重要的意义。2011年，督办人大代表议案建议101件，政协提案225件、委员来信27件，办结率达百分之百。

（杨向荣）

【外事侨务】　2010年5月，按县编办的规定，佛冈县外事侨务办更名为外事侨务局，为县府办下属股室，股级单位。2011年佛冈县外事侨务局的工作，以服务为宗旨，发挥对外窗口的作用，做好对外宣传、出国（境）管理、签证业务、招商引资、为侨服务等方面工作。

出国（境）管理和证件签证（签注）　按照佛办发〔2008〕18号文件《佛冈县关于处级及以下干部因公临时出国（境）管理规定》办理出国（境）业务，控制利用公款出国（境）旅游，按照务实、高效、精简、节约的原则，根据工作需要有计划地进行公务派出，并按规定执行经费预算及财务管理。

根据公务需要，全年全县派出142人次赴港澳执行公务，洽谈招商引资活动，签订合同，跟踪招商项目，处理涉外业务等。出访人员严格执行外事纪律，完成出访任务，没有违规违纪的现象。

外事接待和对外宣传　2011年佛冈县外事侨务局接待来自外交部驻澳门特派员公署、以色列驻广州领馆官员、刚果（金）人民党干部考察团、美国驻广州领馆等考察团，向考察团成员详细介绍佛冈的投资环境，并根据外商不同要求参观工业园区及外资企业，解答考察团成员提出的相关问题，并及时进行资料翻译和信息传送，让外商对佛冈有更明细的了解，增强对佛冈的投资信心。

协助县有关部门处理涉外事件　2011年6月25日，佛冈县公安局接到报告，24日晚，五名新加坡人在佛冈县汤塘镇的名泉酒店发生意外，其中一名意外死亡，要求县外事侨务局协助处理这起涉外事件。县外事侨务局接到电话后派人赶到现场，协助县公安局和当地派出所向新加坡驻广州领馆请求支援，通知死者家属，并在家属到来后做好安抚工作及对死者尸体作出妥善处理，让死者家属感到满意，维护了县外事侨务局的对外形象。

贯彻宗旨，为侨服务　一是春节及中秋佳节，县外事侨务局会同县侨联对全县散居贫困归侨侨眷及港澳亲属进行慰问，送慰问金和慰问品，以示党和政府的关怀和问候，使其深受感动。二是支持贫困归侨侨眷子女上学，解决贫困家庭子女上学难的问题。推荐两名贫困侨属学生到智力扶贫班就读，争取热心人士支持2名特困侨属学生上卫校，资助1名贫困港属学生完成高中学业，该学生以佛冈文科总分第一名的成绩被广州外国语学院录取。三是3月，县外事侨务局会同县侨联、县扶贫办、县房管局等单位，为马来西亚归侨叶月（86岁）一家八口筹款18000元进行危房改造，使老人家告别旧瓦房，改善居住条件，在晚年住上新房。四是在5月20日，看望因病住院手术的四九侨属并送上慰问金和慰问品。五是协调处理侨眷姚伟恩因恒大征地浸坏其祖屋的上访事件，稳定其情绪，做好沟通，妥善处理。经过多方努力，让该上访者得到满意的解决方案。

业务学习培训　县外事侨务局注重业务学习，在工作间隙自觉在网上收听英文节目，浏览省和市的外事侨务网，及时掌握各项外事动态和部门动态。5月参加省市组织的专门的业务培训班，9月2人参加省外办组织的外事负责人培训班。通过参加培训，增长知识，有效提高业务水平和办事效率，促进部门的友好交流与合作。2011年4月，局的原主要负责人因工作表现突出，被县提拔重用。

外派教师工作　为规范外派教师工作，及时选派优秀的教师赴海外华校任教，促进华文教育，县外事侨务局配合省市的外派教师人选储备库工作。每次接到通知，先给相关领导批示，然后汇同县教育局、人力资源和社会保障局、财政局等部门，认真做好筛选推荐工作，确保外派教师的业务素质和业务水平，同时，解决好外派教师的国内基本工资及各项社会福利。2011年5月成功派出城北中学教师范文素赴泰国支教。

（董莲香）

政协佛冈县委员会

【2011年政协佛冈县委员会主席、副主席名录】

主　席　冯福祥

副主席　赵仲轲　范桂宁

周玉兰　朱沛爽

吴子伟　张小风（~2011.9）

谢国华（2011.11~）

【政协例会】　政协佛冈县第八届委员会第六次会议　中国人民政治协商会议第八届佛冈县委员会第六次会议，于2011年3月1日~3月2日在佛冈县人民中心主楼礼堂召开，来自社会各界的173名政协委员参加会议。县政协主席冯福祥、副主席赵仲轲、范桂宁、周玉兰、朱沛爽、吴子伟、张小风出席大会；中共佛冈县委书记、县人大常委会主任李玉楷，县委副书记、县长华旭初，县人大常委会常务副主任袁镜焕，县委副书记蓝山鹰等应邀出席大会。应邀参加开、闭幕大会的还有县委、县人大、县政府班子成员及县纪委副书记；县检察院、县法院的领导；原担任过县人大班子的主要领导；历届县政协正、副主席；十八级离休老干部代表；县直和省市直正科级单位正职领导；各镇党委书记、镇长和特邀台商代表。

本次会议的议程共有八项：第一项议程是听取和审议政协第八届佛冈县委员会常务委员会工作报告。冯福祥主席受政协第八届佛冈县委员会常务委员会委托作政协常委会工作报告。他首先回顾总结2010年政协工作的基本情况。2010年，县政协在中共佛冈县委的领导下，把握团结、民主两大主题，履行政治协商、民主监督、参政议政职能，推进全县经济社会各项事业发展。主要工作体现在三大方面：一是履行职能，推进统筹城乡一体化科学发展上新台阶。二是坚持团结民主两大主题，促进社会和谐稳定。三是夯实基础，加强政协自身建设。2011年重点做好三个方面的工作：一是围绕“统筹城乡发展、建设幸福佛冈”核心，服务发展大局，认真履职，务求实效，为推进科学发展献计出力；二是坚持团结民主两大主题，着力推动幸福佛冈建设；三是坚持开拓创新，推动政协自身建设。第二项议程是政协佛冈县第八届委员会常务委员会关于八届五次会议以来提案工作情况报告（书面）提交参加大会的委员讨论审议。第三项议程是大会议政发言。丘岳、李贤成等14位政协委员围绕进一步推进佛冈县统筹城乡发展、建设幸福佛冈这个主题，从打造佛冈特色城镇、农业产业特色化、转变经济发展方式、“三旧”改造、建设幸福农村、发展低碳经济等不同角度作议政发言或书面发言。第四项议程是表彰政协第八届佛冈县委员会第五次会议以来的优秀提案、承办提案先进单位和先进个人；表彰2010年度县政协先进专委会、优秀委员、优秀信息员和优秀通讯员。第五项议程是列席佛冈县第十三届人民代表大会第五次会议，听取和讨论佛冈县人民政府工作报告及其他报告。第六项议程是审议政协第八届佛冈县委员会提案法制委员会关于八届六次会议期间提案审查情况的报告（书面）。第七项议程是审议通过政协第八届佛冈县委员会第六次会议决议。第八项议程是县委书记华旭初和县政协主席冯福祥分别作闭幕讲话。

政协佛冈县第九届委员会第一次会议预备会议　11月26日下午召开预备会议。预备会议由县政协常务副主席赵仲轲主持，县政协主席冯福祥，常务副主席赵仲轲，副主席范桂宁、周玉兰、朱沛爽、吴子伟，县政协秘书长黄方洪及来自社会各界的188名政协委员参加会议。预备会议听取县政协秘书长黄方洪所作的县政协九届一次会议筹备工作情况汇报。汇报的主要内容是：政协第八届佛冈县委员会任期五年，已届满，根据中央和省市有关文件精神以及县级政协换届工作的部署，已为召开政协第九届佛冈县委员会第一次会议做好系列准备工作。一是作好九届县政协人事安排。根据县委批示，根据政协章程、有关政策规定和本县的实际，安排佛冈县第九届政协委员总额为220名，比八届县政协205名委员名额增加15名。二是认真组织起草佛冈县政协九届一次会议工作报告。报告初稿完成后，又分发到有关专委会征求意见后修改，再经县政协八届二十九次常委会议审议并原则通过，形成《中国人民政治协商会议第八届佛冈县委员会常务委员会工作报告》，将正式提交会议审议。三是周密安排，高质量完成各项筹备工作任务。八届县政协正、副主席进行分工，亲自负责，成立县政协九届一次会议秘书处，下设7个工作组，进行会议的各项准备工作。会议共有各种文件材料30多件，会议秘书处各组按照各自职责认真做好有关准备工作。

在听取汇报后，委员们在预备会议上一致表决通过了佛冈县政协九届一次会议主席团成员及秘书长名单、佛冈县政协九届一次会议主席团会议主持人名单和提案审查委员会成员名单。

政协佛冈县第九届委员会第一次会议　中国人民政治协商会议第九届佛冈县委员会第一次会议，于2011年11月27～29日在佛冈县人民中心主楼礼堂召开。县政协主席冯福祥，常务副主席赵仲轲，副主席范桂宁、周玉兰、朱沛爽、吴子伟等出席大会；中共佛冈县委书记、县人大常委会党组书记华旭初，县委副书记、代县长梁金鉴，县人大常委会代主任袁镜焕，县委副书记蓝山鹰等应邀出席大会。应邀参加开闭幕大会的还有县委、县人大、县政府班子及县纪委副书记等有关领导和其他代表。

会议期间，一是听取和审议政协主席冯福祥受政协第八届佛冈县委员会常务委员会委托所作的工作报告。二是政协第八届佛冈县委员会常务委员会关于提案工作情况报告（书面）提交参加大会的委员讨论审议。三是罗文华、周有生等12位政协委员围绕如何进一步推进“共创富民强县、建设幸福佛冈”这个主题，从106国道佛冈段升级改造、综合治理潖江河、整合医疗资源、创新科技产品、打造健康养生基地、推进新农村建设和工业园区化等不同的角度作参政议政发言。四是听取和讨论佛冈县人民政府工作报告及其他有关报告。五是选举政协第九届佛冈县委员会主席、副主席、秘书长、常务委员。六是审议通过政协第九届佛冈县委员会第一次会议决议。七是审议政协第九届佛冈县委员会第一次会议提案审查委员会关于九届一次会议提案审查情况的报告（书面）。八是表彰各项先进。九是县委书记华旭初和县政协主席冯福祥分别作闭幕讲话。

【政协常委会议】　政协佛冈县委员会第二十四次常委会议　2011年1月11日上午召开。主要内容是听取县委常委、常务副县长黄镇生关于县政府2010年工作情况通报；听取县发展和改革局领导关于佛冈县“十二五”规划纲要的主要内容介绍，讨论“十二五”规划纲要；表决通过有关人事任免事项。会议由县政协主席冯福祥主持。会议特邀县委书记、县人大常委会主任李玉楷，县委常委、常务副县长黄镇生参加会议。县政协副主席赵仲轲、范桂宁、周玉兰、朱沛爽、吴子伟、张小凤，秘书长黄方洪以及县政协常委参加会议，各镇政协工作组组长及县发展和改革局主要领导列席会议。

政协佛冈县第八届委员会第二十五次常委会议 政协八届佛冈县委二十五次常委会议于2011年2月18日上午召开。主要内容是审议通过县政协八届六次会议议程、日程（草案）；审议通过县政协常委会工作报告和提案工作情况报告及报告人。

政协佛冈县第八届委员会第二十六次常委会议 政协八届佛冈县委二十六次常委会议于2011年3月2日在县政协八届六次会议期间召开。主要内容是听取各组讨论县政协常委会的两个工作报告及县政府工作报告的情况汇报；提案委主任李贤成同志通报了八届六次会议政协提案的审查情况。

政协佛冈县第八届委员会第二十七次常委会议 政协八届佛冈县委二十七次常委会议于2011年5月17日召开。主要内容是讨论通过《政协第八届佛冈县委员会常务委员会2011年工作要点》和常委会、各专门委员会2011年调研课题。会议还就常委外出考察调研工作作了安排，调研的课题为发展民营经济和社会主义新农村建设。

政协佛冈县第八届委员会第二十八次常委会议 政协八届佛冈县委二十八次常委会议于2011年8月30日召开。会议内容是听取县政府上半年的工作情况通报、县政协八届六次会议提案办理情况汇报、通过有关人事任职和实地参观视察汤塘王老吉生产基地。

【政协提案】 县政协八届六次会议期间，共收到提案107件，经审查立案的99件，作为委员来信处理的8件。立案率92.5%。提案内容分类如下：经济方面13件；城市建设、城市管理方面37件；交通方面7件；宣传、科技、文化、教育、卫生、体育方面18件；环保方面4件；社会治安、社会福利方面4件；劳动、组织、人事、廉政方面5件；综合方面11件。其中以民主党派、专委会、人民团体名义提出的集体提案34件。通过筛选，确定《关于加强沙糖桔黄龙病防治及引导农民改种其它经济作物的建议》、《关于将我县打造成为国际健康养生旅游示范基地，加快发展我县优质旅游项目的建议》、《关于规范我县物业管理的建议》、《关于加强我县经济适用房和廉租房建设的建议》、《关于改善106国道大庙峡隧道灯光照明的建议》、《关于进一步采取措施，巩固我县“卫生县城”成果的建议》等6件为重点提案，由政协副主席跟踪督办。为了使提案办理工作落到实处，县政协办与县府办经常联系，及时督促有关部门组织力量把提案办结，并将提案办理情况及时答复委员，办复率为100%。

【政协文史】 为充分发挥文史资料“存史、资政、团结、育人”的作用，同时为热爱佛冈、关心佛冈的社会各界人士提供一本地方性较强的乡土读物。2011年，县政协、县史志办联合将已出版的《佛冈文史》第1~17辑的文章进行筛选分类，编辑出版《佛冈文史漫话》。入选《佛冈文史漫话》的文章的依据：一是符合政协文史资料撰写晚清、民国、解放后亲历、亲见、亲闻的特点；二是具有较高的资料价值；三是具有较高的可读性。在编辑过程中，对入选的文章作了审核，疏通文字，订正讹误，将文章内容按史海钩沉、政治军事、人物纪实、教育文化、民俗风情、经济社情、文物古迹等部分归类，以便于对问题的了解和研究。这些文史资料，多为作者亲历、亲见、亲闻，比较客观公正，可信度较高，有一定参考价值。全书共收录文章227篇，约65万字。

【政协调研视察】 县政协把调查研究作为履行职能的重要途径，作为政协的品牌工作，通过党政交题、委员荐题、专委会选题、常委会定题，努力做到突出主题、把好专题、做深课题。一是政协常委会开展重点课题调研。针对国际金融危机所带来的企业经营困难，结合佛冈县被确定为全省新农村建设的示范点的情况，政协常委会把促进企业发展和推进新农村建设作为重点课题开展调研。一年来，常委会重点考察宁波市江东区、义乌国际小商品城、康奈集团、永康国际门业博览会，学习这些地方和企业应对金融危机和发展经济的好经验。同时到本县的重大项目南波集团、王老吉灌装生产线等进行实地视察。在调研视察的基础上，结合全县企业现状和经济发展进行分析，形成《新农村建设面临的问题与对策》、《因地制宜，重视发展市场经济》两篇调研报告，为名镇名村建设和企业发展决策提供了重要依据。二是各专委会开展专题调研。政协各专委会按照自身职能特点，根据全县中心工作确定专题开展调研。分别就潖江河的综合治理、医疗资源整合、养生旅游深度开发、推进城乡特色化建设、公共文化建设、招商引资、民营企业发展、提升“农家乐”质量等专题开展调研视察活动。共形成调研视察报告8篇。三是促进调研成果的转化和利用。县政协通过归纳整理，形成《2011年县政协调研视察考察情况综合》材料，作为会议材料印发，供政协委员互相交流学习。同时，挑选各专委会的重点调研成果作为会议发言材料，除在政协全委会上发言外，还将发言材料汇入政协文件汇编，发至全县各单位。政协常委会还挑选重要的调研成果，直接报送县委、县政府，作为全县性工作决策的参考依据。通过以上方式，较好地促进调研成果的转化和利用。

（何道潭、黄劲斌）

中共佛冈县纪律检查委员会（县监察局）

【党员领导干部教育管理】　以增强宣传教育工作的实效性和针对性为目的，不断创新教育载体，扎实抓好反腐倡廉教育工作，提高广大党员干部的廉政自律意识。一是深入推进“廉风和畅”教育行动。印发《关于佛冈县“廉风和畅”教育行动2011年工作方案》，确定体现佛冈特色的“十个一”工作内容，开展形式多样的正反典型示范教育和警示教育。确定“潖江清源”宣教品牌，打造全方位立体式的宣教工作格局。深入推进“廉政文化六进”示范点创建，县振兴小学成功创建市第二批廉洁文化“六进”示范单位。二是认真开展纪律教育月活动。围绕“以人为本，执政为民”为主题，及早部署、精心组织，在全县掀起纪律教育学习活动新高潮。教育月期间全县共举办各类领导干部纪律教育辅导报告会和学习会50多场，播放反腐倡廉专题片160场次，组织900多名科级领导干部参观市“一馆一园两个基地”，开展赠送廉政读本、反腐倡廉知识竞赛、“颂党恩倡廉政”歌曲合唱大赛等活动，不断扩大反腐倡廉教育的辐盖面 。三是积极推进廉政文化基地建设。根据市纪委统一部署，以全县“村村有公园”为契机，选择部分基础好的行政村建设农村廉政文化示范村，划拨资金，加强谋划，以点带面，推进廉政文化建设的不断深入。四是深入贯彻落实《廉政准则》。认真落实领导干部报告个人有关事项制度，把住房、投资、配偶子女从业等情况列入报告内容。继续加强对全县副科以上干部出国（境）的审批，一年来全县未发现党员领导干部参与出国（境）赌博现象。

2011年，在佛冈纪检监察网共发布动态信息80条，在市、县级媒体发表的新闻50余篇。办公室信息量化考核得分2011年仍位居全市各县（市）、区纪委第一。

【落实党风廉政建设制度】　深入贯彻落实中央关于党风廉政建设的《工作规划》和省委《实施办法》，认真抓好《廉政准则》及党风廉政建设各项责任制的落实，构建具有佛冈特色的惩治和预防腐败体系。一是严格执行党风廉政建设各项责任制。完善领导干部任期经济责任审计联席会议制度，工程建设招投标制度、政府采购制度等多项制度。领导干部出国（境）请示报告、出国（境）证照集中管理实行审计公示制度等制度全面推行。二是积极推进岗位廉政风险防范管理工作。分2个批次在全县73个单位部门推行岗位廉政风险管理，县直各单位紧紧围绕重点岗位和环节，开展廉政风险排查岗位1574个，查找出的廉政风险点4669个，建立风险预警机制单位136个，建设风险处理机制单位127个，制定和完善相关制度647个，逐步做到防范管理制度化，基本建立起廉政风险防范管理长效机制。三是扎实开展党务公开工作。全县8个党委、40个党组、14个党总支部、325个党支部按全部按要求完成各项准备工作。通过党务公开、政务公开、村务公开等制度的实施，有力地促进全县“阳光村务”和“阳光政府”的建设。

【推动依法行政】 一是完善经营性土地招标拍卖挂牌出让制度。2011年1~9月有12宗土地进行招、拍、挂，工程建设项目29宗，全部实行招投标，工程总造价8341万元，节约投资150.1万元。加强对节能减排和环境保护工作、建设工程招投标、政府采购、行政执法责任制、安全生产法律法规的监督检查，强化责任追究。2010年10月至2011年9月，全县政府采购项目共811宗，预算金额3342.92万元，实际成交3065.73万元，节约277.19万元。二是集中开展工程建设领域突出问题专项治理工作。按照《佛冈县工程建设领域突出问题专项治理工作实施意见》，认真开展各阶段工作，通过有关单位自查自纠和重点排查，2011年全县新增项目29个，暂无发现存在问题。三是做好群众网上咨询投诉回复处理工作。2010年11月至2011年10月底，全县群众网上咨询投诉共2712件，回复处理2655件，处理率97.9%，为群众解决了大量涉及切身利益的问题。对回复处理较差的四个行政单位给予通报批评，并责令限期整改。推进行政审批系统建设和监督工作。做好行政审批电子监察系统和视频监控日常管理工作。行政审批事项100%纳入电子监察系统，2010年11月至2011年10月底，共办理审批事项12683件，其中群众网上申请379件，提前办结率99.43%，两名当事人因超时办结导致系统红牌警告而受到行政效能过错责任追究。

【纠正损害群众利益的不正之风】 一是做好行风政风评议。以“着力查找突出问题，着力制度落实解决问题，着力评议活动的社会效果”为主线，开展民主评议政风行风活动，16个县一级被评单位和50个基层站所民主评议为满意。办好“行风热线”节目，积极排查群众关心的热点难点问题并落实跟踪处理，一年来接受群众来电、短信365条，现场解决问题365个。二是进一步加大专项治理力度。做好教育收费专项治理工作，规范学校服务性收费和代收费行为，全县49所中小学未出现乱收费现象。做好治理医药购销和医疗服务中的纠风工作，严格执行责任追究制度。一年来，全县各医疗卫生单位用药总金额5215.4万元，其中集中采购药品总金额4335.5万元，让利于患者850.9万元。全县医疗系统共有156人次主动上缴“红包、回扣”款项67016元。协助做好食品安全专项整治。一年来先后组织开展清查清缴问题乳粉行动、查处添加罗丹明B产品的专项检查等活动，共处理食品安全案件4宗。做好对全县的强农惠农资金、涉农价格和收费政策落实情况的专项清理工作，纠正违法违纪征地拆迁行为，加强对保障性住房政策落实情况的房地产市的监督检查。严肃查处哄抬农资价格、制售假伪农资坑农害农案件5宗，涉案金额0.528万元。切实规范车辆定编工作，抓好公务用车问题专项治理。对检查中发现涉及公务用车问题的共计57个单位156辆公务用车提出处理意见。三是进一步治理公路“三乱”行为。健全完善纠风工作与治理公路“三乱”督察联动机制，加大查处力度，对公路“三乱”行为，做到严肃处理并实行责任追究。全县11个站、所、中队在春运期间均没有出现公路“三乱”现象。

【查处违法违纪案件】　把查处党员干部违纪违法案件作为从严治党、惩治腐败的重要举措。不断畅通信访举报渠道，发挥信访监督作用。一年来，共受理群众来信、来访和电话举报81件（次），应办信访件70件，已办结69件，办结率为98.5%。依法依规查处大案要案。一年来，全县查办违法违纪案件22宗（含司法移送），其中全县纪检监察组织共立案查处违纪案19宗，涉及科级干部7人，一般干部6人。共审理违纪案件20宗，办结15宗，涉及科级干部4人，一般党员干部11人。为68名党员干部澄清是非，有效保护党员干部的积极性。同时，加大对商业贿赂和工程建设领域突出问题案件的查办力度，切实维护群众利益。

【协助做好县的换届工作】　做好县级换届选举的纪律保障工作。把正风肃纪作为镇级换届的抓手，按照教育在先、警示在先、预防在先的原则，通过电视台、电台、手机短信等平台宣传广东省换届纪律“5个严禁、17个不准和5个一律”的纪律要求，张贴换届纪律宣传海报1000多份，教育引导干部群众严格遵守换届纪律。会同县委组织部、政法委，县公安局、县检察院等部门组成镇人大、政府换届工作检查组，对各镇换届选举工作进行督查指导。组织开展换届纪律专题学习和专题谈心谈话活动，教育引导党员干部讲党性、顾大局、守纪律。健全监督举报网络。严肃整治具有苗头性的拉票贿选行为等一系列切实有效的措施，保证换届纪律各项工作的落实，为全县换届工作如期圆满完成营造了风清气正的氛围。

【班子自身建设和队伍建设】　县纪检监察机关按照“政治坚强、公正清廉、纪律严明、业务精通、作风优良”的要求，以思想政治建设、能力建设和作风建设为重点，以实现“四个一”目标为抓手，着力提高纪检监察干部“五种能力”、树立“五种形象”，全面加强队伍建设，始终做党的忠诚卫士、当群众的贴心人。一是组织全体干部职工开展“创先争优”活动和“双到”工作，进一步改进工作作风，更新思想观念，推动全县反腐倡廉工作的深入开展。二是加大培训力度，认真组织全体纪检监察干部认真学习中央纪委《关于进一步加强和改进纪检监察干部队伍建设的若干意见》精神及十七届六中全会精神。分批组织干部到先进省、市参加业务学习和跟班学习。不断完善内部管理制度，全体纪检干部的能力和工作作风不断加强 。

（刘章能）

民主党派

【概况】　中国民主同盟（简称民盟）是中国共产党领导的爱国统一战线的组成部分，是同共产党通力合作的参政党。主要是由从事文化教育以及科学技术工作的高、中级知识分子组成的，具有政治联盟特点的，致力于建设中国特色社会主义事业的参政党。民盟维护中国共产党的执政地位，坚持和完善中国共产党领导的多党合作和政治协商制度，贯彻执行“长期合作、互相监督、肝胆相照、荣辱与共”的方针。民盟佛冈县基层委员会是佛冈县唯一具有组织的民主党派，有盟员57人，主要工作是参政议政、民主监督、社会服务。民盟佛冈县委员会2011年5月被中央民盟授予“纪念中国民主同盟成立七十周年先进集体”称号。

【参政议政】　*积极参加政治协商*　积极参加县委、县人大、县政府、县政协及有关部门举办的民主协商会、情况通报会、征求意见会、行风评议、座谈会和调研考察活动，就全县的改革、发展、稳定等方面的重大决策建言献策。

积极培养推荐干部　佛冈民盟盟员1人当选为县人大副主任，1人当选为县政协副主

席。有市人大代表4名，县人大代表3名（其中县人大常委1名），市政协委员2名，县政协委员16名（其中县政协常委8名，占常委总数的21.1%）；有6位盟员被聘为“特约六员”。2011年有12位盟员担任副科长级以上干部，其中副处长级2人，正科长级2人，有1位盟员担任政府职能部门正职领导。他们在从政岗位上开拓进取、扎实工作、勤政廉洁、业绩显著，为民盟树立了良好形象。

开展调研活动　不断完善参政议政工作小组和参政议政的奖励激制，广泛调动盟员参政议政的积极性，充分发挥民盟的政治优势、人才优势、智力优势，继续开展“一人一议”、“一支部一调研”活动。围绕县的中心工作建言献策。向县政协九届一次会议提交大会发言7篇，占大会发言总数的58%。有4篇大会发言被县政协大会表彰优秀。向县政协大会提交提案52篇，占县政协提案立案总数的36.38%，有4篇提案被县政协大会表彰优秀，有1篇提案被市政协大会表彰优秀。盟员有6人被县政协大会表彰为先进政协委员，有2人被县政协大会表彰为优秀信息员。

积极反映社情民意　关注民生、通过信息渠道向上级反映社情民意，是参政议政工作的重要组成部分。县民盟通过《佛冈盟讯》编写信息，反映社情，收集民意，及时向中共佛冈县委、县人大、县政府、县政协及各有关部门报送60多篇，有50多篇被省市县有关部门采纳，为各级有关部门掌握情况和进行决策提供参考，为建设和谐佛冈献计出力。民盟被县委统战部评为信息工作先进单位一等奖。

【自身建设】　*建设学习型参政党*　民盟基层委员会响应民盟中央提出建设学习型参政党的号召，通过各种各样的学习方式，组织盟员学习中共十七届五中、六中全会精神，民盟中央十届六次全会精神，民盟省委和民盟市委有关会议精神，学习邓小平理论、“三个代表”重要思想、科学发展观，学习中国共产党领导的多党合作和政治协商理论，学习有关多党合作制度和人民政协工作的中共中央两个“5号文件”，学习盟章盟史。选派2名党外科级干部参加清远市2011年党外科级干部培训班，闫玉珍被评为优秀学员并在培训班学员辩论赛中，获得优秀辩手。全盟上下形成良好的学习风气。通过学习，盟员坚定政治信念，提高政治理论水平和政治把握能力，提高对发扬民盟优良传统和履行参政党职能的重要意义的认识，增强历史责任感、使命感。通过学习，盟员加深对中国共产党领导的多党合作和政治协商制度的优越性、必然性和必要性的认识，坚定走中国特色政治发展道路的决心，增强接受中国共产党领导的自觉性。

顺利完成换届工作　在各级组织的指导和帮助下及盟员的共同努力顺利完成换届工作，盟班子成员由7人增加到9人，使盟班子成员结构更加合理，更年轻化，增强盟领导班子的活力。

不断完善制度建设　盟基层委员会带头遵守民主集中制，严格执行集体决策制度。坚持和完善会议制度、宣传和学习制度、联系盟员制度、支部活动制度、参政议政奖励制度等，通过制度约束，加强盟员的纪律性，使盟组织活动正常化。

坚持抓好宣传工作　通过《佛冈盟讯》宣传盟务工作，报道盟员先进事迹，反映社情民意。坚持《佛冈盟讯》季度出版，共出版《佛冈盟讯》4期，赠送给县四套班子领导、县直各单位、全体盟员、兄弟盟组织等，提高佛冈民盟的知名度。

促感情联谊　利用传统节日，如元旦、春节、三八节、五一节、教师节、国庆节、重阳节等，召开相关茶话会、座谈会、联欢会，外出视察活动等为盟员之间沟通感情、交流学习提供更好平台。

【社会服务】　针对农户种植砂糖桔积极性高涨，但普遍缺乏种植技术的情况，盟内果树种植技术人员周有生下乡为广大果农服务，开展现场技术指导和技术培训工作。共培训果农8000多人次，编写技术资料印发全县5万多份，现场技术指导100多场次，深受广大干部和果农的好评。

（闫玉珍）

群众团体

【佛冈县总工会】 佛冈县总工会切实履行工会基本职能、重点抓好工会建设、厂务公开、帮扶维权等工作，发挥工会在改革、发展、稳定的积极作用。2011年，佛冈县有基层工会组织276家，工会会员3.7万人，其中农民工会员1.9万人，已建立基层工会组织的单位913个。

工会组建　2011年，县总工会启动“广普查，深组建，全覆盖”集中行动，加强调研，摸清企业情况，做好非公企业法人数据库核查录入工作，明确组建方向。在全县范围内开展“工会组建集中行动”，强力推进规模以上企业、外资企业、工业园区、出租车行业和劳务派遣企业的工会组建力度，加快外来务工人员入会步伐。“集中行动”开展后，县总工会根据实际情况建工会，有的以组建区域性、行业性工会为重点，有的以组建工业园区联合工会为目标，有的以新建规模企业为突破口，不断加大工会组建力度，提高工会组织的覆盖面。截至2011年12月，新组建佛冈县社会医药行业工会联合会、佛冈县交通运输行业工会联合会、佛冈县水果行业协会工会联合会等基层工会组织39个，其中行业工会联合会20个，涵盖法人单位520个，共发展会员6895人，壮大佛冈县的工会组织和会员队伍。

帮扶工作　一是建立健全县、镇、基层工会三级帮扶网络，实现工会帮扶工作的常态化、规范化、网络化。二是制定完善工作制度和工作流程。先后制定《困难职工帮扶中心工作制度》、《困难职工帮扶工作程序》、《资金管理制度》、《档案管理制度》等，规范帮扶行为。三是调查摸底，掌握情况，实现对困难职工群体的全覆盖。筹集困难职工慰问金30.2万元，对10名省、市劳模和395名困难职工（含农民工）以及30名非义务教育阶段的困难职工子女进行慰问和生活困难补助，为70多名职工免费培训技能知识。

权益维权　县总工会创新工作载体，扎实做好职工维权工作。一是加强民主管理和民主监督工作，完善以职代会为主体、厂务公开为补充的民主管理制度。二是推进平等协商集体合同制度，培训企业工资集体协商指导员80多名，签订工资集体合同84份，占已建会的企业66%。三是调整劳动关系，加大源头参与和监督的检查力度。2011年解决拖欠职工、农民工工资200多万元的问题。四是加大宣传力度，提高职工的法律意识。单独或联合司法、劳动等部门在县城公园举办劳动法律咨询活动，发放《工会法》、《劳动法》、《劳动合同法》等维权法规政策的宣传资料1500多份。六是积极参与安监及劳动等部门对企业安全生产事故的调查及善后处理工作，做好工伤者家属的安抚和赔付工作。县总工会建立“五五”普法领导小组，开展本机关干部职工的法律法规知识的学习和督导基层工会干部职工普法培训，使全县工会系统的干部队伍受到法律知识教育。

（谢凯华）

【共青团佛冈县委员会】 2011年，佛冈县有共青团员11340人，其中学生团员10308人；有基层团委40个，两新组织（新经济组织、新社会组织）建立团组织（支部）53个；基层团（总）支部303个。2011年，全县发展团员782名，65名团员青年经过“推优”入党。团县委围绕青年思想引导、青年创业就业、希望工程、志愿服务、基层团建等方面开展大量工作，继续为佛冈经济和社会建设发挥生力军作用。团县委先后分别被团省委、团市委授予2011年度“广东基层团组织建设最具执行力奖”、2011年度清远市“先进团委”两大荣誉称号。

青少年思想教育引导　8至9月，团县委分别先后在聚龙湾天然温泉度假村、佛冈一中、佛冈职业学校、金显珑职业学校、佛冈中学举办了5场党史形势报告会，共1300多名青少年参加。与县文明办、妇联联合在全县范围内开展“十大道德模范”人物评选活动，用先进人物引领青少年思想道德健康成长。5月31日，会同县供电局团委走进石角镇黄花小学，开展“安全用电进校园暨关爱留守儿童主题活动”、与县关工委联合开展“没有共产党就没有新中国”专题讲座。此外，团县委牵头组建全县基层团组织微博、博客，及时向各级青年公开团务信息。据统计，全县各级团组织建微博47个，博客143个，其中领导班子参与人数45人。联合县广播电视台、教育局与佛冈县16所中学广播站合作，打造全县中学生共同倾听的电台节目“飞扬校园”。

开展五四系列活动　通过举办纪念大会、主题大赛等活动，激励全县广大团员青年接过“五四”火炬，高举团旗跟党走，共建幸福新佛冈。其中，在纪念“五四”运动92周年表彰大会上，一批2010年度佛冈县先进集体和先进个人获得表彰；4月中旬至5月初，举办“我是幸福的佛冈人”佛冈县青年主持人大赛，与县委宣传部以及县邮政局联合举办的2011年“书香岭南”全面阅读活动之“关爱贫困学生、倡导全民读书”佛冈县精品图书普及惠民助学活动；12月9日，在全国汽车拉力赛赛暨系列庆典活动中，“十大道德模范”人物获得表彰，其中团县委推荐的国珠集团团委书记钟声、江森自控广州工厂李辉华入选。

青年创业小额贷款项目　积极争取农业银行和农信社的大力支持，继续大力宣传农村青年创业小额贷款工作。2011年，共有110多名农村青年提交创业贷款申请，通过审核的创业青年88人，发放贷款共计397万元，带动就业人数252人。此外，团县委配合团市委开展小额贴息贷款工作，10~12月，大力宣传发动小额贴息贷款项目，至12月初，收到申请70多份，帮助26户农村青年申请到贴息贷款，超额完成115万贷款任务。

就业创业见习基地　2011年，团县委积极与聚龙湾、国珠、广生元等知名企业沟通，建设青年就业创业见习基地5个，共提供见习岗位500多个，就业岗位300多个。

青年技能培训　一是积极组织基层团干、农村青年等共350名代表听取“我与祖国共奋进”宣讲活动暨2011年广东农村青年“春季大培训”专题讲座；二是与县关工委、县妇联、劳动局等多家单位联合举办第八期农村创业青年培训班，团县委重点推荐小额贴息贷款项目。来自6个镇的80多名农村青年参加本次培训班；三是扎实开办“农青学堂”，成立网络站点6个，累计举办12期，培训达1532人次。通过网络视频互动的形式，为全县农民朋友们提供农业科技信息、生产知识、技术指导和答疑解惑。

志愿者队伍建设　借助佛冈县志愿者协会平台，在全县范围招募志愿者，进一步扩大稳定青年志愿者队伍。协会于2011年新增安利（佛冈）志愿者服务队1支，佛冈县县属医疗志愿者服务队1支、镇级医院志愿者服务队6支和山水论坛青年志愿者服务队4支，目前全县志愿者服务队25支，登记在册志愿者人数达到4600余人。

学校团队工作　六一儿童节期间深入开展形式多样的“红领巾心向党”纪念建党90周年主题教育活动。活动形式包括唱红歌颂中华、朗诵演讲、参观学习等。累计参加活动人数达6000多人次。在建队六十二周年到来之际，组织全县各中、小学继续深入开展“红领巾心向党，祖国发展我成长”主题活动。参与中队121个，参与人数3674人，收到成长心愿卡160份。7月，组织全县小学辅导员参加省少先队辅导员培训班及鼓乐培训。

希望工程助学活动　2011年，团县委向全县200多名贫困学生发放3万多元的助学款；积极联系社会爱心人士，共争取15560元助学金，帮助即将迈入高等学府大门的贫困大学生顺利走进大学校园；联合爱心企业到县内的希望小学开展助学活动，并送去学习用品及爱心助学款；举行“赢在广东希望工程第四届南粤会亲”　佛冈会亲活动，全县共50

名贫困小学生每人得到500元共25000元的资助金。6月30日，佛冈县省级“希望家园”项目在龙南中心小学启动后，团县委以此为平台，开展“爱在希望家园”——关爱农村留守儿童系列活动，此项目获得团省委“双千一百”优秀项目。全县4所市级希望家园陆续建设完成并投入使用；省青基会资助的“希望厨房”先后在佛冈县燕岭希望小学和高滩小学建成并投入使用，改善这两所学校学生“吃午饭难”问题。

（王文通）

【佛冈县妇女联合会】 2011年，县妇联全面贯彻县委十一届九次全会精神，紧紧围绕县委关于“统筹城乡发展，建设幸福佛冈”的重要部署，充分发挥妇联组织“坚强阵地”和“温暖之家”的作用，团结带领广大妇女为实现“十二五”发展目标创先争优、立业奉献。2011年，佛冈县妇联被评为“清远市维护妇女儿童权益先进集体”、“清远市妇联基层组织建设示范县”，谭冬娥被评为“广东省妇联宣传工作先进个人”，曹迪被评为“清远市维护妇女儿童权益先进个人”。

妇女技能培训工程 利用农村妇女学校举办各类培训班12期，受训妇女1500人次，提高了农村妇女科学文化素质和科技创新能力。加强对创业妇女的业务指导和政策扶持，培训农业生产妇女骨干和致富女能手带头人30名，辐射和带动农村妇女增收致富。与县劳动和社会保障局开展“春风行动”城乡富余劳动力就业现场招聘会6场，实现农村妇女劳动力培训转移就业2387人。

妇女小额担保贷款财政贴息工作 作为清远市妇女小额担保贷款财政贴息工作的试点县，县妇联通过坚持“四个心”（坚定信心、工作细心、服务贴心、强化责任心），加大工作力度，完善相关政策，为妇女创业就业搭建一个服务平台。2011年，全县申请小额担保贷款财政贴息的妇女有105人，成功贷出资金489万元，为65名创业妇女提供资金帮助，解决资金紧缺的瓶颈问题。

城镇妇女争创一流业绩活动 县妇联以纪念“巾帼建功”20周年为契机，动员各行各业妇女，以创建文明岗、职业技能竞赛为平台，争创一流业绩，在促进佛冈经济又好又快发展中勇挑重担，彰显建功成效。佛冈县地税局城区税务分局、中国移动通信集团广东有限公司佛冈分公司环城中路服务营业厅和教育路服务营业厅分别被授予省级“巾帼文明岗”称号。截至2011年12月，全县成功创建全国岗2个、省级岗10个、市级岗16个、县级岗18个。

女性参政议政 县妇联把推动女性进村（社区）“两委”工作作为贯彻落实男女平等基本国策和《佛冈县妇女发展规划》的重要措施，给基层妇女鼓实劲、压担子、推把力、搭好桥，引导和帮助基层妇女参与村务事务管理，积极推动德才兼备的女性走上基层领导岗位。2011年，全县90个村（社区）全部配齐妇代会主任和女委员，配备率达100%；村“两委”女委员人数87人，社区“两委”女委员人数32人，分别比上届提高4.82%和10.34%；村（社区）女性任“两委”正职人数3人，比上届增加1人，任副书记（副主任）7人，比上届增加2人。

妇女维权工作 一是开通“12338”热线，为妇女群众提供方便咨询平台，为妇女群众排忧解难。二是联合县司法局等单位举行“三八”妇女维权周暨妇女法制宣传咨询活动启动仪式，现场接受群众咨询40多人次，发放《妇女权益保障法》、《人口与计划生育法》、《反拐宣传知识》、《法律援助条例》等宣传资料500份。三是联合县禁毒委、县公安局等单位开展“6·26国际禁毒日”暨反邪教宣传活动。悬挂禁毒宣传栏、发放反邪教教育手册，为全县禁毒和反邪教营造良好的社会氛围。四是认真做好信访工作。共接待信访（案）件24起，办结24起，办结率达100%，有效地维护妇女儿童的合法权益。

家庭文化建设 一是举办“移动幸福杯”女子乒乓球团体赛、全县副科以上女干部联谊会和组织妇女群众参加“春游绿道. 福地万

家同赏同乐”等系列活动共庆“三八”新百年。倡导文明健康的生活方式，激发妇女爱自然、爱生活、爱环境、爱美丽的高尚情怀，培养健康有益的生活情趣。二是配合省、市妇联开展以“夫妻恩爱·幸福永远”为主题的广东省“现代好丈夫、好妻子”评选活动。佛冈县何清华、何彩球夫妇被评为“广东省百对金婚好夫妻”，张永红、李发娥被评为“广东省百名好妻子”。三是邀请北京家教专家熊华堂教授举办“家教公益大讲堂”专题讲座4场，邀请本县家教专家深入各镇中心小学举办专题讲座6场，参加听课的学生家长达3000多人。

“妇女之家”建设　配合县委创先办下发《关于以纪念“三八”国际劳动妇女节为契机，深入推进妇联组织和广大妇女创先争优活动的意见》，要求全县90个村（社区）“妇女之家”建设好、利用好、管理好“妇女之家”。广东省“妇女之家”示范点水头镇王田村还根据本村实际创建了丰富多彩的“妇女之家”，并建立宣传栏和“三簿六册”档案资料，在全县起到示范带头作用。各村（社区）“妇女之家”开展拔河比赛、慰问困难妇女等多项活动，使妇女群众感受到“娘家”的温暖。

妇女儿童两个规划终期评估　一是县妇儿工委办以项目攻坚、预警督促为抓手推动达标，配合政府各有关部门采取源头协调推动、出台政策措施、加大经费投入、纳入公共服务、教育宣传引导等有效办法攻克重点难点，使全县实施妇女儿童两个规划顺利通过终期评估。二是妇儿工委成员单位利用三八、六一等节日大力宣传《佛冈县妇女发展规划》和《佛冈县儿童发展规划》，把实施两个规划与宣传贯彻《中华人民共和国妇女权益保障法》、《中华人民共和国未成年人保护法》有机结合起来，收到了良好的社会效果。

为妇女儿童办好事实事　一是开展妇女“两癌”优惠筛查和妇女妇科病普查普治工作，为1000多名城乡妇女进行了检查。二是争取省、市妇联援建3户“母亲安居房”资金6万元，落实配套资金15000元；三是在三八、七一期间，分别慰问16名单亲特困妇女和15名50年以上党龄的困难女党员，并送上近6000多元的慰问金和慰问品。四是六一节期间举行亲子同乐活动和慰问困境儿童、留守儿童、计生家庭儿童、残疾学生31名，送上慰问金6000元和学习用品一批。五是积极响应省市妇联的号召，通过电视台今日视线栏目，向全县妇女发起“姐妹情深10元捐”倡议，募集善款30754.2元。

（曹　迪）

【佛冈县工商业联合会（总商会）】　学习与培训　2011年，县工商联组织执委以上会员学习党的十七届五中、六中全会及县委十一届八次全会精神，紧紧围绕县委、县政府中心工作大局，结合本会实际，就如何围绕县委统筹城乡科学发展上新台阶这个目标提出了意见，切实加强对非公有制经济人士思想政治工作，引导非公有制经济企业和非公有制人士健康成长，教育和引导非公有制经济企业和非公有制经济人士如何应对金融危机，树立信心，化危为机，增强忧患意识和竞争意识、社会责任意识、创新企业发展，使企业做到科学协调又好又快发展。

服务会员　为进一步增强工商联的吸引力和凝聚力，当好党委和政府管理联系非公有制经济代表人士的桥梁和纽带，积极为会员服务。2011年3月县工商联与中国银行清远分行佛冈支行在县人民中心西楼403会议室举办政银企金融产品演示会，近90位企业家参加演示会，使企业家深刻了解掌握如何解决企业融资问题。

公益光彩事业活动　发挥会员的积极性、创造性，组织会员积极参与社会公益事业活动是工商联坚持开展的一项重要工作之一。工商联积极引导广大会员弘扬中华传统美德，热心公益事业，并以“光彩事业”为核心开展系列活动。广大会员在工商联的动员组织下，提高自觉性，坚持义利兼顾，德行并重，以实际行动投入到全县的公益事业活动中。广大会员为佛冈县开展的慰问驻军、抗洪救灾、扶贫助学以及救济特困户，五保老人、残疾人等活动纷纷慷慨解囊，踊跃捐款捐物。据不完全统计，一年来全体会员为公益事业捐款近40万元，此外还为县委县政府举办的中国汽车拉力赛佛冈站支助30多万元；在开展“百家民企进老区扶百村感恩行动”活动中，得到佛冈金谷公司、建滔公司、亨地水泥厂、益大农业开发有限公司、篁胜国际酒店等企业或个人合计捐款1351万元，帮扶老区建设42.42公里水泥公路、5宗安全饮水工程、2宗农田水利工程建设项目及桥梁1座。体现出广大会员的热心、爱心、诚心和奉献精神，有力地推动佛冈的精神文明建设，增强了工商联（总商会）的凝聚力和影响力。

开展联谊活动　县工商联十分注重开展观摩交流活动，经常组织企业会员相互参观学习，并适时组织执委以上会员到兄弟市县参观考察，必要时甚至到省外参观考察学习。对兄弟市县和外地工商界人士到来参观考察交流，县工商联都热情接待。县工商联单独或参与接待兄弟市县工商界人士达300多人次的来访，加强与兄弟市县工商界的相互联系，达到互相交流经验、共同提高的目的。

参政议政　县工商联坚持增强责任感和使命感，积极履行职责，创新工作思路，开展全方位的参政议政和民主监督工作，发挥好工商联作为县委、县政府的参谋助手作用。同时，深入会员企业开展调研活动，积极引导会员中的人大代表和政协委员积极参政议政，认真撰写人大议案和政协提案，提出建议和意见，增强工商界代表、委员的参政议政和民主监督意识，一年来共提出建议和意见达50多条。2011年，县工商联会员中有市人大代表1人，市政协委员5人，县人大代表1人，县政协委员53人（其中政协常委5人）。

（梁社松）

【佛冈县归国华侨联合会】　2011年县侨联在县委、县政府的正确领导下，在上级侨联的指导下，在有关单位的大力支持和配合下，以科学发展观为统揽，以“我为幸福佛冈建功业”活动为导向，紧紧围绕县委、政府提出的发展思路和奋斗目标，扎实贯彻侨联的工作宗旨，认真履行为侨服务的职能，进一步增强侨联组织的活力和凝聚力，紧密团结归侨侨眷，务实创新，圆满完成了既定的各项任务，工作得到上级的肯定和奖励。2011年佛冈县侨联被评为清远市侨联系统先进集体称号，侨联干部曾洁丽被评为2011年清远市侨联系统先进个人荣誉称号。

为侨服务　一是积极开展暖侨心活动，做好对归侨侨眷的慰问工作，使他们切身感受到党和政府的关怀。春节期间，召开迎春茶话会，组织侨联干部上门慰问农村散居归侨侨眷，给全县的归侨侨眷和海外侨胞、港澳同胞寄上新春贺年卡。平日，不定时地到归侨侨眷家里探访，尤其是经常去到那些居住在农村的归侨侨眷家里，详细了解归侨、侨眷的生产生活等情况，把归侨、侨眷反映的事就当作重要大事，尽力帮助解决一些在生产生活上遇到的困难。如为失聪侨眷儿童送上爱心耳机，筹款18000元为马来西亚老归侨叶月进行危房改造建成“侨心居”，开展助侨奔康送肥下乡、送技术下乡等活动，尽力帮助归侨侨眷解决一些在生产生活上遇到的困难。二是认真做好信访工作，热情接待和处理好归侨、侨眷来信来访。工作做到有求必应，在政策许可的条件下，力排忧解难。2011年共有九人次归侨侨眷和海外侨胞、港澳台胞来信来访，本会做到一一耐心解答。

颁发归侨证　2011年2月，县侨联和县外事侨务局联合给佛冈县的20多名归侨颁发了归侨证。归侨证是佛冈县侨务部门为贯彻实施《中华人民共和国归侨侨眷权益保护法》，保护归侨合法权益而采取的一项重要措施。归侨证是归侨特殊身份的证明，持证人的合法权益按有关法律、法规和政策受到保护。颁发归侨证有利于归侨侨眷维护其自身合法权益，有利于调动广大归侨侨眷、海外侨胞爱国爱乡的热情和积极性。

参政议政　县侨联按照上级的要求认真推

荐各级人大代表和政协委员。积极鼓励侨届人大代表和政协委员参政议政，主动加强与侨界人大代表、政协委员的沟通和联系，积极为人大代表、政协委员议案、提案工作提供服务。增强侨界代表、委员的参政议政和民主监督意识，并引导他们围绕党和国家的中心任务，广泛征求群众意见，深入了解社会的热点、难点等问题，认真填写提案，为领导的决策提出了一些合理化的意见和建议。

宣传联谊　一是发挥政务信息的窗口作用，开展好信息公开工作。县侨联积极向广东省侨联、广东省侨网、佛冈县政务网等发送有关侨务工作的各方面信息，让大家通过网络了解侨联工作，并向侨联提出更多更好的意见和建议，使侨联工作得到进一步提高。同时，还通过网络认真学习兄弟省、市、县工作的好经验、好方法，从而不断提高自己的工作水平。二是积极协助县委统战部做好香港专项工作，加强与香港乡亲的沟通联系。

双到工作　按照县委、政府的部署，县侨联积极推进扶贫开发“规划到户、责任到人”工作。平时县侨联干部常到帮扶贫困户家中，同帮扶对象亲切拉家常，详细询问他们的家庭情况、身体状况、经济收入情况及子女上学、就业等情况，节日期间还送上慰问品。

组织建设　一是继续深入开展学习实践科学发展观活动，贯彻落实广东省委书记汪洋同志的指示精神，努力争当山区科学发展的排头兵。通过学习，进一步加强干部的政治、思想、作风建设，提高干部的政治素质。二是积极组织侨联干部学习党的侨务政策和《中华人民共和国归侨侨眷权益保护法》、《广东省归侨侨眷权益保护实施办法》等侨务法规、政策，使侨联干部更好地领会和掌握新时期党的侨务政策，知法懂法，依法办事，更好地为侨服务。

（曾洁丽）

【佛冈县残疾人联合会】　佛冈县残疾人联合会是佛冈县人民政府属下正科级参公事业单位。全县各类残疾人1.8万人。2011年，县残联加快推进残疾人社会保障体系和服务体系建设，切实做好残疾人的康复、教育、就业、文体、维权等工作，残疾人事业取得显著成效。

残疾人社会保障体系建设　县残联落实各项措施，加大投入，加快推进，促进残疾人社会保障和服务体系建设。2011年，全县落实残疾人社会保障比较好的项目有：城镇和农村最低生活保障；城镇和农村的医疗保险；城镇和农村的养老保险，参保率别分是99%和98%、99%和98%、92%和85%，深受广大残疾人及家属的欢迎，受到县委、县政府和市残联的好评。

康复工作　康复工作主要抓好三项：一是落实康复经费；二是抓好重点康复项目，主要抓好白内障复明、智障儿童培训、肢残康复等项目；三是全面完成市残联下达的年度各项康复任务指标，在2011年初，市卫生局、市残联联合发文，分配佛冈县“百万贫困白内障患者复明工程”项目任务200例。县残联积极协调县卫生局、县财政局、县人民医院等单位，广泛宣传发动，组织专（兼）职干部和眼科医生组成的工作组，深入到各镇进行义务筛查，义务筛查白内障疑似患者700多名，符合复明手术条件患者280人，已免费施行复明手术共200例，减免患者手术费用16万元。

康园中心建设　2011年初，省政府向全社会承诺2011年办十件民生实事之一：全省建设“残疾人社区康园中心（站）”145所，其中分配佛冈县建设两所任务。县确定在石角镇、汤塘镇各建1所。经过筹备，加紧施工，于当年11月已竣工并投入使用，开展相关活动，深受广大残疾人及家属的欢迎。

开展实用技术培训，积极扶持就业　开设实用技术培训12期377人次；按政策安排残疾人就业54人，按政策收取用上单位上缴残疾人就业保障金58万多元；城镇新增就业22人；农村稳定就业800人；农村劳动力转移20人；农村危房改造25户；城镇住房困难户廉租房补贴12户；培训盲人按摩人员4名并扶持就业。

首届残疾人文化节系列活动　2010年6～9月，县残联联合县委宣传部、县教育局、县民政局、县文广新局、县体育局、团县委、县文明办等部门，扎实开展广东省首届残疾人文化节佛冈系列活动。活动主要项目有：一是举行“快乐同行、共享一片蓝天”亲子游活动；二是举办了残疾人象棋邀请赛；三是开展阳光生活体验活动；四是举办残疾人电影专场，观众达150人；五是开展庆祝建党90周年为主题的相关活动。组织党员干部到帮扶村互建活动，到“南国大寨”——洛洞村参观学习。

营造扶残助残社会环境　积极开展春节和助残日等节日的助残慰问活动，合计慰问贫困残疾人1175人次，发放慰问金8.3万元。慰问活动均邀请县镇领导参加，及时宣传报道，社会影响良好。认真做好残疾人法援和信访维稳工作。关注当前热点难点问题，工作深入扎实，及时化解矛盾和问题，消除不稳定隐患，尤其是在深圳大运会、佛冈汽车拉力赛等重大活动期间，工作更加深入扎实，落实各项工作措施，确保重大活动项目顺利举办。县残联全年接待残疾人及家属来信60件，来访165人次，信访事项得到妥善处理，未发生集体上访和越级上访事件。

（冯耀丰）

【佛冈县红十字会】　佛冈县红十字会作为政府在人道主义工作领域的助手，认真贯彻执行《中华人民共和国红十字会法》，推动公益慈善事业的发展，在社会救助、无偿献血、普及健康防病知识和造血干细胞捐献等方面取得较好的成绩。

社会救助　2011年收到国内社会各界捐款捐物折合人民币19.80万元。其中收到佛冈县红十字会门诊“扶贫济困”救助捐款1.5万元，贫困重症患者救助捐款4620元。接收上级捐赠物资折合人民币共17.84万元。收到的上级捐赠物资有：省红十字会“博爱送万家”的家庭包、毛毯一批；中华铁打丸、阿咖分散、维D2磷酸氢钙片、补中益气丸、加味霍香正气丸等“扶贫济困”救助药品2批。

贫困重症患者救助　2011年贫困重症患者救助捐款箱收到捐款4620元，比2010年的1710元增加2910元。2011年底，累计收到贫困重症患者救助捐款6330元。加大贫困重症患者救助力度，发放两笔各1000元的救助金，分别是5月份的尿毒症患者钟女士和11月份的地中海贫血儿童昇昇。

天使救助资金　佛冈县红十字会继续为贫困先天性心脏病患者申请清远市人民医院“天使救助资金”免费施行手术。据统计，2011年清远市人民医院为佛冈县5位先天性心脏病病人免费施行手术，全部康复出院，免去医疗费用共15万元。

“5.8世界红十字日”宣传活动　2011年5月8日，佛冈县红十字会组织20多位志愿者和佛冈县卫生系统团员青年走上街头宣传造血干细胞捐献、无偿献血，开展送医送药送温暖，为全县贫困重症患者募集捐款活动。此次活动派发3000多张宣传单，为200多位路人看病送药，为贫困重症患者募集450元的善款，动员10多位市民无偿献血，并成功动员一个中年女士在无偿献血的同时捐献造血干细胞血样，她是佛冈县第一位捐献造血干细胞的市民。

普及健康知识教育　为让全县广大人民群众了解健康知识、普及健康知识教育，佛冈县政府组织县卫生局、佛冈县红十字会和县广播电视台合办《健康养生》电视讲座专栏节目，全年制作22期专题讲座，播出达160次，并邀请县献血办负责人做《献血有益健康》专题节目，通过佛冈县电视台重复播放8次，给全县群众提供学习健康防病知识和献血有益健康知识的平台，收到较好效果。

造血干细胞捐献　佛冈县红十字会2011年开展造血干细胞宣传两次，完成造血干细胞血样收集4人份，是清远市唯一成功采集血样的县。一次是“5·8世界红十字日”的宣传活动，成功动员一位中年妇女采集了造血干细胞血样；另一次是佛冈中学师生无偿献血同时作造血干细胞捐献的宣传动员，共有3位学生在献血的同时成功采集血样。

（廖鉴军）

地方军事

责任编辑：何东树

中国人民解放军 佛冈县人民武装部

【概况】 佛冈县人民武装部（简称人武部）隶属清远军分区和县委、县政府双重领导，正团（处）级单位，内设军事、政工、后勤3个科。下辖高岗镇、迳头镇、水头镇、石角镇、汤塘镇、龙山镇6个镇武装部和县直机关武装部，91个基层民兵营。主要职能是负责全县的民兵管理、战备训练、征兵工作、国防动员、战时兵员总动员、国防教育、组织民兵应对各种急难险重任务，抢险救灾、维护辖区社会稳定和开展扶贫帮困等工作。

2011年县人武部被清远军分区评为“先进人武部”、“新闻报道先进单位”、“征兵工作全优单位”，基层民兵营“四个基本”建设实现100%达标。

【党管武装】 认真落实党委中心组理论学习制度，注重用党的创新理论武装头脑，不断提高“一班人”的思想理论素质。部党委按照“坚持根本、聚焦打赢，夯实基础，确保稳定”的工作思路，善于抓大事、谋大事，以科学发展观指导民兵预备役建设。把深入学习实践科学发展观、践行当代革命军人核心价值观、“三项教育”作为党委班子建设的主线、作为首要的政治任务抓紧抓好。强化“发展是第一要务、稳定是第一责任、廉政是第一需要”的理念，着力打造团结和谐、奋发有为的坚强党委班子。落实党管武装的原则，自觉接受地方党委的领导，当好县委、县政府人民武装工作的参谋，提出合理化建议，国防后备力量建设与地方经济同步发展。

【“三项教育”系列活动】 2011年，县人武部结合“创建培育”、“争先创优”活动，认真开展“三项教育”（坚定理想信念、忠实履行使命；加强党性修养、锤炼思想作风；强党性纯洁官德人品、严党纪纯正党风军风），突出抓好庆祝建党90周年党史军史教育。认真贯彻胡主席关于新形势下国防和军队建设重要论述，紧紧围绕思想政治建设“三个确保”的时代课题，紧贴时代发展、紧贴使命任务、紧贴官兵实际，依据《国防和军队建设贯彻落实科学发展观重要论述选编》、《中国共产党历史》和《中国人民解放军军史》等教材，认真抓党委中心组理论学习。从人武部建设实际出发，突出“立足山区艰苦奋斗，着眼使命建功立业”这个重点，通过深化理论学习，着力解决问题，积极探索实践、搞好结合转化，努力在进入官兵思想、强化精神支柱上求深入，在融入部队中心工作、增强打赢本领上求深入，在关爱官兵、促进官兵全面发展上求深入，不断打牢高举旗帜、听党指挥、履行使命的思想政治基础，确保培育工作一年比一年更加深入和富有成效。

【军事工作】 2011年，县人武部紧紧围绕上级意图，扎实抓好军事斗争准备工作，不断提高民兵、预备役部队的核心军事能力和非战争军事行动能力。

修订完善战备方案 3月上旬，利用7天时间，集中组织机关人员修改完善各种战备方案和配套计划。部主要领导对方案计划逐一进行审查把关，增强方案计划的针对性、实用性和可操作性。

召开武装工作会议 2月25日，组织召开全县武装工作会议，传达学习两级军区、军分区党委全会精神，总结佛冈2010年武装工作情况，部署新年度武装工作任务，明确上级要求和奋斗目标，并表彰一大批先进典型。为使上级精神得到扎实有效落实，除基层全体专武干部和民兵营长参加会议外，还要求各镇主要领导到会，县委书记、县人武部党委第一书记李玉楷、县长、县国防动员委员会主任华旭初亲自到会讲话并提出具体要求。

开展年度民兵组织整顿工作 根据军分区关于做好年度民兵组织整顿工作的指示要求，2011年度后备力量整组的重点，是在巩固优

化民兵组织的基础上，着力抓好民兵重点分队建设，全面提升民兵基层规范化建设水平。为高标准完成年度民兵组织整顿工作，及时召开部党委会、有各基层武装部长参加的党委扩大会、办公会，研究部署整组工作。按照“突出重点、提高质量、改革创新、稳步推进”的工作思路，坚持以五项战略任务为牵引，本着提高民兵队伍完成多样化军事保障任务能力的要求，深入开展思想动员，拟制下发计划方案，组织整组骨干培训，在广大民兵队伍中精心挑选综合素质较高的青年加入基干民兵组织。全县现有基干民兵2000人，分布在32支分队，其中勤务保障分队14支，各种应急分队5支，其他分队13支。

完成报废弹药销毁工作　在这次全军废旧弹药销毁工作中，县人武部精心筹划，周密部署，研究销毁实施计划和方案，精心勘选销毁现场、察看周边地形和行车路线，认真组织召开报废弹药销毁处理军地协调会议，组织报废弹药销毁工作相关业务培训。多方协调县公安局、消防大队、人民医院，镇政府等地方部门，认真组织实施。在报废弹药销毁前，对照方案计划进行实地演练，确保弹药销毁准备周密严谨、万无一失。5月组织实施实地引爆销毁，圆满完成清远地区佛冈县废旧弹药销毁工作首爆任务，受到上级军事机关一致好评。

现役军官的军事训练　按照新大纲要求，制定周密的训练计划，每逢周二、周四下午分别进行队列和体能训练，干部每月进行一次手枪射击和战术标图训练，组织干部进行军事理论和战术作业等专业课目强化训练。在清远军分区组织的8个县（市、区）人武部年度军事考核中，佛冈县人武部取得总分第二名的优异成绩，并得到通报表彰。

专武干部业务训练　每季度组织一次专武干部理论知识函测作业，6月下旬，组织对专武干部基本业务知识进行评比性考核，年底组织对所有专武干部进行综合考评。5月下旬至6月上旬举办2期民兵营（连）长轮训班，对全县民兵营长和部分民兵连长轮训一遍，提高民兵营长的业务水平。此外，组织民兵专业分队、应急分队和民兵轻舟分队训练。7月中下旬，结合民兵专业分队训练，组织应急分队、民兵轻舟分队进行为期15天的训练，进一步提高应急能力，以及抢险救灾能力。

【政治工作】　坚持县委常委议军会、武委会例会、党政领导过“军事日”、第一书记定期到军事机关办公等制度，及时为武装工作解难题，办实事，党管武装工作落到实处。人武部党委班子严格执行《党委议事规则》，坚持民主集中制，“向心力、凝聚力、战斗力”不断增强。部机关先后组织进行主题教育、纪念建党90周年等活动，增强党性观念，提高理论水平和政治觉悟。认真落实政工条例，深入开展“学法规、用法规、守法规、促正规”和创先争优活动，努力形成学习先进、崇尚先进、争当先进、积极向上的氛围。借助地方新闻媒体、利用电信网络平台，开展民兵思想政治教育。深入开展“扶贫”双到活动，带动1000余户群众增收。新闻报道工作取得较好成就，全年在省以上报刊上共用稿24篇。其中《解放军报》2篇、省级报刊22篇，市报刊《清远日报》14篇。

【后勤工作】　加强职工管理教育，认真组织学习和训练，政治业务素质有新提升。严格财经纪律，全面落实财务管理规定，坚持经费统管，注重勤俭节约，实行部领导“双签”制度，大宗物资实行集中采购，提高经费使用效益。年内，省军区对佛冈县武装部经费进行审计，给予肯定。加强车辆管理，严格执行规定，“两证一匙”集中保管，做到首长审批、干部带车，确保车辆安全行驶，后勤建设水平得到全面提高。

【“四个基本”建设】　2011年，县人武部把基层民兵营“四个基本”（基本教育、基本队伍、基本制度、基本设施）建设当作一项政治任务来完成，认真贯彻省军区抓民兵营“四个基本”建设精神，按照省军区的“三期八年工程”总体思路，结合佛冈县的实际，

2011年加强检查督促，确保抓建质量。为保证抓建任务保质保量按时完成，我部干部分头深入基层一线，采取定人员、定任务、定目标、定时限、定责任的办法，加强对基层民兵营“四个基本”建设的抓建工作进行指导和督促。2011年省军区、军分区对佛冈全县基层民兵营“四个基本”建设进行达标验收检查，全部实现100%达标，得到上级好评。

【参建、维稳、“双拥”工作】 参与地方建设 充分发挥军事机关的作用，积极主动参与地方建设，组织民兵分队抗洪抢险，转移被困群众，扑灭山火等行动。

做好应急维稳工作 主动联系民政部门落实义务兵优抚政策，鼓励退伍军人参加免费职业培训。指导协助民政部门做好退役士兵就业上岗及安置工作。同时还积极协助民政、信访等部门做好军队退役上访人员的劝说工作。

开展扶贫促进“双拥” 人武部还积极响应上级参与扶贫开发“规划到户责任到人”工作。在上级军事机关的正确领导和佛冈县委、县政府的指导下，部党委带领人武部全体干部职工继承和发扬拥政爱民的优良传统，心系人民、扶贫帮困，突出“规划”和“责任”两个关键环节，长期坚持与挂扶村建立联系，开展一帮一扶贫活动，全体干部职工视驻地如故乡，纷纷踊跃捐款。人武部挂扶点为一个村，总人口约2700多人，17个贫困户，共77人，全部脱贫。

【征兵工作】 根据国务院、中央军委的征兵命令和省市有关征兵工作指示精神，认真落实《兵役法》、《征兵工作条例》、《广东省征兵工作规定》，把征兵工作贯穿于全年，重视平时征兵工作，认真搞好预征对象的登记。利用各种时机和场合进行国防教育，宣传兵役法规。坚持以质量为核心，科学计划，严密组织，严格组织体检和政审，把最优秀的有志青年送到部队。2011年全县共征集新兵113人，其中陆军52人，空军50人，武警11人。

（李广斌、王升馨）

人民防空

【概况】 佛冈县人民防空办公室认真贯彻《人防法》，积极推进“战略人防、效益人防、和谐人防”建设。始终抓住军事斗争人防准备这个龙头，紧紧围绕提升信息化条件下局部战争防空袭能力这一核心，牢牢把握人防建设全面融入经济社会发展这条主线，加快推进人防转型升级，积极搞好平战结合，为建设佛冈县现代人防体系而努力。2011年，县人防办被评为市人民防空建设目标管理达标先进单位；麦永斌被评为清远市人民防空先进个人，邓炳泉被评为广东省人民防空法制工作先进个人。

【人防应急指挥中心建设】 根据县防空袭方案的要求和上级指示，加快人防应急指挥中心的建设，在原论证的基础上，在县委 、县政府、县人武部的重视和大力支持下，人防应急指挥中心的建设工作得到了省、市人防办的高度重视。经省、市、县协商，决定三级联动在佛冈县立项建设省直人防培训基地和县的人防应急指挥中心。

【防空袭警报试鸣】 为加强人民防空警报设施建设和管理，确保战时迅速、准确地发放防空警报信号，有效地组织人民防空，2011年9月邀请省和南京的技术专家对佛冈县的警报系统进行维修和保养。同年10月12日成功举行第七次防空警报试鸣活动。

【人防法规宣传和教育】 根据人防知识宣传的规定和本地实际，把人防法列入普法内容，5月、10月定为人防法宣传月。在防空袭警报试鸣活动前，进行为期15天的广播电视宣传，同时利用挂图、出版专栏、观看录像、展示实物进行宣传，印发试鸣公告800份，宣传资料

2000册，营造全社会关心支持人防工作的氛围。人防办与县教育局分工合作，全面开展“三防”教育工作。县城3所初级中学都在新学年开学之际开展“三防”知识理论学习和实际操作教育，城东中学、城北中学还结合警报试鸣进行实地演练，提高广大师生的国防观念和人防意识。

【人防工程建设管理】 人防办进一步完善《人防工程报批须知》，明确人防工程易地建设、修建人防工程所需的资料、报批程序、报批依据、审批时间、收费标准等。2011年办理人防工程易地建设审批27宗，人防地下室工程报建1宗，面积2879平方米。人防地下室工程竣工验收2宗，面积2870平方米，其中盈丰大厦人防地下室1385平方米，碧翠华庭人防地下室1485平方米。加强对人防工程建设的质量监督，制定人防工程质量监督计划，从规划设计、建设程序、施工、监理、质量、竣工验收备案等环节严格把关，确保人防工程的质量。

【人防财务资产管理】 人防经费纳入县财政预算，人员与办公费用以住房和城乡规划建设局为单位下达。严格执行人防财务管理规定、会计制度及人防预算外资金管理规定，收入、支出均纳入年度预算管理。易地建设费收入纳入“收支两条线”管理，严格按照《物价许可证》的标准收取，使用财政部门规定的票据，人防财务核算管理工作达到规范化、制度化。

（李功铁）

民兵冲锋舟操作训练

政　法

责任编辑:李阳光

政法·综治

【概况】 2011年，佛冈县政法机关以推进“三项重点工作”为着力点，以加强社会治安综合治理措施为抓手，抓禁毒，防邪教，加大涉法涉诉案件清理力度，加强政法队伍建设，努力打造“平安佛冈”、“和谐佛冈”、“幸福佛冈”和实现“平安大运会”为目标，做了大量卓有成效的工作，圆满完成各项工作任务，为维护佛冈和谐稳定、促进经济发展作出应有的贡献。

【打击违法犯罪活动】 严格按照上级政法部门的工作部署，始终坚持“严打”方针不动摇。先后开展打黑除恶、“粤安11”、“创平安、迎大运”、大要案侦破“断源”、娱乐服务场所涉毒问题、缉枪治爆、“清网行动”等专项整治行动，各类案件得到有效控制，确保全县社会治安稳定。全县立刑事案件1498起，破668起，同比下降8.38%，破案率上升2.45%。现行命案7宗和年前积案2宗全部侦破，抓获犯罪嫌疑人498名，抓获网上逃犯160人，打掉各类犯罪团伙55个，收戒吸毒人员309人，判决恶势力团伙4个。立“两抢一盗”案件1140宗，破444宗，打掉“两抢一盗”团伙15个、贩毒团伙6个。县检察机关审查起诉刑事案件298件624人，批捕155件225人。县审判机关受理刑事案件125件182人，全部审结。

【排查整治行动】 根据市综治委《关于开展社会治安重点地区和突出问题排查整治工作的通知》、《关于迅速组织对社会治安重点地区开展整治工作的通知》的要求，结合本县实际，县维稳及综治办组织公安、文化、工商、教育、财政、消防等部门成立整治专项行动领导小组，在全县范围开展社会治安重点地区和突出问题排查整治，重点对2011年度市综治委备案的石角镇黑网吧、娱乐场所治安混乱问题开展专项整治，严格按照要求，各职能部门联合治理整顿，采取措施，对突出问题给予限期整改，坚决清除治安隐患，对违法违规经营行为依法吊销营业执照，整治工作成效显著。

【健全综治维稳机构】 2010年10月起，县、镇、村三级综治信访维稳中心（站）已经建立，其中有县中心一个，镇中心6个，村居委工作站90个，学校工作站17个，医院工作站4个。在健全机构的基础上，2011年继续完善工作职责，提高工作水平。全县共受理排查矛盾纠纷和信访案件369宗，办结328宗，办结率91.5%，涉法涉诉案件化解率为100%。通过抓好综治信访维稳三级平台建设，以点促面，为构建平安和谐佛冈做出贡献。

【健全群防群治网络】 一是加强辅警队伍建设。主要是思想教育、纪律教育，由公安机关组织开展应对复杂情况的常规学习和各种技能技术训练，有效地提高辅警的整体素质和战斗力，形成全天候的巡逻和处置突发事件、群体事件的快速反应部队。二是加强单位的社区的内保队伍建设。着重抓好单位责任人和在岗人员的政治业务培训，使单位内保人员增强责任感，明确任务，并掌握处理有关问题的基本程序和办法。三是加强城镇居委和农村治保队建设。每个居委会配备2名治安员（由县财政拨款），与各村委会建立治保会一样，把综治信访维稳工作责任落实到岗到人。

【完善综治设施】 在开展综治信访维稳工作中，坚持“花钱保平安”，不断加大资金投入，使综治的基础设施不断完善。在各单位、社区投入设置电子监控，自动报警系统，电子闸门或铁门等装备外，县和石角镇的主要街道设立电子监控系统。2011年，全县投入资金1250万元，设立视频点38个，卡口7个，5个电子警察，自使用以来已破获案件8宗，帮助群众求助2宗。

【禁毒宣传】 根据市禁毒办《关于在春节期间组织开展禁毒“流动课堂”活动的紧急通知》精神，结合春节、春运特点，开展以“青少年和合成毒品”为主题的禁毒“流动课堂”宣传教育活动，在县城街道、各镇街道、汽车站悬挂禁毒标语横幅；在治安突出问题村、居（社区）等旅客集中场所、人群集中地点散发禁毒宣传资料6000多份，视频影片15张，张贴禁毒挂图等形式，以提高流动人口、外出务工人员、农民农村留守儿童识毒、防毒、拒毒能力，免受毒品侵害。

【社区戒毒（康复）工作】 为贯彻落实《广东省社区戒毒、社区康复工作暂行办法》，按照省市禁毒部门的要求，成立领导机构，制定工作方案，开展社区戒毒（康复）工作。对本辖区强制隔离戒毒人员进行造册登记，实行社区戒毒和社区康复，防范或减少吸毒人员重新复吸毒品，使吸毒人员彻底戒除毒瘾，回归社会。

【缉毒破案】 全县公安机关坚持“打团伙、摧网络、破大案、抓毒枭、缴毒资、促防控”的工作思路，组织精干警力，开展“大查控”、零包贩毒、娱乐服务场所涉毒问题、易制毒化学品管理等整治行动。全年收戒吸毒人员309人，破获涉毒案件共37宗。

【整治“六合彩”等赌博活动】 协助公安机关切实加大整治力度，工青妇等群众组织密切配合，采取定期考核、落实责任、教育疏导与查处相结合的方式坚持开展禁赌工作，使“六合彩”赌博活动得到有效的遏制。

【打击非法传销和变相传销活动】 综治信访维稳的协管员在做好本职工作的基础上，积极对传销窝点排查工作，配合政法、公安、工商、城监打击非法传销活动。采取“发现一宗，打击一宗”的办法，遏制传销和变相传销活动。

【涉法涉诉信访案件清理】 全县排查涉法涉诉信访积案31件，成功化解30宗，主要清理资源纠纷、农业承包纠纷、抚养关系、医疗纠纷、交通事故赔偿、环境污染问题、工程承包款纠纷等涉及群众利益的信访积案。针对全县涉法涉诉信访问题，县委政法委三位副书记多次召集政法部门领导、办案骨干、责任单位主持召开涉法涉诉信访联席工作会议，研究处置群体性上访案件和涉法涉诉信访积案，实行领导包案，全力以赴做好全国全省全市全县“两会”、“深圳大运会”等特别防护期的涉军稳控、涉疆维稳、防范邪教等工作。稳控调处好每件信访案件，做到件件签订息诉罢访协议书，圆满完成了上级政法部门交办的信访积案维控化解任务。

（县委政法委）

公安工作

【概况】 2011年，县公安局内设机构有5个，直属机构有12个，基础派出所11个。全县公安机关以深入推进“三项重点工作”和“三项建设”为着力点，牢固树立“维护稳定是第一要务、打击犯罪是第一使命、服务群众是第一职责”理念，有序推进社会管理创新，深入开展“大走访”开门评警活动，扎实推进“粤安11”、“创平安、迎大运”、大要案侦破“断源”、“清网行动”等专项打击整治行动，有效营造了“发案少，秩序好，群众满意”的社会治安环境。

维护社会治安稳定　县公安局紧紧围绕企业、学校、军队退役人员、征地拆迁、山林权属争议、涉法涉诉等重点领域，开展矛盾纠纷大排查，确保较大以上规模群体性事件预警率达到100%。县公安局各部门积极主动排查化解各类矛盾纠纷250余起，积极配合化解处置群体性事件苗头36起，妥善处理龙南因外地果商摘果引发的群体性事件、石角镇碧桂园道路土地补偿纠纷引发的斗殴事件以及陈某基自杀死亡事件。深入开展信访维稳工作，全面排查化解群众反映强烈的涉法涉诉突出问题和信访积案，认真开展局领导信访接待日活动。2011年以来，县公安局全力化解重点信访积案，成功使中央政法委交办的佛冈县进京上访对象黄某行停访息诉，为全国“两会”的顺利召开作出积极贡献。2011年县公安局信访部门共收群众来信61件，来访49起。局领导接待来访群众19批40人次，受理立案11件，办结9件，办理政府门户网站来信285件，网上信访10件，全县没有发生危害国家安全和影响稳定的案件。

严打整治行动 2011年以来，根据公安部及省、市公安机关的部署，县公安局先后组织实施“粤安11”、“创平安、迎大运”、大要案侦破“断源”、“清网”专项行动等一系列不间断的严打整治行动，狠抓各项严打整治措施的落实，取得明显成效。其中“清网行动”超额完成了省厅下达的任务，成绩得到了省、市公安机关的充分肯定。根据清远市公安局通报，佛冈县“清网”行动考核成绩名列全市第三名。2011年全县立刑事案件1498宗，其中“两抢一盗”案件1079宗，同比分别下降8.38%、7.43%；破刑事案件669宗，其中“两抢一盗”案件444宗，同比分别上升0.29%、1.55%；受理治安案件2064起，查处1899起2458人次，同比分别下降1.29%、0.94%和6.04%；抓获各类犯罪嫌疑人498名，打掉犯罪团伙55个，收戒吸毒人员309人，抓获各类网上逃犯160名。成功侦破“孙某丽被杀害案”、“曾某荣被故意伤害致死案”以及“徐某双故意杀人”的多年积案。12月17日，快速侦破一宗发生在汤塘镇四九村的“12·09”双尸命案。打掉一个长期盘踞在佛冈县南部汤塘、龙山的以谭某光为首的恶势力犯罪团伙，成功将该犯罪团伙头目谭某光和骨干成员谭某辉等11人抓获，侦破非法持有枪支、绑架、抢劫、强奸、故意伤害、敲诈勒索、强买强卖、开设赌场赌博等各类违法犯罪案件31宗。2011年全县发生行凶命案7宗全部侦破，年前积案2宗也已侦破，保持了年内新发命案必破、命案无积案的优异成绩。

治爆缉枪 2011年县公安局以“多破案、多抓逃、多追枪”为原则，坚持涉枪涉爆犯罪必打、现行命案必破、非法涉枪涉爆物品必缴的要求，深入推进“断源”行动，重拳出击涉枪涉爆犯罪，取得了显著成效，有效提升人民群众的社会安全感和满意率。2011年6月18日晚，县公安局成功打掉一个在龙山镇的制造枪支的窝点，抓获涉嫌制造枪支的嫌疑人陈某华，当场收缴自制散弹枪1支、气枪1支、散弹枪子弹3发及用于制造枪支的工具一批。同时，于6月19日凌晨乘胜追击，将涉嫌买卖、非法持有枪支的张某芳、黄某海抓获，并成功追缴散弹枪3支、自制火药枪2支、步枪子弹5发及自制枪支零件一批。行动以来，县公安局共破获涉枪案件47宗，破案数同比上升56.7%，实现了现行涉枪案件侦破100%的目标。抓获各类涉枪案件在逃人员13名，其中1名省厅督捕涉枪逃犯，打掉制枪窝点2个；收缴各类枪支105支、子弹297发及管制刀具、黑火药、雷管等一批。根据清远公安局通报，佛冈县“断源”行动考核成绩名列全市第二名。

“大走访”开门评警活动 县公安局始终把人民群众的满意度作为检验和衡量公安工作的标准，精心组织“大走访”开门评警活动。通过深入走访、民意测评、座谈交流、在互联网上开通平安佛冈微博发布警情提示、设立举报信箱等方式，开门纳谏、问计于民，深化落实“三送一评”措施，进一步密切警民关系。“大走访”活动开展以来，全县公安机关及其广大民警共走访群众家庭10128个，其中走访党政机关105个、厂矿企业205个，走访学校174间，走访群众家庭9371户，其他单位和个人273个。集中组织发放防火、防盗、防诈骗以及抓逃犯、治爆缉枪等宣传资料2万余份。排查并化解矛盾纠纷117起，接访并处理涉法涉诉信访案件10余件，征求意见建议

851条，落实整改解决具体问题700余件，得到群众的广泛赞誉。通过“大走访”收集的线索破获和查处各类案件188起，抓获各类违法犯罪人员167人，有力地保障群众的生命财产安全。

队伍教评机制　佛冈县公安局按照“爱警、惠警、励警、强警”的理念，完善工作考核考评机制。推行工作执法一网考，实现“三挂钩”，就是考核结果与民警的评先评优、职务晋升、奖金发放“三挂钩”，最大限度地提高民警的积极性。2011年以来，县公安局通过参考“一网考”数据，有35名基层和一线民警及时得到嘉奖，20名民警获得职务晋升。

（张　蜜）

【巡警工作】　巡警大队是维护佛冈县城社会治安秩序和公共安全而组建的巡逻执勤的警察队伍。巡警大队的主要工作任务是：维护警区内治安秩序，预防和制止各类违法犯罪行为；参与处置公共突发事件，参与处置灾害事故，维护社会秩序，抢救个人财物；接受现场处置、制止妨碍国家工作人员依法履行职务的行为；劝解、制止发生在公共场所的民间纠纷，制止精神病人、醉酒人的肇事行为；救助突然受伤、患病、遇险等处于无救援状态的人，帮助遇到困难的残疾人、老人和儿童等。

巡逻防范　巡警大队坚持将县城巡逻勤务摆在工作第一位，确保全年县城社会治安秩序持续稳定。2011年，巡警大队出动机动车4938台次，出动警力17066人次，共接处警3501起。其中有效警情3210起，受理各种违章1282起，维护交通事故现场108起，调解民间纠纷2016起，参与抢险救灾37次，为群众办好事39次，救送伤病人员45名，寻找走失人员21人，劝回轻生群众6人。抓获违法犯罪人员1017人，其中涉嫌抢劫8人，涉嫌抢夺6人，涉嫌殴打他人4人，涉嫌结伙斗殴15人，涉嫌寻衅滋事3人，涉嫌偷窃人员16人，参与赌博人员873人，卖淫嫖娼人员37人，吸毒人员42人。铲除赌博窝点63个。

打击街面现行犯罪　24小时不间断的巡逻以及快速反应机制及时向群众伸出援手，解其之困，有效地打击恶性犯罪行为。巡警大队坚持“以巡为主，重在盘查，以动制动，以快制胜”的巡逻策略，加强对公共场所、重点路段、车站、银行、学校、工厂、市场等部位的治安巡逻防控，加强对假牌套牌机动车辆的检查力度，加强对街头发案情况的综合分析，尤其在确保“2011年深圳大运会”、佛冈县“两会”及“全国汽车拉力赛”等安保工作的顺利开展，在打击街面犯罪、维护社会治安稳定工作上投入100%的警力和精力。巡警大队针对重点路段、时段和治安复杂场所，有针对性地实行动态布警，通过采取面上巡逻与定点执勤相结合、武装巡逻与便衣队便衣巡逻相结合、设卡堵截与伏击守候相结合等多种防控方式，严厉打击街面违法犯罪活动。2011年，巡警大队现场抓获抢劫嫌疑人8人、抢夺嫌疑人6人、扒手10人，抓获盗窃机动车案犯6名。进入2011年下半年，佛冈县城深夜时段打架斗殴案件时有发生，给县城社会治安稳定环境造成恶劣影响。11月中旬，巡警大队抽出17人，组成“处突”小分队，每天晚上由巡警大队及县城各派出所值班领导带队，从22:30时至次日凌晨3:00时驾驶县局“处突”运兵车在县城大街上巡逻，对县城夜间突发的警情尤其是打架斗殴警情，小分队必将第一时间赶到。自上路以来，小分队成功处置了多起打架斗殴事件，有效压制了县城斗殴事件多发的势头，维护县城治安稳定的良好态势。

处置公共突发性事件　为了确保“2011年深圳大运会”、佛冈县“两会”及“全国汽车拉力赛”的顺利举行，巡警大队非常重视维稳工作，要求每位民警要在思想上、组织上做好充分的准备，随时应对突发事件。同时加强对各类群体性事件的模拟实战演练，组建群体性事件应急小分队，每周五进行处置群体性事件队形训练及体能训练，不断提高整体协调作战能力，确保在群体性事件发生时能拉得出一支有战斗力的队伍。严格落实24小时领导带班值、备勤制度，保证要有二分之一以上的警力参加值班备勤，确保有足够的警力处置突发性事件。各级领导保证在岗在位，一旦发生重大突发事件，立即组织力量赶赴现场处置，坚持靠前作战，有理有节地做好群众的工作。2011年，巡警大队与其他部门合作，协助党政部门妥善处置群体性事件12起，有效维护社会面的稳定。

（廖素珍）

【交警工作】 2011年，佛冈县公安局交警大队以构建和谐交通环境为目标，以“创平安、迎大运”交通保卫为工作重点，狠抓各项道路交通安全管理工作，取得了较好成绩，大队荣立集体三等功1次，教导员邹晖华被市局评为先进思想政治工作者。大队在清远市交警系统执法工作一网考的操作考核中名列第一名，烟岭中队长李向荣被评为广东省“五好交警”。

道路交通安全专项整治 一是认真做好春运交通安保工作。按照上级的部署和要求，制定切实可行的春运工作方案，认真落实各项工作措施。通过共同努力，全面完成春运交通安全保障工作，实现交通事故四大指数同比下降的优异成绩，得到了省厅、市局的充分肯定。二是开展专项整治统一行动。严格按照上级的部署和要求，精心组织“创平安、迎大运”交通秩序整治和酒后驾驶、“断源”、“清网”统一行动。在“清网”行动中，抓获全部网上追逃人员，撒网率100%。在整治酒驾专项行动中，查处酒后驾驶10起，其中醉酒驾驶5起。三是整治重点路段交通秩序。县政府制定《佛冈县治理车辆超限超载工作方案》，在省道292线佛冈收费站、县城振兴路京港澳高速公路佛冈入口段、国道106线汤塘大埔至联和段设置执勤点，重拳整治以S292线为重点的严重超载交通违法行为，有效地肃整佛冈的道路交通环境。四是整治摩托车行驶秩序。根据摩托车交通违法、交通事故比较突出的情况，争取县局的重视和支持，从交警、巡警和局机关抽调70名警力，在上、下半年分别组织了两次集中整治，令行动更迅速、更果断、更有效。佛冈结合实际的专项整治，得到省厅、市局的通报表扬。五是完成交通安保工作。以高度的政治责任感和严格的组织纪律，采取“无缝对接”和“内紧外松、安全和谐”等有力措施，圆满完成高考、佛冈“两会”、全国汽车拉力锦标赛、汪洋同志视察佛冈等交通安保工作，得到市局的充分肯定。

落实勤务制度，加大路面巡逻监控 实行交通巡逻和治安巡逻相结合的举措，切实加强各主干道路的巡逻监控，有效地遏制了交通事故和公路刑事、治安案件的发生。4月26日，机动中队在106国道吉田路段查获一辆嫌疑小汽车，同时缴获假警服2套等可疑物品一批。4月27日，学田中队在106国道学田路段查获一辆嫌疑货车，缴获2吨重的电缆和2把大剪刀。6月16日，湖北警方通过机动中队提供的线索，及时在当地抓获盗窃小轿车犯罪嫌疑人罗某。

交通事故处理 通过采取多项措施，狠抓交通事故的处理，并从中提高民警办案质量。2011年，全县发生交通事故2471宗，造成92人死亡，2054人受伤，直接经济损失974790元，与上年相比，事故宗数上升8.2%，死亡人数上升35.3%，受伤人数下降3.5%，直接经济损失下降35.6%。发生的交通事故中，重大交通事故81宗，一般交通事故2390宗。办结交通事故2421宗，结案率为98%。

交通安全宣传活动 4月，联合电影公司开展为期两个月的交通安全宣传暨送电影下乡活动。此次活动共出动力量240人次、车辆80辆次，开展活动60场，派发宣传单张3500多份，13200多名群众从中受到教育。6月29日，争取县教育局的重视和支持，由教育局督促各中小学校利用“校讯通”短信平台，向学生家长发送交通安全短信32600多条。2011年，编写简报189期，172期被清远市局交警支队采用。交警大队荣获县局公安宣传个人一等奖、集体二等奖。

构筑构牢预防事故防线 2011年，切实加强机动车和驾驶人管理，为构筑预防道路交

通事故第一道防线做了大量工作。共举办10期农民申领摩托车驾驶证考试，为826名农民办理了摩托车驾驶证。经常深入县4家客运企业开展面对面的交通安全宣传活动，切实提高广大司乘人员的安全意识，确保客流高峰期的交通安全。

（黄光辉）

【消防工作】　佛冈县公安消防大队成立于1990年，属正营职编制，军政主官均高配副团职，下辖1个正连职编制中队。现驻址于石角镇环城中路消防巷2号，官兵24人，合同制消防员6人，行政车2辆，执勤消防车6辆，包括水罐泡沫消防车2辆，水罐消防车2辆，抢险救援车1辆，登高平台车1辆。按照国家标准的二类消防站配齐个人防护装备，并配置一大批特种器材装备，包括生命探测仪、救生气垫、堵漏工具、金属切割机、液压扩张器、液压撑杆、冲锋舟等。

“大走访”开门评警　大队响应公安部的号召，走访群众150人次、走访单位60家，收集信息200余条。组织开展群众评议活动5次，接待单位和群众回访40余次，收回发放资料2000余份，推出便民利民新措施2项。帮助群众解决实际困难，进－步融洽警民关系。

全面排查火灾隐患　2011年初开展“百日消防安全隐患大排查大整治行动”，行动结束后即投入到“大排查大整治大宣传大培训大练兵”的“五大”活动中。9月26日公安部部署“清剿火患”战役行动，大队立即全警出动投入到行动中。2011年，大队开展隐患排查1373次，发现火灾隐患1597处，整改1514处，整改率94.8%；下达行政处罚决定书39份，下达临时查封决定书12份，下达行政强制决定书1份；责令“三停”单位13家，移送案件2宗，拘留5人；对17家单位和3人进行罚款，罚款额244500元。通过隐患的排查，确保全部（39家）消防安全重点单位“四个能力”（检查消除火灾隐患的能力、组织扑救初起火的能力、组织人员疏散逃生的能力、消防宣传教育培训的能力）建设全面验收达标。

消防执法规范建设　大队严格落实消防执法五项机制和34项工作制度，深化“六个E网”建设，实现100%消防行政许可业务网上受理、网上办结，确保网上办结无错案，无超时案宗。充分体现消防业务办理公正、公开、公平、透明、高效、廉洁的理念，实现消防窗口“一条龙”服务。

火灾隐患重点地区整治　2011年，石角镇被清远市政府确定为火灾隐患重点地区。大队严格按照相关方案和要求，认真贯彻“预防为主、防消结合”的消防工作方针，坚持“救人第一、以练为战”的指导思想，立足现有装备，科学施训，严格要求，全面提高兼职消防队员灭火救援能力和技能。大队还印制各类消防宣传资料10余种，分类装在消防宣传袋发放给辖区居民和各类经营场所业主，营造浓厚的消防氛围，以良好的成绩通过市政府的考核。

灭火救援和执勤备战　一是打牢业务训练基地。依照勤务实战化的要求，修订重点单位灭火作战预案40份、水源手册1份，修订综合性类型预案13份。充分利用灭火救援辅助决策系统、灭火救援预案制作与管理系统、重大危险源评估系统等三个网上系统。二是深入打造佛冈消防铁军，努力提高灭火救援实战水平。大队投入30万余元购置一批器材装备。组建由3名中队官兵组成的攻坚组，成为开展“打铁”活动的骨干力量。三是大队坚持每月召开一次训练形势分析会，查找问题，分析不足，不断提高官兵训练热情和训练质量，在2011年的冬训考核中，取得全市第一名的好成绩。2011年，佛冈消防大队接警出动282次，出动车辆517台次，出动警力2455人次。其中参加社会抢险救援116次，出水灭火123次，抢救被困人员113人，挽回经济损失4205余万元。

（林燊辉）

检　察

【概况】　2011年，县检察院围绕“高点定位、奋勇争先、科学发展、争创一流”的工作思路，深入推进社会矛盾化解、社会管理创新、公正廉洁执法三项重点工作，扎实开展“发扬传统、坚定信念、执法为民”主题教育实践活动，全面履行法律监督职责，努力把检察工作提高到一个新的水平，为共创富民强县、建设幸福佛冈提供司法保障。2011年，荣获全国、全省、全市先进基层检察院称号；获“佛冈县2009～2010年度维护稳定及社会治安综合治理工作先进单位”（一等奖）；反渎局和县检察院办公室主任郑阳胜分别被市院荣记集体、个人三等功；县检察院党支部为清远市先进基层党组织。

【依法打击刑事犯罪】　县检察院与公安、法院等部门密切配合，认真履行批捕、起诉职责，坚决依法打击各类刑事犯罪活动，切实保障社会和谐稳定。2011年受理提请批准逮捕案件155件225人。经审查，批准逮捕146件211人，不批准逮捕6件8人，积存3件6人。受理移送审查起诉（不起诉）案件143件232人。经审查，向法院提起公诉114件160人，移送上一级检察机关审查起诉5件7人。无捕后因证据不足而不起诉的案件，起诉案件一审有罪判决率为100%，无撤诉案件，体现了较高的办案质量，有力地维护了法律的公平正义。

【贯彻宽严相济刑事政策】　县检察院在办理刑事案件当中坚持当严则严、该宽则宽，既有力打击犯罪，又减少社会对抗。对初犯、偶犯、未成年人、老年人犯罪以及因邻里、亲友纠纷引发的轻伤害等案件，重视教育转化、促进和谐，依法落实从宽处理的政策，慎用逮捕和起诉措施，努力减少社会不安定因素。2011年，对涉嫌犯罪但无逮捕必要的犯罪嫌疑人依法决定不批捕5件5人。

【查办职务犯罪案件】　提高执法和办案质量，严肃查办贪污贿赂、渎职侵权职务犯罪案件。2011年立案查处职务犯罪案件13件15人，通过办案为国家挽回经济损失1450多万元。其中，反贪污贿赂局立案侦查贪污贿赂类职务犯罪案件9件11人，大案率100%，通过办案为国家挽回经济损失1300多万元。反渎职侵权局加大对国家机关工作人员渎职犯罪的查处力度，立案查办国家机关工作人员渎职侵权犯罪案件4件4人，为国家挽回经济损失150多万元。

【预防职务犯罪宣传教育】　坚持“标本兼治、综合治理、惩防并举、注重预防”的方针，在加大查办职务犯罪的同时，进一步推进职务犯罪预防工作。2011年，县检察院充分发挥职务犯罪预防宣教团的作用，先后派员到县财政局、住建局、水务局等单位上职务犯罪警示教育课，接受教育900多人次，遏制和减少职务犯罪案件的发生，努力实现“办好一案，治理一线，预防一片”的效果。结合举报宣传周、检察开放日、检察官下基层进社区、接访巡防等活动，先后深入到全县6个镇设点宣传，接受群众咨询56人次，制作宣传展板20套，发放举报及预防宣传资料共1000多份，扩大举报和预防工作的社会宣传面。

【刑事侦查监督】　严格履行职能，严把事实关、证据关、法律关，以案件质量体现司法公正。在审查起诉案件当中，发现并追诉漏罪4件4人，漏犯1件1人，改变侦查机关定性1件1人；全面推行适用量刑建议，量刑建议采纳率为100%，有力地维护法律的公平正义。对重特大案件坚持适时介入侦查活动，推动案件的顺利侦破。以纠正滥用和随意改变强制措施、严重违反诉讼程序、侵犯人权问题为重点，强化侦查活动监督，共办理延长侦查羁押期限3件，对侦查活动中的违法情形提出书面纠正意见3件。

【刑罚执行监督】 进一步加强驻所检察工作，保障国家刑罚的正确执行。2011年共审查看守所呈报减刑、暂予监外执行材料9件，留所服刑人员材料4件，审查起诉罪犯又犯罪案件1件，为确保看守所监管安全，会同看守所召开联席会议、狱情分析会19次，参与安全大检查21次，提出检察建议4次，开展专项检察活动3次，确保看守所的监管安全。积极开展监外执行及社区矫正工作的检查和调研活动，推动全县公、检、法、司、民政等各部门密切配合、各镇职能部门具体抓落实的社区矫正工作联动机制正常进行。

【履行控告申诉检察职能】 切实做好涉检涉诉信访工作，排查化解矛盾纠纷。受理群众来信来访43件，所有信访均按“分级负责，归口办理”的原则在7天内分流完毕并答复信访人；完善检察长接待日制度，开展接访12次，接访群众30人；为促进社会矛盾化解，积极开展“四访”活动（基层大接访、带案下访、上门探访及基层巡防），认真做好当事人的解释说服工作。每月定期派员到各镇巡回检察室、维稳中心督导维稳工作。积极开展案件评查，评查15宗案件，较好地提升办案质量，确保检察职能的公正履行。

【民事及行政诉讼监督】 加强与司法局、律师事务所、法律服务所等单位的联系，不断拓宽案源，确保民事及行政检察工作有一个良好的执法环境和发展空间，推动民事及行政检察工作稳步发展。2011年受理民事行政申诉案件11件，其中立案7件，不立案4件；办结建议提请抗诉案件2件，办理提请抗诉案件1件，向有关单位发出民事审判活动检察建议及完善行政执法程序检察建议各1份并得到采纳。

【强化内外监督】 积极为全县、镇、村、社区换届选举工作保驾护航，营造出风清气正的换届选举环境。完善纪检监察、检务督查，不定期对检察干警在岗在位和八小时之外的情况进行督查，将检容风纪、会场纪律、节假日车辆使用等纳入督察范围，特别是对高检院所“五条禁酒令”、“六项规定”执行情况进行深入的贯彻和督察。坚持把检察工作置于党委和上级检察机关的领导以及人大的监督之下，自觉接受政协民主监督、人民群众监督和新闻舆论监督，确保检察权在有效的监督中正确运行。一是隆重举行荣获“全国先进基层检察院”揭牌仪式，进一步扩大社会影响；二是出台《佛冈县人民检察院加强和改进与人大代表联络工作方案》，进一步加强和改进与人大代表的联系，密切检群、干群关系；三是进一步推进人民监督员工作；四是通过设点宣传、下访接访、检务宣传栏、印发《检察情况反映》等形式，主动置身于社会监督下，强化了检察机关自身执法活动的外部监督；五是加强与新闻媒体的联系，与县电视台联合拍摄制作检察专题宣传片《励精图治科学发展 创建先进基层检察院——佛冈县人民检察院工作纪实》。

（郑阳胜、王 双）

审 判

【概况】 2011年，县人民法院深入开展社会主义法治理念再教育、“人民法官为人民”主题实践活动和“发扬传统、坚定信念、执政为民”主题教育活动，大力推进“社会矛盾化解、社会管理创新、公正廉洁执法”三项重点工作，深入开展争当排头兵“奋力实现年”竞赛活动，不断提高执法能力和司法公信力，推动审判工作质量、工作效率和社会效果的全面提升，较好地完成了各项审判和执行任务。全年受理各类案件2209件，办结2052

件，分别比2010年增长46.8%和39.4%，结案率92.9%。全面实现排头兵目标，设立了目标值的16项审判执行指标全部达标。刑事案件抗诉率、二审改判率、申诉率均为零。在全市法院系统年度综合考核中名列第二，被授予“2011年度优秀基层法院”。

【刑事审判】 加强刑事审判工作，维护社会稳定。受理各类刑事案件125件182人，分别比2010年上升31.6%和30.9%，全部审结。积极配合公安部的清网行动，依法严厉打击各种严重暴力犯罪，审结故意伤害、强奸等严重危害社会治安犯罪案件24件，判处犯罪分子36人。加大对抢劫、盗窃等多发性犯罪的打击力度，审结抢劫犯罪案件17件，判处犯罪分子30人；审结盗窃犯罪案件22件，判处犯罪分子41人；审结毒品犯罪案件6件，判处犯罪分子7人。从严惩治腐败犯罪，审结贪污贿赂犯罪案件12件，判处犯罪分子15人。全面贯彻宽严相济刑事政策，对具有法定从轻、减轻等法定从宽情节的依法予以从宽处理，依法适用非监禁刑，对64名被告人判处缓刑，非监禁刑率为43.5%。认真做好未成年人犯罪的审判工作，坚持以教育为主、惩罚为辅的原则，立足帮教，着眼于感化、挽救，在量刑上依法予以从轻或者减轻。未成年人罪犯适用非监禁刑率为48%。

【民事审判】 加强民商事审判工作，促进社会和谐。受理各类民商事纠纷案件1572件，审结1441件，分别比2010年上升59.8%和49.9%，结案率为91.7%，解决诉讼标的金额11553万多元。注重做好与人民群众利益关系密切、影响人民群众生产生活、容易引起矛盾激化纠纷案件的审理，及时化解矛盾纠纷，促进社会和谐稳定。依法调处婚姻家庭继承纠纷矛盾，突出保护妇女、儿童、老人合法权益，审结此类案件297件。依法调处合同纠纷矛盾，维护交易安全，促进诚信建设，服务经济发展，审结此类案件725件，其中审结借款合同纠纷案件203件、劳动争议纠纷案件27件。依法调处权属、侵权纠纷矛盾，制裁侵权行为，审结此类案件419件，其中审结人身损害赔偿案件321件。

【行政审判】 加强行政审判工作，推动依法治县。受理各类行政案件14件，审结11件，分别比2010年上升250%和175%，结案率为78.6%；审查各类行政非诉执行案件5件。积极探涉诉信访积案工作。在工作组积极努力下，省政法委督办的8件涉法涉诉信访积案在当月全部清理完毕，提前完成涉法涉诉信访积案化解任务。加强司法救助工作，为10件案件18名经济确有困难的当事人缓交、减交或免交诉讼费18450元，其中免交4250元。

【司法公开工作】 推进司法公开，接受群众监督。制定《佛冈县人民法院进一步推进司法公开工作方案》，有计划、有步骤地推进司法公开工作；增设电子滚动屏幕，公布排期开庭信息；在召开县人代会期间，派出中层干部到各代表团听取人大代表对法院工作的意见和建议；邀请市县人大代表、政协委员、律师和群众代表参加“法院开放日”、“执行局长接待日”和“百案释法答疑”、“百场征求意见”活动；妥善办理县人大常委会交办的信访案件和县人大代表、政协委员关注的案件；加强人民陪审员工作，有效发挥人民陪审员参与司法实践和监督司法活动的作用，全年有19名人民陪审员参与审理案件167件。

（张方针）

司法行政

【概况】 佛冈县司法局与县政法委合署办公室后，继续发挥司法行政职能，负责管理指导律师、公证、人民调解、安置帮教、社区矫正、法律宣传、法律援助、基层法律服务、参与社会治安综合治理和完成上级交办的其他工作。2011年，紧紧围绕加快推进佛冈统筹城乡一体化科学发展这条主线，以深化“社会矛盾化解、社会管理创新、公正廉洁执法”三项重点工作为着力点，奋力推进全县司法行政工作的创新发展。

【普法工作】 2011年是“六五”普法的启动年。县司法局注意根据不同层次、不同对象，突出重点，引导干部、群众联系各自的工作、生产、生活实际学习相关法律知识，推进“六五”普法的全面开展。

法律“三进” 一是法律进机关。主要是协助县组织、人事部门把各级领导干部学法纳入干部年度培训计划，坚持和完善党委（党组）理论学习中心组学法制度、干部培训、任职前法律知识考试制度、法制专题讲座制度。二是法律进学校。建立了以学校为主阵地，以校长为第一责任人，关工委、教育、司法、综治等有关部门密切配合的教育体系，全面实施青少年法制教育工程。聘请法制副校长和校外辅导员，开展一系列的法制宣传教育活动。在佛冈县交警大队、戒毒所、武警中队成立青少年法制教育基地，在佛冈县城北中学设立禁毒基地和预防未成年人犯罪教育基地，保证佛冈县青少年学生学法有场所、有阵地。如“6.26”禁毒活动期间，教育系统组织县直中、小学生到教育基地和戒毒所参观学习，有效地增强中小学生的法制观念和法律意识。县城北中学以现场书法、绘画、艺术节大型文艺汇演等形式举办“学法懂法守法、法纪与我同行”为主题的校园文化艺术节。三是法律进企业。县司法局联合工商、安监、质监等职能单位，分别在佛冈县亨地水泥有限公司、鸿兴超市、嘉宜超市等企业设立安全生产知识宣传栏、工商法制宣传栏、食品质量安全市场准入制度等宣传栏（板），加强企业内部的法制宣传建设。

【“12·4”法制宣传及司法考试】 2011年是广东省开展“法治广东宣传教育周”活动的第三年，也是我国第十一个“12·4”全国法制宣传日。为进一步推动“幸福佛冈”建设掀起佛冈县法制宣传教育新高潮，宣传部、依法治县办、司法局联合普法办等单位组织开展以“人人遵纪守法，幸福伴随你我他”为主题的宣传活动。同时，按照省、市普法工作的部署和要求，及时组织了全县干部职工学法考试，并取得较好的成绩。据统计，全县有6900人参加考试，全部合格以上。

【人民调解】 人民调解工作继续坚持“调防结合、以防为主”与“多种手段、协调作战”的方针和依法调处、德法并举原则，把有效化解矛盾纠纷作为工作主线，努力把矛盾纠纷化解在基层，解决在萌芽状态，有效发挥维护社会稳定的“第一道防线”作用。2011年，全县司法所开展矛盾大排查65多次，参与调解案件共583件，调解成功565件；参与调处各类重大疑难复杂民间纠纷67件；协助基层政府处理社会矛盾纠纷45件，成功41件；防止群体性上访28起，制止群体性械斗25起。

【社区矫正工作】 认真贯彻社区矫正工作会议部署，将社区矫正工作作为社会管理创新工作的突破口。2011年，全县接收社区服刑人员7名，解矫1人，在矫人员6人。全部实现安全监管，无一脱管、漏管和违法犯罪现象的发生。

【刑释解教】 进一步强化对刑释解教重点人员的监管力度。2011年佛冈县通过该系统核实服刑在教人员信息699人，保证服刑在教人员提供信息的真实有效，从源头上杜绝“三假”人员，实现刑释解教人员信息的实时传递、无缝流转，强化刑释解教人员的衔接管理。2011年全县共有回归刑释解教人员130人，其中刑释人员127名，解教人员3名，全部登记造册，并落实安置帮教措施。以上人员全部表现良好，无一人重新犯罪。

【基层法律服务】 各基层司法所充分发挥乡镇法律服务工作者扎根基层和便民的优势，积极预防和化解各类社会矛盾，为群众提供法律服务。2011 年，佛冈县各镇司法所及基层法律服务工作者办理合同见证 122 件，代理诉讼 94 件，解答法律咨询 5933 人（次），避免和挽回经济损失 580 万元。

【公证工作】 严格规范办证程序，拓宽服务领域，提高公证质量。2011 年，佛冈县公证处共办结种类公证 740 件。其中涉外公证 172 件，国内公证 568 件。接待来访群众 1300 多人次。

【律师工作】 不断强化法律顾问职能，加大法律服务力度。2011 年，广东英豪律师事务所律师承办各类收费案件 37 件，其中代理刑事辩护案件 3 件，代理行政案件 1 件（被告），民事诉讼案件 30 件，非诉讼案件 3 件；代写法律文书 32 份；办理免费法律援助服务 11 件（5 件刑事辩护，6 件民事代理）；担任法律顾问 14 家；解答来访来电群众法律咨询 420 多人次。

【法律援助】 有效维护弱势群体的合法权益，加快构建和谐社会进程。2011 年，佛冈县法律援助机构办理法律援助案件 32 件，其中办理刑事法律援助案件 5 件，办理民事诉讼代理法律援助案件 8 件、非诉讼调解 19 件；代写法律文书 10 份，受援人 56 人（其中老人 4 人、未成年人 6 人、妇女 6 人、农民工 21 人、残疾人 6 人），接待来访群众和来电咨询 310 多人次。

（郭建文）

经济管理

责任编辑：谢春江

发展与改革

【概况】 佛冈县发展和改革局主要负责全县发展和改革、价格收费管理、粮食流通管理、盐业行政管理与相关法律法规在本地区的贯彻落实等职责。内设办公室、发展和改革股、价格收费管理股、粮食管理股4个股室，属下有物价检查所和价格认证中心，在编人员21人。2011年，发改部门以科学发展观统揽经济和社会发展全局，加快立项审批手续，简化办事程序，提高办事效率，努力为全县招商引资工作服务。进一步实践大物价理念，加强价格调控、价格服务、价格检查工作，加强对垄断行业和市场价格的监管，深入开展涉农收费检查，切实减轻农民负担。抓好全县粮食流通管理工作，落实粮食最低保护价格措施，强化粮食价格的监督检查，保持全县粮食价格的基本稳定。进一步促进结构调整、资源节约、环境保护与和谐佛冈建设，为全县经济社会又好又快发展作出新的贡献。

2011年，县发改局共批准立项55个，总投资329633万元。其中：工业项目8个，总投资74870万元；基础设施项目36个，总投资115214万元；其他项目11个，总投资139549万元。批准自筹基建项目7批89项，总投资200006万元。

【重点工程项目信贷工作】 协助有关部门做好中央、省投资项目的资金申报工作，2011年争取中央、省资金共4535万元。其中：黄秋云生猪标准化规模养殖场中央资金50万元，郑福中生猪标准化规模养殖场中央资金15万元。县卫生监督所中央资金100万元。27宗学校饮水安全工程中央资金126万元、省资金124万元。省道252线佛冈县坑尾至枫树山段和沙岻至下迳段省资金2525万元，县道374线大陂至旗岭段省资金528万元，省道252线长江至社冈下路段省资金184万元。石角镇龙塘村灌区改造工程省资金130万元，汤塘镇围镇村灌区改造工程省资金225万元，迳头镇社坪村灌区改造工程省资金528万元。这些资金的落实大大地推动全县公共基础设施建设，有效地加快现代化建设进程，并推动社会和各项事业的协调发展，对全县的经济建设起到促进作用。

【重大项目稽查】 坚持把重点项目建设放在经济社会发展的重要位置，以立好项目、快立项目、立大项目为重点。监督落实重点项目的工作，并根据国家项目建设投资政策和中央新增投资项目政策。结合投资项目建设情况，认真组织项目申报中央投资资金。把符合支持方向、社会效益突出、建设方案可行、项目建设规模合理的项目上报省审批，努力争取国家项目资金支持。强化重点项目的监督落实工作。定期或不定期组织人员深入项目建设第一线，了解情况，解决问题，督促进度，监督质量，确保项目建设按计划完成。

【医药体制改革】 实施国家基本药物制度。依据医药体制改革的五项重点工作，做好牵头、督促、检查落实任务。落实医改工作任务和卫生改革与发展事业融为一体，同步思考、同步发展。制订《佛冈县基本公共卫生服务项目实施方案》，明确各实施单位的职责。各医疗卫生单位按照全县的统一部署，采取有效措施开展工作。全县11间基层医疗机构综合改革基本完成。

（严玉峰）

【年度发展计划编制】 组织编制《2011年佛冈县国民经济和社会发展计划》。确定佛冈县2011年经济社会发展的主要预期目标，并提出八个方面的措施，包括：深化经济结构调整，大力发展高新技术产业和现代服务业；加快建立自主创新体系，培育和发展集群产业；促进内外源经济融合，扩大和加强区域经济合作；加大资源节约和环境保护力度，建设资源节约型、环境友好型社会；加快基础设施建设，加强县城规划建设和管理；大力发展现代服务业，推进第三产业优化升级；深入开展新农村综合改革、医改等行政体制改革；大力发展教育文化体育事业，积极解决人民群众切身利益问题。2011 年佛冈县综合实力显著增强，全县实现生产总值 140 亿元，比上年增长 16.3%，较好实现主要预期目标。

【宏观调控与监测】 加强对经济运行的常规性调研和分析，定期撰写季度、半年度、年度经济形势和房地产市场动态分析报告。同时，做好宏观调控调研工作。一是开展“十二五”规划主题调研，深入了解各镇经济发展情况，加强对各镇“十二五”规划和区域发展比较研究。二是做好产业发展调研及规划研究，形成加快全县服务业发展、加快产能过剩行业结构调整、发展产业集群等情况汇报，以及编制佛冈县主体功能区规划实施方案、公共基础设施建设实施方案等。三是继续落实国家房地产调控政策，对房地产开发进行严格监管，引导房价回归合理。四是把好项目准入关，根据项目属性和各主体功能区准入政策规定，做好投资项目定点落户布局。做好重点建设项目调研、信息服务、招投标等工作。

（谭绍文）

【经济运行监测和预测】 积极开展经济运行监测预测工作。一是定期组织召开全县经济监测预测联席会议，要求各成员单位总结本部门、本行业的工作情况，及时了解每阶段经济运行的发展情况和所面临的问题及困难。二是通过各成员单位的汇报材料以及提供的相关数据，分析情况，提出建议。通过国民经济监测预测联席会议制度，加强利用信息化手段，对全县经济和社会发展状况进行不断分析，研究分析全县国民经济发展态势，以及经济运行中存在的不足、热点和难点问题，提出解决问题的办法措施，为县委、县政府决策提供参考依据，提高经济运行监测预测水平。

【加快立项审批】 发改部门作为固定资产投资项目立项审批的职能部门，认真执行国家的产业政策，把好各类建设投资项目的入口关。对重点敏感项目的立项，必须通过环保部门的环评报告才给予立项，环评不达标的，特别是重污染的工业项目坚决禁止立项审批，保证生态环境良性循环，为子孙后代造福。同时，强化服务意识，优化报批手续，提高办事效率。对符合国家产业政策、材料齐备的项目随到随办，特事特办，做到能够当日申报，当日批复立项手续；对于外商要求比较急的项目，星期六日也给予办理手续。坚持做到急为投资者所急，想为投资者所想，受到投资者的好评。

（严玉峰）

物价管理

【概况】 2011 年，佛冈县物价管理按照科学发展观的要求，树立大物价的理念，全面贯彻落实国家和省的价格政策，以发展经济、建设和谐佛冈为主线，以规范市场价格行为、着力解决好关系群众切身利益的价格收费问题为重点。进一步强化价格监督检查工作，围绕人民群众最关心、最直接、最现实的利益问题，整顿和规范市场价格秩序。认真做好价格认证工作，不断拓展价格鉴定、价格认证工作新领域，努力提升认证队伍综合素质，为招商引资、推动全县经济和社会的稳定发展创造良好的市场价格环境。

【规范市场价格】 按照科学发展观的要求，树立依法定价、依法行政的理念，全面贯彻落实国家和省的价格政策，以推动“共创富民强县，建设幸福佛冈”为主题，以规范市场价格行为、着力解决好关系群众切身利益的价格收费问题为重点，积极推进价格改革，保持价格总水平的基本稳定。

【严格执行收费政策】 规范收费行为，加大清费减负工作力度，坚决取消不合理的收费项目，降低偏高的收费标准，切实落实各项清费减负措施和政策。集中精力治理涉及农民负担、外出务工人员、下岗人员就业、中小学校、医疗收费等的收费，整治只收费不服务的收费行为。坚决取消和降低各种不合理的收费，规范政府机关的收费行为。不出台违反国家政策的收费项目，严把审批关。2011 年核（换）发收费许可证 35 个，制定收费公示牌 16 个。与财政、监察、审计部门联合对 40 个行政事业性收费单位进行年度审验。继续对全县的经营服务性收费进行综合年审，着重对实行政府定价（政府指导价）的 23 个收费单位进行检查。取消和降低收费项目 5 项，每年可减负 35 万元。

【政府列管商品价格】 依法调整民生价格，稳步推进价格改革，制定农村饮用水最高限价，调整资源性产品价格。按照《价格法》和省、市的规定，对可实行市场调节价的商品和服务，坚决放开由市场形成价格，绝不截留定价权，充分调动生产者与经营者的积极性。严格管理政府列管的商品价格，对液化石油气、商品混凝土、出租小汽车、公共交通等商品价格与服务收费从严审核成本价格，对自来水公司的供水价格和污水处理厂的污水处理成本进行成本监审。

【医疗药品价格管理】 稳步推进基层医疗机构的零差率政策，在 11 间基层医院实行零差率药品销售价格，继续降低部分偏高的药品价格。县级医院的药品全部实行两个 100%，招标药品全部实行招投标，全部购进招投标的药品。全县有 1500 种药品实行按招投标价格购进，按规定购销差率销售，每年可减轻患者负担 280 万元。积极做好医药体制改革工作，稳步推进全县医药体制改革。依据医药体制改革的五项重点工作要求，做好药品价格的管理工作。

【中小学收费审核】 根据省委、省政府实施中小学免费义务教育政策和省市物价部门的规定，佛冈县从 2008 年开始实施全部中小学九年免费义务教育。通过对教育收费的检查与成本审核，全面落实中小学的义务教育工作。通过成本审核、调查研究、听取社会各方面意见等，重新核定幼儿园收费标准。进一步规范中小学收费管理和收费使用，及时制止乱收费。

【建设平价商店】 根据市的统一部署，积极创建平价商店全省示范县工作。建成 6 家平价商店，超额完成任务。常务副省长肖志恒、省物价局局长孙庆奇、副市长许国等领导在佛冈调研时给予充分肯定。全市平价商店建设现场会在佛冈县召开，为佛冈的平价商店建设工作更上一层楼给予鞭策和动力。

【开征价格调节基金】 积极开展价格调节基金工作。从 2011 年 6 月 1 日起，对 75 户符合规定的企业开征价格调节基金，至年底全县征收价格调节基金 116 万元，基本完成任务。经县政府同意，动用价格调节基金 100 多万元对低保户进行临时价格补贴，并对平价商店进行扶持补助 10 万元。

【价格调控与改革】 价格工作涉及方方面面，价格改革、稳定价格、保障民生是各级政府责无旁贷的职责。价格调控按照立足当前，坚持扶持生产、保障供应与抑制不合理需求相结合，理顺价格关系与保障群众基本生活相结合。恰当、慎重出台价格调整政策，稳步推进价格改革。把握好政府管理价格的调整时机、节奏和力度，对已经确定的调价方案，充分考虑群众和社会承受能力，完善配套措施，审慎出台。努力保持消费价格总水平的基本稳定，让广大人民群众切身感受到党对民生工作的关心和重视，让广大人民群众共享改革发展的成果。

（邓卓成）

【涉农价格与收费专项检查】 根据广东省物价局《转发国家发展改革委关于开展全国涉

农价格与收费专项检查的通知》精神，重点检查农村灌溉用水、用电、化肥、农产品运输绿色通道、农产品流通环节以及农村中小学乱收费等方面的价格和收费问题，严厉打击坑农害农价格违法行为，切实保护农民利益。

【客运价格专项检查】 根据广东省物价局《关于开展2011年春运客运票价检查的通知》要求，为维护旅客的合法权益和春运期间的价格秩序，重点对客运站春运票价及明码标价执行情况进行检查。并向客运站派发《推进价格诚信禁止价格欺诈》法规宣传画，提醒告诫经营者要加强价格自律，春运工作开展有序。根据群众举报，对不执行政府定价，擅自提高公共汽车票价及违反明码标价规定的行为进行处理，罚款3.5万元。

【教育收费检查】 根据广东省物价局《转发国家发展改革委关于开展教育收费专项检查的通知》精神，县发改局会同县纠风、教育部门对县中小学及公办幼儿园收费情况进行检查。重点检查幼儿园收费执行情况、农村义务教育"两免一补"、招生和收费政策落实情况、公办高中招收择校生"三限"政策落实情况及学校违反自愿原则和非营利原则，强制收取服务性收费、代收费或从中牟利的行为。检查中发现个别学校存在不规范的服务性收费、代收费行为。责成违规学校立即改正，严格按广东省物价局、教育厅、财政厅、人民政府纠正行业不正之风办公室《关于进一步规范中小学服务性收费和代收费的通知》执行，健全相关手续，召开学生家长会做好宣传解释工作，并清退金额34616元。

【医药卫生服务价格检查】 根据广东省物价局等六部门《转发国家发展改革委等六部门关于开展全国医药卫生服务价格大检查的通知》精神，对全县医疗机构医药卫生服务价格执行情况进行检查。出动人数72人次，共检查医院3间，零售药店15间。检查发现的问题：（1）住院诊查费、床位费、护理费等计费时间与住院天数不对等；（2）全额收取主麻醉费用后，次麻醉没有按规定收费标准的50%计收；（3）收取住院病人的病历手册工本费；（4）没有严格按《清远市非营利性医疗机构医疗服务价格》设定收费标准，如吸痰护理费；（5）分解项目收费，如收取心脏彩色多普勒费用后，又分解项目重复收取左心功能测定费用。

【查处价格欺诈行为】 根据广东省物价局《关于开展商品房销售明码标价专项整治行动的通知》精神，结合实际情况，按照整治行动重点，对全县房地产开发企业及中介机构商品房销售明码标价执行情况进行检查。共出动人数55人次，被查单位11个。对擅自提高居民生活电度价格及违规收取水电周转金的行为进行处理，清退金额32112.16元。

【市场价格巡查】 积极开展市场价格检查与巡查，加强对粮食、食用植物油、肉禽蛋、菜、食盐等群众生活必需品及成品油价格的市场检查。在2011年3月17日，佛冈县出现食盐抢购现象时，迅速应对食盐价格异动。加强食盐价格跟踪了解，现场向经营者宣传价格政策，向广大市民解释，劝市民不要抢购，对存在问题的商铺当场进行提醒告诫，稳定食盐价格，及时平抑食盐抢购风波。

【物价投诉案件检查】 2011年，共受理来信、来电、来访28件，办结率100%，查处违法案件5件，违法金额103498.16元，上缴财政罚没款3.5万元，退还消费者68498.16元。

（王丽清）

【价格鉴证】 根据国务院有关部门《关于规范价格鉴证机构管理意见》要求，始终把对涉案财产的鉴定工作作为价格认证中心工作的立足点、根本点，切实抓紧抓好。按照省物价局、省公安厅关于价格鉴定和价格认证操作规程，严格执行工作程序，把握好受理关、现场勘察关、市场调查关、鉴定结论关和价格鉴定结论归档关。确保价格鉴定、价格认证结论的客观性、公正性、准确性，维护公民、法人和其他组织的合法权益，保障刑事、行政执法活动的正常进行。2011 年共办理价格鉴定业务 236 件，评估标的 650 万多元。

【价格评估】 根据经济形势发展的需要，积极参与企业破产（转制）清算工作，配合县委、县政府城镇建设及各镇的招商引资、电网建设、资产处置等征地补偿工作的各种评估 68 宗，评估标的 4000 多万元。通过价格评估，有效地防止国有资产和税费的流失，为企业转制（重组）提供准确的价格依据，确保县、镇政府招商引资、电网建设、道路建设和西气东输等工作得以顺利进行。

【车损物损评估】 在道路交通事故车物损价格评估中，及时对道路交通事故车造成的财物损失进行价值评估，确保交通事故处理工作的合法性和有效性，维护当事人的合法权益，为交警部门迅速处理交通事故提供准确合法的依据。2011 年共办理道路交通事故车损物损评估业务 297 件，评估标的 294 万多元。

【价格认证及服务】 在价格服务工作中，根据部门、行业、企业和公民的需要，提供价格法规、市场行情、价格预测等咨询，提供调定价前期成本审核和可行性依据，提供土地交易前期投入成本审核依据。对价格纠纷、价格争议问题进行调解处理。有效地发挥政府价格认证职能，确保市场价格环境的稳定。

（黄健文）

工商行政管理

【概况】 2011 年，佛冈县工商局以“两项改革”为契机，以基层规范化建设为重点，以建设“三型工商”为抓手，紧紧围绕县委、县政府的中心工作任务，全面落实监管与发展、监管与服务、监管与维权、监管与执法相统一，积极推进法治工商、信息工商、信用工商建设，立足职能，真抓实干，全力服务佛冈经济社会科学发展，各项工作取得明显成效。

【工商登记管理】 各类市场经济主体呈现出良好的发展势头，实现新的增长。2011 年，全县新设立的内资企业 132 家，私营企业 146 家，个体工商户 1248 户，农民专业合作社 10 户。当年，全县共有内资企业 368 户，注册资本 73973.22 万元；私营企业 771 户（其中分支机构 100 户），注册资本 166524.8 万元；个体工商户 7822 户，注册资金 21485.39 万元；农民专业合作社 51 户，出资总额 1711.97 万元。共办理企业名称登记 206 户，其中外商投资企业名称预核 9 户；企业变更登记 390 户，注销登记 29 户。

【工商管理改革】 一是深化企业登记注册制度改革。按照注册窗口功能“一体化”机制改革要求，集中整合注册登记、食品流通许可、年检验照、消费维权、广告经营申请、动产抵押等业务，把各登记窗口打造为集“咨询、登记、监管、维权”服务于一体的综合性服务大厅，形成统一的整体。设立“立等可取”窗口，对于部分不需要实地核查的可即时办理的名称预先核准、注销等登记业务，实行“即审即核”，手续齐备即可当场办结。二是深化企业监管方式改革。完善网格化巡查制度，建立市场主体监管规范、监管系统操作规范和违法行为跟踪处理规范等工作机制，推动巡查监管工作实现科学化、规范化和制度化。探索推行监管执法一体化工作模式，实行“一人双岗”，以监管抓执法办案，以办案促监管到位，通过完善巡查监管、行政指导、立案查处、引导办照等各工作环节的流程，解决监管与执法脱节的问题。

【“三型”工商建设】 法治工商建设 围绕工作大局，以依法行政为主线，以提高执法办案水平为抓手，全面推行“执法行为精细化、办案程序网络化、案件审核制度化、执法监督全程化、执法培训日常化”管理，规范登记注册、巡查监管、执法办案、行政指导和消费维权。2011 年全系统对市场主体巡查 13553 次，制定完成检查计划 233 条，开展行政指导 1512 宗，受理消费投诉 19 宗，成功调解 18 宗，为消费者挽回经济损失 1.7 万元，查办各类行政执法案件 254 宗，无一出现行政复议与行政诉讼。

信息工商建设　抓好政务网建设，完善信息公开，全面提高服务质量和水平。实现工商部门与县政府的网络联通，加快公文流转。推进信访信息化建设，利用政府门户网站、工商外网打造网上信访大厅，实现信访工作处理网络化。2011 年共编发政务信息 281 条，处理网上来信 85 封。

信用工商建设　将办事程序、职责要求、业务流程、时限要求明确到人，采取定人、定岗、定责、定标、定考评的“五定”方式，强化问责，提升工作执行力。推行案件回访制度，及时发现和纠正查办案件过程中存在的问题。聘请外部廉政监督员，建立工商所长定期向辖区企业和工商户代表述职述廉制度，确保权力廉洁高效运行。推行“阳光执法”，推行行政处罚结果公开，实行透明、便民、高效的行政服务，打造“信用工商”服务品牌。

【红盾服务新农村活动】　一是坚持源头治理，推行农资经营“一票通”制度，落实农资经营主体责任，加强农资商品质量监管，打击坑农害农行为，创建农资经营示范点，提高农资经营管理水平。2011 年共抽检农资商品品种 15 个，查处农资案件 26 宗，没收查扣假冒伪劣化肥 17.6 吨。二是推广“订单农业”，主动服务新农村建设。至 2011 年底，全县有涉农企业 49 家，签约农户 5676 户，签订农业订单 6597 份，签约金额 1.3 亿元，履约率 100%。三是服务沙糖桔特色农业经济发展。宣传国家惠农政策，鼓励支持果农设立沙糖桔专业合作社壮大经济。2011 年，全县有农民专业合作社 51 户，其中沙糖桔专业合作社 19 户。

【消费维权工作】　一是推广应用 12315 新业务系统，全面提高工作效能，切实保护消费者的合法权益。二是深入推进 12315“五进”和“一会两站”工作，进一步规范已建站点管理，方便城乡消费者就近解决消费纠纷。全县挂牌成立的维权工作站 26 个，正在培育创建 5 个。三是充分发挥社会监督力量。聘请 12 名市场义务监督员，及时收集市场异动信息，协助工商部门发现流通领域侵害消费者权益及违法违章经营行为。四是高效处理消费投诉。2011 年共接待消费者咨询 225 人次，受理调解消费者投诉 19 宗，成功调解 18 宗，为消费者挽回经济损失 1.71 万元。

【实施商标带动战略】　一是加强对商标的宣传，进一步加大本县品牌的培育和推介力度，充分发挥品牌效应。二是建立企业商标联系人制度，加强行政指导，帮助企业提升自主创新和市场竞争能力。三是扶持企业树品牌。有针对地选择部分企业作为培育对象，重点帮扶企业争创著名、驰名商标。四是大力培育农产品商标。积极发动涉农企业申请注册商标和地理标志，加快农业产业结构调整。

【市场监管工作】　突出行政执法，着力监管转型。2011 年全系统共出动执法人员 10937 人次，检查相关经营户 21078 户次，立案查处各类违法案件 254 宗，同比增长 21%。

打击制假售假　密切与公安、质监等部门的联系，加大打击销售假冒伪劣商品违法行为的执法力度，以农村、城乡结合部为重点，严格查处制售假冒伪劣商品、经销不合格食品等违法案件。2011 年出动工商执法人员 2396 人次，442 车次，查检相关经营户 4354 户次，查处假冒伪劣商品案件 50 宗，案值 33.65 万元；开展全县流通领域商品质量抽查，共抽查商品 90 批次，其中合格的 67 批次，不合格的 23 批次，总体合格率为 74.44%。针对监测抽检所发现的质量问题，对全县范围内的有关商品超市和门店进行统一全面清查，行动中出动331车次，出动执法人员1310人次，检查相关经营户2905户次，发放行政告知书115份，查处经销不合格商品案件49宗，案值30.59万元。

打击传销活动　建立监控预警机制，加强对出租屋日常巡查、集中清查、不定期复查和跟踪管理。2011年共开展打击传销宣传专项行动5次，悬挂宣传横幅39条，张贴宣传海报110多份，制作宣传栏16期，发放宣传资料3200份，利用电台、电视台在黄金时段发布宣传标语71次，发送打击传销短信息12万条次；开展打击传销专项联合整治行动3次，出动执法人员63人次，清查涉嫌传销窝点出租屋29间。2011年全县未发现有传销活动迹象。

落实食品安全监管工作　认真做好食品流通许可证的发放，严把食品经营主体准入关；推广电子票据的使用，狠抓食品经营"一票通"制度落实；广泛开展食品安全示范店创建活动，发挥示范引导作用；加大食品安全整治力度，堵塞市场漏洞。2011年核发《食品流通许可证》488份，创建食品安全示范店9间，查处各类食品案件49宗。汤塘镇汤塘市场被省工商局评为广东省2011年度创建诚信市场先进单位。

【执法水平建设】　法制队伍建设　通过考试选拔，在各工商所设置一名法制员，充分发挥基层工商所法制员的法律监督作用；继续实行案件核审通报、质量检查、评议制度，充分发挥法制部门办案指导作用。

执法学习培训　采取分级培训、突出重点的办法，改进培训方式，通过以案说法，以会代训，案件评议，检查与学习相结合等形式，切实解决办案机构在行政执法中遇到的热点、难点问题；坚持"学法学时学分"管理考试制度，全局实行"每月一法、每季一考"；充分发挥网络学习专栏作用，制作各法律法规学习课件充实到网页，使其成为全系统执法人员学习研讨的平台，及时指导和解决基层执法遇到的疑难问题。2011年举办执法办案培训班8期。

基层执法指导　加强对基层法制工作和执法办案的指导力度，加大对工商所工作进行法律指导，认真落实执法检查制度，通过执法检查及时发现并纠正行政执法中存在的问题；抓好制度创新和经验交流。

创新三项机制　一是创新执法办案机制，积极推行说理式执法文书和行政指导。2011年开展各类行政指导共1512宗，其中行政提示367宗，行政告诫48宗，行政建议23宗，行政调解4宗，行政帮扶954宗，公示116宗。二是创新法制监督机制，严格开展案件核审工作，完善规范执法办案行为。实行"案件每宗核审、季度抽查、评查、半年检查、年度考评"的评议考核制度。三是创新法治工商机制，将普法与执法相结合，把普法宣传贯穿于行政执法全过程，通过媒体、多部门结合联合普法和开展普法宣传专项活动开展普法教育。

【队伍素质建设】　一是突出党风廉政工作，端正政风行风。2011年以行风热线活动为契机，坚持不懈地抓好队伍教育，筑牢思想防线，加强政风行风建设，树立文明服务、规范执法的行业新风。据统计，全系统上线"行风热线"节目4期，及时解答或解决了群众关注的热点难点问题40个。干部撰写自查小结93篇，梳理出4个方面的存在问题，并制定整改计划，逐条逐项抓好落实，民主评议政风行风工作得到社会各界的肯定和认可，被县行评办评为"满意单位"，并以97的高分居于10个被评议单位之首。二是加强干部教育培训，提高队伍素质。抓好领导班子的学习培训，提高班子的领导能力；抓好岗位资格认证考试，提高全体干部职工的履职能力；抓好公务员岗前培训，增强新招录公务员对工作岗位的适应能力；抓好信息化知识和业务技能的全员培训，提高信息化应用水平和履职能力；严格落实好学费报销制度，鼓励在职干部参加学历教育。2011 年围绕执法办案、市场监管、登记年检、公文写作等内容举办培训班 9 期，选送业务骨干参加市局的业务培训班 12 期，组织岗位资格认证考试 2 期，组织新招录公务员参加岗前培训 1 期。三是健全内外监督机制。开展政务督察，以促进廉洁自律、效能监察、源头治本等工作为重点，大力加强对工商职能履行情况的督促检查；加强行政执法监督，法制部门严把立案、核审、行政处罚三个关口，进一步提高执法办案的水平；接受社会监督，定期召开社会义务监督员会议，广泛听取社会各界对工商部门的意见和建议；与县检察机关建立联席会议制度，共同预防职务犯罪行为的发生。

【工商文化建设】 一是围绕发展抓调研。结合主题教育活动，积极组织干部职工撰写调研文章，为工商事业的发展建言献策。2011 年全系统干部共撰写调研文章 8 篇。二是树立形象抓宣传。与县电视台、报社等新闻媒体建立信息联系制度，及时把工作动态和成绩向社会传递，树立工商部门的良好形象。三是精益求精抓修志。2011 年编纂出版了《佛冈县工商行政管理志》，努力传承工商历史、弘扬工商文化。四是服务决策抓信息。进一步健全信息上报制度，突出时效性和准确性，为领导决策服务。2011 年共编发信息简报 281 期，其中市局采用 47 条，国家工商局采用 2 条，《南方日报》采用 5 条。

（范伟凡、张倩倩）

质量技术监督

【概况】 2011 年，佛冈县质量技术监督局以“抓质量、保安全、促发展、强基础”为主线，严格履行综合管理、安全监察和行政执法的工作职能，确保辖区内食品、特种设备和重点产品的“三个安全”，严厉打击制售假冒伪劣产品违法行为，促进企业提高质量管理水平和市场综合竞争力，大大提升了质监部门影响力和贡献率，有效地服务于区域经济社会又好又快发展，全面完成全年绩效目标任务，在全市质量技术监督系统年终量化综合考核评比中荣获第一名。

【食品安全监管】 全县有食品及食品相关产品生产加工单位 72 家（含添加剂和食品相关产品企业），其中：获证企业 40 家 44 张证，小作坊 30 家，待取证 2 家。

加强食品日常监督的有效监管，按要求把企业划分等级分类进行监管，共出动检查人员 1291 人（次），出动检查、巡查车辆 302 台（次），检查、巡查企业或生产单位 467 家，下达《责令整改通知书》70 份。及时完成市局赋予的食品抽检任务。抽查县内食品生产加工单位生产的糕点、大米、方便食品、食用菌、蔬菜干制品、其他饮料、白酒、配制酒、食用油、肉制品、蜜饯、湿河粉、月饼、月饼馅料等 14 类食品的 221 个批次产品，合格产品 201 个批次，产品合格率 91%。严把生产许可证的准入关。对区域内 9 家食品生产企业的食品生产许可证换证进行复查验收，针对存在问题督促企业进行整改，及时上报复查情况，按要求对企业生产的环境条件进行照相存档，对复查验收不过关的 2 家企业，及时下达《责令整改通知书》，责令其停产整改。

【重点产品安全监管】 重点产品监管建档齐全、分类监管。把已普查到位的 163 家工业企业进行建档管理，把全县 48 家重点产品企业按 5 类、10 类、17 类不同的监管类别划分进行监管。

努力抓好地方品牌的培育和创建工作。把“佛冈国珠”、“建滔铜铂”、“建滔树脂”和“恒业电缆”作为创建广东省名牌的培育对象，深入企业做宣传，并积极协助企业做好广东省名牌产品申报的各项准备工作，积极协助“博华陶瓷”做好广东省名牌的复评。对区域内 17 家持工业产品生产许可证生产企业，进行证后的监督检查。

加强质量管理体系等管理体系认证及3C认证情况的检查。对6家ISO9001（质量管理体系）认证的申办和复查，派人现场进行核查监督，通过对企业认证后的检查，着力增强有关认证的监督检查力度。

【特种设备安全监察】 全县有特种设备使用单位215家，其中使用单位210间，气瓶充装单位3间，特种设备制造单位2间；在册登记特种设备共1733台（套），重点监控9台（套）；在用的特种设备1175台，其中：锅炉49台（套），压力容器547台（套），电梯205台（套），起重机械263台（套），厂（场）内机动车69台，大型游乐设施5台，压力管道37条。2011年，扎实推进“三项行动”。

开展“执法行动” 全年出动安全监察人员413人次，现场监察检查单位184家次，发现安全隐患并发出《特种设备安全监察指令书》60份，已在限期内进行整改。全年共办理特种设备安装告知业务30宗（设备116台套）、使用登记业务45宗（设备153台套）。

开展“治理行动” 开展元旦、春节期间以及“五一”特种设备安全专项检查行动，保障节日期间特种设备运行安全。在“安全生产月”活动期间，深入各公众聚集场所和重点单位进行安全检查，共出动执法人员35人次，检查特种设备使用单位12家次，发出特种设备安全监察指令18份，责令其限期整改。

开展多种形式的“宣传教育行动” (1) 积极参与“安全生产咨询日”活动，在县安委会的统一部署下，联合安监、消防等部门在县人民公园广场开展安全生产现场咨询活动，向市民发放《特种设备安全监察条例》、《特种设备安全常识》、《电梯安全搭乘小常识》宣传小册子300多份。(2) 举办特种设备作业人员培训班5期，培训特种设备作业人员156人。通过培训提高从业人员的安全意识、安全素质以及安全技能，严格执行岗前培训、持证上岗。(3) 召开全县锅炉安全工作会议。全县48间锅炉在用单位的50多人参加会议，加强对新《特种设备安全监察条例》的宣传贯彻。(4) 召开全县特种设备安全工作会议，约谈全县215间特种设备使用单位负责人，落实企业在特种设备安全生产中的主体责任，宣传贯彻有关特种设备的法律法规，签订责任状。(5) 在县广播电视台播放“关爱生命，安全生产，落实特种设备使用企业安全主体责任”等宣传口号。

【标准化服务】 全年共新办组织机构代码证474份，换证338份，变更192份，年检857份，废置代码证299份，数字证书2个。做好商品条码工作，帮助6家企业办理条形码，其中1家新办，5家续展。加大采标工作力度，帮助博华陶瓷有限公司、建滔实业有限公司2家企业办理3个产品的采标。加大消灭无标工作力度，办理执行标准登记19家企业51个产品，帮助企业办理企业标准备案4个。加强对食品标签的备案管理工作，免费帮助企业审查食品标签34个。加快创建“标准化良好行为企业”，6月，帮助佛冈聚龙湾温泉度假村申报省级服务业先进标准体系试点。7月底，博华陶瓷有限公司通过专家组验收，被授予AAAA级“标准化良好行为企业”，成为佛冈县首个获证单位，为佛冈的标准化良好行为企业确认开启新篇章。10月底，新申报《广东省佛冈县蛋鸡养殖标准化示范区》。佛冈沙糖桔省级农业标准化示范区经过三年的建设，12月顺利通过验收。

【计量管理与监督】 加强民生计量器具的监管 对集贸市场、液化石油气充装站、加油站等开展巡查工作，发现问题及时做出处理。开展集贸市场、乡镇医疗卫生单位、计生服务所计量器具部分免费检定工作。全年免费检定集贸市场13家、乡镇医疗卫生单位11家，计生服务单位6家，检定计量器具1300多台套。严格按照广东省地方标准《机动车安全技术检验操作规范》的要求，加大对机动车安检机构的监管力度。

深入推进节能减排工作　经省市调整，全县2011年列入重点耗能管理的企业8家。组织企业计量人员参加能源计量培训班，提高企业能源计量管理人员的业务水平。邀请市能源计量专家对县重点耗能企业进行检查。检查能耗企业5家，经过专家组的评审，一致认为5家企业生产现场管理规范、能源计量管理制度健全、能源计量器具一级、二级的配备率基本符合要求。

稳步推进商业诚信计量工作　大力推进诚信计量、建设和谐诚信计量氛围，引导企业诚信经营，使经营者诚信计量意识有较大的提高，强检计量器具的检定覆盖率、定量包装商品计量合格率维持在较高水平，商场（超市）、餐饮店、医疗卫生机构在用强检计量器具受检率达98%以上，集贸市场、眼镜制配场所、加油站、公路计重收费站在用强检计量器具受检率达100%。推荐2家超市、1家酒楼参加市诚信计量单位评选。

【质量管理与监督】　加强“质量强县”的宣传引导工作，大力推介佛冈本地品牌，使更多的“佛冈制造”变为“佛冈创造”，着力提升区域产品质量的总体水平，增强“佛冈制造”能力。主动向县政府请示汇报，建议设立“县政府质量奖”；制定落实质量强县工作方案，着力推进佛冈质量兴县工作。

结合“质量强县”活动的开展，积极推进“质量提升”工作，着力提高区域产品质量水平。一是加强宣传引导。结合“质量强县”和“质量月”活动的开展，着力推介本地特色品牌；二是加强产品质量监督。采取抽查产品和引导企业执行国家标准，采用国际先进标准方式，提升区域产品的总体质量水平；三是加强证后监管。通过对获证企业的证后监督、建档管理、日常检查等措施，促进获证企业保持产品质量安全必备的生产条件和持续生产的质量稳定。

【行政执法与打假】　行政执法工作以树立执法也是服务，寓服务于执法之中的观念，严格执行立案、审批、报批和预审、初审、案审分离制度，严格执行办案程序，严格执行市局和县法制局的文明执法规定，规范自由裁量权，严格执行“教育、规范、处罚”三步式执法程序。以督促企业整改为主要执法手段，以消除质量隐患为落脚点，以企业提高质量保证能力为目的，规范执法行为，做到文明执法。特别是在食品、特种设备安全、农资、定量包装商品、乳制品、节约能源、家电下乡等方面，做到处罚与帮扶、规范与教育相结合。全年共出动执法人员622人次，检查生产加工企业263间次，检查经销企业125间次，办理案件197宗，行政处罚罚没款共14.52万元，执行到位14.52万元。其中立案查处案件34宗，现场处罚案件（代码处罚）163宗。受理举报投诉案件4宗，全部进行调查处理并答复投诉者。

【党风廉政建设】　县质监局领导班子注重干部职工的政治理论学习和廉政教育培训，充实和完善各项规章制度，将“深入开展以质量取胜，创先争优”等活动与继续深入开展“做忠于职守的质量卫士”活动结合起来，围绕“提升素质，提高形象，提高贡献率”的主题，通过开展专题学习讨论“论共产党员的修养”、“重温入党誓词”等多种活动方式，领导班子成员的政治思想素质、领导水平和驾驭能力得到进一步提高，激发了干部职工的工作热情，积极主动想事、干事、干成事的现象蔚然成风，从而促进各项工作的开展和绩效目标的完成，未出现行政不作为、乱作为和慢作为等现象。在2011年度县民主评议政风行风活动中，获得行评代表的认同和肯定，被评为满意单位。

（谢国兴）

食品药品监督管理

【概况】 2011年，佛冈县深入开展国家级药品安全示范县试点创建活动，全面开展餐饮服务食品安全监管，积极推行食品药品监管岗位廉政风险防控管理，加强食品药品监管队伍建设和党风廉政建设，食品药品监管水平稳步提升，全县公众食品药品安全得到有力保障，全年无发生重大食品药品安全事故，餐饮服务行业和医药经济持续健康稳步发展。2011年底，全县有药品生产企业2间、药品批发企业1间，药品零售企业71间，保健食品经营企业92间，餐饮服务单位752家。

【药品安全监管】 *建立和完善药品安全责任体系* 建立完善“地方政府负总责、监管部门各负其责、企业是第一责任人”的县、镇、村（居委会）三级联动的药品安全责任体系。地方政府和相关部门药品安全监管职责明确，落实药品安全责任制和责任追究制。

创建药品安全示范县宣传工作 向全县群众和各涉药单位发出国家级药品安全示范县共建倡议书和其他相关宣传材料；在县广播电视台连续播放有关宣传标语和共建倡议书；在县政府政务网开设创建国家级药品安全示范县工作专栏，宣传创建工作；不定期编印创建工作简报；组织宣传小分队深入到农村、社区、学校、企业中开展宣传活动，向群众发放药品安全知识宣传资料和创建工作资料，为创建工作营造浓厚的氛围。

建设药品电子监管平台 建立在线远程监控、动态实时的药品监管平台，对辖区内药品经营使用单位全部实行计算机管理，并与监管部门实现数据对接。年末，全县已有95间涉药单位建立起药品电子监管平台，与广东省药品电子监管平台成功对接并上传药品购进、销售、库存数据，药品流向清楚，可追溯。药品电子监管平台对药品流通环节进行全流程监控，为追溯、查证、处理药品质量问题提供新手段。

强化日常检查 加强对药品经营企业的监督检查，日常检查每年两次以上，实现检查覆盖率100%；加强医疗机构的监督检查，规范医疗机构药房建设，保障医疗机构的药品、医疗器械质量；加强特殊药品的监督检查；加强疫苗的监督检查；开展医用氧专项治理工作和中药饮片生产、经营专项监督等检查。全年出动执法人员468人（次），检查相关单位610间（次）。

稽查打假 开展打击无证、挂靠经营、从非法渠道购进药械的行动和整治“非药品冒充药品”等专项行动，全年出动执法车辆140车（次），执法人员390人（次），检查药品、医疗器械经营企业255间（次），医疗机构78间（次），计划生育技术服务机构25家（次），商场、超市、宾馆、商店等场所13家，立案查处案件40宗，受理调查举报投诉18宗。没收违法销售药品、医疗器械、化妆品、保健食品及违法从事餐饮服务的食品等货值总额约12万多元。

监督抽验 开展药品、医疗器械、保健食品、化妆品的抽验工作，共抽验233批，其中药品评价性抽验25批、药品监督抽验104批、化妆品抽验7批，医疗器械抽验4批，保健食品抽检128批，经检验，不合格药品6批，不合格保健食品1批，全县“三品一械”质量水平总体是好的。

深化农村药品“双网”建设 加强对食品药品协管员的培训。定期举办农村食品药品协管员培训会议，提高法律法规和医药知识水平，增强做好协管工作的责任感。发挥协管员的积极作用。加强与协管员的沟通，引导协管员利用乡医例会或者下乡接种疫苗加强农村药品质量信息的收集，及时上报有关信息。加强农村药品供应网点的监督检查等。通过深化农村药品“双网”建设，保障农村的药品质量，农民用上安全、放心、便宜、有效的药品。

药品、医疗器械不良反应和事件报告与监测 将县人口和计划生育局、县计划生育服务

站的领导调整充实到县药品医疗器械不良反应工作领导小组，切实加强对该项工作的组织领导。将全年药械不良反应和事件的监测工作目标任务分解落实到县、镇医院（卫生院）和计生服务机构，完善协调通报机制，每季度通报一次药械不良事件报告情况。全县全年上报药品不良反应150例，上报医疗器械不良事件39例。

药品、医疗器械广告监测　投入3万多元购置广告监测设备，强化技术支撑。对涉嫌发布的违法广告，及时依法将有关情况与相关执法部门进行联系沟通并移送，促使药品、保健食品、医疗器械广告进一步规范化。

完善药品和医疗器械应急处理体系　制定《佛冈县药品和医疗器械突发性群体不良事件应急预案》，组织开展药品和医疗器械突发性群体不良事件应急演练，进一步提高药品和医疗器械安全事故应急处置机构的指挥协调能力，快速反应和处理药品安全危机的能力。

【餐饮服务监管】　严格落实监管责任，深入开展食品安全专项整治工作。全年出动车辆178辆（次），执法人员636人（次），检查相关单位454间（次），处理群众投诉举报11宗，抽检样品23份，发出《餐饮服务许可证》234张，发出监督意见书400份，发出责令改正书10份，查处案件6宗。

规范餐饮服务行政许可　严格按照《餐饮服务许可管理办法》、《餐饮服务食品安全监督管理办法》和《餐饮服务许可审查规范》的规定落实餐饮服务许可分类管理制度，进一步规范佛冈县餐饮服务许可工作。

食品非法添加和滥用食品添加剂专项检查　在专项行动中，印刷宣传材料2万多份，张贴宣传材料1000套，开展培训6次，培训餐饮服务单位593人次；出动车辆166辆（次）、执法人员504人（次），检查餐饮单位355间（次），发出监督意见书135份，发出责令改正书3份，进一步规范餐饮服务单位使用食品添加剂和食品调味料的行为。

餐厨废弃油脂专项整治　加强餐饮服务单位购进使用食用油的监督管理，有效规范餐饮服务单位废弃油脂的处理，防止废弃食用油脂流入食品生产、流通和消费环节，切实保障人民群众身体健康。出动车辆56辆（次），执法人员158人（次），检查相关单位96间（次），发出监督意见书96份。

学校集体食堂专项整治　与县教育局联合印发《佛冈县学校集体食堂专项整治工作方案》。从2011年4月起，深入开展为期一个月的学校食堂食品安全专项整治工作。行动中，出动车辆14辆（次）、执法人员84人（次），对全县61所学校食堂（包括幼儿园35所，中小学26所）进行全面监督检查，发出监督意见书58份。通过整治，进一步明确学校食堂的主体责任，加强学校食堂环境卫生，规范学校食堂原材料采购、索证索票、台账制度和留样制度等。

【食品安全保障活动】　重大活动食品安全保障　在全县的重大政治活动（党代会、人大会议、政协会议）及其他重大活动（汽车拉力赛）、全国高考期间，按照重大活动餐饮服务食品安全保障的要求，认真组织开展餐饮服务食品安全保障工作。派出食品安全监管人员进驻定点接待供餐单位和学校食堂，对承办供餐单位的食品安全状况进行全面检查，全程监督，确保无重大食品安全事故发生。

处理群众投诉　全年共处理群众投诉11宗，其中网上投诉5宗，电话投诉4宗，部门移送2宗，处理率100%。

食品安全宣传　为抓好新职能的落实，组织开展形式多样的宣传活动：印刷了大量的宣传资料，发放到相关单位和群众。在职能交接后，利用广播电视媒体广泛宣传食品安全监督管理、餐饮服务许可职责。在行政许可的现场审查和日常监督检查中宣传餐饮服务食品安全的重要性，要求餐饮服务单位改善卫生条件，健全食品安全管理制度，完善食品安全设施，提高食品安全管理水平。

（曾毅峰）

审 计

【概况】 佛冈县审计局根据县编委《关于印发〈佛冈县审计局主要职责、内设机构和人员编制规定〉的通知》精神，调整相关职责、内设机构和人员编制。县审计局内设5个职能股（室）：办公室、财政税务审计股、行政企事业审计股、经济责任审计股、固定资产投资审计股。局机关行政编制14名，后勤服务人员2名。县审计局的主要职责是：贯彻执行国家和省、市、县有关审计工作的方针政策和法律法规，对直接审计、调查和核查的事项依法进行审计评价，做出审计决定或提出审计建议。负责对县本级财政收支和法律法规规定属于审计监督范围的财务收支的真实性、合法和效益进行审计监督，维护财政经济秩序。向县人民政府和上一级审计机关提出年度县本级预算执行和其他财政收支情况的审计结果报告，受县人民政府委托向县人大常委会提出县本级预算执行和其他财政收支情况的审计工作报告、审计发现问题的纠正和处理结果报告，向县人民政府和上一级审计机关对其他事项的审计和专项审计调查情况及结果，依法向社会公布审计结果，向县人民政府有关部门和镇级人民政府通报审计情况和审计结果。此外，按照法律法规规定履行相关职责。

【财政税务审计】 由财政税务审计股负责组织审计县本级预算执行和其他财政收收支情况，组织审计镇级人民政府预算执行、决算和其他财政收支情况，组织审计地方税务系统税收征管情况，开展相关专项审计调查。2011年，完成审计项目7个，查出管理不规范资金523万元，核减工程投资额35万元。

【行政企事业审计】 由行政企事业审计股负责组织审计使用县财政资金的行政事业单位和社会团体的财务收支，组织审计县属国有企业和金融机构以及县属国有资本占控股或主导地位的企业的资产、负债和损益。组织审计县人民政府部门管理和其他单位受县人民政府及其部门委托管理的社会保障基金、社会捐赠资金以及其他有关基金、资金的财务收支。组织审计国际组织和外国政府贷款、援助项目的财务收支，承担内部审计的监督工作，开展相关专项审计调查。2011年，完成审计项目10个，查出违规资金28万元，管理不规范资金163万元。

【经济责任审计】 由经济责任审计股负责组织开展经济责任审计工作，指导和监督农村集体经济审计工作，承担县经济责任审计工作部门联席会议有关工作，开展相关专项审计调查。2011年，完成审计项目8个，查出违规资金44万元，管理不规范资金1617万元，与各业务股累计审计经济责任人12人。

【固定资产投资审计】 由固定资产投资审计股负责组织审计县人民政府投资和以县人民政府投资为主的建设项目的预算执行情况和决算，开展相关专项审计调查。2011年，完成审计项目12个，查出违规资金7万元，管理不规范资金527万元，核减工程投资额12万元。

【审计队伍建设】 县审计局18名在职人员中，具有大学本科学历8人，大专学历8人。具有审计师、会计师等中级职称4人，助理审计师等初级职称7人。中共党员有15人，占在职人数的83%。

县审计局努力建设一支“团结、高效、廉洁”的审计队伍。主要是努力培养知难而进、锐意进取的审计团队精神；鼓励审计人员自学成才，努力提高审计队伍的业务水平；完善干部选拔作用机制，激励审计人员不断奋发向上。县审计局党支部2011年被县直工委评为先进基层党组织。

（冯敏坚）

统　计

【概况】　佛冈县统计局现有干部职工16人，内设办公室、统计业务股、能源统计股、社会经济调查中心（参照公务员管理）。2011年，县统计局紧紧围绕县委县政府重点工作、省市统计局和市调查队的总体要求，以提高统计数据质量为中心，提升统计服务为重点，以改革创新为动力，以加快统计信息化为支撑，推动各项统计工作全面发展，为服务佛冈县经济社会发展作出积极贡献。

【统计调查】　统计调查工作坚持实事求是、不重不漏的原则，务求客观、真实、可信。全面完成2011年全县农业及农村经济、规模以上工业、限额以上批零、餐饮和星级住宿业、服务业、旅游、房地产开发、建筑业、固定资产投资、交通运输、能源、科技、城镇单位劳动工资、邮电通信、基本单位调查、外经贸、财政、金融保险业、国民经济核算、消费物价指数（CPI）等专业统计（年、季、月报）的全面调查，收集、审核、录入、汇总、上报和对各项数据进行质量评估以及开展统计分析等各项工作任务。

【抽样调查】　一是农村住户调查和城镇居民住户调查。农村住户调查采取抽样方法在全县抽选10个调查点，每个调查点10户进行定点调查，坚持每天记账，以10个点100户的经济收支情况来反映和监测全县农村全面小康进程。城镇住户调查采取抽样方法在石角镇6个居委会共100户居民家庭为城镇住户调查记账，以这100户的经济收支情况来反映和监测全县城镇居民的生活水平。二是组织实施规模以下工业企业和个体工业以及限额以下小型批发零售住宿餐饮企业、个体批发零售住宿餐饮业的抽样调查工作。三是组织实施企业用工情况问卷调查、城镇私营单位和乡镇企业劳动工资调查。四是组织开展非公有制企业（单位）人才资源状况抽样调查。五是组织实施主要畜禽检测抽样调查。主要畜禽检测抽样调查是利用第二次全国农业普查原始资料，编制主要畜禽抽样框，结合全县主要畜禽生产发展的实际情况，运用科学的抽样理论和更为有效的抽样方法进行抽样。

【人口普查】　2011年第六次全国人口普查主要工作有：一是认真做好光电录入等系列工作。人口普查入户登记工作结束后，佛冈县继续按照“机构不撤、人员不散、工作不松”的要求，精心组织，高效完成1193个普查小区的86422张短表、7966张长表和748张死亡表等人口普查数据的光电录入、审核纠错、逻辑校验和数据汇总工作。各项工作采用流水作业方式，保证了工作人员能熟练的操作各自负责的工作，同时可以及时发现错误并找出解决方案。此外，县人普办还及时加强与公安、计生等部门相关数据的核对和科学评估，顺利通过了省市人普办的验收，同时还按时完成了小区电子地图绘制，建筑物数字化等工作。二是及时发布了人口普查主要数据公报。县人普办按照严肃性、程序性、统一性的要求，积极做好普查公报发布各项准备工作，按时发布佛冈县2010年第六次全国人口普查主要数据公报。

【统计分析】紧紧围绕全县经济建设、招商引资等中心工作，围绕县委、县政府提出要在全省山区县中率先崛起的奋斗目标，深入基层开展统计调查研究和对经济运行情况进行定性分析、定量分析。2011年撰写统计分析文章36篇，出版《佛冈统计》33期，选送上年度优秀统计分析参评，有3篇获得市优秀分析三等奖。

【统计服务】　统计服务积极主动满足各方需要。发布2010年佛冈县国民经济和社会发展情况统计公报。每月编印出版《佛冈统计监测月报》30份发至县有关领导，出版了33期

《佛冈统计》，对各单位、各部门需要的相关数据能够及时提供，受到有关领导及有关部门和社会各界的好评。还为《佛冈年鉴·2011》组织撰写8篇文章。同时还整理《佛冈统计年鉴·2011》资料，并印刷80本。

【统计执法检查】 县统计局于2011年4月29日在县人民中心东楼211会议室举办统计法律知识培训会议，来自全县各乡镇统计员参加培训。2011年执法检查的对象为以新标准"三上"企业。重点检查"三上"企业中的工业、批零、住宿餐饮、建筑业、房地产开发等专业数据质量及基础建设情况等。按市统计局分配的任务，2011年执法检查的底数为10家企业。具体为工业企业5家，批零、住宿餐饮业2家，房地产建筑业3家。并在8月18～25日深入到被抽取中的10家企业进行统计执法检查。通过这次执法检查，县统计局对3个企业单位发出统计检查结论，对7个企业单位发出责令改正通知书，并给予通报批评。

【统计教育培训】 努力通过多种途径，积极开展统计教育培训工作，不断提高广大统计人员的专业知识水平。一是通过以会代培的形式对在职统计人员进行培训。2011年全县参加以会代培的统计人员达900多人次。二是继续抓好统计专业技术资格考试培训。经多方面努力做好动员，有5人报名参加统计专业技术资格考试，其中报考高级职称有2人，中级职称1人，初级职称2人。三是积极开展统计从业资格培训和继续教育培训工作。经努力动员，参加统计上岗培训的有46人，参加统计继续教育培训的有53人。

【乡镇统计基础建设】 贯彻落实省政府办公厅、省统计局关于加强乡镇街道统计基础建设有关文件精神，根据经济社会发展的需求，在乡镇明确负责统计工作的机构，配备与统计工作任务相适应的专职统计人员，指定统计负责人，村（居）委确定1名以上专职或兼职统计人员负责统计工作，确保镇、村（居）一级有相应的机构和人员，承担并能完成统计任务。要求乡镇有办公场所，配备相应的计算机、传真机、打印机及其他必需的办公设备，加大信息化建设软硬件建设，大力推行网上直报，逐步建立起统一规范的基层统计工作制度。在强化基层统计队伍的政治素质和业务水平同时，建立起一套从人员队伍管理、业务知识培训到统计标准、统计操作规范的科学、可行的规范性制度，确保源头统计数据真实、准确、完整、及时。贯彻落实省政府办公厅、广东省统计局和市统计局的文件精神，把统计基层基础建设确定为2011年全县统计工作的重点。县人民政府发出通知，专门组织开展对各镇统计站的专项检查。

（梁曼莉）

安全生产监督管理

【概况】 2011年是实施"十二五"规划的开局之年，佛冈县安全生产工作按照继续深入开展"安全生产年"的部署和要求，大力开展"三项行动"、"三项建设"、"打非治违"和安全生产大检查活动，认真贯彻落实地方党政领导干部安全生产"一岗双责"工作，不断强化安全监管队伍建设，加大安全投入，加强对薄弱环节的综合治理，及时排查安全隐患，有效遏制各类生产安全事故的发生。2011年全县工矿商贸行业共发生生产安全事故2起，死亡2人，直接经济损失130万元，占市政府下达的事故控制指标2人的100%，全县安全生产继续保持总体稳定、趋于好转的良好态势。

【安全生产"一岗双责"】 深入贯彻市委、市政府召开的全市地方党政领导干部安全生产"一岗双责"工作会议精神，县委、县政府出台《关于实行党政领导干部安全生产"一岗双责"制度的意见》，进一步明确党政领导干部安全生产责任，努力构建“党委领导、政府监督、行业管理、企业负责、社会监督”的安全生产工作格局，落实“一岗双责”，建立安全生产工作党政齐抓共管机制，同时强化检查考核，严格问责，确保安全生产“一岗双责”落到实处，安全生产形势稳定好转。

【安全生产专项整治】 认真按照上级部门的统一部署，分别开展春节前安全生产大检查、非煤矿山节后复产检查、汛期矿山安全检查、中秋国庆节前安全生产大检查、剧毒品使用单位专项检查和加油站安全生产专项检查等专项整治活动，累计检查非煤矿山22个84次，查处安全隐患172处；检查危险化学品生产经营企业39家101次，消除安全隐患138处；检查烟花爆竹经营单位185家，查处非法经营单位11家，收缴价值0.6万元的非法生产烟花爆竹产品。通过开展一系列的安全生产专项整治，有效打击各种非法生产、经营行为，全县各类事故隐患得到及时的排查，生产安全事故得到有效的遏制，全县安全生产形势保持平稳发展。

【安全生产宣传、教育和培训】 一是开展全国第十个“安全生产月”宣传教育活动。根据国家、省和市有关开展第十个“安全生产月”活动的相关部署，县安委制定实施《佛冈县2011年“安全生产月”活动方案》，各镇、县直各职能部门紧紧围绕活动主题，继续深化“安全生产年”活动及“一岗双责”工作，精心组织、周密安排并策划好活动月的各项宣传活动，营造依法守法、关注安全的社会氛围，努力扩大“安全生产月”活动的影响，增强活动的吸引力和感染力，使社会公众广泛参与到“安全生产月”活动中来并有所收获，不断提高安全生产自我保护意识。二是开展安全生产培训工作。先后组织非煤矿山特种作业培训班、危险化学品从业人员培训班和一般生产经营单位主要负责人培训班，共投入宣传教育专项资金14万元，培训矿山特种作业人员60人，危险化学品从业人员119人和生产经营单位主要负责人76人。

【推进安全生产标准化】 以健全完善安全监管长效机制为目标，按照国家有关标准化创建活动的统一部署，全面开展安全标准化达标创建工作，把落实企业主体责任与安全标准化工作紧密结合，通过主体责任级别与标准化级别的衔接，推动企业安全标准化达标创建工作。2011年，全县有9家非煤矿山企业和2家冶金制造企业开展标准化建设。

【安全生产保障体系建设】 根据市安全生产责任书的要求，县委、县政府高度重视安全生产保障体系的建设，每年安全生产专项资金纳入县财政预算，并按期落实，从根本上保障安全生产监督管理工作的顺利开展。在新建项目的立项审批上，县有关部门都能协调一致，层层把关。2011年引进的南玻和老虎涂料两家较大招商引资项目，负有安全生产监管职责的县直部门都参与项目的审核，从根本上抓好安全设施“三同时”制度的落实。

【安全生产应急救援】 根据省安监局《生产安全事故应急预案管理办法》实施细则和有关文件的精神，积极督促和组织企业开展应急预案的编制、评审和备案工作，2011年全县有10家非煤矿山企业和28家危险化学品生产经营单位开展了应急预案的编评工作，其中有13家已经完成备案手续。

（黄敏红）

国有资产管理

【概况】 县编办于2011年3月发文将“佛冈县公共资产管理中心”由股级事业单位升格为副科级事业单位，人员编制和经费渠道保持不变。2011年，佛冈县公共资产管理中心，积极为规范和加强国有资产的管理，提高国有资源的合理流动和优化配置，实现国有资产的安全完整和保值服务。

【资产存量】 佛冈县国有资产按其经营形式分为经营性资产和非经营性资产两大类。实行企业化管理并执行企业财务会计制度的事业单位，实施企业国有资产有关规定。随着国有企业改制工作的全面深化，企业通过有偿转让等方式对国有资产进行处置，除少数公益性企业（县自来水公司、水电公司及部分流通企业）持续经营外，大部分国有企业已完成改制工作。经营性资产在全县国有资产总量中所占份额不大，国有资产分布的重点在行政事业单位。据统计，截至2011年12月底，全县行政事业单位资产总额为26.7亿元，其中行政单位资产总额为7.8亿元，事业单位资产总额为18.9亿元。

【整合和处置土地及房产资源】 在认真做好全县行政事业性资产、国有企业等国有资产管理和处置的审核工作的同时，积极加强与国家开发银行广东省分行和县农业银行的沟通联系，用其他闲置的土地重新作抵押，以置换已作抵押的部分土地（原县计生局地块和原城市信用社地块）和房产（县国土资源局旧办公场所），快速及时地做好抵押土地的置换和解冻工作，及时地整合处置土地资源，实现处置收入达5850万元。对有关非税收入资源进行调查摸底，做好整合和处置的计划，并积极配合县土地储备局整合有关闲置土地资源，依法公开处置。据统计，全年累计整合处置闲置土地和房产等资源，实现资产处置收入达24272万元，增加政府非税收入。

【政府周转房建设资金管理】 做好全县经济落后村委会入股政府周转房建设资金的管理工作，为全县低收入村委合理分配收入提供依据。全县经济落后村委共35个，规划入股总数为100股。到2011年12月31日止，完成规划入股数86股，未完成规划入股数14股，完成入股任务的村委有26个，未完成入股任务的村委有9个，筹集入股资金总额为520.9万元，发放奖励和分红收入共79.82万元。

【资产债权追收】 根据清远市停业整顿城信社退出市场工作领导小组的文件精神，为及时做好被撤销佛冈县石角城市信用合作社的债务清偿工作，确保其顺利退出市场。按县政府的要求，全面接收原县城信社的资产债权追收工作，结合实际，通过县人民法院诉讼后并强制执行。在开展债权追收工作过程中，积极协调处理广东华侨信托公司以土地抵偿债务的相关工作。至2011年12月31日止，共追收债权资金82.5万元，并通过以收回20亩土地所有权来抵偿926多万元的债权，实现税收40多万元。

【资产存量调查摸底】 对全县行政事业性存量资产的进行全面调查以及出租情况的调查摸底，为建立资产信息管理实时动态监控系统的管理机制提供依据。根据省财政厅、市财政局的通知精神，进行行政事业单位资产信息管理实时动态监控系统平台建设。建立行政事业资产管理信息系统，对国有资产实行动态管理，及时将资产变动信息录入管理信息系统，随时掌握国有资产变动信息，为编制资产预算打基础，为资产预算和财政部门预算相结合创造了有利条件，并充分考虑到资产系统与部门预算、国库集中支付、财务监管、政府采购等系统的统一平台整合，并为实现资产管理系统与其他上下级单位、同级各部门之间各系统的对接预留接口，加强上级与下级单位以及三级财政中的数据连接，以便于对国有资产起到监督和管理作用，实现资产的保值增值。各系统之间将在同一平台之下有机衔接，实现数据资源共享，为进一步深化行政事业资产管理改革和促进财政管理打下坚实基础。另外还对全县闲置校产和粮食闲置资产进行专项调查，为县政府下一步的资源优化整合提供依据。

（李琳嘉）

市场管理

【概况】 佛冈县市场开发服务中心是县直副科级事业单位，经费自收自支，独立核算，已实行非税收入收支两条线管理。负责城乡集贸市场开发建设、维修，市场经营管理，市场服务。经县机构编制委员会重新核定人员编制23人，内设一室一股，即办公室、经营股。下辖3个管理站，即石角管理站、汤塘管理站、水头管理站。2011年12月实有在岗在册职工22人，退休人员5人，临时工8人。1～12月收取市场设施费300.78万元，比上年同期增收7.42万元，同比增长2.53%。

【队伍素质建设】 一是加强班子建设，以深入学习贯彻科学发展观活动和创先争优活动为契机，建设"学习型、和谐型、务实型、廉洁型"班子为目标，着力建设政治坚定、素质过硬、团结和谐的领导班子。二是完善学习制度。坚持"三会一课"和民主生活制度，逢周三下午为全体干部职工学习日，各管理站每月组织干部职工集中两次，学习思想政治理论、法律法规和市场管理知识。二是干部职工分批参加物价部门组织的岗位培训，学习行政事业性收费的相关知识，并及时按要求做好本单位收费许可证年审、换证工作。四是把《换届纪律明白卡》和《2011年清远市换届纪律学习承诺书》发放到每一位干部职工手上，加强学习，签订《承诺书》，承诺遵守换届纪律。五是推行岗位廉政风险防范管理。成立由中心主任为组长的工作领导小组，制订具体的实施方案和日程安排表，把任务分解落实到个人。实现党风廉政建设与业务工作的相互促进和相互保障，"以廉促政"确保良好工作作风的树立。

【市场服务管理】 佛冈县市场开发服务中心所辖市场有11个，分别是石角中心市场、小商品市场、高岗市场、水头市场、龙南市场、民安市场、龙山市场、汤塘市场、四九市场、县农副产品批发市场、县城德星市场。市场服务中心工作目标重点是以服务促管理，以管理促效益。

强化市场服务 以"诚信服务，以人为本"的服务理念，营造"重商、亲商、护商"的良好氛围，坚持公平、公开、公正的市场摊位投标（抽签）定位，实行诚信租赁，提供全天候的优质服务，为经营户提供"零障碍，高服务"的经营环境。

开展主题服务活动 开展"服务社会、服务群众、服务工作对象"的主题活动，使广大党员干部积极投身创先争优活动，履行党员承诺目标任务，做全心全意为人民服务的坚定实践者，争当"三服务"排头兵。

强化市场经营户的道德教育 在各市场全面推行食品准入制度，积极配合工商、卫生、农业等职能部门对市场货品进行抽样检查。开展市场经营户座谈教育活动，让市场经营户了解食用农产品上市标识和认证的相关知识与监管工作，为广大人民群众提供安全绿色的食品作保障。2011年底，南海食街、龙山市场超市、汤塘市场超市和高岗市场超市已通过县工商局的检验并被授予"佛冈县食品安全示范店"称号。

【市场设施改造】 结合中心班子的调研意见，汤塘镇的城镇建设不断加快，城镇化飞速发展，经济中心区也不断扩大，旧城区的汤塘市场要确保经济中心的位置就要通过环境改造来整合优势。为此，市场服务中心多次与汤塘市场的超市经营者进行共商对策，同意整合市场闲置资源，改造扩大市场超市的经营场地，凝聚经济发展的向心力。经过紧张的施工、装修，全新现代色彩的汤塘市场超市（大新商场）在4月1日隆重复业，经营场地面积达600平方米，外立面采用橱窗式广告画装饰，整洁亮丽，货物品种齐全，明码标价，摆放有序。汤塘超市的改造复业为群众营造良好的购物环境，开拓汤塘镇旧城区的经济发展空间。

【城乡清洁工程】 2011年，按佛冈县“城乡清洁工程”和“三边整治工程”工作部署，市场中心长期派出4名管理员参加县政府组织的“城乡清洁工程”联合执法队，开展各市场的卫生、交易秩序整治工作，规范摊点设置，严禁占道停放、摆卖，努力营造良好的卫生环境和市场秩序。同时投入资金8000多元，对县城德星市场、小商品市场和汤塘市场进行专项整治卫生死角，清挖下水道、维护墙体和天花，为全县落实城乡清洁工程活动扫除障碍。

【农产品平价超市】 强化招商引资，带动行业发展。在春节前后，全国各地相继开设食用农产品平价超市，2011年4月，佛冈县的第一间平价超市也隆重开业，商品物美价廉，深得群众好评。了解平价超市的运作模式，平价商品消除了中间商环节，由超市采购人员直接到农户处采购，改变菜贱伤农、菜贵伤民的不良现象，食用农产品价格有很大的让利。结合平价超市分配开设的指标数量，争取引入在市场内开设，让群众真真正正得到实惠，加强市场公益事业发展。2011年5月，经过与投资商的磋商，在县城德星市场调整400平方米的场地开设农产品平价超市，经过紧张的施工，优雅舒适的农产品超市在6月30日隆重开业，上市农产品物种齐全、物美价廉，方便群众购物。市场内农产品超市的开业，得到了群众的好评，并带动各行业在市场内经营，提高市场设施利用，提升德星市场增值空间。

（黄锋玲）

农　业

责任编辑：何道井

农业与农村工作

【概况】 2011年佛冈县统筹城乡发展，落实强农惠农富农政策，加强农业服务；加强扶贫开发，大力推进“规划到户、责任到人”工作；加快农业基础设施建设和农业技术推广工作；大力发展沙糖桔产业，沙糖桔面积继续增加；加强重大动植物疫病防控；加快发展农业机械化和加强农机安全监督管理；稳步推进社会主义新农村建设，实现农业和农村经济持续稳定发展。

2011年全县农村经济总收入23.7亿元，同比增长13.8%；农业总产值11.6亿元，同比增长8.3%；农民人均纯收入7706元，同比增长16.1%。

（黄焕光）

【社会主义新农村建设】 2011年佛冈县累计投入资金和实物3276万元推进新农村建设，改造建设进村公路78公里、村内巷道24公里，清拆空心房及危、破房142间，搬迁畜禽栏舍117间，新建和改造农房209户面积1.9万平方米，建设篮球场14个，文化室10间面积0.14万平方米，村庄内实现绿化面积12亩。

名镇名村示范村建设 县委、县政府制定《中共佛冈县委、佛冈县人民政府关于创建全省名镇名村示范村建设示范县的实施方案》、《佛冈县2011～2015年名镇名村示范村建设发展总体规划》。2011年，重点打造1个名镇为汤塘镇，2个名村为汤塘镇汤塘村、龙山镇上岳村，5个示范村为水头镇王田村、迳头镇大陂村土仓下自然村、高岗镇长江村陈屋自然村、石角镇龙塘村西田自然村和格岭自然村。县政府采取以奖代补的方式，对每个名村、示范村分别给予150万元和80万元的资金支持。

启动省级试验区建设 成立佛冈县推进社会主义新农村建设先行试验区工作领导小组，并设立办公室，聘请广东省城乡规划设计研究院等6家机构开展7项专题调研，制定《广东省社会主义新农村建设试验区规划实施方案》和《广东省社会主义新农村建设试验区（佛冈）基本框架方案》，并经省市批准实施，2011年12月9日举行启动仪式。

创建新农村建设示范基地 引进广东新农村建设投资有限公司与水头镇王田村合作建设“岭南0碳农庄”，创建新农村建设示范基地，打造岭南名村。该项目计划投资3亿元，分田园风光区、商业开发区、古村落保护区、居民生活发展区、生态农业区、农场等6个区域建设。

乡村公园建设 印发《佛冈县农村公园建设奖励办法》，采取“以奖代补”方式支持农村公园建设，对经考评合格的农村公园分类给予8.5～10万元奖励。到2011年止，经考评符合奖励条件的乡村公园有20个，包括一类公园9个，二类公园7个，三类公园4个。其中2011年评定符合条件的三个级别的乡村公园有11个，具体如下：一级公园是水头镇石潭乡村公园、石角镇三莲村三莲坑尾公园、冈田村冈田公园、汤塘镇四九村四九休闲公园、龙山镇上岳村横岭生态公园、门楼富村农民公园；二级公园是汤塘镇竹山村高坊公园、龙山镇下岳村下岳公园、鹤田村鹤田公园、从化围村从化围公园；三级公园是汤塘镇联和村鱼头乡村公园。2011年，县政府对以上乡村公园拨付奖励资金166万元。

（廖君明）

【农产品质量监管】 佛冈县农产品质量安全检测站开展鲜活农产品快速检测工作，定期对全县农贸市场的果蔬等鲜活农产品进行抽样快速检测，监测农产品质量。2011年抽检蔬菜农药残留样品1630个，有2个样品农药残留量超标，合格率为99.9%；生鲜乳中三聚氰胺抽检和生猪瘦肉精残留合格率均为100%，农产品质量安全得到有效保证。

【农业依法行政】　佛冈县科技和农业局加强农业行政执法的监督力度，会同工商、技术监督等部门，认真开展种子化肥农药、饲料质量安全、生鲜乳、兽药及兽药残留、农资打假等5个专项整治行动。2011年累计出动执法人员3000多人次，检查农资经营单位103个，立案查处4件，结案4件，查获农药标签违规农药450公斤，罚没款3.8万元。通过专项整治行动，整顿企业，打击假冒伪劣农资产品，规范农资市场秩序，维护群众利益。

（黄杰华）

【村级公益事业建设一事一议财政奖补工作】　2011年，佛冈县被列为全省实施村级公益事业一事一议建设财政奖补工作示范县。县政府制定《印发佛冈县村级公益事业建设一事一议财政奖补工作实施意见的通知》、《转发省农业厅省财政厅关于印发〈广东省村级公益事业建设一事一议财政奖补工作指南〉的通知》和《关于印发〈佛冈县村级公益事业建设一事一议财政奖补专项资金管理暂行办法〉的通知》等文件，积极探索村民一事一议筹资筹劳财政奖补模式。经审核确定，全县第一批村级公益事业建设一事一议财政奖补项目126个，涵盖农村生产生活最急、群众最迫切解决的村内道路硬底化、饮水安全工程、文化基础设施、农田水利等村级公益事业，惠及15.6万人。以上项目总投资4786.1万元，申请财政奖补资金1500万元，其中申请中央和省财政补助1200万元，市、县配套资金300万元。

【农业产业化】　2011年，佛冈县认真落实扶持政策，转变发展方式，推动农业产业化快速发展。积极做好重点农业龙头企业指导、服务和监测，协助农业龙头企业申报项目；积极推介名优土特产，精心组织6家企业参与“清远土特产十件宝”评选活动。“广生元牌初生蛋”、“门楼富牌沙糖桔”分别荣获清远鸡类和果品类首届“清远土特产十件宝”称号。大力抓好农民专业合作社建设，新成立农民专业合作组织10家。至2011年底，全县农民专业合作组织达51家。认真开展农产品认证工作，汤塘镇滏江荔枝专业合作社的荔枝获得绿色食品称号，清远市广生元畜牧发展有限公司的鸡蛋获得无公害产地认证。

（何道迎）

【扶贫工作】　基本脱贫　2011年完成1433户5215人的脱贫任务（其中省贫困村435户1653人），贫困户脱贫率达到95%以上，实现基本脱贫。当年，全县投入7700多万元，建立145个扶贫“造血”项目。有10个村委办公楼实现了搬迁或修缮，24个行政村已建成或在建休闲公园、文化室，有13870亩农田水利得以改善，完成安居工程改造任务285户。

开展互助金试点工作　2011年全县建立6个互助金试点村，发放互助金210万元，用于解决部分贫困户生产资金不足的问题，促进贫困户顺利发展生产。

智力扶贫　搞好智力扶贫工程，落实400名农村贫困户子女免费进技术学校学习三年；抓好短期贫困户劳动力培训转移，经免费短期培训并转移就业的农村贫困人员750人；积极开展对贫困户种养实用技术培训，争取省财政专项资金5万元，参加有特色产业发展的实用种养技术培训共800人次。

（李　讯）

粮食与经济作物

【概况】　2011年，在稳定粮食生产面积基础上，抓好粮食生产，保证粮食生产安全，同时调整农业产业结构，扩大经济作物种植比例，大力发展优质水果生产。

2011年全县农作物播种面积266241亩，其中：粮食作物196008亩，总产60174吨。包括水稻178159亩，产量53508吨；玉米4942亩，产量2541吨；薯类9767亩，产量

3173吨；旱粮大豆3140亩，产量952吨。经济作物19031亩，包括甘蔗243亩，产量788吨；花生15717亩，产量2899吨。还有木薯、烟叶、药材。其他作物51202亩，包括蔬菜50230亩，产量52130吨；瓜类814亩，产量1007吨。还有青饲料、绿肥等。

2011年全县水果种植面积202777亩，主要以沙糖桔、荔枝、龙眼为主。其中沙糖桔种植面积17万亩，产量30万吨，产值7.8亿元；荔枝1.8万亩，产量4678吨；龙眼0.7万亩，产量2255吨。

【落实鼓励粮食生产政策】　贯彻落实国家粮食直补、良种补贴政策，积极宣传国家关于扶持粮食生产的政策措施，保证粮食直补面积调查核实工作公平、公正、公开。2011年完成种粮综合直补面积调查核实工作，补贴5.04万户、21.7万亩，补贴标准62元/亩；早稻良种补贴面积11.24万亩，补贴标准15元/亩，晚稻良种补贴面积11.26万亩，补贴标准15元/亩。

【农田水利基本建设】　落实省人大农田水利基本建设议案、广东省基本农田整治项目，落实县级基本农田保护示范区建设项目。按照项目要求，圆满完成建设任务，对改善农业生产条件，提高农业综合生产能力，促进粮食增产、农业增效、农民增收起到积极作用。一是实施省级农田建设项目。在石角镇石浦村、龙山镇滘镇村投入资金166万元，整治基本农田1900亩，修建三面光渠道9.2千米，改善灌溉面积2500亩；在龙山镇黄塱村、石角镇小梅村修建小陂头2座，投入26万元，受益农田面积1000亩。二是实施粮食基础能力建设项目。在高岗镇高岗村、迳头镇大陂村投入资金160万元，改善灌溉面积1500多亩，建设渠道8.8千米。三是实施迳头镇县级基本农田保护示范区建设项目。总投资1100万元，其中省级资金880万元，整治基本农田5000亩，建设排灌渠道48.3千米，机耕路3.1千米，改善农田灌溉面积8000亩。

【推动沙糖桔产业发展】　沙糖桔成为佛冈县农业主导特色产业和最大宗的农产品。为确保沙糖桔产业的健康发展，佛冈县认真做好沙糖桔病虫害防控工作，成立沙糖桔病虫害防控工作指挥部，制定了实施方案，并与6个镇签订防控工作责任书。2011年沙糖桔种植面积达17万亩，总产量30万吨，产值7.8亿元。

宣传发动和培训　举办佛冈县沙糖桔病虫害防控培训班，组织农业技术专家到6个镇、78个行政村进行技术培训，讲授沙糖桔种植及保护知识，培训人员2万人次，发放宣传资料5万多份。

沙糖桔基地建设和销售　引导沙糖桔基地开展绿色食品、有机食品认证，加强沙糖桔销售网络建设，积极培育农民专业合作社和营销大户。12月9日佛冈县举办沙糖桔节，奖励沙糖桔销售先进单位；组织果农参加市第三届沙糖桔节，拓宽沙糖桔销售渠道，提高佛冈沙糖桔的知名度，帮助果农增收。

【省级农用地测土配方施肥项目】　开展野外调查取样布点、化验室建设、田间试验、示范、宣传培训等工作，完成土壤样品采集500个，完成土壤样品检测1750个，8700项次；开展水稻田间肥效试验10个，配方施肥县级示范片4个，示范面积4000亩。

（黄昶成）

【种植技术推广】　*竹山粉葛种植*　2011年，佛冈竹山粉葛省级农业标准化示范区通过专家组的考核验收，是佛冈县首例完成省级农业标准化示范区。佛冈竹山粉葛农业标准化示范区自立项以来，通过大力推广实施标准化生产技术，取得明显效果。种植面积由示范区前的2500亩增加到3000亩，其中标准化示范面积800亩；全县总产量由示范区前的2250吨增加到3000吨；总产值由示范区前的1125万元增加到1500万元，增加33%。

水头芦笋种植　县农技中心对32户农户，面积46.2亩的大棚芦笋，实行推广大棚芦笋

种植技术，改良品种，实现无公害生产；实行育苗、生产、销售一条龙跟踪服务，获得较好的经济效益。按平均亩产1500～1800公斤计算，亩产值达1.8万元，比传统种植（露地种植）生产效益增加30%。

种桑养蚕技术培训　佛冈县农业技术推广中心在高岗镇长江村举办种桑养蚕技术培训班，参加培训人数达70多人。农艺师到种桑养蚕大户进行现场指导，就选用品种、合理密植、土壤改良、合理施肥和病虫害防治等方面进行详细讲解，并针对蚕农在养蚕过程中存在的疑难问题提出解决方法，取得显著效果。

（赖杏梅）

畜牧与水产

【概况】　积极调整畜牧水产业生产结构，发展高产、优质、高效畜牧水产业，促进畜牧水产业产业化经营。畜牧业以生猪为主，2011年生猪饲养量27万头，年末存栏15万头；牛饲养量0.6万头，年末存栏量15万头；家禽饲养量194.6万羽，上市家禽129.1万羽。2011年生产肉类7543吨，其中猪肉5339吨，羊肉13吨，禽蛋1905吨；畜牧业总产值1.75亿元，占农业总产值的15%。渔业以四大家鱼、罗非鱼为主，2011年鱼塘养殖面积960公顷，产量7440吨；渔业总产值0.53亿元，占农业总产值的4.6%。

【畜牧业发展总体规划和区域布局】　根据《佛冈县生猪生产发展总体规划和区域布局（2008～2012年）》精神，坚持生猪产业总体布局重点加快发展北部，南部适度发展，中部稳定发展的原则。具体布局是：北部（高岗镇、迳头镇）为生猪产业重点发展区域，重点发展瘦肉型猪，适度饲养本地猪和土杂猪，以发展大、中型生猪养殖场为主；南部（龙山镇、汤塘镇）为生猪产业适度发展区域，以发展中、小型标准化生猪养殖场为主。中部（石角镇、水头镇）为生猪产业稳定发展区域，以发展中、小型标准化规模生猪养殖场为主。

【畜产品安全生产监管】　加强对养殖场（户）生猪生产的管理，加大对屠宰环节、生猪交易环节产地检疫的查证验证工作，确保畜产品安全。一是提高“瘦肉精”检测技术。二是加强执法检查，2011年出动1000人次，对各镇生猪屠宰场、温氏种猪场及对兽药和饲料生产、使用环节进行专项执法，严查经营、使用“瘦肉精”等违禁药物的违法行为。三是对存栏生猪按5%的比例进行一周2次不定期的抽检，2011年抽检样品6000份，合格率达100%。四是加大对兽药销售、饲料厂养殖场（厂）的抽检密度，从源头上杜绝违法销售、使用“瘦肉精”等违禁药品的违法行为。经对各类12个样品的抽检，均未检出违禁药品。

【重大动物疫病防控】　贯彻落实《佛冈县突发重大动物疫病应急预案》，明确工作责任；印发《佛冈县重大动物疫病免疫工作实施方案》，部署全县范围内的动物防疫工作。

2011年全县购入禽流感疫苗4780瓶，口蹄疫O型苗31万毫升，双价O－I型口蹄疫苗3万毫升，猪蓝耳病疫苗1200瓶，消毒剂600箱，猪瘟疫苗20万头份，鸡新城疫苗80瓶，注射器等物品一批。全县免疫生猪27万头，牛0.32万头，家禽194.6万只。其中生猪免疫率达到100%，家禽免疫率达到100%。

【动物防疫和应急物资储备】　做好重大动物疫病防疫和应急物资的储备管理工作。2011年储备高致病性禽流感诊断试剂15合，疫苗37.5万毫升；口蹄疫疫苗3万毫升；猪瘟疫苗3万毫升；消毒剂100瓶，采样工具和疫情处置防护物品一批，作为补栏畜禽的防疫和突发疫情应急处置物资，确保畜禽正常免疫和突发疫情处置工作顺利开展。

【动物疫病监测】 2011年，佛冈县动物卫生监督所对实验室进行改造，提升实验室的采样与监测水平，及时掌握重大动物疫情动态。当年佛冈县检测（采样）禽流感病原：鸡棉拭子40份、鹅棉拭子70份、鸭棉拭子10份，猪棉拭子10份；新城疫病原：鸡棉拭子10份；禽流感抗体：猪血清10份、鸡血清200份、鹅血清200份、鸭血清200份；新城抗体：鸡血清200份；口蹄疫O型抗原：猪血清200份、牛血清10份、羊血清10份；高致病性蓝耳病病原：猪血清/可疑病料30份；猪瘟病原：猪瘟可疑病料4份；猪瘟抗体：猪血清200份。经监测，全部合格。

【生猪标准化养殖】 县农业部门组织技术人员深入各镇及养殖户做好指导工作，开展生猪标准化规模化养殖。2011年申报并立项批准生猪标准化规模化养殖场建设项目2个、国家示范区建设项目1个，进一步提高生猪生产圈舍标准化、设施规范化和生猪标准化规模养殖水平。

（彭志皓）

农业机械化

【概况】 2011年完成农机总动力11.06万千瓦，与上年基本持平。全县拖拉机联合收割机拥有量2472台，其中新增拖拉机298台；完成拖拉机登记上牌2272台，上牌率91.9%；完成拖拉机年度安全技术（审）检1845台，检验率81.2%；拖拉机、联合收割机持证率82.2%。完成对全县拖拉机按镇村辖区进行重新普查造册登记。完成机耕面积1.20万公顷。其中：水稻机耕面积1.15万公顷（占水稻种植面积97.03%）；下田作业拖拉机1229台；机插面积168公顷，占水稻面积1.4%；机收面积0.85万公顷，占水稻面积71.5%。2011年全县综合机械化水平41.68%；水稻综合机械化水平60.7%。

2011年实现农机事故死亡0指标的目标；办理申领考核拖拉机驾驶人员90人；成立农机专业合作社1个，农机专业合作社有社员26户、专业技术人员5人、机具12台（其中拖拉机5台、联合收割机2台、插秧机5台），服务农户460户。

（曹伟权）

【农业机械化推广】 2011年，佛冈县使用中央财政农机购置补贴资金142.1万元。其中第一批中央财政农机购置补贴资金85万元，第二批中央财政农机购置补贴资金40万元，历年结余的中央财政农机购置补贴资金17.1万元。受益农户1154户（人），购置农机具1192台（辆），其中耕地机械45台，植保机械884台，修剪机械7台，谷物收获机械5台，干燥机械2台，碾米机1台，水产养殖机械4台，拖拉机236辆，自选类8台。

（赖杏梅）

【农机安全监督管理】 *完成反光贴产品试验任务* 为了向农民推荐使用质量好，反光效果好的反光贴产品，以提高拖拉机、联合收割机夜间行驶作业转移安全，预防减少农业机械事故以及与农业机械有关的道路交通事故的发生，更好地维护广大农民群众的生命财产安全，广东省农业厅于2011年3月委托佛冈农机安全监督管理站对部分品牌的反光贴产品进行对比试验。通过试验对比，所得出的结果为省农业厅提供了可靠的依据，出色地完成省农业厅委托对拖拉机反光贴质量对比试验的工作任务，受到省农业厅领导的好评。

农机安全生产监督管理 2011年佛冈县农机安全监督管理站加大监督管理力度，实现农业机械化安全生产。一是加强农机安全生产宣传。在县“创建平安农机，促进新农村建设”领导小组的指导下，贯彻宣传各项农机法规。起草农机安全责任状，通过县科技和农业局，把农机安全责任落实到镇、村；协助县

科技和农业局与各镇签订6份责任书，镇与村委会签订78份责任书，监理站与机手签订1845份责任书。二是组织安全知识培训。组织农机维修从业人员参加农机维修知识培训，14人取得结业证；加强严禁对拖拉机操作违章的宣传力度，在本县辖区内增设2米×1.5米农机安全警示牌16个，提高机手法律意识，减少农机安全事故的发生。三是完善农机监理办证示范窗口，规范农机办证程序。按照“文明监理窗口”建设内容及标准，继续完善设施，要求工作人员亮证上岗，挂牌办公，规范工作人员仪表、容貌，提高工作效率，跟进服务质量，努力提高群众满意为度。四是想方设法提高年检率，创新年检方法，尝试汤塘镇政府采取政府发文到村委会，农业综合服务站发通知到机手，以村委会为集中点，指定时间到村的集中点开展对拖拉机的技术安全检查，取得较好效果。

查处拖拉机违章行为　7月，县农机安全监督管理站联系交警部门，用7天时间，在本县辖区内组织拖拉机专项整治行动，查处无牌无证拖拉机25起，未带证件8起，无证驾驶10起，违章载人2起，未参加年度安全技术审验29起，无入户8起，检查车辆183台。发违章通知书143份，暂扣机车34台。通过整治行动，对拖拉机换牌入户、纠正无牌、无证驾驶，起到促进作用，最大限度地控制农机事故的发生。

（朱向珍）

林　业

【概述】　2011年，林业工作进一步加强生态建设，强化森林资源保护和管理，落实森林防火各项措施，稳妥深入推进集体林权制度改革，加强林业队伍自身建设，林业各项工作取得显著成绩。2011年全县林地面积133.45万亩，占土地总面积70%，森林覆盖率70.70%，活立木蓄积361.56万立方米，林木总生长量23.96万立方米，森林净增率达6.93%，森林资源总量明显增加。

【造林绿化】　积极开展创建林业生态县，抓住国家加大对林业投入的机遇，进一步加强林业生态建设。2011年全县共完成造林13110.5亩，其中一般造林10274.5亩，重点工程造林2836亩，新造林抚育工程2072亩，超额完成市下达佛冈的造林任务。

【林业重点生态工程建设】　2011年，重点工程造林2836亩，其中“碳汇”工程林2000亩，“山边”整治示范点造林工程185亩，森林植被恢复费专项资金造林工程90亩，县烈士陵园火烧迹地造林工程11亩，英佛公路（佛冈段）山边整治绿化工程76亩，“万村绿”大行动23个示范自然村植树18433株。在林业重点生态工程建设中，大力推广优质乡土阔叶树种、珍贵树种，营造混交林，科学合理调整林分结构，有效增加森林的生态、经济和社会效益。

【全民义务植树】　2011年是开展全民义务植树运动30周年，也是“国际森林年”。县绿委办统一安排干部职工在县城烈士陵园山头义务植树。县各企事业单位、社会团体、各中小学共1.4万多人参加义务植树活动。镇一级把义务植树与发展三高农业、生态公益林补植套种结合起来，全县完成义务植树50.12万株。

【生态公益林管理及补偿】　2011年，全县省级生态公益林面积32.61万亩，设置生态公益林护林员91名，配备摩托车、对讲机等交通工具和通讯设备，与护林员签订《佛冈县生态公益林管护目标责任书》，落实管护责任，管护责任书签订率100%，迹地更新率100%。实施水源涵养林建设工程，建成乡土阔叶树种混交林、复层林，增加林分涵养水源能力，保障全县饮用水来源。认真贯彻落实《广东省生态公益林效益补偿资金管理办法》和省委、省政府《关于推进集体林权制度改革的意见》有关规定，对由集体统一经营的生态公益林损失性补偿资金的70%以上凭股权证登记发放到集体经济内部成员账户，采取账户存折发放的方式支付到个人手中，补偿资金391万元。

【森林防火】 一是落实责任。高度重视森林防火工作，落实以森林防火各级行政首长负责制为核心的目标责任制，完善《森林火灾扑救应急预案》。二是加大森林防火宣传力度。全县投入森林防火宣传经费18万元。新建固定防火宣传警示牌30幅，大型墙体宣传标语20条，出动宣传车500次、张贴宣传标语500条，悬挂宣传横额130幅，印发《致全县人民一封信》10万份，印发森林防火宣传挂历5万份，派发《森林防火条例》小册子、宣传公约等宣传资料2万份，使森林防火宣传做到家喻户晓，有效提高社会各界的森林防火意识。三是加强护林员专业培训。结合科技下乡活动，完成全县森林消防专业护林队伍以及旅游景区员工森林火灾安全有效扑救技术的培训，促进各单位协调配合以及增强村民的防火意识。四是购置防火设备。争取上级主管部门的支持，投入60多万元建立县森林防火指挥中心，购置一批森林防火设备，提升预防和扑救火灾的能力。2011年全县森林火灾受害率控制在1‰内，取得无重大森林火灾、零伤亡的好成绩。

【森林病虫害防治检疫】 积极推行生物防治技术，控制常发性虫害。2011年全县森林病虫害发生面积9638亩，达到防治指标面积1421亩，其中桉树尺蠖虫害成灾1000亩，松材线虫病虫害成灾421亩。对发生桉树尺蠖虫害的林木进行无公害防治，对松材线虫病危害的林木聘请专业防治公司进行伐除病木并全面消毒的措施，无公害防治率100%。全县实施森林病虫害监测面积181.242万亩次，监测覆盖率为100%；实施种苗产地检疫面积10亩，种苗产地检疫率100%；实施检疫森林植物及其产品检疫木材7.87万立方米。林业有害生物成灾率控制在4‰指标内。

【林地林木管理】 一是严格执行林地用途管制制度。科学合理利用林地资源，引导建设项目企业依法办理使用林地手续，有效防止建设项目未批先用林地行为。2011年全县报批征占用林地10宗，面积906亩，依法缴纳植被恢复费297万元。二是强化林地保护。对辖区内的各项建设工程项目征占用林地开展专项整治，严厉打击非法占用林地和非法占用林地采矿违法行为，保护森林资源。三是执行采伐限额制度。按照森林采伐限额“一本账”管理要求，在林木采伐审批上严格把关。2011年市下达佛冈县采伐指标蓄积26.8万立方米，全县发放林木采伐指标蓄积24万立方米，森林实际消耗量控制在指标内。

【木材运输管理】 结合道路交通网络的改变，科学合理选点，把龙山木材检查站迁移到国道106线与省道354线的交汇处，石角木材检查站迁移到国道106线石角镇三莲村远明坡头仔。申报石角木材检查站设为流动木材检查站，切实维护本县正常的木材流通秩序。在开展木材运输管理工作中，执法人员做到统一着装、出示全省统一的检查标志和检查证件，依法、规范执法，行政案件做到一宗一卷。2011年，全县5个木材检查站没有出现公路“三乱”现象，石角木材检查站被省林业厅授予全省森林资源林政管理先进单位。

【山林纠纷调处】 积极开展山林权属纠纷隐患排查，对群众反映的热点难点、历史遗留问题做到早发现，早介入，早处理，及时排除不稳定因素。2011年，共接待群众来访663人次，回复信访案件12宗，立案4宗，行政诉讼案6宗，行政复议案2宗，调处案116宗、涉及面积4.8万亩，无集体上访和重大群体事件的发生，维护社会和谐稳定，促进了县域经济的不断发展。

【野生动物保护】 组织开展鸟节、爱鸟周活动和野生动物宣传月活动，开展主题鲜明的保护野生动物的宣传教育。通过悬挂横额、发放小册子、在电视台黄金时段播出公益宣传等形式，提高全民保护意识。开展保护野生动物专项行动，针对县城、乡镇、观音山省级自然保护区和羊角山森林公园等区域，对集贸市场、驯养繁殖场、酒店、车站、106国道线等动物交易、加工、经营、利用、运输等场所、路线和栖息繁衍地进行反复检查。2011年，出动执法人员560人次，车辆50台次，没收非法经营各类野生动物430只（条），被解救的野生动物放生到观音山省级自然保护区内。

【专项打击行动】 2011年，森林公安分局、林政和有关部门在全县范围内开展“粤安11”、“打击破坏森林资源违法犯罪行为”、“闪电行动”等专项治理行动，对采伐点以及县内所有板厂、木材加工厂、在建工程进行检查和清理，排查森林火险隐患，对破坏野生动植物资源、乱占滥用林地违法行为进行严肃查处。2011年全县发生各类林业案件113宗。其中：刑事立案12宗，查处林业行政案件101宗，侦破刑事案件7宗，解救野生动物430头（条），依法处理破坏森林资源违法人员133人次，收缴非法所得木材159.79立方米，挽回国家经济损失175.8万元。

【林业产业】 全县现有商品林基地100.83万亩。其中：速生丰产林、短周期工业原料林35.40万亩，一般用材林54.39万亩，经济林9.75万亩，另有竹林2万亩。2011年，全县林业总产值13.84亿元，同比增长195%；利用森林资源驯养野生动物养殖场5间；全县林产品加工企业63家，从业人员2300人，其中8个木材加工企业已形成一定规模，产品趋向多元化，较好地发挥辐射带动作用。全县木材总产量16.75万立方米，竹材产量79.2万根，松脂产量1736吨，林化产品松香产量1215吨。经济林产品板有板栗23吨，竹笋干78吨，油茶仔35吨，水果85003吨。此外，依托资源优势，以森林为主题的自然生态景观旅游企业有羊角山省级森林公园、观音山省级自然保护区、观音山王山寺等，2011年森林旅游接待游客130万人次，旅游收入8.9亿元。

【集体林权制度改革】 全县有林改任务集体林地面积130万亩，2011年林地所有权发证面积126.1万亩，发证率97%；林地使用权发证面积120.8万亩，发证率93%；股权证发证涉及集体经营林地面积112.6万亩，发证率97%；林改期间共受理山林纠纷176宗，办结166宗，山林纠纷办结率94%。经自查，林权证合格率、股权证合格率、群众满意率均达到98%以上。“还权于民、还利于民”和“资源增长、农民增收、社会增效”的良好局面初步显现，为开创林农受益、负担减轻、权属明晰、经营放活、流转规范、林区稳定的林业新局面打下坚实的基础。

【基础设施建设】 积极争取上级的支持，筹措资金投入315万元，分别建立县林业产权交易服务中心及县森林资产评估中心，建设石角木材检查站、龙山木材检查站、龙山林业站，新建局机关办公大楼电梯、修缮局属各职能部门办公场所和完善办公设备，购置林政执法车辆7台，依法行政水平不断提高。

（廖海萍）

水利建设

【概况】 2011年，佛冈县水务局认真贯彻中央水务工作会议精神，围绕水务“安全、稳定、和谐、发展”的工作目标，带领全局干部职工坚定信心、团结协作，攻坚克难，积极探索创新水务事业发展的新思维，全面完成省防灾减灾工程、病险水库除险加固工程、“水边”整治工程以及农村学校师生饮水安全工程建设任务。全县农村安全饮水工程建设取得成效，防汛抗旱、水资源保护工作不断加强，供排水的设施建设、开发利用规划工作有序推进，水管体制改革实现重大突破。

【村村通自来水工程】 2011 年，村村通自来水工程进一步发展。通过扩网，完成 37 处农村学校供水工程的管网延伸，解决农村学校师生 1.29 万人的饮水安全问题。制订全县村村通自来水工程建设规划，分为烟岭供水区和潖江供水区，供水范围涉及佛冈全县 6 个镇，辖 78 个行政村，总投资为 3.52 亿元。烟岭供水区主要建设内容为新建高岗水厂和管网新、改扩建，供水规模 10670 立方米/日，以满足高岗镇和迳头镇群众的生活与工业用水。潖江供水区目前达标的水厂有四个，总供水规模 70000 立方米/日，可满足石角镇、水头镇、龙山镇、汤塘镇四个镇群众的生活和工业用水。潖江区本次规划不新建水厂，只进行管网新、改扩建。工程建成后将实现较为完整的供水体系。

【完成省城乡水利防灾减灾工程建设】 2011 年，佛冈县纳入广东省城乡水利防灾减灾工程建设项目两宗：县城防洪达标加固工程和放牛洞水库除险加固工程。两项工程总投资 10807.84 万元，已全部竣工，并通过自查验收。2011 年 5 月，佛冈水务局被评为清远市城乡水利防灾减灾工程建设先进单位，放牛洞水库除险加固工程被省水利厅评为城乡水利防灾减灾精品工程。

【病险水库除险加固工程】 2011 年，佛冈县被省列入继续整治小型病险水库除险加固项目 8 宗，其中：小（一）型 6 宗，分别为路下水库、山田水库、上小洞水库、石瓮水库、良洞水库和香粉水库；小（二）型 2 宗，分别为大窝水库和香粉厂水库。总投资为 2104.02 万元，到位资金包括省财政补助资金 1683 万元，县财政配套 40 万元。以上工程均已如期竣工验收。

【中型水库移民后期扶持工作】 2011 年，佛冈县中型水库移民后期扶持政策进入实质性的操作阶段。按照每人每年 600 元的标准实行资金直补到人，库区移民基础设施日趋完善，村村（自然村）公路基本实现硬底化。同时，整个库区的移民都用上安全、卫生的自来水，水库移民生产生活普遍得到改善。

【冬修水毁水利工程】 2011 年，全县小型农田水利冬修工程投入资金 173 万元，完成路下门口陂、尖峰二陂、店前麻竹灌渠改建工程等 43 宗陂头及灌渠的维修加固，改善灌溉面积 16770.4 亩。应急维修加固工程投入资金 367 万元，完成路下水库主灌圳崩溃修建工程、烟岭南堤加固、良塘抽水站等 22 宗工程的维修加固，改善灌溉面积 15450 亩，治涝面积 800 亩。在水利建设年度计划（县包干）项目中，投入资金 34.8 万元，对晒禾岗崩光陂、潭洞大陂、西圳反虹吸等 8 宗工程进行加固维修，改善灌溉面积 2300 亩，治涝面积 320 亩。冬修水毁水利工程顺利完成，有效保障全县人民群众的正常生产与生活。

【水法宣传及行政执法】 一是加大宣传力度，强化公民的守法意识和法制观念。以 3 月 22 日“世界水日”、3 月 22～28 日“中国水周”和新《水法》实施颁布周年为契机，采取印发宣传单、悬挂横幅标语、宣传巡回车、邀请主管水务工作的县领导进行水法宣传的电视讲话、设置宣传服务咨询点、公益广告电视节目等形式，广泛开展水行政法律法规的宣传活动，全面提高人民群众遵守水法的意识。二是加大水行政执法力度。严厉打击各种水事违法行为，维护正常水事秩序。2011 年，出动水政人员 315 人次，查处水事违法案件 53 宗。其中：违反采砂案件 19 宗，河道乱占乱挖案件 19 宗，水土保持违法案件 3 宗，违法填泥落河案件 2 宗，调解水事纠纷 7 宗，接待群众信访 3 宗。三是依法征收规费。征收堤围防护费 1168 万元。收取水务行政事业规费 474 万元，其中水资源费 213 万元，河道采砂管理费 73 万元，河道管理范围占用费 157 万元，水土保持补偿费15万元，处罚款16万元。

【河道管理】 加强对全县河道的巡查监管，及时制止和处理乱占、乱挖、乱种及违章建筑等违反水事的行为。在汛期前，及时对全县河道进行清障，确保河道堤围行洪安全。加强河道堤围审批的管理，严格按照行政许可的审批程序，逐级逐层把关，对不符合条件的一律不予审批。

【供排水管理】 一是排污管申报接驳调研工作和流程顺利完成。二是出台《佛冈县排水管理规定》，促进市政设施建设的运行、维护和管理等工作的开展。三是完成20宗排污管接驳审批。四是解决市政排水管网堵塞清疏工作和下水道投诉问题。五是加强县城供水基础设施建设，筹集资金120多万元购买一批先进水质检测设备，项目检测能力从常规21项提高到42项，自来水出厂合格率达100%，自来水供水检测能力大大提高。

（张永新、徐丽珍）

“三防”工作

【概况】 2011年，“三防”工作坚持以人为本，科学防御，上下联动，密切配合，坚决贯彻“安全第一，常备不懈，以防为主，全力抢险”的防汛工作方针，全面落实以行政首长负责制为核心的各项防汛责任制，确保人民生命财产安全。

【水情】 2011年总体是“平均降水少、江河水位低、水库蓄水量少”。由于降雨分布不均的原因，加上降雨量偏少，大部分水库最高蓄水位在正常水位3到4米以下，只有黄花河、香粉厂、山田等水库出现溢洪。全县30宗小型以上水库及69宗小山塘年总蓄水量2586.5万立方米，比正常年份蓄水量少二成。潖江、烟岭河发源地来水量持续偏少，没有出现超过警戒水位现象。大庙峡水文站4月、6月、7月连续出现历史同期最低水位，全年最高水位46.76米，最低水位44.36米，最大流量270立方米/秒，最小流量4.41立方米/秒。

【灾情】 洪灾　2011年全县只在10月13日出现大暴雨日。其中良洞水库降雨174毫米，龙山降雨172.5毫米，民安降雨166.5毫米。除民安上岳近河边个别群众受洪水入屋报警外，没有出现洪涝灾情。

旱灾　从2010年10月至2011年3月，全县降雨量累计只有198.0毫米，这是佛冈自1955年建雨量站以来历史同期最低的一年。加上3月22日至4月15日春种用水期间没有下过一场透雨，造成江河水位下降，部分地下水位下降和内河干涸，部分地方出现春头旱。全县农作物受旱面积12300亩，其中缺水无法播种水稻面积3410亩。

【完善机构】 2011年为“三防能力建设年”，县委、县政府高度重视三防能力建设，按县、镇级三防机构“有人员、有经费、有装备”的要求，制定《广东省“三防能力建设年”活动佛冈县实施方案》和《关于加强佛冈县三防体系建设的指导意见》。县政府及相关部门理顺县三防办编制关系，恢复为副科级事业单位（公益一类），并帮助解决县、镇三防办建设配置资金。镇级三防办采用与“镇农办”合署或加挂牌子的办法，配备好镇级三防办专职工作人员以及必要的设备设施，保证“三防”工作机构的不断完善。

（欧阳力钊）

气象事业

【概况】 2011年，佛冈县气象局结合实际，扎实做好气象观测、气象预报服务、防雷减灾工作，加强气象为农业服务，推进农村气象灾害防御体系建设，圆满完成全年的目标任务，被佛冈县政府行政服务中心评为“优秀服务窗口”，被广东省气象局评为“全省先进测报组”。

【基本气候特点】 年平均气温20.8℃，比历年平均气温偏低0.1℃。极端最低气温2.0℃，出现在1月22日。极端最高气温36.6℃，出现在7月28日。年降雨量1553.8毫米，比历年平均降雨量偏少29%。全年日降雨量≥0.1毫米的降雨日数120天，日降雨量≥50.0毫米的暴雨天气日数5天。最大日降雨量94.7毫米，出现在9月2日。年日照时数1776.6小时，比历年平均值偏多93.3小时。无霜期365天，雷暴日数73天。

【气候灾害】 春旱 4～6月降雨量为634.0毫米，与历年同期平均相比偏少42%。其中4月降雨量仅38.3毫米，偏少87%，全县出现春旱，农作物受旱面积12300亩，缺水无法插植水稻面积3410亩。

强对流及暴雨天气 4月28日16时28分佛冈县气象观测站出现冰雹和7级阵风，冰雹最大直径13毫米，极大风速16.8米/秒。由于强对流天气范围小、时间短，预警及时，未造成严重影响。5月1日，受暖湿气流和切变线影响，迳头镇部分地方遭受雷雨大风袭击，迳头镇烟岭自动气象站录到19.8米/秒的极大风速。大风造成房屋倒塌2间，损坏房屋16间。5月12～16日出现入汛以来最强降雨过程，县气象观测站录得累计雨量200.6毫米，汤塘自动气象站最大24小时雨量108.9毫米，四九自动气象站最大1小时雨量50.3毫米。由于防御及时，强降雨并未造成灾情。

【地面气象观测】 2011年地面测报完成2920份天气报、4803份航空报、97份重要天气报，观测数据2706840个，全面消灭错情，被省气象局评为先进测报组。全年12人次被市气象局评为“百班无错”，6人被中国气象局评为“全国质量优秀测报员”。

【天气预报服务】 2011年佛冈县气象局坚持一年四季不放松，每个过程不放过的服务理念，认真制作、发布公众天气预报，做好沙糖桔、高岗豆腐狂欢节、汛期、县第二届运动会开幕式、唱红歌、汽车拉力赛等重大社会活动和春节、清明、五一、端午、中秋、国庆等重要节假日专项气象预报服务。向县委、县政府发送《重要气象信息快报》、《重要气象信息专报》、《天气报告》等决策服务材料33份，各类天气预警信号60次，电视电台报纸新闻信息96条。向村以上单位主要领导发送决策天气短信3.4万人次，联合国土资源局开展地质灾害预警。

【防雷减灾工作】 加强防雷减灾工作，杜绝安全隐患。全年对50个项目进行防雷设计审核，验收项目35个。56个危险化学品、易燃易爆场所和31个一般项目的防雷设施全部按要求进行年检。积极做好防雷安全知识的宣传，在“3.23”世界气象日、全国防灾减灾日、安全生产月活动期间，利用报纸、有线电视、网站等新闻媒体，刊登或播报防雷知识、避雷常识。向公众派发《天气预报的奥秘》、《防雷36计》、《如何应对气象灾害》、《四季天气与保健养生》等科普读物200多份，普及防雷减灾科学知识，提高社会公众的防雷减灾意识，增强群众的自救能力，降低事故的发生。

【气象灾害防御体系建设】 气象设施管理 加强全县12个自动气象站（含1个遥测站），1个GPS/MET（基于全球卫星定位系统）水汽观测站的管理工作。新建1个CMACast（中国气象局卫星数据广播接收系统），能够及时直接接收中国气象局下发的各类气象资料，增强灾害性天气的监测预报能力。

制定接气象灾害防御规划 作为广东省气象灾害防御规划试点县，率先完成佛冈县气象灾害防御规划，并于8月2日由县政府印发实施。规划明确佛冈县主要气象灾害的特点和防御重点，提出逐步建立完善的气象防灾减灾体系，统筹防御各类气象灾害，提升气象防灾减灾综合能力，为全面建设小康社会和构建社会主义和谐社会提供优质服务。

气象灾害应急准备认证　启动气象灾害应急准备认证工作，对乡镇等气象灾害重点防御单位气象防灾减灾基础设施和组织体系进行评定，促进气象灾害应急准备工作的落实，提高气象灾害预警信息的接收、分发、应用能力和气象灾害的监测、报告、应对能力，从而确保重大气象灾害发生时能够有效保护人民群众的生命财产安全。

农村气象信息服务站建设　为深化气象服务“三农”、推进城乡公共气象服务均等化，于12月分别在高岗镇和龙山镇白沙塘村各建设1个气象信息服务站，设有气象信息电子显示屏，实时发布天气预报、气象预警信息和天气实况，指导农业生产和防灾减灾工作。加强新农村气象服务工作，邀请广东省气候中心农业气象与生态室主任、正研高工王春林博士到佛冈县指导新农村建设气象服务试点工作，结合实际制定气象为农服务实施方案。

（周国明）

沙糖桔喜获丰收

工 业

责任编辑：李阳光　谢春

综　述

【概况】　2011年，佛冈县坚持以工业化为核心，以工业园区为平台和载体，以技术改造和自主创新为重要途径，促进产业转型升级，加快转变经济发展方式，推动工业持续稳定发展。改善投资硬环境，工业园规划、整合和建设扎实推进，龙山空调制冷配件产业集群示范区顺利通过考核。加大招商引资力度，调整招商引资的方向和重点，提高招商引资水平和质量，促进产业优化升级，支撑工业产业集群发展。加大工业项目落实工作的督查和跟踪服务力度，广东松峰机械有限公司按计划完成厂房建设、鑫源科技电缆有限公司如期试投产，增强佛冈县工业发展后劲。培育和发展主导产业，工业产业结构得到优化，清远加多宝草本植物科技有限公司（浓缩液生产线）顺利投产、清远加多宝饮料有限公司（罐瓶装生产线）顺利建设，食品饮料产业规模不断壮大，成为全县工业重要产业。加大技术改造投资力度，贯彻落实国家产业政策，淘汰落后产能和落后设备，亨地水泥有限公司水泥粉磨站改造顺利完成并投产、金城金属有限公司调整产品结构生产符合产业政策的卷金属板产品，企业转型升级的步伐加快。抓好技术进步工作，企业研发投入不断加大，自主创新能力和产业竞争力得到提升。落实中小企业财政、金融扶持政策，企业迸发新活力。加快加工贸易转型升级步伐，增强产品市场竞争能力，外经贸企业生产经营状况逐步好转。组织企业积极参加国内外各类展览会、交流会，积极开拓国内外市场。

全县工业经济继续保持快速发展的良好势头。2011年全县工业总产值478.89亿元，同比增长54.6%。重工业产值321.37亿元，同比增长47.9%；轻工业产值157.51亿元，同比增长70.5%；工业产销率为97.21%，同比增长54.9%，其中出口交货值53.34亿元，同比增长37.3%。

【规模以上工业】　2011年规模以上工业企业75家，总产值478.89亿元，同比增长54.6%；增加值97.23亿元，同比增长28.8%；销售产值465.51亿元，同比增长54.9%。规模以上工业利润53.15亿元，同比增长156.27%。在规模以上工业中，股份制企业工业总产值132.26亿元，同比增长59.9%；外商及港澳台商投资企业工业产值315.27亿元，同比增长45.7%，占全县规模以上企业工业总产值的65.83%。其他经济类型企业工业总产值31.36亿元，同比增长194.1%，占全县规模以上企业工业总产值的6.5%。

（江敏哲、肖秋霞）

工业主要产业

【概况】　2011年，全县规模工业经济发展在新的平台上保持较为平稳的增长态势。形成文教体育用品制造业、通用设备制造业、电气机械及器材制造业、通信设备、计算机及其他电子设备制造业、塑料制品业、金属制品业、非金属矿物制品业、农副食品加工业、黑色金属冶炼及压延加工业、有色金属冶炼及压延加工业等支柱产业。

2011年，全县产值最高的仍是文教体育用品制造业，产值为97.07亿元，同比增长71.57%。第二大行业是通用设备制造业，产值为71.15亿元，同比增长52.80%。电气机械及器材制造业稳居第三位，产值为45.17亿元，同比增长47.31%。规模以上企业产值下降接近或超过50%的行业有家具制造业（产值为4404万元，同比下降74.35%）和非金属矿采选业（产值为1674万元，同比下降59.34%）。规模以上企业上升接近或超过70%的产业，除文教体育用品制造业外，有农副食品加工业（产值为28.35亿元，同比增长66.57%）、非金属矿物制品业（产值为35.09亿元，同比增长71.93）、黑色金属矿采选业（产值为6874万元，同比增长74.36%）、金属制品业（产值为35.74亿元，同比增长74.58%）、黑色金属冶炼及压延加工业（产值为14.77亿元，同比增长84.25%）。

【通用设备制造业】 通用设备制造业是佛冈县最大的产业，主要企业有约克广州空调冷冻设备有限公司、广东亿利达风机有限公司、新菱空调（佛冈）有限公司等，主要产品有阀门、轴承、齿轮、风机、金属密封件、精密弹簧、制冷空调设备及钢铁铸件等。

2011年，该行业规模以上企业总产值为57.0亿元，同比增长43.29%。约克广州空调冷冻设备有限公司、广东亿利达风机有限公司、新菱空调（佛冈）有限公司几家企业规模较大，生产稳定，产品附加值较高。

【有色金属冶炼及压延加工业】 佛冈县有色金属冶炼及压延加工业主要为有色金属压延加工。2011年的主要企业是佛冈建滔实业有限公司，该行业规模以上企业总产值为14.56亿元，同比下降28.87%。

【文教体育用品制造业】 文教体育用品制造业以玩具制造为主，包括佛冈县万兴电子塑胶制品有限公司、万兴（佛冈）玩具有限公司、华联（佛冈）机械制造有限公司、骏达（佛冈）玩具有限公司、清南（佛冈）玩具制品有限公司、幸运（佛冈）五金塑胶有限公司等企业。其中，万兴（佛冈）玩具有限公司是规模以上的中型企业。该行业属于劳动密集型行业，该企业的落户生产为全县提供良好的就业平台，大幅提升了就业率。2011年，该行业规模以上企业总产值为97.07亿元，同比增长71.57%。

【通信设备、计算机及其他电子设备制造业】 通信设备、计算机及其他电子设备制造业以印制电路板为主。主要企业有盈展（佛冈）电子有限公司、科惠白井（佛冈）电路有限公司和科惠（佛冈）电路有限公司等企业。其中，科惠白井（佛冈）电路有限公司是规模以上的中型以上企业，主要产品为各种线路板，产品销往东南亚，欧美等。2011年，该行业规模以上企业总产值为23.80亿元，同比增长126.20%。

【黑色金属冶炼及压延加工】 黑色金属冶炼及压延加工行业主要有钢压延加工和常用有色金属压延加工。该行业规模以上企业主要有佛冈县富辉金属制品厂和东溢（佛冈）特种钢制品有限公司等。其中东溢（佛冈）特种钢制品有限公司为港澳台商合资经营企业，以生产200、300、400系列不锈钢带为主，产品附加值高，且具备高知名度。佛冈县富辉金属制品厂位于石角镇莲溪村，为石角镇的经济发展做出贡献。2011年，该行业规模以上企业总产值为14.77亿元，同比增长84.25%。

【非金属矿物制品业】 非金属矿物制品业在佛冈县以建筑陶瓷制品、水泥、水泥制品业为主。主要企业有广东博华陶瓷有限公司、佛冈龙清电力器材有限公司、佛冈县佳润混凝土有限公司、佛冈县亨地水泥有限公司、佛冈县金峰水泥有限公司等企业。主要产品有瓷质砖、水泥、商业混凝土等。近几年来建筑市场特别是房地产市场需求增大，拉动该行业的生产发展。2011年，该行业规模以上企业总产值为35.09亿元，同比增长71.93%。

【家具制造业】 家具制造业规模以上企业主要有佛冈县顺达家具有限公司和佛冈县双赢花园制品有限公司，均为民营企业。主要产品为铸造公园椅系列、户外家具、花园家具等，品种多，深受市场欢迎。2011年，该行业规模以上企业总产值为0.44亿元，同比下降74.35%。

【塑料制造业】 塑料制造业以塑料包装箱及容器制造，塑料板、管、型材的制造为主。主要企业有佛冈县国珠塑胶有限公司、佛冈县冠华纸塑包装有限公司、佛冈县进昇纸塑包装有限公司、佛冈海嘉塑业有限公司、广东佛冈新元科技有限公司、新力（佛冈）化机有限公司等企业。2011 年，该行业规模以上企业总产值为 40.97 亿元，同比增长 54.67%。

【金属制造业】 金属制造业以金属表面处理及热处理加工和金属丝绳及其制品的制造为主。主要企业有迪米格（佛冈）实业有限公司和健泰（佛冈）五金电器有限公司。2011 年，该行业规模以上企业总产值为 35.74 亿元，同比增长 74.58%。

【电气机械及器材制造业】 电气机械及器材制造业以电力电元器件制造和绝缘制品制造为主。主要企业有建滔（佛冈）绝缘材料有限公司、佛冈鑫源恒业电缆科技有限公司、建滔（佛冈）积层板有限公司和建滔（佛冈）积层纸板有限公司等企业。2011 年，该行业规模以上企业总产值为 47.91 亿元，同比增长 44.47%。

【农副食品加工业】 农副食品加工业以谷物磨制和饲料加工为主。主要企业有广东省佛冈金鲜美粮油食品有限公司和广东华农温氏畜牧股份有限公司佛冈分公司。2011 年，该行业规模以上企业总产值为 66.57 亿元，同比增长 28.35%。

【纺织业】 佛冈县的纺织业主要有棉、化纤印染精加工和棉及化纤制品制造。主要企业包括龙玮（佛冈）织造有限公司、广东佛冈长江实业有限公司、佛冈盈泰纺织品染整有限公司、广东兆联纺织有限公司、佑丰（佛冈）印染有限公司、佛冈顺亚纺织染整有限公司等企业。2011 年，该行业规模以上企业总产值为 13.47 亿元，同比增长 13.47%。

【饮料制造业】 饮料制造业以软饮料制造为主。随着清远加多宝草本植物科技有限公司落户佛冈并正式生产，开启了食品工业园区的辉煌篇章，实现了饮料制造业零的突破，并为规模以上企业增添有力的一笔。2011 年，该行业产值为 9.44 亿元，实现了 100% 的增长。

2011 年佛冈县规模以上主要工业产业概况表

行业代码	行业名称	2010 年产值（亿元）	2011 年产值（亿元）	同比增长（%）
2400	文教体育用品制造业	56.58	97.07	71.57
3500	通用设备制造业	46.56	71.15	52.80
3900	电气机械及器材制造业	30.66	45.17	47.31
4000	通信设备、计算机及其他电子设备制造业	27.75	43.11	55.32
3000	塑料制品业	26.49	40.97	54.67
3400	金属制品业	20.47	35.74	74.58
3100	非金属制品业	20.41	35.09	71.93
1300	农副食品加工业	17.02	28.35	66.57
3200	黑色金属冶炼及压延加工业	80.15	14.77	84.25
3300	有色金属冶炼及压延加工业	20.47	14.56	-28.87

（肖秋霞）

企业技术改造·技术创新·品牌建设

【概况】 2011年，佛冈县继续加大技术改造投资力度，进一步加强投资项目管理和服务，推进企业自主创新能力和产业竞争力“双提升”，加快转型升级，促进产业结构调整和经济发展方式转变。2011年全县技术改造项目6个，总投资17530万元。民营企业成为技术改造的主力军，全县高新科技技术企业7家。国珠集团公司已发展成为集技术研发、产品设计、生产制造为一体的省级高新技术企业。广州约克空调冷冻设备有限公司生产技术不断进步，生产规模不断扩大，品牌十分明显。新菱空调（佛冈）有限公司承接国内火车站、地铁、机场等大型工程的冷却塔项目，市场开拓力度大，品牌建设扎实推进。

【技术改造】 明确任务目标坚持以加快产业转型升级为主线，以壮大和优化工业投资与工业技术改造投资为主攻方向，以全面改造提升传统产业为现阶段产业结构优化升级的首要任务，加大技术改造投资力度，狠抓传统产业转型升级，进一步加强投资项目管理和服务，加快促进全县产业结构调整和经济发展方式转变。

传统产业技术改造 开展技术改造政策的宣传，加强传统产业转型升级政策指导，着力推动传统产业进行技术改造。建立项目定期联系制度和动态管理制度，对在建项目，加强与有关部门的沟通和协调，推动解决用地、用电等问题；对拟建项目，协调推进前期手续办理工作进度；对建成项目巩固联系制度，加强跟踪，及时做好服务。加强工业投资和技术改造投资运行分析，切实推进和规范技术改造投资管理工作。

技术改造投资 2011年，广东亿利达风机有限公司、佛冈县山深陶瓷原料有限公司、佛冈县万兴电子塑胶制品有限公司、佛冈明阳机械有限公司、广东佛冈佳联制冷有限公司、佛冈县金城金属有限公司等6家民营企业实施技术改造，总投资17530万元。

【技术创新】 技术创新思路 以加快转变经济发展方式为主线，突出加快转型升级这一核心任务，坚持“优化存量和做大增量”的原则，以骨干企业和重大项目为抓手，推进企业自主创新能力和产业竞争力“双提升”。贯彻落实国家和省、市关于加快企业自主创新的扶持政策，鼓励重点骨干企业加快建立高水平的技术开发中心，提高企业研发能力；鼓励有条件的企业积极开展产学研合作。

技术创新研发 2011年企业研发投入1.2亿元，同比增长20%。全县高新科技技术企业有约克广州空调冷冻设备有限公司、佛冈建滔实业有限公司、广州新菱（佛冈）自控有限公司、佛冈佳特金属有限公司、佛冈国珠吹瓶设备公司、佛冈柏诚智能科技有限公司、广东国珠精密模具有限公司等7家。

技术创新项目 2011年，广州新菱（佛冈）自控有限公司“清华大学研究生就业新菱实践基地”正式挂牌，公司被认定为清远市创新型试点企业，高精度流量自动平衡装置认定为广东省自主创新产品，“永磁无刷直流电机在中央空调及产品的应用”项目获得国家火炬计划项目立项。广州约克空调冷冻设备有限公司以技术进步推动企业不断扩大生产规模，增资8000万元扩大产能。

【品牌建设】 增强品牌意识 积极实施以产品质量和品牌建设为抓手，落实省政府关于建设质量强省的战略部署，做好名牌产品和企业培育工作。开展名牌带动战略实施情况调研。引导企业加快注册商标，引导和促进企业增强品牌意识，主动培育品牌。

品牌经营和宣传 鼓励企业主动走出去，积极参与国内外知名展会，如博览会、广交会等，拓展国内外市场，加大品牌建设和推广力度，加强品牌经营和宣传，提升品牌影响力。发动和组织佛冈县外商投资企业参加6月在东莞市厚街镇举行的“广东外商投资企业产品（内销）博览会”。7月推荐建滔（佛冈）特种树脂有限公司的产品聚乙烯醇缩醛树脂胶片（PVB胶片）及广州新菱（佛冈）自控有限公司的产品流量自动平衡调节阀参加“广东·安徽经贸活动产品展销会”。9月组织广州约克空调设备有限公司、国珠集团、广东亿利达风机有限公司等21家企业的100多个产品在江西南昌举办的2011年清远名优产品展销推介会上展销。

品牌推广　清远加多宝草本植物科技有限公司生产正宗凉茶，品牌推广力度大，国内知名度很高。2011年，新菱空调（佛冈）有限公司积极开拓市场，承担广州地铁三、四号线、北京地铁八、十、十四号线、天津地铁二、三号线、西安地铁二号线工程冷却塔项目，承包国家游泳中心（水立方）鼓风式冷却设备及工程，广州大学城工程、广州白云国际机场扩建工程、成都双流机场T2航站楼工程、北京西客站工程、广州火车南站工程、南京火车南站工程等大型交通建筑空调系统冷却塔项目。

（江敏哲）

中小企业和民营经济发展

【概况】　2011年，佛冈县认真贯彻落实国家和省关于发展民营经济的各项政策和工作部署，采取多项措施大力扶持中小企业的发展，使全县民营经济呈现蓬勃发展的态势，民营经济占有越来越重要的地位。民营经济的迅速发展，带动了佛冈经济的发展。

2011年，全县民营企业增加至771家，注册资金166524万元，同比分别增长13.8%和20.9%；全县个体工商户7822户，注册资金21485万元，同比分别增长3.1%和22.3%。规模以上民营企业36家，实现产值15.2亿元，比上年增长63.15%，占全县规模以上工业总产值的31.65%，成为全县经济增长的生力军。

民营经济的迅速发展，增强了佛冈县经济发展的活力，民营经济已成为县域经济发展的重要支柱。商品流通零售业、餐馆服务业、城乡集市贸易和专业市场，90%以上是由个体和民营企业经营。民营经济的迅速发展，加快了新型工业化和城镇化进程，大批农村人口和生产要素向城镇聚集，第二、第三产业得到迅速的发展。

【提高中小企业自主创新能力】　民营经济的迅速发展，促进中小企业自主创新能力的提高。2011年，县经济和信息化局认真组织、指导符合条件的企业申报省、市财政专项资金，共获得省、市财政扶持中小企业发展项目11个，扶持资金共163万元。其中：技术创新项目4个，扶持资金120万元；技术改造项目5个，扶持资金125万元；政银企贴息及中小企业贷款贴息项目共22个，扶持资金592.6万元。

【中小企业公共服务平台建设】　民营经济的迅速发展，推动了中小企业公共服务平台的建设。一是建立起佛冈县中小企业信息服务网，从而更好地帮助全县的中小企业尽快融入目前国内最大、访问量最多的信息服务网。二是举办各类培训学习班和提供各种无偿的服务，为企业和行业之间创造了双互动的新局面。三是积极组织企业参加每年一届的“泛珠三角经贸洽谈会”和“中国中小企业博览会”，使企业大显风采，展示自己，展示产品，拓展市场，为中小企业对外交流与合作提供了一个优质的平台。

【民营经济】　民营经济的迅速发展，加快了产业集群的崛起。各级政府采取有效措施，大力支持民营经济、产业集群、专业镇和中心镇的发展。石角镇已被省科技厅认定为省级电子专业镇，龙山镇已申报省级空调冷冻设备制造业专业镇。佛冈县民营产业已初步形成集群经济，随着资源配置的优化，各门类产业比较齐全，电子、化工、冶金、纺织、建材、陶瓷等主体产业体系不断发展和壮大，一批高新技术产业发展势头良好，民营企业整体竞争力强。

（刘贤大）

招商引资及产业转移

【招商引资资金】 2011年，全县引进外来投资项目11个，合同资金为68.4亿元，实际利用资金46.68亿元。在利用外资方面，引进外资项目7个，合同外资总额10600万美元，实际利用外资总额5153万美元，同比增长116.06%。

【引进重大项目】 2011年引进大项目4个，分别是：

清远南玻节能材料有限公司项目，落户迳头镇金岭工业园内，占地约500亩，合同投资额13亿元，预计年产值可达25亿元以上，年税利可达3.5亿元。该项目建设前期筹备工作已经完成，已进行平整土地和地质勘探工作，预计2012年可进行主体工程建设。

清远多加宝饮料有限公司（红色罐装生产线）项目，落户汤塘镇聚科源工业园内，总投资约10亿元，注册资本5000万元人民币，预计年产值约20亿元。于2011年底开始主体工程建设，预计2012年9月可完成部分工程项目的建设工作。全部工程建设完成后预计年纳税额达到2亿元以上。

老虎粉末涂料制造（太仓）有限公司总投资约2亿元，占地60亩，项目建成后年产值约10亿元，年纳税总额约1.05亿元。规划于2012年3月开始主体工程基础的建设。

佛冈美中航空俱乐部有限公司占地约1600亩，主要以建设世界度假联盟和航空俱乐部为主，正在委托上海的设计公司对项目进行总体设计。

【意向项目】 进行项目洽谈的客商达50多批次，其中达成投资意向的项目有10多个。投资较大的项目有：吉盛公司（加多宝配套项目），合同投资6亿元；恒业集团公司（加多宝配套企业）纸箱彩印项目，合同投资额达1亿元；虫草口服液，合同投资额达4.5亿元；鑫海木业有限公司，预计合同总投资2亿元。除此之外，其他10多个意向项目，合同投资总额超过5亿元。

【引进项目的建设与发展】 2011年全县确定的30个重点项目，大部分投资规模大，经济效益好，科技含量高，拉动能力强。

南玻项目合同投资总额13亿元，从2011年4月底完成征地和取得用地批文后，开始土地三通一平工作。至2011年7月中旬，项目已投入建设资金约3亿元，地块三通一平和地质勘查工作已经完成，现已进入基础图纸设计阶段，预计2012年可以进行主体工程建设。

加多宝项目一期已于2011年3月正式投产。二期仓库项目计划投资3亿元，用地面积约312亩。征地工作基本完成，用地指标已批复。项目已完成勘探工作，排洪、排污出水口已确定，并于2011年下半年开始动工建设。三期罐装线项目占地面积约1000亩，计划总投资12亿元。项目于2011年下半年开始主体工程建设，预计2012年9月可以进行设备调试工作。

松峰机械项目正在进行紧张施工和建设中，到2011年6月已经投入建设资金4亿元，当年9月完成全部工程项目的建设工作，并正式开始设备调试工作。

鑫源恒业项目合同资金3.5亿元，已投入建设资金2.5亿元。从2011年5月开始进行设备的调试，并进行有限度的试产工作。

老虎涂料项目占地60亩，总投资2亿元。规划于2012年3月开始主体工程基础的建设，预计2012年内可进行投试产。

碧桂园·清泉城项目已投入资金8亿多元，其中2011年6月投入资金约2.2亿元，建成485多幢别具东南亚特色别墅和1幢主题酒店会所，总建筑面积约26万平方米。该项目首期别墅群周边的环境绿化工作已经完成，300多套别墅于2011年“五一”黄金周正式对外公开发售。

勤天房地产开发有限公司（勤天城）项目位于汤塘镇汤塘村，合同资金50亿元，占地面积约2000亩。2011年6月正式动工建设，预计2012年完成。项目内旅游大桥于2010年底开始动工建设，目前已完成9个桥墩的建设，2011年12月已实现通车并投入使用。

国鑫旅游开发有限公司（国鑫酒店）项目占地面积163亩，总投资5亿元，规划建设一个集房地产、星级酒店、休闲娱乐一体的休闲度假区。规划建筑面积约10万平方米，于2011年7月正式开工建设。

（黄如蔼）

工业园区建设

【四大园区简介】 2008年佛冈县提出“三圈四园”的战略部署，打造四个工业园区，即顺德北滘（佛冈）产业转移工业园、佛冈建滔电子工业园、佛冈食品饮料工业园、佛冈江森约克科技工业园。至2011年底，四大工业园区规划总面积82100亩，已开发工业用地10755亩，进驻企业89家，合同投资额112.90亿元，累计产值289.34亿元，吸纳劳动力1.67万人。

【产业集聚化发展】 四大工业园区的主导产业清晰，功能齐备，是富有创造力、承载力的产业集聚基地。

顺德北滘（佛冈）产业转移工业园 位于高岗镇和迳头镇，环境优越，青山绿水，以绿色、生态、环保为发展理念，遵循“政府主导、政策引导、规划指导、市场运作、企业开发、滚动发展”的原则，致力于建设优势突出、产业密集、效益明显和可持续发展的现代化产业转移示范平台。进驻园区的企业有海明堡旅游度假项目、清远市南玻节能材料有限公司、诚康再生铝、清南（佛冈）玩具制品有限公司等14家。

佛冈建滔电子工业园 位于石角镇，形成较具规模的高科技电子工业和机械制造业生产基地，产品销往世界各地。以建滔集团为龙头的10家企业已形成较具规模的电子工业集群，以集约化形式生产上胶铜箔、粗化铜箔、线路板、积层板、绝缘材料、特种树脂等电子材料产品，覆铜面板产量占全球两成。2011年实现产值63.92亿元，占四大园区总产值的22.09%。其中，建滔电子化工产业集群总产值为55.25亿元，占该园区总产值的86.44%。

佛冈食品饮料工业园 位于汤塘镇，以食品饮料生产为主。进驻园区的企业有清远加多宝草本植物科技有限公司、三井银包、金城金属等5家。园区以清远加多宝草本植物科技有限公司为龙头企业，投资超过10亿元，建成全国最大的加多宝浓缩液生产基地，并带动荔枝、龙眼、话梅等凉果加工业发展，形成较具规模的食品加工产业链。

佛冈江森约克科技工业园 位于龙山镇和汤塘镇，形成较具规模的制冷产业集群基地，其中约克广州冷冻设备有限公司是全球最大的风机盘管生产基地。2011年，已有约克、新菱、博华等知名企业以及其他共38家企业入驻园区。该园区实现产值为202.68亿元，占四大园区总产值的70.04%；其中，约克空调制冷配件产业集群总产值为113.11亿元，占该园区总产值的55.81%。

2009～2011 年工业园区产业集群分析表

序号	园区名称	现状工业用地（亩）	合同投资（亿元）	实际投资（亿元）	累计产值（亿元）		
					2009 年	2010 年	2011 年
1	顺德北滘（佛冈）产业转移工业园	1706	12.58	9.73	5.90	8.69	10.90
2	佛冈建滔电子工业园	2992	54.67	25.38	74.84	105.29	63.92
	建滔电子化工产业集群	796.49	22.13	21.57	35.81	60.44	55.25
	产业集群所占比重（%）	26.62	40.48	84.99	47.80	57.40	86.44
3	佛冈食品饮料工业园	1630	17.03	13.73	12.14	21.05	11.84
4	佛冈江森约克科技工业园	4427	28.63	16.03	92.93	138.05	202.68
	空调制冷配件产业集群	668.25	7.84	7.89	53.85	78.91	113.11
	产业集群所占比重（%）	15.09	27.38	49.18	58	57.20	55.81

【建立信息库】 建立企业（项目）的月（季）度、半年报、年报统计制度，按时报送市相关部门。坚持每月深入企业走访，了解企业生产、销售、营运状况，做好园区企业数据的收集、整理。建立园区企业（项目）跟踪、监测运行机制。除对已入园（投产）企业进行每月定时的信息、资料收集外，还根据园区招商情况对新引进企业（项目）做好调查摸底，掌握好企业（项目）在各个时期的建设情况和存在问题，想方设法为企业排忧解难。

（赖玉明）

部分工业企业经营概况

【广州新菱（佛冈）自控有限公司】 广州新菱（佛冈）自控有限公司于 1995 年初成立，是民营企业广州新菱集团属下的骨干企业，集研发、设计、生产和服务于一体的自控产品专业生产厂。公司占地面积 1.25 万平方米，厂房建筑面积 8000 平方米，注册资金 600 万元，现有员工 250 人，主导产品有：电动阀、温控器，驱动器、风门执行器、球阀、恒温控制阀、流量平衡阀、能量阀、无线遥控空调机、水流开关和微电机等系列产品，具备年产值 1.2 亿元的生产能力，七成以上产品出口，产品畅销国内外。

2011 被认定为清远市创新型试点企业；高精度流量自动平衡装置认定为广东省自主创新产品；“永磁无刷直流电机在中央空调及产品的应用”项目获得国家火炬计划项目立项；完成了“清华大学研究生就业新菱实践基地”的挂牌工作，共同申请广东省产学研合作项目，并取得多项成果；建立了 ERP 管理系统，使供产销实现科学管理，资源得到合理利用。

经营状况和指标：2011 年产值 6005 万元，同比增长 17%；产量 67.05 万套，同比增长 13%；销售收入 6005 万元，同比增长 17%；出口额 618 万美元，同比增长 17%；人均产值 23.1 万元/人·年，同比增长 33%；缴税总额 383 万元，同比增长 10%。

（苏辉本）

【保成（佛冈）机械有限公司】 保成（佛冈）机械有限公司是一家台港澳法人独资企业，成立于 2004 年，总投资为 260 万美元，

2008年4月正式投产。主要生产销售精密模具、油压随车吊机、油压工程机械及零件、油缸总成及配套材料。现有员工200人左右，用地面积6.67万平方米，厂房面积2.3万平方米。公司已获得ISO认证、CE认证、型式试验合格证、特种设备制造许可证。

2011年工业产值6155万元，产量为230套和4000吨，销售收入6163万元，税收总额303万元，出口额约202.84万美元。

（杨哲玲）

【迪米格（佛冈）实业有限公司】 迪米格（佛冈）实业有限公司是一家港商投资企业，成立于2004年6月总投资3000万元，占地面积100亩，建筑面积近2万平方米，2008年3月正式投产运营。现有员工近500人，其中管理人员23人。主要产品生产手袋五金配件、公文箱包锁、密码锁、化妆箱锁等五金配件。

2011年产品销售总额近6500万元，自2008年投产运营至今，产品销售额平均年增长23%。2011年上缴各项税费总额100多万元。

（杨新宏）

【佛冈县圻鑫五金制品有限公司】 佛冈县圻鑫五金制品有限公司创建于2004年9月，是一家以生产各种高等级灰口铸铁、球墨铸铁、合金铸铁为主导的专业铸造民营公司，现已投资3000多万元。现有员工90人，落实全部建设用地10.13万平方米的征用、报批、规划、平整，完成8.5万平方米主体厂房、辅助构筑物的建设，形成了1万吨生产规模。

2011年，公司完成铸件4560吨，产值4080万元，实现销售收入3772万元，创税利144万元。

（黄宝玲）

【佛冈盈泰纺织品染整有限公司】 佛冈盈泰纺织品染整有限公司，成立于2008年1月16日，公司注册资本为1000万人民币。主要从事生产和销售服装及织造，印染整理纺织布料、货物进出口、技术进出口业务。厂区占地面积8.97万平方米，是广东省纺织印染龙头生产企业。现有职工600多名，其中专业技术人员80多名。

2011年完成销售收入5946.44万元，同比减少0.48%；完成工业总产值4707.38万元，同比减少4.37%；上缴税费462.57万元，同比增长105.17%。

（林国森）

【国珠集团有限公司】 国珠集团有限公司创建于1993年，是一家集技术研发、产品设计和生产制造为一体，专业从事塑料包装机械、精密模具、塑料瓶生产的高新技术企业集团。现有员工500多人。固定资产2亿元，年产值达2亿元。集团现有佛冈县国珠塑胶有限公司、广东国珠精密模具有限公司、佛冈国珠吹瓶设备有限公司、佛冈辉英注塑系统有限公司（2011年未投产）、佛冈国珠瓶盖模具有限公司（2011年未投产）等五家公司。

2011年集团产业增长率为18%，工业产值达2亿元，销售收入1.5亿元，税收总额430多万元，出口额480万美元。其中：

广东国珠精密模具有限公司成立于2001年，总投资9000万元，高新技术企业，主要生产精密模具。2011年产值8600万元，销售收入6450万元，出口额180万美元。

佛冈国珠吹瓶设备有限公司成立于2005年，总投资7000万元，高新技术企业，主要生产塑胶机械设备。2011年产值7500万元，销售收入5850万元，出口额250万美元。

佛冈县国珠塑胶有限公司成立于1993年，总投资4000万元，主要生产 塑胶包装容器。2011年产值3900万元，销售收入2700万元，出口额50万美元。

（黎智生）

【汇康荧光科技（清远）有限公司】 汇康荧光科技（清远）有限公司位于迳头镇，是成立于2005年的外商合资企业，总投资250万美元，2006年投产。主要生产、销售纳米级次微级之荧光颜料及色浆、色母（涉及国家禁止类除外），年产量为250吨。现有员工人数41人，用地面积42.71亩，厂房面积1768平方米。2011年工业产值1495万元、销售收入2089万元、税收总额106万元。

（范前进）

【佛冈建滔实业有限公司】 佛冈建滔实业有限公司是一家港商投资企业，是建滔化工集团于清远最先筹建的工厂。该公司成立于1993年，投资金额9.4亿，主要生产及销售高新科技产品电解铜箔。铜箔生产能力进入世界前三位。2011年产值16亿元，税收0.46亿元。

（黄瑞英）

【强丰（佛冈）制鞋有限公司】 强丰（佛冈）制鞋有限公司成立于2002年6月，公司占地面积170亩。已建成并投入使用厂房11栋，共11万平方米。现有员工1500多人，针车生产线5条，成型生产线12条。主要产品为各式凉鞋、拖鞋、运动鞋、雪靴、休闲鞋、工作鞋、淑女鞋、加州鞋等。月生产能力达90多万双，公司全部产品均为外销，产品主要销往美国、日本及欧洲地区。

公司主要开展进料加工贸易。2011年出口总值是2937万美元折人民币19171万元，同比增长11.13%。合计上缴税款102万元。

（曹桂光）

【新菱空调（佛冈）有限公司】 新菱空调（佛冈）有限公司成立于2009年8月，公司总投资1000万元。现有员工163人，占地12万平方米，厂房面积4万平方米。主要生产产品有CEF系列不锈钢逆流方形冷却塔、CEF－A系列玻璃钢逆流方形冷却塔、SC－H高效下班钢冷却塔介绍、CEF－L系列鼓风式方形冷却塔、组合式风柜、无线风机盘管/直流无刷风机盘管。2011年获ISO9001：2008质量认证。

2011年，公司承担广州地铁三号、四号线工程冷却塔项目、北京地铁八号、十号、十四号线工程冷却塔项目，天津地铁二号、三号线工程冷却塔项目，西安地铁二号线工程系统及冷却塔项目等。

2011年产值达4433万，年销售额4819万元，同比增长30.7%；出口创汇20万美元；年利税280万元。年净利润210万元，同比增长130.4%。

（黄嘉椿）

【亿骅（佛冈）珠宝有限公司】 亿骅（佛冈）珠宝有限公司成立于2004年12月1日，由香港亿骅国际有限公司在佛冈石角镇投资兴建外商独资企业，注册资金800万港元。2009年5月正投入生产，占地面积5万平方米，建筑占地面积6000平方米。现有员工200余人，主要生产耳环、戒指、项链、吊坠、手链、手镯、胸针等首饰。

2011年生产能力200万件。主要生产925银、铜等各类流行饰品。

（周志龙）

【奄美（佛冈）五金制品有限公司】 奄美（佛冈）五金制品有限公司是一家外商独资企业，由香港健桓有限公司于2001年2月1日投资成立，注册资本3800万港元。主要生产经营产品：高档五金配件（弹簧、五金配件）塑料制品、金属拉丝、弹簧、五金制品的电镀及拉丝、弹簧设备制造等。实际用地面积3万平方米，其中生产厂房面积1.3万平方米。主要生产设备195台，高级管理人员15人，高级技术职工20人，员工总数195人。2005年12月取得ISO14001、ISO9001认证。

2011年经营指标：产量2.19亿个，同比增长9%；产值1300万元，同比增长8%；营业额1510万元，同比增长4%。

（钟　冰）

【盈展（佛冈）电子有限公司】　盈展（佛冈）电子有限公司是2000年5月成立的港商投资企业，位于佛冈县石角镇沿江西路，投资总额8500万港元。从业人员521人。主要生产经营各种电子线路板，主要产品是双面电子线路板，年生产能力1200吨以上。PCB产品设计的生产能力已达到5.6万平方米/月，产品取得了IS09001:2000质量管理体系认证、IS014001:2004环境管理体系认证。2011年工业产值1.5亿元，同比增长15.4%；工业收入1.4亿元，同比增长12%；税收总额110万元。

（陈雪颜）

【约克广州空调冷冻设备有限公司】　约克广州空调冷冻设备有限公司成立于1995年，专业生产各种末端空调、商用单元式设备、风冷热泵机组以及室内空气品质改善系列产品。公司占地9万平方米，现有员工800多人。2011年，公司进行二期工程建设，增资8000万元，主要用于新仓库和新生产车间。二期工程建成投入使用后，公司的年产值将超过20亿元。根据公司的战略发展规划，将不断扩大公司"以点带面"的辐射作用，与周边的亿利达、润记、健泰等近10家邻近供方形成一个更具实力的集制冷配件、家用、商用空调系列产品为一体的制冷工业园，为佛冈当地的经济发展作出更大的贡献。

2011年工业产值达19.68亿元；销售收入18.74亿元，同比增长16%，其中出口额为2.65亿元，同比增长7%；上缴税金7227万元。

（雷小红）

电力工业

【概况】　佛冈供电局是中国南方电网公司直属单位，全局员工330人。内设机构有综合部、党群工作部、营业部、配电部、计划建设部、安全监察部6个部，下设行车班、后勤综合班、业扩班、用检（计量）班、调度班、配电运行班、综合试验班7个班，设有石角供电所、汤塘供电所、迳头供电所、高岗供电所、水头供电、龙山供电所6个供电所。

2011年完成各项指标：全年累计完成供购电量14.4亿千瓦时，完成预算的99.11%，同比减少7.74%；售电量14.2亿千瓦时，完成预算的100.03%，同比减少8.83%；线损率1.33%，同比上升1.18个百分点；电费回收率100%，与上年同期持平。全口径供电可靠率99.911%，同比上升0.034个百分点；用户平均停电时间7.81小时/户，同比减少2.95小时/户；用户平均停电次数2.157次/户，同比减少2.045次/户。实现连续安全生产1868天，安全记录创历史新高。

【电网建设】　电网规划建设取得新进展。2011年电网建设工程项目计划总投资8595万元。至12月底，电网建设工程项目完成投资7802万元，完成年度电网建设投资计划95%。年内主要抓好县电网"十二五"规划滚动修编工作；抓好电网工程建设属地化管理工作，配合上级完成500千伏库湾输变电工程相关工作；完成220千伏新联站、110千伏四九站的选址及批复工作，110千伏佛东站土地预审批复及设计工作，完成110千伏民安站和同兴站初步选址。至年底，由局管辖内的10千伏公用线路环网率71.7%，可转供率52.83%，其中D类地区管辖内的10千伏公用线路可转供率62.5%。

【安全生产】 安全生产管理实现新突破。一是不断完善责任传递机制。制定“三个确保（确保电网安全稳定，确保大运保电万无一失，确保重要用户可靠供电）、三个杜绝（杜绝人身事故，杜绝影响重大停电事故，杜绝人为责任事故）、三个降低（降低外力破坏事件，降低设备事件，降低人身伤害事件）、一个减少（减少施工现场各类违章行为）”的安全生产年度目标，逐级签订《安全生产责任书》，确保责任落实到位。二是安全监察体系进一步得到加强与规范，督查工作成效明显。全年督查共2160次（含兼职督查队）没有违章情况发生。三是积极推进应急管理体系的建设工作。完成1个总体应急处置方案和11个专项应急处置方案的颁布实施，年内组织防汛响应演练等实操演练活动，有效提高员工应急处理能力。四是安全生产风险管理体系建设成效突出。制定《佛冈供电局安全生产风险管理体系暨安全生产一体化推进工作方案》，“三大机制”（安全区代表巡查机制、任务观察机制、风险评估机制）工作得到有效开展，体系建设试点——迳头供电所建设工作得到持续推进。11月2日省公司安全生产风险管理体系建设专家组到佛冈检查考评，并获得专家们的一致好评。到12月31日止，全局连续安全生产1868天，安全记录创历史新高，未出现安全责任事故，人身、电网安全稳定运行，很好地完成了局的年度安全生产目标。

【优质服务】 优质服务水平上新台阶。持续深化“以客户为中心”、“服务永无止境”的服务理念。通过充分应用村级沟通宣传平台，深入走访大客户115户，开展“关爱留守儿童，宣传用电安全”进校园，为民服务创先争优“六走进”（走进农村服务三农、走进社区心系居民、走进学校关爱校园、走进医院真诚服务、走进企业惠及客户、走进困难家庭帮扶群众）、“五到位”（党工团责任到位、窗口服务优质到位、业务流程高效到位、故障抢修快捷到位、缴费方式方便到位：交费渠道到位）、“三个多一点（为客户多想一点、为客户多做一点、让客户多满意一点）”大讨论等系列活动，增加与客户的双向交流，稳步提升客户服务水平，第三方客户满意度78分。客户信息完整率提升到99.29%，“一站妥”服务比例稳步提升到98.10%。围绕“五个快”（快通电、快复电、快解决、快处理、快提升）不断优化业扩工作流程，实现新增报装客户供电方案及时答复率96.42%，装表接电及时率97.16%。

【主题实践活动】 一是开展为民服务创先争优“六走进”、“五到位”系列为主题实践活动。各党支部以支部联建为抓手，与辖区企业、村级党支部签订《基层党组织结对共建意向书》，并按照支部结对共建实施方案开展了一系列为企业、农村群众办实事、谋福利活动。二是通过交流党建经验和做法。突出联建针对性和时效性；确保联建友谊有新巩固，工作有新推动，制度有新完善，资源有新增加，水平有新提高，有力地促进全局各项工作的顺利开展。三是认真抓好年度党建和党风廉政建设工作计划的有效落实。年内抓好“四个阵地（建设短信平台阵地、建设电子屏幕阵地、建设廉政文化报刊阵地、建设文化标识阵地），一个园地（建设廉政文化园地），五项活动”的创建工作。积极组织庆祝建党90周年活动。举办“光辉的历程”、“永远的丰碑”两大主题红色历程回顾图片展，组织开展红色书籍选读以及红歌竞唱等活动，并参加清远供电局举办的红歌竞赛活动获得第二名。

【供电业务“五个快”】 即快通电、快复电、快解决、快处理、快提升。快通电——用电报装快通电；城镇居民半日通，农村居民一日通、中压用电一周通，高压报装可控时间必服务承诺缩短10%以上。快复电——配网故障快复电：统一指挥，快速调配；抢修责任，直接到人；抢修进度，及时知道；故障频次，逐年减少；快速复电，流程优化；提升信息化水平。配网故障复电时间比服务承诺减少一半。快解决——电压质量快解决：从供电所班组长、所长到职能部门负责人乃至到县局、市局领导，每人承诺解决一宗电压质量问题。每周通报、常态分析，建立全局居民电压质量问题常态跟踪表，每周通报客户投诉情况以及解决进度，一年争取解决100个农村台区电压低问题。快处理——客户问题快处理。反应速度快，成立客户问题及投诉处理委员会，从任何渠道受理的客户问题及投诉，委员会必须指定负责人在2小时内与客户沟通。行动速度快，必须在24小时内反馈调查或处理结果，需要持续跟进处理的，按照处理进度定期向客户反馈处理计划和进度进展情况。问题解决好，建立问题跟踪处理机制、重点问题解决负责制确保客户问题100%解决。快提升——员工技能快提升。

（黄梅英）

佛冈住宅新区——城市春天

交通·邮电

责任编辑:李阳光　谢春

交通综述

【概况】 佛冈县交通运输局为县直属科级行政单位，履行交通运输行政管理监督职能，与交通战备办合署办公。内设部门有：办公室，财务审计股，运输行政管理、规划基建和安全股，综合行政执法局；直属管理的事业单位有：佛冈县地方公路管理站、佛冈县交通管理总站、佛冈县通达汽车客运站；市县交通运输局的双管单位有清远市佛冈汽车站，公路管理事业单位有清远市佛冈公路局。

2011 年是实施交通“十二五”规划的开局之年，佛冈县交通运输局紧紧围绕城乡发展战略的实施，大力构建城乡一体化交通网络，全面推进交通基础设施建设和运输行业的发展，在交通公路网络规划建设、交通运输行政管理、发展农村客运、交通运输安全生产等方面工作均取得了一定的成绩，顺利完成了交通运输各项工作任务，为全县的经济发展作出了积极的贡献。

【交通运输任务完成情况】 2011 年，县交通运输局以地方公路建设项目为重点，大力构建城乡一体化交通网络建设，年度工作任务得到较好的完成。全年完成农村公路建设 73.23 公里，完成建设地方公路桥梁 74.4 延米/2 座，完成农村公路路面硬底化 896.04 公里。至 2011 年底止，全县公路总里程为 1401.347 公里。其中：京港澳高速公路境内长 55.80 公里；国道 106 线境内长 60.533 公里；省道 252 线、292 线、354 线 3 条境内长 90.996 公里；省养乡道 2 条 10.901 公里；县道 8 条 95.367 公里；乡村公路 1087.75 公里。全年完成客运量 155.25 万人次，客运周转量 15945.28 万人公里；城镇公交车全年安全运送旅客 514 万人。

【交通基础设施建设】 2011 年完成农村公路建设 73.23 公里，完成建设地方公路桥梁 74.4 延米/2 座，在建地方公路桥梁 87.6 延米/3 座。此外，做好县道升级改造建设的工作，县道 362 线建设仍在进行中，县道 839 线水泥混凝土路面建设工程已完成，县道 374 线的工程可行性研究报告及施工图设计的前期工作正在进行中，县道 376 线大中修工程已完成招投标。已完成县道 373 线及县道 839 线文明样板路建设招投标工作。从项目筹建就以高起点的要求，严格执行有关基建程序，抓好各项手续的报批，做好施工前期的全面工作。

农村客运服务均等化建设 2011 年，基本实现全县 100% 镇有站、符合通客车条件的行政村 100% 通客车和 100% 有候车亭的目标。完成 6 座客运招呼站建设并已投入使用，达到每个镇有站的目标；完成 92 座农村客运候车亭建设并已投入使用，达到每个行政村有候车亭的目标，农村客运通达能力得到进一步延伸。至 2011 年底，全县已开通城乡公交客运线路 11 条，城乡公交客运车辆 80 辆。全县 6 个镇可通客运站班车的 53 个行政村，已全部开通客运班车。初步形成以县城为中心，以乡镇为依托，以农村为起点，辐射合理、畅通快捷、经济方便的农村客运网络，为全面建设社会主义新农村提供便捷的交通运输保障。

客运站场建设 振兴客运站属佛冈县首个二级客运站场，占地 34.64 亩，总投资 3000 多万元。至 2010 年底，已完成客运大楼和综合大楼的主体工程建设。2011 年 1 月，经县政府同意，对综合大楼进行公开拍卖。同时，根据县政府常务会议精神，将即将建成投入使用的振兴客运站整体移交给市汽运集团公司，在充分协商的基础上，于 8 月 22 日由县交通运输局与市汽运集团签订移交协议，各项移交手续已基本完成。

【交通行政管理】 道路运输市场管理 通过整治和规范交通运输市场秩序，大力打击非法营运，维护合法经营者利益，有效促进全县运输市场的稳定和发展。2011 年派出交通执法人员3520人次，检查车辆5625辆次，查处各种违法、违章经营行车案件397宗。

车辆超限超载治理　通过开展车辆超限超载治理工作，严厉查处未经许可、使用无效证件、无从业资格从事道路货物运输及非法改装货物运输车辆等违法行为，有效遏制超限超载车辆对公路的危害，保障道路交通安全和规范道路运输市场秩序。2011年派出交通执勤人员15300人次，检查车辆21856辆次，查处违章车辆1744辆次，卸货转运42638吨。

道路运输行政许可审批和车辆审验　2011年依法审批行政许可21宗。其中许可成立物流快递货运公司3宗，许可更新购置营运车辆4宗，许可成立三类维修公司8宗，许可续期申请1宗，许可客运站进站配客申请1宗，许可线路延伸1宗，许可调整班车终点站1宗，许可调整变更营运班车1宗，许可线路循环1宗。完成客货营运车辆年审共946辆，其中客车185辆，货车761辆；新增客货车辆共119辆，其中货车114辆，客车5辆；报废客车1辆。2011年全县新增及更新客货车辆共119辆，其中货车114辆，客车5辆，运力结构得到进一步调整完善。

交通运输行业监督管理　以企业质量信誉考核为核心，全面开展道路客货运输企业、机动车维修企业、机动车驾驶培训质量信誉考核工作，不断规范道路运输企业经营行为，严格把好市场准入关；2011年对全县20家交通运输行业进行质量信誉考核。经考核：客运企业达AAA的有2个；二类维修企业达AAA的有11个，达AA的有5个；机动车驾驶培训学校达AA的有2个。同时，积极引导企业加快运力结构的调整。

交通安全生产管理　2011年，交通运输局以强化源头管理，预防和减少安全事故为目标，切实加强道路运输行业安全生产管理力度，严格履行“三把关、一监督”的行业安全管理职责，并加强对公路桥梁的安全检测工作，确保道路状况安全良好。2011年，全县交通运输行业发生道路运输事故3宗（2宗次责，1宗无责），死亡3人，受伤2人，营运客车万车事故率是120.97，万车死亡率是120.97；无发生特大行车事故、火灾责任事故、职工工伤亡事故、集体急性中毒责任事故，无重大公务、工程用车责任事故的发生以及因公路管理不善、安全设施不符合有关要求而造成的道路交通事故，全县道路运输行业安全生产形势较为稳定。

公路养护管理　加强路政管理，不断完善县乡道养护管理体制，通过实行包干计量的养护方式，核实养护里程的工程量确定养护经费，每月进行验收计量支付，不断提高管养质量。2011年地方公路站管养公路里程1003.2公里，平均好路率达100%。乡村公路常年养护里程908.253公里，平均好路率90%。同时，结合“三边”整治工程，投入350多万元，完成对京港澳高速佛冈段3个出入口、清佛公路龙山段的绿化、美化、洁化整治工作；路政案件查处率达98%以上。

【成立交通行业联合工会】　2011年8月12日，佛冈县交通运输局召开包含道路运输企业、驾培企业、维修企业、物流企业四类交通运输行业工会联合会成立大会。经民主选举产生佛冈县交通运输行业工会联合会第一届委员会和经费审查委员会，柳耀作当选为工会联合会主席，朱玉波当选为工会联合会副主席。交通运输行业工会联合会的成立，对进一步规范企业经营行为，依法维护职工的合法权益，努力构建和谐劳动关系，促进交通运输行业的和谐、稳定、发展有着重要的意义。

（邱小华）

交通运输

【概况】　2011年，佛冈交通运输主要以公路货运和客运为主。其中，货运经营主要是由社会运输业户进行，客运经营企业有佛冈县汽车客运站、佛冈县通达汽车客运站、佛冈县安利通运输有限公司、佛冈县永通公共汽车有限公司以及佛冈县顺万通小汽车出租有限公司。

2011年，全县货运业户713户，营业性货运车885辆，吨位5934吨，年货运量为173万吨；客运企业4家，长途客运车89辆，座位3799个，长途客运班线14条，日均旅客发送量2607人次，2011年完成客运量155.25万人次，客运周转量15945.28万人公里；城镇公交客车92辆（其中城乡公交车80辆），城乡公交线路11条，环城公交车12辆，环城公交线路3条，全年安全运送旅客514万人，行驶里程达1450.5万公里，全县公交通达率达90%。

2011年全县新增及更新客货车119辆，其中货车114辆，客车5辆，运力结构得到进一步调整完善。全县客货运力与运量基本保持平衡，满足运输市场需要。交通运输行业坚持以科技进步与创新推动行业不断发展，以道路运输节能减排为目标，不断调整优化运力结构，积极推进城乡一体化交通网络建设，运输生产能力和服务水平不断提升，为全县经济社会发展提供安全、稳定的交通运输环境。

（邱小华）

【清远市汽车运输集团公司佛冈汽车客运站】

佛冈汽车客运站是清远市汽车运输集团公司属下的国有客运企业，是广东省交通运输厅核审具有客运资质的三级汽车客运站，至2011年底国有固定资产2083.5万元，员工（含司乘人员）140人。

生产经营情况　2011年，投入营运车辆33辆，其中：线路班车30辆，旅游车3辆，总载客座位1473座。经营全年完成客运量711208人，客运周转量约8133万人/公里，营业收入1910万元，实现利润247.2万元，上缴税金64万元，在册职工55人，人均产值34万元。更新车辆6辆。全年发班次26908班，其中正班26570班，加班338班。车辆的平均出站实载率25%，车辆完好率为99.7%。

佛冈分公司坚持“以人为本、安全第一”，“以客为主、优质服务”的原则和“安全有序、舒适便捷、优质高效”的整体要求，在“春运”、“清明”、“五一”、“国庆”等各大节假日期间，高峰期日发送旅客近5000人，没有发生旅客运输安全事故和旅客投诉的服务质量事件，没有出现旅客滞留的现象，无发生站场治安消防事故，取得较好的社会和经济效益。

安全生产情况　2011年客运营运车辆安全行驶累计总里程5719536公里。安全三指数低于省定考核标准（百万车公里事故频率为零，百万车公里事故死亡率为零，百万车公里事故伤人率为零）。

成立安全生产工作领导小组，由主要负责人亲自挂帅，分管负责人直接负责，切实加强企业的安全生产和党政领导干部“一岗双责”制度。制定安全工作目标责任书，层层签订和落实安全生产责任，明确安全生产岗位职责。加大对安全生产宣传管理力度，利用横额、墙报，开展各类安全知识操作技能专题培训教育、学习班、安全月、“安全服务咨询日”活动，对驾驶员实行严格的准入制度，分公司54名驾驶员100%持有效证件上岗。

严把车辆安全技术状况关，严格执行“回场必检、合格放行”的制度和车辆维护保养制度的落实。全年共检验客运经营车辆11636台/次，严格执行检出安全隐患的车辆全部修复，复核合格运行的规定。全年进行车辆一级维护保养1274台/次，二级维护保养312台/次。竣工作业合格出场率达100%，较好地保障车辆运营安全技术素质。

加强安全监控设立专职的GPS监控小组，安排人员充分利用二套GPS监控平台，及时纠正和遏制驾驶员的违法、违章行为，共抽查车辆2045台次，共纠正违法违规操作92次。有效地纠正和遏制了驾驶员超速、超员、超载、越线行驶和违法违章、疲劳驾驶的行为发生。2011年共检查旅客行李175924人/件，收缴危险物品：管制刀具16把，烟花爆竹7捆/件，高度散装白酒491公斤，液化石油气瓶4瓶，其他查禁物品18件。2011年度被县交通运输局评为安全生产先进单位。

服务质量管理　坚持以顾客为中心，不断提高和改进服务意识和服务质量。狠抓员工职业道德、职业素质和业务知识的教育培训，开展“当好主力军、建功十二五”劳动竞赛、“巾帼文明示范岗”和“青年文明号”岗位劳动竞赛。在党员干部队伍中，开展“为民服务，创先争优”和“亮身份活动”。进行岗位练兵和技术比武活动，使全体员工在本职工作岗位上尽职尽责，并积极改善服务设施、服务环境，从而促进服务质量的提高并掀起“比、学、赶、帮、超”工作热潮，更进一步地提升本单位的社会形象。

站场管理　实行24小时全天候站场的安保值守制度和严格执行“三不进站、五不出站”的站场管理制度，落实“全封闭”式的管理，确保站场的安保、消防、防爆、防窃措施落实到位，重大节假日，实行24小时领导带班值守制度和每日零报告制度，利用现有的安检设备（安全门、安全棒），加强旅客行李携（夹）带“三品”进站乘车的查堵工作，防止危险品进站乘车。通过板报、安全宣传栏、电子显示屏等手段，对员工和旅客进行“三品”危害后果的宣传教育，并耐心做好旅客的解释工作。全年站场没有发生任何刑事治安事件和火灾事故，没有发现旅客携（夹）带危险物品进站乘车及消防安全隐患事件，确保了站场和旅客的生命财产安全。

（孔　华）

【佛冈县通达汽车客运站】　原名佛冈县公用型汽车客运站，为佛冈县交通运输局属下单位，站场驻地位于县城石角镇环城中路242～244号，占地面积7000多平方米。其中候车室350平方米，发车卡位7个共400平方米，停车场地3500平方米。客运站内设机构有：办公室、财务、保安、安全组、汽车安全例检、“三品”检查组、售票服务组，有从业人员30人。

经营线路及车辆　2011年通达客运站开往各地班线有广州、深圳、番禺、花都、东莞、清远、英德、韶关、从化等14条班线，每天发出班次110多次，共有进站经营车辆60多台，总座位2145座，其中外来进站经营配客车辆有10多辆。

提高服务质量　通达客运站坚持以“旅客至上、文明服务”为服务宗旨；以“车进站、人归点、站管车”为管理目标。站领导班子通过各种渠道引入外来车辆进站经营，开辟新的经营线路，以增加站场收入；努力改善站场的环境，为广大经营者及旅客创造安全舒适的经营、候车环境；方便我县广大旅客前往各地探亲访友、商务交流活动。

落实“三不进站、五不出站”管理。加强车辆报班例检工作；加大旅客携带“三品”进站的堵查力度；完善报班发车工作，杜绝带“病”载客以及车辆超员出站；严格按上级要求做好各项安全生产工作，加强站场的安保工作。

主要生产、经济指标　2011年，客运站共发出班车31233班次，旅客发送客运量33.9万人次，同比下降12.9%，完成客运周转量3738.5万人公里。

（钟志锋）

【佛冈县永通公共汽车有限公司】　主营佛冈县内班车客运、公共汽车客运，是佛冈县内唯一一家城乡客运公交企业。公司创新规范管理，创优规范服务，树立以乘客为中心的目标，秉承“安全第一，顾客至上”的服务宗旨，积极推进佛冈县公交事业的发展，创立“休闲佛冈、品质公交”的品牌。

经营车辆及班次　至2011年底，公司拥有公交客运车辆92辆，其中城乡公交车辆80辆，环城公交车辆12辆。县城至各镇的公交线路从2010年的10条增加至2011年的11条，每天发往各镇412班次；县城内环城公交线路3条，每天运行班次252班次。全县公交通达率由2010年的87%增加至2011年的90%，基础设施不断加强，线网覆盖面逐步扩大，市民乘车条件得到极大的改善。

公司生产经营情况　2011年车辆运营总里程达360公里，通公交总里程达220公里。

公交线路主要分为城乡班线和城内环绕班线两类。其中城乡公交线路分为南线北线，南线主要是县城至鹤田、汤塘、四九、龙南、民安等，北线主要是县城至太平、水头、高岗、迳头等。县城内公交班线主要以县城振兴路、教育路、环城路等主干道为中心。2011 年公司新增 1 条线路，并相继增加了多条线路的班次，全年完成客运量 514 万人，客运周转量 1.1 亿人公里。

公司站场建设 至 2011 年止，公司分别在龙山、汤塘、水头、高岗、迳头 5 个镇增设农村客运站。

车辆运行时间 公司各运行线路最早班发车时间为 5∶50，末班车由县城发往各终点站的发班时间为 18∶24，由各终点站返回县城的末班发车时间为 19∶44。南北线班车平均每隔 10 分钟一趟，在节假日期间公司根据客源情况增加发车班次，以方便广大群众出行。

县城公交车上落点 城乡公交车主要是以各镇为终点站，沿途停靠载客。县城内环城公交线路沿途在重要路段均设有候车亭及线路标识，环绕县城公交线路主要途经环城路、上三角、人民医院、菜市场、通达客运站、县汽车站、下三角、振兴路、嘉宜购物广场、教育路、青云路等。

（朱惠卿）

交通行政管理

【概况】 2011 年，佛冈县交通运输行政管理的重点工作为：贯彻执行国家和省有关交通运输行业管理的法律、法规和规章，指导全县交通运输行业工作；负责公路运输、客货运输站场、机动车维修、机动车驾驶员培训及公路运输服务行业监督管理工作；负责督促交通运输行业安全生产工作；负责全县道路运输的统计报表信息收集工作。

【公共客运企业管理】 为规范公交车公司的经营行为，提高公交车服务质量，加大对企业的安全监督力度，要求企业严格执行安全管理制度，提高司机的安全服务意识，督促企业严格按期进行车辆一、二级维护，确保车辆以良好的技术状态投入到营运中。同时要求公共客运企业切实提高服务质量意识，督促企业尽快完善站点设置，严禁公交车不按站点上下客、不按规定线路行驶，加强司乘人员的服务质量意识教育培训，不断改善服务硬件设施和服务质量。通过对公共客运企业监督和整治，公交公司内部经营管理矛盾得到理顺，经营行为逐步规范化，企业管理制度不断得到完善，安全管理工作逐步走向规范化，司乘人员的服务质量意识不断提高，为广大群众提供安全、优质、快捷的服务。

【出租车行业管理】 佛冈县顺万通小汽车出租有限公司成立于 2003 年，至 2011 年底止有出租小汽车 67 辆。为确保出租汽车行业稳定健康发展，企业不断转变和完善企业经营理念及管理方式，同时要求企业加强安全管理意识，督促公司制定和完善安全管理制度。针对出租车公司服务质量上存在的问题，加强《广东省出租汽车管理办法》的宣传贯彻工作，监督企业加强对出租小汽车驾驶员的宣传教育，切实提高司机的依法经营意识、行车安全意识和服务质量意识，不断规范司机的职业行为，使全县出租车行业运作逐步走上规范化。

【机动车维修行业管理】 到 2011 年底止，佛冈县办有证牌的机动车维修经营户 9 户，其中二类汽车维修企业 1 户，三类汽车维修企业 8 户，机动车维修持证上岗的技术维修人员 29 人。

为加强全县道路运输市场管理，规范经营行为，提高服务质量，建立和完善优胜劣汰的竞争机制和市场退出机制，2011 年 5 月根据《机动车维修企业质量信誉考核办法》展开对全县范围内的机动车维修企业 2010 年度的质量信誉考核工作。通过企业自评、专家现场考评及资料审核等方式进行全面的检查考核，并要求维修企业完善相关的管理制度。特别是安全生产制度、维修质量管理制度和质量保证期制度，督促企业严格执行机动车维修出厂合格证制度，并要对所承接的二级维护、总成修理、整车修理业务的机动车建立维修档案，进一步提高维修行业人员素质，规范维修作业，营造维修市场诚信文化、诚信环境，促进维修市场的健康发展。经考核评定，全县二类维修企业达AAA有11家，AA的有5家。

【机动车驾驶员培训管理】 根据省、市关于开展机动车驾驶员培训整治工作的通知精神，为规范佛冈县驾培市场的经营行为，提高培训质量，并对照《中华人民共和国机动车驾驶员培训管理规定》，认真对驾培学校的资格条件、经营行为、诚信服务、教学管理、培训质量、教练车辆的投保和维护保养情况等方面进行了核查。严格要求企业落实安全生产责任制，进一步强化驾培企业的诚信服务理念，改善学员的学车环境，完善配套设施，不断提升资质水平和教学质量，努力打造优良驾校形象。

至2011年底止，全县共有3家驾驶员培训机构，均按照驾培的教学大纲要求和管理规定进行培训工作。2011年，培训和吸收机动车驾驶学员4031人。

【交通运输行业安全生产监督】 认真贯彻执行《广东省道路运输安全生产监督管理制度》，做到责任到人、分工明确、措施得力、制度健全。以抓好以源头管理为重点，严把运输企业市场准入关，重点对各运输企业进行严格的安全督查工作。通过定期的安全督查，不断查堵企业安全生产漏洞，规范企业安全生产管理。同时，长期派驻3名安保人员专门负责对两家长途客运企业进行安全督查。安全督查的重点内容是：是否严格落实“三不进站、五不出站”规定，是否能认真做好“三品”的查堵工作，是否严格把好安全关，消防设施是否齐全有效，对车辆的监控和维护管理是否按规定落实好等方面，并做好检查记录。切实履行交通监管督查职责，确保辖区范围内的公路运输安全、畅通。2011年发生交通运输安全事故3宗，死亡3人，受伤2人，安全生产三项指标达到国家标准，全县道路运输行业安全生产形势较为稳定。

（袁飞龙）

国道、省道建设与管理

【概况】 清远市佛冈公路局隶属清远市公路管理局管辖，负责佛冈境内国道、省道的管理和养护工作。代管惠爱亭收费站和大坪收费站，负责征收国道106线佛冈段的车辆通行费。2011年，佛冈公路局按照全县的统一部署，自觉把公路的发展融入全县发展的大局，认真履行工作职责，全面提高公路的安全保障和服务发展能力，努力为佛冈经济社会的发展营造“畅、洁、绿、美、安”的公路环境。

【公路建设】 一是抓好“6桥1隧”重点工程。除黄花湖大桥完成单边改造外，国道106线大庙峡隧道工程、大庙峡Ⅰ桥和Ⅱ桥、刀排北桥和南桥、省道252线猪古岭桥已完成抢修加固并开放通车，完成总投资3898万元。二是抓好省道252线佛冈县城段路面大修工程，在2011年11月30日已全部完成改造并开放通车，投入资金657万元。三是协助抓好省道252线佛冈县坑尾至枫树山、沙田至下迳段路面大修工程，省交通运输厅批复工程投资为6360万元，已投入资金1000多万元，完成总工程量的30%。四是抓好原省道354线鹤田至龙山大桥段二级公路路面改造工程，投入整治资金400多万元，已完成主体工程建设并开放通车。五是抓好原省道252线佛冈长江至社冈下路段路面改善工程，计划投资224万元，已完成总工程量的10%。

【公路养护】 一是加大对公路早期病害的预防性养护，特别是加强对水泥路面破碎板、断角、坑槽的养护和灌缝工作，完成沥青灌缝33088米。二是加大对公路水毁和抢修投入。重点对国道106线汤塘至龙山段路面水毁进行抢修，完成换填路段460米/4462平方米、碎石化路段1090米/10573平方米、沥青混凝土罩面2758米/20683平方米。三是加大对公路附属设施和"路边整治"的投入。完成刷白路缘石、边沟、防撞墙95.013公里，更换百尺桩147块、补种示警桩、轮廓桩1101根、完成标线1354平方米等等工作。2011年以来共补植绿化苗木2万多株，整治绿化面积3万平方米，进一步提高公路绿化、美化水平。全年公路技术状况指数（MQI）平均值为80。

【依法行政】 一是抓好日常巡查。加大对公路两旁建筑控制区、公路用地及公路设施的监管力度，对破坏路产和侵占路权的行为进行严密监控。全年累计上路巡查291天，巡查里程32180公里，查处案件68宗，结案率100%，路产追偿率达98%以上。二是抓好协调沟通。积极主动联系交通综合执法局，互通信息，联合行动，切实履行职责。三是严肃查处违章行为。累计发出违章整改通知书63份，转达违章告知书36份，发现和制止违章案件27起，拆除违章标志标牌251件（560平方米），清理路障211处（320立方米），有力地维护路产，保护路权。

【收费管理】 做好绿色通道减免和重大节假日治堵放行工作。落实措施，有效应对重大节假日高峰车流，积极开展便民服务，积极让利于民，尽最大的努力减少站场堵塞情况发生，共同做好交通畅顺工作。累计两站全年免费放行11851次，放行车辆19695台，减免费用34.5万元。

【安全生产】 一是抓好安全生产月活动，认真开展安全知识竞赛，通过联办和举办在建工程和养护工程培训班、养护安全知识培训班、贯彻学习《公路安全保护条例》知识讲座等一系列活动，提高全局、全员安全生产责任意识。二是抓好隐患排查整改。严格执行市局安全生产考核办法，落实安全生产监管措施，不断加大安全经费投入，严厉整顿路面、桥梁施工和养护作业安全。三是抓好交通管制。一年多来，成功劝返超限载车辆1.7万车次，确保车辆在危桥安全可控状态下通行，有力遏制重特大交通安全事故和预防桥梁坍塌事故的发生。

（刘展荣）

地方公路建设与管理

【概况】 佛冈县地方公路管理站在佛冈县交通运输局的领导下负责县境内地方公路（包括县道和乡村公路）建设与管理工作。2011年，地方公路建设的重点工程是开展县道升级改造、桥梁建设和通自然村公路水泥路面硬底化建设。县道362线建设仍在进行中；完成县道839线改造工程。地方公路养护所共3个，养护县道95.367公里，各镇设立乡村公路建养办，养护乡村公路共1087.75公里。此外，地方公路路政管理所负责地方公路的路政管理。

【地方公路与桥梁建设】 *地方公路建设* 以项目建设为重点，扎实推进交通各项基础设施建设，城乡交通网络一体化建设取得新的进展。在续建项目建设方面，县道362线三级公路改建工程全长11.456公里，至2011年底，完成双边水泥路面铺设9.456公里，沿线的仓前桥、头道河桥及独王山桥扩宽工程均已全部完成。完成县道839线二级公路改建收尾工程及沿线的刘屋坑和光基桥建设。在新开工项目建设方面，县道373线迳头南玻集团园区道路改建工程已于12月前全部完成主体工程和水泥混凝土路面铺设以及附属工程建设；完成加多宝工业园区道路和截污管工程建设。为加快推进公路升级改造，进一步完善全县公路路网结构，积极组织做好县道升级改造的前期准备工作。县道374线改造工程及县道376线路面扩宽工程、县道839线和县道373线2条文明样板路建设工程、省道252线县城段改造工程，均已完成工可批复及立项报批等前期建设手续。农村公路建设方面，2011年佛冈县农村公路建设省投资计划44条共50.05公里，省直和中直驻粤单位扶贫"双到"农村公路路面硬底化投资计划9条共26.7公里，合计53条共76.75公里。至2011年底，已完成51条共73.23公里，剩余2条共3.52公里，待资金到位后可动工建设。据2011年底统计，县域范围公路总里程达1401.347公里，公路密度为107.63%。

桥梁建设　桥梁年度建设计划工程顺利，已完成水围桥、狮迳桥等多座地方公路桥梁建设。其中，完成水围桥梁建设61.2延米，狮迳桥13.2延米，石一村桥17.2延米，坦岭桥49.2延米，在建地方公路桥梁87.6延米/3座。据2011年底统计，县域范围的县道线及农村公路全部桥梁共231座，其中县道线共42座，乡道线共43座，村道线共142座，未纳入检测数据库的桥梁4座。

【通自然村公路水泥路面硬底化建设】　地方公路随着经济社会的发展而不断完善。2011年，全县地方公路有1183.117公里，其中县道95.367公里，乡村道路1087.75公里。在地方公路中，二级公路95.367公里，占总里程的8.1%；其余为四级路和等外路。为提升公路等级，发挥好地方公路网络的作用，近年来重点实施通自然村公路水泥路面硬底化建设。主要做法是在原有公路的基础上进行改造，铺筑水泥路面，路面宽度一般要求4.5米，有困难地段不得少于3.5米。经过近几年的努力，至2011年底，完成农村公路路面硬底化896.04公里。

【公路桥梁普查】　根据清远市地方公路管理总站印发的《关于加强我市地方公路桥梁安全隐患排查的通知》要求，于7月组织专业技术人员检查县道线及农村公路全部桥梁231座，其中县道线42座，乡道线43座，村道线142座，没纳入数据库桥梁4座。经过这次检查，发现有一部分的桥梁由于人为或车辆损坏，也有由于自然界因素及年久失修而损坏。根据以上情况，分别作出整理方案。这次桥梁普查工作有效地形成对桥梁数据存档的规范管理，不会导致一些重要数据丢失，查找桥梁数据时方便快捷，提高工作效率，并向市总站作出桥梁普查工作汇报。

【地方公路养护】　2011年，地方公路管养里程1183.117公里，其中县道95.367公里，参评里程83.567公里，免检里程11.8公里（县道362线），县道好路率达100%；乡村公路平均好路率90%；季节性养护公路保持晴雨通车。对县道公路实行包干计量的养护方式，核实养护里程的工程量确定养护经费，每月进行验收计量支付，并定好项目的质量标准，没有达到所定标准的责令整改，并不付当月养护经费，直到达到标准，才能支付养护经费。通过以上措施的落实，养护工人明确工作职责，增强工作积极性。实行计量支付方式后，各条线路的路容路貌均有所提升。养护所的出勤率达到103.7%，直勤率达到96.3%，能够做到以所为家以路为业，安心做好本职工作，如期按质按量完成各项工作任务。为提高全县乡村路路容路貌美观，县道828线种植4000棵大红花。县道补种百米桩245根，公里牌11块。

【地方公路路政管理】　2011年，全年组织路面巡查198天，出动人员375人次，巡查里程5308公里。清理路障48立方米、清理乱堆泥、沙、石56处、行政审批案件0宗，有力维护和保证公路的路产路权和安全、快捷、畅通。路政案件查处率达99%，结案率达100%。

（成志福）

邮　政

【概况】 2011年县邮政局共设16个部门机构，其中职能部门有办公室、市场部（含代理部）；县局生产班组4个（环城邮政营业、振兴路邮政支行、文明路营业所、投递部）、非生产班组3个（大客户中心、技术组、经警班）；设支局（含委代办网点）6个（龙山、高岗、水头、汤塘、迳头、民安）。共设投递邮路16条，其中县城7条，乡镇邮路9条。

至2011年12月，县邮政局在册员工共92人（不含退休职工23人），其中合同用工A类30人，合同用工B类7人，劳务用工55人；本科学历8人，大专学历42人，中专或以下42人；县邮政局有中共党员46人。

县邮政局现有固定资产358件（卡片记载），资产原值共2223.65万元，累计折旧1159.38万元，现有资产净值917.74万元。

【年度计划】 2011年度计划的主要内容是实施“12345”工程和各专业计划目标。“12345”工程：（1）实现一个目标：步入良性循环发展，实现扭亏局面。（2）提高两种能力：市场营销能力，组建专业营销队伍；企业管理能力，提高管理人员素质。（3）深化三项改革：专业化经营改革，探索推进函件、集邮、报刊等业务的专业化进程；推行市县财务管理一体化改革，严格按照上级局要求做好财务管理工作；网络运行改革，优化网络组织，合理配置资源，提高网路运行效率。（4）推进四方面创新：观念创新，从领导层到工人要认清形势，用发展的目光解决实际问题；管理创新，学习运用科学的管理方法；服务创新，2011年要在规范化服务的基础上重点推行深层次的个性化服务；技术创新，加快对新技术的应用，大力推进邮政信息化建设步伐。（5）实现五个目标：业务收入完成950万元（期望值为1000万元），收支差额完成30万元，实现劳动生产率达到10.5万元/人，服务满意度达到96分，生产、资金安全事故为零。

【专业计划目标】 实现代理金融收入585万元，邮储余额增长目标为6800万元，2011年度期末余额达到3.5亿元；函件收入85万元；代理速递收入311万元；报刊收入95万元；集邮收入34万元。

【经营管理情况】 县邮政始终坚持在“高举一面大旗，推进转型发展”上努力探索，协调邮、银、速三大板块，着力消除制约企业突破发展的思想和机制障碍，着力探索推进企业科学发展、实现新跨越的新思路、新途径、新举措，使企业经营始终保持快速发展的势头。2011年全县邮政企业累计实现业务收入992.49万元，完成自定任务980万元的101.27%，完成市局任务918万元的108.14%。同比增长31.67%，同比增幅列全市第一位；实现收支差30.2万元，完成年计划100.67%。邮储余额3亿，净增约1600万元。企业实现全员劳动生产率10.79万元，社会服务满意度为95%，确保全年无资金、安全事故发生。

【增强基础能力】 加快网点建设，积极推进网点转型发展。一是大力推进网点整治。2011年，投入资金总额达180多万元，进行环城邮政营业厅、文明路、振兴路3个网点的整治和基本设施配置，把文明路网点打造成省级标准的代理网点旗舰店。完成机要生产场地整治项目，使原来较为陈旧的机要场所焕然一新。二是加大自助设备投入，增加CRS机2台，减轻前台业务压力，为企业长远发展打下良好基础。

【改善环境设施】 投入7.9万元资金用于职工小家建设，为一线员工配备基本生活设备设施，如县局职工饭堂的硬件完善。水头支局、龙山支局、高岗支局均按“职工小家”的标准进行了整治，并把软硬件方面都较完善的水头支局作为建“职工小家”示范点。“小家”的宿舍、卫生间、浴室、厨房、职工活动室均按照“四有”标准配套各种家私家电，如办公桌椅、餐台餐具、油烟机、冰箱、热水器等。同时，提高投递、司机岗位的外勤津贴，基层员工的环境条件大为改善。

【“新农保”业务服务牌】 邮银双方通力合作，凭借邮政的信誉优势、网点优势、站在服务社会和服务民生的高度，克服人员短缺、设备不足等困难，积极配合县委、县政府和县社保局扎实推进“新农保”工作。在时间紧、任务重、压力大的情况下较好地完成“新农保”工作任务，参保加领取待遇总人数97000人，发放待遇金额2284万，参保率100%，赢得县委、县政府的高度评价和广大农民群众的赞誉。

（陈瑞康）

电信通信

【概况】 2011年，中国电信股份有限公司佛冈分公司面对激烈的市场竞争，认真贯彻集团和省公司的战略部署，科学配置电信资源，圆满完成各项工作任务，全业务运营保持良好的发展态势，为企业可持续发展打下坚实的基础。2011年是中国电信实现收入和利润双增长的一年，是实现全业务运营发展策略的重要一年。全年累计完成主营收入5541万元，完成年计划的101.54%。移动净增7451户，宽带净增7895户，安全工作零事故。佛冈分公司获得省公司先进绩效单位二等奖和市公司先进绩效单位一等奖。

【业务发展】 一是全力推进移动业务规模发展，超额完成预算。2011年佛冈分公司移动用户累计净增7451户。二是坚持以“深化融合，宽带大提速为主导”，有效拉动全业务拓展。2011年佛冈分公司宽带累计净增7895户，全市排名第一。三是严格落实三级挽留机制保住存量用户，利用融合套餐拓展新增用户。固话业务保持正增长。四是政企各项专项营销工作有序进行，行业应用发展取得新突破，电子政务、家校通、旺铺助手、翼机通发展较好，有效地推动移动宽带业务放号。

【网络运行维护】 全年网络通信能力稳步增长，网络指标完成良好。C网基站：共有C网现网室外基站71个，直放站2个，室内分布系统4个。AD：2011年AD扩容增加11块用户板352个端口。主干电缆77589线对，配线电缆108947线对。大力开展宽带端口达标整治专项行动，积极推进互联网提质工程，提升政企客户网络服务水平。服务质量不断提升，末梢维护质量显著提升。

【基础管理】 继续加强“四好”班子建设，增强各级管理人员的服务意识，增强班子构建和谐企业的能力，贯彻执行省公司依法经营、廉洁从业的规定。工会执行职工代表大会制度，充分调动广大员工参与企业民主管理的积极性，维护员工的合法权益。同时组织员工开展劳动竞赛、身体检查，支撑业务发展。综合部门充分发挥“三服务”职能，完善各项管理办法，加强后勤保障，公关、档案、信息工作等得到加强。同时加强机房隐患整治、安全生产标准化管理，安全标准化建设达到四星级标准，并加大打击盗窃破坏通信线路犯罪行为的力度。此外，综合部（也包括客响维护部）开展的关系营销，收到较好的效果，促进了分公司的业务发展。

（郭慧芳）

移动通信

【中国移动通信集团广东有限公司佛冈分公

司】 佛冈移动始终秉承“正德厚生，臻于至善”的核心价值观，致力于业务发展，扎实工作，强化措施，狠抓落实。对内坚持求真务实，埋头苦干的工作作风，强化生产经营管理；对外发扬艰苦奋斗的创业精神，努力开拓市场空间。有公司员工89人，平均年龄30岁，大专以上文化程度占83%。设综合部、网络部、市场部、政企客户部。2011年，佛冈分公司被清远市委评为“清远市精神文明建设先进单位”，佛冈分公司党支部被清远市委评为“先进基层党组织”，佛冈分公司团支部被团市委评为“五四红旗团支部”。

业务经营 2011年，在省公司“一四八”整体思路的指导下，根据市公司“一二五”工作部署，以“创新型增长”为经营主线，不断增强网络能力、业务能力、服务能力和管理能力，稳固市场份额，保持竞争优势，有效完成各项经营任务。大力开展短号家庭网业务，拓展渗透率排名全市最好，实现家庭成员之间免费通话，惠及更多的佛冈家庭用户；数据业务发展迅速，全年数据业务收入达3300多万元，用户上网速度得到进一步的提升。2011年，佛冈移动获得全市经营业绩二等奖、集团客户运营优秀奖、数据业务运营优秀奖、网络运维管理优秀奖、营收业务管理优秀奖。

网络建设 建设值得信赖的网络、保障客户权益、营造健康通信环境是中国移动最为基本的责任。佛冈移动一直坚持“网络质量是通信企业的生命线”的理念，大力加大城乡移动通信网的建设，全面支撑客户需求和市场发展，确保客户的网络满意度持续改善。2011年，通过网络建设维护人员的不懈努力，全面完成全球通讯系统（GSM）、时分同步码分多址（TD-SCDMA）及传输网等各项建设任务，全球通讯系统（GSM）基站达到107个，3G基站达到44个。已达到100%行政村覆盖，人口覆盖率达99%以上。建设无线局域网络（WLAN）无线宽带网络热点站点36个，集团专线建设完成44条。光缆维护总长489.7公里。与铁通公司联合开展家庭宽带网络建设，县城家庭宽带已实现网络大规模建设和运营，乡镇家庭宽带网络也将陆续开通，为佛冈人民提供质优价廉的宽带接入服务。佛冈移动网络从过去小规模单一移动网络发展到大规模全业务信息化网络，为佛冈通信事业发展做出了重要的贡献。

窗口服务 有效提升客户感知，加快服务工作显性化，努力为社会提供综合、便利、有特色的通信服务。强化窗口服务形象，督促、检查营业一线服务工作，落实投诉服务工作。明确职责、优化流程，解决好投诉难点问题，提升营业服务水平。切实做好大客户服务工作，进行用户维系划分，实行一对一服务。推行人性化、真情化服务内容，加强客户咨询及投诉处理，使投诉回复率和处理及时率达到100%。服务质量得到显著提高，树立文明窗口新形象，教育路服营厅和环城中服营厅被省妇联评为“广东省巾帼文明岗”的光荣称号。

基础管理 一是推进人才价值化工程，开展选优配强工作，优化各岗位人员配置，进一步发挥人才资源优势。二是开展“和谐动力”工程，一手抓关键业绩指标（KPI），一手抓关键和谐指标（KHI），组织总经理沟通会、中秋晚会、重阳登山、春节联欢晚会等活动，提供32项关怀举措，实施员工关爱。三是班组管理水平持续提升，组织开展“赢在移动”班组建设活动，促进员工和企业的双赢。有效提升组织的执行力，多项经营工作取得显著提升。四是推进财务“体系化”建设，强化风险管控，建立以县公司为对象的成本责任中心，引入全成本管理理念，落实“业财联动、核算前移”机制。

专题业务 2011年2月15日，佛冈县高岗镇豆腐节在社冈下村隆重举行。本次活动除举行传统的豆腐节投掷狂欢祝福活动外，还制作世界最大水豆腐并申报上海基尼斯世界纪录证书，活动规模空前，吸引成千上万的外地游客和本地群众前来。为保障活动现场通信的网络畅通，佛冈移动迅速成立高岗镇豆腐节应急通信工作小组，专项跟进此次活动的应急通信保障工作，最终圆满完成本次高岗豆腐节的应急通信保障任务。在完成应急通信保障任务的同时，佛冈移动还给予活动现场包装的鼎力支持，赢得了政府的高度认可。为表彰分公司作出的突出贡献，副县长丘剑华和县文化广电新闻出版局长等领导，亲临分公司，授予佛冈移动“热心文化事业，共建幸福佛冈”的荣誉称号。此外，为配合团县委“共建和谐佛冈，弘扬文明新风”于2011年3月5日在佛冈人民公园举行的“展现青春风采，共建和谐佛冈”志愿服务主题活动，佛冈移动团支部为本次活动提供帐篷、桌子等物资，现场提供免费手机维修、手机清洁等服务，得到了佛冈人民的好评和认可。

（廖小彬）

【中国联通佛冈县分公司】 2011年，中国联合网络通信有限公司佛冈县分公司（以下简称佛冈联通）紧紧围绕“奋战两年，跨越两亿，实现业务收入、营利能力的显著提升，服务水平和企业形象的显著提升，工作条件和待遇的显著提升”的目标，打造“渠道、网络、队伍、服务”四大核心竞争力，不断调整和探索各类业务发展的思路和措施、探索发展战略的稳定性和灵活性，抓紧时间窗口和市场机遇，以3G、宽带和集团业务为突破口，快速加强基础网络资源战略布局，不断提升服务水平，继续完善机制体制，积极推进改革创新，不断改善员工生活状况，实现有效发展。2011年通服收入同比2010年增长25.1%。

市场运营　以“抓机遇、调结构、抢速度、上规模”为主线，以扩大规模为重点，以变革创新为动力，以提升效能为抓手，以队伍建设为保障，同时以稳健2G市场份额为基础，以3G、宽带和集团业务为突破口，加快3G有效规模发展和确立3G市场领先优势，全面提升公司经营能力和效率。同时紧紧围绕“坚持3G、宽带量质并重双跨跃，2G优化稳健发展，三箭齐发”的发展战略，坚持规模上量、量质并重的业务导向；全面推动渠道“立体化、多元化、扁平化、标准化”工程。针对不同地域与用户确立“三个适配，一个突破”的经营措施：实现产品、宣传、促销的三个适配；积极创新寻求突破。细分市场营销策略，网络资源集中投放，建立起“以中心辐射周边”的销售网络。优化集客体制体系，从组织上保障集客业务的持续上量发展，以行业应用为突破，以方案式、组织式、体验式营销为推动力，在汽车监控、3G学堂、移动OA等业务发展取得重大突破。

客户服务　通过搭建系统的存量经营管理体系，夯实维系挽留基础工作，围绕制定的目标开展维系挽留工作。通过开展用户生命周期的全程管理、消费行为预警模型的不断完善、针对性的维系政策、责任到人的落实机制、闭环的监督管理、条块联合推动等多项工作，存量用户的质量得到较大的提升，指标呈现良好的趋势。3G用户流失率从年初最高峰13%下降至7.3%，3G三无率及户均流量均控制在市公司目标范围；2G用户流失率严控至8.83%，2G用户二充率及账户余额等指标也一直保持在全市前列，在客服“百日创优”活动中，被市公司评为优秀班组。

网络建设　至2011年末共有51个站点，8套室分系统。当年第一期工程8个改造项目，4个新建和4个扩容项目已落实，二期及后期项目，11个工程立项已完成。通过百日创优、宽带网络劳动竞赛、营维分离等专项活动，佛冈联通网络维护质量取得综合评比全市第三名，三类分公司第三名的成绩，并获得市公司“2011年度十佳网络技术与系统支撑团队”称号，其中“宽带网络提升竞赛”获得全市二等奖、移网“旭日计划”行动专项获市公司评比三等奖。开发应用代理商门户网站，实现渠道管理电子化，为公司渠道扁平化，标准化建设奠定基础。

企业管理　围绕为基层、为经营服务开展工作，通过“年薪制”、“工效挂钩”等激励机制提高员工积极性；持续完善企业机制体制，提升综合管理能力：机构调优，实现网格化、集客营销体制、建维岗转制、3G队伍专业化、绩效机制、简政放权等六大项体制的改进；修订完善绩效考核指标，加强干部评议及组织绩效结果的应用，完善能上能下的用人机制；创新县（区）分公司工效挂钩薪酬激励机制和专项奖等多种激励机制，实施对营销人员实施“底薪＋提成”分配模式，充分调动生产单元的营销积极性。

党建工作　采取多种形式加强党员的思想教育，组织党员干部学习《廉政准则》等相关文件，组织参观“一馆一园二基地”反腐倡廉教育基地，与党员干部签订了《领导人员廉洁自律承诺书》和《党风廉政建设责任书》、《廉洁从业承诺书》；积极开展“四好”领导班子创建活动，深入开展争先创优工作，组织“庆祝建党90周年歌咏会”活动。参加2011年清远市“扶贫济困日”启动仪式暨爱心捐赠万人行活动。

（郑雪闹）

信息化建设

【概况】　随着佛冈经济和社会的快速发展，信息化作为城市现代化重要引擎的带动作用日益增强。近年来，佛冈县信息化进入快速发展阶段，在信息基础设施、电子政务、社会信息化、企业信息化和电子商务、电子信息产业等方面取得明显成效，开辟一条具有佛冈特色的信息化发展道路。

【信息基础设施建设】　2011年，电信网络、有线电视网络和宽带互联网覆盖全县。移动通信客户数量已突破22.4万户，共开通113个移动通讯系统（GSM）基站，150个通信直放站，45个第三代移动通讯技术网络（3G）基站，17个无线局域网络热点，无线信号覆盖率达99%以上；200条集团专线，150栋楼宇覆盖宽带网络，基本实现电信宽带网络到大楼、小区和村。全县固定电话用户数25.3万户。各类互联网用户总数超过17.9万户，其中，宽带上网用户数达12.5万户，同类指标位于全市乃至全省前列。有线数字电视也在建设完善当中，各类网络建设的不断完善，已成为一张覆盖面广、通信质量高的网络。

【城乡信息化建设】　一是实现政府各部门间的横向以及“县、镇、村（居）”间的纵向互联互通，政府办公自动化系统已覆盖县属各局（办）、6个镇、90个村（居）的整个公务员和事业单位体系，社会和农村信息化的村镇信息服务站、点建设已全部覆盖全县6镇90个行政村（居委）。全县6个镇各建有1个信息服务站，每个行政村均建有信息服务点，在节约办公经费、提高办公效率、促进共享程度方面取得实效。二是城乡信息化建设步伐加快，城乡间信息化水平差距缩小。社区政务管理信息平台建设初步建成，社区信息化试点居委会成立并取得初步成果，劳动社保、综合治理、社会福利等方面社区信息化应用深入基层。农村信息化基础设施建设基本完成，农村综合信息服务体系基本形成。

【电子政务建设】　网站群建设　以佛冈县政务网为主的网站群建设取得全面进展，率先借鉴国外成功网站“以人为本”的建站理念，梳理不同使用者的需求，对政府信息和网上办事项目进行分类，分级指引，切实提高网站易用性。

政府信息公开　政府依托佛冈政务网加强信息公开功能和信息公开力度，不断完善网上公开程序。截至2011年底，依法审批事项公告信息21563条，主动公开信息3988条，依申请公开信息203项。

电子政务网站建设　电子政务类的OA系统使用与网站建设进展良好。至2011年底，使用佛冈县电子政务系统平台的单位有77家，建有政府及部门网站7个，分别是佛冈县政府门户网、佛冈县纪检监察网、佛冈县委网、佛冈团委网、佛冈县打私网、佛冈县党风廉政信息公开平台、佛冈县农村饮用水安全信息网。指导与支持建设企业及社会机构网站有11个，分别为佛冈城市网、佛冈山水论坛，、佛冈人才网、佛冈联合数据、佛冈颐和温泉度假山庄网、佛冈县进出口贸易公司、佛冈县王山寺、聚龙湾国际酒店管理集团有限公司、篁胜国际温泉花园酒店、佛冈田野休闲农场、佛冈森波拉度假森林；电子商务咨询或交易平台4个，分别是佛冈商务网、佛冈房产网、佛冈地产网、佛冈信息港。佛冈县工程建设领域项目信息公开和诚信体系与县行政审批监察管理系统初步建成，电子政务从普及应用进入资源整合、业务协同阶段，提高各级政府部门的服务水平。

【企业信息服务平台】 “无线城市”建设 加强中小企业信息服务平台及为农村、为社会服务的信息化体系建设，重点推进佛冈“无线城市”建设工作的开展。成立佛冈县“无线城市”建设领导小组，召开佛冈县“无线城市”建设动员大会并举行启动仪式，全县“无线城市”建设工作正式启动。

电子信息产业 全县电子信息产业发展迅速，成为佛冈支柱产业之一。建有省产业集群升级示范园——江森约克科技工业园、建滔电子科技工业园，佛冈柏诚软件公司、盈展（佛冈）电子有限公司等。工业产业集中度不断提高，配套体系不断完善，向规模化、集约化转变，产业集群效应显现。依托园区和基地的集聚效应，形成完整的信息产业链条，并涌现出建滔实业、国珠等信息产业领先的企业。

电子商务应用 依托专业市场和产业集群的电子商务应用进一步普及深化，农业、种植业等行业企业积极探索电子商务应用，取得显著效果。政府大力营造环境，扶持行业电子商务服务平台建设和发展，带动中小企业通过加入第三方电子商务平台和自建网站，开展企业电子商务应用推广，为本地企业发展铺路架桥。“沙糖桔上阿里巴巴”的成功电子商务应用经典案例成效显著，开始发挥示范效应，并逐步拓展并形成一定规模和品牌影响力。2011年，佛冈县在阿里巴巴网站注册会员数达822家，其中中小企业用户总数达163家，是广东省用户数量较多的区域。

（邓志敏）

无线电管理

【概况】 佛冈县无线电管理原由广东省无线电管理委员会办公室佛冈县管理站负责，2011年10月更名为佛冈县无线电管理办公室。为公益一类股级事业单位，受清远市无线电管理处和佛冈县人民政府的双重领导。其主要职责是：（1）贯彻执行《中华人民共和国无线电管理条例》和《广东省无线电管理条例》及和有关法律、法规；（2）负责辖区内京广航线以及三防重要频点的监听、监测；（3）进行电磁环境测试、分析，为无线电主管部门进行频谱规划、频率指配和审批无线电台（站）提供技术依据；（4）查找无线电干扰源和未经批准使用的无线电台（站），并进行协调、处理。2011年，被市无委办授予无线电管理工作先进单位称号，李华、邹文斌分别获得省无委颁发的广州第十六届亚运会和残运会信息技术与通信保障工作突出贡献奖和贡献奖。

【加强监管、监听、监测】 佛冈毗邻广州新白云国际机场，京广航线途经佛冈上空，而且随着社会的不断发展，无线电台使用数量不断增加。因此，县无线电管理办公室在无线电管理工作中认真做好日常监听、监测和监管工作，从源头预防和减少干扰事件的发生，维护空中电波秩序，保障民航飞行的安全。在防洪救灾抢险期间，节假日、“两会”及国庆、七一期间，还有在春运、高考期间，以及10月12日进行的防空警报试鸣活动等重点时段中，都积极做好重要频点的监听、监测工作和警报遥控专用频率的监测、监管，保障重要无线电通信的正常运转，为民航、公安、交通、“三防”等重要部门工作的正常开展，提供了良好的无线电通讯环境。

【无线电法规宣传】 通过广播、电视、县政府门户网站、电子政务办公网和政务QQ群等新闻媒体，向全社会广泛宣传《中华人民共和国无线电管理条例》、《广东省无线电管理条例》和涉及无线电管理的法律、法规及上级文件，无线电管理的各项法规深入人心，营造人民群众自觉遵守的良好氛围。

【无线电台、站监督检查】 以无线电安全生产、隐患排查治理为契机，加大辖区内无线电台、站监督检查力度。特别是2011年10月，民航专用频点119.37兆赫兹在佛冈辖区内受到不明干扰，县无线电管理办公室通过技术手段，迅速查出干扰源，成立执法检查领导小组，在市无委的技术支持下，对县广播电台开展行政执法专项检查。针对县广播电台存在的问题，下达整改指令书，限期整改。还把执法检查拓宽到所有无线电设台单位，开展执法检查工作，着力加强无线电法制建设，受到上级好评。

【频率台站管理】 规范无线电台（对讲机）设置手续和无线电设备检测工作，按规范的程序办理单位或个人设台申请手续。对早期申请的使用单位或个人进行跟踪检测，发现不符合现行无线电管理规定的一律严禁使用。

（李　华）

基本建设与环境保护

责任编辑：李阳光

重点工程立项

【概况】 2011年，批准立项55个，总投资329634万元。其中：工业项目8个，总投资74870万元；基础设施项目36个，总投资115214万元；其他项目11个，总投资139549万元；批准自筹基建项目7批89项，总投资200006万元。

2011年列入省、市重点建设项目7项：清远加多宝植物科技有限公司（加多宝）生产项目、佛冈县松峰机械生产项目、佛冈鑫源恒业电缆科技项目、清远南玻节能环保材料生产线项目（佛冈）、佛冈金碧健康养生运动中心（省、市重点）、佛冈碧桂园、佛冈聚龙湾天然温泉度假村。7项重点建设项目总投资1185000万元，当年计划投资127000万元，2011年完成投资94250万元，完成年度计划的74.2%。

【清远加多宝（加多宝生产项目）】 位于汤塘镇脉塘村，项目计划总投资20亿元（含二、三期），项目2008年动工建设，至2011年底累计完成投资约5.6亿元。2011年计划投资10000万元，当年已全部完成。首期350亩已开发完毕，并于2011年3月进入生产阶段，每天可生产浓缩液50吨。至12月底，二期仓库建设项目进入建设阶段、三期红色罐装线项目完成三通一平。

【佛冈县松峰机械生产项目】 位于石角镇英佛公路旁，占地320亩，计划总投资8亿元，生产规模为年产摩托车架250万台（套）、汽车钣金件30万套，是生产和经营摩托车、汽车零配件的生产基地。项目2009年动工建设，至2011年底累计完成投资约4.6亿元，2011年计划投资20000万元，当年已全部完成。已建成宿舍3栋、饭堂1栋，活动中心基础工程已完成，6栋厂房建设有3栋完成主体框架建设、3栋完成基础建设。

【佛冈鑫源恒业电缆科技项目】 位于石角镇英佛公路旁，占地180亩，计划总投资4.5亿元。项目主要研发、制造和销售新型架空输电线路材料及设备，主要产品有碳纤维复合芯扩容导线，耐热铝合金导线，高强度铝合金导线，超高压架空导线等。项目2010年动工建设，至2011年底累计完成投资约2.4亿元。2011年计划投资12000万元，当年完成12550万元，超额完成年度计划任务。已建成厂房2栋，首期进入试产阶段；宿舍楼和办公楼已封顶，正在进行装修、安装水电、消防等工程；A5厂房正在进行基础建设，其他厂房建设中；现正筹划开发输电配套电力金具生产项目，已上报省发改委待批。

【清远南玻节能环保材料生产线项目】 位于佛冈县迳头镇金岭工业区，占地503亩，计划总投资6亿元，项目主要研发、生产及销售非金属矿物制品及材料63万吨，包括高档节能环保型装饰材料系列的在线LOW－E超白、白色、本体着色节能环保材料及基板，光伏封装材料及其深加工产品，屏蔽电磁波材料，微电子用材料基板，并提供上述有关产品的技术咨询与服务。项目2011年动工建设，至2011年底累计完成投资约1亿元，2011年计划投资10000万元，当年已全部完成。目前该项目已完成“三通一平”及护坡工程，预计2012年建设进度会进一步加快。

【佛冈碧桂园项目】 位于水头镇莲瑶村和石角镇三莲村，占地约4000亩，计划总投资20亿元，项目主要建设高级酒店、综合楼、温泉休闲会所、体育会所、高（低）层住宅、休闲广场和配套设施及其他构筑物，总建筑面积约70万平方米（修改规划后增加建设面积）。项目2010年动工建设，至2011年底累计完成投资约11亿元。2011年计划投资15000万元，当年完成35000万元，超额完成年度计划任务。已建成约500套高（低）层高尚住宅、高级会所、106国道至碧桂园的景观大道及附属设施等，建筑面积约30万平方米；并在5月1日首期开盘销售。

（邹玉林）

城乡规划、建设与管理

【概况】 佛冈县住房和城乡规划建设局是佛冈县人民政府负责住房、城乡规划、建设管理行业的行政职能部门。2011年，坚持以城镇建设为抓手，努力建设宜居佛冈，较好地完成各项重点项目及主要工作任务。全县办理建设用地规划许可证39宗，面积119万多平方米；办理建设工程规划许可证64宗，面积73万多平方米；办理规划验收53宗，面积43万多平方米；办理施工报建工程54宗，面积52万多平方米，投资5.83亿元；办理工程竣工备案36项；办理商品房预售许可20宗，商品房新开工面积30.87万多平方米；销售商品房面积31.78万多平方米，销售收入4.7亿多元；完成公开招标项目24宗，工程投资金额为8415万元；办理工程直接发包报批54项，建筑面积47万多平方米，工程投资4.8亿元。2011年，佛冈县城建成区面积10平方公里。

（朱燕伶）

【城乡规划】 2011年紧紧围绕建设“山水园林城市”的工作目标，与时俱进，开拓创新，认真落实，全力以赴抓好城乡规划建设工作，大力推进佛冈县城镇化进程。

编制城市规划　完成县城的总体规划和B分区、C分区控制性详细规划编制工作，协助开展镇区的总体规划编制工作。同时认真做好县城建设规划，完成碧桂园、骏业银座、华府壹号A区等修建性详细规划62项，总用地面积约119.8公顷。

各镇规划修编　2011年，《水头镇总体规划》完成编制，并经县人民政府批准实施。《高岗镇总体规划》已进入报批阶段。石角镇三八村高围村小组、高岗镇高镇村在下村小组、迳头镇社坪村老屋片村小组等10个省级村庄规划试点村的规划编制工作已经完成。

城乡规划管理　严格实施“一书两证”的规划报建制度，加强城镇规划建设的管理。2011年办理城乡建设用地规划许可39宗，总用地面积119.46万平方米；办理建设工程规划许可64宗，批准建筑面积73.97万平方米；办理建设工程竣工验收53宗，批准建筑面积43.71万平方米。

大力整治“脏、乱、差”现象，对占道经营、乱摆卖、乱搭建等行为进行处理；提高绿化、亮化水平，加强县城绿化管养工作力度，推进县城公共绿化管养市场化；查处并依法强制拆除违章建筑24宗，拆除违章建筑面积1587平方米。

（姚莹丽、颜　翊）

【城乡建设】 县城市政建设　2011年，投资3100多万元进行县城市政基础设施建设。其中，投资1630万元完成佛冈县城市污水处理厂配套集污管网工程、县城青云东路与文明路交汇处人行道铺设工程、步行街道路工程等市政基础设施建设，启动龙凤大道一期（106国道至潖江河北岸路段）工程建设；投资1470万元完成沿江路宣传栏及绿道建设、沿江西路（柯木迳段）高低型路灯安装等美化、绿化、亮化工程。全年完成市政道路（含巷道）铺设1000多米，面积6100多平方米；完成铺设人行道砖面积1500多平方米；完成维修人行道砖面积2500多平方米；安装各种规格管道4700米；安装路灯基杆54座、路灯265盏；新增绿化种植面积21万平方米。

市政道路管理　严格执行《城市道路管理条例》，抓好占用和开挖城市道路的现场管理，进一步提高城市道路占用管理水平和挖掘修复质量。全年审批城市道路占用申请3670宗、挖掘申请7宗；修复沥青路面面积440平方米，维修人行道面积2500多平方米。

镇区建设 2011年继续加大对各镇区建设的支持力度。迳头镇投入48万元建设迳头镇文化休闲广场。汤塘镇投入20万元建设市政基础设施，铺设汤塘商住开发区道路100多米，修复汤塘、四九两个街道的排水设施，完成汤泉路、新兴路的升级改造工程。龙山镇增加市政建设资金投入，修复破损道路1000米、沙井盖20个，疏通下水道2000米，并绿化、亮化一批工程。水头镇投入16.5万元维修水头镇府前路；在三个路段安装路灯13盏。

新农村规划建设 迳头镇完成楼下村环境综合整治工程的技术咨询工作；完成了迳头村委云岭村和社坪村委老屋片村两条自然村申报2011年省级村庄规划试点村的工作；水头镇完成王田村三个项目的“三旧”改造工程；完成新联村垃圾填埋场的修补工作，有效改善村民的生产生活环境。汤塘镇投入600多万元，完成汤塘镇黎安垃圾填埋场的建设工作。

（高兴强、颜　翊）

【园林城市绿化】 以创建“山水园林城市”为目标，以街道和公园绿化种植、补植为重点，推进县城绿化工程建设，完成振兴路路灯挂花工程、县城106国道两侧大树种植工程、英佛公路佛冈段绿化工程、人民公园绿化补植及县城振兴南路绿化改造工程等绿化工程建设。全年种植乔木2510棵，铺设草皮1.18万平方米，种植时花1500多平方米，摆设花卉3.3万盆。同时强化城市公共绿化和公园养护管理，及时进行补植补种、造型修剪及杂草和枯枝败叶清理，维护好县城绿化景观，确保环境清洁、优美，严肃查处破坏城市绿化和绿化设施的行为。

（姚莹丽）

【城建监察】 在2011年佛冈县事业单位分类改革实施进程中，佛冈县城市建设管理监察大队定为县住房和城乡规划建设局管理的副科级公益一类事业单位。2011年，该队严格按照县委、县政府关于开展“城乡清洁工程”及“三边”环境整治的工作部署，切实加强领导，精心组织，大力开展县城辖区环境整治，相关工作取得阶段性成效。

加强市容管理 以市容环境综合整治为抓手，以完善落实精细化长效管理机制为手段，不断提高城建管理监察质量和水平。有针对性开展市容环境专项整治，突出重点，疏堵结合，切实治理市容管理工作中的疑难问题。坚持教育和处罚相结合，将违章分为初犯者、再犯者、屡教不改者，分别采取不同处理方式与处理尺度。针对流动摊贩与跨店经营者无固定经经营时间的特点，该队实行加大日常巡查与有计划、分阶段进行整治相结合的方法，将过去固定时间、固定线路巡查，改为“弹性工作制”，收到较好效果。

整治摆卖秩序 在整治市场周边摆卖秩序过程中，考虑到菜农劳作辛苦，收入微薄，对乱摆摊点占道经营的菜农，一般不采取没收的手段，而是耐心劝导，加强说服教育，使菜农主动配合管理。

开展突击整治行动 在落实长效管理基础上，有计划、有重点地针对洗车场地、门头广告、占道经营、破旧遮阳篷等方面开展了十多项专项整治。先后组织力量对县城的各类临时搭盖进行强制拆除，对城乡结合部的临时搭盖逐段进行清理整顿；组织清理并拆除县城不规范、破损、内容不健康的户外广告，查处主次干道乱贴、乱涂行为，加强布条悬挂管理，严厉查处违章设置布条行为。疏导清理并规范县城环城路、建设路、亨通街、通庆街、人民公园及车站等敏感路段、公共场所的蔬果档、夜间成衣档和流动烧烤档的摆卖。

维护市容秩序 全年累计出动执勤人员1.96万人次，出动执勤车辆3470台次；劝导、纠正各类市容违章行为为25865起，发送停止违法行为通知书和限期整改通知书2140份，暂扣物品1870多起；整治户外违章广告、灯箱、招牌、条幅等8920处（幅）；纠正跨门槛占道经营和流动摊档共3053起；清理阻道水泥墩1860多个，处理车辆撒漏、带泥272起；清除乱堆建筑余泥30多车共150余吨，

最大限度维护了县城市容秩序。

市容环境卫生综合整治　以创建省文明卫生县为契机，以净化、亮化、美化为重点，开展市容环境卫生综合整治，特别是对主次干道和重点区域影响市容问题整治工作取得一定成效。在规划建筑执法方面，该队以宣传为先导，监管并重，按照“属地管理，分级负责”和“谁主管，谁负责”的原则，对县城区域尤其是城郊结合部违章建筑实行查处。规范执法监察程序，与主管局规划办开展联合检查，维护城市规划实施，保障重点工程建设的顺利进行；加强日常巡逻监察，做到有检查、有记录，认真探索执法强制手段，加强违章行为的制止查处力度。在2011年4月，紧紧抓住开展城乡清洁工程及“三边”环境整治的有利时机，组织市容联合执法人员380多人次，依法强制拆除了106国道沿线县城段公路两边影响公路安全、违规建设的石灰加工场8间、收旧废品店等违建（构）筑物10多间，共拆除违建面积2100多平方米。8月初，会同相关职能部门对龙凤大道周边违建户11户、共12间违法房屋进行依法拆除，拆除面积达800多平方米，为县城“东扩”战略奠定基础。

推进城乡建设工程　配合相关部门不断深化拓展城乡清洁工程领域，努力将城乡清洁工程向城乡结合部、城中村、小街小巷、无物业管理小区和乡镇、村屯深化和拓展，全面提升佛冈县市容环境的整体水平，使城乡容貌焕然一新，人居环境有新进步。

加大督导检查力度　以完善行政执法目标责任制考核办法为目的，按照"中队管片、责任到人"的要求，实行定人定岗管理。层层将责任落实到每个队员，实行定区域、定时间、定目标、定奖惩的"四定"管理，进一步加大督察考核问责力度，用硬约束解决行政不作为、出工不出力的问题。及时处理居民投诉、举报，帮助居民解决热点、难点问题，赢得群众好评。2011年，督办整改62处，复核群众来信来访问题40余起。城监大队先后被评为“全县法制宣传教育先进单位”、“城乡清洁工程”先进集体，大队党支部被县直工委授予“先进基层党组织”称号。

（周咏坚）

【城市供水】　2011年10月，佛冈县自来水公司改名为佛冈县供水服务中心，为县水务局管理的公益三类副科级事业单位。2011年，公司坚持以“安全、高效、优质、文明”供水为目标，真抓实干，不断创新，较好地完成上级部署和自身的各项工作任务。

城市供水量　2011年实现供水总量815万吨，比2010年增长38%。其中公司供水量658万吨，三八自来水有限公司供水量157万吨。两间水厂水质综合合格率为100%，水质水压符合国家饮用水标准，确保县城生产生活的用水需要。

供水业务管理　做好城市供水管网新建、扩建、改建的规划、设计、实施工作，不断扩大供水覆盖面。全年实现安装总收入达到177万元。一是对新建楼房或旧楼改造进行供水管道设计、预结算、安装一条龙服务，全年安装新建楼房32栋，旧楼改造2栋，散户100多户；二是配合招商引资工作，为富辉金属制品厂、亿骅（佛冈）珠宝有限公司、佛冈鑫源恒业电缆科技有限公司、佛冈县垣鑫金属制品有限公司等10家外资企业安装供水管道，确保外资企业的用水需要。三是配合县城建设工程，解决城中村饮水问题，扩大城市供水覆盖面。

供用水服务　一是营业收费、抄表计量，克服路远、覆盖面宽、工作量大的困难，做到及时抄表，抄表率达100%，水费回收率达98%以上。二是全年维修水管服务690多次，其中大型抢修工作78次，小修612次，保障城市连续供水的需要。三是密切监控自来水源水和出厂水，严格取样、检测，严格按照国家有关标准和操作规程检测自来水水质。完善检测数据的统计分析和报表制度，认真对相关化验数据分析研究，了解水质变化情况，及时在工艺流程上采取措施，确保水质安全。四是检验水表1320只，更换到期水表170只，减少水费纠纷，使用户明明白白用水，清清楚楚交费。五是财务制度完善，严格按照有关要求和财经制度，设置好单位的会计科目、账簿，编制各种会计报表，检查核实各项内容的真实性、正确性以及各项收支手续的合法性，并做好对单位各相关股室所产生的账目进行把关、监督等工作。

设施重修及更换 为确保自来水生产安全和广大人民群众健康和安全，投资8万元，加盖过滤净化池池面安全棚，预防住宿区住户乱丢垃圾或不法分子投毒污染自来水。投资15万元，从青松东路供水主管道开口，接驳长100米/口径300毫米的主管道，与法政路供水主管道联通，有效解决广播电视台周边用水户水压偏低问题。投入资金10多万元，改善公司电教室环境。

代收污水处理费和卫生费 加强代收费宣传工作，对用户耐心细致做工作，加大催交拖欠水费回收力度。2011年代收污水处理费460万元，卫生费289万元。

（曾德英、范兰修）

【市政路灯】 县路灯管理所归属县住房和城乡规划建设局管理，为正股级公益一类事业单位。主要职能是：路灯维修维护管理和接管工作，技术资料收集，照明设施及交通信号灯维护，节能减排和新材料应用，参与景观亮化工程的设计及施工管理和验收。

2011年，县路灯管理所按理的路灯设备主要有：县城大街小巷、中心广场、北山公园、城中村、国道106线佛冈段、英佛公路、清佛公路、黄花湖景区、石角镇（黄花、三八、龙南）、汤塘镇（四九）、龙山镇（民安）、水头镇、高岗镇、迳头镇（烟岭）街道的各类路灯2.1万多盏，路灯线路总长830多公里，路灯控制箱137个。

路灯新建、改造 2011年，在路灯新建方面，先后完成环城中路、省道252线（县城农科所段）、县城高杆灯（南、北片）、县城内街小巷（二期）、县城北山公园（二期）、青云路与教育路交汇处、新华街和解放路、沿江西路（柯木迳段），汤塘镇新兴路、汤泉路，迳头新集镇路灯安装及改造工程，以上安装路灯221基杆（套），路灯451盏（其LED灯具150盏，每月节能4200千瓦时）。在路灯灯具更换方面，106国道（凤围路段）18套LED灯具的更换工作，并做好高岗镇、水头镇、汤塘镇、县府球场、佛城段、振兴路灯具共150套的更换工作。在控制箱改造和路灯修复方面，完成吉田、佛城、象山、石溪控制箱改造安装工作，共处理了35基路灯杆被撞损坏修复工作。

路灯维护 一是落实维护责任。佛冈县路灯管理所将路灯管理范围分南、北两片，维修1班负责南片，维修2班负责北片，主要负责路灯设备正常巡查、维护、检修、保养和抢修工作。班级对维护人员不定期进行调整，做到每条道路都有专人负责，同时还制定了相应的考核奖惩办法，考核成绩与经济挂钩，确保全县路灯设备完好率、洁净率、亮灯率达到国家标准以上。一是严格按照路灯管理办法实施操作。及时处理路灯运行故障48小时内予以修复，遇有交通事故撞杆及路灯设施发生偷盗时，除不可抗力原因外，接报后5个工作日内修复。四是加强职业道德建设。在新建、巡视、维护任务繁重的情况下，面对烦琐的故障报修电话、被撞修复、迁移改造工作，路灯工人始终坚持“保路灯明亮，让群众满意”的良好职业道德，仍然是兢兢业业地工作，做到新建、维修、防盗修复工作三不误，有效地保证全县路灯的亮灯率和设备的完好率。

（陈谷源）

【市容卫生】 佛冈县县城市容环境卫生管理所为公益一类副科级事业单位。内设办公室、财务股、环境卫生管理股、设备安全管理股。在职人员240人（其中在编干部职工81人，临工159人）。2011年，紧紧围绕县委、县政府的工作大局，以创建宜居宜业城乡生活环境、提高环境卫生及服务质量为目标，以推进城乡清洁工程、宜居城乡建设以及“三边”整治为重点，积极拓宽新思路，树立新理念，做好县城的环境卫生管理及城区生活垃圾的收集、清运和处理工作。使县城市容市貌得到改观，营造良好的投资环境和人居环境。

强化职业道德教育 环卫工人作业条件差，劳动时间长、强度大，加上工种的特殊，社会的偏见，工人对自己从事的工作普遍认识不足。为使工人安心工作，克服工作中的各种困难，县环卫所结合环卫工作的各个环节，在加强思想政治工作的同时，强化职业道德教育，努力提高环卫队伍的整体素质。县环卫所经常组织全体干部职工，开展多种形式的活动，学习相关文件和先进典型，加强环卫工人爱岗敬业的思想，弘扬“宁愿一人脏，换来万人洁”的环卫行业精神。关心和提高环卫工人的福利待遇，从2011年6月起，将环卫临时工的月工资从原来的900元提高至1200元，还为临时工购买“五险”（社会养老保险、医疗保险、工伤保险、失业保险和生育保险），解决临工的后顾之忧。通过把职业道德教育和提高环卫工人的工资福利待遇结合起来，稳定环卫队伍，巩固为人民服务意识，为提供优质服务打下良好的基础。

加强环境卫生法规宣传 针对市民环境意识和法制观念淡薄状况，“一人扫，千人丢”的现象较为严重的问题，县环卫所坚持把加强法规宣传教育，提高市民环境意识和法制观念作为依法治县提高县城环境素质的工作重点来抓，并坚持采取多种形式的宣传教育活动，如电视报道、印发宣传资料、宣传车巡回宣传等方式，进行长期遵法守纪、文明、爱卫的宣传教育活动。对违反环境卫生法规的行为，实行依法行政，按章处罚，加大环境卫生法规的执罚力度，逐步树立起良好的社会风尚和卫生习惯，有效地提高市民遵守环境卫生法规的自觉性。

改进完善环卫设施 以“三边”整治为契机，着力解决市民丢垃圾难和垃圾露天堆放、运输问题。合理添置660升大型轮式垃圾桶约105个，圆形垃圾桶约202个，各类垃圾桶内胆约500个，环卫保洁手推车约20辆。并购置了2辆垃圾桶清洗车，安排工作人员定期对县城街道所安置的垃圾桶进行全面彻底的清洗，保证垃圾桶的干净，减少蚊虫滋生，又洁净县城环境。2011年县环卫所切实加强垃圾密闭清运管理，做到全密闭、不遗撒渗沥液、车容整洁不挂带。环卫作业车辆有压缩站配套车1辆，垃圾压缩车2辆，垃圾吊斗车2辆，密封式斗子转运垃圾车1辆，垃圾桶装车3辆，拖拉机2辆（负责外围垃圾清运），洒水车2辆，推土机1辆。

强化环卫管理机制 通过引进新的竞争机制，加大清扫保洁力度。在县城规划范围内，根据路段多、面积大、条件艰苦的情况，按照清扫面积及实际工作量的大小，划分34个清扫保洁小组。每个小组推选一名不脱产的小组长，实行定路段、定人员、定职责的管理方式，负责对各自所分的路段进行全天候清扫保洁和上门清收垃圾。对于清扫保洁人员，打破大锅饭，引入竞争机制，实行内部竞争上岗、优化组合。部分路段又对外实行招标，增强全体职工的工作责任感、危机感和使命感，提高环卫工作的管理、服务水平，增强工作灵活性，充分调动环卫工人的工作积极性和自觉性，为环卫工作的顺利开展提供保证。

加强市容监督管理 为提升市容环境卫生质量，县环卫所狠抓现场管理，建立健全严格的卫生质量检查评比制度，坚持日检、周检和每月总检，并按照《道路清扫保洁质量考核评分标准》进行奖罚。坚持做到：检查发现问题的整改到位，处理突出问题的应对措施到位，对重点路段的监督管理到位，清扫保洁工作全面到位。加大环境卫生综合治理力度，整治“城中村”和卫生死角共100多处，保证县城范围内面积约180万平方米的清扫保洁工作顺利开展。2011年清运处理县城垃圾总量达8万多吨，还做好县城公厕、垃圾填埋场以及城区余泥渣土排放、除“四害”技术服务等工作，保证县城的环境卫生整洁，为营造良好的投资环境和人居环境作出贡献。

（李伟富）

建筑业管理

【概况】 加强建筑行业管理，促建筑市场健康有序发展。进一步规范工程质量安全监督管理，推行住宅工程质量分户验收；加强建筑材料的抽检工作，严防施工企业使用不合格建材，把碧桂园树为建筑质量样板引路的示范样板。抓好工程造价管理工作，严把施工图设计审查关，扎实推进建设工程招投标、交易管理工作，进一步规范建筑业管理工作。配合劳动部门做好工资保证金制度的推广实行，开展建筑节能方面的备案工作，完成全县普通预拌商品混凝土销售最高限价的价格调整方案。

（朱燕伶）

【勘察设计管理】 加强对建设工程勘察、设计活动的监督管理，保证建设工程勘察、设计质量。加强对工程勘察、设计单位的资质检查，禁止工程勘察、设计单位超越其资质等级许可的范围或者以其他工程勘察、设计单位的名义承揽业务；禁止工程勘察、设计单位允许其他单位或者个人以本单位的名义承揽工程勘察、设计业务。完善施工图设计文件审查程序，严格执行勘察设计合同备案制度和施工图审查备案制度。加强和规范工程实施过程中勘察设计文件的变更和管理，贯彻实施《清远市建设工程勘察设计变更管理暂行办法》，进一步确保建设工程质量。

新农村住宅设计图集　本着“安全、经济、适用、节能”的原则，为实现农村住宅“建设有图可依、质量有保证、技术标准统一”的目标，由县政府牵头，佛冈县城乡规划管理办公室组织并委托佛冈县建筑工程设计室有限公司进行设计并完成《佛冈县新农村住宅设计图集》。每个户型均包括效果图、建筑图和结构施工图三部分。图集中设计的新农村住宅的10个户型，既能适应现阶段农村居民的生活习惯，又能满足不同经济状况和个人喜好的农户需求。作为本年度县政府的十项民生工程之一，图集的投入使用，从根本上改变了以往农村住宅建设无图可依的局面，使农村住宅在安全性、适用性、耐久性等方面得到较大改善，并有利于在农村推行“节能环保、绿色生态”理念。

（吴志君）

【建设工程施工管理】 2011年，办理工程施工报建54项，建筑面积52.91万平方米，建设资金5.83亿元。办理工程竣工验收49项，建筑面积46.92万平方米。办理建筑企业单项工程备案25项、在建工程责任主体人员变更8项、建筑节能设计审查备案15项。处理涉及建筑质量和建设行为的投诉8宗，协助解决工人工资信访投诉10宗。规范行政执法工作，采用广东省统一的执法文书，规范建设管理执法行为。

（陈少凡）

【建设工程质量监督】 质量监督检查　2011年授监工程67项，建筑面积58.13万平方米。结合专项整治活动，注重在日常监督和专项检查中控制好各责任主体的建设行为。实行每季度、重大节假日前组织开展质量大检查的制度。全年下发质量隐患整改通知书93份，作出扣分处理12人次。除定期进行全县工程质量巡查外，还针对廉租房、经适房、校安工程等重要项目和民生工程开展专项监督和治理行动。

建筑节能和分户验收工作　按照《广东省民用建筑节能条例》和《关于进一步加强住宅工程质量分户验收的通知》要求，努力加强全县建筑节能管理工作，全面提升住宅竣工验收质量。派出技术人员到泰康公司开展节能、分户验收的培训工作，并在府二之三住宅楼组织分户验收试点示范工作。组织开展使用新统一用表的宣传学习，推行使用《广东省2011年版竣工验收技术资料统表》。

样板引路示范工作　要求各施工企业先完

成砌筑样板间，经检查验收合格后，才可进行全面砌筑工程，以此统一施工工艺和技术要求，防治质量通病。在碧桂园首次推行质量样板引路示范，组织全县建筑企业技术负责人、工程监理人员到碧桂园参观学习样板引路工作。

加强对混凝土搅拌站的质量监督　专门成立对混凝土搅拌站生产的混凝土质量的监督小组，制定监督计划，对商品混凝土生产企业实行月检、季检和专项监督制度，加强对商品混凝土质量的监督。8 月协同散装水泥办公室做好受佳润混凝土搅拌站质量事故影响项目的现场抽测巡查工作，并对佳润混凝土公司进行突击检查，对其质量隐患发出整改通知书，责令限期整改，并将整改情况上报主管部门。

（陈建东）

【安全生产、文明施工管理】　全面落实安全生产责任制　2011 年初，逐级签订《安全生产目标责任书》，规范企业行为。5 月底召开上半年质安工作会议，加强安全生产工作的综合协调和指导，强化对安全生产目标责任和控制指标的动态监控。9 月中旬召开佛冈县建筑施工防范重特大事故研讨会，要求施工、监理企业要以防范和遏制重特大生产安全事故发生为目标，全面落实安全生产责任制。

专项安全管理　贯彻落实执行《危险性较大的分部分项工程安全管理办法》，就加多宝二期、骏业银座、利鑫·圣菲康城公寓商住楼等工程的高支模、基坑支护、外脚手架工程召开 19 场专家论证会议。召开建筑施工安全生产先进表彰大会，表彰市安全生产、文明施工优良样板工地 1 个，县安全生产先进单位 3 个、先进项目部 3 个、先进安全生产工作者 26 人。

创新管理模式　一是提倡社会监督和第三方（监理企业）介入，加强对监理企业的管理。二是实现安全教育培训多元化，举办多期工人“平安卡”教育，培训一线工人 400 多人。截至年底全县有 2200 多人获得了“平安卡”资格。同时做好“三级项目经理”向“小型工程项目负责人”的转型工作，会同省、市建筑协会和市注册培训中心在佛冈县举办为期 8 天的小型项目负责人继续教育培训班，培训三级项目经理 32 人。

安全监督检查　按季度开展安全生产执法大检查，对违反《广东省建筑工程安全生产动态管理办法》的施工、监理企业和技术人员实行扣分管理。全年下发安全隐患整改通知书 90 份、暂时停止施工通知书 8 份；对 24 家建筑施工、监理企业和技术责任人 62 人次作扣分处理。扎实开展安全生产月、防范雷雨大风极端天气等施工安全专项检查。在五一、国庆和防汛期间，对全县在建工程项目发出预警通知，实现连续五年保持“零”死亡事故。

考核认证　顺利通过市安监站对安全监督机构和监督人员的考核，两次接受县、市主管部门对安全生产的工作考核，并获得市、县主管部门一致好评。

文明施工管理　严格标准，实施差异化动态管理。结合工程项目特点，做到突出重点、分析难点，对主干道周边工程、土石方工程、背街小巷改造工程及施工企业和人员自律性较差的工程施工现场重点监控。对存在交叉作业多、参建单位多、专项整治工作易反复等难点的工程，加强动态管理，加大检查频率。对不落实整改措施的工程，从重从严从快处理。全面实行井架检测，严格要求使用钢管脚手架和符合建筑施工标准的配电设施，文明施工方面有较大的进步。

（李小燕）

【建设工程招标投标管理】　县建设工程交易中心加快规范建筑市场招标投标参与主体行为，提高监管和服务水平，业务内容由过去较为单一的施工招投标逐步发展为勘察、设计、施工、监理、建设—经营—移交（BOT）、咨询服务等综合业务招投标。同时，根据《中华人民共和国招标投标法》和省市相关规定，不断完善建设工程招标投标制度，依法依规进行刊登招标公告、接受报名评标等程序。招标公告按规定刊登在指定的报刊上，评标专家全部由市交易中心专家库随机抽取；招标方式需经县发展和改革局立项并核准，由县招标办按核准方式实施。2011 年，办理公开招投标建设工程 26 宗，建筑面积 17638 平方米，工程预算总造价 9538 万元，中标总价 9373 万元；办理直接承发包建设工程 64 宗，建筑面积 77426 平方米，工程总造价 740150 万元。

（何高亮）

【建设工程造价管理】 强化监督管理职能，切实履行职责，认真贯彻执行国家、省、市有关建设工程造价管理的政策、法规，指导、监督、检查建设工程定额的执行。进一步加强对建设工程造价制度的管理，对国有资产投资的建设工程实行建设工程招标控制价、建设工程施工合同、建设工程竣工结算备案审查制度，完善建设工程造价管理体系。认真落实建设工程工程量清单计价规范，熟练掌握建设工程的工程量清单计价模式，做好建设工程的预（结）算审核工作。2011 年，审核建设工程预（结）算 53 宗，发布佛冈县建设工程人工、材料参考价格 2 份。

（龚艺强）

【散装水泥管理】 认真贯彻执行《广东省建设工程项目使用袋装水泥和现场搅拌混凝土行政许可规定》和《关于限期禁止现场搅拌混凝土的通知》的有关规定，做好佛冈县建筑工程强制使用预拌混凝土的工作，处理垃圾填埋场、山田水库、华联玩具厂、外资电子厂等工地现场搅拌混凝土的行为 4 宗。协同建筑工程质量监督站处理并解决钱隆天下工程项目部对预拌混凝土质量问题的投诉，对佳润商品混凝土公司进行检查，责令该公司加强内部管理、做好试配，提高服务质量。加强对商品混凝土价格的监管工作，随水泥、砂石等材料价格的波动适时调整商品混凝土价格，实行商品混凝土最高限价销售。2011 年，散装水泥用量 8.2 万吨，预拌混凝土销售量 28.3 万立方米。

（刘国兴）

【城建档案管理】 加强重点建设项目工程档案管理工作和基础业务建设，全面开展好城建档案工作。2011 年，城建档案 2627 卷，其中综合类档案 63 卷，城市勘察类档案 214 卷，城市规划类档案 452 卷，城市建设管理类档案 1074 卷，市政工程类档案 33 卷，公用设施类档案 18 卷，交通运输工程类档案 51 卷，工业建筑类档案 30 卷，民用建筑类档案 418 卷，名胜古迹、园林绿化类档案 1 卷，环境保护类档案 29 卷，县（村）镇建设类 2 卷，水利、防灾类档案 2 卷，工程设计类档案 171 卷，地下管线类 66 卷，声像类档案 3 卷。提供利用档案 245 卷，200 多人次。

（朱燕伶）

住宅与房地产业

【房地产开发】 在深入贯彻国家一系列宏观调控政策的前提下，认真落实全县住房建设规划和年度计划，稳定住房价格。鼓励普通住房消费，推进住房供应结构调整，引导开发中小户型、中低价位普通商品房，加快发展二手房市场和住房租赁市场，满足多层次住房需求。同时，加大执法力度，重点加强对商品房预售许可、商品房销售的管理，落实动态巡查监管责任制，建立健全长效机制，进一步规范全县房地产市场秩序，促使全县房地产市场朝良性健康方向发展。

2011 年，全县房地产企业新开发工程项目 25 个，报建建筑面积 33.03 万平方米，预计建设金额 3.9 亿元；完成房地产开发投资 7.5 亿元；实现商品房销售 1126 套，销售面积 13.5 万平方米，销售金额 4.3 亿元；一手房交易均价为 3148 元，二手房交易均价为

2420元。顺利开展房地产资质年审工作，围绕整顿和规范房地产开发经营行这一主线，加大对房地产开发企业的市场准入和清出管理力度。2011年办理房地产企业资质年审30家、新申报资质办理9家、申报资质变更8家。

商品房预售许可 规范商品房预售许可证的发放和预售款的监管工作。2011年，办理商品房预售许可20宗，审核商品房预售款提用申请53宗，累计监管预售资金额4.10亿。佛冈县出台《关于开展佛冈县商品房预售款管理工作的通知》，规范商品房预售资金的划拨使用，有效地防止开发商挪用预售款甚至卷款逃逸的恶性事件发生，极大保护房地产交易双方当事人的合法权益，有力维护房地产交易市场的秩序。

物业管理 2011年，全县登记物业管理服务公司9家。其中2011年新申报办理3家，市发证的4家，驻清2家。全年共有15个住宅小区3338户缴交住宅专项维修资金，缴款金额1092万元。

（刘国兴）

【房地产开发重点项目】 2011年，佛冈县紧紧围绕“统筹城乡发展，建设幸福佛冈”核心任务，按照建设宜居佛冈的定位，积极引资开发利鑫·圣菲康城、骏业银座、龙山新城等大型房地产开发项目。

利鑫·圣菲康城项目，由佛冈健桓旅游开发有限公司开发，位于县城振兴南路。项目用地面积3.81万平方米，建筑面积6.73万平方米，绿化面积1.22万平方米，规划总投资3.5亿元，将建成一个集居住、商业、餐饮、办公于一体的综合性国际时尚社区。

龙山新城项目，由佛冈县昌川房地产开发有限公司开发，位于佛冈县龙山镇新城开发区内，分为商业街、南区住宅区、北区住宅区三部分。项目用地面积16.19万平方米，建筑面积25.13万平方米，绿化面积4.44万平方米，规划总投资2亿元。

骏业银座项目，由佛冈骏业房地产开发有限公司开发，位于佛冈县石角镇环城中路与振兴北路交接处。项目用地面积1.24万平方米，建筑面积8.72万平方米，绿化面积0.63万平方米，规划总投资2.7亿元，将建成集地下停车场、商业住宅于一体的高端社区。

龙泉半岛，由佛冈仕豪国鑫置业有限公司开发，位于佛冈县汤塘镇黄花湖旅游度假区。项目用地面积10.57万平方米，建筑面积11.81万平方米，绿化面积3.28万平方米，规划总投资5亿元。

凤凰山庄，由佛冈凤凰山庄有限公司开发，位于佛冈县汤塘镇黄花湖旅游度假区。项目用地面积1.91万平方米，建筑面积1.30万平方米，规划总投资1亿元。

锦绣江南，由佛冈县仲恒房地产开发有限公司开发，位于县城环城东路。项目用地面积8969平方米，建筑面积5.10万平方米，规划总投资0.8亿元。

明珠花园，由清远悦生创展房地产开发有限公司开发，位于县城新城市中心。项目用地面积3.15万平方米，建筑面积20万平方米，绿地面积1.11万平方米，设计为30层建筑，规划总投资4.5亿元，

文昌苑，由佛冈县服装厂有限公司开发，位于佛冈县石角镇育才路。项目用地面积2788平方米，建筑面积2.96万平方米，规划总投资0.58亿元。

（刘国兴）

【房产管理】 佛冈县房管所是佛冈县从事房产管理的专门机构，属县政府下设的公益二类副科级事业单位。下设有办公室、产权股、测绘室、档案室、房产交易中心、管修股6个股级部门。县房管所归口佛冈县住房和城乡规划建设局管理，办公地点在石角镇振兴中路290号。

房屋交易和产权发证 2011年房产总交易2207宗，面积24.6万平方米，交易总额6.94亿元。其中一手楼1126宗，面积13.5万平方米，交易额4.25亿元；二手楼1081宗，面积11.1万平方米，交易额2.96亿元；一手

商铺124宗，面积0.84万平方米，交易额4.94亿元。2011年办房屋产权证2207个，其中一手楼证1126个，二手楼证1081个，一手商铺证124个，二手商铺证151个；发他项权证1896个。

建设个人住房信息系统　根据粤建房〔2011〕24号文件精神，积极开展个人住房信息系统建设。个人住房信息系统建设是房地产市场调控和行业监管的一项基础性工作，县房管所安装广州科创房管系统软件，总费用约82万元。该项费用由县政府划拨45万元、县住房和城乡规划建设局支持出资27万元、县房管所自筹10万元共同承担。该项目由县政府采购中心通过招投标方式公开采购，中标单位广州科创公司于9~11月派员安装软件系统，并对工作人员进行培训，2011年12月1日起正式启用。该软件系统的安装和使用，把全县房产交易和产权发证工作推上一个新水平，实现个人住房信息的电脑化、信息化，为实现全国个人住房信息联网、信息共享以及网签打下基础，为房地产调控和行业监管提供条件，同时也极大提高房管工作效率。

城镇廉租住房和公共租赁住房工程　解决城镇低收入家庭住房困难是县委、县政府2011年实施的12项民心工程之一。根据县人民政府与清远市人民政府签订的目标责任书，佛冈县2011年的目标任务是：新增解决342户符合廉租住房保障条件的城镇低收入家庭的住房困难（其中实物配租23户，租金补贴30户，新建公共租赁住房289套）。佛冈县采取三项措施，确保上述任务完成。一是以长期租赁的方式，将位于县城石角镇冈田村仓地村民小组门口一幢八层楼房用作公共租赁住房。该楼占地面积126平方米，建筑面积1565.5平方米，共24套房，户型为一房一厅和两房一厅。这24套房用作2011年的23户廉租住房实物分配。二是30户廉租住房租赁补贴已于2011年10月份进行公示，11月份开始发放，由县财政资金解决。三是将位于县城石角镇英佛公路88号松峰机械厂A、B、C三幢职工公寓纳入公共租赁住房管理，三幅职工公寓共占地2008平方米，建筑面积17031平方米，为六层框架结构，每套面积约40平方米，户型为一房一厅一阳台。全面完成了289套的公共租赁住房实物分配任务。通过以上三项措施，全县2011年廉租房实物配租23户，对30户廉租住户实行货币补贴，公共租赁住房实物分配289套，共解决342户住房困难户的住房困难，100%完成市下达2011年全县城镇住房保障工作的目标任务。

（杨志诚）

国土资源管理

【概况】　佛冈县国土资源局是县人民政府主管国土、矿产资源和测绘事业的工作部门。2011年，认真贯彻国土资源管理法律法规，深化改革创新，切实履行职能，严格规范管理，合理利用和配置土地资源。积极主动服务，强化执法监察，提高国土资源管理水平。

【耕地保护】　认真贯彻落实保护耕地的基本国策，把强化耕地管理、保护耕地作为土地管理的首要任务，坚守耕地红线，保护耕地资源。

落实耕地保护制度　按照县政府与市政府签订的年度土地利用计划执行责任书的要求，分别与全县6个镇78个村委签订基本农田保护责任书，严抓耕地和基本农田保护制度，将责任层层落实到基层。坚决执行基本农田保护“五个不准”的规定，严禁非农建设占用基本农田。健全基本农田数据台账制度，使基本农田保护图、台账与地块保持一致。各镇国土资源所加强对辖区内的耕地和基本农田的检查，落实每周巡查一次的制度和情况上报制度，确保耕地特别是基本农田实现总量不减少、用途不改变、质量不下降。到2011年，全县划定基本农田保护区250片，面积16671.74公顷，签订基本农田保护责任书83份，落实镇村保护责任人

83人。全县新设置19个基本农田保护区标示牌。

【建设用地管理】 贯彻保护与保障并重的原则，严格执行有关用地规定和建设用地定额指标，坚持节约集约用地，强化土地供应环节的审查把关，解决土地供需矛盾，合理配置土地资源，为全县经济社会发展提供土地资源保障。

建设用地审查报批 积极向上级主管部门反映情况，争取用地指标，按照有保有压，优先保障重点工程项目用地的原则，主动做好重点项目用地保障，确保能源、水利等公益性基础设施和民生项目用地需求。严把征地审批关，认真做好报省审批用地的跟踪协调工作，积极配合县政府做好招商引资重点项目征用土地的相关工作。2011年办理用地报批6个批次，面积1451.3940亩（其中增减挂钩934.7355亩，指标置换349.65亩，城镇批次用地167.0085亩。）并经省国土资源厅批复用地4个批次，面积727.041亩。已将9宗历史遗留问题项目的完善手续材料上报省国土资源厅，面积450亩。

清理闲置土地，盘活存量用地 在全县范围内开展清理闲置土地工作，组织人员深入到每一宗用地项目现场进行调查核实，加大闲置土地的清理力度。2011年认定和处置闲置土地1宗，面积0.685亩。

推进“三旧”改造 按照上级的部署，认真开展和积极推进旧村庄（空心村）、旧厂房、旧城镇的改造。制订佛冈县“三旧”改造年度实施计划和改造专项规划，对“三旧”改造用地进行清查摸底。至2011年底全县上报省厅标图入库并备案的“三旧”改造项目面积共30128.5亩，至今已上报省厅要求完善“三旧”改造项目用地手续共10宗，面积424.15亩，正在做材料即将上报省市审批的项目有21宗，面积约850亩。

【基础业务】 县国土资源局扎实开展各项基础业务工作，努力提高国土资源管理水平。

土地登记发证 按照“权属合法，界至清楚，面积准确”的原则，认真做好土地登记发证工作。2011年办理国有土地使用证110宗，发证面积149543.09平方米；办理集体土地使用证14宗，发证面积1006平方米；抵押登记123宗，抵押土地面积1351649平方米；抵押金额13.1955亿元。

土地测量 积极配合县委、县政府招商引资，做好重点建设项目的土地测量，同时加强测量行业监管，积极向社会提供测绘成果服务。2011年完成测绘项目40宗，面积2288.5亩。

【矿产资源管理】 完成佛冈县矿产资源总体规划的编制，为全县矿产资源开发、利用与保护提供科学依据。稳步推进矿产资源开发秩序整顿和资源整合，健全矿业权管理制度和机制，建立和完善矿业权市场，加强矿产资源依法行政。以高度的责任感抓好矿山安全生产和年检工作。坚持对全县持证矿山实行每月一次拉网式的检查，发现问题立即督促整改。认真细致做好采矿证年检工作。通过办理矿产资源登记，保障探矿权和采矿权人的合法权益，规范矿产资源开发秩序。至2011年末，全县持证开采矿山共计22个。以铁的手腕坚决打击非法采矿行为，认真查处无证采矿、违法开采稀土矿等违法行为，整顿和规范矿产资源开发秩序。

【地质灾害防治】 编制地质灾害年度防治工作方案，确定地质灾害的防治重点，从地质灾害监测预警、预案落实、群测群防、应急管理、搬迁避让等方面做出具体部署。建立完善的巡查制度，汛期24小时值班制度。发放防灾工作明白卡，防灾避险明白卡，竖立地质灾害警示牌。利用手机短信、电视台、电台及时播放地质灾害气象预报预警。2011年底按时完成石角镇观山村西园自然村，龙山镇江森约克集团厂区外南边两户地质灾害隐患点治理。通过加强领导，认真落实责任制，将地质灾害防治工作任务层层分解，一级抓一级，层层抓落实。形成政府领导，国土部门组织、协调、指导和监督，有关部门分工负责，社会公众广泛参与的齐抓共管的地质灾害防治体制和机制。地质灾害防治工作取得显著成效，实现“双无”（无重大地质灾害发生、无人员因灾伤亡）的目标。

【土地交易市场】 严格执行经营性用地和工业用地使用权招标、拍卖、挂牌出让制度，不断规范和完善地产交易市场，促进土地市场健康有序发展。落实采矿权招拍挂制度，对新办的矿山，坚持公开形式出让采矿权。对全县范围的经营性用地和工业用地全部由土地交易机构公开交易，有效防止国有土地资产流失，充分发挥市场配置土地资源的作用。2011年，全县“招、拍、挂”用地26宗，面积97.7756公顷，总成交金额2.43亿元。

【执法监察】 根据国土资源政策法规，监督检查土地和矿产资源开发利用的违法违规行为，规范土地市场和矿业市场秩序，维护社会稳定，促进全县经济社会又好又快发展。

国土资源政策法规宣传教育　利用“4·22”地球日、“6·25”土地日及“12·4”法制宣传日的机会，以报纸、广播电视媒体宣传和召开座谈会、开展现场宣传咨询活动等多种形式，宣传国土资源法律法规，提高广大人民群众法律意识，营造依法用地、依法管地和节约集约用地的良好社会环境。

国土资源动态巡查监控　贯彻“预防为主、事前防范和事后查处相结合”的监察工作方针，健全县、镇、村三级土地执法监察网络。进一步落实国土资源执法监察动态巡查责任制，重点加强对国省道沿线、城乡结合部及基本农田范围内农村宅基地的巡查监督。对全县矿产资源禁采区、已关闭的无证矿点和无证非法开采易发区进行定期、不定期的巡查监控。建立动态巡查台账，实行巡查监督情况月报制度。县国土资源局与各镇国土资源所签订巡查责任书，落实巡查责任。及时发现和制止各类国土资源违法行为的发生，尽量把国土资源违法案件消灭在萌芽状态。

查处违法案件　根据清远市人民政府关于查处违法违规用地整改工作方案的要求，采取有效措施，扎实查处违法违规用地整改工作。2011年查处违法用地11宗。其中申请法院强制执行4宗，罚没款36万元。在开展“三旧”工作中，依法处理25宗土地历史违法用地，罚没款206万元。通过联合执法查处矿产资源违法案件85宗，其中炸毁8个矿点，移送涉嫌犯罪案件7宗，行政罚没款780万元。

国土资源信访工作　不断完善信访制度，健全信访网络，建立领导接访制度。局成立处置信访突出问题及群众性事件专项工作小组，认真做好有关土地、矿产资源的信访处理，维护群众利益和社会稳定和谐。2011年受理和转办省国土资源厅、市局、县信访局信访案件19件、接待群众来访15批次87人次，12336投诉热线11宗。

（黄　煦）

土地开发储备

【概况】 佛冈县土地开发储备局是县政府直属正科级事业单位，内设办公室、土地开发股、土地储备股，核定人员编制17名，经费预算形式为财政全额拨款。主要职能包括组织编制和执行土地储备规划和计划，负责开发、整理、复垦土地资源，统一经营全县城镇规划区内土地，统一征用、开发城镇规划区内土地，统一收购、处置由县政府依法没收和收回的闲置土地，为城镇建设储备土地资源，并统一办理出让城镇规划区内国有土地使用权的前期工作，负责土地储备资金的筹措、运作和管理工作等。

【土地开发整理】 补充耕地　2011年，我县待省确认的开发耕地项目10个，面积748.73亩，确认后的补充耕地可有效增加我县耕地储备指标，缓解我县耕地占补平衡的工作压力。

土地整理项目　龙山整理项目于2007年

批准实施，2008年10月正式动工，由国土资源部全额投资1656万元，整理面积784.2公顷，通过整理可增加耕地28.23公顷，目前正抓紧完善项目竣工资料报市、省验收。

【土地储备】 土地储备规划　根据土地储备库情况，协助县国土资源局编制《2011年佛冈县土地出让计划》。同时对县排灌站、县林业局木材加工厂、县卫校等几宗用地的相关情况进行详细调查，为今后土地有偿收回和整合工作奠定基础。

运营筹措资金　根据《佛冈县土地储备项目计划》，2011年由局成功向农发行申请1个土地储备项目贷款，资金为943万元。

土地收储　通过利用闲置土地政策的有力优势，做到政策与说理相结合，做细致的思想工作成功有偿收回土地使用权2宗、收购100%股权有限公司1家，盘活存量土地1518.29亩（其中有证面积587.21亩）。同时，完成佛冈酒厂、石角农机厂等熟地的整合收储工作

土地经营　2011年6月，为贯彻土地出让政策，规范土地出让程序，健全土地出让制度，避免多头供地，县政府明确今后土地供应工作由县土地开发储备局负责开展。在做好供地前期资料和协助做好质押土地的置换工作、完善存量土地租赁工作的同时，抓住时机，适时向市场推出成熟的地块。通过建设用地会审会议、国有土地出让决策会议审核的土地74宗，委托县地产交易所成功出让24宗，成交金额20795.99万元，其余50宗土地待完善资料后委托挂牌出让。

（李少兰）

环境保护

【概况】 2011年，县环境保护局内设综合办公室、环境监督管理股、环境监察股（佛冈县环境监察分局），全局行政编制11名。直属事业单位为佛冈县环境监测站，编制人员15名，其中工程师8名，助理工程师3名。

2011年，全面加强环境保护工作，突出污染源总量控制、污染源治理、生态环境保护与建设等重点工作，加大力度，抓好落实，全县环境质量不断改善，污染物减排工作稳步推进，环境质量总体保持稳定，环境保护工作整体水平进一步提高。全县环保责任考核（含污染减排）经清远市委、市政府年度考核为合格，各项工作成绩突出。2011年单位年度考核被县委、县政府考核评定为优秀；被评为招商引资突出贡献单位，服务窗口被行政服务中心评为先进窗口。

【环评审批】 严格执行国务院《建设项目环境保护管理条例》、《广东省建设项目环境保护管理条例》等有关法律法规，加强建设项目环境影响评价审批管理，实行项目环评集体评审制度。一是实行环评严格把关。着重引进科技含量高、能耗低、排污少的高新技术产业，严格限制新上高耗能、高耗水、高污染项目。对不符合规划要求和产业政策、选址不当和可能造成重大环境影响的项目，一律不予准入。二是认真做好项目的服务工作，对符合审批的建设项目，主动搞好后续管理，积极参与到建设项目环评中，指导企业开展污染治理，使“三同时”真正落实到位。2011年审批项目107个，其中审批环境影响报告书项目3个，审批环境影响报告表项目54个，审批环境影响登记表50个，平均每个项目审批提速达9%以上。审查出不符合产业政策、选址不当的项目6个，其中包括意向投资9200万元的化工项目、意向投资1397万元的陶瓷项目。三是加强建设项目竣工环境保护验收管理，监督落实环境保护设施与建设项目主体工程同时投产或者使用。2011年共办理建设项目试生产10项，建设项目竣工验收18项。

（罗邦景）

【环境执法】 开展环境监察　为确保全县环

境质量，分局对全县重点污染源及敏感排污单位进行全面的环境监察工作，对违反环保相关法律法规的行为，坚决严肃处理。全年检查企业190家次，出动546人次，对企业包括第三产业发出整改通知书197份，行政处罚案件共80宗。对佑丰（佛冈）印染有限公司、汤塘镇达明五金制品加工厂、广东博华陶瓷有限公司等55家有严重环境违法行为的企业进行立案处罚，罚款金额共33.9万元，均已收缴入账。

重点企业日常监管　加强对展扬生活污水处理有限公司、盈泰纺织品染整有限公司、科惠白井电路有限公司、盈展（佛冈）电子有限公司、佛冈建滔实业有限公司、东溢特种钢制品有限公司、广东兆联纺织印染有限公司、佛冈金峰水泥有限公司、佛冈县三门再生纸厂及冠华纸塑包装有限公司等10家国控、省控、市控重点污染源企业的日常监管。重点检查企业污染处理设施是否正常运行，台账记录是否完善、真实，原材料和固废的堆存是否符合规定。对国控、省控重点企业每月至少一次、市控重点企业每两月至少一次不定期进行现场检查，并采用“一企一档”的管理方式，对有关材料收集归档，建立和健全重点污染源档案。

饮用水源监管　环境监察分局每个月对生活饮用水源保护区进行现场监督检查。发现问题及时处理，确保生活饮用水源保护区不受污染，保障饮用水的水质要求。

【污染减排】　2011年全县完成二氧化硫削减量560.59吨，完成氮氧化物削减量192.09吨；完成化学需氧量削减量31.64吨，氨氮削减量2.73吨。其中佛冈县宏利铸造厂全年二氧化硫削减量59.6吨，氮氧化物削减量为23.25吨；佛冈县城东永兴铸造厂全年二氧化硫削减量64.6吨，氮氧化物削减量为19.75吨；佛冈县起超铸造厂全年二氧化硫削减量68.17吨，氮氧化物削减量为21.75吨；佛冈县汤塘镇福辉铸造厂全年二氧化硫削减量86吨，氮氧化物削减量为25.1吨；佛冈县水头镇黎泉榕砖厂全年二氧化硫削减量47.44吨，氮氧化物削减量为22.13吨；陈祥波瓦厂全年二氧化硫削减量52.66吨，氮氧化物削减量为24.4吨；李中华瓦厂全年二氧化硫削减量59.34吨，氮氧化物削减量为27.49吨；佛冈县佛城纸品有限公司二氧化硫削减量122.88吨，氮氧化物削减量为28.22吨，化学需氧量削减量为31.64吨，氨氮削减量2.73吨；佛冈县盈泰纺织品染整有限公司全年二氧化硫削减量43吨。

（陈间清）

【监测能力建设】　为进一步促进佛冈县环境监测站监测工作质量的提高，使监测技术和质量管理工作做到制度化、规范化，以推进三级监测站标准化建设为契机，大力加强监测能力建设。

完善环境监测设施　积极向上争取资金，不断加大对环境监测基础设施的投资力度，环境监测基础设施得到进一步加强，环境监测力度得到更进一步的提高，为排污申报与收费工作提供可靠的依据。2011年，申请环保资金24.52万元，购置COD消解仪（1台）、微电脑烟尘平行采样仪（1台）、噪声多功能声级计（2台）、α能谱氡气检测仪（1台）、X－Y剂量率仪（1台）、以旧换新红外分光测油仪（1台）、声校准器（1台）等基本仪器。

提高环境监测能力　所购置的仪器使监测站的仪器配置达到省站对三级站的基本仪器要求，使监测站的监测能力得到进一步提高，为保证监测数据的科学、客观、真实奠定了基础。2011年通过计量认证监督评审工作，具备向社会提供公证的环境监测数据的能力。当年，按照《环境监测站标准化建设达标验收方法》进行自评，基本达到标准化建设的要求。

（罗翠云）

【环境应急和专项检查】　环境应急检查　一是组织开展中考、高考期间噪声污染控制和监督巡查行动，为高考学生提供安静的学习、休息、考试环境。二是向各镇政府发出《关于做好2011年秸秆禁烧工作的通知》，并在县电视台播出《关于禁止焚烧农作物秸秆的通知》，宣传秸秆禁烧工作的重要性。三是根据清远市环保局《关于迅速查处非法堆浸提金作坊的紧急通知》的通知精神，对全县非法堆浸提金点进行排查，又书面发出紧急通知，要求全县6个镇政府配合排查工作。

环境专项检查　一是县政府向各镇政府、县直有关单位发出《关于印发2011年佛冈县整治违法排污企业保障群众健康环保专项行动工作方案的通知》，将对重点行业、重金属排放企业及铅蓄电池企业进行集中整治，以保障群众健康。二是处理环境突发事件。12月4日，参与京珠高速公路北向高岗镇段柴油泄漏的环境突发事件的调查、处理及跟进工作，并及时上报市环保局。三是参加打击非法开采稀土矿行动。派员参加“佛冈县打击非法开采稀土矿执法队”统一行动。县环保局成立“打击非法开采稀土矿环境整治专项行动工作领导小组”，由局长任组长。派员协助、指导各镇取缔非法开采稀土矿场的环境整治，对所发现的非法采矿点进行检查和监测。根据监测结果做好相应的环境治理工作，直至完全消除环境安全影响因素，确保全县农村饮用水、农田灌溉用水安全。

【环境信访】　把做好环境信访工作作为为群众办好事、办实事来抓。接到举报、投诉及发现污染环境行为，第一时间赶赴现场调查取证，按程序依法调处，确保群众的合法环境诉求及时得到解决。全年接到群众来信、来访或来电反映环境污染问题共80件，其中废水污染14件，废气污染42件，噪声污染21件，固废污染3件。对信访反映的问题，做到迅速、认真、依法调查处理，并回复投诉人，切实做到群众投诉的“每一个问题”都有回音，查处的“每一个案件”都有结果。反复投诉和越级投诉现象明显减少，群众满意度显著上升。

【环境统计】　2011年，共统计重点污染企业59家，调查企业数同比年增加15家。其中：含有电镀工艺的企业5家，造纸企业2家，印染企业5家，水泥企业2家，印制线路板企业4家，砖瓦企业8家，铸造厂9家，陶瓷企业2家，钢压延加工企业2家，其他21家。

工业废气排放统计　全县工业废气排放总量为29.5178亿标立方米，同比减少52.74%。2011年工业废气中二氧化硫排放总量为1076.7吨，同比减少42.34%；氮氧化物排放量为570.01吨，同比削减19.74%。

废水排放统计　2011年废水排放量为823.4285万吨，同比增加11.96%，2011年化学需氧量排放量为608.691吨，同比减少8.12%；2011年氨氮排放量为32.569吨，同比减少13.70%。

工业固体废物产生量统计　2011年工业固体废物产生量为24679吨，同比减少10.9%；综合利用量为24679吨，综合利用率100%；危险废物处置量为3552吨。

（陈间清）

外经贸

责任编辑:刘瑞生

综　述

【概况】　2011年佛冈县外经贸工作积极贯彻落实国家对外开放和外经贸发展的各项方针政策，坚定不移地推进外向带动战略，积极主动承接国际和珠江三角洲产业转移，努力保持外向型经济持续较快的发展态势，较好完成各项外经贸目标任务。

【外向型经济】　全县完成合同外资10154万美元。完成实际利用外资5153万美元，引进外资项目20项。其中：新批项目7个，合同外资1946.61万美元；增资扩产项目13个，合同外资8207.58万美元。主要引进的新项目有：合兴盛（清远）商贸发展有限公司合同外资6.14万美元；清远南玻节能新材料有限公司合同外资1141.26万美元；佛冈世浩园林绿化工程有限公司合同外资64.15万美元；东威（佛冈）贸易有限公司合同外资77.32万美元；佛冈悠贵绳带有限公司合同外资12.82万美元；永旭精化科技（清远）有限公司增资150万美元；迪米格（佛冈）实业有限公司增资77.68万美元。佛冈俊裕环保设备服务有限公司合同外资44.92万美元；老虎高性能涂料（佛冈）有限公司合同外资600万美元；新菱空调（佛冈）有限公司增资77.32万美元；汇康荧光科技（清远）有限公司增资30万美元；保成（佛冈）机械有限公司增资60万美元；建滔（佛冈）特种树脂有限公司增资3000万美元；双喜（佛冈）机械有限公司增资4812.58万美元。

（刘天明）

对外经济合作

【吸收引进外资项目】　共吸收引进项目20个（包括增资扩产项目）。其中优质项目占75%，增资扩产项目占65%，新吸收优质项目占30%。2011年，佛冈县新设立的项目有：清远南玻节能新材料有限公司合同外资1141.26万美元；老虎高性能涂料（佛冈）有限公司合同外资600万美元；佛冈世浩园林绿化工程有限公司合同外资64.15万美元；东威（佛冈）贸易有限公司合同外资77.32万美元；佛冈悠贵绳带有限公司合同外资12.82万美元；合兴盛（清远）商贸发展有限公司合同外资6.14万美元；佛冈俊裕环保设备服务有限公司合同外资44.92万美元。

【增资扩产项目】　增资扩产项目以工业项目为主，主要大宗增资扩产项目基本集中在建滔工业园内。包括：永旭精化科技（清远）有限公司增资150万美元；迪米格（佛冈）实业有限公司增资77.68万美元。新菱空调（佛冈）有限公司增资77.32万美元；汇康荧光科技（清远）有限公司增资30万美元；保成（佛冈）机械有限公司增资60万美元；建滔（佛冈）特种树脂有限公司增资3000万美元；双喜（佛冈）机械有限公司增资4812.58万美元。

（刘天明）

对外贸易

【进出口贸易】　全县实现进出口贸易总额5.77亿美元，同比增加2.3%。其中出口总额3.63亿美元，同比增加6.9%；进口总额2.14亿美元，同比下降4.67%。贸易顺差1.49亿美元。在出口贸易中，一般贸易出口0.63亿美元，增长25%；加工贸易出口3亿美元，增长3.87%。在进口贸易中，一般贸易进口0.14亿美元，增长71%；加工贸易进口1.99亿美元，下降7%。

【进出口企业主体】 至2011年12月止，全县对外贸易进出口企业共有53户，比上年增加6户。其中：加工贸易企业23户，一般贸易20户，一般贸易和加工贸易两项业务都存在的有11户。

【对外加工贸易经济】 积极主动承接国际和珠江三角洲产业转移，提升佛冈县外向型的产业结构，优化了产品结构。2011年，加工贸易企业进出口总额达50419万美元，占全县进出口总额的87.38%。其中出口总额30524万美元，占全县外贸出口总额的83.99%；进口总额19895万美元，占全县外贸进口总额的93.14%。

【支柱企业出口增长】 2011年，全县出口额达1000万美元以上的企业8家，出口总额29652.11万美元，占全县出口总额的82.59%，成为佛冈乃至清远市出口的主力军。其中出口额达3000万美元以上的企业6家，分别是建滔（佛冈）积层板有限公司、科惠白井（佛冈）电路有限公司、佛冈建滔实业有限公司、科惠（佛冈）电路有限公司、建滔（佛冈）积层纸板有限公司、约克广州空调冷冻设备有限公司。2011年出口总额排在全市前15名的企业有3家，排在全市前20名的有5家，排在全市前25名的有6家。

【提高企业市场竞争能力】 2011年，国家对外贸出口政策作出较大调整。出口退税率降低、人民币汇率上升、利率上调，原材料价格和劳动力价格上涨，给全县的出口企业造成诸多不利的影响。县委、县政府以及经贸部门积极采取应对措施，引导和帮助企业解决融资难题，规避市场风险，加强业务培训，提高企业市场竞争能力，争取市场份额，度过经济难关。各出口企业积极开拓国际潜在市场，优化出口产品结构，调整增加出口品种类别。同时大力拓展内需市场，针对目标市场的需求，开发产品的新功能，赋予品牌新的价值，根据不同客户的不同需求确定相应的营销战略，使出口企业参与市场竞争的能力增强，平稳地渡过难关。

（刘天明）

位于水头镇的碧桂园清泉城别墅

商贸流通

责任编辑：刘瑞生

综　述

【概况】　2011年，在县委、县政府的正确领导下，商贸流通工作按照全县的经济工作整体部署，认真执行中央、省、市各项方针政策，继续“扩内需、保增长、促发展”的决策和部署，真抓实干，积极应对国际经济形势发展变化，在经济环境极其困难的情况下逆势而上，超额完成县委、县政府下达的各项目标任务，商贸流通工作保持健康发展的良好态势，为全县经济发展做出贡献。全年实现社会消费品零售总额32.33亿元，同比增长16.9%。其中，城镇市场完成消费品零售额28.95亿元，同比增长17.2%；农村市场完成消费品零售额2.38亿元，同比增长14.2%。分行业来看，批发零售贸易业24.63亿元，同比增长17.2%；住宿餐饮业5.49亿元，同比增长35.5%。

【“放心肉”工程建设】　强化生猪屠宰管理　2011年初，按照中央编办《关于进一步加强“瘦肉精”监管工作的意见》及省经信委《关于印发广东省生猪（牛、羊）屠宰专项整治方案的通知》的精神和要求，将整治工作重点放在定点屠宰场的监督和管理上，严格把好肉品质量源头关。一是严格把好生猪进场关。落实生猪定点屠宰场100%与生猪经销户签订不准经销含“瘦肉精”违禁药物生猪责任书和落实生猪定点屠宰场100%宰前“瘦肉精”检测，规范生猪进场检验和现场检疫制度，加强对定点屠宰场畜牧检疫人员的日常管理，杜绝病、死猪入场。二是严格把好生猪产品出场关。落实生猪屠宰场100%执行《生猪屠宰操作规程》；100%企业健全进货出厂检验制度；100%企业落实《广东省生猪定点屠宰厂管理制度》、《广东省生猪定点屠宰厂车间卫生制度》、《广东省生猪定点屠宰厂肉品卫生管理制度》、《广东省生猪定点屠宰厂肉品召回制度》、《广东省生猪定点屠宰厂消毒制度》；100%企业落实建立健全各项登记台账，包括：《广东省生猪定点屠宰厂生猪进厂登记台账》、《广东省生猪定点屠宰广生猪产品出厂登记台账》、《广东省生猪定点屠宰厂病、死猪及肉品无害化处理登记台账》。规范屠宰场屠宰工艺流程，指导屠宰场完善岗位责任制和内部管理制度，并进行全程监管，肉品检疫做到有宰必检，同步检疫率达到100%，出厂肉品检验合格率达100%，确保肉品质量。

日常稽查和专项整治相结合　加强屠宰的监督检查和专项整治工作力度，规范屠宰市场。出动执法人员123人次，车辆39车次，检查企业51家次，整顿市场3家，对检查出的存在问题，责令限期整改。全年发出整改通知书11份。一是注重日常检查。根据平时群众反映比较强烈的病死猪非法交易问题、注水肉问题、瘦肉精猪问题、屠场的病害肉无害化处理情况以及肉品品质检查合格证的使用情况等问题进行深入细致的检查。严格把好生猪进仓关、肉品出仓关。对肉品销售单位和肉档重点检查其肉品是否经过检疫、检验，是否盖有检验、检疫印章；肉品来源是否来自定点屠场，是否出具肉品品质体验合格证等。对校园饭堂的肉品购进则检查其校方与供货方是否签订肉品供货质量协议书，是否索取肉品品质检验合格证、检验检疫合格证等相关资料，以确保校园肉品购进来源渠道合法，有效控制病死禽肉流入校园。二是开展定点屠宰专项整治工作。根据《2011年佛冈县生猪（牛、羊）屠宰专项整治方案》的部署和要求，在全县开展定点屠宰专项整治工作。按照专项整治方案细化分工，落实责任，认真履行各自工作职责，确定整治目标。对各镇12个屠宰场进行全面的整治，整治内容包括制度执行落实情况、台账记录登记情况、卫生环境情况，重点督促落实各屠场与生猪经销户签订不准经销含“瘦肉精”违禁药物的生猪责任书，与生猪经销户签订责任书42份。进一步督促县中心屠宰场落实牛羊定点屠宰设施建设，确保按时按质完善场所建设设施交付使用。

【"放心酒"工程建设】 加强酒类管理和政策宣传 按照酒类流通领域专项整治的部署和要求，县经信局积极贯彻落实商务部《酒类流通管理办法》、《广东省酒类管理条例》，对全县酒类产销经营户进行全面摸底登记和政策宣传。举办第四期酒类从业人员上岗培训班，培训上岗人员110人，使酒类经营户基本了解酒类法规政策和在酒类生产、销售活动中必须遵守的经营规则以及办理酒类批发零售许可证的程序和要求。

强化酒类生产和流通管理 加强对酒类生产流通企业的监督和管理，着重从抓好酒类生产流通企业的各项管理规章制度，督促酒类生产、流通企业建立和健全《酒类生产企业出厂检验记录制度》、《酒类生产企业进货查验记录制度》、《食品从业人员健康管理制度》、《酒类生产企业生产过程控制制度》、《消费者投诉受理制度》、《酒类生产企业不合格产品管理制度》、《不安全食品召回制度》、《食品安全事故处理方案》、《酒类销售企业进、销、存台账管理制度》、《酒类经营溯源管理制度》等各项制度。

酒类流通检查整治工作 按照酒类流通领域专项整治工作的部署和工作和要求，认真做好酒类生产、流通企业整治和检查工作。一是酒类生产企业各个生产环节是否建立规范的管理制度和严格的操作规程；二是企业的原材料进出仓，产成品销售是否建立原始记录；三是生产酒类企业销售酒类产品是否出具《酒类流通随附单》与货物随货同行；四是酒类生产企业是否使用工业用甲醇。对每一家生产企业进行认真细致的对照检查，发现问题及时提出整改意见。对酒类销售经营单位的检查，则从销售经营单位购进酒类商品是否索取《酒类流通随附单》入手，检查酒类来源进货渠道是否来自正规合法的生产厂家和批发商，对无《酒类流通随附单》的经销商责令其立即整改。限期索取单证，规范酒类销售经营。对检查的所有酒类经营单位的《酒类经营许可证》进行核查，是否参加年检、证照是否过期，对未年检企业和过期证照限期到主管单位办理。

严厉打击销售假冒伪劣酒类商品行为 利用五一、中秋、国庆、元旦等节日前组织开展全县酒类流通领域专项整治工作。集中力量对各大超市、酒类生产企业和酒类专卖店进行全面的整治。出动检查人员94人次，出动车辆37车次，检查酒类市场5个，检查酒楼、酒店24间次，酒类生产企业14家次，酒类零售点32间次，发出整改意见通知书11份。

【家电下乡、家电以旧换新】 根据商务部、省、市关于家电下乡的总体部署和要求，在县委、县政府的高度重视下，结合实际，积极发动组织符合条件的企业申请备案，扩大家电下乡、家电以旧换新网点，全面推进家电下乡、家电以旧换新工作。2011年全县家电下乡备案销售网点从原来的21家增至27家，家电以旧换新中标回收企业及销售企业从原来的1家增至6家。同时，为保护消费者的合法权益，打击假借家电下乡名义销售假劣产品及假借以旧换新骗补行为，对销售网点进行经常性抽查，每月抽查比例不得低于10%。全年联合出动检查19次、共69人次、21车次，检查网点企业51间次。并对部分企业存在虚假宣传进行严肃查处，确保全县家电下乡工作顺利开展，保障消费者的合法权益。

（刘天明）

粮食储备管理

【概况】 县粮食储备公司是国有粮食企业，是县政府实施粮食宏观调控的载体，负责县级储备粮油的经营管理、军粮供应及承担粮食总量平衡具体操作等业务。公司现有干部职工17人，有2个承储点（新储备库、汤塘粮库）。2011年承储市级储备粮2618吨，县级储备粮3400吨，县级储备油40吨。

【粮油收储管理】 县级储备粮油用于调节全县粮油供求平衡，稳定粮油市场以及应对重大自然灾害或其他突发事件，确保粮油安全和维护社会稳定。由县发展和改革局与县财政局根据宏观调控需要报县政府批准实施。县级储备粮油储存管理由县发展和改革局与县财政局委托县粮食储备公司具体负责。2011年，县级储备粮规模稻谷3400吨，县级储备油规模40吨。

【储备粮油的销售与轮换】 县级储备粮油的动用权属于县人民政府。县发展和改革局、县财政局、市农业发展银行共同下达销售轮换指标，由承储企业安排销售轮换。2011年销售轮换县级储备粮稻谷1700吨，销售收入420万元，销售成本361.7万元，销售毛利58.3万元，轮换县级储备油40吨，完成县级储备粮油轮换任务。在正常情况下，根据储存年限、品种变化和实际需要，稻谷每两年轮换100%，平均每年可以轮换50%；县级储备粮储备费用标准每年每吨260元（含贷款利息），轮换费用标准每年每吨80元。县级储备油实行定期轮换管理，每6个月轮换一次，轮换100%，储备费定额补贴包干，储备费用标准每年每吨1500元，轮换费标准每年每吨1500元。

【储备粮的监督检查】 2011年11月，根据《佛冈县县级储备粮管理办法》和县政府有关规定，县发展和改革局、县财政局共同制定《佛冈县县级储备食用油管理实施细则》（试行），县发改局、县财政局、市农发行按照各自职责，依法对县级储备粮油承储企业执行有关粮食法规的情况进行监督检查。按照“有仓必到、有粮必查，有账必核、查必彻底”的原则，对承储企业的计划执行、储存管理、销售轮换计划完成等情况监督检查。经检查，佛冈县2011年县级储备粮油轮换计划规范，轮换的品种、数量、时间与计划一致，会计账、统计账、保管账和库存储备实物数量相符，农发行粮油收购资金贷款和会计账实际库存金额相符，轮入的粮油经检验符合国家质量、卫生标准规定要求。储备粮油数量真实，质量良好，储存安全，确保储备粮油在应急需要时调得动、用得上、有保障。

【粮食储备库建设】 经立项批准新建的国有粮食储备仓库——佛冈县粮食储备库，占地面积99.8亩，总仓容50000吨。第一期建设散粮储备平房仓库6座共23000吨及配套设施，预计总投资为2400万元，资金来源包括企业自有资金776万元，政府出资1624万元（其中国家发改委安排中央预算内投资250万元）。2010年2座仓库已交付使用，其余4座仓库完成主体框架工程，进入墙体砌墙、地面防潮等装修阶段，约完成仓库总工程量的70%。企业已投入自有资金776万元，县财政出资400万元支付新仓库工程款，中央投资资金按工程进度支付工程款80万元，不足部分县政府已承诺由县财政列支，力争在2012年6月底前全部工程验收合格交付使用。新的储备粮仓库建设，进一步提升佛冈县粮油储存科技水平，增强企业的竞争力，确保粮油安全。

（郑中林）

烟草专卖

【概况】 广东省佛冈县烟草专卖局与广东烟草清远市有限公司佛冈县分公司合署办公，下设综合部、营销部、财务部、专卖办等4个职能部门。佛冈县烟草专卖局（分公司）奉行“国家利益至上、消费者利益至上”的行业共同价值观，严格依照《中华人民共和国烟草专卖法》及其实施条例开展工作。不断优化烟草产业结构，提高企业核心竞争力以及行业整体竞争实力。佛冈县烟草专卖局（分公司）始终坚持以国家利益和消费者利益为中心，从市场需求出发，不断优化品牌结构，紧抓品牌培育，积极运用信息化手段，推进网上订货等新型销售模式，真正方便零售客户和消费者，促进卷烟市场健康发展。

【卷烟经营】 2011年，紧紧围绕国家局提出的“卷烟上水平”目标任务，突出卷烟销售为中心，夯实市场专卖管理和企业内部管理基础，坚持以人为本，促进企业全面发展，推进各项工作的落实，圆满完成年初制定的各项目标任务。卷烟总销售额27377万元，实现税利6989万元，继续保持销售收入和税利贡献的双增长。

【专卖管理】 以“专卖工作上水平”为目标，以卷烟打假、内部专卖监督管理、市场管理、队伍建设为重点，平稳有序地开展各项专卖管理工作。全年查处各类涉烟违法案件158起，其中假烟案件16起，5万元以上有较大影响的案件6起。查获涉案卷烟722.29万支，其中假冒卷烟23.45万支，无证运输卷烟690.7万支，上缴财政罚没款123.14万元。有效维护卷烟市场秩序，维护国家和消费者利益。

【卷烟销售网络建设】 为更好的服务农村及边远地区的零售客户，继续加强农村网络建设工作。2011年，农村新发证并办理入网销售零售户107户，其中直接送货户47户、委托送货户60户，顺利完成农村及边远地区网建工作。同时，积极推进网上订货工作，签订网上订货的卷烟零售客户为788户，占总客户数61.56%，其中已实施网上订货客户数为665户，网上订货实施率为84.39%。

【创先争优】 佛冈县烟草专卖局紧紧围绕班子建设、文化建设、内部监管、市场管理、队伍建设、证件管理等中心工作，制定方案，落实责任，全面推进创优工作落实。特别是在市场管理方面，创新管理方式，开展“卷烟规范经营示范户”活动，通过活动的开展，培育一批守法意识强、经营行为好、服务态度优的典型示范客户，引导零售户自觉维护卷烟市场秩序，有效净化佛冈县卷烟市场。2011年，佛冈县烟草专卖局（分公司）在全国烟草行业优秀县级局创建活动中顺利通过广东省局的验收，至此，已在优秀县级分公司和优秀县级局两大职能方面完成创优，各项基础管理水平得到显著提升。

【精神文明建设】 切实推进领导班子、思想道德、党风廉政、人才队伍、企业民主“五项工程”建设，为促进企业稳定持续发展提供组织保障。围绕“廉政风险防范管理”这一主题，扎实开展党风廉政建设“四个一”、“廉政和畅”和纪律活动月活动，教育和引导广大党员干部牢固树立责任意识、风险意识和预防意识。

（陈祥明）

食盐专卖

【概况】 广东省清远盐业总公司佛冈分公司成立于2003年7月，广东省清远市盐务局佛冈分局成立于2008年7月，二者合署办公。依照国家的有关法规行使政府授予的行政执法权利，负责佛冈县地域食盐专营和管理工作，保障市场合格碘盐供应和全县食盐市场的安全稳定。

【盐产品销售】 2011年全县持省特许经销食盐批发点16户，持证食盐零售户900多户。2011年销售小包装食盐1228.42吨，工业盐3545.57吨，食品加工盐206.9吨。

【盐政执法工作】 加强食盐专营管理，依法治盐。主动与政府及各职能部门的沟通配合，开展打击各类盐业违法行为。自分局成立以来至2011年底，查处各类盐业违法案件41宗，没收各类盐产品7.35吨，有效地保障群众的食盐安全。加强食盐市场的监督管理，保持与县工商、技监、物价、卫生、经贸等政府部门密切联系，形成市场执法合力，维护盐业市场的正常秩序。采取节假日重点检查和平常巡查相结合的方式，在春节、五一、国庆等节假日，开展食盐安全打假专项行动，检查商店、酒店、学校和工厂饭堂食用盐情况，使碘盐覆盖率达99%以上。

【食盐产品销售网络】 首先，根据食盐经销商的经营状况、资金实力、经营网络、商圈覆盖、历年销量、信誉程度、配送情况等内容进行综合测评，及时调整。2011 年，食盐经销商从原来 9 家增加到 16 家，有效地保障全县食盐供应。其次，对选定的经销商一律与公司签订全市统一的《特许经销食盐协议书》，规定食盐的购销渠道和销售价格等，并要求经销商向客户直接配送，实现横向到边，纵向到底。第三，加强监管，明确双方的权、利、义、责，在年终设置多项考核内容。注重客户服务，对外公布经营服务规程，自觉接受监督，定期上门拜访，征求意见，处理投诉，摄取反馈信息和实行满意度调查。加强食盐市场的巡查，使市场监管工作更有力、更到位。加大推介新的盐种，让不同的消费者能够购买到自己需要的盐产品。

【食盐法规宣传】 “3.15”消费者权益日和“5.15”消除碘缺乏病宣传日期间，联合工商、技监、物价、卫生、防疫、经贸、教育等部门开展多种形式的宣传活动。印发宣传资料 1.5 万份，开展咨询活动 8 次，举办打假展览 3 次，并进行媒体报道。向群众宣传盐业管理法规和识别真假食盐的方法，宣传食用假冒食盐对人体的危害性，提高群众自我保护意识，自觉购买合格食盐。

【小工业盐市场供应】 详细调查用盐厂家的情况，把握经营的总体容量与进度，分类营销。对重要客户，经沟通与协定，适当给予让利，并尽量实现货场批量直调。对一般客户，保持正常的供应、服务与监管，跟进销售。一方面按客户的订单与发货情况实时统计，及时录入；另一方面每月详列货款与承付情况报表，及时送达相关领导，以便掌握与监控。强化服务，分局人员上门拜访、征询意见、受理投诉、实行满意度调查。对食盐制品全部实行配送到位，并帮助解决厂家实际困难。

【实行绩效考核】 为体现“效率优先，兼顾公平”的原则，公司实行绩效考核办法，采取激励与约束机制，促进广大员工积极进取，争创佳绩。首先是将全年的生产与销售任务完成情况与绩效挂钩；其次是将推广盐产品的难易程度设定不同的奖励机制；最后是将货款回笼情况作为奖励分配主要依据，发挥员工的积极作用。

（莫峭辉）

供销合作

【概况】 佛冈县供销合作社联合社（简称佛冈县供销社）成立于 1952 年 8 月。2010 年 10 月 20 日根据县编委发出《关于印发〈佛冈县供销合作社联合社机构编制方案〉的通知》，调整相关职责、内设机构和人员编制。佛冈县供销社为正科级事业单位，内设 3 个职能股（室）：人秘股、财务统计股、业务股。配事业编制 9 名，经费由县财政核拨。下属单位有：县土产公司、县烟花爆竹公司、县废旧物资回收公司、县供销嘉鑫农贸有限公司、迳头中心供销社、石角中心供销社、汤塘中心供销社、龙山供销社等 8 个企业。

主要职能和任务是：宣传贯彻党中央、国务院、省、市、县政府有关农村经济工作的方针政策，坚持为“三农”服务宗旨，为农业社会化服务。制定全县供销合作社的发展战略和发展规划，指导全县供销合作社的改革和发展。受县政府委托，对重要农业生产资料、农副产品、烟花爆竹、民用爆破器材、再生资源回收经营等进行组织、协调、管理。维护全县供销合作社的合法权益。管理和监督属下单位。承办县政府和省、市有关部门交办的其他任务。

【农资协会】 2011年4月13日，成立“佛冈县供销社农业生产资料流通协会”（简称“农资协会”）。2011年加入协会的农资经营户165个，遍布全县各乡镇。“农资协会”坚持为“三农”服务的宗旨，认真做好服务工作，不定期编印《农资经营手册》下发到各农资经营户，传授有关农资经营知识和传递市场经济信息。建立农资经营“一票通”台账，制定农资产品在进货渠道实施统一索票索证备案制度，为农资产品追溯来源和消除质量隐患，为建立农资质量长效监督机制打下基础。

【烟花爆竹经营和管理】 烟花爆竹是供销社的主营商品之一。在县烟花爆竹专营领导小组的组织领导下，县供销社会同县安监局、县公安局、县工商局、县技监局等有关职能部门，采取定期或不定期对全县烟花爆竹市场进行监督检查。在春节和清明节等重大节日期间，进行重点检查，对无证经营和无证厂家生产的烟花爆竹坚决严肃处理。2011年，组织下乡稽查300多人次，收缴各种假冒伪劣烟花爆竹300多箱，价值3万多元。

根据县政府的有关通知，县供销社于春节前后，在县城城东的“奥园”附近河边的空地设立定时定点燃放烟花爆竹区域。在定时定点燃放期间，加强对燃放区域的安全检查，确保县城定时定点燃放烟花爆竹安全无事故。

【安全管理】 坚持“安全第一，预防为主”的方针，牢固树立安全生产思想，把烟花爆竹、雷管炸药的安全管理工作放在第一位。制定仓库安全管理制度、仓库管理员岗位职责、烟花爆竹出入库管理制度等一系列安全管理规章制度。从单位领导到一般职工，职责分明，责任到人，层层把关。同时，组织有关岗位人员加强安全管理知识培训，加强仓库周边执勤巡查。编制事故应急救援预案，定期开展应急救援演练，提高应急实战能力，切实防范突发事件发生。每个季度组织对各经营门店进行安全管理专项检查，发现隐患，及时纠正，把安全隐患消灭在萌芽状态。

【专业合作社】 根据《农民专业合作社法》的有关规定和上级供销社关于领办农民专业合作社要求，对要求成立农民专业合作社的农户，认真做好调查研究，条件成熟一个兴办一个，并认真做好政策咨询、市场信息交流等各项服务工作。到2011年底止，供销社共领办成立农民专业合作社24个。县供销社充分利用“佛冈嘉鑫农贸市场”这个服务平台，大力开拓沙糖桔收购、外销业务，为果农排忧解难。2011年，“佛冈嘉鑫农贸市场”和其他水果专业合作社共收购沙糖桔7.5万吨，分别调运到上海、浙江、山东等地销售，为果农创收2亿多元。

【平价商店】 根据广东省物价局等11个部门联合发出《关于依托供销社和农民专业合作社建设平价商店稳定农副产品价格保障群众基本生活的意见》精神，县供销社按照县委、县政府的指示，肩负起建设平价商店的重任，认真制定工作计划，采取有力措施，扎实推进平价商店建设工作。2011年，分别建成“佛冈供销嘉华农产品平价超市”、“佛冈供销佳信农产品平价商店”、“德星市场嘉华平价超市”等6家平价商店，经营面积达2150多平方米。主要经营粮、油、米、面、猪肉、蔬菜、水果以及各种农副产品和日用品，县内知名产品如金鲜美大米、广生园鸡蛋等均有销售，品种达200多种，达到省物价局规定的“家常农副产品目录”的要求，提前完成市下达的指标任务，被列为省平价商店建设的示范县之一。平价商店与多家蔬菜专业合作社签订供货协议，从生产基地直接采购，实现“农超对接”，以保障货源、保证质量，减少中间流通环节，降低采购成本，达到平价目的。平价商店具有供货快捷，产品新鲜，价格低廉的特色，并设有农药检测仪，确保群众吃上放心菜，深受广大市民的欢迎。

（郑中扬）

旅游业

责任编辑:何东树

综　述

【概况】　2011年，佛冈县以深化健康养生旅游示范基地为目标，致力打造“温泉度假、绿色生态、乡土文化、农业观光”四大旅游品牌。重点发展以聚龙湾和森波拉为代表的温泉养生、休闲度假旅游产品系列和以县城为核心的城市旅游产品系列，努力将佛冈建设成为以温泉度假、休闲娱乐、自驾游、体验游、农家乐等旅游精品为主体，以城市商务公务旅游、“会议经济”等产品为补充的珠三角、港澳地区的休闲度假首选地。通过加大政府主导作用、强化行政管理、发掘和深化旅游内涵、引导旅游企业转型升级、强化宣传促销等举措，使佛冈县的旅游知名度得到大幅提升，客源市场不断拓展，旅游业发展取得显著成效，对全县经济、社会快速发展起到积极推动作用。

【旅游经济发展】　随着佛冈旅游业的不断发展，旅游业在第三产业的“龙头”地位日益显现，已成为新的经济增长点。2011年，全县共接待游客435万人次，旅游总收入20亿元，增幅均在10%以上。旅游行业为社会直接提供6000多个就业岗位，实现旅游发展的大提速，旅游品位的大提升，带动交通运输、餐饮住宿等第三产业的繁荣和兴旺。

【旅游资源开发】　2011年，通过推进旅游项目建设，促进旅游资源得到进一步开发，全县旅游产业迅速壮大。已开放的景区（点）有聚龙湾天然温泉度假村、黄花湖温泉度假区、观音山王山寺、观音山风景区、森波拉度假森林、龙啸峡漂流、金谷漂流、金龟泉温泉度假村、上岳古民居等9个。全县旅游开发建设项目增多。聚龙湾的主楼重新装修工作已经完成，新的国际会议中心正式启用，并举行“创五星”动员大会；森波拉度假森林计划投入巨资进行增资扩产；金谷森林生态公园完成环山道路的铺设工程，并完成漂流河道、停车场等基础设施建设，一期工程金谷漂流已于8月对外开放；勤天城、国鑫、华熙、碧桂园清泉城酒店会所、南方盛世等旅游项目正在建设速度加快。聚龙湾天然温泉度假村、森波拉度假森林等景区已成为清远乃至广东旅游界的一张名片，每年接待游客量均占据全县接待游客的半数以上。具有地方特色的“农家乐”如雨后春笋般涌现，成为佛冈旅游新亮点，丰富佛冈的旅游内涵。

【旅游综合接待能力】　随着聚龙湾温泉酒店、森波拉主题酒店、篁胜国际温泉酒店等高档次酒店的建成，全县的旅游接待水平不断提高。全县拥有高档次酒店13家，按四星、五星标准建设的酒店4家，三星级酒店2家，上档次未评星的社会旅馆、招待所30多家，床位总数9000多个。还有各具特色的“农家乐”80多家，各类旅行社（营业部）5家，专门的特产购物商场逐步完善。全县基本形成以“食、住、行、游、购、娱”等要素为主体，其他产业为支撑，具有一定规模和水平的旅游产业体系。

【旅游宣传促销】　在组织旅游企业参加省、市举办的各类大型旅游促销活动的基础上，以深化国际健康养生旅游示范基地为契机，积极实施国民旅游休闲计划和开展各类旅游宣传推介活动。先后举办高岗豆腐狂欢节、2011年“佛冈之夏”旅游宣传推介会、佛冈养生美食旅游节、佛冈金牌养生菜烹饪大赛等活动。借助《南方日报》、《南方都市报》、《清远日报》、广东电视台等省内主要媒体宣传报道佛冈的养生旅游资源、特色美食等内容。通过举办一系列旅游宣传促销活动，利用报纸、杂志、电视、网络全方位宣传佛冈旅游资源，使佛冈的旅游形象更加突出，客源市场不断拓展，接待游客数量不断攀升。

（朱炳权）

旅游行业管理

【整顿旅游市场】 2011年9月，根据省旅游局的文件精神，为督促旅行社自觉遵守《旅行社条例》和《广东省〈旅行社条例〉实施细则》，进一步规范旅游合同，打击欺诈行为，更好地维护旅游消费者合法权益，县旅游局联合县工商局执法大队对县内3间旅行社（佛旅旅行社、青年旅行社、假日旅行社）和2间清远旅行社分公司（国际旅行社佛冈分公司、飞扬旅行社佛冈分公司）进行旅游合同质量检查。主要检查内容：一是是否全面使用统一的《广东省旅游合同》；二是合同填写是否正确完整；三是合同的附件是否符合《旅行社条例》实施细则的要求。检查中着重对5间旅行社各抽查不同月份旅游合同6份。检查结果，一是各社能遵守法规要求全面使用《广东省旅游合同》。二是在合同填写中，各社都存在填写不完整、不正确的情况，如仍出现“准X星级”字眼、旅游合同未填旅游者身份证号码及旅游合同中对方单位未盖公章等；三是在附件中，发现3份合同有旅游行程不清晰的情况。联合检查组对5间旅行社发出整改通知书，提出整改意见13条。

【旅游服务质量调查】 为继续打造让“人民群众满意的旅游市场”，提高佛冈旅游服务质量，1～12月，县旅游局以统一表格形式，定点8个主要游客集中点开展游客满意度的问卷抽样调查，每月合计调查500名本外地游客。参与定点调查的景区、星级酒店、旅行社及饭店单位共8个，分别为聚龙湾天然温泉度假村、观音山王山寺、星光大酒店、白云温泉山庄、佛旅旅行社、青年旅行社、假日旅行社及南海食街；问卷抽样调查表设计为五大类11小项，佛冈整体旅游环境（文明程度、城市卫生城市配套）、旅行社服务情况（旅行社服务、导游服务）、景区旅游情况（通往景点的交通、景点导游讲解和服务）、酒店接待情况（酒店客房服务、酒店餐饮）、旅游购物（商品价格、商品质量）；由于主要承担问卷调查任务的单位是聚龙湾天然温泉度假村（200份/月，占问卷总数40%）和两间星级酒店（150份/月，占问卷总数30%），所以问卷对象中外地游客占绝大多数。游客意见情况及处理，全年共收集游客意见或建议共119条，主要存在问题是城市卫生较差、个别景区导游素质要提高、个别景区、酒店服务细节没有做好等等。经过调查，游客对佛冈旅游各大类的满意度基本维持在70～74%之间。

【加强行业教育培训】 随着佛冈旅游知名度的提高，县内各旅游企业的接待量越来越大，旅游服务业员工流动性也随着加大。为确保旅游企业的服务质量稳定和提高，县旅游局积极发挥职能部门作用，一方面督促旅游企业每月分部门开展员工教育培训，另一方面积极引导旅游企业参加省旅游局举办的酒店或景区高级经理人培训班、酒店英语服务培训班等课程。2011年参加省旅游局举办的管理人员岗位资格培训有42人，参加酒店英语服务培训班有26人。同时，全县5间旅行社的9名导游人员全部参加清远市旅游局举办的导游继续教育培训班，并进行导游资格证年审。

【行业安全生产工作】 继续进行“三项行动”和“三项整治”工作，持之以恒开展安全生产教育。对县旅游局管理的旅游企业的安全生产进行深入整治，全面开展应急预案管理、隐患排查，促进全县旅游业的安全管理工作步上新台阶。全年开展全面安全生产检查8次，排查治理隐患单位13个，排查治理一般安全隐患108个。开展消防、突发事件等的应急预案演练的企业12家，组织18次，组织开展旅游企业安全宣传教育25次。

应急预案管理 继续深化“三项行动”和“三项整治”工作。根据人员密集场所的安全管理要求，除了把火灾事件、公共突发事

件、治安突发事件、食品安全事故、交通事故和流感等传染性疾病纳入应急预案管理外，还要求景区把自然灾害（地震、山体塌陷）事件和森林防火也纳入预案管理类别，县旅游局指导聚龙湾天然温泉度假村、观音山王山寺做好相应的应急预案。

重点安全检查　结合形势，搞好旅游交通的重点安全检查。2011 年，县旅游局在安全检查中除对游客密集的景区、酒店进行消防安全检查、食品卫生安全检查外，还在四大节前认真检查各旅行社的租用车辆和景点接送车辆的资质情况，旅游车辆是否符合交通部门的检查要求。重点检查旅行社租车合同的规范性，是否有超载、超速和驾驶员疲劳驾车、带病车辆上路等违反安全规定的现象。

安全生产宣传　县旅游局坚持在旅游企业中围绕“没有安全就没有旅游”、“安全第一、预防为主”开展安全生产宣传教育，重点是消防安全防范知识普及和消防应急演练。旅游企业组织开展安全生产教育活动 21 次，受教育人数 5600 多人次。

【旅游投诉处理】　一年来，县旅游局直接受理投诉 4 宗，所有受理的投诉在局的协调下让投诉人与被投诉人协商解决。同时，受理县政府网上咨询 3 宗。

（刘建新）

旅游资源开发和景区建设

【概况】　佛冈县特有的交通便利、资源丰富、自然生态、气候宜人等优势极大地吸引外资投资旅游资源的开发利用。在形成聚龙湾天然温泉度假村、森波拉度假森林、观音山王山寺等省内知名景区后，人们期望已久的金龟泉度假区和羊角山漂流也在 2011 年同时双双向游客亮相。佛冈县旅游资源的开发利用步上新台阶，旅游资源利用的景区逐步成熟，形成各具特色的旅游景区（点），为佛冈旅游业成为支柱产业奠定坚实的基础，并提升佛冈旅游在省内的地位。

【温泉资源利用景区】　一是聚龙湾天然温泉度假村，占地面积 500 亩，其利用毗邻汤塘温泉出水口的优势，大力发展温泉旅游业，拥有省内最大的露天的室外冲浪池，有数十个特色温泉，酒店及度假村客房达 1038 间，附设花卉世界风情园，是佛冈县首个国家四 A 级旅游景区，游客主要来源于省港澳地区，平均年接待游客量达 60 万人次，2011 年接待游客 63 万人次。二是黄花湖温泉度假区，由于通过管道连接汤塘温泉出水口，经过 10 多年的逐步开发，风光绮丽的黄花湖风景区内已聚集颐和温泉山庄、樵春山庄、好世界温泉酒店、白云温泉山庄、白云机场山庄和丽湖山庄等中高档温泉酒店。随着佛冈旅游业的升温，黄花湖温泉度假区的知名度也逐渐提高，其“在景色迷人的湖边泡千年温泉”成为吸引游客的最大亮点。2011 年的游客接待量超过 50 万人次。

【森林生态资源景区】　森波拉度假森林，背倚总面积近 3 万亩森林的省级林场——羊角山林场。景区开发商以原始森林为概念元素，设计出有影响力的森林主题景区形象。森波拉酒店大量运用古船木、火山石、桫椤树等远古珍稀植物和材料，加上精工细作，处处如同艺术殿堂，被誉为“远古森林里的皇宫”。森波拉奇妙世界占地 800 余亩，重现羊角山远古部落城堡风貌，展现岭南原始森林的远古变迁与欢乐和谐。拥有目前广东最大规模的桫椤谷雨林、世界最高大的仿真恐龙群、28 个奇妙湿地岛、水上拓展游乐区、与众不同的火山温泉区，惊险刺激的森波拉古道、热闹欢快的森波拉圩镇，还有激情狂野的大型森林情景剧——《森波拉传奇》。2011 年的游客接待量超过 72 万人次。

【地貌资源及历史资源景区】　观音山王山寺

位于观音山自然保护区，占地3500多亩，自2005年开业后，越来越具影响力。一是这里的地貌资源在省内独一无二。站在王山寺的所在地远眺，观音山如躺卧的观音菩萨，有佛教名人认为这尊大睡佛是全亚洲最大的天然大睡佛。二是有悠久的佛教文化。据《佛冈县志》记载，自唐宋以来在观音山内曾修建永佛寺和旋瓦寺，一直受到普罗大众的顶礼膜拜。现在的王山寺，为打造成中国的佛教圣地，不但在园内设有四面佛、滴水观音和拜佛台，而且还建起大雄宝殿。宝殿内有天王殿、舍利殿、药师殿、祖师殿、阿弥陀佛殿等。2011年为增添其佛家仙地的魅力，观音山王山寺还专门从国内著名佛家庙宇恭迎来佛祖真身舍利，成为省内屈指可数的供奉有佛祖真身舍利的寺院之一。由于地貌资源及历史资源能紧密结合精心规划、设计，观音山王山寺目前香火鼎盛。同时，由于其周边是原始森林的景色，并建有环山道，使其能吸引大批喜欢远离闹市、喜欢呼吸清新空气的游客。2011年，观音山王山寺接待信众及游客合计37万人次。

【金龟泉生态度假村】 位于汤塘镇黄花公路旁的金龟山谷，距106国道1公里，占地100亩，2011年5月开业。度假村是采用苏州园林式设计的生态旅游度假目的地，周围湖光山色，小桥流水，龟谷四面环山，藏风聚水生气。度假村整个景区设计经典诠释“慢静闲”的龟道养生智慧和“归去来兮”的诗意栖居生活。以金龟山溪、金龟林泉、灵石为其“三绝”，集天然、古淡、精灵、闲情之大成。度假村内的“龟谷天浴”野溪温泉，拥有“十八学士”山林荷花泡池和“水流云在”野溪金龟泡池24个，提供私密隐逸空间。按照设计理念，就要使在此泡温泉的游人获得天人合一、返璞归真及“洗心金龟溪，入梦水云乡”之感觉。其“三道菜馆”农家乐餐厅，拥有550个餐位，餐厅推出的富有地方养生特色的“三道菜”，以“龟道养生”理念创制出的“龟蛇太和养生汤”深得游客喜爱。

【羊角山生态旅游度假区】 位于县境内的羊角山，距离京珠高速佛冈出口4公里。它是由佛冈金谷投资置业有限公司打造集生态旅游为主题的综合度假区。景区总占地面积2642公顷，其森林覆盖率达90%以上，区内古木葱茏，流水潺潺。2011年5月首期开业，利用羊角山内原始的生态特色，开发推出两项刺激的游乐项目。一是幽谷漂流，其以古木参天、惊险刺激著称。漂流所在的三印谷和九曲河，素以“幽、野、险、奇、情”著称，有“一谷一新景、九曲藏千画”的美称。河段总长5公里，落差143米，沿途急流险滩多处，共有19处至激的漂流劲爆高潮点，汇合了奔驰漂、探险漂、瀑布漂、徊旋漂、勇士漂、逍遥漂，全程漂流需时约90多分钟，真可谓“广东第一激漂”。二是幽谷探险，其分布于一个天然的峡谷深处，沿途风光就如同画幅在眼前打开。在这里看到的山谷显得安静平和，山、石、水、树结合在一起，淡淡的阳光照下来，更显得这片山林像是经过流水清洗过的一般，清澈、洁净、无瑕，人的心情也似乎被澄清一般。

（刘建新）

旅游商品

【概况】 佛冈县旅游业近年有较大的发展，带动当地特色旅游产品的开发。位于石角镇小潭里水铺岭的佛冈县田野休闲度假农场占地5000多亩，利用先进的生产管理技术，大面积种植新型名贵优质台湾水果；位于汤塘镇的“广生园”畜牧发展有限公司出产的“初生蛋”等，成为佛冈旅游商品的新亮点。当地的主要旅游商品是经加工的农产品、名贵稀有的水果和土特产，其中主要有近年来新引进的水果类旅游商品、经加工的主要农畜牧类旅游商品和传统的土特产旅游商品。

【主要水果商品】 台湾水晶无核番石榴 本品种从台湾引进，是新一代稀有水果，属亚热带名优作物。其果大，肉质脆甜爽口、无核、营养丰富。经华南农业大学检测，每毫升果汁中含维生素B 285毫克，居所有水果之首，多吃番石榴能治糖尿病。且当年种植当年挂果收成，投资成本回收快，消费市场好，收益高，是一种高收入水果产品。田野休闲度假农场种植25亩，年产量1.5万公斤。

台湾大青枣 本品种从台湾引进，是目前青枣品种中最优良的品种。青枣生长旺盛，在7月以前种植，如管理得好当年12月至翌年2月即可收成。本品种果型为长椭圆形，疏密适当，果重可达150～200克，皮甚鲜绿、光滑、味清甜、无涩酸味，耐贮藏运输，抗白粉病，产量高、营养好，是投资回收快的一种高产值水果。田野休闲度假农场种植95亩，年产量约3000公斤。

台湾大白柚 本品种从台湾引进，上品白柚滋味酸中含甜，若沾点梅粉，味道更好；由于果实甘洌多汁，热咳患者及糖尿病患者都可食用，还有解酒、降血压、退烧、恢复体力等功效。10月下旬霜降前后为采收期。田野休闲度假农场种植75亩，年产量约8000公斤。

台湾菠萝释迦 学名凤梨释迦，是源自台湾所特有的热带水果，和莲雾一起并称为台湾两大特色高档水果。凤梨释迦的鳞目主要为绿色，表面粗糙，果形大。果肉呈奶黄色，肉质柔软嫩滑，甜度很高，有凤梨（菠萝）的奇异芳香。果实中有人体必需的蛋白质、维生素、碳水化合物、钙、磷、铁等营养元素。田野休闲度假农场种植64亩，年产量5500公斤。

台湾莲雾 莲雾在台湾栽培历史颇为悠久，早在17世纪就由前荷兰人自爪哇引入。台湾莲雾的品质最佳，果实具有特殊的芳香，清脆可口，模样雅观，被视为消暑佳果。田野休闲度假农场种植25亩，年产量1.25万公斤。

【农畜牧类旅游商品】 “广生园”牌初生蛋 由位于佛冈县汤塘镇的清远市广生园畜牧发展有限公司生产。公司利用“公司+农户”的形式大批量出产纸箱包装的初生蛋，在佛冈县内各大超市、土特产商店均有出售，深受游客喜爱。初生蛋也叫开窝蛋，俗称初产蛋，是小母鸡在发育至110～130天内所产的第一窝蛋。初产的鸡群产蛋率10～30%，也就是说每只鸡平均要积蓄3～9天的营养才能产下一枚小鸡蛋，厚积而薄发，浓缩鸡蛋精华。与常见的鸡蛋相比，头窝蛋较小，蛋壳坚硬，但营养含量高。

“金鲜美”牌大米 由位于佛冈县汤塘镇的广东省佛冈县金鲜美粮油食品有限公司生产。其主要产品金鲜美系列优质大米主要销往广东珠三角，因其采用10公斤包装，方便携带。也成为当地热销的旅游商品。

除以上商品外，还有“盛发”品牌和“双凤”品牌的各式凉果和干货土特产，也是佛冈热销的旅游商品。

【传统土特产类旅游商品】 沙糖桔 佛冈全县境内皆有种植沙糖桔，尤以民安、龙南出产的品质更佳，其味鲜美而极甜，无渣，口感细腻，实为极品。

竹山粉葛 竹山粉葛是汤塘镇的主要经济作物，也是竹山村的传统种植农作物。产品具有清甜、甘香、无渣、口感好的特点，并可清热解毒、解酒降压。现在，汤塘镇的升平村、联和村、高岭村都种植“竹山”粉葛。“竹山”粉葛已成广东省特色名优农产品，列入省“一乡一品”项目，并被确定为全国农业生产标准化示范区。由“竹山”粉葛制作的各种食品是佛冈出名的礼品。

湛江鸡 属于清远鸡的种类，盛产于南部湛江地区。具有皮薄肉嫩、味道鲜美的特点，远销香港、广州等地区。

龙山乌鬃鹅 龙山镇水源充足，当地农民放养的乌鬃鹅形体适中、肉质鲜美，是逢年过节制作美食佳肴的首选物料。

水头芦笋 水头芦笋质地鲜嫩，可成片或整条烹调，炒、煮、皆味道鲜美，柔嫩可口，是家庭、酒店日常的主要素菜珍品和送礼佳品。

赤蕨干　佛冈赤蕨主要生产在观音山省级自然保护区和羊角山省级森林公园的原始密林之中。经采摘晒干而成的赤蕨干，其作用有去湿止疴，清热积，解热毒及降血脂之功效，是上佳的无污染的绿色食物。

黄花柿子　石角镇黄花盛产柿子，素称“水柿之乡”。果大、肉厚、皮薄、核小、爽甜，为当地水果之皇后。

四九话梅　汤塘镇四九产的青梅，颗大，称为“大肉梅”。用新鲜青梅、甘草、砂糖精制而成的话梅，品味极佳，有解渴、提醒的功效，为旅游的佳品。

观音山冬菇　盛产于观音山自然保护区及北部迳头、高岗镇的深山老林，采用檀木、枫木、梨木培育，肉厚、嫩滑、鲜美。多用于冬天打火锅，也是蒸鸡的上佳配料。

冬蜜　主产在高岗、迳头、石角、龙山等镇。由于佛冈是山区县，山清水秀的自然环境，让这里出产的冬蜜有很好的清热、补中、解毒、润燥等功效。

（刘建新）

财政·税务

责任编辑:李阳光

财 政

【概况】 佛冈县财政局是主管全县财政收支、国有资产监督管理工作的综合经济部门，为县人民政府组成部门。局内设职能股室11个，直属管理（含代管）事业单位6个。

2011年全县财政总收入146192万元，增长23.62%，总支出127810万元，增长17.55%。地方财政一般预算收入78071万元，完成年初预算的101.17%，增长17.36%；一般预算支出124820万元，增长18.11%。来源于佛冈的财政总收入139939万元，增长7.24%，全县组织的税收总量达105305万元，增长17.25%。税收收入（地方级）41057万元，增长16.82%；工商税收入34519万元，增长18.53%；上划中央“两税”27761万元，增长2.57%；上划省“四税”16928万元，增长37.07%；综合增长率为23.76%，非税收入比重为47.41%。

【培植地方财源】 支持产业园区建设 投入资金累计4131万元，并争取省财政专项资金支持，促进全县四大工业园区建设规划顺利实施，县内高科技、大规模的建滔、约克、加多宝等多家知名企业已成为园区的品牌支柱企业。

支持企业创新发展 提高企业效益。通过财政支持激励，帮助亿骅珠宝、金谷森林公园、标旗磁电产品（佛冈）有限公司等企业争取上级财政专项扶持资金；为迪米格、健泰五金、国珠等申报中小企业贴息贷款，促进多个品牌企业增强自主创新能力。

做好招商引资奖励工作 严格落实招商引资优惠政策，规范奖励兑现操作程序，2011年共兑现招商引资奖励1361万多元。

拓宽融资渠道 做好融资服务工作，积极向金融部门争取融资和政策支持，为县各重点项目的建设提高经济保障。五是积极扶持以旅游为龙头的第三产业发展。国际（中国·佛冈）健康养生旅游示范基地建设规划正顺利实施，聚龙湾温泉度假村成功纳入省重点培育的现代产业500强。

【狠抓收入征管】 加强税收征收管理 积极与征管单位沟通协调，多次召开财税工作联席会议，研究和分析收入征管中存在的困难和问题，及时掌握全县税源的具体分布、发展动态和收入进度，支持税务部门加强税收征管工作，充分挖掘收入潜力，确保财政收入及时足额入库。

规范非税收入征管 继续深化“收支两条线”管理，督促征收单位认真履行征管责任，依法行政，落实收入目标责任制，确保非税收入应收尽收，进一步增大全县财力规模。

整合盘活政府性资产 积极配合土地储备局整合有关闲置土地资源，并依法公开处置。规范资产出租、出借、抵押和处置等行为，努力克服家底不清、产权不明及国有资产部门化、权力化、利益化的弊端。已整合处置部分闲置土地和拍卖相关房产，实现资产处置收入约20733万元。

【落实强农惠农政策】 申报实施农业基础设施项目 2011年全县批准立项17项，到位项目资金1315万元。迳头镇社坪灌区改造项目通过竞争以第一名的好成绩入选省第二批中小型灌区改造试点工程项目，成功获得省补助资金500万元。2011年是佛冈县成为省级农业综合开发县的第一年，省批复佛冈县2011年土地治理汤塘镇四九河灌区7800亩的中低产田改造项目总投资为936万元。

保障农村饮水安全 拨付116万元资金，用于农村饮水安全工程建设、维修、建后管理及农村自来水取水点建设等。

推进城乡水利防灾减灾工程建设 2011年财政拨付1659万元用于加固达标江河堤围21.04公里、除险加固病险水库8宗、冬修水利50宗，有力地推进了全县的城防建设。

保护农民种粮的积极性　2011年全县下拨种粮直补资金和农资综合补贴资金共1395万元，比2010年增加157.5万元。有5.34万户农户、23.71万农民享受到每亩地农资综合补贴56元、粮食直补6元的政策优惠。

积极支持沙糖桔生产　县级财政预算安排专项资金200多万元，加强全县沙糖桔疑似“黄龙病”的防控、防治，大力扶持广大农民实现可持续增收致富的沙糖桔支柱产业。

落实城乡居民补贴政策　2011年全县拨付家电下乡、汽车摩托车下乡及家电“以旧换新”等补贴资金共396.3万元，扩大全县城乡的消费市场。

【推进和完善社会保障工作】　农村劳动力免费技能培训和转移就业　严格审核及时拨付再就业补助资金283万元，完成再就业人员培训补贴568人。

完善城镇和农村居民最低生活保障制度　根据全县的经济发展状况，为确保最低生活保障对象的生活水平，2011年全县共安排支付城镇及农村最低生活保障资金1780万元。

规范和完善农村五保供养制度和农村特困群众生活救济制度　对全县2287名五保户家庭按照最低生活保障标准进行救济，并从2011年9月起，提高五保户供养标准，其中散居五保户提高到每人每月332元；敬老院集中供养五保户提高到每人每月400元。

城乡居民基本医疗及社会养老保险制度改革　2011年全县拨付新型农村合作医疗专项资金5473万元、城镇居民基本医疗专项资金769万元、新型农村社会养老保险专项资金3531万元，全县医疗保障和养老保险水平得到逐年提高，参投人数和参投率不断扩大。

发展公共卫生服务事业　2011年财政安排拨付重大公共卫生项目补助资金91万元、公共卫生服务经费663万元，建立和完善政府主导的多元卫生投入机制，促进基本公共卫生服务均等化。

健全住房保障体系　落实廉租住房和公共租赁房资金495万元，其中县级财政追加资金168万元，帮助建设廉租住房60套，公共租赁房252套，有效地解决部分低收入家庭的住房困难问题。

【创新理财机制】　强化部门预算管理　2011年预算编制按照收入安排审慎稳妥、支出安排与财力相适应的原则，坚持量财办事、适度从紧，集中财力确保县委、县政府重大决策贯彻落实。努力使县级56个单位的预算达到内容完整、数据准确、程序规范。

推行国库集中支付制度　做好统发人员工资、农村义务教育、水利等专项资金的直接支付。2011年4月初，召开全县财政国库集中支付改革工作会议及举办了县国库集中支付工作业务培训班，使各预算单位掌握改革工作的具体操作流程。2011年实现国库集中支付资金9.6亿多元。

深化政府采购制度改革　2011年起，对全县采购人单位当年度政府采购执行情况进行专项检查，切实堵塞政府采购管理的漏洞，提高依法采购意识和能力。2011年全县实现政府采购和协议采购项目461项，预算资金总额3187万元，实际采购资金2969万元，节约资金218万元，资金节约率为6.8%。

基层医疗卫生机构综合改革　1月起，全县11个基层卫生院全部实施国家基本药物制度改革，基层卫生人员实行绩效工资和绩效考核制度。实施综合改革后，县财政将镇级卫生院的服务性收入全额上缴财政专户，实行收支两条线管理。同时，逐步建立健全基层医疗卫生机构补偿机制，改变以往“以药补医”的做法和避免药物滥用的现象，从而保障医疗安全，让广大老百姓真正看好病、真正从基本药物制度的实施中得到更大的实惠。

【财政资金监督检查】　加强预算约束　坚持“量入为出、量力而行”的原则，加强预算管理，强化预算约束，厉行节约，对一些资金需求，采用集体研究决策方式，提出科学合理的建议和意见，严格控制一般性支出和单位临时用款，降低行政成本，提高行政效率。同时，积极开展清理整顿财政专户工作，建立和完善全县财政专户的规范管理长效机制，实现财政专户管理的精简、统一、安全、规范，达到确保财政专户资金运行高效的工作目标。开展“小金库”专项治理，制定落实《2011 年佛冈县“小金库”专项治理工作实施方案》，并对“小金库”专项治理工作进行具体部署。

财政资金监督检查　加大对重大项目资金管理和支农资金、地方农业综合开发专项资金的监督检查力度，密切跟踪资金使用去向，合理评估资金的使用效果。2011 年投资审核中心审查的资金申请项目达 238 个，总额为 4917 万元。其中工程类项目 152 个，审核资金 3439 万元；补贴类项目 86 个，审核资金 1478 万元。

（梁榕泉）

国家税务

【概况】　佛冈县国家税务局为正科级局，根据工作职责，内设 8 个职能机构：办公室、政策法规股、收入核算股、纳税服务股（办税服务厅）、征收管理股、人事教育股、监察室、税源管理股，级别为正股级。1 个直属机构：稽查局级别为副科级。1 个直属事业机构：信息中心，级别为正股级。1 个社会团体：税务学会。2011 年，坚持依法治税，强化税收征管，抓好组织收入，优化纳税服务，着力税收宣传，推广科技兴税，实现税收总量、增量再创历史新高。

【收入完成情况】　2011 年，国税累计组织税收收入 57149 万元，相比 2010 年同期 46729 万元增收 10420 万元，增 22.3%。国税收入首次突破 5 亿元大关。其中：国内增值税增值税收入 36646 万元，国内消费税收入 1400 万元，企业所得税收入 17750 万元，同比增收 9177 万元，增长 1.07 倍，占税收增量的 88.09%。同时，办理出口退税 27981 万元，同比多退 3980 万元，增长 16.58%。其中，免抵调库 11708 万元，出口货物退税 16273 万元，多退 5993 万元，增长 58.30%，

【抓好组织收入】　明确工作思路　在全年税收工作中，按照“立足经济形势动态分析，保收入工作主动权；立足管理质量提升，保收入持续稳定；立足内延挖潜堵漏管理，保收入增长”思路，认真做好组织税收收入工作。

着力税源调查　对管辖的重点税源企业、次重点税源企业、房地产企业及服务业、其他企业深入了解企业 2011 年的预计生产销售状况、税收增长的有利因素和不利因素，预计 2011 年缴纳的税款等情况，认真进行税源调查分析并编写出 2011 年税源调查分析报告，及时掌控税源动态变化情况。

做好纳税评估　开展增值税简易评估，2011 年共上报 394 户简易评估户，查补税额 344 万元，增值税留抵税额调减额 39 万元，企业所得税亏损数额调减 347 万元。开展房地产企业所得税评估，2011 年完成对 4 间房地产企业的评估工作，调增所得税额 922 万元，促进佛冈县房地产行业的规范管理。开展出口退税评估检查，利用出口退税监控平台，2011 年评估 15 户出口企业，补税（含计提销项税额或进项税额转出）95.85 万元，防范出口退税风险。

【加强税收监管】　清理漏征漏管　在全县开展漏征漏管户清理工作，共清理户数 5447 户，其中已受理 1514 户，已办证 1514 户，已核定定额 1303 户。清理漏征漏管同时，做好对新办企业的办税辅导、资料整理、催报催缴工作，提升管理水平。

强化行业管理　加强对空调配件行业税收管理，实时掌握制冷空调配件行业企业生产经营、工人人数、能耗比例、设备增减变化等情况，核实企业生产能力与申报销售收入是否匹配，促使全县 12 户制冷、空调设备配件生产企业，缴纳税款 1739 万元，同比增收 313 万

元，增长22%。加强对房地产企业纳税辅导，落实房地产开发产品计税成本对象备案，借助第三方涉税信息采集等手段进行日常税收管理，促使房地产企业所得税入库2325万元，同比增收1577万元，增长211%。

做好汇算清缴　根据上级国税部门《关于开展2010年度企业所得税汇算清缴有关工作的通知》要求，通过对2010年企业所得税预缴为微亏的企业开展约谈、纳税评估、纳税辅导，2011年汇算清缴盈利面同比提高7个百分点。此外对2010年度企业所得税月（季）度预缴申报累计亏损100万元以上的9户企业开展质询，对企业上报情况说明资料进行核实，全面完成2010年企业所得税汇算清缴工作，

【优化纳税服务】　简化办税流程　开展“一窗多能”培训，提高纳税服务大厅工作人员业务素质，确保每人均具备“一窗多能”的能力。积极参加全市国税系统礼仪培训，树立良好的从业形象。清理办税流程，将纳税人找国税机关申请办理的涉税事项，统一按照窗口受理、后台复核、内部传递、限时办理、窗口出件的程序办理涉税审批事项。

创新服务方式　创新AB岗工作模式，6个办税服务厅窗口分别以两人为一组办理办税业务；推行一站式服务、全程服务、限时服务、等多种服务方式；推行自助办税服务，增设纳税人自助办税区，提供可联网电脑和打印机等设备，减少纳税人排队等候的时间；完善公告宣传栏，合理利用公告宣传栏，及时张贴应向纳税人告知的事项、宣传资料等。

【税收宣传】　首创国税微博　注册佛冈县国家税务局新浪微博，及时发布税收信息，并在线回答纳税人询问，借助网络平台，为纳税人提供税收资讯、一问一答、漫画展示等形式多样的宣传服务，提升税收宣传的广度和深度，同时也让广大纳税人轻松便捷地了解和学习税法知识。

创新宣传理念　将旅游与税收宣传相结合，制作税法知识与旅游简介相结合的宣传资料，利用节假日旅客观光高峰期，在佛冈县汽车客运站派发宣传简章及佛冈地图，让旅客第一时间感受到佛冈旅游示范县的周到服务及税法普及宣传的浓厚氛围，扩大税收宣传影响力。

开展税宣竞赛　邀请建滔公司、王老吉公司、电信公司等男子篮球代表队进行篮球比赛。通过“体育搭台、税宣唱戏”的形式，现场向观看群众派发宣传单张200多份，促进税收知识的宣传。

【科技兴税】　试行无纸化办税　全面加强税务信息化建设，稳步推进网上办税应用。2011年，佛冈县国税局被选定为全市国税系统首家网上办税无纸化试点单位。经试点探索，在选取的77户纯企业所得税纳税人试点对象中，已有73户纳税人成功应用安装，后期将在试点基础上对全县所得税企业全面推广。网上办税企业无需到税局征收大厅前台报送书面报税资料，将有效降低纳税成本，提高社会效益。

应用短信推广平台　完成纳税人联系信息的采集和录入工作，共录入一般纳税人信息321户，小规模纳税人信息536户，领购发票个体工商户信息551户，已达起征点个体工商户信息216户。同步录入新开户纳税人联系信息，方便税收信息的及时传递，密切税企联系、提高了纳税服务水平和工作效率。

（代　杰）

地方税务

【概况】　佛冈县地方税务局隶属于清远市地方税务局垂直管理，内设办公室、征收管理股、人事教育股、税政股、规费中心筹备组（与税政股合署办公）、纳税人服务中心、稽查局、城区税务分局、汤塘税务分局、水头税务分局、迳头税务分局。社会团体2个：地方

税收研究会、工会委员会。

2011 年，佛冈县地方税务局认真贯彻执行国家的税收法律、法规、规章和政策，以组织收入为中心，坚持依法治税，切实做好辖区内地方各税种、教育费附加、社会保险费等税费征管工作，切实履行服务地方经济发展的职能，税费收入持续稳定增长。

【税费收入持续稳定增长】 2011 年组织税费收入总计 72801 万元，同比增长 22.61%，增收 13426 万元。其中：税收收入 41682 万元，同比增长 12.08%，增收 4494 万元，完成年度任务的 101.18%。其中：中央级收入 5620 万元，同比下降 24.41%，减收 1515 万元，完成年度任务的 68.54%；省级收入 13888 万元，同比增长 56.34%，增收 5005 万元，完成年度任务的 115.78%；市县级收入 22174 万元，同比增长 6.25%，增收 1304 万元，完成年度任务的 105.59%。教育费附加 1590 万元，同比增长 125.85%，增收 886 万元；文化建设事业费 63 万元，同比增长 26%，增收 13 万元；契税 5972 万元，同比增长 22.45%，增收 1095 万元；耕地占用税 556 万元，同比下降 50.65%，减收 581 万元；社会保险费收入 20631 万元，同比增长 39.12%，增收 5801 万元。

【企业所得税管理】 抓好企业所得税汇算清缴事前、事中、事后各环节服务和管理工作，认真落实审批、备案工作制度，建立健全汇算清缴工作。通过深入开展企业所得税汇算清缴工作，全面落实企业所得税年度纳税申报各项制度，进一步提高企业所得税申报质量。大力推广电子申报模式，多渠道推广应用企业所得税电子化申报软件，积极推广税务总局免费提供纳税人使用的、满足汇算清缴功能的电子申报软件，进一步提高电子化申报的覆盖面。全年完成 2010 年度应汇缴企业户数 175 户，企业所得税汇算清缴工作已按期圆满完成。

【土地增值税清算】 完成直接转让土地使用权项目采取核定方式征收的 45 户，征收土地增值税 297 万元。完场房屋转让项目土地增值税征收 95 户，征收土地增值税 218 万元。两项合计征收土地增值税 515 万元，占本局土地增值税收入的 12%。

【发票在线应用系统的应用普及】 全面推广天翼税通计划，从 3 月份开始与电信部门协作机制，全力推广天翼税通，4 月举行一场天翼税通系统专题推广会，让纳税人了解天翼税通终端实现“全天候”网上办税、CA 身份认证等更先进、更高效信息化功能。2011 年在线开票总金额超 21 亿元，开票总份数 23 万份。

【税收稽查】 一是通过开展日常稽查、专项稽查、专案稽查、纳税调查、辅导企业自查等工作，进一步加强税收稽查力度。2011 年查处企业 3 户，查处应补金额合计 48.2 万元，其中税款 32.97 万元，罚款 11.96 万元，加收滞纳金 3.27 万元，责令企业限期索取未按规定取得发票，间接征收税款 29.4 万元。全年查补税款 77.6 万元。

【社保费全责征收】 认真贯彻落实清远市地税系统社保费征管工作会议精神，充分发挥地税机关征收社保费的优势，实行税费“同征、同管、同查、同服务”。2011 年，全县地税系统共组织社会保险费收入 20631 万元，同比增长 39.12%，增收 5801 万元。其中清理欠费 24 户，清欠金额为 199 万元。

【税收宣传】 在 4 月开展的税收宣传月中，团县委、佛冈报社、清远日报驻佛冈记者站、南方日报驻佛冈记者站、邮政局、电信局等部门沟通、协调，并认真协商税收宣传方案，务求做到税收宣传工作落实到位，有针对性地开展了以下几项税收宣传活动：（1）派发法规公告和各种税收宣传资料 5000 多份；（2）开展“和谐地税 创新管理”税收宣传标语征集；（3）在《佛冈报》开设“地税宣传专栏”；（4）开展“我身边的税事”征文征集活动；（5）税收宣传标语口号在佛冈电视台滚动播出，形成宣传的规模和声势；（6）举办税宣杯篮球赛，经志愿者现场向围观群众派发宣传单张200多份；（7）百幅标语张贴到企业；（8）万张税宣单张、三千明信片投递到户；（9）举办税收宣传月现场咨询活动，现场接受市民涉税咨询80多人次，通过共青团志愿者向市民派发税收宣传单张600多份；（10）成功举办一期税法讲座，引导学员正确理解税收的意义及从小树立依法诚信纳税的积极性、实效性。

【实施“四项行动”和开展“一项活动”】按照上级局要求，迅速部署贯彻落实省局党组提出的实施管理科学化、干群“连心桥”、党务政务公开、岗位大练兵“四项行动”和开展好地税文化建设“一项活动”的工作要求，努力推动各项工作上新台阶。

实施“四项行动”　一是扎实推进管理科学化行动。继续完善对建筑安装行业、重点税源以及中小税源、临散税源的实施税源控管，全面开展清理漏征漏管户行动，认真实行分行业分类别的税源专业化管理，不断加大信息化力度，大力开展“数据管税”，推进发票管理综合改革。二是认真落实干群“连心桥”行动。进一步建立健全干部与群众沟通的“直通车”制度，县局班子率先向社会公布手机、电话、电子邮箱等联系方式，畅通干群沟通渠道，虚心倾听群众的意见和建议；坚持实施“领导干部接访日”制度，解决干部群众和纳税人的各种诉求。三是扎实推进党务政务公开行动。主要是：进一步建立健全党务政务公开制度，细化党务政务公开内容；坚持政风行风评议，充分利用办税窗口、办公场地进行形式多样的公告、宣传活动。通过不断完善各项制度建设提升政务水平。四是认真开展岗位大练兵。通过干部交流、换岗等方式，不断提高干部职工各项业务能力，进一步提升纳税服务水平及工作技能。

开展“一项活动”　认真开展地税文化建设活动。进一步建设好早期成立的篮球、摄影等五个兴趣小组，以服务群众、活跃八小时外生活为原则，局领导率先垂范，参与到文化建设活动中，带领全体干部职工开展健康向上的地税文化娱乐活动。在县局二楼设立了文化长廊，认真打造有佛冈特色的文化活动品牌，营造健康向上的人文环境。

（罗锐萍）

佛冈县国税局廉政文化走廊

金融业

责任编辑:刘瑞生

综 述

【概况】 2011年，佛冈县各金融机构认真贯彻执行国家宏观调控政策和央行的稳健货币政策，正确把握和处理好执行稳健的货币政策与支持地方经济发展的关系，维护金融稳定，切实加强金融服务。全县金融保持平稳正常运行，为当地经济发展提供强有力的资金保障。2011年末，全县存贷款总量继续保持适度增长，全县本外币各项存款余额76.64亿元，比年初增长15.29%；本外币各项贷款余额34.59亿元，比年初增长22.74%。

【金融运行情况】 各项贷款 人民币各项贷款平稳增长，波动较小，贷款中长期化趋强。2011年末，全县人民币各项贷款余额32.45亿元，比年初增加5.26亿元，增长19.34%；各项贷款新增5.26亿元，比上年同期多增0.47亿元，同比增幅9.77%。

中长期贷款 中长期贷款持续增长。2011年末，全县人民币中长期贷款余额28.49亿元，比年初增加5.26亿元，比年初增长22.64%，占各项贷款余额87.82%。其中，固定资产贷款和个人消费贷款余额分别为5.32亿元和8.07亿元，合计占中长期贷款的46.99%。

短期贷款 短期贷款比年初有所增加。2011年末，全县人民币短期贷款余额3.84亿元，比上月增加0.38亿元，增长11.01%；比年初增加0.022亿元，增长0.59%，占各项贷款余额的11.84%。

信贷投向 2011年，全县银行业金融机构贷款主要投向基本建设、房地产开发、个人消费、中小企业和“三农”等领域和行业。2011年末，全县人民币中小企业贷款余额15.67亿元，比年初增长1.9亿元，增幅13.81%；农业贷款余额14.14亿元，比年初增长3.37亿元，增幅31.31%；个人住房按揭贷款6.85亿元，比年初增长2.11亿元，增幅44.33%。全县各银行业金融机构继续着力优化信贷结构，加大对中小企业和“三农”的信贷支持。

各项存款 各项存款保持较快增长，活期化趋势明显。2011年末，全县居民人民币各项存款余额75.80亿元，比年初增加9.60亿元，增长14.50%。其中：个人存款余额51.66亿元，比年初增长11.83%；单位存款余额20.03亿元，比年初增长14.95%。居民储蓄成为各项存款增长的主要动力。2011年末，全县储蓄存款余额51.60亿元，比年初增加5.40亿元，增长11.70%，人均储蓄存款1.61万元。企业单位存款拉动各项存款增加。2011年末，全县人民币单位企业存款余额20.03亿元，比年初增加2.61亿元，增长14.95%。全县企业单位存款增加较多原因：一是企业客户转入资金用于项目开发投资；二是单位企业转入往来款和单位转入经费增加。

外汇结售汇 外贸进出口增速回落，外汇结售汇出现逆差，跨境人民币结算业务深入推广。2011年，佛冈县银行结汇收入0.42亿美元，银行售汇支出0.54亿美元，结售汇逆差0.11亿美元。核销出口金额5.69亿美元。全县跨境贸易人民币结算金额达到11.26亿元，占全市的22%。

【保险业务】 2011年末，县财产保险公司、人寿保险公司保费收入共9410.1万元，比上年增长7.85%。其中：财产保险收入1613万元，比上年增长18.78%；寿险收入7797万元，比上年增长5.84%。财产保险公司和人寿保险公司赔付总支出1030.6万元，比上年下降7.7%。其中：财险赔付支出778.6万元，比上年增长1.83%，寿险赔付支出252万元，比上年下降28.41%。保险业务的快速发展，为经济社会发展提供有力保障。

【非银行类融资】 佛冈县百利达小额贷款有限公司积极稳妥地开展各类小额贷款业务。2011年末，贷款累计发放2.63亿元，其中个人贷款累计发放2.48亿元，“三农”贷款累计发放1.17亿元，中小企业贷款累计发放0.16亿元。小额贷款公司的成立和发展对加快经济发展，缓解中小企业融资难问题起到有益补充的作用。

（黄洁敏）

银行业

【中国工商银行佛冈支行】 中国工商银行股份有限公司佛冈支行（简称中国工商银行佛冈支行）位于清远市佛冈县石角镇振兴中路120号，是中国工商银行清远分行辖属一级支行。下设行长室、办公室、市场信贷部，下辖营业部、城中支行、建设支行三个营业网点。服务渠道覆盖面广，自助银行服务覆盖县城、汤塘、龙山等地区。

中国工商银行佛冈支行作为佛冈地区四大国有控股银行之一，资产实力雄厚。依托工商银行强大的产品线和2.1万家境内机构、100多家境外分支机构和遍布全球的上千家代理行优势，以及领先的信息科技和电子网络，佛冈支行公司坚持“以客户为中心，市场为导向、服务地方经济”的经营理念，不断提升服务水平，创新产品。一直以来为当地企事业单位、个人提供优质的本外币存贷款、资金结算、账户管理、投融资理财、外汇买卖和电子银行服务，为促进当地经济发展做出重要贡献。

经营情况 2011年佛冈支行各项业务发展良好。中国工商银行佛冈支行大力支持当地中小企业的发展，为城乡建设、城乡居民储蓄增长、乡镇“三农”、新项目的引进提供全力的金融支持。为解决企业、个人资金困难，不断创新产品，贷款业务品种越来越丰富。除传统的住房按揭贷款、流动资金贷款、项目贷款外，国内外贸易融资、银行承兑汇票、票据贴现、个人信用卡分期付款业务，以及个人经营贷款和个人消费贷款同样受到企业、个人欢迎。2011年推出小额便利贷、网贷通等更为简单、快捷的便利融资服务渠道。随着人民生活水平的提高，市民越来越注重自有资产的质量，不但要保值，还需要增值。中国工商银行除提供传统的储蓄存款服务外，不断推出不同周期、灵活方便、多层次的理财产品，为广大市民提供理财投资渠道，满足需求，达到资产增值的效果，推出的理财产品也越来越受到广大市民的欢迎。2011年末，各项贷款余额为9.45亿元，比上年增加2.31亿元。其中个人贷款余额为3.76亿元，公司贷款为5.69亿元。全年累计发放各项贷款8.2亿元，票据贴现2.02亿元。个人信用卡分期付款0.29亿元，有效地满足广大市民及中小企业的融资需求，为支持地方经济发展作出应有的贡献。2011年，人民币各项存款余额（含保本理财）为17.34亿元，比上年增加2.62亿元。

改善金融服务 一是加强网点渠道建设，积极推进网点标准化建设，运用精益六西格码管理理念，持续进行网点精益运营，实现业务流程的标准化作业管理，提高服务效率，通过多渠道分流客户，亮提示牌，减少客户等候时间。二是增加服务设施，提供更多、更方便、更快捷的金融服务。2011年在原有的基础上增加3台柜员机，柜员机总数已达12台，遍布县城、汤塘镇、龙山镇，且柜员机已走进酒店、厂区服务，分别有汤塘聚龙湾1台、加多宝1台、松峰机械厂1台。营业网点现有7台柜员机，其中佛冈支行营业部5台、城中支行2台。此外，通过强大的网络服务，让客户足不出门就可轻松办理网上汇款、理财、贵金属、网上购物等非现金服务。还有遍布大小商店、酒店、旅业的POS机服务，只用一张小小的银行卡便能让客户轻松消费，消除携带大额现金的烦恼。为保障客户资金安全，还提供银行账户变动信息提醒服务。三是加强客户经理队伍建设。通过不断地摸索，建立多支客户经理队伍，有大堂、对公、个人、理财服务等，以客户为中心，细化服务，全方位为客户提供多种服务需求。

强化内控、安防管理工作 落实领导责任

制，层层签订案防工作责任书，从行长到部门、网点负责人为案件防范责任人，抓好内部管理，防范风险。坚持每月召开内控案防工作分析会，查漏补缺，发现问题，及时整改，夯实内部管理。通过案例的分析、规章制度的学习，提高全行的风险防范意识和自我保护意识，进一步规范业务操作行为，增强全行风险管理能力。坚持每季组织员工进行防盗、防抢、消防演练，提高对突发事件的应对能力。

加强企业文化建设　按照中国工商银行“工于至诚，行以致远”的核心价值观，建设“共创共健共享”的企业家园文化，增强员工归属感和使命感，增强员工凝聚力。2011 年在上级分行党委、工会的关心支持下，初步建成“职工之家”，配备健身室、阅览室、展示室等设施，为员工提供多种的活动场所，丰富员工业余文化生活。同时，在员工中开展“远离赌博，健康生活”为主题的教育活动，让员工树立正确的人生观，价值观。

（伍小红）

【中国农业银行股份有限公司佛冈县支行】
办公地址位于佛冈县石角镇振兴中路 149 号。2011 年，按省行、市分行统一部署实施岗位管理体系改革方案后，佛冈农行内设综合管理部、运营财会部、公司业务部、个人金融部。下辖机构有：位于县城石角镇的营业部、振兴支行、石城支行、石角支行和位于汤塘镇的汤塘支行等共 5 个营业网点。

经营业绩　2011 年，农业银行佛冈县支行继续大力贯彻落实总行“3510”战略目标，以提高城市市场和“三农”、县域市场的综合竞争力为主攻方向，以加快经营战略转型和精细化管理为基础，以深化机制创新为强大动力，加大市场拓展力度，确保全行各项业务持续快速增长。各项存款比上年增加 1.4 亿元，存款余额为 12.5 亿元。其中储蓄存款增加 2.9 亿元，余额为 9.7 亿元。各项贷款累计发放 13599.7 万元，其中：法人类贷款累计发放 4150 万元，个人类贷款累计发放 9449.7 万元。各项贷款余额 4.3 亿元，其中法人类贷款余额 2.7 亿元，个人类贷款余额 1.6 亿元。

实现中间业务收入 920 万元，同比增加 226 万元。国际业务是中间业务发展的一大亮点。2011 年，全行拓展外币账户 14 个，拓展 NRA 账户 8 个，发生跨境业务结算量 3752 万美元。

强化服务拓展业务　一是主动营销。本着“内强素质、外拓市场”理念，将市场拓展的重点放在新进企业上。通过主动营销，拓展清远南玻节能新材料有限公司、佛冈南玻沙矿有限公司、加多宝罐装二期、中油昆仑天然气有限公司等重点企业。二是重视存量客户维护和跟踪服务。成立攻关工作小组，切实维护好一批优质系统单位客户。同时，通过对公理财产品营销，锁定一批优质客户群体。三是整合资源，积极为小企业提供高效服务。2011 年对志伟家具有限公司、成昌彩印有限公司、力天陶瓷有限公司等发放小企业“简式快贷”贷款共 2500 万元。对美雅迪公司、兆联公司、华联公司等共发放 4400 万元流动资金贷款。贸易融资贷款业务实现零突破。四是做好个人信贷业务。适应现代企业结算需求，保函、银行承兑汇票业务大幅增长。认真贯彻国家宏观调控政策，确保个人信贷业务健康发展。在住房按揭业务方面，通过充实营销队伍，增强稳健发展基础。全年个人住房按揭贷款增长 3994 万元，同比增加 2830 万元，增量在市属县域支行排第二位。五是继续强化服务“三农”意识。将农户小额贷款业务下沉到网点，在进一步扩大服务面的同时，制定“三农”业务发展措施和营销方案，对营销工作实行名单制，责任落实到客户经理、管户人员及网点负责人，增强责任心和履职意识。六是坚持发展与管理并重。着力优化资产结构，稳控资产安全。通过实施核心业务考核和黄牌警告考核办法，加大对网点负责人、客户经理在落实贷后管理方面的考核力度，力促履职意识提高。在下大力气落实对不良贷款清收工作中，支行制订实施一户一策的追收措施，落实人员专责清收，贷款不良率得到有效控制。加大中间业务产品的营销力度。落实中间业务细项指标营销激励措施，包括营销方案的细化、任务到网点到人。七是加强业务产品的宣传推介。先后发起了农银汇理、中海消费等系列基金营销、安心得利系列理财产品营销、理财型保险业务代理等。2011 年个人理财产品累计销售 4065 万元，法人理财产品累计销售 300 万元。八是发展电子银行业务。喜洋洋贷记卡、易卡、公务卡、惠农卡、乐分卡及转账电话、手机银行、手机信使、个人网银、企业网银等业务全面推广。

提高内部管理水平　2011 年是农行系统基础管理提升之年。农业银行佛冈县支行按照上级行统一部署，先后开展系列合规文化建设专题活动。一是建设内控管理工作示范点，加强合规培训。明确以支行营业部、石城支行作为内控建设示范点。制订《佛冈支行操作风险突击检查方案》、《运营主管工作流程》、《佛冈支行柜台运营业务考核办法》等考评指标，加大专业线条检查力度等，细化示范点建设。每季组织运营主管集中学习至少一次，分别举行技能测试、案防落实年网点柜员业务知识培训考核、会计证持证人员再培训、反洗钱培训及测试等。二是狠抓履职意识提高，落实尽职检查制度。在严把“三道防线”工作中，以加大对运营主管业务知识学习培训和考核为突破口，狠抓运营主管队伍建设，力促运营主管履职考核得分有较大提升。切实抓好对信贷 C3 系统、ARMS 会计监控系统核销、反洗钱系统、运营集中监控系统、优质客户签约及有效管户等实时在线监管。严格执行“四项制度”，对重要岗位人员按规定轮换岗等，严防操作风险。三是制定落实考核激励方案。2011 年，先后制定绩效计价方案、业务营销竞赛方案、核心业务考核及黄牌警告实施办法、不良贷款压降方案等，进一步明确网点负责人、部门负责人、客户经理的管理职责。四是落实员工思想排查工作。各网点、部门建立思想排查台账，每季定期报送员工思想变动、大宗经济变动、八小时外交友圈及近期思想表现情况等，实施员工违规积分管理办法，从源头上强化内控管理。五是开展多形式的员工案防教育，包括网点班前班后会的新业务知识学习、组织预案演练、预防职务犯罪教育等，确保内控管理、案防教育取得明显成效，连续 16 年无重大案件发生。

强化企业文化建设　一方面，鼓励员工积极参加各类职称考试、各专业从业资格考试、金融理财师考试，以及法人信贷业务、个人信贷业务、基金业务、保险代理业务等岗位资格考试，不断提升员工素质，员工持证上岗率得到明显提高；另一方面，积极贯彻落实上级行“文化强行”战略，大力开展创先争优活动，涌现一批先进集体和先进个人。2011 年，获市分行奖励的项目有：“瑞兔争辉”第三季度对公业务竞赛第二名，“银鹰高飞”第三季度零售业务竞赛第三名，外汇业务知识竞赛团体一等奖，行歌比赛第二名，趣味运动会团体第二名。网点支部被分行党委评为先进基层党支部。2011 年 5 月，支行成功举办“激情五月、活力农行”第一届运动会。

（冯焕音）

【中国建设银行股份有限公司佛冈支行】　中国建设银行股份有限公司是一家在中国市场处于领先地位的股份制商业银行，为客户提供全面的商业银行产品与服务。主要经营领域包括公司银行业务、个人银行业务和资金业务，多种产品和服务（如基本建设贷款、住房按揭贷款和银行卡业务等）。中国建设银行于 2004 年 9 月 17 日成为股份制商业银行，原中国建设银行佛冈县支行更名为中国建设银行股份有限公司佛冈支行（以下简称：建行佛冈支行）。2011 年内设行长室、综合部，下设营业部、环城分理处。

业务发展　建行佛冈支行坚持“以客户为中心、市场为导向”的经营理念，不断提升服务水平和工作效率，营销能力不断增强，综合竞争力显著提高，进一步巩固网点转型成果，积极发展资产业务，各项业务步入健康快速发展轨道。2011 年末，各项存款余额为 9 亿元，各项贷款余额 2.15 亿元。其中发放小企业类贷款 4742 万元，个人住房贷款 1.6 亿元，个人经营消费类贷款1500万元，发放个人公积金住房贷款2100万元，实现税前利润1014万元。大力拓展负债业务，树立存款为“立行之本”理念。坚持柜面规范化服务，改善服务环境，完善服务设施，并将服务向外延伸。2011年，建行佛冈支行经常组织员工利用休息时间“走进企业、走进社区”，为广大群众提供金融服务，定期到企业驻点接受咨询及柜台以外的业务受理。利用电子银行、自助银行、ATM柜员机等设备，引导客户快速办理业务，尽量减少客户等候时间，多渠道为广大群众提供便捷服务，积极为客户提供全方位的金融服务，以优质的服务拓展银行经营业务。

改善金融服务 建行佛冈支行以网点转型为契机，大力改善金融服务，着力提高金融服务水平。在积极做好代理县财政统发工资及建滔集团等单位代发工资业务的同时，增加单位公积金归集、代扣电费、代扣社保、医保以及其他行政性代收款项，扩大服务范围。2011年平均每月办理代发工资金额超2500万元，比上年增加500万元，增长25%。2011年根据建行总行关于在全国范围内大力整治网点转型，加强网点综合服务能力的要求，将环城路分理处搬迁到振兴中路振兴大厦营业，扩大营业场所。支行营业部和办公室也进行装修翻新，扩大停车场地，改善营业场所，给客户营造一个舒适办理业务的环境。每个网点增设存取款一体机，自助银行终端，以方便广大群众可以随时办理金融业务。另外利用电子银行的优势，引导客户使用电子渠道办理转账、汇款、挂失等非现金业务，减少客户排队等候时间，提高工作效率，方便群众。

内部管理及安全保卫 由于金融行业的敏感性及特殊性，内部管理及安全保卫工作显得尤为重要。按照建行总行、人民银行、银监会、当地政府及有关部门的要求，建行佛冈支行在营业网点的建设上坚决执行、认真贯彻落实省、市分行“安全年”活动实施方案。一是加强对省、市分行“要情通报”、“案件防控工作动态”和“十九条禁令”等文件的学习，不断提高员工安全防范意识；二是落实安全工作责任制，支行与部门、网点层层签订“安全年”责任书；三是加强职业道德教育，引导员工树立正确的世界观、人生观、价值观和荣辱观，不断提高政治思想觉悟，为业务发展保驾护航；四是按规定认真落实检查制度，定期进行各种预案演练，提高安全防范能力，彻底消除隐患，确保各项业务健康持续发展；五是加强对内部审计、安全保卫和会计检查等发现问题的整改落实，对出现违规的员工对照《员工违规行为积分办法》积分，有效控制事故的发生；六是严格执行员工行为排查制度，从源头上堵塞漏洞，化解风险，实现省分行提出的“四无、三降、两到位”的目标。同时，积极配合由公安部门及银监会每年组织的金融安全大检查及综治维稳工作。通过强化内部管理和风险管理，2011年，建行佛冈支行实现“零案件”的内控管理工作目标，并成功堵截数起诈骗案件的发生，配合公安部门抓获犯罪嫌疑人数名。

（范桂松）

【中国银行股份有限公司清远佛冈支行】 中国银行股份有限公司清远佛冈支行隶属中国银行股份有限公司清远分行。内设业务发展部、营业部。2011年度，在上级分行的正确领导下，认真落实“调结构、扩规模、防风险、上水平”的工作方针，努力实现效益、规模、速度、质量的动态平衡，确保可持续发展。12月底，佛冈支行各项人民币存款余额为15330万元。其中：企业存款合计6460万元，储蓄存款合计8870万元；外币存款余额64万美元，各项人民币贷款余额为11869万元，其中零售贷款余额10369万元，中小企业贷款余额1500万元。

负债业务 一是“存款是银行发展的最根本”的理念牢牢地根植在全行员工的心中，把负债业务作为全年的首要工作来抓，领导班子成员以身作则，带头争揽存款，做大存款平均余额，增加存款收入贡献度。二是加强组织领导，实行班子成员分片挂钩督导，深入基

层，加强与员工的沟通，及时掌握信息，为制定工作目标和工作措施。三是积极改善大堂等候区的环境和服务质量，以良好的服务体验来维护和争揽中低端客户。

客户基础 通过对公、对私的客户交叉联动营销，拓宽客户基础，强化支行行长、网点负责人、客户经理、理财经理为主营销力量的多层次全员营销体系，加强外勤攻关力度，为客户提供安全、高效、方便、快捷的服务，赢得客户的认同和信赖，客户基础和规模快速发展。2011 年底，佛冈支行对公账户已达 178 户。电子银行业务发展迅速，截止 2011 年，公司结算账户开立网上银行的比例近六成，个人借记卡账户也有近七成客户在开卡的同时开立网上银行，逐步扩大电子银行的覆盖范围。同时加强绩效考核机制，激发广大员工的工作热情，调动一切积极因素及社会资源，促进客户基础的有效增长。加大中小企业的扶持力度，积极融入地方经济建设，全力支持当地中小企业的发展，为迪美格投放 1500 万的贷款，支持其扩大经营规模，保证其资金流动性。

中间业务 投资理财方面，认真研究佛冈的经济发展，针对佛冈人民的投资理财习惯，为中高端客户推荐相应的理财计划，均得到客户的热烈反响，赢得客户的一致好评。国际结算方面，叙做 583.54 万美元的国际业务结算量，为企业的出口收汇提供完善便利的专业服务。根据监管要求，自 2011 年 7 月以后，对规定可作减免的账户的借记卡年费、小额账户管理费、对账流水等项目进行减免，规范收费项目和收费标准。

“IT 蓝图”上线投产 “IT 蓝图”即中国银行核心银行系统，是 IT 信息科技的最新成果和智慧集成，是“提升核心竞争力，建设国际一流银行”的战略工程。“IT 蓝图”的建设推动中国银行经营模式和管理理念从“以账户为中心”向“以客户为中心”的转变，实现系统版本统一和数据逻辑集中，带来了客户信息集中管理、交易与核算分离、全行一本账、前后台分离、灵活安全的参数控制、操作风险集中管理等多方面的能力提升，实现了国际先进理念与中国银行业务实践的有机融合，探索出一条大型商业银行核心业务系统建设新路，实现中国银行信息科技的跨越式发展。

在清远分行的直接指挥和全体员工的共同努力下，经过数据清理、蓝图培训、四轮数据迁移验证、两轮切换演练、两轮并行演练和一轮投产预演，IT 蓝图在 2011 年 9 月 13 日成功上线投产。

安全保卫工作 开展“职业规范警示教育年”等活动，加强员工安全防范意识教育。通过层层签订责任书、举办专题讲座、召开座谈会及典型案例警示教育等，增强广大员工的责任意识。继续开展员工异常动态排查和家访工作，切实做好风险防控，确保安全运营。定期开展防抢、防火等突发事件的应急演练，提高员工对突发事件的应变处理能力，使每位员工都知道在突发事件发生时自己应做的角色，保证员工和客户的人身、财产安全。通过党建工作和内控保卫工作的认真落实和风险的有效管理，全年实现零案件的内控管理工作目标。

（廖耀熙）

【佛冈县农村信用合作联社】 2011 年，佛冈联社认真贯彻落实国家金融政策和监管要求，以“三农”、中小微企业和县域经济发展为服务重点，大力开展各项经营管理工作，较好地实现发展目标，为联社“十二五”规划开好头、起好步。2011 年经营目标考核排名全省农村合作金融机构一类社的第 3 位，清远市八家农信联社的第 1 位，被省联社评为“2011 年度经营目标考核先进单位”。2011 年末，联社设有管理部门 11 个，营业网点 19 个，柜员机 15 台，全社干部职工 212 人。

加快业务创新，促进经营效益不断提高 坚持以金融创新为手段，以业务发展为目标，不断创新业务品种。一年来，新开办网上银行、手机银行等电子银行业务和“种植乐”、“养殖宝”、“林贷易”、“创业易”、“商贷易”、“农家女金钥匙”、“租贷易”、“惠农三宝”、“联合宝”、“易贷宝”、“宅基贷”、“红

色创业信贷”等贷款品种。通过业务创新，有效促进业务发展，提高经营效益。2011 年末，各项存款余额 26.7 亿元，比年初增加 4 亿元，增长 17.61%，占全县金融机构的 37.12%，比上年末增加 1.39 个百分点；各项贷款余额 17.9 亿元，比年初增加 3.1 亿元，增长 20.9%，占全县金融机构的 55.23%，市场占比上升 0.71 个百分点；存、贷款规模均居全县第一。实现账面利润 2892 万元，同比增加 1160 万元，增长 66.97%；实现经营利润 7323 万元，同比增加 2572 万元，增长 54.14%。依法纳税 1486 万元，比上年增长 72.8%。

推进改革，规范法人治理结构　一是深化流程银行改革。继续优化流程体系、岗责体系和组织体系以及配套的营销机制、运营机制、全面风险管理机制和逐步市场化的薪酬激励机制，加快实现经营战略转型，进一步促进盈利能力、风险经营能力以及市场核心竞争力的提升。二是认真开展股权改造。根据银监部门相关工作要求，认真开展股权改造工作，年末已全面完成将资格股转换为投资股，实现股权结构进一步优化，治理结构进一步规范。

严格信贷管理，提升资产质量　一是严格落实银监会关于开展“三项整治”活动的要求，切实抓好“三项整治”活动相关工作，对排查发现的问题持续跟踪整改。二是加强信贷业务风险防控，贯彻落实银监会“三个办法一个指引”，在授权授信过程中加大授信评级、风险评价和审查审批的把关力度，严把新增贷款的准入关，进一步完善贷款考核细则，强化贷后管理，确保贷款资产质量不断提升。三是严格落实“三查”制度，确保客户资料的真实性和完整性。四是加大不良贷款问责及考核力度，落实不良贷款压降计划，严格控制新增不良贷款。2011 年末，不良贷款占比比年初下降 1.79 个百分点。

加大“三农”和中小微企业的支持力度　为进一步加强支农服务，联社专门成立“三农”贷款专营中心，逐步打造具有专业化、精细化、标准化的“三农”信贷服务，不断提高市场竞争力和社会影响力。同时，积极加强信贷政策与国家产业政策、县域经济发展政策的衔接配合，大力调整信贷结构，对当地经济的信贷投放明显增加，不断加大“三农”和中小微企业贷款的投放力度。2011 年农业贷款余额 12.26 亿元，占全县金融机构的 91.15%。新增涉农贷款 2.53 亿元，占各项新增贷款的 81.76%。新增中小企业贷款 1.92 亿元，占各项新增贷款的 61.84%。小企业贷款余额 8.47 亿元，占各项贷款的 47.25%，比年初提高 1.98 个百分点，同比多增 1.76 亿元，比年初增长 26.18%，比总贷款增速提高 5.28 个百分点。“三农”和中小微企业贷款力度的不断加大，有力地支持地方农村经济的发展，为全县“三农”和中小企业发展作出积极的贡献，充分发挥农村信用社当地金融机构中心地位的作用。2011 年度被省联社评为“服务三农先进单位”。

扎实推进全面风险管理和合规文化建设　积极贯彻落实银监会 2011 年全国农村中小金融机构监管工作会议精神，扎实推进全面风险管理和合规文化建设，组织开展以“抓合规、建机制、防风险、促发展”为主题的“合规文化建设年”活动。修订完善全面风险管理框架和风险管理制度，建立统一、量化、系统的风险管理体系，将全面风险管理纳入发展战略，实现风险管理与经营战略的高度融合，进一步提升风险管理能力。

加强案件防控，建立长效机制　继续“严查严防”，组织开展内控和案防制度执行年活动。进行账外账清理整改“回头看”、银行卡、财政账户、存款风险、清算业务、员工行为、廉洁从政准则等专项风险排查，并严肃排查违法违纪行为，严格责任追究，形成打击违法犯罪的高压态势，使案件防控取得明显成效。营业网点安全合格率 100%，全年没有发生内、外部案件。

（林宗贤）

保险业

【中国人寿保险股份有限公司佛冈县支公司】 认真贯彻省市保险工作会议精神，以省公司提出的“遵循经营规律，加快科学发展”为工作主题，严格遵照“打基础，增效益，保增长，防风险”的工作要求，致力于提高服务水平；大力弘扬企业争先文化；着力搞好团队发展与建设，强化基础管理，加快转型发展的战略步伐，为社会经济发展提供强有力的保障与服务。

主要经营指标 全年实现保费收入为7797万元，同比增长5.8%。其中长期险新单保费3860万元，其中期交保费是1252万元。个险新单期交保费为868万元，完成全年任务的93.9%；银保新单保费为2992万元，完成全年任务的101.4%，其中期交业务为385万元，完成全年任务的76%；短期险业务保费为420万元，完成全年任务的135.4%，其中意外险保费为295万元，完成全年任务的134.1%。全年赔付、给付930万元。其中年金、生存给付678万元；死伤给付127万元；医疗给付125万元。

加强基础管理和团队建设 在抓好增员工作，确保人力规模的同时，重点抓好队伍的基础管理。一是抓纪律，严考勤。实施打“指模”方式，严格按照市分公司的规定执行，严把请假关，并制定会场纪律，确保会场的安静有序进行。二是抓活动量，积累准客户。要求营销人员每天必须保证三至五访，逐级落实拜访日志的检查。三是做好教育培训，提高业务员销售技能和自主经营能力。除了组织参加上级公司的教育培训外，还定期不定期地开展针对性教育培训活动。比如新人衔接培训班、条款学习班、爱心激励班、实战演练提高班以及主管层面的团队经营管理班等。四是做好早会经营，营造良好的早会氛围。早会是业务伙伴获得知识、资讯、激励，疗伤最直接途径。因此要求早会内容要充实而有激情，让伙伴们真正能在早会中学到点东西。五是注重职场文化建设。搞好职场文化建设提升公司的品位，增强公司的凝聚力。

积极倡导企业争先文化 增强团队士气和斗志，倡导“永不言败、勇争第一”的精神，努力打造佛冈第一品牌团队。团队综合素质进一步提高、凝聚力和战斗力进一步增强，促进保险业务发展。个险业务排在全市各支公司之首，团险、银保业务排在全市第三位。

加强诚信教育 开展“诚信我为先”教育活动。6月定为公司诚信教育活动月，每月一次诚信教育进职场，诚信行为已作为业务员信用评级的重要内容。牢固树立“公司为客户服务、领导为员工服务、机关为基层服务、全员为销售服务”的经营理念，率先开通国寿“1+N”服务，开通方便快捷的95519热线电话服务，业务员一对一跟踪服务，理赔、给付等保全业务的承诺服务等。为了让客户更快捷、更方便办理业务，支公司配备大堂经理、协助客户办理业务，另外配置叫号机，免去客户排除等候的麻烦。

加强经营管理 在发展业务的同时，毫不放松对业务的管理与风险的管控。2011年是贯彻总公司的“调结构，增效益，防风险，稳增长”的一年，作为基层支公司既承担业务发展重任，又肩负起防范风险的重托。一是加强法律、法规、制度的学习，做好思想教育。利用各种形式会议和不同的人群开展针对性的学习教育活动。比如，利用早会针对业务伙伴开展《行为规范》、公司制度等方面的学习。利用员工大会组织学习《员工手册》、防范风险知识、新保险法、岗位职责及公司制度等等。二是加强单证管理，堵塞漏洞。单证管理是防范风险的最有效管理办法之一。要求单证管理员严格遵守《单证管理办法》，把好关，做好入库、出库登记和发放核销工作，定期提供单证预过期名单，在早会作提醒。对违规者坚决执行处罚，对经常超期的业务伙伴归入黑名单管理，并限制发放单证。三是加强监

督检查，及时掌控事态发生。规定每月至少一次对柜面人员工作职责进行抽查；对收付费及核算员每周一次现金盘点，确保账实相符，严肃财务制度。一年来没有违法、违规案件发生。四是严把理赔关，力求做到“不惜赔，也不滥赔”，客观公平。

（邓育文）

【中国人民财产保险股份有限公司佛冈支公司】 中国人民财产保险股份有限公司佛冈支公司办公地址位于佛冈县石角镇环城中路360号。2011年，内设机构有：经理室、综合部、业务一部、业务二部、业务三部、专业团队以及汤塘营销服务部，保险员工共18人。一年来，围绕“建功十二五，爱岗做贡献”主基调，坚持以科学发展观为指导，解放思想，深化改革，深入开展“创先争优”、“县域学泊头”活动，促进业务快速发展，全面超额完成保险、利润任务，实现了又好又快的发展。全年为全县各机关团体、企事业单位和个人共提供46.49亿元的风险保障，累计支付各类自然灾害、意外事故保险赔款778.6万元。佛冈支公司荣获2011年度清远市人保财险系统先进集体，广东省人保财险系统2010~2011年度先进集体，经理罗勇华荣获2011年清远市人保财险系统优秀经营管理者称号。

制订发展计划及考核办法 面对市场竞争激烈的现实，积极开展市场调研，分析形势，明确目标任务和努力方向。坚持“以市场为导向、客户为中心”的经营理念，坚持“效益第一”的原则，深化销售改革，实行差异化费率，制定年度发展计划和业务考核办法以及奖罚措施，充分调动员工积极性，促进业务的快速发展。

业务发展 采取积极措施狠抓业务发展，超额完成全年保费任务。一是狠抓续保，确保业务稳定发展。充分认识续保重要性。全面落实续保责任制，任务分解，责任到人，狠抓落实。强化服务意识，实施服务领先，加快万元以下小额赔案理赔速度，车险查勘做到”四个一”，为客户提供优质高效的服务。二是加大公关宣传力度，大力拓展业务增长点。成立由罗勇华总经理任组长的大客户公关领导小组，主要负责人深入公关企业第一线，各部门相互配合，充分发挥PICC中国人保财险的品牌优势，加强对县委、县政府及有关职能部门、主要大客户的宣传公关，争取理解和支持，围绕县招商引资发展经济主战场，大力拓展保险业务。如成功承保省道252线佛冈龙南段改造工程的建筑工程一切险和建筑施工人员意外险，共收保费20万多元。大力发展学平险业务，收保费32.37万元，同比增长17.71%。三是加大新保及脱保业务回流的拓展力度。四是加强销售渠道建设，拓宽业务发展渠道。与各银行信用社建立兼业代理关系，增收保费近40万元。与汽车销售企业如新华贵汽车有限公司佛冈分公司建立代理关系，增收保费24万元。大力发展电销业务。从6月1日起，人保财险车险电销专线电话4001234567开通，任务分解，责任到人，全年完成电销保费94.33万元，完成计划任务138.72%。加快乡镇保险营销服务部建设，2011年1月18日汤塘营销服务部正式营业，促进服务“三农”保险工作的开展。通过以上措施，较好地促进保险业务的发展。2011年完成保费1589万元，完成计划任务100.89%，同比增长20.44%。

政策性能繁母猪保险 继续贯彻落实上级公司关于开展政策性能繁母猪保险的工作要求，充分利用有利政策，大力发展政策性能繁母猪保险。2011年，成功承保温氏集团猪场，承保能繁母猪11196头，保费67.17万元，同比增长49.3%，为全县能繁母猪生产提供保险保障。

政策性农房保险 继续加大政策性农房保险宣传，加大”三农”保险服务力度，大力发展政策性农房保险，2011年承保59155户，收保费49万元，促进农村保障体系建设和社会主义新农村建设。

加强经营管理 开展“促发展、增效益、防风险”合理化建议活动，树立效益第一，实现有效益的发展。一是实行差异化费率。制定发展效益型险种和分散性业务的奖励措施，

促进效益型业务的发展。二是加强承保管理，做好风险防范。开展风险调查，对高风险及进入“黑名单”客户进行调整改造，做好风险评估，严把风险入口关。三是加强理赔管理。服务至上，守信践诺。开展“车险理赔、快速无忧”，坚持“主动、迅速、准确、合理”的理赔原则，科学定损，公正理赔。不惜赔也不滥赔。开展打击虚假赔案专项行动，提高第一现场查勘率，执行查勘定损复查制度。加强对人伤案件的跟踪和医疗费用审核，压缩赔付水分。落实案件追偿，挽回经济损失。经营效益显著提高，完成利润目标任务131.66%。

合规经营　按照“强合规防风险”工作要求，积极开展“依法合规 成就价值”合规文化主题活动，提高依法合规经营和维护保险市场秩序的重要性的认识。严格授权经营，自觉维护统一法人制度。贯彻执行粤保监发〔2011〕78号文的规定，从2011年5月1日起，销售人员持证上岗，确保销售人员的合法性，规范销售行为，确保销售真实性。落实销售费用“跟单支付”、管理费用“同名转账”等管理规定，确保费用“据实列支”。加强营销员管理，做到“两证一合同”，规范手续费支付。严格执行报备条款和费率。积极开展反洗钱活动，做好客户身份识别和风险识别。同时开展普法教育和纪律教育学习月活动，做到学法懂法守法，提高依法合规经营的自觉性，自觉维护正常的保险市场秩序，确保公司保险业务健康稳定发展。

（巫汉辉）

【中国太平洋财产保险股份有限公司清远中心支公司佛冈营销服务部】　中国太平洋财产保险股份有限公司（简称“太平洋产险”）清远中心支公司佛冈营销服务部成立于2004年3月，负责太平洋产险在佛冈县的财产保险业务和管理。主要经营业务范围：车辆保险、企业财产保险，意外伤害保险等。办公地址：佛冈县县城石角镇振兴中路217号。秉承“诚信天下，稳健一生，追求卓越”的核心价值观，以“用心承诺，用爱负责”为服务理念，开拓进取，锐意创新，拓宽服务领域，竭诚为广大客户提供风险保障服务。

业务经营状况　提前3个月完成清远中心支公司下达的指标任务。2011年，清远中心支公司下达佛冈营销服务部的保费任务为530万元。佛冈营销服务部在当年9月已顺利完成清远中心支公司下达的任务。2011年1月1日至12月20日止，完成总保费606.83万元，同比增长61%。其中车险保费268.94万元，同比增长77.4%，非车险保费155.31万元，同比增长34.7%。

保险销售渠道　积极发展保险销售渠道。7月与中国人寿保险公司佛冈支公司成功签约共同承保佛冈县建筑安全责任险。从第三季度起开展电话营销业务，电话营销保费收入14.02万元。

理赔工作　积极响应清远中心支公司快速清理赔案的号召，认真做好索赔咨询、现场查勘、资料收集、赔付反馈等各个环节的工作。理赔工作正常有序，降低了赔案的积压率，提高理赔速度，赢得客户的认可。全年车险理赔赔款63万元，非车险理赔赔款56.15万元。

经营管理　加强车险业务经营管理。车险业务一直以来是整个业务经营中具有举足轻重的地位和作用，必须做大做强，做精做细。继续加快发展车险业务，保持较快的发展速度。同时，严格控制高风险、高赔付的业务，从承保源头抓起，从每一笔业务、每一件赔案、每一个环节掀起，从每一位承保人员抓起，全面提高车险业务经营管理水平，增强盈利能力，使车险成为增收保费和创造利润的骨干险种。强化内部管理。各项工作抓前抓早，摒弃前紧后松的不良工作作风，对全年工作早计划早安排。开展小指标任务劳动竞赛，实行人人有指标任务，并制定奖罚制度。全体员工充分认识到全面完成全年各项指标任务的重要性。认真贯彻落实“提高盈利能力和提高优质业务占比，注重实现优化业务结构为重点”的工作方针，努力提升营销服务部创造最大价值的能力。

（刘新梅）

教　育

责任编辑：邹伯传

基础教育

【概况】　2011年佛冈县有各类各级学校81所，其中幼儿园31所，完全小学33所，初级中学13所，普通高中2所，中等职业技术学校1所，特殊教育学校1所。各类各级学校在校生总人数54927人，其中幼儿园11925人，小学19091人，初级中学14088人，普通高中8086人，中职中技2362人，特殊教育25人。共有教职工3308人，其中专任教师3069人。

【教育改革新规划】　在国家、省、市相继出台了教育中长期发展规划后，佛冈县教育局结合县情实际，于2011年3月制定并印发《佛冈县学前教育三年行动计划（2011—2013）》，2011年4月制定并印发《佛冈县中长期教育改革和发展规划纲要（2010—2020）》，全面部署中长期教育工作，为全县教育持续、科学发展作出新规划、新部署。按照这个部署，2011年佛冈县学前教育发展模式，义务教育均衡发展试点工作及普通高中“扩容促优”工作成效明显，各类教育发展日趋均衡化、优质化、普及化。2011年秋季，全县学前三年儿童入园率为86.67%；小学、初中适龄儿童少年入学率分别为100%和99.3%；三类适龄残疾儿童、少年入学率为100%；高中阶段毛入学率为96.3%。2011年，全县教育系统有关单位获国家级荣誉称号1个，获省级荣誉称号3个，市级荣誉称号1个；全县有13名先进教育教学工作者获得省、市的表彰和奖励。

【教学、教改质量】　在2011年普通高考中，佛冈全县考生上本科线率、上3A线率、总上线率、万分人口上线率继续位居全市前列。全县上重点本科线人数比上年增加55%；本科线以上人数比上年增加30%；第三批A线以上人数比上年增加17.7%。全县共有中考考生3881人，总分平均分为577.8分，比上年提高6.7分，继续位居清远市前列。在全国初中语文、数学、物理、化学等学科竞赛中再获佳绩，共有46人次获得国家级奖励，42人次获得省级奖励，192人次获得市级奖励。在教学改革中，全县中小学独立承担或参与了省级以上立项课题5个，市级立项课题36项，县级立项55项；承担省级以上子课题18个。两项教育科研课题被列为广东省中小学教学研究“十二五”规划重点课题。

【师德师风建设】　佛冈县教育系统2011年评选出十大师德标兵，并在《佛冈报》、佛冈县广播电视台等媒体广泛宣传，将师德师风建设活动推向深入。2011年全县评出的“佛冈县十大道德模范”中，教育系统有3名教师获得此项荣誉。

【教育行风建设】　2011年10月期间，佛冈县教育局组织参加三期由佛冈县人民政府纠风办、佛冈县广播电视台联合主办、佛冈县纪委宣教室协办的“行风热线”上线直播节目。11月参加由清远市人民政府纠风办、佛冈县人民政府、清远市广播电视台联合举办的“行风热线进社区”接访活动，倾听群众呼声，解决群众反映突出的热点、难点问题，展示佛冈教育行业良好形象。

【学校安全工作】　佛冈县2011年校舍安全工程整体推进顺利，开工率100%，竣工率90.43%，达到清远市制定“年底竣工率达90%”的目标。全县学校加大消防、食品卫生的排查和整改，积极消除安全隐患。全年，全县无一例校园、校车安全责任事故。

（黄光飞）

县城中学简介

【概况】　佛冈县上规模的普通高中是佛冈一

中和佛冈中学。两所普通高中均是国家级示范性高级中学，担负全县培养和输送高等教育合格新生的重任。县城有初级中学两所，为城东中学和城北中学。

【佛冈县第一中学】 佛冈县第一中学2011年有76个教学班，学生4008人，教职工289人。有专任教师248人，其中硕士研究生3人，高级教师56人，一级教师112人，先后有50多人次获国家、省、市级优秀教师、教坛新秀等称号。

校园建设加快　2011年，佛冈一中校园面积从原来的8万平方米扩大到17万平方米。通过政府投入、银行融资、学校自筹等途径投入4000多万元，建起了信息技术大楼、实验楼、教学楼、学生饭堂、学生宿舍、教师周转房等，校园布局合理，亭台楼宇错落有致。400米8跑道标准田径运动场，新建、改建后的篮球场、羽毛球场，为全校师生提供了锻炼身体、增强体质的场地。校园内绿树成荫，环境幽雅，是师生治学修身的好地方。

设备设施完善　教学设备设施不断完善，现代化水平逐年提高。配备了5间电脑室，2间课件制作室，1间电子阅览室，3间高考英语口语试室。建成了校园网，网络连通所有办公室及主要功能室，多媒体教学平台全部进教室，添置大量实验器材，设备设施能满足日常教学需要。

办学水平提高　2011年，佛冈一中在继续办好“广东省一级学校”、“广东省现代教育技术实验学校”、“固本强基工程”市级示范点、“广东省教学水平优秀学校”的同时，紧紧围绕“培养和谐学生，造就和谐教师，创建和谐校园”的办学目标，以“团结、务实、创新、拼搏”的作风严谨治校，形成“务实创新、校风优良、质量优秀、环境优美”的特色，学科竞赛硕果累累。累计获国家奖励103人次，省级奖励201人次，市级奖励342人次。高考成绩稳中有升，升学率均在90%左右。

（曾庆文）

【佛冈县佛冈中学】 佛冈中学2011年有70个教学班，在校学生3691人，有教职工275人，其中专任教师224人。2011年高考，上线率再创新高，其中重点本科28人，普通本科以上228人，进入省大专A级413人，为佛冈县高考成绩继续领跑全市作出贡献。

基础设施建设　到2011年，佛冈中学的教室、计算机室、语言室、历史、地理室、图书阅览室等各类功能室的建设已基本完成，达到上级教育部门的要求，满足全校师生教与学需要。学校图书馆现有藏书136300册，电子读物7万多册。2011年，佛冈中学又投入450万元兴建一座六层高的学生宿舍大楼。

明确办学理念　佛冈中学领导班子对照党的教育方针，结合本校实际，明确完全高中学校主要任务是为高等教育输送合格新生，为社会主义建设培养优良劳动后备力量。在这个办学理念指导下，积极创造和谐教学环境，团结鼓励广大教师钻研教学，努力奉献；教育激励学生思想上进，发奋学习。坚持“让每一个学生都得到最大发展”，以“沧桑砥砺八十载，薪火传承谱新篇”为主题，规范学校多项工作。转变教育观念，树立创新意识，提高教师整体素质，确立良好校风，树立严谨教风，深入开展新课程教学，全面提高学生素质，学校教育教学工作迈上一个新台阶。

教学双长，全面提升　佛冈中学2011年全校师生参加各类竞赛和评比获奖人次多、档次高，获得全国奖23人次，省级奖123人次，市级奖101人次，在清远市名列前茅。梁义明校长被评为清远市模范教育工作者，教师刘荣毅荣获广东省教育系统优秀共产党员称号；林艺燕同学获2011年度广东省宋庆龄奖学金；林艺燕、朱伟星等4位同学获全国高中学生化学素质和实验能力竞赛一等奖；徐艳梅等4位同学获全国基础教育英语综合能力竞赛三等奖；谢连强、黄少卿等8位同学获清远市高中数学竞赛一等奖；黄少卿同学获广东省高中数学联合竞赛一等奖；广东省第三届中学地理奥林匹克竞赛，佛冈中学获高中组团体一等奖。

佛冈中学党支部被中共佛冈县直属机关工作委员会评为先进基层党组织。物理科组《整合各种版本资源用活粤版物理教科书的研究》课题被评为广东省中小学教学研究“十二五”重点课题。

（肖庆新）

【佛冈县城北中学】 城北中学2011年有教学班46个，学生2340人，教职员工168人，其中广东省南粤优秀教师1人，清远市模范教育工作者2人，清远市教书育人优秀教师1人，广东省骨干教师2人，清远市骨干教师19人，广东省名班主任1人，高级教师2人。2011年，城北中学围绕“教学生成人，育学生成才”的办学理念，开展教学工作，学生在形式多样的学习活动中，在丰富多彩的艺术氛围中健康成长。

基础设施建设 城北中学占地面积4.2万平方米，建有音乐舞蹈室、荣誉室、禁毒宣传室、理化生实验室、电脑室、电子阅览室、课件制作室等功能场室；有200米环形跑道田径场、篮球场、羽毛球场、乒乓球台、活动室等运动场所。2011年10月扩建一幢“伍建民教学楼”。图书室有藏书62000册，电子读物36000册，教学设施完全能满足初级中学德智体美等教学活动的需要。

注重提高教师素质 2011年，城北中学全体教师树立科学发展、规范发展、和谐发展的理念，切实增强忧患意识，责任意识和发展意识，进一步解放思想，务实求真，锐意创新，学校为每一位教师创造学习锻炼机会，提供再学习，再培训的广阔空间。采取走出去请进来的方式，组织全校任课教师参加省、市、县各级部门开展的课堂教学培训活动。组织青年教师参加各种基本功学习和竞赛，参加佛冈县教研室组织的送教下乡活动和开展“班主任主题班会说课比赛”。数学科参加佛冈县2011年初中数学青年教师基本功比赛获团体一等奖，生物科参加县青年教师基本功比赛获一等奖。2011年度，黄翠容老师被选为佛冈县“十大师德标兵”，并被评为清远市教书育人优秀教师；5人被评为优秀教师；4人被评为佛冈县优秀班主任。

育人活动丰富多样 城北中学是广东省中学生毒品预防教育活动示范学校，同时又是佛冈县预防青少年违法犯罪教育活动示范学校。佛冈县法制教育部门利用这一法制教育阵地，开展形式多样的法制教育活动。派出所同志进入课堂，结合各个班不同特点开展生动的法制知识教育，用生动鲜活的案例对学生动之以情晓之以理，增强守法意识。部分学生参加县依法治县办公室组织的“法制楹联大赛”，参加由省教厅组织的中学生“禁毒海报”征稿活动，全校同学参加“法纪与我同行”校园文化艺术节并参观县戒毒所和禁毒基地。定期开展素质教育主题活动，如“学雷锋月”、“读书月”、“传统文化月”、“感恩月”及各个节日纪念活动；健全学生社团组织，办好文化宣传阵地，举行书画展、文化艺术等活动，营造积极向上、和谐健康的文化氛围；进行消防、军训、安全用电、防火、预防地震的演练，提高安全意识，使学生在活动中受到教育启迪。继续开展阳光体育活动，举行校运会、篮球赛等活动，增强学生身体素质。2011年组织参加县第三届书法、绘画比赛获得好成绩，2位同学获得二等奖，5位同学获三等奖；10月学校合唱队参加佛冈县第一届合唱比赛获一等奖；11月学校篮球队参加县中学生篮球赛男女子双双夺冠。

办学成绩喜人 2011年中考再获佳绩，各科平均分、总分、高分段人数、上线率均名列全县前茅；学生参加各学科竞赛成绩优异，有6人次获全国一等奖，4人次获全国二等奖，4人次获全国三等奖，26人次获市级奖。

（黄翠容）

【佛冈县城东中学】 2011年，城东中学有50个教学班，在校学生2354人，教职员工175人，专任教师167人，高级教师8人，一级教师117人，省市模范教育工作者3人，名班主任3人。城东中学围绕“德育为首，教育为本”核心，着力“促教研，保质量，促和谐，保安全”。深化学校内部管理，发展教育内涵，强化师德师风建设，办人民满意教育，创成绩优异学校。

完善校园建设　2011年，城东中学校园建设已具规模，学习、活动、生活三区分开，各种软、硬设施设备已基本满足教学和生活需要，办学条件日趋完善，创造文明、舒适的育人环境。为了实现环境育人的理念，城东中学把近校门的桉树林改建成“廉和广场”，用以开展“廉政文化进校园活动”，并通过县“廉政文化进校园活动”模范试点验收，获得“廉政文化进校园活动”模范试点单位称号。

抓好师资队伍建设　一是完善各项规章制度，使各项工作有章可循。通过完善教师队伍日常管理机制，级组工作由分管领导管理，平时工作由级组管理，课堂教学工作由备课组和教研组管理。二是安排有益教师身心健康的活动。2011年4月30日，城东中学开展庆党90周年活动，在篁胜国际温泉酒店国际会议厅举办教师文艺晚会。晚会节目由各年级教师自编、自导、自演，整场晚会精彩纷呈，高潮迭起，为教职员工提供了一个展现自己的文艺大舞台。同年10月，组织教职工篮球赛，使教职工身心得以放松，以良好的身体和心态来担负教学重任。三是创新班主任培养模式，开展“班主任专业能力大赛”。比赛内容有“教育故事叙述”、“主题班会设计”、“情景答辩”、“才艺展示”四部分。经过2个月角逐，得出总平均分前三名：刘菲菲、陈杰嫦、周煜梅。“班主任专业能力大赛”促使班主任快速成长。四是鼓励教师参加各种有益于自身提升和发展的学习、培训。城东中学派出五位教师参加清远市学科骨干教师培训；2人参加2011年中小学教师跟岗学习；4人参加省实验教师、计算机管理员培训；林燕萍参加广东省外语教学专业委员会第七届第一次学术年会；一批英语、数学、地理教师到清远、英德与学科专家面对面学习、交流；所有教职工都安排参加了教育系统开展专业技术科目培训的活动。2011年，钟国强被评为县教育系统争先创优活动十大师德标兵；范桂景、招洁、张靖斌、张北清、刘飞燕被评为县优秀教师；曾雪莲、冯伟胜、罗仕举、张德明被评为县优秀班主任。

重视德育工作　城东中学十分重视在校学生德育工作，经常组织开展各项专题教育活动，不断提高学生的思想道德素质，呈现出“守纪、求实、自信、和谐”良好校风。一是利用“国旗下的讲话”，不断加强学生的理想前途教育；二是利用平时集会和星期一主题班会，加强学生诚信、爱国、防毒、防网瘾、做文明中学生的教育；三是利用广播、宣传栏等形式不断加强学生的法制教育，增强学生守法意识；四是分层次召开学生座谈会，推进后进生转化工作；五是利用校讯通、家访、家长意见反馈表等，不断加强学校与家长的联系。

致力教研多出成果　2011年3月，佛冈县教育局评选出一批优秀教学教研论文，城东中学有31篇教学教研论文获县优秀论文奖；林燕萍老师的新目标英语九年级教学设计在英语周报（国家二级报纸）2011年第20期发表；曹小梅老师的教学论文《初中语文教学的有效途径》在省级报纸《中学生报》发表；罗成集老师的数学课堂教学论文获广东省中小学第四届教育创新论坛二等奖。林燕萍的英语教学作品《语法复习：宾语从句》荣获全国二等奖；刘会爱的中学历史课例交流评比获省优秀奖；冯丽英、宋丽萍参加青年教师基本功比赛，获县二等奖；10月，黄达理老师获清远市第十九届青年教师基本功比赛中学美术学科三等奖；11月，刘菲菲获县数学解题比赛三等奖、说课比赛一等奖、总成绩一等奖；陈少梅获县说课比赛一等奖、总成绩一等奖；冯莲金获解题比赛一等奖。

学生学习竞赛成绩突出　2011年，城东中学学生各科竞赛成绩突出。参加全国数学知识竞赛的曹健文、黄嘉敏、柳晶晶三位同学，获全国数学比赛一等奖，刘志坚、欧阳柱锟、钟锐明获二等奖，范钦豪、钟贵华、周楚、何嘉源获三等奖。谢智灵、邹鑫获清远市数学竞赛三等奖。朱豪富获县数学竞赛一等奖，邓丹杰获县三等奖。参加全国化学竞赛，也成绩喜人。曹健文、刘志坚获省一等奖，罗志光获省二等奖；许膑获市一等奖，郑航、钟贵华获市二等奖，柳晶晶、钟建明、冯洛杰获市三等奖；何晓茜、钟明锐获县一等奖，何嘉源、欧阳柱锟、李玉琼获县二等奖。县举办的书法比赛、绘画比赛等，也取得优异成绩，书法比赛一等奖3人，绘画比赛一等奖1人，二等奖2人。

中考取得良好成绩　2011年九年级中考成绩总平均分611分，居全县前列。普通高中正取上线率86%，居全县前茅。曹健文、黄家安同学以794.5、785.1分摘取全县中考第一、二名。全县中考前十名考生中，城东中学有4人，实现学年“中考再创辉煌”的目标。

档案管理　为实现档案管理工作制度化、标准化、现代化，提高档案科学管理水平，为教育教学工作服务，城东中学成立专门领导机构，设置专门档案室，配备档案工作人员，开展专兼职档案员业务培训，加强档案综合管理制度建设，收集、整理办校以来的档案资料，按规范档案资料开展编研工作，为各年级各科组利用档案服务教学提供方便。2011年5月通过省特级档案综合管理验收，成为佛冈县第一批省特级档案综合管理学校。

（曹小梅）

职业教育与成人教育

【概况】　佛冈县职业技术学校与佛冈县教师进修学校、佛冈县广播电视大学合并以后，设南北两个校区，校园占地面积39968平方米，校舍建筑面积22279平方米，有实验实训室24间，多媒体综合电教室5间，电教平台9套，图书馆藏书48000册，建立了校园网及远程教育网站。学校有教职工152人，负责全县职业教育和成人教育。学校通过省评估，成为省幼儿园园长培训基地的县级单位。

【职业教育】　办学宗旨及办学形式　佛冈县职业技术学校的校训是“为了将来，做好现在”，办学理念是“以服务为宗旨，以就业作导向，以质量求发展，以特色铸品牌”，办学宗旨是“一切为了学生，一切服务于学生，让学生成才，让家长满意，让社会放心”。办学形式以全日制为主，同时设有业余班，更好地满足佛冈县人民群众对职业教育的不同需要。

加强硬件建设　2010年至2011年，佛冈县职业技术学校投资756万元，新建6698平方米的实训大楼，并投入576万元购进各种机械加工设备和实训设备，为提高学生的实操水平奠下坚实的物质基础。职校每年都投入5万~6万元，购入实训实操教学工件设备，完善学生的实训条件，使其扎实掌握实际操作技能。

技能培训成绩喜人　佛冈县职业技术学校大力加强实践性环节的教学，实训操作率达96%以上，学生双证率达93%。2011年，佛冈县职业技术学校参加清远市第3届学生技能竞赛，在“手工会计、点钞、翻打传票”项目中，李玉桃、曹华珍获二等奖，何润清获三等奖；“制冷与调试”项目，黄振宇获三等奖；“车工”项目，邓锐斌获三等奖；“钳工”项目，张杰强、朱家艺获三等奖。2011年12月参加清远市中等职业技术学校第五届技能竞赛，2人获得二等奖，5人获得三等奖，12人获得优秀奖。

创新订单式教学　2011年，佛冈职校与广东翔实通信有限公司、广东（顺德）美的家电制冷集团、广东顺德顺纺纺织集团联合办班，签订培养合同和学生就业安排协议，实现工学同步，保证了毕业生的就业。职校通过多种形式，建立稳定、有序、灵活的就业渠道和网络，毕业生就业率每年均达到98%。实施终身就业指导服务工程，免费持续为学校历届毕业生联系就业单位；坚持工学结合、校企合作的办学方式，争取毕业生能成为企业的未来职工。

开展教育扶贫　为更好地保障学生顺利完

成学业，学校采取多种途径，给予学生经济补助：为在校学生申请国家助学金；对特困学生减免学费；推行勤工俭学，组织到对口企业做暑期工和寒假工，使学生技能得到训练的同时获得经济收入，减轻困难学生的家庭经济负担。

劳动力双转移培训 2011年，佛冈县职业技术学校送教下乡，采取学校、村委会和实操企业联合办班的培训形式，创新培训渠道。陆续举办叉车、起重工、焊工、车工、钳工、维修电工、家庭服务人员、计算机操作员、服装车缝工、中式烹调师、涂装工、金属木工玩具制作工、布绒玩具制作工等多种培训班，培训各类人员共7629人。帮助农村富余劳动力掌握一定的实用技术，为佛冈县农村富余劳动力的转移就业、为农民的脱贫奔康作出了贡献。

【成人教育】 *办学规模* 2011学年度有28个班，在校生912人，其中本科6个班，共204人，专科22个班，共708人。本科开设法学、公共事业管理（教育管理）、会计学、金融学、数学与应用数学（师范）、行政管理、英语（师范）、人力资源管理、计算机科学与技术、汉语言文学教育（师范）10个专业，专科开设法学、会计、行政管理、计算机信息技术、商贸英语、学前教育6个专业。

办学形式及机构 专科教育，有业余、全日制；本科教育，有业余、远程教育。专科学历教育由广播电视大学举办，本科学历教育由教师进修学校和华南师范大学网络教育学院联办。

大专学历与本科学历教育 2011年，大专学历开设行政管理、会计、计算机信息技术、商贸英语、学前教育5个专业，22个班，在校生708人，毕业生137人。教师进修学校本科学历与华南师范大学网络教育学院继续联合办学，在校学生204人，毕业生196人。

加大教师进修培训 佛冈县教师进修学校履行职责，根据上级有关文件，对广大教育工作者进行各项培训。2011学年，举办佛冈县教学资源建设及应用培训班，结业150人；小学英语教师转岗培训班，结业31人；专业技术人员公需课、专业课培训班，结业3287人；佛冈县教育技术中级培训班，结业106人。

（何剑萍）

学龄前教育

【概况】 2011年，佛冈县共有幼儿园31所，其中公办幼儿园1所，部门办幼儿园11所，民办幼儿园19所。全县学前三年幼儿总数为11493人，已入园幼儿9961人，学前三年幼儿入园率为86.67%。有省一级幼儿园1所，市一级幼儿园4所，县一级幼儿园3所。

【农村学前教育】 佛冈县教育系统因地制宜，利用农村中小学布局调整后闲置的校舍、校产等教育资源办园办班，让农村幼儿享有接受学前教育的机会，努力提高农村幼儿入园入班率。2011年，全县投入810万元，利用中小学布局调整后闲置的校舍改建、扩建幼儿园11所。

【创办县直属小学附属幼儿园】 为解决县城幼儿入园难问题，佛冈县教育局鼓励县直属小学利用县城及周边学校布局调整后的闲置校舍和超编教师创办附属幼儿园。2011年底，5所县直属小学有4所已办成附属幼儿园，增加县城幼儿学位1400多个，有效扩大县城学前教育资源。

【加强学前教育队伍建设】 佛冈县教育局坚持公办、民办幼儿园全面发展理念，开展培训、讲座、教师论文评比、优秀课评比等活动，给予民办幼儿园教师同等参与机会，确保全县学前教育队伍素质的提高。2011年，全县公办幼儿园有教职工84人，其中专任教师

81人（本科学历36人，大专学历39人，中师学历6人）。

加强幼儿园园长培训　2011年，全县选送54位正、副园长到江门市参加广东省幼儿园园长上岗培训学习。通过举办全县幼儿园园长论坛、园长外出参观学习、园长沙龙活动等途径，不断提高园长的综合素质和园务管理能力。

加强幼儿教师培训　鼓励和支持幼儿教师参加学历进修。通过组织开展培训班、公开课观摩、优秀教育活动评选、教育案例评析、送课下乡等活动，全面提高幼儿教师队伍的专业水平和能力。2011年，佛冈县教育局举办2期学前教师培训班，有310人次参加培训；与清远市家政家缘培训学校联合举办2期保育员培训班，有172人次参加培训。此外，佛冈县教育局还通过转岗培训，在其公办教师身份和待遇保持不变的情况下，将131名小学超编教师转到幼儿园任教。

【突出学前教育特色】　坚持德育为首，全力实施素质教育，防止和纠正幼儿园教育“小学化”倾向。注重从本地实际出发，充分挖掘和利用农村丰富的自然和社会文化资源，开展富有本地特色的幼儿教学课程。利用树叶、野花、竹子、木头等废旧物品等布置幼儿园环境和制作玩具教具，让幼儿从小受到保护环境的熏陶；利用宽阔的校园开辟种植园，组织幼儿种植有叶蔬菜、南瓜、玉米、番薯等农作物，学习绿色植物种植知识；利用传统节日，组织幼儿开展做艾糍、包粽子等活动，让学前儿童学习传承民族传统文化。全县学前教育特色日益凸显，幼儿素质明显提高。佛冈县教育局检查评估小组对全县34所民办幼儿园办学情况进行检查，年检合格的33所，占97.1%。此外，全县还有国家级学前教育课题1个，省级课题2个，获省级奖励优秀课例4个。

（黄光飞）

科学技术

责任编辑：李阳光

科技与知识产权

【概况】 2011年，佛冈县大力实施科教兴县战略，开展科技知识普及。强化企业技术创新，推动高新技术产业和民营科技企业发展。开展专业镇技术创新试点工作，提高企业自主创新能力，增强区域科技创新能力和综合竞争力，推进全县经济社会全面、协调、可持续发展。

【参加全国县（市）科技进步考核】 佛冈县参加国家科技部组织的2011年全国县（市）科技进步考核工作。佛冈县被国家科学技术部评为2011年全国县（市）科技进步考核科技进步先进县，郑中化、刘伟平、郭庆文被评为2011年全国县（市）科技进步考核先进个人。

【组织申报科技计划项目】 申报省级科技计划项目 2011年，标旗磁电产品（佛冈）有限公司的《高性能镍铜锌软磁铁氧体新材料》项目、方舟（佛冈）化学材料有限公司的《γ-缩水甘油醚氧丙基三乙甲氧基硅烷在水性涂料上的应用》项目等申报广东省科技型中小企业技术创新专项资金项目，获得立项经费40万元。广州新菱（佛冈）自控有限公司的《一种控制球阀》、《高精度流量自动平衡装置》2个专利，申请美国和欧洲外国专利，获得省资助向国外申请专利专项资金14万元。

组织申报市科技计划项目 2011年，标旗磁电产品（佛冈）有限公司的《高性能镍铜锌软磁铁氧体新材料》项目、方舟（佛冈）化学材料有限公司的《γ-缩水甘油醚氧丙基三乙甲氧基硅烷在水性涂料上的应用》申报清远市科技型中小企业技术创新专项资金项目，获得立项经费40万元；广州新菱（佛冈）自控有限公司被清远市评为清远市知识产权优势企业，获得奖励资金5万元；佛冈县振兴小学申报为清远市中小学知识产权教育试点学校，获得项目资金3万元；广州新菱（佛冈）自控有限公司的《一种控制球阀》申报清远市专利技术实施计划项目，获得立项经费8万元；广州新菱（佛冈）自控有限公司申报清远市创新型试点企业专项资金项目，获得立项经费20万元；县人民医院申报市级自筹经费项目有《昏迷患者气管切开后非机械通气气道湿化的临床研究》、《舒芬太尼与不同静脉麻醉药配伍顺式阿曲库铵对眼内压影响的临床研究》、《改良式侧脑室联合腰大池持续交替引流在脑室出血中的应用》等3个。

【科技成果立项和科技奖励】 科技成果鉴定和成果登记 2011年，佛冈县有4个项目进行成果鉴定和登记，分别是：佛冈县人民医院《宫内感染与早产儿脑损伤的关系》、《膀胱压监测在重症胰腺炎肠内营养中的关系探讨》、《益气补肾化痰祛瘀法对缓解期慢阻肺并肺心病患者生存质量的影响》、《载脂蛋白B与高脂血症合并非酒精性脂肪肝病的关系探讨》。

科技奖励 2011年，佛冈县组织相关项目申报市科技进步奖，佛冈县人民医院的《宫内感染与早产儿脑损伤的关系》项目获得清远市科技进步二等奖，《膀胱压监测在重症胰腺炎肠内营养中的关系探讨》、《益气补肾化痰祛瘀法对缓解期慢阻肺并肺心病患者生存质量的影响》、《载脂蛋白B与高脂血症合并非酒精性脂肪肝病的关系探讨》等3个项目获得清远市科技进步三等奖。

【高新技术企业】 广东博华陶瓷有限公司被认定为高新技术企业，3家高新技术企业参加复审并获得通过。2011年，佛冈县有高新技术企业7家（佛冈国珠吹瓶设备有限公司、广州新菱（佛冈）自控有限公司、约克广州空调冷冻设备有限公司、佛冈建滔实业有限公司、广东国珠精密模具有限公司、佛冈县佳特金属有限公司、广东博华陶瓷有限公司），占清远市高新企业的18%。2011年佛冈县高新技术企业工业总产值41.16亿元，产品销售收入370.61亿元，实际上缴税费总额1.5亿元，从业人数3086人。

【高新技术产品】 佛冈建滔实业有限公司的高延展性电解铜箔、8~18微米锂电池负极载体用电解铜箔、“无铅”无卤覆铜板用高性能上胶铜箔等3个产品获得国家认定为高新技术产品。

【民营科技企业】 2011年佛冈县民营科技企业实现工业产值3.41亿元，产品销售收入3.21亿元，实际上缴税费总额0.12亿元。

【科技宣传活动】 一是利用金科网、农业信息网宣传科技政策和科技项目的管理、申报程序。二是利用广播电视、报刊等宣传媒体宣传依靠科技进步发展经济和有关科技知识。三是精心组织“科技进步活动月”活动，开展科技咨询、科技讲座和送科技下乡等活动。四是结合“世界知识产权日”、“防震减灾宣传周”，加强宣传知识产权保护和防震减灾基本知识。

【科技培训】 搞好科学技术培训，提高全民信科学、学科学、用科学的科技意识，推动全县的科技进步。结合农村实际情况和科技计划项目实施，采取集中办班、现场培训、印发资料等方式，组织县内农业专家、邀请大专院校科研院所的专家教授到生产一线开展技术培训，举办培训班50期。结合科技项目的实施，组织专家教授和农民技术员到现场具体指导，使农民听得懂、看得见、用得上，受到群众的普遍欢迎。

【知识产权项目】 2011年，广州新菱（佛冈）自控有限公司获得“广东省资助向国外申请专利专项资金”项目、清远市知识产权优势企业、清远市专利技术实施计划项目等多个项目立项，获得项目经费资助。佛冈县振兴小学申报成为“清远市中小学知识产权教育试点学校”。2011年佛冈县申请专利53项，其中发明专利11项，实用新型专利32项，外观包装专利10项；授权专利47项，其中发明专利1项，实用新型专利35项，外观包装专利11项。

做好知识产权的宣传、指导工作。到企业调查研究，了解企业的技术开发、技术创新、专利技术实施、专利产品减免税申报等情况，为企业提供服务和支持；召开知识产权讲座和培训班，发放专利知识资料等形式向社会各界宣传知识产权知识。

【防震减灾】 2011年，佛冈县完成地震安全农居示范工程建设项目验收，开展防震减灾知识宣传讲座，接受培训人员100多人，发放宣传资料200份。协助完成“广东数字强震动台网—佛冈观测站”设备仪器安装，确保顺利开展观测工作。组织、协助佛冈县高年级学校开展地震应急演练，进一步提高在校学生的防震抗震应急知识。

（郭庆文）

科技普及工作

【概况】 2011年，佛冈县科协紧紧围绕全县的中心工作，积极推动《全民科学素质行动计划纲要》的实施，开展农村党员、基层干部科技素质和创业青年培训，开展科普和学术交流活动，加强学会建设并提高学会服务社会的能力，全年科技普及工作任务圆满完成。

【推进《全民科学素质行动计划纲要》实施】 把执行《科普法》与贯彻《全民科学素质行动计划纲要》精神结合起来，遵循“政府推动、全民参与、提升素质、促进和谐”的方针，围绕全县公民科学素质建设目标，广泛动员更多的社会力量参与科普。一是结合本地实际贯彻实施《纲要》，加强领导，构建体系，拓展阵地，积极推进，全县人民的科学素质有明显的提高。二是开展科普活动。全县开展科学素质的主题科普活动6次，参加科普活动科技工作者133人次，观众人数为3万人次。三是开展科普宣传。发放科普挂图450张，发放科普读物1028册，全县78个科普画廊每月更换一次科普挂图，结合计生医疗、种养业等工作开展科普宣传。科普技术专题由县电视台在每月的逢6、16、26晚播出，在7、17、27晚重播，为提高全民科学素质服务。

【农村党员、基层干部科技素质培训】 一是认真组织实施县委组织部印发的《2011年农村党员、基层干部科技素质培训计划》，举办种养技术培训班。全年举办各种技术培训班84期，培训人数6370人次，其中党员3098人次。二是发放技术资料。发放水果类、养殖类、家禽类、水产类、蔬菜类等技术资料68970份（册），并订阅由省委组织部、省科协编印的《广东农村实用技术》每月85册作为辅导教材送到农民手中。三是培养种养科技能手。通过培训学习，广大农村党员、基层干部和专业户普遍掌握2~3门实用技术并应用到生产实践中，依靠科技带领群众发展农村经济，涌现出一批种养科技能手，提升农产品的科技含量，促进农村经济结构的调整和农业产业化的发展，收到良好的经济效益。四是发挥农业技术协会作用。如汤塘镇农业技术协会其中竹山粉葛协会，带动农户350户，种植粉葛面积550亩，竹山粉葛总产量600吨，产值达到240万元。

【基层科协组织和学（协）会调研工作】 县科协领导班子多次对全县各学（协）会工作开展调研，指导各学（协）会改革。基层科协组织和学（协）会加强自身建设，增强服务能力，进一步探索建立适应社会主义市场经济体制，努力把基层科协组织和学（协）会组织建设成充满生机与活力的创新型、学习型、服务型团队。在巩固其组织建设、制度建设和活动建设的基础上，进一步挖掘亮点，突出特色，争取基层科协组织和学会改革工作有新进展。

（黄穗明）

社会科学

责任编辑：谢春江

综　述

佛冈县没有社科联工作机构，只成立了佛冈县社科工作领导小组，由县委宣传部领导和相关部门负责人组成，统揽全县的社科工作。社会科学工作具体由县社科工作组和县史志办承担。

佛冈县党史、地方志工作由佛冈县志办公室负责，为县委直属的正科级事业单位，归口县委办管理。主要负责组织、指导、督促和检查县地方党史、县地方志工作，拟定县地方党史、县地方志工作规划和编纂方案，组织编纂县地方党史、县地方志、综合年鉴，征集、研究、整理、保存县地方党史、地方志文献和资料，依法保护、合理开发、科学利用史志资源。

2011年，佛冈县社科工作紧紧围绕县委、县政府的中心工作，积极开展社科研究、社科宣传、社科普及等各项工作，取得了较好的工作成效。

县史志办深入学习贯彻中共中央《关于加强和改进新形势下党史工作的意见》和国务院《地方志工作条例》等史志政策、法规，继续探索实践“紧贴党委政府为科学决策服务，紧贴经济社会为发展大局服务，紧贴人民群众为传承文明服务”的发展思路，认真履行职责，开展史志编修，盘活史志资源，服务经济社会发展，取得显著的成果。2011年全年出版的史志书籍5部共260多万字。在县委召开的庆祝中国共产党成立90周年暨表彰大会上，县史志办作为全国党史系统先进集体，受到县委、县政府的表彰奖励。七一前夕，县史志办党支部被评为清远市先进基层党组织，受到市委的表彰奖励。县史志办编纂出版的《红色丰碑》和《中国共产党佛冈县组织史资料》第二卷以及指导、协助编纂的《佛冈县国土资源志》，于4月分别荣获清远市哲学社会科学优秀社科成果（政府）奖学术著作类三等奖；县史志办主任谢国球撰写的《论佛冈广府围屋的文化特点及其开发》获学术论文类二等奖。

（陈世定、钟榕斌）

史志编研规划

2011年，县史志办拟制出《佛冈县2011~2015年史志工作规划》（简称《规划》）。《规划》明确“十二五”期间史志工作的指导思想、总体目标、主要任务以及保障措施。在工作任务中，党史工作任务有5个方面16项工作，地方志工作任务有7个方面共17项工作，编纂出版的史志文献资料计划超过1000万字。《规划》经县委、县政府批准并由县委办、县府办联合印发给各镇党委、政府，县直副科以上单位和省市直管单位。县史志办按《规划》要求认真组织实施，并如期完成2011年工作任务。

（钟榕斌）

党史资料征集和研究

【《中国共产党佛冈县历史》第二卷出版发行】《中国共产党佛冈县历史》第二卷的编著工作经过近五年的努力，经历拟制篇目、收集资料、分工负责编写，组织对初稿进行评议、请省市党史部门审查、编委会议对送审稿进行审查验收等程序，最后经县委审定批准。该书于2011年1月由中共党史出版社出版。

【《佛冈革命史迹通览》编辑出版】 2011年上半年，县史志办利用革命史迹普查成果编辑出版《佛冈革命史迹通览》一书。该书收录的资料以史实为依据，达到客观真实。收录的每处革命史迹，均有文字叙述及照片，图文并茂，全面记述全县革命史迹的情况。该书作为佛冈县党史资料的参考读本，为全县党史宣传教育工作服务，向中国共产党90周年华诞献礼。

【党史宣传教育】 一是县史志办与县委组织部、县委宣传部、县教育局、团县委联合发出《关于转发在党员、干部、群众和青少年中开展中共党史学习教育的通知》文件，要求广泛开展中共党史学习、宣传教育。二是利用报刊、电视等媒体开展党史宣传教育。七一前后，撰写介绍佛冈重要党史人物文章在佛冈报上登载，宣传佛冈党史人物的事迹。三是订阅中共广东省委党史研究室出版的党史刊物《红广角》40份，分发至县党政领导、各镇及县直有关单位和中小学校思源室，广泛开展党史宣传教育。

（钟榕斌）

地方志、年鉴编纂工作

【编纂出版《佛冈年鉴·2011》】 全书共70万字，收录照片400多张，主要记述2008～2010年佛冈县的大事、要事及基本情况，突出反映全县政治、经济、文化、人民生活等各个领域的新成就、新面貌。该书于2011年10月顺利出版。

【编辑出版《佛冈县人民代表大会文件选编》第一册】 《佛冈县人民代表大会文件选编》选录佛冈县第一届至第十三届人民代表大会的文件资料，全书200多万字。该书分三册，第一册收录第一届至第八届（1954～1989年）人民代表大会的文件资料，约80万字，经全面校核后于11月底出版。

【与县政协合编出版《佛冈文史漫话》】 协助县政协整理佛冈文史资料，在县政协学习文史委员会出版的《佛冈文史》第1～17期中筛选文章资料，联合出版《佛冈文史漫话》。全书共分为史海钩沉、政治军事、人物纪实、教育文化、民俗风情、经济社情、文物古迹7个部分，从不同的侧面和角度，记述近现代佛冈风云变幻的史实，反映佛冈经济社会发展的曲折历程，收录文章228篇，约65万字。收录的文史资料，具有较高的资料价值和较强的可读性。

【充实完善佛冈县地情网】 2011年，完成佛冈县地情网站升级改版工作，正式更名为“佛冈县地情网”。7月，县史志办派员到省地方志办公室接受地情网站建设提高班的培训，提高网站信息管理人员的专业技能，完成佛冈县地情网站改版升级。11月，史志办参加全省地方志信息化建设经验交流会并作经验介绍。至12月，网站共发布1部县志、1部年鉴、8部地情资料书、152篇文章，96幅照片，近230万字，总访问量累计10万多人次。

（黄春苗）

社科工作

【基层社科组织建设和队伍建设】 扎扎实实抓好社科的组织建设和队伍建设，全县已经建立教育、工商、会计、计生、国税、地税、个体、私企等8大基层协会组织，并充实基层社科组织骨干。经常深入协会调研，定期召开工作座谈会，交流工作经验，指导协会开展工作。做好市社科“双先”评选推荐报送工作，评选推荐上报佛冈县地方税收研究会为2010～2011年度清远市社会科学界工作先进学会，评选推荐上报谢国球、曹榕村、陈世定为2010～2011年度清远市社会科学界先进工作者。

【社科普及活动】 围绕“建设幸福佛冈”的

主题以及纪念中国共产党成立90周年、辛亥革命100周年的内容，按照市委宣传部、市社科联的统一安排部署，佛冈县组织了学习、宣传、贯彻中央十七届五中全会、省委十届九次全会、市委五届十三次全会和县委十一届十次全会精神；深入开展创先争优活动，提振全县上下共创富民强县、建设幸福佛冈的信心与决心；举办以“幸福文化与幸福生活”为主题的2011年佛冈县社会科学普及周活动。通过组织举办“庆祝建党90周年”摄影作品展、“党在我心中”征文活动、“辉煌的成就，伟大的历程”图片展、专家讲座和学术研讨会等系列活动，让广大干部群众对我国近代民主革命与社会主义革命、建设和改革开放的艰辛历程与辉煌成就有更深刻理解，增强人们对党的信任、对社会主义的信心，激发人们的爱国主义情怀。

（陈世定）

篁胜温泉酒店

文化·体育·传媒

责任编辑：何东树

综　述

【机构设置】 佛冈县文化广电新闻出版局（佛冈县体育局、版权局）自2010年5月起与县委宣传部合署办公，为县人民政府工作部门，是佛冈县文化、体育、广播电视、新闻出版、版权的行政管理部门。内设机构有综合办公室、市场股，直属行政执法机构有县文化市场综合执法队。下属单位有县文化馆、图书馆、博物馆，体校、游泳场归属县体育局，挂靠机构有县文学艺术工作者联合会。另外，业务指导各镇文化站。

【主要职能】 贯彻执行党和国家关于文化、广播电视、新闻出版、版权和体育工作的路线、方针、政策，拟定全县文化、广播电影、电视、体育、新闻出版和著作权方面的发展规划和年度计划，并组织实施。协调、指导文化艺术创作和文化艺术活动的开展，指导文物的管理、保护和发掘利用，协调组织图书馆标准化、网络化、现代化建设，组织协调文化遗产的管理和保护，组织实施非物质文化遗产保护等工作。同时，做好广播电视、出版物、体育等管理工作，并指导管理直属单位和文化、广播电视、新闻出版、版权、体育业务工作的开展。

【工作概况】 2011年，县文化广电新闻出版局坚持以邓小平理论、"三个代表"重要思想和科学发展观为指导，贯彻落实省、市文化体育"十二五"规划及文化强市规划纲要，全力推进文化强县建设。认真抓好全县的文化、体育、广播电视、新闻出版、文化市场管理和执法等工作，积极实施文化惠民工程，广泛开展丰富多彩的群众文体活动，不断增强全县文化软实力。认真贯彻县第十二次党代会、县委十二届二次全会和县"两会"精神，落实富民强县战略部署，全面推进全县的文化、体育建设，推动文艺创作繁荣，不断满足人民日益增长的精神文化需求，为迎接党的十八大胜利召开，为建设我县"三区一城"，争当全市实施"桥头堡"战略排头兵和全省山区科学发展排头兵提供有力的文化支撑。

群众文化

【概况】 2011年，佛冈县文化馆在县委宣传部及县文化广电新闻出版局的领导下，履行群众文化管理工作职能，群众文化活动开展有声有色。在第三次全国文化馆评估定级中被评为一级文化馆。这对佛冈县的群众文化工作给予充分肯定，成为全县推介文化、提升文化软实力的"名片"。一年来，文化馆上送省级作品20件、市级作品40件、县级作品300多件、有不少作品还在省、市级获奖。

【群众文化活动】 文艺演赛与送戏下乡　通过开展系列群众文化活动，活跃全县的文化氛围，提升群众的文化品位。在县人民中心广场举办2011年"给力新春·幸福佛冈"春节文艺晚会，县电视台现场直播晚会实况。在县文化公园举办"给力2011·书画佛冈"义务挥春活动，并邀请省12名书画名家前来参加活动。配合省委宣传部、省文化厅主办的"欢乐广东文化志愿者百场文艺演出"到佛冈县汤塘镇演出。配合做好清远市建市23周年成果摄影展。举办纪念中国共产党成立90周年暨"颂党恩、倡廉政"歌咏合唱比赛，以系统（含各乡镇）为单位组织节目，17个单位参加，在县人民中心广场举行。举办佛冈县"婚育新风进万家"文艺演出及抽奖活动。举办2011年中学生舞蹈大赛总决赛。举办佛冈县庆祝建国62周年文艺晚会。组织参加清远市文化广场艺术节（佛冈专场）文艺晚会，并获得1金、4银以及最佳主持人奖、优秀组织奖的好成绩。组织节目参加清远市“北江之春”舞蹈大赛，并获得3个银奖的好成绩。争取省、市、县领导的支持，推进企业、校园文化，举办2011年佛冈县“新苗杯”中学生合唱大赛，为培养挖掘艺术新苗开展有益的活动。县文化馆“一条龙”艺术团按照“服务基层、贴近群众、贴近生活”的原则，肩负送戏下乡的重担，组织丰富多彩的节目送到基层群众面前，送戏到学校、乡镇、村委、企业，送戏所到的单位还有：博华、澳翔、建滔、科惠白井、一中、高岗、汤塘、篁胜酒店、金博士等，观众超过20万人次。

民间民俗文艺　在县人民中心广场举办2011年佛冈县民间民俗文艺表演活动（其中有舞春牛、醒狮、民间舞蹈等）。在高岗镇举办高岗镇社冈下村“豆腐狂欢节”，吸引不少国内外游客，在“豆腐狂欢节”期间，社冈下村制作的长3.49米、宽3.45米、厚0.38米、重量约6吨的大豆腐，成功创造世界基尼斯最大豆腐记录。

【非物质文化遗产保护】　2011年，为做好非物质文化遗产的申报、保护工作，派专职人员下乡调研收集资料，整理佛冈县本地民间资料、故事等。佛冈县属市级非物质文化遗产保护名录项目有“豆腐节”、“舞被狮”、“鲤鱼灯”、“抢花炮”、“龙南武术”，属省级非物质文化遗产保护名录项目有“豆腐节”、“舞被狮”。“豆腐节”、“舞被狮”两个项目现正整理相关材料申报国家级非物质文化遗产保护名录项目。

（李荣东）

文化市场与新闻出版

【概况】　2011年，佛冈县文化市场与新闻出版管理工作按照“一手抓繁荣，一手抓管理”的方针，以规范求繁荣，以创新求发展，努力健全文化市场和新闻出版管理体系，促进管理工作健康有序发展。全县有合法经营资格的文化业主113家，从业人员约1110人。其中，网吧30家（县城20家，镇10家），从业人员240人；卡拉（OK）17家（县城9家，黄花湖5家），从业人员334人；音像制品经营单位19家（县城8家，镇11家），从业人员38人；新闻出版物、印刷市场47家，书、报、刊经营零售28家，从业人员82人，印刷企业19家（国有企业1家，出版物印刷，包装装潢卯刷4家，其他印刷14家），从业人员289人；高危体育项目经营6家，从业人员127人。全县文化市场的经营较集中在县城。

【市场管理与执法】　一是推进政务公开，贯彻落实《行政许可法》，梳理行政执法依据、执法内容和审批程序，整理制作文化市场管理法律法规和审批文本供执法工作人员参考使用。二是坚持依法行政，对经营市场进行开业登记、年审、换发经营许可证。三是抓制度落实，建立健全各项安全管理制度，规范执法文书，强化管理措施。四是加强社会监督，发挥电话举报作用，拓宽社会参与管理渠道，自觉接受县人大对文化市场和执法人员的违规管理与监督。

【网吧、娱乐场所】　网吧、娱乐场所是全县文化市场的重要组成部分，文化市场的管理是一项重要工作。按中办、国办《关于进一步净化社会文化环境，促进未成年人健康成长的若干意见》重点加强对网吧、娱乐场所的管理，保护未成年人合法权益，促进未成年人健康成长。一是根据《互联网上网服务营业场所管理条例》、《娱乐场所管理条例》精神制定相应规定，明确规定所有网吧、娱乐场所都必须张挂统一的“禁止未成年人进入”的警示牌，并签订守法经营承诺书，为未成年人健康成长创造社会环境。二是严格检查，严把经营守法关。执法人员不定期、随机性对市场进行守法经营检查并为年度审核作好记录。三是加强培训工作，把相关的法律法规逐条逐项教会经营业主。四是开展联合执法行动。与公安、工商部门联合执法，对违法违规经营行为依章依规进行处罚，对无证照经营者进行查封，不留死角，并做好强制整改和教育工作。

【新闻出版物零售、印刷】 建立健全管理体制和运行机制　一是加强监督。把新闻出版（版权）行政管理纳入议事日程，从内部管理入手，完善行政审批责任，做到守土有责，监管到位。二是强化对新闻出版活动出版物市场的监管。营造繁荣、健康、有序和谐的市场环境，以法为基础，整治出版、发行、印刷行业的不正之风，建立健全新闻出版管理的长效机制。三是加大版权执法力度。开展保护知识产权专项行动，做好部门与部门之间的协调机制，齐抓共管，坚持不懈开展“扫黄打非”行动，加大对非法出版物特别是政治性非法出版物的查办力度，扫除文化垃圾。

加强文化市场监管　一是加强新闻出版市场监管。以实施保护国家政治文化安全，保护未成年人健康成长，保护知识产权“三大保护”为重点，组织实施“文化环保工程行动”、“反盗版行动”，为全县营造良好的文化市场环境。二是强化对全县文化市场经营场所的监督管理。尤其对出版物、印刷、图书、报刊市场的管理，全面封堵政治性非法出版物，查缴危害青少年身心健康的有害读物。2011年，局文化市场综合执法大队出动执法人员1861人次，车辆98辆次，查处收缴非法音像制品（VCD光盘）1500多张、非法书报和六合彩报2400多份，有力打击文化市场违法经营行为，净化全县文化市场。三是创新文化市场管理机制。积极发挥乡镇文化站作用，充实调整文化市场监督管理队伍，推进依法行政，逐步形成政府主导、行业自律、群众监督的市场管理机制，建设繁荣健康有序的文化市场。

（罗志强）

文艺创作

【协会活动】 2011年，佛冈文联努力发挥文联沟通党和群众的桥梁作用和“联络、协调、指导、服务”等职能作用，拓展文艺事业，营造良好的文化氛围，为繁荣佛冈县的文化艺术做了应做的工作。

春节期间，协助宣传文化部门开展一系列群众文化活动。全年举办两次文艺创作会议，邀请市有关专家到场进行指导，进一步提高全县的文艺骨干文艺创作水平。上半年，组织30多名协会会员，分批到佛冈聚龙湾温泉酒店实地研讨工作，互相交流创作经验，分享创作的艰辛和喜悦。

【文艺创作】 2011年，出版《潖江文艺》4期共4000本，为培养文艺创作新人、发表优秀作品提供良好平台。黄裕忠的《偷得浮生半日闲》获得首届“飞霞杯”全国有奖征文大赛佳作奖；李子良的曲艺《法盲的悲哀》在清远市第十届文化广场艺术节获银奖。在群众文艺作品评选中，张春兰的小戏《回家》获得省级二等奖、市级一等奖，张春兰的曲艺《今天比较烦》获得省级三等奖、市级二等奖；黄芳的小品《凡人小事》、李子良的小品《老局长来访》、张凤萍的小戏《红颜知己》、彭仲夫的曲艺《鹊桥相会》获得市级三等奖，李子良被市评为优秀群众文艺辅导员，同时佛冈县还获得优秀组织奖，在清远市各县市中得分排名第一。

【摄影、书法、美术创作】 摄影方面：黄超贤的作品《探》、《食蚊鱼》分别获得美国国家地理全球摄影大赛中国赛区自然类一、二等奖；黄灵辉的作品《高洁》获得清远市“党旗飘飘，廉风和畅”摄影大赛二等奖，《家在北江（组照之二）》获得“庆祝建党90周年暨2011

年度清远市摄影作品创作大赛”入选奖。书法、美术方面：在“庆祝建党90周年暨2011年度清远市书法作品创作大赛”中，谭国雄的作品获得入选奖，李德忍、郑国仟、蒲志强的作品入展。在“庆祝建党90周年暨2011年度清远市美术作品创作大赛”中，释常乐的作品《山水》获得二等奖。廖凤仪、张引修、李荣东、黄汝洪的作品入展。

【音乐、舞蹈创作】 音乐方面：在清远市第十届广场文化艺术节中，米娜的原创歌曲《金秋欢歌》获金奖，蒲志强的音乐作品《草原情》获银奖。舞蹈方面：黎夏红创作的舞蹈《和乐融融》获得2010年度清远市群众文艺作品三等奖；米娜的舞蹈作品《豆福》、黎夏红和刘彩霞的舞蹈作品《鲤鱼灯》在清远市第十届广场文化艺术节中获得银奖；米娜的作品《梦回围屋》以及黎夏红和刘彩霞共同创作的舞蹈《鲤鱼灯》、《星星在闪烁》在清远市“北江之春”舞蹈大赛中获得银奖。

【古村落普查】 按《关于做好广东省第三批古村落申报工作的通知》，县文联与佛冈县高岗镇联合组织专业人员，对佛冈县高岗镇社冈下村的古民居进行普查，并系统地收集相关文史资料，认真做好申报书的编写以及光盘制作。经专家组实地考察论证，省文联、省民协认定高岗镇社冈下村为第三批广东省古村落（客家地区）。

（黄　芳）

体育事业

【概况】 2011年，县体育局行使体育管理职能，负责全县的体育工作。2011年末，全县有体育场地402处。其中：400米沙土标准田径场6个，全民健身广场2个，小型运动场44个，篮球场335个，室内羽毛球场1个，网球场8个，游泳场4个，漂流2家。县全民健身广场总面积31万平方米，通过改造扩建，完善一批公共体育和健身设施，成为全民健身、休闲的活动广场。此外，通过实施城乡体育健身全覆盖工程，全县农村完成52个标准的混凝土地面的篮球场，100%城市社区和100%行政村安装健身器材。基本满足全县竞赛、训练和健身的需求。

【群众体育活动】 全县有体育社团3个，各级社会体育指导员146人。继1995年举办佛冈县第一届运动会后，时隔16年，于2011年6月22日在县人民中心广场举办佛冈县第二届运动会开幕式，县领导华旭初、冯福祥、蓝山鹰、袁镜焕等及10个代表团1500多名运动员参加开幕式。开幕式由副县长丘剑华主持，县长华旭初在仪式上作开幕式讲话。运动会历时6个月，开设登山健步行、羽毛球、乒乓球、象棋、拔河、篮球、网球、长跑和掷豆腐、水中捉鸭（趣味体育）十个项目的比赛。其中在象棋赛中，特邀中国象棋国际特级大师许银川与全县中国象棋爱好者进行1人对20人的“车轮战”表演赛。12月9至11日，佛冈县第三次成功承办中国（佛冈）汽车拉力锦标赛。

【业余体校机构】 佛冈县青少年业余体校，定编4人。日常加强与教育部门及相关学校的沟通联系，对各类型运动员进行选拔与培训，2011年选拔出各项运动员56名。其中，从县四小选拔30名击剑运动员。为提升全县竞技体育水平打下坚实的基础。

【竞技体育】 运用多种形式和方法，积极参加和举办各种体育比赛活动项目，给运动员提供一个展示自己拼搏能力的平台。5月25日至26日，县组队参加清远市第七届龙舟锦标赛，取得第五名成绩。8月，在清远市少年锦标赛中，佛冈县取得全市总分第四名的成绩。

（宋求深、黄武建）

佛冈报

【概况】 《佛冈报》是中共佛冈县委、县政府的机关报，创刊于1982年3月，当时为《精神文明》月报，先后改名为《文明建设》、《佛冈文明报》，1995年7月更名为《佛冈报》。《佛冈报》由16开套红月报发展到半月报、旬报到周报、彩报，是全市县级办报时间最长、获省刊号最早、人员最精简的县级报纸。2011年，佛冈报社有员工7人（其中在职编辑、记者4人，聘请员工2人，司机1人），有一支较为精干的采编队伍，编排设施较为完善。发行网络覆盖全县城乡，全年报刊发行量40万份（全年79期，逢周一、周四出版，每期印刷发行5000份。从4月起开始由周一报改为周二报），成为佛冈县经济文化的重要舆论阵地和对外宣传的“窗口”，受到社会各界欢迎和好评。报社曾被清远市评为优秀新闻报刊出版单位，2011年报社党支部被中共佛冈县委评为先进基层党组织。

【坚持正确舆论导向】 《佛冈报》作为县委、县政府的机关报，始终坚持正确的舆论导向，坚持党报原则。紧密配合建设有中国特色社会主义理论和实践“三个代表”重要思想以及科学发展观要求，不断总结、挖掘、宣传佛冈深厚的历史文化底蕴。围绕建设佛冈经济文化的发展战略，打造“山水园林城市”和营造“珠三角后花园”，为实现佛冈在全省山区县中率先崛起的目标创造良好的舆论环境，积极宣传佛冈人民群众多姿多彩的新生活和佛冈日新月异建设的新面貌。为佛冈的繁荣和发展鼓与呼，为全面建设小康社会，建设文明繁荣和谐的新佛冈谱写篇章。

【完善采编排设备】 为适应发展需要，报社投入大量资金加强设施建设，形成以数码照相机、传真机、打印机、电脑排版系统为主的较为完善的采、编、排设施。2011年，在搞好编辑出版《佛冈报》的同时，还为《南方日报》“清远观察”、《清远日报》“地方新闻”专栏专版编辑组稿、采访摄影、文字录入及电脑传输等提供支持，刊登各类新闻、消息、通讯、短讯、理论研讨等文章1130篇约12万字，各种新闻照片280多张。负责制作管理每期（共79期）的《佛冈报》电子版，上传到县政府门户网站，在网络平台上扩大对外宣传。

【印刷和发行】 2011年1月起，佛冈报社继续与清远长江印刷公司合作，定点印刷《佛冈报》，从报纸的编排、版面设计、文字、图片的技术处理等方面不断改革，印刷质量不断更新，提高报纸的可读性和观赏性，扩大影响力。在报纸发行方面，与《南方日报》佛冈发行站和县邮政局合作，按订阅《南方日报》或《广州日报》的读者客户，分解到各投递线路，落实到投递员，发行网点覆盖全县各镇、村、企业、机关、学校及外资企业和旅游景区。此外，还委托设在县城主要街道的十个报刊亭代发佛冈报，以扩大宣传和影响。

【升级改版】 佛冈报社根据县委和宣传部的指示，从2011年4月开始对《佛冈报》进行全面的升级改版。改版后的《佛冈报》将从原来的每周一报升级为每周二报，从原来的逢周一出版改成逢周一、四出版。版式上，将力求清新大方、图文并茂、活跃新颖，加强时代的气息，体现佛冈人与时俱进的精神风貌。内容上，将秉承传统、朴实、自然的文风，以服务党委政府，关注社会民生为宗旨，紧紧围绕县委、县政府的中心工作，以统筹城乡发展，建设幸福佛冈为主线，挖掘典型，塑造形象，全面深入报道全县经济社会发展的实绩，使报纸真正成为党和政府的喉舌作用。改版后的《佛冈报》还综合国内外时政民生、文化娱乐、健康养生等内容，为广大读者提供更多的信息，也为文学、摄影爱好者提供一个施展才华的平台。

（张小红）

图书发行

【概况】 2011年广东新华发行集团佛冈新华书店有限公司（以下简称佛冈公司）围绕“开拓市场、扩大发行、创新发展、提高效益”的经营思路，以扩大图书发行量为重心，加大经营结构调整力度，强化企业管理，加快企业发展步伐。2011年总销售674万元，全面完成上级下达的各项经济指标和工作任务。

【中小学教材征订发行】 中、小学教材的征订发行工作是佛冈公司的工作重点。在教材征订发行上，佛冈公司严格遵守国家和省对教材发行的有关规定，加强教材征订发行的领导和管理，切实做好佛冈县中、小学的教材征订发行工作。面对教材版本复杂和品种繁多等困难，严把订单关，避免学校错订、漏订和重订的现象发生；并认真做好教材调剂工作，对学校追加、追减的订数及时调剂、上报，保证教材足额、配套、齐全。在教材收发阶段，做到随收随发，及时把教材分发到全县各中、小学校，确保“课前到书，人手一册”。2011年教材销售418万元。

【抓销售，提效益】 一般图书是佛冈公司改革的突破口，也是提高佛冈公司核心竞争力的关键所在。面对竞争日益激烈的图书市场，图书经营受到严峻的考验和较大的冲击。在严峻的形势下，以改革为导向，加强和完善责任管理，树立改革创新意识，以重点书、教辅书带动一般图书销售。用种类齐全的图书赢得更多的读者群体，以灵活的营销方式和细致周到的服务，赢得销售的新突破。2011年图书销售256万元。

【企业文化建设】 注重企业文化建设和精神文明建设。在狠抓经营管理同时，公司领导班子非常重视企业文化建设。一是维护好门市部崭新形象，经常组织人员对单位环境进行清理、打扫，使店容店貌始终保持清洁醒目。店堂内图书排放整洁有序，营业员的导购能力和服务质量每天都在加强和改进；二是加强员工队伍建设，经常组织员工进行思想政治学习、业务学习练兵、文化知识考核，提高员工的自身综合素质。通过这些举措，新华书店的企业文化得以宣扬，新华书店主渠道经营理念深入人心。

（吴春葆）

广播·电视

【概况】 佛冈县广播电视台前身为佛冈县广播电视局，成立于1985年，是局台一体制。2005年，佛冈县广播电视局（台）积极应对文化管理体制改革，按照政事分开，管办分离原则，于当年11月顺利完成了原佛冈县广播电视局（台）一体制的分离，行政职能划归佛冈县文化广电新闻出版局，业务归县委宣传部管理，更名为佛冈县广播电视台，为正科级事业单位。

佛冈县广播电视台综合办公大楼位于石角镇文康路2号，收费服务中心位于振兴路188号。主要职能是全面贯彻党和政府的方针政策、法律、法规，把握好舆论导向，对广播电视节目审查把关，组织和指导全县广播电视宣传，制订广播电视发展规划，协调和组织乡镇广播电视事业的发展，围绕县委、县政府的中心工作进行广播、电视宣传报道。台机关机构设置有办公室、财务室、广播中心、电视中心、广告中心、网络中心、技术传输中心，垂直管理11个广播电视站，在编员工118人。2011年，佛冈县广播电视台连续第六年被广东南方广播影视传媒集团评为“先进单位”。

2011年，广东省进行全省县市（区）广电改革重组整合中，佛冈县广播电视台于2011年10月10日挂牌成立广东省广播电视网络股份有限公司清远佛冈分公司。

【广播电台】 1981年开通佛冈人民广播电台，频率为104兆赫，发射功率为100瓦，1991年升至1000瓦。2011年，播出节目有《百姓身边事》、《快乐点唱机》、《身边有法》、《田园交响曲》、《叮叮当当》、《行风热线》等。广播综合覆盖率100%，全年公共广播节目播出时间5840小时。

由县人民政府纠风办和佛冈人民广播电台联合举办的《行风热线》节目在2011年3月重新开播，分期邀请县直单位上线接受群众咨询和诉求，有效促进全县政风行风建设。

【广播电视节目】 1988年11月开通有线电视，转播国家、省、市级有关电视节目。2011年，共转播电视频道42个，有线电视用户6万户，电视综合覆盖率100%，全年公共广播节目转播时间8760小时。

电视节目主要以《佛冈新闻》为主，其他为录转节目。《佛冈新闻》每日双语播出，以贴近百姓生活为工作目标，多视角、全方位地追踪社会热点，及时迅速地向全县人民宣传报道佛冈县取得的喜人成就和民生实事。一年来，佛冈县广播电视台重点策划和组织实施关于加快经济发展方式转变、建设"幸福佛冈"和创先争优等为主题的宣传报道。全年播出电视新闻稿件1633篇，其中市采用170篇，省采用18篇。精品创作取得好成绩，上送21件作品，其中获市奖9件作品，获省奖3件作品。

【线路工程改造】 2011年4月，佛冈县广播电视台完成奥园、碧桂园有线电视线路规划设计。同年8月，完成对县城及乡镇光点、线路规划的设计工作，对县城管道井口的修复，九龙公园线路落地的方案设计；完成对非编、播控系统的升级改造；完成石角镇工业区杆路迁移、西气东送工程线路迁移、迳头蓝玻工业区线路迁移、汤塘钢厂线路迁移、平安网线路工程的验收等项目的建设。

高岗镇社冈下村豆腐节

【数字电视整体转换】 佛冈县广播电视台（分公司）严格贯彻执行中央决策部署，把数字电视整体转换工作作为文化强国、文化强县的"民心工程"。2011年底，建成佛冈县有线数字电视前端平台，全面铺开数字电视整体转换工作，为人民群众送上更清晰、更丰富、更高品质的电视节目。

（李 陶）

电影放映

【概况】 2011年佛冈县的电影放映单位主要有2个。一是纯商业性质的佛冈天域数字电影院，服务对象主要是县城的居民和流动人口。二是以公益性质为主的新佛电影传播中心，服务对象主要是全县农村的农民。

【影剧院建设】 佛冈天域数字电影院经过一年多的筹备装修，于2011年11月8日正式开业，两间影厅共有座位约300个，其放映的影片排期与大城市同步。

【公益电影放映】 农村公益电影放映资金的

来源主要由省、市、县三级人民政府共同筹集，由清远市爱地数字电影院统筹安排，按每个村委每年放映12场的要求，由佛冈县新佛电影传播中心实施放映。2011年送电影进农村共放映936场，观众约8万人次。在配合社会教育工作方面，放映励志影片《江北好人》、《袁隆平》等共15场，观众约8千人次。4~5月，配合县交警部门的送交通安全知识到农村的活动，为广大农村群众共放映交通安全知识影片共55场，观众约1万人次。由移动公司赞助送电影进工厂、社区共放映8场，观众约3000人次。原在县城文化公园大家乐舞台放映的周末广场电影因没有经费而停止。

（何高干）

森波拉“冰空彩虹”滑梯群

博物·图书·档案

责任编辑:徐延浪

博物馆

【概况】 佛冈县博物馆于1984年成立，是县财政全额拨款股级单位。博物馆的馆藏文物主要有：新石器时代的石器，西周时期青铜铙、战国时期的青铜剑，汉、晋时期带有铭文的古墓砖、各个时期的古钱币；唐宋及以后各时期的陶瓷器皿等共829件。2011年宋抗壹被广东省文化厅授予“广东省第三次全国文物普查实地文物调查阶段先进个人奖”；宋抗壹、周永洪在2011年被清远市第三次全国文物普查领导小组授予“清远市第三次全国文物普查先进个人奖”。

【文物保护法制建设】 为了使佛冈县文物保护单位得到有效的保护，把保护工作真正落到实处，博物馆贯彻落实《中华人民共和国文物保护法》，结合本县的实际，2011年4月提请县政府发布《关于佛冈县文物保护单位东坑黄氏宗祠保护范围和建设控制地带的通告》、《关于公布佛冈县文物保护单位上岳古围村保护范围和建设控制地带的布告》和《关于进一步加强佛冈县历史文化资源保护工作的通知》。当年12月提请县政府公布《佛冈县第三次全国文物普查不可移动文物名录的通知》，将上岳古围村申报为广东省第七批文物保护单位。这些规范性文件的发布，使佛冈县文物保护有法可依。

【不可移动文物的保护和管理】 佛冈县第三次全国文物普查时，从调查登记的158处不可移动文物中，筛选出127处不可移动文物，提请县政府常务会议通过确认，公布佛冈县第三次全国文物普查不可移动文物名录，并挂牌保护。2011年12月，广东省文化厅副厅长、省文物局局长苏桂芬一行5人，在县委常委、县委宣传部部长卢少锋等陪同下，专程到龙山镇上岳古围村指导文物保护单位的保护工作。苏桂芬副厅长指示佛冈县要加大对文博的经费投入，做好现有文物保护单位的保护与开发利用工作。文物工作贯彻保护为主、抢救第一、合理利用、加强管理的方针。鉴于县级文物保护单位三爰亭建筑出现瓦片损坏漏水、梁木腐朽、墙体出现裂缝变形等安全隐患。2011年底取得上级经费支持，聘请有文物维修资质的工程队，对该保护单位进行保护性维修工作，确保文物保护单位安全。

【可移动文物保护】 县博物馆一直以来由于没有独立馆舍，在县委常委、县委宣传部长卢少锋的带领下，积极考察博物馆的选址工作，先后五次开会研究选址，并且请建筑设计部门设计图纸。在馆舍建成前，县博物馆现有馆藏的各类文物，实行专人保管，定期检查，加强值班制度，在没有足够安全保护措施的情况下，不随便对外开放供人参观。由于保护措施得力，制度健全，一直没有发生文物失窃现象，确保文物安全。

【文博教育与培训】 文博工作专业性、知识技术性较强，由于县博物馆人员均不是科班出身，对本专业知识不足。为提高博物馆人员的专业素质，一方面全员参加县人社局举办的事业单位人员的公共课知识培训，培训达32课时，并考试成绩合格。另一方面参加省市举办的文博专业知识培训学习。2011年度有2人次参加广东省文化厅举办的第三次全国文物普查不可移动文物摄像培训班和第三次全国文物普查工作报告编制、第三次全国文物普查不可移动文物名录编制培训。通过培训学习，有效地提高单位人员的文化水平和文博专业知识水平，为做好今后的工作打下良好基础。

【文博宣传与出版】 博物馆利用“5.18”国际博物馆日与国家文化遗产日，开展以图片展览、张挂横额等形式的文博宣传。结合第三次全国文物普查，出版《广东省佛冈县第三次全国文物普查工作报告》、《广东省佛冈县第三次全国文物普查不可移动文物名录》。扩大宣传影响，提高人们的文物保护意识，让广大群众共同保护历史文化遗产。

（宋抗壹）

图书馆

【“庆祝中国共产党成立90周年”图片展】 2011年“七一”前夕，图书馆精心组织主题为“光辉的历程，伟大的成就——庆祝中国共产党成立90周年”的图片展。图片展示中国共产党走过的90年的光辉历程。通过图片宣传教育，使广大人民群众特别是青少年读者受到爱国主义教育，进一步坚定自己的信念，树立正确的世界观、人生观和价值观，推进未成年人思想道德建设，帮助他们成长为中国特色社会主义事业的合格建设者和接班人。

【图书馆免费开放】 为贯彻落实文化部、财政部《关于推进全国美术馆、公共图书馆、文化馆（站）免费开放工作的意见》的精神，进一步加强读者与图书馆的相互了解和认识。县图书馆通过形式多样的宣传，让更多的群众了解公共图书馆的功能和作用，吸引更多的群众走进图书馆、认识图书馆、了解图书馆，享受政府提供免费的公共文化服务权益。2011年，佛冈县图书馆接待读者4.5万人次，外借各种图书2.8万多册，使爱读书真正成为社会新风尚。

（何伟东）

档案工作

【档案馆公共服务】 依法接收档案进馆　丰富馆藏档案信息资源，2011年接收文书档案135卷、6782件，专门档案552卷（其中“三边整治”档案69卷、婚姻档案483卷），实物档案3件，照片123张，光盘2盘，现行文件836份，收集资料139册。

编研工作　围绕县委、县政府的中心工作和经济社会发展的需要，坚持编写《佛冈县大事记》。做好编制专题文件汇编工作，为各级领导和有关部门决策提供参考，为社会和人民群众提供更多的档案文化产品。

档案信息资源的利用　2011年，档案馆接待利用档案286人次，利用档案1444卷（件）。为下岗工人、退休人员办理社保、医保等提供服务，为佛冈县经济建设、编史、修志、工作查考、计划生育、调解纠纷、核实工龄、工作调动、户口迁移、学术研究等方面提供了大量翔实的第一手资料，促进经济建设和和谐社会建设，增强社会档案意识，提高档案工作的社会知晓度，增创社会效益和经济效益。

馆藏档案机检目录数据输入工作　2011年完成档案目录电子化：案卷级72057条，文件级736082条，对馆藏全宗的档案采取扫描、刻录光盘等进行备份管理（对民国档案抢救15卷、522页）。完成省、市档案局关于档案信息化建设目标任务，档案目标数据库和检索体系已基本形成。对满30年馆藏的44个全宗5478卷档案进行开放前的鉴定，编好开放档案目录向社会开放。

拓宽档案馆功能　档案局积极发挥馆藏档案资源优势，通过精心收集图片资料，在“佛冈县改革开放30年成果展”图片展览的基础上，不断更新图片内容，全年300人参观展览，扩大爱国主义教育。

【档案法制建设】 2011年，档案局进一步加强监督指导力度，提高机关、事业单位档案综合规范化管理。组织档案专业人员深入佛冈县第一中学、城东中学、振兴小学、社保局等立档单位，采用边实地指导边培训的方式，加大培训的针对性和实际可操作性，培训档案干部23人。充分调动各单位立卷归档工作的积极性，确保年度归档工作按时完成，有效促进全县机关、事业单位档案工作的发展。县第一中学、城东中学、振兴小学、县社保局4个单位的档案综合管理通过考核评审，达到省特级标准。

【档案干部队伍建设】 一是加强党风廉政建设，开展廉政风险管理工作，档案局通过组织干部职工查找廉政风险点，查找出个人岗位廉政风险点和领导班子在重大事项决定、经费管理、办公室内部管理、政务公开四个大类存在或可能存在的风险点4个，实现了廉政风险点排查全员覆盖，为制定防范措施和全面推进廉政风险防范管理试点奠定基础。二是档案局组织干部职工开展慈善募捐活动，全局7人共捐款2980元。三是加强档案干部队伍素质能力培养。根据各单位档案工作人员的实际情况，认真抓好档案人员的继续教育和业务培训工作。鼓励档案人员学习档案专业知识，学习经济、科技、文化知识，学习信息技术和网络应用知识，使其掌握新知识、新技术、新本领，提高履行岗位职责的能力，2011年全县有20人参加广东省、清远市档案局举办的档案人员岗位管理培训班学习。

（朱明采）

2011年11月28日，清远市档案局、清远市建设档案馆领导到县住建局检查城建档案工作情况。

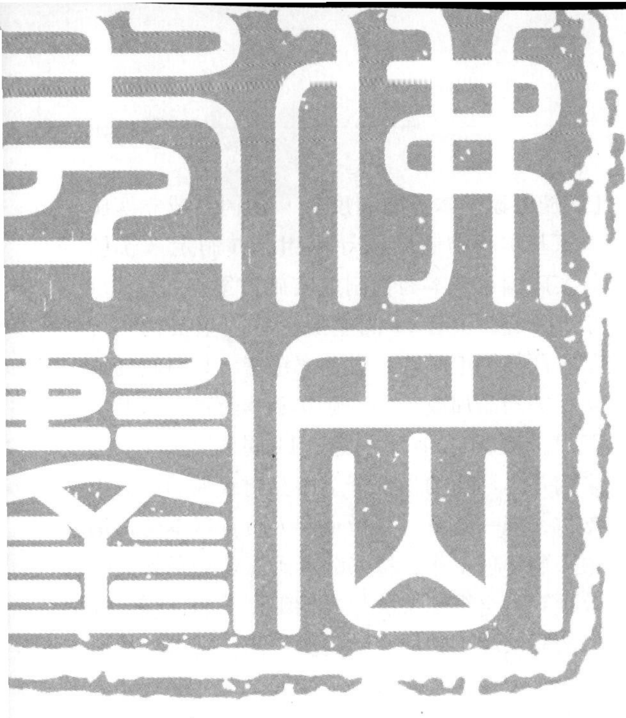

卫生·医疗·保健

责任编辑:徐延浪　邹伯传

卫生工作

【概况】 佛冈县卫生局是县人民政府管理医疗卫生事业的部门。2011年，内设股室有：办公室、人事医教股、医政股、公共卫生安全股。全县各类医疗卫生机构222间，县综合医院、中医医院、妇幼保健院、卫生监督所、疾病预防控制中心、慢性病防治医院各1间，镇医院卫生院11间，部门设置的医疗机构13间，医疗机构附设门诊7间，社区卫生服务机构3间，民营医疗机构7间，个体诊所37间，村级卫生站136间，居委卫生站6间。全县设病床719张。全县有卫生工作人员1558人。其中：在职干部、职工926人，离退休人员331人，临时工301人；各类卫生技术人员1197人（高级职称20人，中级职称205人，初级职称972人）。2011年的主要业务数据为：全县医疗单位诊疗608715人次，同比下降5.02%；住院23690人次，同比下降3.32%；病床使用率59.17%，同比增加3.17%；住院治愈率比上年略有上升；住院病死率比上年略有下降。2011年，卫生局把健全城乡基层医疗卫生服务体系，促进基本公共卫生服务逐步均等化和提升基层医疗服务水平作为民生实事来抓，大力推进医药卫生体制五项重点改革，主要做好五个方面的工作。一是基本医疗保障基本实现全覆盖，全县医疗保险参保人数31.2万人，参保率98%。二是基本药物制度实现全覆盖。全县11间基层医疗卫生机构全部实施国家基本药物制度，实行“六个统一”（即统一配备和使用基本药物、统一上网采购、统一药品集中加送、统一实行零售率销售、统一结算、统一实行基本医疗保险政策）。三是基层医疗卫生服务网络逐步健全。四是基本公共卫生服务均等化水平明显提高。五是公立医院改革稳步推进。

【实施国家基本药物制度】 佛冈县成立实施国家基本药物制度领导小组，并制定《佛冈县实施国家基本药物制度实施方案》。从2011年1月起，全县11间基层医疗卫生机构实行基本药物网上采购，零差率销售，县财政局落实相关药品加成补偿；建立基本药物采购专用账户，从2011年10月起，11间基层医疗机构采购基本药物的采购资金由县财政局国库集中支付，统一结算，并指定专人负责基本药物集中采购管理工作，将采购管理工作经费列入财政预算；组织基层医疗机构编制采购计划，确保药品供应不断档、满足医疗用药需求，保证基层医疗卫生机构诊疗工作的正常开展。在落实财政补偿方面，县财政核拨2011年使用基本药物零差率部分资金38.08万元。

【公共卫生服务】 佛冈县的公共卫生服务能力明显加强。一是初步建立城乡居民健康档案。2011年，全县累计建立居民健康档案218521人，其中建立电子健康档案212847人，占97.4%。二是对重点人群实行健康管理。累计对老年人健康管理15693人，高血压患者管理5184人，糖尿病患者管理1142人，重症精神病患者管理585人，孕产妇系统管理3551人，0～3岁儿童系统管理22974人。三是积极开展重大公共卫生服务项目工作。对2004例农村孕产妇住院分娩进行补助，对2837例农村生育妇女免费补服叶酸，完成对15岁以下人群补种乙肝疫苗、200例贫困白内障患者免费复明手术任务和4000户农村无害化卫生户厕建设任务。

【基层医疗卫生服务体系建设】 佛冈县人民医院配套工程项目投入2055万元，其中中央资金1100万元，地方配套资金954万元，改造房屋面积3800平方米，新建房屋面积5324平方米。汤塘镇医院配套工程项目投入140万元，其中中央资金60万元，地方配套资金30万元。建造1幢5层、建筑面积1992平方米的防保综合楼；县妇幼保健院建1幢11层、建筑面积13800平方米的门诊住院医技综合大楼，投资3000万元，其中国家开发银行广东省分行贷款2400万元，自筹600万元。同时，加强基层医疗机构建设。一是对未达标的乡镇卫生院进行标准化建设，迳头镇烟岭卫生院自筹资金兴建建筑面积316平方米的门诊楼，总投资36万元。水头镇医院装修改造工程，省财政资金100万元。二是省财政对佛冈县78个行政村卫生站各补助1万元资金已落实到位。

【卫生人事制度改革】 事业单位岗位设置管理 卫生局对属下的17个医疗卫生单位进行岗位设置，设置管理岗位130个，专业技术岗位1347个，工勤岗位31个，并明确岗位名称、职责任务、工作标准和任职条件。根据设置的岗位，进行竞聘上岗、按岗聘用，共聘用管理人员87人，专业技术人员719人，工勤人员58人，并签订聘用合同。对未聘用的27人拟采取离岗退养、过渡安置、自谋职业与自主创业、学习深造等形式进行安置。

医疗卫生单位分类改革 按照政事分开、营利性与非营利性分开、管办分开的原则，根据现有医疗卫生单位的功能，将现有的医疗卫生事业单位进行分类划分。划分为公益一类的医疗卫生单位14个，公益二类的医疗卫生单位4个，规范医疗卫生单位的机构名称、机构规格、职责任务、机构类别、内设机构、人员编制及人员结构、领导职数和经费形式。

基层医疗单位绩效工资 制订《佛冈县公共卫生与基层医疗卫生事业单位绩效工资实施办法》，全县11间卫生院在2011年1月1日起试行，2011年7月1日起正式实施。县财政安排资金200万元落实该项工作。

【公立医院改革】 逐步推进公立医院管理体制和运行机制改革。继续巩固和深化与三级医院的对口帮扶工作。采取医疗专家挂职、坐诊、带教与接受医院骨干进修学习等形式，使佛冈县医疗单位人才培养力度得到普遍提高。优化门诊诊疗流程，开展优质护理服务工作。深化“以病人为中心”的服务理念，改革护理模式，提高护理管理水平，全面落实护理职责。

【医疗护理工作】 佛冈县卫生局按照卫生部《关于开展“三好一满意”活动的通知》要求，认真组织各医疗单位开展了服务好、医德好、质量好、群众满意的活动，进一步规范医疗行为，改善医疗服务态度，提高医疗服务质量。各镇卫生院的医疗质量和医疗服务得到进一步的加强，医疗服务和就医环境得到改善。切实抓好抗菌药物临床应用专项整治活动和优质护理活动，医疗护理质量有明显提高。

加强急诊急救工作 逐步建立高效、畅通的急救网络。在全县各医疗单位均配备救护车的基础上，继续以县人民医院120急救中心为核心，并按照急救病人病情所需的医疗急救水平与就近医疗急救相结合的原则，逐步建立高效、畅通的急救网络切实做好医疗急救工作。

加强病历规范书写和管理工作 继续抓好各医疗单位住院病历管理工作，促进各级医院健全和完善医疗质量管理制度，提高病历管理质量。各医疗单位以《广东省病历书写规范》和《处方管理办法》的要求，落实好病历书写和规范处方书写的工作。2011年底，卫生局加强对各医疗机构的病历和处方进行检查，对病历质量进行监控。

护理质量管理 按照新的《护理技术操作规范》的要求，严抓护理制度的落实。各医疗单位建立护理质量管理体系，三个县级医院和汤塘镇医院开展整体护理工作。加强医疗废物的管理，全县各医疗单位产生的医疗废物均由清远市华浩医疗垃圾处理中心有限公司进行集中处理。

做好卫生下乡工作 佛冈县卫生局联系省中医院、中山市人民医院、南方医科大学附属第三医院、广州市妇儿医院分别对口帮扶佛冈县中医院、人民医院、妇幼保健院，并多次组织专家医疗队到佛冈县进行义诊、专题学术讲座，免费接收医生护士进修培训。省中医院安排一名专家到县中医院挂任副院长职务，使县中医院的医疗技术水平有了较大提高。广州军区陆军总医院、珠江医院分别与佛冈县人民医院、汤塘镇医院建立了协作关系。县人民医院、妇幼保健院、中医院积极地开展卫生下乡支农活动，为基层医疗单位培训、指导医务人员，为当地群众开展义诊咨询活动。

医师执业管理　认真做好执业医师资格考试和注册工作。依法完成全县医疗机构的年度检验工作。做好省财政对佛冈县78个行政村卫生站医生补贴工作。

【食品安全工作】　2011年，佛冈县调整充实县食安委及食安办的人员，落实办公经费，制定相关的工作机制，强化全县食品安全工作。食安监管相关职能部门分别针对餐饮、农产品、食品生产、食品销售、酒类和公共场所存在的问题进行多次专项整治。开展餐饮服务环节打击食品非法添加和滥用食品添加剂专项检查、“地沟油”专项检查、“瘦肉精”专项检查、乳制品安全专项督查、月饼抽检等专项检查工作。加强重大活动食品安全保障工作，严防问题燕窝流入餐饮服务环节，对餐饮服务环节酒类质量安全专项整治，并加大蔬菜农药残毒检测工作，加大畜禽产品检测力度，并取得了明显成效。

【义诊、医疗志愿服务活动】　一是积极组织支农义诊工作。组织配合上级医院到佛冈县开展大型义诊活动4场次，义诊病人400多人次，业务讲座3场次，指导手术20台次，参与会诊40例次。组织佛冈县人民医院、中医院、妇幼保健院送医送药下乡11场次，参加医务人员62人次，开展义诊13场次，接受义诊病人5548人次，业务讲座23场次。派出医院业务骨干下乡指导、参与手术17人次，会诊23人次，送药下乡折合人民币1万多元。二是开展医疗志愿服务活动，铺就全县人民的健康之路。积极参与“幸福广东·健康同行”——广东青年医疗卫生志愿者扶贫济困健康直通车活动和省老龄委、省老科组织的“银龄活动”在佛冈开展的义诊活动、“世界红十字日”举办送医送药送温暖活动。为佛冈县群众免费健康检查，普及健康知识和免费赠送健康药品，并走访低保户和贫困户，派送“爱心药包”及慰问金。

【卫生经济】　全县卫生经济收入总的趋势稳步增长。2011年全县医疗卫生单位总业务收入16885.6万元，与上年相比增长5.36%。其中县属医疗卫生单位总收入15947.6万元，基层医疗卫生机构总收入938万元。仍有单位存在亏损现象。从2011年7月1日开始，全县11间镇级卫生院将规定的服务性收入全额上缴县财政非税收入专户，纳入财政预算管理，收费实行“收支两条线”管理。按照《佛冈县政府非税收入资金管理办法》，镇级卫生院逐渐过渡到“核定任务、核定收支、绩效考核补助”管理模式，建立健全稳定长效的多渠道补偿机制，确保基层医疗卫生机构的正常运转。

（黄桂金）

防病保健

【概况】　佛冈县疾病预防控制中心是副科级卫生事业单位，是全县疾病预防与控制、儿童计划免疫、卫生宣传教育和卫生检验（检测）机构。2011年疾病预防控制主要以抓好全县的儿童计划免疫，疾病预防与控制、消灭脊髓灰质炎、控制甲流、乙肝、麻疹为重点。做好各项卫生监测、健康体检和脊灰零病例报告工作，法定传染病报告工作。

【传染病报告】　2011年全县无甲类传染病报告，累计报告法定乙、丙类传染病21种共2720例，与上年同期累计发病3059例减少339例，下降12.46%。报告法定乙类传染病14种，发病1617例，死亡7例。报告发病数居前五位的病种依次为：乙肝648例、梅毒453例、肺结核338例、丙肝81例、淋病40

例，合计占乙类传染病报告发病数的96.47%。报告丙类传染病7种，发病1103例，1例手足口病死亡。报告发病数居前三位的病种依次为：手足口病787例、感染性腹泻128例、流行性腮腺炎98例，合计占丙类传染病报告发病数的91.84%。

【乙肝查漏补种疫苗工作】 根据《广东省15岁以下儿童乙肝疫苗查漏补种工作实施方案》等文件精神，通过宣传发动，精心组织，顺利开展乙肝查漏补种工作。全县摸底需接1剂次2555人，已接种2234人，接种率87.44%；摸底需要接种2剂次967人，已接种第一剂次965人，接种率99.79%，已接种2剂次920人，接种率95.14%；摸底需接种3剂次4475人，已接种第一剂次4475人，接种率100%，已接种第二剂次4471人，接种率99.91%，已接种第三剂次4277人，接种率95.58%；累计应补种17914剂次，累计已补种17342剂次，完成率96.81%，已达到《方案》95%的指标要求。

【麻疹疫苗的强化免疫】 在市疾控中心、县卫生局的领导和县教育局的支持配合下，经全县各预防接种单位人员的共同努力，于9月11～30日顺利完成本次麻疹强化免疫工作。本次全县强化免疫应接种21359人，已接种20824人，接种率97.49%。

【常住儿童免疫规划疫苗接种】 基础免疫接种 2011年共接种卡介苗3522人，接种率99.94%；服食糖丸4169人，接种率99.88%；百白破4020人，接种率99.85%；麻疹4183人，接种率99.83%；乙肝3813人，接种率99.92%；首针及时率97.42%；乙脑3778人，接种率99.87%；A群流脑接种3158人，接种率99.81%；甲肝接种2056人，接种率99.61%。

加强免疫接种 4岁儿童服食糖丸共加强免疫3600人，接种率99.86%；1岁半的儿童加强百白破3685人，接种率99.84%；麻疹3736人，接种率99.89%；乙脑2岁加强2891人，接种率99.72%；6岁百白破加强1102人，接种率99.55%；A+C流脑3岁加强1271人，接种率99.22%；A+C流脑6岁加强793人，接种率99.5%。

【突发公共卫生事件处理】 2011年4月25日，高岗中学风疹病例暴发，本次疫情发病102例，历时40天。疫情发生后疾控中心及时派出专业人员前往现场进行调查处理，经采血样送清远市疾控中心检测风疹抗体，结果风疹1gm抗体阳性，结合病例的临床症状、体征及病例接触史和实验室检测结果确定为风疹病例暴发，发病人数达到突发公共卫生事件的报告标准，经请示县卫生局后上报。县委、县政府十分重视此项工作，下拨专项经费2万元，免费为高岗中学师生685人接种风疹疫苗（其中学生680人，教师5人）使疫情得到有效控制。

【传染病漏报调查】 在县卫生局组织协调下，县疾控中心、县卫生监督所派出联合调查小组，对佛冈县辖区医疗机构开展法定传染病漏报调查。调查2011年1月至10月的医生门诊日志、出入院登记（病案室）、传染病登记、化验结果登记，并随机抽查纸质报告卡进行准确性、完整性和录入一致性的核对。全县共调查医疗机构15间，其中县属医院4间，镇医院、卫生院11间，共调查法定传染病215例，已报告197例，漏报18例，漏报率8.73%，其中县级医院漏报率13.33%，镇级医院漏报率2.11%。

【艾滋病的监测】 对高危人群的筛查 县人民医院HIV（艾滋病病毒）初筛实验室2011年共检测标本9330份，县中医院HIV初筛实验室10月份检测标本53份（共初筛HIV阳性5例）全部上送清远市艾滋病检测确证实验室进行确证。开展哨点监测工作。5月、7月疾控中心分别到县戒毒所、看守所开展哨点监测工作，两轮共采血376份，进行HIV、梅毒、丙肝抗体检测，第一批样本送县人民医院检测，第二批样本送清远市疾控中心检测。经检测，HIV结果全部阴性，县戒毒所梅毒抗体初筛、复检阳性15份，丙肝初筛、复检阳性138份。县看守所梅毒抗体初筛、复检阳性1份，丙肝初筛、复检阳性3份。

开展高危人群外展干预活动 根据艾滋病监测方案的要求，积极开展注射吸毒人群和暗娼外展干预活动。2011年县戒毒所共有568名注射吸毒者接受了艾滋病高危行为干预，发放《戒毒人员保健手册》、艾滋病宣传单张、折页共470本（张），提高艾滋病、性病的防治知识。

自愿咨询检测 共有246人接受艾滋病自愿咨询检测，其中吸毒人员239人，自愿咨询检测7人，结果HIV全部阴性。

随访关怀及CD4检测 2011年共为现住址在本县的HIV/AIDS（艾滋病）病例随访27人次，及时了解病例的病情，并提供必要的心理咨询服务，5月31日有4人抽血检测CD4细胞。收到检测报告后及时通知患者前来领取，并做好解释工作，达到服药标准的动员其到广州市第八人民医院接受抗病毒治疗。

流行现状 椐艾滋病专报系统显示，从2001年报告户籍有全县的HIV/AIDS病例起，至2011年10月共报告HIV/AIDS病例45例（AIDS22例，HIV23例），其中女性12例，男性33例；死亡18例，其中男性16例，女性2例。2011年1～10月新增报告HIV/AIDS8例，其中HIV2例，AIDS6例，6例男性，2例女性，均为外地反馈病例。

【不明原因肺炎的监测】 2011年报告发热肺炎病例监测门诊监测病例数203766人，其中流感样病例数254人，均无发热肺炎病例和不明原因肺炎病例；监测入院病例总数6988例，发热肺炎病例3例，无不明原因肺炎病例。

【霍乱、伤寒副伤寒和痢疾等重点肠道传染病监测】 全县无霍乱病例报告，报告伤寒副伤寒1例，痢疾2例，其他感染性腹泻病例104例，肠道传染病报告发病主要以散发为主。肠道传染病监测中，从业人员健康体检中取材4633份，县人民医院腹泻病例监测1份，共4634份进行伤寒副伤寒杆菌以及痢疾杆菌检测，结果均为阴性。

【医疗机构消毒质量监测】 2011年县城医疗机构监测8间，监测样品623份，合格610份，合格率97.91%；消毒监测覆盖率为100%；镇医疗机构监测12间，监测265份，合格244份，合格率92.08%；消毒监测覆盖率100%；私营及个体诊所监测178间，监测1282份，合格1231份，合格率96.02%，消毒监测覆盖率为100%。全县合计监测2170份，合格2085份，合格率96.08%。

【农村饮用水水质卫生监测】 农村饮用水水质卫生监测枯水期出厂水监测24份，合格19份，合格率79.17%；末梢水监测36份，合格26份，合格率为72.2%；丰水期出厂水监测24份，合格19份，合格率79.2%；末梢水监测36份，合格22份，合格率61.1%。对各自来水厂1～11月常规监测出厂水8份，合格7份，合格率为87.5%；末梢水198份，合格157份，合格率为79.29%。

【碘盐监测】 根据《全国碘盐监测方案》及省市碘盐监测实施细则，结合本县的实际情况，制订出佛冈县2011年度中央补助地方公共卫生专项资金佛冈县地方病防治项目技术实施方案、碘盐监测的计划和实施方案。按计划要求完成上级下达佛冈县的碘盐408份监测任务，碘盐监测合格率100%。

（王祖醒）

卫生监督管理

【概况】 佛冈县卫生监督所通过加强内部管理，完善各项规章制度，注重卫生执法队伍业务培训，规范卫生监督执法行为，树立卫生监督新形象。认真开展各项卫生监督执法工作，大力整顿个体医疗市场，开展职业病预防、公共场所卫生监督等工作。2011年被清远市评为业务工作考核优秀单位、清远卫生监督通讯先进集体。

【强化内部管理】 一是加强单位内部管理，修订《卫生监督所工作责任制度》，以制度管人，保证单位正常工作秩序。二是建立“岗位责任制”、“首问责任制”、“责任追究管理制度”、“公物管理制度”、“公物使用制度”、“安全生产责任制”等制度。三是实行卫生监督政务公开，公开办事程序，缩短申请办证时间，为群众办证提供方便，提高办证效率，得到群众好评。

【加强卫生监督员培训】 为适应全员执法、全方位执法的需要，进一步提高全所干部的综合素质，佛冈县卫生监督所多次选派人员参加省、市级举办的培训班。单位集中学习4次，参加学习的人员共56人次，提高卫生监督人员的思想素质和业务水平。

【卫生法律法规宣传】 卫生监督所开展《传染病防治法》、《职业病防治法》等专项宣传活动。参加县政府有关职能部门在县城人民公园开展的“3.15”宣传维权活动，共发放各类法律法规宣传资料3000份。

【卫生行政许可】 卫生监督所依法开展卫生行政许可。全所卫生监督员认真学习《行政许可法》，了解《行政许可法》的规定，明确本级卫生行政许可条件、程序、期限，规范行政许可行为。对卫生行政许可实行服务承诺制、一次性告知制、公开卫生许可审批程序、审批期限、准入条件，为申办者提供须知材料，热情接待申请人，耐心解释和指导申办人填写有关申请材料。2011年，经审查，全县合格换证和新办证企业154户。

【联合执法工作】 2011年5月31日，卫生监督所在县城范围内开展一次食品专项整治的联合执法大行动。现场查处2家河粉生产加工“窝点”，查封大米等原材料近17吨，河粉成品650公斤，生产设备2套。规范佛冈食品生产加工秩序，确保人民群众的饮食健康安全。

【重大活动卫生安全保障】 卫生监督所开展元旦、春节、五一、中秋、国庆等节假日期间的卫生安全保障及汽车拉力赛、大运会等重大活动卫生安全保障工作。重点对全县辖区景区及周边区域、星级酒店的卫生安全进行多次检查，检查供水单位4户，保障重大节日期间及重大活动的卫生安全。

【法定传染病漏报调查】 依据《中华人民共和国传染病防治法》，卫生监督所派出联合调查小组，随机调查部分医疗机构及镇卫生院法定传染病漏报工作。此次检查，出动监督员20人次，发出卫生监督意见书15份。

【医疗卫生监督】 打击非法行医，规范执业行为。卫生监督所对县属医疗机构进行全面监督检查，全年查处非法行医场所15间。其中牙科12间、门诊1间，在家开诊1间，超范围诊疗1间，案件移送1宗，没收牙科用器械及药品一批，价值人民币16200元，罚款5300元。通过整治工作，进一步规范佛冈县的医疗秩序，净化医疗市场。

医疗废物处置工作 依据《医疗废物管理条例》，对各医疗机构进行现场监督检查。经检查，全县医疗机构同时使用专用袋收集医疗废物把医疗废物交清远市医疗废物处理中心处理。

生物制品监督工作 依据《预防用生物制品生产供应管理办法》，对县医疗机构进行多次专项检查。全部疫苗均由清远市疾控中心购进并建立进出台账，冰箱内疫苗放置正确，无发现有过期疫苗。

放射卫生监督工作 依据《中华人民共和国职业病防治法》《放射工作卫生防护管理

办法》《放射工作人员健康管理规定》等相关法律、法规，对全县含有放射诊疗的医疗机构进行一次全面检查。此次检查，出动监督员15人次，发出卫生监督意见书10份。

临床用血监督工作　各医疗用血单位均建立临床输血管理委员会，血液入库登记记录完整，临床用血严格按操作规程，无发现输血事故。

出生证补发管理工作　在补发过程中严格按规程办事，该处罚的坚决处罚，对申请资料不齐全的不予受理，并及时对资料进行归档。

【公共场所卫生监督】　住宿业量化分级管理工作　对全县44户住宿旅业实施量化分级管理评级，其中B级企业2间、C级企业17间。

加强托幼机构与学校卫生安全监督　出动卫生监督员59人次，对全县47间幼儿园进行检查，发出卫生监督意见书47份。5月18~30日对县辖14间中学进行专项检查，发出了整改意见书14份，保障广大在校师生身体健康和中高考的顺利进行。

游泳场所专项监督工作　对辖区6间对外经营的游泳场进行卫生监督检查，针对检查中发现的问题给予现场技术指导，并要求限期整改。

集中式供水生产企业整治工作　春节来临之际，对县自来水公司、三八、汤塘嘉仁、龙山清泉自来水公司进行监督检查，确保全县居民生活用水卫生安全。

职业病防治工作　4月27~29日，卫生监督所组织人员到县部分企业，向务工人员开展职业病防治宣传活动。发放宣传资料300余份，接受群众咨询30余人，为预防和控制职业病起了积极作用。

（杜　平）

爱国卫生

【宣传《广东省爱国卫生工作条例》】　佛冈县爱卫办采取多种形式，切实做好《广东省爱国卫生条例》宣传工作。一是由县政府召集有爱卫会成员单位领导、各镇主管卫生工作副镇长、卫生院长参加的会议，进一步学习《条例》，通过学习明确各自的职责；二是通过各镇村，利用各种大小会议宣传《条例》；三是利用广播、电视和宣传栏宣传《条例》，使条例精神家喻户晓，人人皆知。

【整治卫生死角】　健全完善县镇环卫队伍　县爱卫部门帮助完善各镇的环卫队伍建设，增强环卫队伍素质。全县各镇增设垃圾屋、垃圾池、果皮箱，保证环卫工作的正常运转。全县的环卫工人数量有增无减，县城已有二座垃圾压缩中转站投入运作。建设完善垃圾填埋场12个，保证垃圾填埋不污染环境，县环卫所队伍不断扩大，县城街道卫生清洁的加强，提高了人民的健康水平。

“爱卫月”活动　在爱卫月活动中，由县爱卫会发出通知，组织和发动以贯彻《广东省爱国卫生工作条例》，大搞环境卫生为主题的爱国卫生运动。县城机关单位大搞室内外和公共地段环境卫生，农村开展清理沟渠、铲除杂草、全面大扫除的活动。城镇乡村的卫生清洁状况有较大的改观，有效地预防各类疾病的发生和传播。

治理卫生死角　卫生死角是开展爱国卫生运动工作的重点和难点。在检查卫生的过程中，发现县城存在卫生死角，影响干部群众的生活和工作。为了整治卫生死角，在财政没有投入的情况下，敦促所在地段的单位出钱治理。无单位管辖的地段，由县环卫所以及所属地居委会负责发动和筹款治理。通过治理，使这些地段的居民有一个较好的工作和生活环境。

【除“四害”工作】　县城由一支专业队伍常年负责灭鼠工作，每年灭鼠三次以上。鼠多的重点单位，即采用高效灭鼠的方法，使县城鼠密度控制在国标的2.6%以内。组织县除“四害”技术服务站人员到单位、学校、医院、旅业等人群密集的地方进行有偿的喷药、灭虫、消毒，还为有关单位、酒店、旅业、企业灭治白蚁。在做好县城灭鼠工作的同时，动员各镇村开展群众性的室内外、村里外和大田灭鼠活动。经过努力，除“四害”工作取得显著的成绩，多年来佛冈县城一直保持广东省灭鼠达标县城称号。

【改水改厕工作】 *改水工作* 为使全县人民都能饮用卫生清洁的水，对改水工作常抓不懈。全县饮用卫生清洁水人口达32万多人，普及率达99.87%，饮用自来水人口24万（含家庭潜水泵），普及率为77.5%。

改厕工作 2011年，全县的卫生户厕（三格化粪池）普及率达73%，粪便无害化处理率达73%。粪便处理率均在全市的各县（市、区）的前列。在上级爱卫部门的支持下，新建了一大批卫生户厕，2011年有4000户农户享受中央和省每户400元的改厕补贴，全县农户享受中央和省的补贴共160万元。

【健康教育和控烟宣传】 *健康教育* 一是利用电视台播放健康教育图片，向群众宣传卫生知识。通过电视台、专栏宣传卫生知识，使群众树立大卫生观念，人人讲卫生，受教育群众达4万多人，人人实行自我保健。二是与县电视台一起开办《健康养生》专题栏目22期，普及健康知识，得到广大群众的欢迎。

控烟宣传 抓好创建无吸烟单位活动。首先是由爱卫部门发出文件通知，要求符合条件的单位申报；其次是通过媒体及资料宣传吸烟危害健康；第三是在5月31日“世界无烟日”召开座谈会，交流如何开展控制吸烟的经验，开展创建“无吸烟医院”活动。

【创建“省市卫生先进镇、村”】 2011年巩固“广东省省卫生县城”工作，结合城乡清洁工程，积极开展城乡环境卫生整治行动，县组织综合执法队，对县城的卫生等进行综合治理，同时，还重点督促县环卫所加大对卫生的整治力度，治理卫生死角。目前，县城的占道经营的门店自觉地不占道经营，过道畅通。签订“门前三包”责任书5000多个单位，使县城的环境卫生质量得到提高。汤塘、龙山、水头3镇努力开展“创卫”工作，争取早日成为“省卫生镇”。把创建“卫生村”作为爱卫工作的重点，加强发动、指导、检查，推动创建工作的落实。2011年，全县成功创建省卫生村10个，市卫生村15个。

（黄桂金）

县重点医院简介

【佛冈县人民医院】 佛冈县人民医院是担任佛冈县境内30多万人口和英德市、新丰县部分人口医疗、预防保健、教学、科研综合性二级甲等医院。在职医务人员419人，其中在编职工283人，临时工136人。医护卫生技术人员占全院工作人员的88.5%。编制床位350张。2011年总收入10351万元（不含拨款），首次突破亿元大关，同比增加1208万元，增幅为13.2%；门急诊人次272485人次，同比增加29910人次，增幅为12.5%；住院病人15284人次，同比增加1474人次，增幅为10.67%；手术5476台次，同比增加672台次，增长11.4%；病床使用率82.4%，同比增加11.19%；职工人均年收入62098元，同比增加4717元，增长8.2%。

行风建设 根据省纠风办的工作部署和佛冈县卫生局《关于在卫生系统开展收受回扣专项治理工作的通知》，佛冈人民医院开展整治医药回扣专项治理工作。在整治医药回扣活动中，反复强调收受回扣专项治理工作精神，召集科主任谈话，促使相关人员积极上缴回扣款。通过专项治理工作，提高广大职工的思想觉悟，增强职工的职业道德，干部职工受到警示教育。

2011年4～10月开展民主评议政风行风工作。干部职工把开展政风行风评议与开展治理医药购销领域商业贿赂专项工作和开展"三好一满意"活动结合起来，构建和谐医患关系，切实维护人民群众的根本利益。经全院干部职工的共同努力，通过县行风评议团“满意”的测评。

质量管理　开展“医疗质量万里行”、“三好一满意”、“抗生素专项治理”等活动，按照“病患至上”的要求，在全院全面推行质量控制与改进工作。新成立医疗质量控制办公室，加强对医疗质量的督导检查。出台《佛冈县人民医院病情告知书》汇编。抗菌药物使用专项整治收到成效，抗菌药物控制在35种，药比得到有效控制。坚持基础医疗和护理质量的严格管理，强化“三基三严”训练，加强对临床各科室危重病人的管理，严格三级查房制度。护理部狠抓护理质量，严格执行分级护理制度，在两个病区实施优质护理服务，坚持“以病人为中心”，切实落实基础护理，主动观察病情、主动为生活不便的病人进行生活护理。加强与病人的交流沟通，病人满意度提高，医疗事故和医疗纠纷得到有效控制，全年没有发生群体性医疗纠纷事件。

新项目、新技术的应用　2011年聘用一名外科副主任医师，开展手显微外科业务，9月1日成立外五科，开放病床30张，顺利完成手术600多例，取得较好的经济和社会效益。全院在省级以上专业杂志发表学术论文25篇，市级科研立项3项，取得市级科技进步三等奖1项。各科室开展新技术、新业务93项。新引进四维彩超、乳腺钼钯X光机、白内障超声乳化机等大型设备，提高了全院的诊治水平。

人才队伍建设　2011年7月，与南方医院第三附属医院结成合作医院，南方医院派出2名专家驻院3个月进行业务指导；风湿科、心血管科、骨科等专家每周一次到人民医院坐诊，明显提高医院的业务水平，让佛冈人民在家门口享受到大医院的医疗服务。医院鼓励、支持在职医护人员参加大专及本科深造，2011年取得本科学历5人、大专学历13人。鼓励、支持参加各级晋升考试，2011年有1人晋升为主任医师，15人晋升为中级职称，10人通过了初级职称考试。

道德、文化建设　开展一系列文化建设活动，如院训、院徽、文明用语的征集，文明用语演讲比赛，护士礼仪比赛，优秀护士评选等，编印《佛冈县人民医院职工文明服务行为规范手册》。重新设计更换医院职工胸牌，改善职工形象。2月开始实施文明科室流动红旗评选，并进行表彰和奖励。为加大医院的宣传力度，在佛冈电视台播出医院有关信息35次，在《清远日报》发表文章10篇，《佛冈卫生简讯》发表文章18篇，佛冈报发表文章13篇。职工娱乐室于12月8日对院内人员开放。

为多方听取社会各界的意见，改进医院工作，新聘请21位社会人士为医院监督员，定期召开监督员会议；每季发放调查表，全年满意度为90.4%；出院病人进行电话回访，大受病人欢迎。2011年，收到病人送的锦旗6面，感谢信4封，陈素琴等拒收“红包”27人次。医院党组被县委授予“先进基层党组织”，外二科被市总工会评为“模范职工小家”，李智锋获县“优秀通讯员”奖，郭艳等四人被评为县“十佳护士”，孙群等14人被评为县“优秀护理工作者”，廖富强等人被评为“优秀共产党员”，潘广赉被县文明办评为十大“道德模范”。

医院信息化建设　佛冈人民医院获得中山市人民医院的支持，免去管理软件开发费500多万元，只投资100万元由惠乔公司组织实施。2011年12月5日，广大医务人员基本掌握信息软件的使用，首推“一卡通”服务网络系统，简化就医流程，方便病人及节省诊病时间，医院的信息化管理上了一个新台阶。

（范素芬）

【佛冈县中医院】　佛冈县中医院不断挖掘、整理、发扬中医药的精粹，推动中医药事业的发展。2011年业务总收入3166万元，住院4788人次，门诊102387人次，社会和经济效益呈现良好发展态势。荣获佛冈县卫生系统卫生工作综合考评先进单位第一名。

基础设施建设　2011年，投入18万元添置一辆救护车，投入31万元给住院部病房、走廊装上石膏天花、改造医院饭堂，投入25万元购置各类小型医疗设备。通过完善中医院的基础设施，改善患者就医条件，提升医院服务功能，较好地满足了患者的要求。

重点专科建设　骨伤科、脑血管病科、康复科是我院列为重点建设的三大特色专科。为提升中医专科特色，医院建立鼓励和考核制度。为进一步提高中医专科特色治疗，科室综合考核目标中把中医药治疗率作为重点项目进行考核，把针灸、推拿、理疗、熏蒸等中医药特色项目贯穿各科疾病治疗始终，促进中医药的使用和特色疗法的开展，努力树立中医特色专科的品牌形象。到2011年底，全院中医诊疗设备配置达21种，每个科室开展的中医护理技术项目不少于4项，非药物疗法中医治疗门诊占总门诊量14.8%，中药处方数占门诊总处方数60%，中药饮片处方占门诊总处方的23.2%。

中医“治未病”健康工程　不断提高规范的养生保健服务水平，在慢性病患者健康管理中积极运用中医药技术和方法，在三伏天时与省中医院联合开展“天灸”疗法，灸疗上万人次，深受群众好评。不断加强中医预防保健科普知识宣传，参与基本公共卫生服务项目，在城乡居民健康档案中100%填写中医体质辨识内容，指导广大群众正确运用中医基本知识养生保健。如指导群众调身心、调饮食、做运动养生，受益人数达500人次。

广东十家主流媒体采访　2011年9月29日，由广东省中医院特邀南方日报、羊城晚报、新华社、广东电视台、南方电视台、广州电视台、广东电台、南方都市报、新快报、信息时报10家新闻媒体记者一行21人，来到佛冈县中医院调研采访。中医院院长详细回答记者们的提问，使记者了解佛冈县中医院的状况，向社会推介佛冈中医院的特色疗法，扩展服务面。

加强信息化建设　2011年，升级改造医院数字化管理系统。投入资金20多万元更换医院管理信息系统、药品电子监管平台、社保报销等数字办公软件，使其基本适应当前医疗改革和社会保障发展的需要，同时为佛冈县创建国家药品安全示范县打下良好基础。

强化医院文化建设　2011年，根据以突出中医特色为主题的中医管理年活动检评反馈意见，中医院加大力度开展医院文化建设工作。进一步完善医院文化建设方案，增加文化宣传牌匾，使每一位医务人员铭记院德，明确办院宗旨，树立发展战略，塑造核心价值，与此同时，使每一位来院患者、朋友感到浓浓的中医文化气息。

（黄　华）

【佛冈县妇幼保健院】　佛冈县妇幼保健院坚持“以保健为中心，以保障生殖健康为目的，实行保健和临床相结合，面向群体、面向基层和预防为主”的妇幼卫生工作方针，开展妇女、儿童群体保健服务，指导和参与社区卫生和农村、初级卫生保健工作。保健院设有内儿科、妇产科、保健部、第一门诊部、第二门诊部、检验科、影像科、药剂科等科室。妇幼保健院拥有四维彩超、阴道镜、宫腔镜、利普刀、胎心监护议、高压氧舱、推注泵、经皮黄疸测试仪、新生儿抢救辐射台、新生儿抢救呼吸机、大型X光机、阴道B超、彩色B超、听力筛查仪、视力筛查仪、智力测试仪、凝血仪、全自动生化分析仪、五谷类血细胞分析仪、尿液分析仪等医疗设备。

基本公共卫生服务工作　2011年，妇幼保健院辖区——城南社区常住居民18861人，建立健康档案人数39260个，健康档案建档率208%。本年度活产624人，新生儿访视人数624人，访视率100%。实施早孕检查596人，早孕建册596人。产前检查（5次以上）596人，产前检查率95.5%，产后访视598人，产后访视率95.8%。报告传染病133例，报告及时率100%，规范处理传染病133例，处理合格率100%。调查传染病无漏报。卡介苗、乙肝应接种624人，实接种人数624人，接种率

100%。2011年婚检64人，婚检率1.74%。

妇幼卫生保健工作　2011年，接诊孕产妇3619人，住院分娩3619人，住院分娩率100%；孕产妇系统管理3551人，系统管理率98.1%；产前检查3596人，产前检查率99.4%；产后访视数3611人，访视率99.8%。有高危孕产妇294人，高危孕产妇住院分娩率100%；孕产妇死亡病1例，死亡率27.63/10万。全县5岁以下儿童中、重度营养不良患病率1.4%。婴儿死亡20人，婴儿死亡率5.5‰，5岁以下儿童死亡25人，死亡率1.4‰，新生儿疾病筛查3607例，出生缺陷37例，发生率7.1‰，发生新生儿破伤风病1例。

外向联系合作　2010年12月，经省卫生厅批准，广州市妇女儿童医疗中心从2011年开始对口支援本院。该中心根据《广东省城市卫生支援基层卫生实施方案》的要求，选派各科室青年骨干到本院挂职工作，并选派本院中青年骨干，参加广州市妇女儿童中心举办的转诊疑难、危重病人医治学习培训，效果显著。通过外向联合办院，大幅度提高本院各科室专业技术人员的诊疗水平，得到广大群众的好评。

（童　彤）

【佛冈县慢性病防治医院、佛冈县卫生进修学校】　佛冈县慢性病防治医院与佛冈县卫生进修学校合署办公。佛冈县慢性病防治医院拥有一支皮肤病、结核病、精神病和性接触传染病防治专业技术骨干队伍，拥有精湛的技术，临床经验丰富，服务质量一流，得到患者赞扬和信赖。医院硬件不断增加，增设办公及工作用房700多平方米，并经过全面装修，改善就医环境。添置了碎石机、激光机、尿分析仪等一批医疗器械设备，经省一级医疗机构验收合格，确定为“县一级性病检验中心”。佛冈县卫生进修学校位于原三八镇政府大院，是清远市卫生专业技术人员继续教育基地。卫校建筑面积3700.26平方米，有11间多媒体教室、护理操作室、美容操作室、解剖实验室、化学实验室、学生电脑室等。有学生宿舍楼5幢，可供700多人入住。学校安装4台空气能热水系统，可供师生教学和生活用水。卫校坚持以“开设市场热门专业，培养卫生实用人才”为办学宗旨，以满足岗位需求为目标，培养的毕业生实践技能水平高，深受用人单位欢迎。

加强医院管理　2011年，根据上级文件和有关会议精神，医院在原来开展管理年活动的基础上，把追求社会效益，维护群众利益，构建和谐医患关系放在第一位，继续深入开展“以病人为中心，以提高医疗服务质量为主题”的医院管理年活动。建立健全门诊的“质量、安全、服务、费用”等项管理制度，探索建立医院科学管理的长效机制，不断提高医疗服务质量水平，使医疗服务更加贴近群众，贴近社会。不断满足人民群众日益增长的医疗服务需求，使医院管理不断向科学化、规范化和标准化方向推进。

加强全面质量控制　实施全面、全程、全员管理质量机制，进一步落实质量管理、感染监测、药事、病案管理、设备管理等管理委员会的职能职责，各医疗科室执行诊疗常规和操作规范，提高医疗质量。通过全面质量控制，减少医疗事件的发生，提高治愈率，降低医疗费用，保证患者就诊和治疗效果。认真落实安全责任制，全年无安全事故发生。加强医院感染监测和医院重点部门的感染管理。

加强医药和服务管理　医院加强治理医药购销领域商业贿赂和纠正行业不正之风专项工作，有效降低药品价格和遏制药品购销过程中的不正之风。医院以开展“提高医疗质量、强化医患沟通、改善服务态度、落实规章制度”为主题的优质服务活动，对职工进行爱院、爱岗、爱病人的“三爱”教育，使文明礼貌的优质服务贯穿在医疗服务的每个环节，医院整体服务水平得到进一步提高。

坚持防治结合　2011年，医院门诊人数20325人，医院共接诊结核病疑似病例526人，查痰805人次，确诊结核病人205人，涂阳107例。皮肤、性病方面，发现淋病16例，梅毒14例。麻风病没新病例。精神病门诊人次 1047 例，新发病例共 50 例。其中精神分裂症 37 例，反应性精神障碍 4 例，抑郁症 2 例，神经衰弱症 1 例，焦虑症 6 例。这些患者都得到系统的治疗，好转率达 85%。同时加强网报和资料管理工作，及时对传染病网报进行统计，积极开展结核病防治知识宣传活动，为佛冈县慢性病防治作出贡献。

提升办学质量　为进一步提高学生专业知识、专业技能水平和整体素质，佛冈县卫生进修学校进一步转变办学理念，改变教学模式，探索办学新路子，实施校企联办、直通车式的教学、实习、就业模式。这些新举措很好地解决学生就业的后顾之忧。为加强教学，卫生进修学校增加 13 名本科以上学历医学专业教师，增加药剂和中医康复保健两个专业。在校学生由原来的 1200 多人增加到 1400 多人。学校能按时按质完成大、中专班文化课程、专业课程及专业技能的教学任务。2011 年，2009 级护理班 9 位同学参加广州卫生学校举办的护理操作竞赛，在无菌操作项目比赛中黄东招同学荣获一等奖，蔡坤芳同学荣获二等奖，罗晶晶同学荣获优胜奖；在 PG 皮试操作项目比赛中，徐乐华、陈静如同学荣获二等奖，张海媚同学荣获优胜奖；在有人床更单操作项目比赛中，何桂群、何桂兰同学荣获二等奖，彭树娣同学荣获三等奖；徐乐华、罗晶晶二位同学参加广州市中等职业学校学生职业技能竞赛卫生类胸外按压、PG 皮试、无菌技术、有人床更单护理操作中分别荣获二、三等奖。

加强专业技术人员继续教育　佛冈县卫生进修学校全力协助县人事局、县卫生局办好各种培训班。2011 年 6～8 月，举办佛冈县专业技术人员公共必修课培训班，2000 多人参加学习。协助县卫生局举办每年两期社会医疗机构从业人员继续教育培训班，培训率达 95% 以上。对佛冈县卫生系统所有专业技术人员及乡村医生、社会医疗机构从业人员开展专业技术必修课培训，培训率达 95% 以上。

（曹叶群）

2011 年 5 月 8 日，第 64 个"世界红十字日"，县红十字会组织二十多位志愿者和县卫生系统团员、青年走上街头宣传造血干细胞、无偿献血，开展送医送药送温暖，为全县贫困重症患者募集捐款活动。

社会生活

责任编辑：黄春苗

人力资源和社会保障

【概况】 2011年，佛冈县人力资源和社会保障局坚持以“民生为本，人才优先”的工作主线，凝心聚力，真抓实干，认真实施就业发展战略和人才强县战略，不断深化人事制度改革和工资收入分配制度改革，努力构建和谐劳动关系，科学发展社会保障事业。

【劳动就业服务】 实施就业扶持政策，通过深入开展“南粤春暖”、“再就业援助月”、“大中专毕业生服务月”等公共就业服务，积极为城乡劳动者提供及时有效的政策咨询和就业服务，全方位促进就业。2011年，举办招聘会11场，提供就业岗位18468个，成功实现就业5695人，发放春风卡13642张；培训农村劳动力2622人次；实现城镇新增就业人数5506人；城镇失业人员再就业1502人；就业困难对象就业132人；新增富余劳动力转移就业人数9468人，其中就近就地转移4469人，县外就业4999人；城镇失业率为2.83%；以创业带动就业，实现成功创业302人，带动就业948人。

【人才队伍建设】 实施人才强县战略，深入贯彻公务员法，切实抓好机关事业单位工作人员日常管理。2011年，新登记公务员20人；调配干部（包括新公务员录用）281人、职工（包括合同制工人）12人；为全县93个事业单位订购并安装清远市事业单位人事管理信息系统；认真审核推荐申报高级职称55人，审核推荐申报中级职称309人，组织开展评审初级专业技术资格77人，认定初级专业技术资格30人；举办全县公务员更新知识培训12期1524人次，举办专业技术人员继续教育培训26期4783人次，举办新录用公务员初任培训一期106人，组织农村劳动力培训751人次；完成专业技术人员培训施教机构的认定及专技人员继续教育证书网上登记管理工作，举办全县专业技术人员继续教育信息管理培训班。努力打造公开、公平、公正的阳光招考，组织开展2011年事业单位公开招聘工作，招录135名工作人员充实到全县事业单位。

【工资福利】 有序推进收入分配制度改革。牵头起草《佛冈县规范国家公务员津贴补贴实施方案》，稳步规范公务员津贴补贴；大力推进绩效工资制度改革，在继续实施和完善教育绩效工资制度的基础上，不断推进公共卫生与基层医疗卫生事业单位绩效工资改革工作；初步形成其他事业单位实施绩效工资方案。

【事业单位岗位管理】 按照“按需设岗、竞聘上岗、按岗聘用、合同管理”的要求，稳步推进事业单位岗位设置和人员聘用管理工作。已完成岗位核准备案的单位170多个，签订聘用合同人数5292多人，占在职在编人数的95.5%。其中，聘用到管理岗位454人，专业技术岗位4147人，工勤技能岗位691人。

【社会保障】 2011年，办理机关、企事业单位职工退休审批215人；受理工伤认定申请321宗，认定工伤312宗，不予认定的有9宗；劳动能力鉴定77人；审核企业补缴养老保险27人；审核出具《征地社会保障审核意见书》10份，涉及征地面积1867.7亩，被征地农民937人纳入养老保障范围，计提养老保障费用1387.23万元；通过银行代发企业退休（托管）人员节日慰问金1253人19.18万元，发放企业退休（托管）人员死亡后家属慰问金31人7750元。

【劳动保障和监察】 不断完善管理制度，健全调解执法机构，充实劳动保障管理队伍，大力开展劳动监察工作，极力维护社会和谐稳定。

强化法律法规宣传　全年共举行劳动保障法律法规专项街头宣传2场，派发劳动保障法律法规宣传资料5000多份；举办全县企业管理人员《社会保险法》培训班1期，与县总工会共同举办佛冈县企业工资集体协商指导员培训班1期，在《佛冈报》刊登《社会保险法》知识问答2期，开展"送法到企业"专项行动4次。

加大劳动保障监察力度 开展清理整顿人力资源市场秩序专项行动、最低工资标准执行情况专项检查和企业工资支付和劳动用工情况专项检查。日常巡查企业累计178家，开出劳动监察询问通知书49份。集中开展劳资纠纷隐患排查12次，针对建筑行业的专项劳资纠纷隐患排查2次，排查出劳资隐患11宗，及时处理11宗。较好维护了劳资关系的稳定和谐。

积极受理举报投诉 全年接到劳动者各类投诉242宗。在法定的时间内处理242宗，开出限期整改指令书32份，为劳动者追讨回工资1300多万元，行政处罚企业1家，整顿企业不规范用工41家次。大力开展和谐劳动关系示范区及企业建设。按《关于印发〈广东省企业工资集体协商指引〉的通知》要求，2011年签订集体合同及开展工资集体协商企业40家，创建和谐劳动关系示范区1个，示范企业2家。

做好劳动年审及调配费征收 2011年，年审企业196家，征收调配费55万余元。强力推进仲裁院（庭）星级建设，加大仲裁调解力度，化解劳资纠纷。全年接待受理反映劳动监察工作方面来信来访117宗，认真开展矛盾纠纷调处工作，追回民工工资168万元。受理劳动争议案件113件，其中通过裁决方式有53宗，通过调解方式的有60宗，按期结案率100%。

（朱明学）

计划生育

【概况】 2011年统计年度全县年末总人口338707人，出生4505人，人口出生率为13.31‰，人口自然增长率7.39‰，政策生育率96.85%，出生婴儿性别比为106.85。

【计划生育"四术"】 2011年统计年度完成计划生育手术4155例，其中绝育手术2062例（其中纯二女绝育手术501例）。已婚育龄妇女避孕节育措施落实率为85.20%，查环查孕率96.09%，普查普治率83.34%。

【"两无"活动】 2011年度，无政策外多孩出生镇4个，无政策外生育村（居）委会有62个，占全县村（居）委会总数的68.89%。

【"五级联网"】 作为2011年省人口计生委确定的5个人口计生信息化改造升级试点单位之一，佛冈县以打造数字化人口计生、实现服务管理提速提质为目标，严格按照省的阶段要求，全县统筹，分级实施，试点工作有序高效推进，走在全省前列。全县累计投入资金100万多元，实现了省、市、县、镇、村"五级联网"，实时互通，大大提高服务管理效率。6~7月，对县、镇、村计生干部、工作人员进行培训，加强基层计生干部的计算机培训和信息系统学习，为信息化试点工作提供人员保证。以计算机培训考试为必备条件，对在职或拟聘用村级计生专干进行上岗培训，择优录用，调整5人，充实36人。

【深化惠民便民服务】 从2011年5月起，减少孕检次数，扩大补贴范围，将农村居民、流动人口、城镇失业人员、无业人员、个体经营者中的已婚育龄妇女的孕情检查次数，从每年4次调整为3次。增加城镇失业人员、无业人员、个体经营者中的已婚育龄妇女的补贴，由所在镇政府发放补贴10元/人·次。从10月起，及时兑现农村计生节育奖励金，并提高原有农村独生子女和纯二女结扎家庭的奖励金标准，从原来的每人每月25元提高到50元，使落实计划生育政策的农民群众得到更大的实惠。

【人口文化休闲园建设】 根据2011年10月8日颁发的《中共广东省委 广东省人民政府关于全面加强我省计划生育工作促进人口长期均衡发展的决定》，借助佛冈县农村公园“以奖代补”的激励措施，四级联创，因地制宜，整合资源，积极推进2011年选定的14个村级人口文化休闲园建设。2011年12月，全县已建成并投入使用的人口文化休闲园有30个。

【婚育新风进万家活动】 向全县已婚育龄妇女发放印有抽奖号码的“婚育新风进万家”的宣传小册子7万份，在年底举行现场答题抽奖活动。11月8日，佛冈县选送的小品《留守儿童过生日》，代表清远市参加“杰士邦杯”全省家庭人口文艺大赛，荣获三等奖。

【完善计生制度】 *加强层级责任制落实* 2011年3月，佛冈县与镇、县直计生兼职单位签订人口计生责任书，并新增加县纪委等5个单位为计生兼职单位。各镇与镇干部、村委会签订2011年人口计生层级动态管理责任书。当月，制定《佛冈县人口和计划生育工作有关奖励办法》，提高对镇、村（居）、计生兼职单位、县直副科以上单位的计生工作奖励标准。同时，完善人口计生挂钩帮扶制度，有力地促进全县人口计生工作的平衡发展。

长效避孕节育措施 以经常性工作为主，全年开展四次集中服务活动。通过分片包干，专人负责，上门服务，逐月盘点，利益引导，进一步落实层级动态管理倒逼机制，抓好已婚育龄妇女孕情检查和避孕节育措施的落实。

人口计生工作例会制度 2011年5月，根据省人口计生委《关于实施基层人口计生工作例会制度的意见》，结合实际，制定佛冈县的实施意见。7月，对镇、村工作例会制度执行情况进行专项检查、督导，进一步促进基层例会制度的落实。

【落实兼职责任】 进一步强化兼职责任尤其是卫生部门兼职责任的落实。2011年10月，由县政府召集召开人口计生、卫生联席会议，进一步明确卫生部门的兼职职责，切实落实查验证和出生人口信息通报制度，两部门间要加强相互沟通联系，相互协调解决实际工作中遇到的难点问题。加强对县直计生兼职单位的督查力度，对兼职责任执行不力的单位和责任人，一律实行责任追究。

【打击“两非”行为专项行动】 2011年7月20日，由县府办牵头，组织人口计生、公安、工商、卫生、食品药品监督管理局等部门工作人员组成联合执法队，联合开展打击“两非”专项行动。重点是对县城个体医疗诊所进行检查，重点查处利用超声波技术为他人进行非医学需要的胎儿性别鉴定和选择性别人工终止妊娠以及符合生育条件怀孕14周以上的妇女未经批准擅自施行终止妊娠手术等非法行为。从检查的情况来看，暂未发现“两非”行为，也没有发现不经批准销售终止妊娠药品行为。

（朱志坚、刘丽霞）

民族宗教

【民族工作】 2011年，全县民族工作主要是抓好四方面的工作：一是抓好民族工作政策法规的学习宣传。采取召开座谈会、以会代训等方式组织分管干部学习领会民族政策法规的精神实质，提高做好民族工作的认识，夯实工作基础。二是加强调查研究，摸清全县民族工作的基本情况。经摸查，在佛冈县务工、经商或散居的有30个少数民族共1521人，并相对集中在县城和强丰鞋厂、建滔、科惠、约克等几个比较大型的企业。三是重点做好散居少数民族人员的思想引导教育工作，积极引导他们遵纪守法，依法经营，鼓励他们安心在佛冈发展自身的事业。四是认真做好少数民族人员的来信来访接待工作，2011年，接待3次5人的来访，对他们提出的问题，按照有关政策法规的规定，作出明确合理的解释答复。

【宗教工作】 *宗教政策法规学习宣传* 一是加大对分管宗教工作干部的培训力度，经常深入到宗教场所所在地的镇村，组织分管干部学习领会宗教政策法规精神。二是加大对宗教活动场所管理组织人员的学习教育力度，帮助他们理解掌握宗教政策法规的相关规定，提高他们依法管理宗教事务的自觉性。三是加大对信教群众的学习教育力度，引导和帮助信教群众树立正确健康的宗教观，确保全县宗教活动依法依规进行。

宗教事务管理 一是加强调查研究，全面掌握全县宗教工作的动向，发现问题及时提出整改意见。二是依照宗教政策法规，督促和指导各宗教活动场所建立完善内部管理制度，使各项宗教活动做到有章可循。三是依法取缔非法宗教活动。2011 年 11 月 5 日，县民宗局会同县公安局国保大队、高岗镇政府及派出所，依法及时制止江西省赣州市和广东省韶关市新丰县 4 名基督教徒在高岗镇进行的非法宗教活动。

做好为宗教团体和信教群众服务工作 一是对特困宗教信息员和宗教管理组织人员进行节日慰问，使他们感受到人民政府的关心和爱护。二是指导和协助做好大型宗教活动工作，确保活动能安全顺利进行。其中，2 月 20 日王山寺举办 5000 人参加的“天王殿”落成庆典活动，5 月 18 日举行 5000 人参加的“佛牙般若塔”建设的奠基活动；10 月 14 日基督教楼下堂举行 300 人参加的“10 周年堂庆”活动。三是督促和指导楼下堂做好“创建文明和谐宗教场所”的工作。12 月，经过省市检查组的验收，基督教楼下堂被评定为全国第二批创建文明和谐寺观教堂的达标场所。

调动宗教组织的积极因素 2011 年 3 月，组织宗教界开展植树种果活动，动员信众在宗教活动场所的周边地、耕地及自留山共种植树（果）1 万多棵。同年 4 月，王山寺组织动员信众为云南地震灾区捐款 6500 元。12 月，王山寺、佛冈县佛教协会组织信众筹资 8 万元建设宗教场所所在地观山村象龙片自来水工程，帮助解决 3000 多人的饮水难问题；基督教动员信众捐资 5000 元，到当地敬老院慰问 50 位孤寡老人。

（黄政雄）

社会保险

【概况】 佛冈县社会保险基金管理局为县人力资源和社会保障局管理的公益一类事业单位，正科级，内设办公室、保险关系股、待遇核发股、财务股、医疗保险股、稽核股、新型农村社会养老保险股等 7 个正股级机构。

2011 年，社保局继续推进规范化管理，完善各项规章制度，加强自身队伍的建设，建立日益完善的工作格局。城乡医疗保险顺利实现统筹发展和全覆盖，新农保试点工作继续深入推进，城镇居民养老保险试点铺开，各项社保惠民政策严格执行，社保基金依法依规管理。党支部被县委评为“佛冈县先进基层党组织”，局档案管理评定为“省特级档案综合管理单位”。

【各项险种参保情况】 佛冈县社保业务不断发展壮大，社保政策逐步深入人心，参保人数逐年增加，养老、失业、医疗、工伤、生育保险参保人数和征缴金额均完成任务指标。（见下表）

2011 年佛冈县社会保险参保情况表 单位：人

序号	项　目	参保人数	比上年增长%
1	基本养老保险	39136	6.33
2	城镇职工医疗保险	35869	3.57
3	城乡居民医疗保险	275726	/
4	失业保险	14095	8.33
5	工伤保险	21013	9.17
6	生育保险	14509	4.29
7	新型农村社会养老保险	96499	5

【社会保险费收支情况】 基本养老保险费征缴收入13051万元，待遇支付6888万元；城镇职工医疗保险费征缴收入4810万元，待遇支付4388万元；城乡居民医疗保险费征缴收入716万元，待遇支付2959万元；失业保险费征缴收入1210万元，待遇支付93万元；工伤保险费征缴收入411万元，待遇支付226万元；生育保险费征缴收入323万元，待遇支付190万元；新型农村社会养老保险费征缴收入1403万元，待遇支付2285万元。各项社保基金收入合计24684万元，支出合计18234万元。2011年12月，全县社保基金历年滚存累计结余41677万元。

【城乡居民社会养老保险】 社保局继续给力养老保险事业。通过优化参保程序，利用政策吸引、行政推动、督查促参、加大宣传、加强业务培训、反复加温等系列措施进一步推进新农保试点工作。2011年7月，按照市统一部署，佛冈县同步开展城镇居民社会养老保险试点工作。12月底，全县参加新农保和城镇居民社会养老保险人数达97993人，28144人领取到养老待遇。其中新农保完成省下达参保任务的103%。

【城乡居民医保统筹发展】 从2011年1月1日起，新型农村合作医疗工作从卫生部门移交到社保局管理。社保局严谨地做好业务、基金移交工作，确保基金和系统安全，安排人员加班加点完成新农合参保人信息的整理、录入和更改工作，确保参保人医疗待遇不受影响。新型农村合作医疗与城镇居民基本医疗保险政策顺利实现统筹发展，统称为城乡居民基本医疗保险。

【基本医疗保险实现全覆盖】 佛冈县基本医疗保险由城镇职工基本医疗保险和城乡居民基本医疗保险组成。社保局通过严格执行政策、加大宣传力度，按时完成基本医疗保险的征缴工作，2011年12月，基本医疗保险参保人数达31.16万人，享受待遇97033人次，基本医疗保险实现全覆盖，建立全民医保的保障体系。

【退休人员待遇不断提高】 根据《转发关于2011年度调整企业退休人员基本养老金的通知》精神，为符合条件的4490名企业退休人员调整基本养老金。调整后月人均增加146元，月人均退休养老金达到1161元。另外对208名在2011年6月30日前（含2011年6月30日）年龄满80岁及以上高龄的企业退休人员，每人一次性发放180元高龄补贴，总额37440元。

【补缴人员待遇金足额发放】 根据省市的统一部署，对佛冈县符合办理养老保险补缴条件的早期离开机关事业单位人员46人、早期离开国有集体企业人员348人办理一次性养老保险补缴手续，并发放养老待遇金20.63万元。

【社会保险稽核】 2011年，共核查享受待遇人数156人，稽查医疗机构、定点药店27个；

书面、实地稽核参保、缴纳社会保险费情况7户3180人次，五险种共查出未参保人数459人，未足额缴纳社会保险费455人；查出少报基数80万元；查出少缴社保费17.6万元。

【创建“省特级档案综合管理单位”】 加强社保档案综合管理力度，严格按照《广东省社会保险业务档案管理办法》和档案综合管理细则、制度、方案等做好各门类档案的收集、整理、装订、编目、统计、鉴定、移交、保管工作。2011年12月20日，社保局以全市最高总分97.4分成功创建成为“省特级档案综合管理单位”。社保档案的科学管理水平进一步得到提高，为更有效地服务社保事业提供保障。

【严格落实内控自查】 开展内部控制监督检查工作 对2010年度的养老保险关系情况、退休待遇办理情况、医疗保险待遇核发情况、各项基金的转移收缴支付情况进行自查。从自查的情况看，社保业务的办理能严格执行《清远市社会保险经办业务管理规程》，符合社会保险法律、法规的规定。

开展岗位廉政风险工作 按经办、初审、复核三级步骤整理出详细的内部工作流程，对关键岗位、重要环节设置风险点加以控制，保证各个工作岗位依法行政，职责分明，形成有效的相互牵制、相互制约的关系。同时，严格实行“地税征收、财政管理、社保使用、审计监督”的运作管理机制，接受财政、审计、社保基金监督委员会等部门的监督，确保全县社保基金有效、安全运行。

（范文静）

社会福利

【孤儿保障】 2011年，根据广东省人民政府办公室下发的《转发关于加强孤儿保障工作意见的通知》精神，在全县范围内建立孤儿保障制度，从基本生活、医疗、教育、就业、住房等方面对成年前孤儿进行保障。12月底，全县共有孤儿79人。

落实孤儿保障政策 县委、县政府高度重视孤儿保障工作，及时配套县级孤儿保障资金29.09万元，确定从2011年7月起孤儿最低生活养育标准为社会散居孤儿600元/人·月，福利机构集中供养孤儿1000元/人·月。全县79名孤儿，都是社会散居孤儿。

实现孤儿基本生活费的发放 认真执行《广东省民政厅广东省财政厅关于发放孤儿基本生活费的通知》精神，对79名孤儿发放各级配套资金54.648万元。2011年11月起，对所有社会散居孤儿按600元/人·月的标准实行正常化发放基本生活费。

实现孤儿动态化管理 对因超龄等原因不再符合条件享受孤儿基本生活费的孤儿，提前下发《孤儿基本生活费停止发放通知书》，做到告知在前，沟通在先。同时，为获得审批认定的孤儿建立个人基本档案，与每个孤儿的监护人签订孤儿养育协议书，对监护人领取、使用孤儿基本生活费以及孤儿养育状况、生存权利做明确规定，切实维护和保障好孤儿的基本生活权益。

【社会福利院】 佛冈县社会福利院成立于1989年9月，占地面积6.9亩，2011年经县编办确定为公益一类事业单位，核定编制15人。主要职责是贯彻落实国家有关五保供养和福利院工作的方针、政策；收养孤老复退军人、城市“三无”人员和农村五保老人、弃婴；为供养人员提供衣、食、住、行、娱、医、葬。

院内设有福利楼、育婴楼、光荣楼、老人公寓，有老人床位68个，儿童床位15个，工作人员16人（其中管理人员13人、护工3人）。现有供养对象19人，其中孤老军人4人、五保对象2人、社会自费托养老人13人。

2011年，县社会福利院共投入资金31万元将其中一幢旧楼装修改造成集护理、休闲、养老为一体的老人公寓。内设单人房30间，每间房间配备独立卫生间、一床两柜、桌椅、床褥、呼叫器、太阳能热水供应等配套设施。实行统一用餐制度，并设有经卫生部门批准的医务室，配备相关执业医师1名、护工3名，已面向社会接收自费托养老人，为长者提供优质服务，填补佛冈县社会化机构养老服务的空白。

【收养工作】 严格按照收养登记的法律程序办理收养登记，实现网上受理、登记、审核，对前来咨询收养的群众能耐心做好解释工作。2011年办理国内收养登记0宗。

（李　娇）

扶贫救济

【城乡最低生活保障】 城乡低保制度日益完善，实现动态管理下的应保尽保。在分类管理工作的基础上，坚持根据困难程度救济，除对重病、重残、老年、未成年等有特殊困难的低保对象给予重点照顾外，在完善申请、审核、审批、发放、监督等工作有新突破。严格民主评议、阳光操作、依法审批，真正做到公开、公平、公正，以村为单位进行公榜。严格按照程序办理，对不符合条件的能耐心做好解释工作。坚决把好人情关，杜绝应保的未保，不符合条件的保进来的现象。2011年12月在册低保对象4399户11712人，其中农村4055户10708人，占全县农村总人口的5%，人均月补差75元；城镇344户1014人，占全县城镇总人口的1.3%，人均月补差124元，基本实现应保尽保。2011年共新增低保户364户1063人；排查停救低保户207户580人。最低生活保障标准是：城镇230元/人·月；农村130元/人·月。

【农村“五保”供养】 全面贯彻国务院《农村五保供养工作条例》，切实落实省委、省政府的五保供养政策，五保管理已启动“广东省民政业务统一软件——五保子系统”，实现系统化管理，从村级受理申请——镇级入户审核——县级审批，确保在30个工作日内完成，做到公平、公开、公正、应保尽保。佛冈县五保对象的供养标准能根据当地村民平均生活水平的提高适时调整。2011年9月提高五保户供养标准：散居五保户由原来160元/人·月提高到332元/人·月；敬老院集中供养五保户由原来260元/人·月提高到现在400元/人·月，达到《广东省农村五保供养工作条例》的要求。2011年12月全县在册五保户2288人，其中集中供养237人，散居2051人。

【城乡医疗救助】 2011年8月重新修订印发《佛冈县城乡困难群众医疗救助暂行办法》，对救助对象、救助标准和申请审批程序等作合理的调整和规范。民政部门全额资助全县五保、低保对象参加基本医疗保险和养老保险的个人负担部分，并对相关保障制度补偿后个人负担医疗费用仍有困难的救助对象，按规定给予医疗救助，有效解决困难群众的看病难看病贵问题。按照规定完善审批发放手续，全年下拨各镇医疗救助资金232.4万元，实施救助3200多人次。

（何雪梅）

拥军优属

【“双拥”工作】 2011年，全县双拥工作以“同呼吸、共命运、心连心”为总要求，紧紧围绕党和国家在新时期的中心任务，把发展社会主义经济和提高部队战斗力、维护和实现广大军民的根本利益作为根本任务，积极探索双拥工作新思路，使双拥工作整体水平不断提高。根据工作的需要，调整双拥工作领导小组成员，充实国防教育领导机构，积极开展国防教育活动。

提高拥军优属标准 针对新形势下拥军优属工作中遇到的新情况，解决部队随军家属安置难、子女入学难等问题。加大对驻军的经费投入，围绕支持部队做好现实军事斗争准备，积极配合驻军搞好军事设施建设。逐年调整义务兵家属优待标准，对义务兵实行优待，2011年每人每年6500元。

重大节日慰问活动 春节和八一期间开展全县性的拥军优属活动，为军烈属排忧解难，做好事，办实事，增进军政、军民相互理解支持和团结。县四套班子领导到县武装部队、武警中队、消防大队、75706部队、光荣院、烈军属及重点优抚对象家中进行走访慰问，慰问活动经费达57万元。召开军政军民座谈会，驻县部队代表与县四套班子领导、离休老干部代表、双拥工作领导小组成员和优抚对象代表欢聚一堂，畅谈建军的历史功绩，共商加强军政军民团结和实现县域经济发展大计。县直部分单位分别到县武装部、武警中队、消防大队、75706部队、光荣院进行慰问，并以座谈会、联欢会等多种形式举行庆祝联谊活动。

【优抚工作】 *提高优抚标准* 2011年底，全县有重点优抚对象1742人，其中伤残军人54人，“三属”（烈士家属、因公牺牲军人家属、病故军人家属）16人，在乡复员军人117人，带病回乡退伍军人48人，参战退役人员583人，“五老”人员（老游击队员、老交通员、老堡垒户、老党员、老苏区干部）242人，60岁以上农村籍退役士兵644人，部分60周岁以上烈士子女38人。每年下发《关于提高部分优抚对象抚恤补助标准的通知》，提高部分优抚对象的补助标准，各类优抚对象抚恤补助标准增幅从每月32元到223元不等。始终把维护优抚对象合法权益为重点，以解决优抚工作的重点、难点为突破口，推动各项优抚政策的全面落实。军休干部两个待遇进一步落实。

完善医疗保障制度 设立优抚对象医疗保障资金，制定《佛冈县抚恤定补优抚对象医疗保障服务实施细则》。2011年向优抚对象发放医疗补贴14.5万元，报销住院医疗补助费8万多元。

开展“爱心献功臣”活动 2011年组织33名重点优抚对象到西樵山复退军人医院进行为期一个月的疗养。

革命烈士纪念设施普查 根据《民政部、财政部关于加强零散烈士纪念设施建设管理保护工作的通知》精神，全县普查出1座县级革命烈士建筑、17座县级以下零散革命烈士墓和13座零散烈士纪念碑。对普查出的革命烈士设施进行数据测量、登记造册、拍照存档和信息录入。

做好优抚对象的来信来访工作 对来信做到认真查阅，有答复。对来访者能热情接待，并根据有关政策耐心地做好解释工作，使来访者能满意的离开。在各级部门的积极配合下，多次认真妥善地处理好集体上访事件。

【退役军人安置】 *落实安置补助政策* 认真贯彻执行《安置条例》，做好城镇退役士兵安置工作。2011年，全县共接收退役士兵117人。其中，农村义务兵86人，城镇义务兵26人，城镇复员士官5人，农村籍女兵2人，应届大学毕业生士兵1人。2011年调整自谋职业一次性安置补助标准，城镇退役义务兵（士官）由28651元提高到29400元、转业士官由42977元提高到44100元，超期服役的从每年2400元提高到2450元。按照《佛冈县城镇退役士兵自谋职业由政府给予一次性经济补助的实施方案》、佛冈县人民政府《关于调整我县城镇退役士兵自谋职业一次性安置补助金标准的批复》和清远市《关于调整义务兵优待标准的通知》的相关规定，向2011年度申请自谋职业安置的城镇退役士兵（士官）和西藏退役士兵发放一次性安置补助经费60.20万元。

开展职业技能培训 根据《中共广东省委办公厅广东省人民政府办公厅关于深化退役士兵安置改革实行职业技能培训促进就业的实施意见》，继续做好退役士兵职业技能培训的专项工作。通过召开动员会、发放宣传资料的

方式，让130名退役士兵深深领会到党委、政府的重大优惠决策。2011年全县有121名退役士兵报读职业技术学校。

（杨卫贤）

社会事务管理

【社会组织管理】 *社会组织登记* 2011年，依法登记社会团体2个（佛冈县农业生产资料流通协会、佛冈县羽毛球协会），民办非企业单位11个（佛冈县石角镇好盈盈幼儿园、佛冈县石角镇喜洋洋幼儿园、佛冈县石角镇金宝宝幼儿园、佛冈县石角镇贝贝乐托儿所、佛冈县第三小学附属幼儿园、佛冈县振兴小学附属幼儿园、佛冈县第一小学实验幼儿园、佛冈县第四小学附属幼儿园、佛冈县汤塘镇红星中英文幼儿园、佛冈县汤塘镇新世纪幼儿园、佛冈县汤塘镇中心幼儿园），注销社会团体4个（佛冈县养猪行业协会、佛冈县养禽行业协会、佛冈县水产行业协会、佛冈县蔬菜行业协会），变更登记4个。

开展年检工作 至2011年12月止，全县共有社会组织64个。其中，社会团体28个，民办非企业单位36个。按时开展社会组织年检工作，并按时完成。

【婚姻登记管理】 *依法办理婚姻登记* 巩固全国婚姻登记规范化建设窗口单位成果，进一步健全登记管理制度，规范登记程序，坚持严格依法登记，从严执法，使婚姻登记管理达到规范化。2011年全县登记结婚3486对。其中，涉外结婚登记有2对，离婚登记485对，补领结婚登记有556对，补领离婚登记16人。婚姻登记合格率为100%。

完善婚姻登记系统 顺利完成将婚姻登记历史资料（2000～2006年）补录入全省民政业务统一软件婚姻登记系统工作。录入19000多条婚姻登记信息，对规范全县婚姻登记档案管理，提高婚姻登记工作的信息化水平起到很好的作用。

（谭卫卫）

【殡葬管理】 积极开展以推行遗体火化、惠民殡葬、建设生态骨灰安放设施为主的殡葬改革工作。加强殡葬改革宣传教育，先进殡葬文化推广，加强经营行为的规范和行风建设，进一步规范丧葬用品市场管理。2011年全县火化遗体2090具，火化率继续保持100%。

佛冈县殡葬管理监察大队 佛冈县殡葬管理监察大队成立于1998年，2011年经县编办确定为公益一类事业单位，经费由财政核拨，核定事业编制5名。主要负责管理殡葬事宜、推进殡葬改革，殡葬改革与殡葬法规宣传，殡葬执法检查工作。

佛冈县殡仪馆 佛冈县殡仪馆成立于2000年，2011年经县编办确定为公益二类事业单位，核定事业编制10名。主要负责全县的遗体接运、火化任务；提供遗体冷藏、整容化妆、悼念服务以及骨灰寄存等殡葬系列化服务；引导群众树立科学、文明、健康的丧葬习俗。

落实殡葬惠民政策 2011年7月，根据广东省人民政府《关于强化全省殡葬基本公共服务的意见》的有关规定，结合佛冈县实际，及时出台《佛冈县强化殡葬基本公共服务的实施办法》，将低保户、五保户、三无人员和生活困难的优抚对象四类对象纳入殡葬基本公共服务保障范围。确定为遗体接运（普通殡葬专用车）、遗体存放（不超过3天）、遗体告别（小型告别厅）、遗体火化、骨灰寄存（10年以内）五项内容纳入殡葬基本公共服务保障范围。最低减免标准为780元/具，最高减免标准可达到1860元/具，殡葬基本公共服务保障经费纳入财政预算。同时，完善殡葬基本公共服务保障工作中受理审批（各镇民政办）、提供服务（县殡仪馆）、资料审核（县民政局）、结算拨付（县财政局）等各个环节的手续，实现殡葬惠民政策规范化管理。2011年对359名低收入群体实行殡葬基本公

共服务费用减免，财政配套资金28.77万元。

骨灰安放设施建设 全县共有骨灰楼1座，位于县殡仪馆内；经营性公墓1座，位于龙山镇白沙塘村狐春峡仙人脚；公益性生态公墓10座，分别为高岗镇新联村公益性生态公墓、高岗镇墩下村公益性生态公墓、迳头镇大村公益性生态公墓、迳头镇楼下村公益性生态公墓、水头镇镇级生态公墓、石角镇三莲村公益性生态公墓、石角镇三联村公益性生态公墓、石角镇石铺村公益性生态公墓、汤塘镇大埔村公益性生态公墓、龙山镇黄塱村公益性生态公墓。

（李 姣）

【福利彩票】 *完善组织管理* 县福彩中心加强组织机构和人员建设，认真做好市场调查、选点、布点和协调工作。坚持定期不定期地到销售点督查指导，及时协调解决销售工作中的困难，掌握市场动态，使全县电脑彩票市场布局更为合理，管理逐步完善，确保销量稳步上升。通过张贴海报大力宣传、弘扬福利彩票"扶老、助残、救孤、济困"的发行宗旨。增设龙山镇民安、汤塘镇四九两间福彩销售网点，增设3台"快乐十分"投注机，满足彩民日益增长的购彩需求。同时，在民政局办公楼门前安装长期性福彩宣传电子屏幕，加大福彩宣传力度。

彩票销量再创新高 2011年，佛冈县有17个福利彩票销售点。全年发行销售福利彩票1486多万元，为国家和地方累积福利资金520.18万多元，再创历史新高。荣获2011年度清远市福利彩票销售综合奖二等奖、刮刮乐销量份额奖。

（邹少英）

基层建设工作

【"两委"换届选举】 全县第五届村民委员会和第四届社区居委会的"两委"换届选举工作，从2011年1月初开始至同年4月结束。换届工作中严格按照省、市、县的工作布置，认真执行《选举规程》，切实做到工作"四到位"，即领导到位、宣传到位、措施到位，督导到位，使全县村、社区"两委"换届选举工作进展顺利。全县78个村委会换届产生村委会干部390人；全县12个社区居委会全部顺利完成换届工作，产生社区居委会干部60人。

【实施"双强双促"计划】 根据《佛冈县2010年至2014年"双强双促"计划的五年规划》部署，在汤塘镇滗江村、水头镇王田村、石角镇冈田村和石角镇城东社区共3个村1个社区实施"双强双促"计划。加大资金投入建设办公平台，在滗江村、王田村、冈田村和城东社区建造综合服务中心，实行一站式办公服务，增强办事的透明度，缩短群众办事时间，提高办事效率。2011年通过省民政厅的验收。

【广东省村（居）务公开民主管理示范创建活动】 按照省民政厅《关于开展广东省村（居）务公开民主管理示范创建活动的通知》，在全县开展村（居）务公开民主管理示范点的创建活动，并开展检查评比，严格把关，选优上报，2011年申报20个符合考核标准的村、社区。申报材料已上报省民政厅。通过开展创建省村（居）务公开民主管理示范村（居）活动，进一步完善发村（居）务公开工作，使村（居）财政账务更加透明清晰，促进社会稳定，推进幸福佛冈的建设。

（谭卫卫）

收入与消费

【农村居民收入】 据农村居民抽样调查显示：2011年农村居民人均纯收入达到7706

元。其中：工资性收入是3655元，家庭经营纯收入是3150元，财产性收入是157元，转移性收入是744元，其结构比是47.4∶40.9∶2∶9.7。工资性收入和家庭经营纯收入依然是农村居民收入主要来源。

【农村居民消费支出】 2011年农村居民人均生活消费支出为6012元。在人均生活消费支出中，占比重依然在前三位的分别是食品支出2940元、居住支出1678元、交通和通讯支出460元。由于2011年CPI（消费价格指数）的速度上涨过快，农村恩格尔系数到达48.91%。全县农村居民生活质素有所下降。

【农村居民拥有耐用消费品情况】 随着农民收入的不断提高，2011年全县农村居民的各种耐用消费品逐年增加，特别是微波炉、摩托车、汽车、家用计算机等高档商品进入农村家庭的速度加快。调查显示，全年农村居民每百户拥有微波炉、摩托车、汽车、固定电话、影碟机、彩色电视机、家用计算机超出了全市百户拥有量的5台、16台、4台、8台、17台、10台、1台。农村居民消费层次在提升。

【农村居民居住情况】 2011年农村居民户均住房面积为103.13平方米，住房结构逐年趋向以钢筋混凝土结构为主。各种（钢筋混凝土、砖木结构、其他结构）住房结构面积比重是61.6∶33.9∶4.5。

【城镇住户收入】 2011年人均家庭总收入为16196元，人均可支配收入为15097元。其中人均工薪收入为11283元，占城镇居民人均家庭总收入的70%；人均经营净收入为1797元，占城镇居民人均家庭总收入的11%；人均财产性收入819元，占人均家庭总收入的比重为5%；人均转移性收入为2297元，占城镇居民人均家庭总收入14%。其中工薪收入占家庭总收入的主体，是拉动居民收入增长的主动力。

【城镇住户消费支出】 2011全年家庭总支出这11142元，消费支出9643元。其中人均食品消费支出为4509元，占人均消费性支出的47%（也就是恩格尔系数为47%）；人均衣着消费全年支出534元，占人均消费性支出的6%；居住消费支出方面为1273元，占人均消费性支出的13%；人均家庭设备用品及服务支出530元，占人均消费性支出的5%；人均医疗保健支出483元，占人均消费性支出的5%；人均交通和通信全年支出1064元，占人均消费性支出的11%；教育文化娱乐服务人均支出645元，占人均消费性支出的7%；其他商品和服务支出为605元，占人均消费性支出的6%。

【城镇居民拥有耐用消费品的情况】 2011年摩托车每百户拥有量50辆；助力车每百户拥有量14辆；家用汽车每百户拥有量11辆；洗衣机每百户拥有量99台；电冰箱每百户拥有量94台；彩色电视机每百户拥有量142台；家用电脑每百户拥有量66台；微波炉每百户拥有量33台；空调器每百户拥有量149台。通过上述八大类消费的分析，说明佛冈县城镇居民消费正逐步趋于理性化，消费水平缓慢提高。居民消费主要支出还是传统的食品、交通和通讯等方面；衣着消费比重逐步减少，并开始更加注重家庭设备、交通、通信、教育、文化娱乐方面的投入，提升个人生活舒适程度，提供个人智能发展的物质基础，开阔眼界、加强沟通。

【城镇住户居住情况】 2011年家庭居住人口3.51人，人均住房总建筑面积为28.35平方米。房屋产权以商品房和房改私房为主。92%的住户用上自来水，6%用上矿泉水，2%用上纯净水。炊用燃料以罐装液化石油气为主，占99%。

（张红英、黄灵辉）

老龄工作

【概况】 2011年，认真贯彻落实“党政主导、社会参与、全民关怀”的老龄工作方针和第三次全国老龄工作会议精神，依照《广东省老龄事业发展“十二五”规划》的要求，认真开展老龄工作，取得新的成绩。

【落实老年人优待办法】 根据上级的文件精神继续落实各项老年人优待办法，为27名60岁以上的老人办理优待证，从而使广大老龄人在社会上得到更多的实惠。对全县19名百岁老人按时发放长寿保健金每人每月100元，发放保健金22800元，体现政府对老人的特别关爱。

【宣传老龄政策法规和敬老先进事迹】 加大对《中华人民共和国老年人权益保障法》等老龄政策法规和敬老先进事迹的宣传力度。通过宣传媒体等途径、形式，大力宣传党的老龄工作方针，对涌现的孝亲敬老人员、老龄工作先进单位和个人的事迹进行大力的宣传。积极参与国家、省、市组织的各种评选活动，推选孝亲敬老人员、老龄工作先进单位和先进个人，更好地宣扬尊老、爱老、助老的中华传统美德，在全县范围内营造敬老、助老的良好氛围。

【实施“星光计划”】 2011年全县新建立3间“星光老年之家”，并逐步完善相关的配套设施和管理制度，形成老人们自觉参与活动、自觉参与管理的良好氛围。

【组织系列活动】 每年重阳节期间，县委组织部、县老干部局举行老干部游园活动，与老干部共庆老人节。2011年10月25日，会同县老干局和县文体局组织全县9名退休老干部参加清远市第四届老年文艺晚会，参演节目分别获得二等奖和优秀奖的好成绩。2011年11月27日，县人民政府、香港圣约翰爵士敬老基金会联合主办第5次香港圣约翰爵士敬老基金会佛冈县重阳敬老晚宴，全县近1000名60岁以上老人参加晚会。晚会上进行文娱表演等活动，还向每位老人发放集多种生活用品于一体的“福袋”。

（范惠钊）

老促会工作

【促进老区村道公路硬底化建设】 2011年，促进老区村道公路硬底化建设仍然是县老促会的工作重点。至2011年底，全县290多条老区自然村村道公路基本上实现硬底化，完成公路硬底化里程473.8公里。县老促会被评为“清远市老区村道公路硬底化建设先进单位”。

【推进“百家民企进老区扶百村感恩行动”】 配合统战部、工商联、交通局、扶贫办会等单位，在全县开展“百家民企进老区扶百村感恩行动”，扶持帮助老区建设。2011年底，全县民营企业或企业家个人专项捐款1327万元，帮助老区建设村道公路硬底化40.4公里，实施水利工程项目2宗，修建桥梁1座。

【对革命烈士后裔发放助学金】 县老促会联合民政部门争取资金，给革命烈士后裔发放助学金。2011年，全县有28名烈士后裔学生受助，按大专以上学生每人每年发助学金5000元、中专学生4000元、高中学生2000元的补助标准，全县发放补助金额8.3万元。

【促进老区种植沙糖桔】 县老促会在烟岭、迳头、高岗三地扶持三个沙糖桔种植示范点并取得成功。示范点的成功种植，带动全县老区的沙糖桔种植面积不断扩大，成为全县农村

（老区）经济发展的支柱产业。2011年，全县沙糖桔种植17万亩，其中老区10万亩，总产量30多万吨，总产值8亿多元。

（周都明）

关工委工作

【加强关工组织网络】 2011年，全县已建关工委150个。其中，根据县直机关系统（局）党委撤消重新调整各级关工组织的情况，全县有41个县直正科单位成立关工委。有“五老”（老干部、老专家、老军人、老教师、老模范）和青少年共同活动的场所92个，与其他单位资源共享的活动场所87个，有经费保障的关工组织87个，全县比较好的关工组织343个。

【讲师团】 成立讲师团队伍 各镇挑选镇党委政府和中小学校老师领导以及公安、团干等组成5~7人的宣讲队伍。他们积极配合中小学、机关单位、农村举办各种报告会、座谈会和讲座，开展革命传统、爱国主义、民族精神、安全、法纪、理想信念等教育活动和农村种养技术的宣传、咨询、服务活动。

编印讲师团宣讲报告汇编 县关工委组织安排7位讲师团成员，以中国共产党党史和党的知识、社会主义核心价值体系教育、社会主义法制法纪、禁毒、交通安全、传统道德等七个方面为主题的宣讲报告，编印180本汇编分发给各中小学、各级关工委和校外教育辅导站，为全县各中小学、校外教育辅导站开展教育提供参考教材。

印发县关工委讲师团会议纪要 县关工委与县教育局联合发文，印发县关工委讲师团工作座谈会会议纪要，明确宣讲主题、宣传任务等事项，要求各中小学主动配合做好宣讲工作。全县各级以纪念建党90周年为主题，深入开展七一专题宣讲活动。为宣扬社会主义核心价值体系、构建和谐幸福佛冈发挥积极作用。2011年，举办讲座（报告会）4场次，受教育的学校师生和机关干部、农村青少年共5万多人次。

【协助农村创业青年创业】 联合有关部门举办沙糖桔病虫害防控技术培训班。2011年3月20日至4月5日，县关工委联合县科技和农业局、县供销社举办沙糖桔病虫害防控技术培训班。先后到全县6个镇、78个行政村宣讲沙糖桔防控技术，进一步帮助果农掌握沙糖桔病虫科技管理技术，受到广大果农的一致好评。

农村创业青年培训和表彰先进 2011年11月，县关工委联合县科技和农业局、县供销社、团县委、县妇联举办第八期农村创业青年培训班，45名农村青年（沙糖桔大户）参加培训学习。与县委组织部联合表彰全县19名农村优秀创业青年。与县妇联选送3位女学员参加全市巾帼创业青年培训班的学习。

农村创业青年收益情况抽样调查 对全县61名农村创业青年代表的收益情况进行抽样调查工作，为今后继续做好培训工作提供参考。

筹建县农村创业青年联谊会 县关工委先后牵头召开3次筹建县农村创业青年联谊会筹备小组会议，对联谊会筹备工作进行详细研究部署。

农村创业青年跟踪服务 县关工委2011年先后到各镇走访18名农村创业青年代表，了解他们的创业情况及创业中遇到的困难和问题，并协调相关部门予以解决，受到了农村青年的一致好评。7月初，省关工委主任张幗英等领导亲临佛冈调研指导时，对佛冈县培训和跟踪服务工作给予充分的肯定。

【加强宣传舆论工作】 开展新苗杯等宣传活动 2011年10月，为庆祝建党90周年和建国62周年县关工委联合省文化厅关工委、县教育局、县文广新局举办2011年新苗杯“爱祖国、颂党恩”中小学生合唱大赛。振兴小学代表队获小学组一等奖；城北中学、职校代表队获中学组一等奖。获一、二等奖的代表队还代表佛冈县参加清远市中小学生合唱大赛。

抓好专刊征订工作 抓好征订2011年《中国火炬》、《秋光》、《关心下一代》征订发行，征订数各211份。县关工委连续第五年被中国关工委评为全国关心下一代宣传工作先进单位。

（邓春华）

水头东坑祠

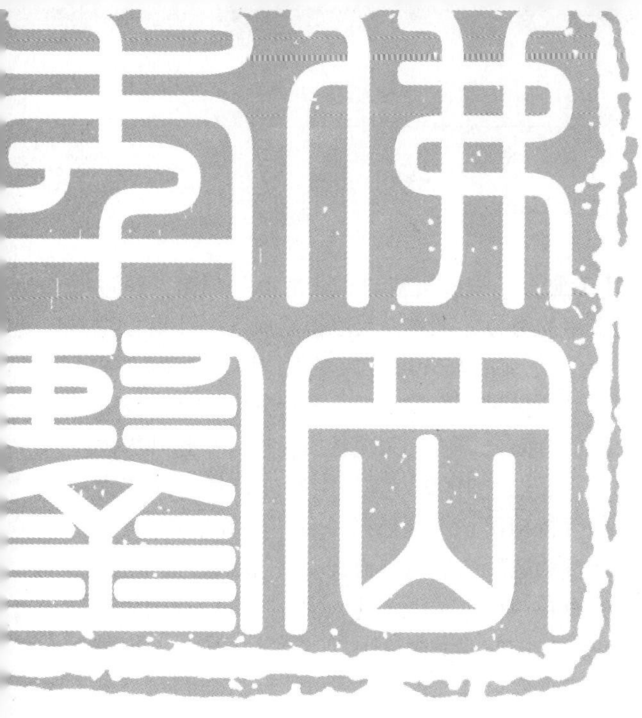

建制镇

责任编辑：谢春江

高岗镇

【概况】　高岗镇地处佛冈县北部，因地处较高山岗上而得名。西南紧靠观音山省级自然保护区，西北与英德市东华镇相接，东与佛冈县迳头镇为邻，南联佛冈县石角镇。镇政府驻高岗镇府前街，距县政府驻地30公里。

高岗镇辖区面积为174.04平方公里，其中耕地2万多亩，山地20万亩。2011年，高岗镇下辖8个行政村，1个社区，有104个自然村，241个村民小组，7个居民小组，户籍总人口3.11万人，其中非农业人口1036人，城镇化率3.5%。主要以客家人为主。

高岗镇地处山地。观音山脉为境内主要山脉，主峰亚婆髻海拔1218.8米。属南亚带亚季风气候，其特点是高温多雨，气候湿润。境内有萤石、稀土、白石、瓷土等矿产。野生动物山猪、穿山甲、狐狸和白鹇等经常出现。

2011年，高岗镇计生办被评为清远市年度人口与计划生育工作综合先进奖，同时被县评为"2011年度人口和计划生育工作先进单位"；镇武装部被清远军分区授予"先进基层人武部"称号；镇委被县委统战部评为"统战信息工作一等奖"；镇政府被评为2010~2011年度精神文明建设先进单位、2011年度文明单位、2006~2011年度《佛冈年鉴》编纂工作先进单位；镇纪委被县评为2011年度"办案先进单位"；镇政府团支部被县评为"优秀团支部"；长江村上陈自然村被县评为"十佳生态文明村"。

【综合经济指标】　2011年，全镇实现固定资产投资8000万元，同比增长21.4%；财政收入1278.1万元，同比增长20.26%，完成年度预算的100.17%；财政支出1275.9万元，同比增长20.75%；农业总产值1.7亿元，同比增长11.8%；农民人均纯收入5320元，同比增长13%。

【工业】　积极实施"工业富镇"战略，经过多年的努力，工业发展取得新成效。计划总投资15亿元的观音山旅游养生国际（佛冈）生态城项目建设稳步推进，投资方南方盛世投资控股有限公司确定对观音山庄进行扩建升级改造，已投入1000万元。大幅提升其餐饮住宿的接待档次。佛利精密工具厂继续增资扩产，佳鑫铸造厂产值稳步增长。佛冈凯旋门厂在县城石角镇设立了门市部，将进一步打造成为本土领先的门业品牌。

【招商引资】　坚持把招商引资作为经济工作的生命线来抓，解放思想，更新观念。通过清思路、浓氛围、活机制、强措施等方式方法，实行招商引资项目跟踪服务机制，加大对签约项目和在谈项目的跟踪服务力度，切实提高项目的合同履约率和资金到位率。集中精力抓好重点项目建设，盯牢在谈项目、跟紧成熟项目、服务好落地项目。2011年成功与海明堡（亚洲）直升机有限公司、中国度假联盟、途明通用控股有限公司签订投资合同建设海明堡旅游度假项目。该项目规划总用地面积1600亩，总投资金额约40亿元。度假项目包括建设直升机培训中心，航空俱乐部高级会所，会员配套设施，航空休闲旅游度假基地和开发国际性会员制俱乐部。计划投资4亿元的高岗220千伏新联变电站已完成规划设计。

【农业】　全镇耕地面积2万亩，人均0.64亩。可利用林地面积19.66万亩。

粮食生产　粮食作物以水稻、旱粮为主。2011年，生产粮食8699吨，其中稻谷6582吨。主要经济作物有甘蔗、大豆、花生等。2011年，甘蔗种植面积136亩，产量477吨；大豆播种面积1457亩，产量511吨；油料作物主要是花生，种植面积2379亩，产量479吨。蔬菜种植面积1.07万亩，产量1.23万吨。

畜牧生产　畜牧业以家禽、大牲畜为主。2011年生猪饲养量1.71万头，年末存栏1.11

万头；牛饲养量0.16万头，年末存栏0.14万头；家禽饲养量17.88万羽，上市家禽13.43万羽。2011年生产猪肉450吨，牛肉56吨，禽蛋26吨。畜牧业总产值1915万元，占农业总产值的17.71%。

渔业生产　渔业以淡水产品为主。2011年，鱼塘养殖面积69.27公顷。水产品总产量834吨。渔业总产值630万元，占农业总产值的6.7%。

水果生产　2011年水果种植面积1.66万亩，产量4667吨，主要品种有沙糖桔、李子，其中沙糖桔3607吨，李子549吨。

农业布局结构调整　引导农民调整种植佛手、甘蔗、油茶等优质高效的经济作物。高镇村建立500亩油茶树基地，宝山村种植佛手200亩。

科技培训　2011年，高岗镇共举办种植业培训、咨询共12次，参加人员2200多人次，其中向种植户发放病虫情报4期，发放资料1万多份。培训农村党员干部630人次。

【旅游】　高岗镇山清水秀，旅游资源丰富，省级自然保护区观音山是高岗镇旅游资源的代表。观音山是广东省重要山脉之一，周围有海拔900米以上的山峰10多座，属高山地貌。主要风景点有观音庙、观日亭、观音座莲、龙潭飞瀑等二十多处。这里拥有广东罕见的优质山、水、瀑布、石、空气及植被资源，风景秀丽如画。离广州70分钟车程，离珠三角主要城市2小时以内车程。这是距广州较近的“世外桃源”，是商务旅游、休闲娱乐的理想地方。

【基础设施建设】　总体规划　以规划为龙头，不断提升城镇化建设水平。2011年9月，高岗镇总体规划（2011～2030）在镇第十五届人民代表大会第一次会议中审议通过，为高岗镇发展描好新蓝图。同时，高岗镇也注重规划实施中的严格管理，依法办事，充分发挥组织、协调、指挥与服务功能，强化管理，狠抓落实，大力推进小城镇与新农村建设。

市政建设　抓好村道建设，着力推进城乡建设上台阶。积极做好村道水泥路面及乡村桥梁的建设工作，建设村道水泥路面3条，约5公里。10月，三联至三江乡村公路建成通车；11月，长江下陈二桥落成通车。

房地产发展　力促房地产业发展，着力打造宜居宜商城镇。高岗镇永福小区显现出建售两旺的良好势头，已建成12000平方米，商品房销售已超过70%。新建设高岗第二个综合农贸市场二层3100平方米。小区周边基础设施建设不断完善，带动周边新建设住宅1万多平方米，提升城镇发展水平。

城乡清洁工程　围绕规范管理，不断推进城镇化管理工作。高岗镇积极做好城乡清洁工程工作。2011年共兴建维修垃圾池11个，全面推行垃圾集中处理，牢固建立“定时、定人、定责”的长效保洁机制。落实专人对镇区绿化进行全面养护，优化村镇环境，同时，结合“美化家园”活动开展农村环境大整治活动。

安全饮水工程　2011年，全镇农村安全饮用水普及率63%。投入资金1.5万元，对高岗村农村饮水安全工程厂区管理房进行重新装修，添置部分办公设备。全镇累计已装自来水的用户达600多户。完善高镇村和墩下村农村饮水安全工程厂区管理房、围墙和消毒设备。投入近20万元接通高岗村安全饮水工程到中心小学和长江小学自来水，为小学师生提供安全、卫生的饮用水。

【林改工作】　通过加强领导，精心组织，积极稳妥地推进全镇的集体林权制度改革工作。全镇完成集体林地所有权发证面积19.62万亩，发放集体林地所有权林权证372本，发证率99.8%。林改期间共发生山林纠纷33起宗，涉及面积1021亩，调处山林纠纷30宗，涉及面积951亩，调处率90%。2011年2月，林改工作顺利通过省的检查验收。

【教育工作】　坚持一手抓经济建设，一手抓教育发展，确立“科教兴镇，教育强镇”的方针政策，深化教育改革，教学水平不断提高。2011年，高岗镇有幼儿园1所，在园幼儿199人，专任教师10人；完全小学4所、分教点8个，在校生1243人，专任教师102人，小学适龄儿童入学率100%；初中1所，在校生1281人，专任教师104人，初中适龄人口入学率100%，小升初升学率100%，九年义务教育覆盖率达100%。2011年中考，考上省一级高中的学生有251人，上线率达到75.3%。2011年，高岗中学党支部被评为2011年县先进基层党支部。

完善教育教学设施　按高标准配备学校信息化及电教装备，学校现有功能室40多间，有36个多媒体教学平台和1个电子阅览室，有255台计算机，人机比达到169台/千人，各行政办公室配备办公计算机，且建有校园网，可上互联网，实现资源共享，为现代化教育教学和管理提供优越的条件。现代先进的教育设施，为全面推进素质教育提供良好的条件，也为广大师生交流学习提供广阔的平台。

加强教师队伍建设　以“人才强教”为学校战略核心，实现了师资队伍建设的新突破。大力促进教师专业化发展，加强师德师风建设和教师学历提升，加强青年教师培养和“名师工程”建设，进一步健全名教师、优秀教师的培养、使用、管理机制，加大考核、奖励力度，发挥名教师、优秀教师的示范作用。2011年，高岗镇有2名教师荣获全国知识竞赛优秀指导教师奖；1名教师荣获全国化学知识竞赛园丁奖；10名教师获县级奖励。教师撰写的论文获奖或发表的55篇，其中高岗中学28篇，中心小学27篇。

全面推进素质教育　强化质量意识，重视教学质量过程的监控，进一步完善教学质量检测分析制度，促进教学质量稳步提高，深入推进素质教育。在教学过程中，高岗镇不仅注重师资配置和学生的全面发展，同时也加强对尖子生的辅导与培养。2011年，在各科竞赛中，获清远市级以上奖励的达21人次，获县级奖励的达7人次。

【文化体育】　高岗镇有文化站1个，建筑面积700平方米；公共图书室8个，建筑面积共1320平方米，藏书4900册。

地方特色民间艺术　高岗镇的地方特色民间艺术有舞草龙和咣呷狮等。社冈下豆腐节被列入广东省非物质文化遗产。

客家古村落　2011年底，新联村向省文联、省民协申报广东古村落（客家地区）。

体育文娱活动　2011年春节，高岗镇组织春节群众体育活动，包括篮球、拔河、象棋、斗鸟、游园等项目，大大丰富了群众体育文化生活。2011年6月，高岗镇派出代表团参加佛冈县第二届运动会的登山、乒乓球等九项比赛，获得优异的成绩。

【医疗卫生】　高岗镇有卫生院1所，病床12张，每千人拥有床位0.39张，固定资产总值232.6万元。专业卫生人员25人，其中执业医师2人，执业助理医师2人，注册护士6人，平均每千人拥有卫生技术人员0.8人，平均每千人拥有执业（助理医师）0.13人，平均每千人拥有注册护士0.19人。2011年医疗机构（门诊部以上）完成诊疗1.08万人次，出院病人130人。

2011年法定报告传染病发病率为186.7/10万；新型农村合作医疗参保人数29840人，参保率98.6%，有9334人参加新型农村养老保险，参保率73.64%。

【社会保障】　社会保障　不断完善农村最低生活保障制度，实现动态管理下的应保尽保，分类施保。全镇农村低保户共485户，1406人，全年发放保障金120万元；农村五保户133人，发放五保供养金35万元，发放一次性生活补贴1.12万元；城镇低保户共5户，10人，发放保障金1.62万元，发放一次性生活补贴12.65万元。城乡医疗救助开展有序，共救助患者57人，发放救助资金70848元；全镇五保对象分散供养标准达到3984元/人年，集中供养标准达到4800元/人·年，农村五保供养水平进一步得到提高。发放残疾退伍军人、烈属、因公牺牲军人家属、病故军人家属、在乡老复员军人、参战退役人员及带病回乡退伍军人的抚恤和生活补助约46万元。2011年，转移输出农村富余劳动力1150人。

扶贫开发“双到”工作 2011年，高岗镇顺利通过省扶贫开发“规划到户，责任到人”工作交叉检查组的检查。宝山村、三联村两个省定贫困村在帮扶单位、镇委镇政府的帮助下，村集体收入超过3万元。全镇95%有劳动能力的贫困户成功脱贫。

安全生产工作 2011年投入3.5万元用于安全生产，定人定责，做到安全生产“零”事故发生。

【计划生育】 以创建“诚信计生”活动为切入点，认真贯彻落实中央的《决定》和《人口与计划生育法》、《广东省人口与计划生育条例》，树立以人为本的科学发展观，着力建立和完善“依法管理、村（居）民自治、优化服务、综合治理”的计划生育工作机制。坚持党政“一把手”亲自抓、负总责，分管领导具体抓，各挂点领导、包村组长、计生办工作人员各负其责的目标管理责任制。在开展计划生育工作中采取的主要措施有：一是强化计生工作力度；二是加强基层计生队伍建设；三是抓好计生新系统改造升级工作；四是强化利益导向机制，落实兑现优惠政策；五是加强流动人口管理，提高流动人口管理水平。通过努力，全镇计划生育工作取得新的突破。2011年，全镇共出生408人，其中一孩266人，二孩132人，多孩10人。其中政策内出生396人，政策外出生12人（无政策外多孩出生），政策生育率97.06%，出生性别比107，出生率13.14‰，死亡率5.67‰；当年四术落实381例，其中结扎204例，纯二女结扎43例，上环175例，补救措施2例。高岗镇被县评为2011年度计生工作达标镇和无政策外出生镇；长江村、墩下村、宝山村、高镇村、三江村、三联村被评为无政策外出生村（居）委。

【综治维稳】 针对维稳及综治工作日益复杂的形势，高岗镇切实把社会稳定摆在与经济发展同等重要的位置来抓。加强对社会稳定工作的领导，畅通社会稳定信息渠道，时刻掌握社会动态，统筹兼顾，突出重点，以预防为主，及时平息事态，全力配合创建“法治佛冈”活动，夯实和谐佛冈的群众思想基础，及时解决影响社会和谐稳定的问题，切实维护社会大局的稳定。镇加强综治维稳信访中心的硬件建设和配齐配强工作人员队伍，全镇党员干部下访1000多人次，有效解决群众矛盾150多宗。抓好校园安全工作，全面提升校园安全防范水平。2011年镇综治信访维稳中心共受理群众信访件19宗，45人次。其中上级转办6宗，网上信访件3宗，办结信访件12起，成功调处矛盾纠纷16起，组织矛盾纠纷排查9次。绝大多数影响稳定或可能造成群众信访的问题都能在“家门口”得到及时化解或解决。

【供电】 2011年末镇区拥有主变压器134台，总容量1.03兆伏安，高压输电线路1条，总长度93.4公里，用电负荷10300千瓦。年售电量累计完成780万千瓦时，综合电压合格率99.75%，供电可靠率99.87%。

【村“两委”换届】 2011年3月，全镇8村1居进行村“两委”换届。全镇登记参加选举的村民22897名，实际参加投票选举21957人，参选率达到96%。选举产生新一届村（居）“两委”成员43名，其中村民委员会成员38名，妇女成员12名。村党支部班子成员24名，选举产生新一届社区居民委员会成员3名，社区党组织班子成员3名。村、社区“两委”交叉任职比例为92.6%，其中书记、主任“一肩挑”交叉任职的比例达100%。

【第十三次党代会】 中国共产党高岗镇第十三次党员代表大会于6月27日隆重召开。大会用无记名投票的选举方式产生新一届中共高岗镇委员会成员，同时，选举产生高岗镇出席中共佛冈县第十二次代表大会代表20名。召开中共高岗镇第十三届委员会第一次会议，选举出高岗镇委书记、副书记。

【第十五届人代会】 高岗镇第十五届人民代表大会第一次会议于10月18～19日隆重召开。大会用无记名投票的方式选出高岗镇人大常委会主席、高岗镇人民政府镇长和副镇长。

【第十三次团代会】 高岗镇第十三次团员代表大会于7月27日隆重召开。大会以无记名投票的选举方式产生共青团高岗镇第十三届委员会成员，选举产生高岗镇出席共青团佛冈县第十九次代表大会的12名代表。召开共青团高岗镇第十三届委员会第一次会议，选举出共青团高岗镇第十三届委员会书记、副书记、编外副书记。

【世界最大单板水豆腐】 2011年2月15日，在一年一度的社冈下豆腐节上，由社冈下村民连夜赶制的长3.49米、宽3.45米、高0.38米、用1.5吨黄豆制作的巨型豆腐，重约3吨，获上海大世界基尼斯总部颁布的世界纪录，成为世界最大单板水豆腐。

【高岗镇总体规划】 《佛冈县高岗镇总体规划（2011～2030）》由广东省城乡规划设计研究院编制。《规划》对高岗镇现状、规划背景、发展条件分析、发展目标与发展战略、镇域空间发展、镇区总体布局规划、社区发展与居住用地规划、综合交通体系规划、公共服务设施规划、绿地系统规划、景观系统规划、市政工程规划、环境卫生工程规划、环境保护规划、规划实施政策措施和分期建设规划进行详细的说明。此总体规划已在镇第十五届人民代表大会上审议通过。

（黄亦军、朱丽嫦）

迳头镇

【概况】 迳头镇位于佛冈县东北部，是省中心城镇之一。东面与从化市、新丰县接壤，北面与英德市接壤。迳头镇正全力建设“现代工业大镇，生态休闲名镇”的发展定位目标。镇域面积185.02平方公里，户籍人口3.19万人，其中非农业人口1269人，耕地面积19074亩。下辖10个行政村和1个社区居委会。

全镇山地广阔，属低丘陵地区。北部为低坡度山丘，是主要的粮产区，亦是商家投资兴办企业的福地；南部为高山林地，具有丰富的林木、竹子资源。镇内水力资源丰富，建有11座水电站，自然资源丰富，是发展生态农业和生态旅游的首选。

迳头镇是佛冈北部片区重要的交通枢纽，交通区位优势突出。镇内交通网络纵横交错，106国道贯通全镇南北，南通广州，北往韶关。镇中心区距离京港澳高速公路高岗路口仅6公里，距离佛冈县城约20公里，距离广州北二环100公里，交通十分便利。

【综合经济指标】 完成规模工业总产值24.43亿元，同比增长52.97%；完成工业增加值51317.1万元，同比增长40.9%；完成社会固定资产投资6.9亿元，同比增长22.7%；完成财政收入2092.6万元，是全年预算106%；支出2063.4万元，是全年预算的109.8%。收支相抵，略有结余，完成上级下达的各项经济指标。

【招商引资】 招商引资势头强劲。迳头镇始终坚持“工业强镇”的理念，以工业园区为载体，通过推进园区建设、做好项目推介、强化项目建设、狠抓企业服务、大兴招商引资工作热潮。始终把加快发展的落脚点放到抓工业招商引资及项目建成投产上，突出工业经济主战场，加大招商引资力度。初步形成以节能材料、机械制造、玩具制造、纺织染整为支柱产业格局，形成迳头产业特色，成为佛冈县北部工业的领头羊。2011年，通过不断提升招商软硬实力，顺利引进清远南坡节能新材料有限公司、佛冈斯多里德诺机械设备有限公司和佛冈盈泰纺织品染整有限公司二期等工业项目，全镇规模以上的投产企业有9家。其中正在试产的有正将、科门和天琦；待产企业有南方华坚，在建企业有顺亚纺织染整二期、斯多里德诺机械、永旭和南玻。

北部区位优势凸显。迳头镇强力推进基础设施建设，全镇通往行政村的道路实现硬底化，基本形成通畅、便利的交通无障碍网络。同时通过“三边”整治和城乡清洁工程的实施，镇容村貌焕然一新，硬件、软件齐发力，佛冈北部区位优势明显，县中心镇平台建设初现雏形，投资环境基础日趋优化，区域经济放量发展积聚，筑巢引凤效果凸显。

【农业、农村工作】 调整结构 加快特色农业发展，农业产业提质增效，着力改善传统农业种养殖方式。通过转包、出租、互换、转让等土地流转形式，大力发展沙糖桔产业，促进农民增收。全镇2011年新增优质水果4000多亩，全镇种植沙糖桔等优质果达到21600多亩，全年产量达30610吨，产值达1亿多元。沙糖桔种植已成为迳头镇发展农村经济，增加农民收入的“一号”富民主导产业。

科技培训 沙糖桔产量稳步增长，强化生产季节有针对性的专题培训和现场指导培训。全镇举办以沙糖桔“黄龙病”防控及管理技术的培训班11期，累计受教育农民达到6712人次，发放技术资料23000份。积极抓好重大动物疫病防控，按照“五不漏”的要求实现镇畜禽专业户疫苗注射100%。

新农村示范点建设 积极推进新农村示范点建设，筹措建设资金177万多元。大陂河唇围、土仓下两个新农村示范点完善各项公共基础设施的建设，新农村试点建设初见成效。全镇建设乡村公路11公里，新建农村公园有土仓下和河唇围两个，新建完善文化室两间（仓前村仓黄和大陂村上新围）。

兴修水利 积极筹措资金21.1万元，对龙冈村谢屋陂等14宗小型水利设施进行维修加固，及时恢复和增强部分小型水利设施的灌溉功能作用，逐步改善迳头镇的农业生产条件。争取资金740多万元对楼下、龙冈、井冈等村近4000亩基本农田进行“三面光”改造，迳头镇基本农田保护示范区建设工作得到逐步推进。计划投入740多万元社坪村灌溉区改造工程已立项规划完毕，预计2012年6月建成。做好全镇水利设施普查工作，继续抓好农村安全饮水工程的建后管理工作，筹集20多万元，完善了楼下村楼下片、上下街、楼角等自然村的入户管道安装工程，惠民800多人。

扶贫开发“双到” 认真做好2011年扶贫开发“规划到户、责任到人”工作，全镇年均纯收入2500元以下贫困户1712户涉及6508人。2011年挂扶的14个单位和干部个人帮扶资金达20万。仓前、龙冈两个省级贫困村均顺利通过2011年6月份省交叉检查组的检查验收。

林改工作 镇属10个村210个村民小组已完成林改工作资料的第一、二榜公示并通过票决方案。发放林地所有权证2083本，涉林地面积192701亩，发放股份权益证书30462本，办结30宗山林纠纷，全镇林改工作取得良好效果。

【发掘旅游资源】 确立以温泉开发为龙头、以生态景区开发为补充、以客家历史文化为特色的旅游开发思路。立足迳头的温泉资源、山地资源，大力开展招商引资工作，加快开发观光、农家乐、休闲度假等旅游项目，大力发掘本地景观、客家文化，打造迳头特色的生态休闲旅游品牌。加强旅游配套建设，完善交通基础设施、旅游购物消费设施及酒店服务设施，为游客提供良好环境。

【基础设施建设】 新集镇建设 筹资48万多元实施政府广场改造升级工程，打造全民休闲文娱广场，聚集人气。通过减免部分基础设施建设配套费，激励新建商住楼48栋，总建设面积19500平方米。兴建落成国土所办公大楼，已投入使用，投资40万余元兴建的劳动保障所办公大楼已动工建设，预计2012年4月启用。新集镇餐馆、诊所、药房、超市日趋齐备，新集镇功能得到进一步完善，面貌大改观，集镇新区品位和形象得到进一步提升。

宜居工程建设　加大投入，认真开展城乡清洁工程、“三边”整治工程和“三旧”改造工程。协助县改造好仓前街道硬底化工程。加强环卫建设，在镇内主要街道设置垃圾箱，以106国道、362县道两条主干道及沿路村庄为重点进行环境综合整治，抓好道路绿化、卫生清洁、垃圾处理等工作，城乡清洁工程和“三边”整治工作得到切实推进，宜居城乡建设取得明显成效。

交通设施建设　进一步完善县道839线（河西公路）改造工程和水流进大桥建设工程收尾工作，协助对县道362线进行全面升级改造工程。投入120万元铺设完成大陂村白石洞自然村水泥路面，为集镇拓展奠定坚实基础。

【文化体育事业】　迳头镇一直把发展文化体育事业作为关注民生的大事来抓，不断加大体育基础设施建设，深入开展形式多样的群众性文化体育活动和全民健身运动。通过年初开展的春节文娱活动、第二届镇村干部职工运动会、参与县运动会和唱红歌比赛、送电影和送戏下乡进村等一系列的活动，丰富群众的精神文化生活。

【教育事业】　教育水平不断提高。迳头镇高度重视教育事业发展，抓重点、攻难点、办实事。通过强化基础，切实抓好“两基”工作；通过捐资助学，帮扶结对等形式，保证贫困生顺利完成学业；通过增加投入，改善教学条件；通过学校周边环境综合治理工作，维护学校的治安、安全和正常教学秩序。全镇教育事业取得稳步发展。

【卫生事业】　卫生事业健康发展。完成烟岭卫生院门诊大楼建设，深入开展城乡清洁卫生工作，加大投入，完善设施，镇村面貌不断美化，群众的清洁卫生意识不断增强。

【整治非法采矿行动】　保持重拳打击非法开采稀土矿行为的高压态势，坚持将此项工作作为2011年的一项中心工作来抓。通过加强领导、落实目标责任制、广发宣传发动和实施“一小组四制度”，联合国土、公安等执法部门采取措施对所有非法开采稀土矿点进行“三不留，一毁闭”，有效遏制非法采矿行为，保护群众赖以生存的青山绿水，专项整治行动成效显著。

【完善社会保障体系】　2011年，安置301人就业，累计转移农村富余劳动力1236人，圆满解决6起拖欠工资合计20多万元事件，劳动关系和谐稳定，劳动者合法权益得到切实保障。新农合方面，镇城乡居民医疗保险参保2.9万人，参保率97%；参加新农保11472人，覆盖率87%。进一步巩固和提高迳头镇城乡居民参保率，新农村合作医疗补偿逐年提高。广大农民得到更多的实惠，农村因病致贫，因病返贫的现象得到改变，保障能力进一步增强。

【综治维稳工作】　建立镇、村、组三级维稳预防体系，尽可能及早发现问题，并把它化解在萌芽状态。全年司法所办理援助案件7起，接受法律咨询1345人次，发放宣传资料1500多份。镇综治信访维稳中心受理群众来访52批238人次，成功调处47宗，调处率达90.38%。派出所充分发挥公安机关主力军作用，一手抓打击，一手抓防范，坚持“打防结合、标本兼治、重在防范”的方针，努力构筑社会治安巡逻防控体系。全年立刑事案件62宗，破案40宗。其中：成功破获4宗贩毒案、12宗入室盗窃案；抓获在逃人员16人；收缴非法枪支9支；受理治安案件117起，查处107起；查处吸毒案件17起，送强制戒毒20人。做到发现问题及时处理、处理案件事事都有结果的工作目标，切实打造“防得牢、控得住、堵得死、打得狠”的社会治安防控格局，社会风气得到有力净化，社会治安形势稳定。

【计生工作】 坚持计划生育基本国策不动摇，以稳定低生育水平为目标，以创建计划生育优质服务活动为主线，抓实经常性工作和优质服务两个重点，全面提升人口和计划生育工作水平。2011 年人口计划执行情况良好。到12 月底，全镇共出生人口 465 人（男 238 人、女 227 人），出生率 13.87‰，计生率为 97.2%，人口自然增长率 8.32‰，落实“四术”库存387 例，其中结扎 209 例（纯二女扎 41 例），上环 175 例，落实补救措施 3 例，全年查环查孕率达 96% 以上。结扎“四术”库存 22 例（其中纯二女 11 例），上环库存 19 例。全年实现无政策外多孩出生，有 8 个村居实现无政策外出生，顺利通过市、县检查验收。

【民政工作】 一是确保农村低保政策落实到位，做到应保尽保。2011 年全镇农村低保户573 户 1437 人，全年发放低保金 160 多万元。二是认真做好五保供应工作。全镇共有散居五保户 132 人，敬老院供养 30 人，全年发放补助金 45.47 万元，慰问金 6420 元。三是对特困户和一些因灾等突发事件而造成家庭生活贫困的对象，通过实施大病救助、临时救济等尽力给予帮助照顾。2011 年，全镇发放棉被91 张，棉衣、毛毯等一批，大米 3340 公斤，困难家庭医疗救助金 10.71 万元，重建家园款1500 元。四是注重农村养老服务机构设施建设。对敬老院升级改造，筹资 30 多万元，新建一栋二层 200 多平方米的宿舍楼，并将所有门、窗、墙壁修缮一新，安装一批娱乐康体运动设施。

【武装工作】 武装工作稳健夯实。现有民兵2821 人，其中基干民兵 150 人，普通民兵2671 人。登记核对服预备役退伍军人 172 人，其中普通民兵 80 人，各类专业技术兵 92 人。2011 年输送入伍新兵 14 人。

【安全生产工作】 坚持“安全第一、预防为主”的综合治理方针强化安全生产管理工作，围绕保安全、求稳定、促和谐，全面落实安全生产责任制。深入开展隐患排查治理和各项专项工作，逐步推进企业安全生产档案建设。全镇安全生产工作稳步提升，较好地完成了上级下达的安全生产各项目标任务，全镇无一例重大安全生产责任事故发生。

【换届工作】 圆满完成镇、村两级换届工作。按照县委、县政府的统一安排部署，迳头镇高度重视，通过加强领导、精心组织、周密部署、广泛宣传并组织认真学习中纪委及省委关于“五个严禁”和“十七个不准”等纪律要求，圆满完成镇村两级换届工作，百分百实现组织意图，并通过扎实的换届工作形成风清气正、心齐劲足的良好态势。

【创先争优】 以纪念中国共产党成立 90 周年为契机，按创先争优活动的统一部署安排，迳头镇通过开展公开承诺、领导点评、信息平台建设和网上咨询投诉管理等活动。全镇各基层党组织和广大党员干部参与活动的积极性高涨，基层党组织的战斗堡垒作用和共产党员的先锋模范作用明显增强，在推动科学发展、促进社会和谐、服务人民群众、加强基层组织等方面取得较好成绩。共收到群众意见 52 条，为群众办好事、实事 30 多件，受益群众 7000多人。

【机构改革和岗位建设】 按照县的有关文件要求，顺利完成畜牧水产站、水利所、文化站等事业单位的撤并改革工作，新组建农业技术综合服务站，并划入镇政府管理。同时对镇属相关事业单位的人事制度进行改革，对事业单位岗位进行优化设置，实现事业单位人事制度从身份管理到岗位管理的根本转变。

【政府自身建设】 紧紧围绕机关效能建设，教育机关干部树立公仆观念，增强服务意识，以转变机关工作作风为重点，通过健全制度，完善措施，加强督查考评，不断加强政府机关自身建设。一是镇党委、政府狠抓《迳头镇政府内务管理制度》的落实，完善干部考核制度，激励机关干部工作热情。二是积极组织机关干部进行学习，提高工作能力和业务水平。在进行理论学习的同时，还到英德黎溪镇进行交流学习，增进干部对相关工作的了解，提高相互协作能力，提高为群众服务水平。三是切实做好岗位廉政风险防范机制以及政风行风评议工作，每个风险点、重要岗位都建立防控措施，落实责任人，制定责任追究制度，深入开展政风行风评议，自查自纠，提高窗口服务质量和水平。四是努力改进机关工作作风和服务质量。加大对干部的管理力度，增强干部依法行政意识和廉洁从政观念，切实改进工作作风，提高服务质量。

【名优特产】 *沙糖桔* 从20世纪90年代开始种植，到2010年底种植面积约为2万亩，年产量2万多吨，属迳头镇优质水果。迳头沙糖桔色泽桔红鲜亮、果肉爽脆、汁多、无渣，深受广大群众的喜爱，畅销国内外。

霸王花 霸王花具有清热润肺，除痰止咳，滋补养颜之功能，对治疗脑动脉硬化、肺结核、支气管炎疾病有明显疗效。枫迳霸王花于2002年开始种植，面积约25亩。霸王花一年大概可采摘8轮，鲜花有15万公斤左右，将采摘下来的鲜花分类、切割、入炕制成干花后，每公斤可卖4~5元，总收入近300万元。

竹笋 竹笋具有“化热、消痰、爽胃”之功效，纤维素含量高，增加肠蠕动，促进消化吸收。迳头青竹村竹林众多，盛产竹笋。当地采用传统加工工艺制作而成的笋干，是具有地方特色的纯天然绿色食品。全镇年加工笋干约17吨。

（杨朝安、范继洲、刘小斌）

水头镇

【概况】 地处佛冈县东部，东接从化市东明镇，南面、西面接石角镇，北接迳头镇。因清朝时已有水头圩（滘江源头）而得名。辖区东西最大距离15公里，南北最大距离13.5公里，总面积146.21平方公里，人口密度为每平方公里207人。2011年末辖10个行政村，1个社区，196个村民小组。2011年末，辖区户籍人口3.03万人，其中非农业人口1181人。地形以丘陵为主。主要山脉有独王山、通天蜡烛。境内最高峰通天蜡烛位于潭洞村，处于佛冈与从化、新丰交界处，海拔1047米。属南亚热带季风气候，其特点是大陆性气候显著、季风特征明显。多年平均气温20.8℃，全年无霜期266天左右，年平均降水量2206.8毫米，降雨集中在每年4~8月，5月最多。境内河道属北江流域，境内最大的河流为滘江，从潭洞至莲瑶流经境内潭洞、西田、桂田、新联、莲瑶村，长22公里。

【综合经济指标】 2011年，全镇完成工农业总产值70823万元，工业增加值12491万元，财政收入1268.24万元，完成固定资产投资46105万元，农民人均年收入6638元。各项经济指标实现持续稳定增长。

【工业生产】 工业总产值2011年达到5.4亿元，比上年增加34.4%。2011年，水头镇共有企业28家，规模以上工业企业4家，职工403人，实现工业增加值1.2亿元，比上年增加27.2%。

【招商引资】 2011年利用外资6.44亿元，碧桂园项目2011年累计完成投资5.03亿元，长大新型墙体材料项目2011年累计完成投资2258万元。

碧桂园项目 2011年末，碧桂园清泉城项目累计已完成平土面积约2000亩，完成建筑面积约20万平方米，已建成别墅约800套，大部分建成的别墅已销售完毕，温泉疗养、会所、餐厅住宿等配套设施已建成并投入使用。

长大新型墙体材料项目 佛冈县长大新型墙体材料有限公司位于水头镇水头中学斜对面。该项目于2009年8月引进，计划总投资

8000万元，其主要产品为环保耐火红砖。2011年该项目已完成平土面积约60亩，厂房、仓库、办公室等作业场所已经建成，10月份正式开始试产。

【农业生产】 耕地面积15244亩，林地面积16407亩，农业总产值2011年达到1亿元，比上年增加10.9%。粮食作物以水稻为主，2011年粮食总产量7162吨，其中水稻6216吨，主要经济作物有沙糖桔、花生、木薯等。油料作物花生种植面积1306亩，产量287吨。蔬菜种植面积5219亩，产量2393吨，主要品种芹菜、油菜、菠菜、大白菜、白萝卜。

畜牧业 畜牧业以猪、鸡、鸭、鹅为主，2011年生猪饲养量3368头，年末存栏2529头；家禽饲养量7.85万羽。2011年生产肉类731吨。其中猪肉535.6吨，牛肉92吨；禽蛋1919吨。畜牧业总产值1396万元，占农业总产值的13.96%。

种养业 2011年，累计造林1690亩。2011年水果种植面积11834亩，产量4194吨，主要品种有沙糖桔、荔枝、龙眼、柿子。渔业以罗非鱼、鲩鱼、鲢鱼为主。鱼塘养殖面积48.74公顷，产量406吨，渔业总产值450万元，占农业总产值的6.5%。2011年，拥有大型农业机械26台；名优特农产品芦笋，绿色环保农产品有沙糖桔。

落实优惠政策 贯彻农业扶持政策，落实国家各种补贴措施。2011年发放种粮补贴6337户，金额141.87万元；办理摩托车补贴183辆，补贴金额10.55万元。

【基础设施】 公交车站设莲瑶站、王田站、水头站、桂元站。2011年末有邮政网点1个，投递路线单程总长度60.5公里，投递点10个，乡村通邮率100%；全年投递国内函件3.46万件，国内汇票业务完成4320笔，国内异地特快专递信件完成1704件，征订报纸401份、杂志351册。业务收入13.59万元。2011年末电信企业1家，服务网点1个；电话交换机总容量4096门，固定电话2321户；移动电话用2013户，比上年增加452户；光缆线路总长55公里，主干电缆达68对公里，互联网端口总数768个，其中已占用端口总数563个，宽带接入用户563户；全年电信业务收入140万元。发电企业（水电站）11家，2011年发电370.38万千瓦时。2011年末城区道路总长度2.3公里，人均拥有道路长度2.172米；道路铺装面积16.1平方公里，人均拥有道路面积15.2平方公里；城市桥梁1座，长度0.152公里。2011年末城区自来水厂1座，铺设干线水管3000公里，生产能力400吨/日，年工业用水600吨，生活用水370吨，居民自来水普及率100%，年人均生活用水40吨；排水管道5.5公里。2011年末拥有中压配电电线路3条，总长度78.47公里，年售电量累计完成2119.57万千瓦时，综合电压合格率98.19%，供电可靠率99.8%。2011年末，供气站1个，买天然气用户8150户，居民用户591户，燃气普及率为100%.

【科技事业】 加强农民技能培训，提高农民的就业技能和整体素质。积极配合县科技和农业局、县水果协会举办“水果种植培训班”、“地方标准贯彻班”、“沙糖桔黄龙病防治班”等，累计开班20多场次，培训人数6000多人次，确保农民从种植、管理、收成和销售的每一个环节得到科学的技术管理。

【教育事业】 2011年末有幼儿园1所，在园幼儿380人，专任教师23人；小学2所，在校生1085人，专任教师87人，小学适龄儿童入学率100%；初中1所，在校生783人，专任教师77人，初中适龄人口入学率100%，小升初升学率100%，九年义务教育覆盖率达95%。2011年教育经费达891.20万元，比上年增长2%。预算内教育经费（包括城市教育费附加）占财政总支出的比例为97%，比上年提高0.5个百分点。

【文体事业】 2011年末体育场地12处，有篮球场12个。100%的社区和100%的行政村安装了健身器材，经常参加体育活动的人员占常住人口的20%。2011年末有文化站1个，建筑面积60平方米；公共图书室10个，建筑面积400平方米，藏书1200册；文化从业人员2人，其中事业单位从业人员1人。地方特色民间艺术有舞春牛。

【卫生事业】 2011年末各级各类医疗卫生机构1个，公立卫生机构床位15张，每千人拥有医疗床位0.5张，固定资产总值237元。专业卫生人员26人，其中职业医师2人，执业助理医师4人，注册护士5人。平均每千人拥有卫生技术人员0.8人，平均每千人拥有执业（助理）医师0.2人，平均每千人拥有注册护士0.17人。2011年医疗机构完成诊疗1.54万人次，住院手术零台次，出院病人38人次。2011年新型农村合作医疗参保人数3万人，参保率99%。

【民政工作】 严格按照《广东省村民委员会选举办法》，严密组织，依法指导，选举产生新一届村两委班子，为全镇的稳定和经济发展提供了组织保证。重视村务公开和民主管理工作，全镇村委普遍建立村民议事和村务公开制度。

着力进一步改善民生，低保工作在保持动态管理下实现应保尽保。全镇共492户1142人纳入低保范围全年发放低保救济金10.34万元。低保资金实行专项管理，专项专用，并实行社会化发放。杜绝依靠关系网和隐瞒收入等手段骗取低保金现象的发生。全镇有五保对象271人，五保对象全部纳入五保供养保障范围，全年发放五保救助金83.07万元。

认真贯彻落实参战退役人员有关政策，继续核实认定参战人员。进一步加大复退军人稳控工作力度，深入排查，多次召开复退军人座谈会，与上访人员耐心细致做好教育疏导工作。全年发放优抚补助金26.41万元。

进一步加大医疗救助工作力度，对患病的五保户和特困户的医疗费用，在“新农合”报销后，生活仍有困难的，再给予救助。对因患大病，花去巨额医药费，导致生活困难的，给予适当救助，全年对143人发放医疗救助金16.16万元。

开展殡葬改革宣传活动，将低保、五保低收入弱势群体全部纳入免费殡葬基本服务范围。

全年发放各类救助资金234万元，发放救灾粮3500公斤，御寒物资800多件。

【计生工作】 一是贯彻落实《水头镇计划生育长效机制》，推进计划生育工作重心下移，提高村级依法管理计划生育工作的水平。二是落实计划生育奖励机制，健全利益导向机制。三是建设集休闲、娱乐、教育、健身于一体场所。王田村等4个村已完成，西田村在建设中，另铜溪村等5个村在计划筹建。力争文化休闲园覆盖全镇10个村委，实现村村公园工程。2011年，全镇计划生育率为97.06%，人口自然增长率为7.2‰。全面完成县委县政府下达给水头镇的人口指标，顺利通过省、市、县的考核。

【综治维稳】 积极开展“平安水头”创建活动，打击各类刑事犯罪。2011年，水头镇派出所立刑事案件41宗，破各类刑事案件29宗，其中侦破贩毒案件2宗。全年抓获网上在逃人员8人。其中在“清网行动”中，抓获网上在逃人员3人，超额完成任务（任务数为2人）。在查处治安案件方面，受理治安案件81起，调处各类矛盾纠纷33起；查处赌博案件32起，查处赌博人员77人；查处吸毒人员19人，强制隔离戒毒15人。大力开展矛盾纠纷排查和人民调解工作，及时化解矛盾纠纷，征地拆迁、山林权属等农民热点难点问题处置妥当，排查调处各类纠纷112宗。切实加强“法治水头”、“平安水头”、“保平安、迎大运”的创建工作，巩固过去综治维稳工作的成果，与村（居）及维稳各成员单位签订维稳责任书25份，把维稳责任落实到各村（居）、镇属单位、中小学校，把维护稳定工作能力和实绩纳入干部奖惩范围，落实维护稳定的各项工作措施。

（黄锻文、黄颖雅）

石角镇

【概况】 石角镇位于佛冈县中部，县委、县政府驻地，是全县的政治、经济、文化、商贸中心，广东省中心镇之一。近年来先后被评为广东技术创新专业镇、广东省卫生先进镇、广东省教育强镇、广东省文明单位、广东美食旅游之乡、广东山区十强镇、全国文明单位。全镇总面积347.68平方公里，2011年全镇户籍人口11.65万人，其中非农业人口5.37万人，外来流动人口约4万人。全镇辖17个行政村、487个村民小组，以及6个社区居委会。镇机关内设党政办（人大办）、社会事务办、经济服务办（安监办）、农业办（科技工作办）、人口计生办、规划建设办、综合执法队等7个办公室，2011年镇机关在职在编干部172人。

【综合经济指标】 2011年全镇完成工农业总产值132.68亿元。其中完成工业总产值129.78亿元，同比增长54.5%；完成农林牧渔业总产值2.93亿元，同比增长9.9%。完成规模以上工业增加值20.69亿元，同比增长46.8%。全社会固定资产投资完成18.91亿元，同比增长19%。一般财政预算收入3078.8万元，同比增长13%。税收地方留成部分完成16536万元，同比增长37.46%。农民人均纯收入7706元，增长16.1%。

2011年，石角镇坚持以科学发展主导，统筹城乡发展，加快转变经济发展方式；以“统筹城乡发展，建设幸福石角”为核心，积极实施经济强镇、旅游名镇、宜居城镇战略，努力打造高端产业成长区、宜居养生示范区、省社会主义新农村建设试验区，统筹城乡科学发展，争当全省山区科学发展排头兵，综合实力明显增强，精神文明建设取得显著成效，全镇经济社会实现平稳、健康、协调可持续发展。2011年12月石角镇政府被中央精神文明建设指导委员会评为“全国文明单位”、石角镇被中华全国妇女联合会评为“全国妇联基层组织建设示范镇”、沿江社区被评为“广东省文明社区”、石角镇党委2011年6月被评为“清远市先进基层党组织”、“清远市红旗党组织”。2011年7月石角镇被评为“清远市宜居城镇”、城东社区被评为“清远市宜居社区”。黄花村党支部书记、主任陈才金被评为“广东省优秀党务工作者”。

【工业】 坚持以科学发展为主题，以转变经济发展方式为主线，深入实施经济强镇战略，以传统产业转型提升和新兴产业加快培育引进双管齐下，加快推进工业园区化进程，努力打造成为高端产业成长区。2011年，石角镇有规模以上工业企业23家，其中年生产总值超亿元企业8家。全镇工业园区化发展水平不断提升，城西建滔电子工业园区形成以建滔集团为龙头，汇集科惠白井、盈展电子、东溢特种钢、广东松峰机械有限公司、鑫源恒业电缆科技有限公司等20多家高新技术企业为发展核心，以机械制造、电子产品、化工、碳素纤维电缆等高新技术产品为主的工业生产基地。城西建滔电子工业园区也是覆铜面板全球最大生产基地。2011年城西建滔电子工业园区实现生产总值63.9亿元，同比增长50%。

【招商引资】 围绕打造“高端产业成长区”发展目标，始终坚持把招商引资作为发展壮大镇域经济，建设绿色经济强镇。

调整招商引资工作思路 从市场经济大环境和本地实际出发，调整招商引资工作思路，充分发挥石角镇区域优势、地理优势和资源优势，利用经济、文化、交通、配套设施等优势，坚持落实招商引资优惠政策，进一步解放思想，创新工作方式，营造良好的迎商环境，有目的地开展招商选资引进。从单一的工业经济向工业、旅游、城市经济综合发展，从粗放型经济发展模式转变为规模化、集团式、效益

好的经济发展模式。加快促进全镇工业经济向规模化、集团式、科技型、效益好的经济发展模式转变，招大引强，形成具有地方特色的产业集群和带动力强、产业链长、效益好、发展快、符合地方发展实际的经济基地。

改善投资环境 加强工业园区水、电、路、灯等基础设施建设，大力改善园区发展环境，提升园区发展水平和吸引力，增强园区的承载力，不断壮大和优化园区的发展规模，以优越的投资环境吸引投资者。建滔电子工业园区成为重要的生产基础和工业发展基地。城东旅游房地产综合经济园区在森波拉度假森林的带动下，吸引房地产企业碧桂园等多家企业落户开发建设，促进城东旅游房地产综合经济园区不断发展壮大。加快推进县城的“东扩南拓北进”发展规划的实施，拉大县城的发展规模，加快现代化山水园林建设步伐。

开展优质服务促进企业发展 石角镇坚持领导分工负责制，加强服务企业工作，加强跟踪服务、主动服务、全方位服务等方式，大力转变和创新服务方式，提升服务质量。落实专人负责，提高办事效率，减少环节，促进企业早引进、早建设、早出效益，使企业能够“引得进、留得住、发展快、效益好”。加强与投资商的沟通联系，积极解决企业在建设、生产过程中遇到的困难和问题，增强投资者的信心，形成以商引商，以诚招商，以情留商的招商引资氛围。

招商引资工作保持持续发展 石角镇坚持以招商引资加快镇域经济发展，增强镇域经济综合实力。2011 年引进外资新项目 8 个，合同投资金额约为 70.3 亿元，实际利用资金 15 亿元。其中超亿元的项目有：建滔退二进三项目，总投资 60 亿元；奥地利老虎高性能粉末涂料（佛冈）有限公司，合同利用资金 2 亿元，实际利用资金 0.3 亿元；鑫海（佛冈）木业喷涂制品有限公司，合同资金 1.5 亿元。

【农业】 加快发展科技型种植业、水产畜牧业发展。抓好优质水稻的推广种植，落实各种种粮大户的补贴和粮食综合直补等惠农涉农政策，巩固粮食生产发展。2011 年粮食生产基本实现水稻品种优质化，水稻种植面积约 2.8 万亩，粮食总产量 8600 多吨，其中优质水稻保持 90% 以上，种植其他农作物种植面积 1.4 万亩。抓好优质水果生产，巩固和发展以种植沙糖桔为主的农业产业化专业村，使沙糖桔产业成为发展农村经济，增加农民收入的支柱产业。加强对沙糖桔黄龙病的防控工作，确保沙糖桔产业的健康发展。2011 年全镇水果种植面积 7800 亩，其中沙糖桔种植面积 7000 亩，总产量 5 万多吨。加强对动物重大疫病的防控工作。投入 32.7 万元，积极做好高致病性禽流感和其他重大疫病的防控工作，全镇全年没有发生高致病性禽流感等重大动物疫病，禽畜出栏量约 45.5 万头（羽），肉类总产量 1300 多吨。抓好水产生产的管理，调整水产养殖结构，提高水产养殖效益，增加农民收入。2011 年全镇水产养殖面积 1500 亩，年生产量 750 吨，年总产值 450 万元。

加快推进农业产业化、专业化和标准化生产，大力发展现代农业、观光农业、特色农业以及农产口深加工，推进绿色无公害农产品生产基地和出口基地建设，打造特色农业品牌。全镇现有水果专业合作社 20 个，会员 900 多户。

推进集体林权制度改革工作有序开展，完成集体林勘界 310594 亩；使用权勘界 12.41 万亩，调处山林纠纷 45 宗。

【旅游事业】 充分发挥毗邻珠三角的地理区位优势，以佛冈县建设全国首个国际健康养生旅游示范基地以及广东省综合改革示范县为契机，主打“生态养生”牌，深入推进特色旅游发展，打造现代旅游名片。始终坚持“旅游旺镇”的发展思路，大力推进绿色生态旅游，加快佛教祈福、温泉养生、休闲度假、闲情山水等旅游事业发展，打造珠三角“后花园”和休闲度假、闲情山水的绿色生态旅游胜地。

2011 年 8 月 4 日，金谷羊角山漂流正式开张营业，启动佛冈生态养生旅游示范基地——

羊角山生态旅游度假区的建设；篁胜国际温泉花园酒店增资1.6亿元完成了御景峰别墅群的二期建设。通过成功协办2011年全国汽车拉力锦标赛，丰富王山寺、观音山等具有本土宗教特色旅游景点建设。创造良好的发展环境促进具有地方特色的“农家乐”乡村旅游发展，取得了快速发展势头。在2011年全国汽车拉力锦标赛暨重点项目庆典活动中，嘉华山庄等9家“农家乐”被评为星级“农家乐”，促进镇内“农家乐”乡村旅游迅速发展壮大，形成绿色生态旅游事业多元化、全方位、多功能和“以工促农、以城带乡、城乡互补”的发展新模式。“农家乐”乡村旅游从单一休闲型向集文化、风景、休闲娱乐等为一体的综合型转变，增强竞争力，带旺镇内商贸活动、服务业、特色农业产业发展，推动佛冈旅游经济健康快速发展。2011年全镇旅游总收入超过4亿元，接待国内外游客300多万人次，旅游经济成为镇内经济新增长点和新亮点。

佛冈生态养生旅游示范基地——羊角山生态旅游度假区位于佛冈县石角镇羊角山森林公园。景区建设总投资近35亿元。项目由佛冈金谷森林公园生态旅游发展有限公司兴建，是佛冈全力创建健康生态旅游示范基地的重要组成部分，对佛冈县经济建设尤其是旅游业的发展，将起到强有力的推动作用。度假区一期项目幽谷漂流、幽谷探险已于2011年8月4日正式对外营业。二期计划投入项目将陆续推出生态休闲农庄、高山飞翔、高山牧场、丛林野战等旅游项目。三期项目计划有国家小球训练基地、水上乐园、休闲度假养生别墅、珍稀动植物园等项目，为广大旅游爱好者提供一个绿色生态、环保、快乐的理想休闲度假场所。

【基础设施建设】 加快建设现代化山水园林城市，推动石角镇加快建设成为绿色工业基地、旅游会展旺地、创业宜居福地，加快统筹城乡一体化科学发展步伐。

道路建设 投入资金近400万元，完成45.6公里的自然村道路硬底化建设。通自然村道路硬底化达到95%以上，基本解决群众行路难问题，进一步改善城乡交通环境和发展条件。积极配合推进县城“东扩南拓北进”发展规划，加快龙凤大道、龙凤大桥、文明路等城市主干道建设，启动了省道252线佛冈段的升级改造。

电力建设 大力推进电力基础设施建设，保障和服务经济社会的可持续发展。2011年内，投入资金970万元，完成13公里的110千伏连江线、2公里的220千伏英滘线解口入富弯站线路，使滘江变电站输变电线路的建设更加完善。投入37万元，完成了冈田村、吉田村的路灯安装。

水利建设 全面完善水利设施建设，促进农村稳定和谐发展。2011年间，共投入资金46.5万元，完成12宗水利设施进行建设、维修、改建、加固等工作，改善群众的生产条件，保障农业农村经济发展。

新农村建设 积极稳步推进社会主义新农村建设工作，完善基础设施建设。观山村及西元、大坝自然村社会主义新农村建设基本完成。2011年，投入资金240万元，改造放牛洞水库排洪河道，确保沿河岸两边的居民的生产生活安全。2011年5月23日举行龙南片社会主义新农村建设试验区启动仪式，龙塘村西田、格岭自然村建设有序推进，取得初步成效。

【教育事业】 2011年全镇在校中小学生4034人。其中：小学在校生2083人，中学在校生1951人。在园幼儿310人。在职教职工490人，其中小学在职专职教师281人，中学在职专职教师209人。适龄儿童毛入学率100%，初中毛入学率达到99.8%以上。

加强教师队伍建设 组织全镇教职工开展多层次、全方位的中小学教师素质提升。全镇在职教师1982人次参加由市、县的各类学科培训，进一步提高教师的教学水平，全镇教学质量保持稳定和不断提高。

完善教学基础设施建设 投入30多万元，不断完善校园、校舍和教学设备设施建设，改

善教学环境和条件，加快信息技术教育、校园信息网络等建设，加快教育现代化进程，巩固教育创强成果。

加强校园安全　落实校园安全措施，加强校园周边环境的巡查、整治、打击破坏校园教学秩序的违法犯罪行为，在全镇7所中小学校配备16名校警，增强校园的安全防范工作，保障校园师生的安全，创造良好、安全的校园环境促进教学工作的顺利进行。

加强成人技术培训教育　镇成人文化技术学校积极开展以沙糖桔等为主的种养专业技术培训，不断提高全镇种养技术发展水平，加快科技农业技术发展。2011年，全镇共举办各类成人技术、文化培训班100多场次，5000多人次接受文化技术培训教育。

教学质量明显提升　通过抓好教师队伍建设，全镇教育水平明显提升，教育创强成果得到巩固，中考成绩在全县乡镇中学中多年保持在前列。2011年度，全镇教职员工论文、作品获得全国性一等奖1人次、二等奖14人次、三等奖7人次；获得省级一等奖3人次、三等奖2人次；获得市级一次奖8人次、二等奖25人次、三等奖45人次，发表在全国、省、市各级的论文41篇。

【文化体育和精神文明建设】　加大投入，加强妇联、关工委、文化站、校外辅导站等基层阵地建设，发挥基层阵地在加快经济社会发展过程中的作用，促进经济社会各项事业协调发展。加强精神文明建设，全面推进普法工作，提高依法行政、依法治镇水平，积极推进法治镇创建工作。2011年度，被评为“2006～2010年全市法制宣传教育先进集体”。大力推进农村基层文化基础设施建设，完善城乡文化阵地建设，建成三莲村坑尾等多个自然村文化室、篮球场建设，不断提升农村文化发展水平，丰富群众的文化娱乐活动，促进全镇精神文明建设实现大提升。大力推进农村公园建设，共投资400多万元建成吉田村、三八村花水潭、三莲村坑尾、龙塘村、冈田村等乡村公园5个，其中吉田村吉田公园被评为二类公园、三八村花水潭休闲公园被评为三类公园，为村民们提供一个娱乐、健身、休憩的活动场所。石角镇投入16多万元完善了62间村级文化室和17家“农家书屋”并相应配置书架、书桌及各类书籍，一批文化公园、篮球场等文化体育设施也相继竣工。据统计，2011年石角镇送图书下乡5200多册，送戏、送电影下乡50多场次，丰富农村群众的文化生活。加强对辖区内文化市场的规范和管理，联合县文化、工商等职能部门加强对音像制品市场、演出、网吧等进行专项治理活动，规范市场秩序，净化文化市场。

【科技事业】　坚持“科技兴镇”发展战略，加快推进技术创新和产业转型升级，促进产业结构优化调整。

落实科技兴镇，促进技术创新和转型升级　落实科学发展观，加快“一中心三园区”规划的发展，大力发展园区经济，促进工业科技的发展，加快镇域经济转型升级。着力引进科技含量高、发展快、效益好的企业发展高新技术产业。2011年，总投资2亿元的高新技术企业奥地利老虎高性能涂料（佛冈）有限公司落户石角镇。加强企业科技创新和自主创新，东溢、长风机械、篁胜、森波拉等企业纷纷增资扩产，扩大生产规模，提高科技含量；龙清电力、新力化机、佳特等企业逐步把企业总部搬迁到石角镇，形成总部经济。加快产能落后、能耗大、污染严重的企业加快技术改造和调整产业结构，实现节能减排目标，加快镇域经济实现转型升级。

发展科技农业、生态农业　切实抓好农业科技示范推广工作，促进农业生产科技发展水平不断提高。积极组织农业、科技、工青妇、水果协会等部门有目的按时按段开展优质水果、水稻、优质农产品栽培管理技术、禽畜养殖技术及病虫害的防治培训工作。抓好农村党员的现代远程教育，加快培养一批懂技术、善经营、会管理的现代新型农民和农业带头人。2011年，全镇共举办各种培训班100多期，发放各类科技资料4万多份，培训人员4.8万人次。

推进科技兴农战略 实施科技兴农工程，加快良种引进、推广先进适用技术，加强农机农艺结合，种植养殖联动，形成生产、生态协调的农业技术应用格局。着力在农业发展方式上转型升级，充分发挥人才、资金、农业科技等资源优势和区域优势，推进农业产业化经营，完善“公司 + 基地 + 农户 + 科技”模式，提高农民进入市场的组织化程度和农业综合效益。

【医疗卫生】 全面推进城乡卫生统筹发展，完善城乡医疗卫生规范化管理。

有效防控各类传染病 采取多种有效措施，加强对禽流感、鼠疫、结核病、流行性感冒、甲型H1N1流感等重点传染病的防控。针对季节性大面积爆发流行性感冒的严峻形势，提高疫苗接种覆盖面，有效地控制传染病的暴发流行。

提升城乡公共卫生服务 全镇开展食品卫生专项整顿活动，重点对包装食品、重要农产品和加工品等进行安全检查，对劣质商品进行全面的逐一排查，严厉打击无证生产和制售假冒食品的违法行为。加强对农村小食店、杂货店、各类熟食店、校内外食堂等地的卫生整治和监督管理。对药品和医疗市场进行了全面检查，全面提高药械质量安全水平，确保用药用械安全有效。

加强医疗服务工作 进一步完善以新型农村合作医疗制度为主的农村社会保障体系。积极推进落实新型农村合作医疗和城镇居民医疗保险制度。2011年全镇参加新型农村合作医疗61819人，覆盖率达到了98.33%。妇幼防保方面，狠抓住院分娩，杜绝无证接生。加强对乡镇卫生院的管理，提高规范化管理水平；不断完善村居卫生站医疗配套设施。努力提高医务人员的素质，加强医疗技术人员的培训，2011年培训医务技术人员700人次。加大卫生支援力度，组织镇城医疗机构和医务人员及药店开展支援农村医疗活动，向村、居委会送医、送药15次，总价值达8.3万元。

开展城乡清洁工程 2011年投入1000万多元，全面开展城乡清洁工程、“三边”整治、“三旧”改造等，加强辖区内环境卫生整治活动，取得明显成效。加快农村卫生改厕工作，2011年度完成农村卫生改厕610户。通过宣传卫生知识，提高居民卫生意识；完善卫生基础设施，改善城乡环境卫生和清洁保洁，进一步提升居民生活环境，城乡清洁保洁工作实现常态化管理。

【综治维稳】 以深化“社会矛盾化解，社会管理创新，公正廉洁执法”三项工作为重点，紧紧围绕“综治工作创新、维稳工作创新、队伍建设创新”的总体要求，以构建幸福、和谐石角为目标，妥善化解社会矛盾纠纷，切实维护社会和谐稳定大局。一是加强综治信访维稳工作队伍和平台建设。积极创新社会管理，逐步建立起符合石角镇实际的综治工作“石角模式”，建设和完善镇、村、村小组三级平台建设。二是完善工作机制。落实领导接访制、领导分工负责制、限期落实、督办制度等制度，形成有人抓、有人管、抓落实的组织领导机制。明确和规范工作流程，及时化解矛盾纠纷。三是加大矛盾纠纷排查和化解力度。制定和完善《石角镇关于开展领导干部“大调研、大排查、大下访、大化解”活动的工作方案》，全面排查和有效化解各类社会矛盾纠纷，及时妥善解决群众反映突出的信访问题。2011年度镇综治信访维稳中心立案80宗/238人次，其中集体访14宗/118人次。与2010年同期相比立案数下降5.88%，人次下降9.88%，集体访下降33.3%。成功解决77宗案件，成功调解率达96.25%。此外，通过制定奖罚措施，促进责任制落实。还坚持做好刑释解教人员的安置帮教工作，减少社会不稳定因素。

【社会保障】 *加强安全生产工作* 2011年投入专项资金223万元，对1182个生产经营场所开展宣传教育、消防重点整治、火灾隐患专项整治等工作，改善全镇消防安全生产环境，全年未发生一起安全生产事故，通过了上级的检查验收。同时，配合县职能部门加强对重点企业的环保宣传、监控、整改，有效地促进生态环境的好转，保护人民群众的身体健康。

大力改善民生保障事业 认真做好优抚、五保供养、扶贫救济等工作，发放优抚款267.9万多元；发放救济款26.95万元；积极做好城乡居民医疗、新农保工作，2011年完成新农保参保24531人，覆盖率77%；完成城乡医保参保人数61801人；培训转移就业富余劳动力1902人次。全面完成上级下达的征兵任务，选送32名双合格青年应征入伍。

继续做好“双到”扶贫开发工作 省、市、县、镇帮扶单位和帮扶干部积极为贫困户、贫困村发展生产出谋划策，找准发展项目。全镇投入扶贫资金600多万元，帮扶460户贫困户发展生产，90%以上的贫困户实现脱贫。龙塘、诚迳、黄花村等三个省级贫困村基本实现脱贫目标。

落实各项支农、惠农政策 2011年发放种粮补贴301.52万元；办理家电下乡4023宗，补贴金额120.07万元，办理摩托车、汽车下乡587宗，补贴金额39.92万元。

【计划生育】 2011年石角镇围绕创建“全省人口出生率计划生育综合改革示范县”和“全省人口和计划生育宣传教育创新示范点”，加强综合治理，坚持抓好层级动态管理责任制，扎实推进综合改革工作。2011年全镇总出生人口1642人，出生率13.36‰，政策生育率96.41%，自然增长率7.63‰，出生人口性别比108，全镇15个村（居）委实现无政策外出生。投入80万元建成冈田村和龙塘村“人口文化休闲园”，总面积4100平方米；创新宣传教育方式方法，首创通过医院平台宣传人口计生政策，提高群众的知情权。投入16万元，做好全省人口计生信息系统升级改造试点工作，实现省、市、县、镇、村“五级联网”。积极开展“关心到户、服务到人”工作，健全落实各项奖励扶助政策，让计生对象获得实惠，2011年获省农村部分家庭奖3人，市节育奖154人。

【基层组织建设】 *开展创先争优活动* 2011年全镇50个党支部、2973名党员围绕“推动科学发展、促进社会和谐、服务人民群众、加强基层组织”的总体要求，积极参加创先争优活动。加强作风建设、思想政治建设和提高领导科学发展能力，进一步转变思想观念，树立创新意识、进取意识、责任意识、群众意识。大力改善民生、维护社会稳定，为推进全镇经济社会保持快速、健康、协调可持续发展提供坚强的组织基础。一是顺利完成镇、村、社区换届选举工作。坚持正确的用人导向，确保有能力、有水平、有实绩、群众公认的干部得到提拔任用。加强纪律教育，营造风清气正的换届环境，依法依规完成县、镇、村三级换届工作，确保全镇经济社会保持稳定、健康、协调发展。全镇现有村、社区“两委”成员131名。二是落实党内激励关怀机制。建立党代表工作室，收集党员、群众的建议、意见，解决党员、群众的困难和问题，被广东省委组织部评为“广东省五好党代表工作室”。三是发放农村60周岁和20年党龄以上的“双农”党员生活津贴。此外，还认真做好发展党员工作，改善党员队伍素质结构。

（李沛明、范玉艳、周　川）

汤塘镇

【概况】 汤塘镇是广东省中心城镇之一，地处佛冈县南部，珠江三角洲边缘，与广州从化市、清远市清城区毗邻。距广州52公里、新白云机场仅40公里、清远市区51公里、县城15公里，距韶关市160公里。国家一级公路106国道贯穿全镇，镇内国道线长18公里，距镇政府1.5公里处设有京港澳高速公路出入口，省道354线贯穿镇东部各行政村，汤塘镇已完全融入广州市“一小时经济圈”。全镇19

个行政村实现村道硬底化，交通十分便利。2011年全镇总面积229.34平方公里，山地面积23.9万亩，耕地面积63494亩，其中水田面积26853亩、旱地面积7474亩。下辖19个村委会，2个居委会，有480个村民小组，5个居民小组。户籍人口7.08万人，其中非农业人口2931人。外来人口1万多人。镇机关内设党政办、经济发展办、农业办、社会事务办、人口计生办、规划建设办、人大办7个办公室。

汤塘镇有着十分丰富的温泉资源，以黄花湖、聚龙湾度假村为载体，形成大型的旅游产业群。镇内有多种储量丰富的矿产资源可供开发。汤塘镇气候宜人，风景优美，是著名的水果之乡，沙糖桔、荔枝、龙眼、青梅、黄皮等水果远近闻名。沙糖桔已实现规模化种植，全镇种植沙糖桔1.4万亩。另外，四九桂味荔枝以其细核、肉质爽脆、清甜、桂花味香郁等特点，名闻遐迩。名优特产之一的竹山粉葛被列入省“一乡一品”项目。

2011年，汤塘镇党委被市委授予“清远市先进基层党组织”称号，汤塘镇政府获市委、市政府“清远市乡镇一把手特殊贡献奖”。

【综合经济指标】 2011年全镇实现规模以上工业总产值47.6亿元，同比增长59.66%；规模以上企业增加值11.26亿元，累计增长61.10%；社会固定资产总投资7.49亿元，累计增长25.60%；利用外资13.80亿元，累计增长20.00%；工商税收7319万元，累计增长32.7%（其中国税2311万元，地税5008万元）。全镇农村经济总收入为5.69亿元，同比增长10.1%；农业总收入1.8亿元，同比增长12.41%；农民人均收入6117元，同比增长13.13%。

【工业发展】 继续实施镇领导联系企业制度，在加快项目建设、服务企业发展等方面做了大量工作，取得明显成效。自3月“加多宝”一期浓缩液项目正式投产以来，运营情况保持良好，年产值达9.4亿元，利税超8000万元。“加多宝”二期仓库和三期罐装、瓶装生产线项目正加紧建设。计划投资10亿元兴建的国鑫龙泉半岛项目于7月奠基，4栋低密度样板房的主体工程已完成，预计2012年5月开盘销售。勤天酒店项目和房产项目正加紧推进。勤天旅游大桥的桥面铺设也于11月15日全线贯通，加紧桥面沥青铺设、人行道及护栏建设。恒大金碧山庄、涉外经济学院等重点项目正加紧推进。国珠成功开创“佛冈创造”先河，品牌影响力和竞争力大大提升。万兴建设全市首个玩具检测中心进展顺利。“加多宝”药渣锅炉资源综合利用项目研究工作正加紧推进。全镇具有核心竞争力的产业集群发展趋势初步形成。部分企业增资投入力度持续加大。兆联公司新引进一批生产设备，生产效率大幅提升。金城金属再投入3亿元，新型钢结构厂房的主体工程已基本完成，加紧生产设备更新，配套变电站、冶炼厂房等生产设施。国珠集团新增了注塑项目，幸运五金、兆联纺织、鑫统仕、吉盛等企业也不同程度地扩大生产规模，增资额达8亿元。

【招商引资】 大力实施“工业园区化、园区产业化、产业集群化”战略，园区规划和配套不断完善，有效促进产业集约、集聚发展。成功引进“加多宝”罐装生产线项目，并于12月动工建设，预计年产值约20亿元。搁置多年的聚科源工业园问题得到切实解决，进一步盘活土地资源；加多宝制罐生产线项目也正式签约落户。同时，聚龙湾计划投资10亿元建设冰上世界滑雪项目，以填补夏天温泉旅游淡季旅游的空白。

【“三农”工作】 *水稻种植* 2011年全镇早造水稻面积2.05万亩，晚造水稻面积2.05万亩。镇农业技术综合服务站发挥职能作用，早造主要推广七桂优306、合美占、粤晶丝苗2号等优质品种，晚造主要推广深两优5814、七桂优306、丫两优7号等优质品种，代替以前传统的种植水稻品种。

特色农业　2011年全镇沙糖桔种植面积约1.4万亩，其中挂果面积1.1万亩，总产量达2.4万吨；荔枝种植面积1.53万亩，其中挂果面积5000亩，总产量4121吨；龙眼种植面积3975亩，其中挂果面积3000亩，总产量1829吨；金煌芒果种植面积314亩，其中挂果面积300亩，总产量308吨；青梅种植面积1100亩，其中挂果面积800亩，总产量510吨；粉葛种植面积1000亩，总产量1000吨，加工成葛粉5000公斤。农业产业结构不断优化，农民收入进一步提高。

农业企业　汤塘镇在保障全镇粮食生产稳定发展的基础上，积极扶持和发展农业龙头企业。广生元蛋鸡场不断发展壮大，已扩大到40万只种鸡的规模。金鲜美米业成为全省现代农业100强重点培育企业，其优质水稻种植与深加工项目被列入省现代产业500强，加紧扩建加工生产线，争取年产5万吨优质大米的生产能力；同时，双凤凉果有限公司通过“公司+农户”的形式不断壮大发展。

职能机构　镇农机站、兽医站、农技站、水利所合并为镇农业技术综合服务站，大力发挥站所建设职能作用，从项目引进、技术指导、销售等给予大力支持。同时，成立7个农村专业技术协会，订购《农村实用技术手册》28份，举办种植业水果培训、咨询共6期，参加人员达500多人次，发放资料1000多份；其中发布种粮户病虫报6期，发放资料140多份。

新农村建设　溎江村的门一、船二和汤塘村的中闸新村被评定为新农村建设示范村；汤塘村被列入县首批名村建设单位，并荣获清远市2011年度新农村建设优秀奖；“村村建公园”工作正加紧推进，汤塘、溎江、四九、联和、竹山等村都建有乡村公园。农村改厕工程扎实开展，顺利通过市对农村改厕工程的验收，建设完成改厕630户，农村人居环境得到进一步改善，人民群众的生活质量得到进一步提高。

水利设施建设　2011年投入资金160多万元，对全镇各个村影响较大的水利设施进行修复，完善修复26宗各类水利工程。全镇7宗农村饮用水工程得到全面推进，使全镇的广大群众饮上安全的自来水。

“一事一议”项目　村级公益事业“一事一议”工作全面铺开。据统计，2011年全镇已申请的“一事一议”项目共110个，其中列为第一批计划的有30个，总投入资金1995万元，竣工项目共15个。

扶贫开发“双到”工作　2011年6个省定贫困村的固定年收入均全部超3万元。全镇在册贫困1105户4672人，已落实干部挂扶的1043户4409人。通过落实“一户一法”的帮扶措施，2011年帮扶贫困户人均年收入超过2500元的有991户共4197人，占95.19%。其中镇干部的帮扶贫困户171户723人，脱贫162户681人，占总帮扶户的94.19%。如期实现省委提出的扶贫开发“双到”工作目标任务。

【旅游发展】　抓住佛冈县建设“国际健康养生旅游示范基地”的重要机遇，依托得天独厚的交通区位优势和温泉资源特色，大力发展养生旅游。在成功创建“广东省旅游特色镇”和“清远市旅游专业镇”的基础上，不断提升“汤塘”旅游品牌。聚龙湾成为全省现代服务业100强重点培育企业。金龟泉生态度假村开业以来，大力打造成为苏州园林式建筑风格的酒店行业精品。以“温泉养生”为重要特色的国鑫龙泉半岛、勤天城等旅游房产项目正加紧建设，恒大金碧山庄、体育公园等项目即将动工。全镇各具特色的“农家乐”共20多家，从业人员近300名。四九片观光农业、休闲农业旅游项目逐步兴起，“水果之乡”的品牌形象进一步提升。舞被狮走上央视舞台，舞龙、舞鲤鱼灯等优秀传统民俗活动也得到较好的传承和发扬，为“汤塘”的品牌形象增添朝气和活力。

【城镇建设】　汤塘镇大力推进城镇基础设施建设。投入200多万元完成汤塘、四九两个街道的下水道修复工作。加快汤塘、四九圩镇绿化、亮化、美化建设，大力实施汤塘城镇汤泉路、新兴路升级改造工程。新兴路的路面、人行砖已铺设完成，汤泉路预计2012年初完成铺设。

城乡清洁工程 投入近100万元开展城乡清洁工作，不断改善城乡人居环境。一是大力开展专项整治。组织镇相关单位人员共100多人，开展拆除国道沿线的“两违”建筑专项行动，清拆一批106国道沿线的灰油场等违章搭建。二是大力整治环境卫生。每月投入5万多元对镇区和106国道沿线的卫生清洁、垃圾收集池清运，确保环境进一步优化。三是进一步规范镇区内商铺、摊档的经营秩序，使镇内街道占道经营明显好转，商铺经营逐步规范。得到市督查验收组的好评，并顺利通过验收。

建筑监督管理 切实加强规划建设，大力查处各种违章建筑，严把建筑审批关，保障建筑安全生产。一年来查处“两违”建筑8起，对不符合规划的限期拆除，对符合规划的补办有关手续，使违章现象大为减少，规范建筑市场，有效地维护建筑市场的健康发展。

“三边”整治 投入500多万元，重点对升平隧道口至新菱公司的106国道沿线约18公里路段进行绿化、美化整治。对106国道沿线的脏、乱、差行为进行重点整治，在国道沿线栽种、补种树木，“三边”整治工作得到市、县“三边”办充分肯定。

【教育工作】 围绕县委、县政府“教育强县”的工作思路，镇委、镇政府主要领导和分管教育领导经常深入学校开展调研和现场办公，及时帮助学校解决教育发展中的问题。做到“主要领导亲自抓、分管领导具体抓、其他领导协作抓”，并把教育中的一些重大工作分解立项，岗位到人、责任到人，确保各项工作有人抓、有落实。基本完成广州涉外经济学院征地工作和校园的整体设计方案。

教师队伍建设 始终坚持从职业道德和业务水平两方面来提高教师队伍的综合素质。督促各中小学校认真贯彻《中小学教师职业道德规范》，定期对教师进行职业道德教育，努力提高教师的思想素质。通过自学考试、函授教育及网络教育等多种途径来推进教师的“继续教育”，提高教师的学历层次和业务水平。全镇各级各类学校教师学历达标率均达标。为表彰先进激励后进，在教师节举行各项表彰慰问活动，对上年度优秀教师和教育先进工作者进行表彰并发放奖金，慰问金由原来的每人50元提高到100元，不断激发教师的工作热情和积极性。

学校安全管理工作 始终把学校安全工作放在重要位置，重点加强校车安全管理，成立由镇党委副书记、镇长钟元武为组长，分管教育、交通的副镇长为副组长，各中小学、幼儿园相关负责人、交警中队队长、派出所所长为成员的校车安全整治工作小组和督查小组。专门召开全镇校车安全管理工作会议，深入开展校车安全检查，实现校车安全零事故。在汤塘二中门前设置了减速带，有效保障广大师生的生命安全。

【文化体育】 充分调动广大干部群众积极参加各类文化体育活动。在佛冈县举办的建党90周年暨“颂党恩、倡廉政”歌曲合唱比赛中荣获乡镇组第二名；参加第二届县运动会中荣获乡镇组团体总分第一。争取县有关部门的支持，为人民群众创造丰富多彩的文化体育活动，送戏下乡7场次、送电影下乡30多场次；配合省送戏下乡“广州杂技团”到镇内演出，使广大群众能够享受到丰富的文化盛宴，到场观众近千人；农村书屋管理进一步加强，发挥其应有作用。同时配合各时期的中心工作，搞好全镇各村的“休闲公园”、文化室、篮球场等建设。2011年广东佛冈中国汽车拉力锦标赛暨系列庆典活动中，在镇村干部、职工、教师等组成的安保人员的共同努力下，出色地完成汤塘段赛事的安保任务，得到中汽联和县委县政府的高度评价。

【综治维稳】 *人民调解工作* 2011年镇综治中心接访群众30批160人次，组织矛盾纠纷排查9次，成功处理2起重大突发群体性事件，共受理矛盾纠纷案件43宗，调解成功39宗，调解成功率为90%，现场调解11宗，成功调解10宗，无论是在接待信访群众还是组织矛盾排查和处理矛盾纠纷的案件，都能积极主动参加，运用法律知识，发挥基础作用。一年来，共参与调处民间纠纷80件，成功调处78件，成功率达到96%，没有出现因调处不当或调处不及时引起的群体性上访、群体性械斗、非正常死亡事件或民转刑案件，确保全镇社会的和谐稳定，为全镇经济平稳快速发展营造良好的法治环境。

安置帮教工作　2011年，全镇接收新满刑释放或解除劳动教养人员18人，同时对所有新满刑释放或解除劳动教养人员和往年满刑释放或解除劳动教养的人员进行跟踪访问。

法律服务工作　通过法律咨询、发放法律援助指南及宣传手册等形式，增加广大群众的法律援助知识，提高社会贫弱群众依法维护自身合法权益的意识。接受法律咨询413人次，免费代写法律文书153件，免费代写合同文书146件，办理见证书87件，有效预防矛盾纠纷的发生。

【计划生育】　坚持以“做好人口工作，建设幸福家庭”为核心任务，通过多项工作并举，加大力度，完善机制，全面落实2011年度上级计生部门下达的各项计划生育指标，并顺利通过省计生委的考核检查。一是加强计生宣传工作。通过婚育新风进万家活动，扩大宣传面，到村入户发放计生宣传小册子和宣传品共4万多份。加大投入建设新农村人口文化书屋和人口文化休闲园。汤塘村、联和村的人口文化休闲园已投入使用，为村民提供悠闲娱乐的场所，营造人口计生的人文氛围。二是落实“四术”和查环查孕工作。通过派发资料宣传、入户动员、开展清理清查活动、实施“三级联动责任制”和“计生任务奖罚制”、落实查环查孕补贴等措施，落实四术和查环查孕工作。2011年，落实“四术”共732例，其中上环350例，结扎381例（纯二女扎117例），补救措施1例，全年查环查孕率平均达95%以上。三是加强流动人口管理。健全流动人口计划生育综合治理制度、信息通报制度和《婚育证明》查验制度。建档立卡，强化管理，签订流动人口计划生育管理合同书。对聚龙湾、万兴、幸运五金厂等厂区宿舍内的流入已婚育龄妇女等重点人群进行全面的清理清查活动，完善流入人口信息档案。

【社会保障】　城乡低保救济　按照县民政局相关救济的指示精神，努力做好救济物资的正确发放登记、跟踪、核查工作。一年以来，全镇发放救灾、救济大米18560公斤，棉被120张、棉衣400件，保障部分困难群众的吃、穿问题。严格按照县府办《佛冈县城乡困难群众医疗救助暂行办法》文件精神，发放医疗救助金额13.56万元。2011年11月末汤塘镇城乡低保户共有1087户，2936人，月发放低保补助金22.23万元。同时对流入本镇的盲流人员进行依法救济。

“五保”供养　对“五保”人员已全面实现镇统筹，严格按照国家政策对符合“五保”条件的老人能应保尽保，切实的保障农村孤寡老人的生活。2011年11月末全镇有五保户613人，其中敬老院入住人员43人。

孤儿救助工作　贯彻落实《国务院办公厅关于加强孤儿保障工作意见》、《民政部财政部发放孤儿基本生活费的通知》精神，进一步加强孤儿保障工作，推进儿童福利信息化基础建设。切实做好孤儿的认定及基本生活费发放工作，经严格调查核实，有7个儿童完成认定发放工作，每人每月发放600元。

优抚工作　对实际困难的优抚对象实行慰问式跟踪服务，全镇每月享受抚恤金优抚对象255人。其中：参战退伍军人171人、复退军人34人、因公牺牲1人、伤残军人6人、五老人员44人，月发放优抚金8.83万元。

农村社会保障工作　2011年全镇参加城乡居民医疗保险人数68492人，参保率达99.78%；参加新型农村社会养老保险25597人，参保率达88%。圆满完成2011年的城乡居民医疗保险缴费结算工作。

殡葬工作　认真贯彻清远市的民政工作会议精神，执行清远地区全部属火葬区不设立土葬区的决定，加强殡葬改革的管理工作。对违规土葬的丧葬户每发现一例起棺一例，有效遏制土葬风的蔓延现象。

【就业培训】　加强劳动力转移输出工作，多措并举解决农村富余劳动力就业问题。会同县劳动部门举办多场招聘会，与企业现场达成用工协议3000人次。全年农村富余劳动力输出1930人，其中转移到佛山市260人，超额完成县下达的任务。同时，积极开展农村劳动力培训，农村劳动力技能人才不断增加。

【武装工作】　民兵组织整顿　严格按照上级的指示，本着“有利于组织领导、有利于统一管理、有利于应急作战”的原则，按照“编为用、建为战”的要求，认真部署民兵整组工作；根据作战需要和可能担负的任务，编实编强民兵组织，努力提高民兵队伍执行任务的能力；优化组织结构，健全规章制度和应急方案，切实把后备力量整组工作作为一项十分重要和紧迫的任务抓紧抓好。2011年全镇有普通民兵6357人，基干民兵360人，民兵总数为6718人，其中包括侦察连1个87人、步兵分队2个连200人、应急分队1个排32人、对空观察哨1个4人、市属轻舟分队1个排37人。

民兵政治教育和军事训练　组织全体村（居）营长、民兵骨干学习时事、政治、业务培训。8月中旬，有8名干部到县参加为期6天的专武干部、民兵营长集训，在考核中取得第三名。

兵员征集　严格按照《兵役法》和《广东省征兵工作规定》，紧紧围绕确保新兵质量，实行逐级审查、推荐、优中选优。2011年，从全镇的471名优秀适龄青年中挑选出20名输送给部队。其中，空军工程大学11名，广州军区司令部8名，武警广东总队1名。还有2名青年在清远军分区服预备役。

（冯军洪、潘英毅、邹素文）

龙山镇

【概况】　龙山镇位于佛冈县南部，总面积160.57平方公里，全镇下辖14个村委会和1个居委会，2011年户籍人口4.76万人，其中非农业人口2274人，另外来人口约1万人。龙山镇是佛冈县的工业重镇，工业总产值连续多年稳居全市乡镇前十位，形成空调冷冻设备制造、玩具、五金铸造、电子等产业群。特色农业的发展格局初步形成，荔枝、龙眼、沙糖桔等优质水果的种植向基地化发展，其中沙糖桔生产规模大、效益好。湴江鸡、乌鬃鹅、湴江萝卜、沙葛等为县内名优特产。

【综合经济指标】　2011年，全镇工农业总产值达到274.79亿元，同比增长53%，其中工业总产值273亿元，同比增长53.53%；农业总产值1.79亿元，同比增长8.1%；固定资产投资2.2亿元；实现利用外资10亿元；镇财政收入2360万元，同比增长22%；农村人均纯收入6300元，同比增长12%。全镇社会经济发展呈平稳上升态势。

【工业园建设】　以“以工业园区化，产业集聚化、集聚高端化”为方向，以江森约克制冷产业集群升级示范区为载体，不断完善工业园区配套设施建设，不断推进企业管理创新、技术创新，不断提高项目投产率和土地产出率。发挥约克公司等龙头企业的带动辐射作用，坚持“龙头带动、产业聚集、循环延伸、整体推进”的思路，走新型工业化道路，重点项目不断推进。其中，2011年9月19日奠基的约克二期工程总占地面积4万平方米，总投资1亿元，新增末端产品40万台。亿利达风机有限公司二期工程占地31.13亩，总投资3780万元，新增小风机150万台，大风机5万台，冷凝盘100万支的产能，新增产值1.1亿元，税收500多万元，该项目于2011年9月开始试产运营。松祥管业有限公司占地30亩，总投资5000万元，2011年9月开始投试产，年产值3000万元。海兴（清远）金属有限公司占地面积200亩，总投资1.2亿元，2011年末，该项目已完成厂房建设。

【招商引资】 继续强化对工业经济的推进力度，着重抓好新进企业项目的投产工作，力争企业早日投产、早出效益，加快形成新的经济增长点，全力以赴保增长。友奥空调配件、金冠水玻璃、恒荣金属制品三个企业成功投产。其中金冠水玻璃有限责任公司总投资5000万元，年总产值300万元，税利400万元。博华、标旗扩建工程已完成，约克、亿利达等企业纷纷增资扩产，产业集聚力和规模不断扩大。

【农业发展】 以建设新农村、培养新农民、发展新农业为工作目标，进一步加快农业产业化步伐，加强农业结构调整。加强新项目、新技术、新品种的引入和推进应用的同时，加强农民技能培训，切实推进农民增收致富。一是发展特色农业，巩固沙糖桔“一镇一品”发展战略。至2011年，全镇沙糖桔种植面积达4.97万亩，种植范围覆盖下辖14个行政村75%以上的农户，挂果面积4.1万亩，总产量8.8万吨，可直接为农民带来人均5000多元收入。完善和巩固龙山镇门楼富村沙糖桔省绿色食品和门楼富沙糖桔出口基地。二是加强农业服务体系和流通体系建设。三是培育和发挥广东华农温氏畜牧股份有限公司等农业龙头企业的辐射带动作用。四是加强农民技能培训，引导农村富余劳动力向非农产业和城镇有序转移。五是加大力度做好扶贫“双到”工作。全镇3个省定贫困村均实现村委会集体和全部挂扶贫困户脱贫。六是加大“工业反哺农业”力度，加强农村基础设施建设。2011年，全镇粮食作物种植面积48185亩，生猪、家禽和水产养殖业生产效益都得到较好的提高。全镇实现农业总产值2.21亿元。其中：种植业14273.75万元，林业628.24万元，畜牧业4325.46万元。农村经济总收入32275万元。

【旅游】 以“温泉休闲度假、生态农业娱乐、历史文化观光”为旅游发展定位，以建设“名村”工作为契机，正在加紧完善和建设上岳古民居、良洞水库等高质量、大规模旅游项目。

上岳古民居　位于上岳村横围片自然村，占地面积约45000平方米，已有720多年的历史，建筑群气势恢宏，保存完好。古民居布局清晰、严谨，错落有致。全村由十八“里”组成，其建筑风格皆是青砖到顶，村四面建有东楼、西楼、南楼、北楼，担负着监测和抵抗外来盗匪侵犯的任务。在2006年的广东国际旅游文化节上，荣获“广东省最美乡村旅游示范点”称号；2008年被评为广东省特色村；2010年7月，被国家住房和城乡建设部、国家文物局评定为“中国历史文化名村”。2011年4月，县委、县政府把上岳村列入“名村”建设单位，正着力打造一个具有古民居特色，拥有知名度和美誉度的名村。

良洞水库旅游娱乐项目　占地面积1.65万亩，项目总体由湖滨商业餐饮区、SPA温泉酒店、湖滨别墅、主题生态园、综合服务区等十大主题板块组成。各主题板块的建筑既有各自的风格特点，又能很好地有机结合于一体，能够满足华南地区高端客户的休闲、度假、旅游、居住等各方面的需求。

【基础设施建设】 至2011年，龙山镇完成乡村道路与产业道路320公里，完成旧省道354线猪乸头至106国道段改造，实现行政村村道全部硬底化，基本解决群众行路难问题。配合完成库浩线、库清线等高压线路建设施工工作，加大农村供电线路的更新改造工作。以村委会为实施主体，发挥镇政府指导作用，通过“一事一议财政奖补政策”，以群众筹资筹劳为基础，完成6个面积合计3.5万平方米的乡村公园建设；完成饮水工程3宗，铺设饮水管道1.5万米；完成清淤通水利圳82公里；修复22宗水毁水圳、水坝和陂头，修建三面光、两面光渠道2745米。2011年，龙山镇以龙山新城区建设为中心，继续带动龙山旧圩和“三旧”改造建设，修复破损街道2000米、沙井盖20个，疏通下水道2000米，做好美化绿化亮化一批市政设施设备工作。

【科技工作】 为规范农业经济市场，形成农业产业化、规模化，龙山镇抓好对特色农业特别沙糖桔产业的发展。2011年，全镇为加强种植技术和疫病防控知识宣传，推广生物肥料和药物使用，邀请农科专家共举办各类科技培训班、农产品质量安全讲座等37期，发放各类科技资料1.1万份，培训1.2万人次。完善巩固龙山镇门楼富村沙糖桔省绿色食品和门楼富沙糖桔出口基地。进一步推动标准化生产和品牌化经营，抓好购销环节的软硬环境，吸引更多外来销售大户进驻龙山帮助解决沙糖桔销售问题。为促进企业创新发展，镇政府引导企业不断进行内部挖潜和自主创新。如新菱自控加大研发力度，拥有多个自主知识产权产品，获得省创新信息化示范企业荣誉，成为清华大学研究生院第二个全国性实习基地。

【教育事业】 学校布局调整全面完成。全镇现有中学2所，完全小学6所，公办幼儿园2所，私立幼儿园4所，在校中学生2043人，小学生2651人，教职工345人。加大资金投入，优化教育资源配置。想方设法筹措资金，近年来累计投入680多万元，用于改善教师办公条件，更新教学设备，美化校园环境。湛江中学运动场已动工改造，民安中学的校园文化建设充满浓郁的育人氛围。切实做好控辍保学工作，通过学校、家庭、社会的有效联动，严防辍学流失学生的出现和增加。加强学校周边治安和交通整治。进一步完善教师绩效考核制度，加强教师队伍建设，教育教研水平有较大的提高。2011年，湛江中学一名教师的论文获国家级奖励，9人次获市级奖励。学生各学科竞赛8人获省级奖励，6人获市级奖励。民安中学篮球男队在县中学生篮球比赛中，获镇级中学第一名。

【文化事业】 不断完善文化体育基础设施建设，优化文化资源配置。一是加快文化体育设施建设。以申报省一级文化站为契机，投入资金30多万元，完善文化站综合楼各功能室的配置，建成文化共享工程乡镇基层中心，并于2011年12月顺利通过广东省一级文化站和农民健身广场的评估验收。二是开展群众喜闻乐见的文体活动。2011年举办展览、比赛、演讲等单项性文化活动10多场次，办科普、法制、农技、安全等讲座、培训8场次。三是加强镇村文化站室和农家书屋建设。镇辖14个村均建有文化室、电教室，全部完成“农家书屋”建设。四是积极组织民间文化体育活动交流。弘扬上岳村的传统“象棋文化”，不定期邀请市、县象棋协会的成员到龙山交流。五是大力整治文化市场秩序。对辖区的网吧、游戏机室等进行大规模的检查、整治行动。六是从化围村及黄塱村“新家庭文化屋”建成开放，将“婚育、人口”等相关知识融合到休闲娱乐中。

【卫生事业】 全镇有16800人参加新型农村社会养老保险，覆盖率达50%以上；42761人参加农村合作医疗，占全镇农业总人口的96.4%。全镇各医院、卫生站严格执行医疗质量和医疗安全的核心制度，贯彻各项医疗护理制度，严格遵守各项操作规程，开展各项医疗业务。龙山医院在卫生防疫方面，以消灭脊灰炎为重点，计划内疫苗的接种率达95%以上。妇幼防保方面，狠抓住院分娩，杜绝无证接生。龙山医院在第四季度免费下乡体检1015人次，免费赠送57072元红十字会救灾药品。派人到广州医学院附属医院、县人民医院进修学习，投入1万元购买办公设备，完善办公场所。民安卫生院稳步推进医疗体体制改革，从2011年1月起实施国家基本药物制度，按规定从网上阳光采购并实行基本药物零差率销售，建立居民健康电子档案人数12796人，建档率77%，健康档案使用率50%。对辖区65岁及以上的老人进行健康管理，累计接受健康管理人数545人，健康管理率28%。开展健康咨询活动和举办知识讲座，发放健康宣传资料13393份，12258人受教育。

【综合治理】 坚持从改革、发展、稳定的大局出发，高度重视和加强信访工作。扎实开展矛盾纠纷排查化解活动，及时解决人民群众反映的各类突出问题，进一步畅通信访渠道，规范信访秩序，不断创新信访工作机制，建立畅通、有序、务实、高效的信访工作新秩序，为全镇经济社会发展创造了良好的社会环境。镇综治信访维稳中心认真对社会不稳定因素进行排查，确保能够“发现得早、控制得了、处理得好”，增强工作的预见性和主动性。实现无安全生产责任事故，无重大刑事案件发生。受理信访案件37件，化解34件，成功化解率为91.89%，还有3件引导当事人走法律途径解决。县交办2宗，已办结2宗。公开接待来访群众，全年13名镇党政领导参与接待群众来访，接待上访群众7批共7人次，没有“三跨三分离”信访案件，群众对治安满意度提升。镇司法所全面启动“六五”普法工作，进一步巩固“五五”普法取得的工作成效，提高公民的法律素质，掀起学法、懂法、用法的热潮。

【计划生育】 认真贯彻中央《决定》和《广东省计划生育条例》，坚持计划生育工作“既要抓紧、又要抓好”的指导方针，以严格控制人口增长，稳定低生育水平为中心，镇人口和计划生育工作整体水平有进一步提高。全镇出生率12.87‰，继续保持较低的生育水平，计划生育率97.32%，达到先进镇的要求。一是大力开展“关爱女孩行动”，综合治理出生人口性别比偏高问题。二是积极开展优质服务，努力提高育龄群众对计生工作的满意度。三是积极开展信息系统示范点创建活动，提高信息工作水平。四是努力创建新型生育文化活动。以“婚育新风进万家”为主线，利用多种形式开展学习宣传活动，先后发放婚育新风进万家小册子1万份，宣传水杯1万个，免费为育龄妇女治病，发放避孕药具。五是坚持依法行政，全年未发生一起因行政执法而发生的案件。六是狠抓人口计划执行，稳定低生育水平。对生育的对象，实行生育报告制度，及时掌握怀孕生育信息，提供优生优育指导服务，严把生育指标关，杜绝人为造成计划外现象的发生。抓好“三查一服务”工作，“三查”率达95%以上。 （蔡文辉、黄明慧）

位于汤塘镇的黄花湖旅游区别墅

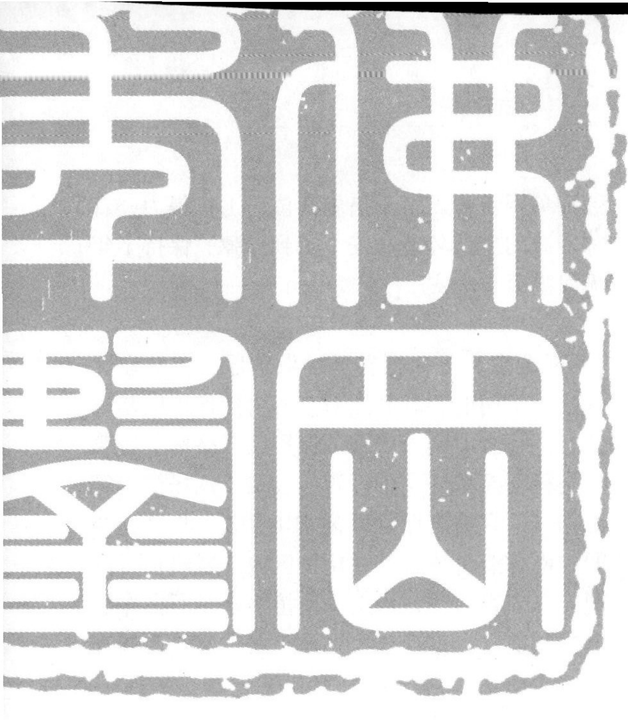

自然保护区 · 林场

责任编辑：谢春江

广东佛冈观音山省级自然保护区

【概况】 广东佛冈观音山省级自然保护区成立于1985年，是省县共管，以县管为主的省属自然保护区，核定事业编制10人，人员经费由省财政核拨。保护区主要负责保护区域内生物多样性和珍稀自然遗迹，维护生态平衡，包括自然生态系统保护、生物物种保护、遗传基因保护、自然遗迹保护、自然保护科学研究、自然保护宣传教育、自然资源合理开发利用试验示范和自然保护区旅游管理。

保护区现有面积2816.8公顷，其中核心区面积805.9公顷，缓冲区1575公顷，实验区435.9公顷。保护区地处南亚热带北缘线上，气候属南亚热带季风湿润气候，日照时间长，太阳辐射量大，雨量充足，隆冬时高山地方有轻雪。区内的山地，地形复杂多样，海拔较高，森林茂密，大小溪渠纵横交错，流水潺潺不断，自然环境良好，自然资源丰富，属优质的森林气候环境。

【资源管护工作】 保护区新招两名护林员，并对部分护林员的岗位进行调整，签订森林资源管护合同书。3月组织全体护林员进行安全扑火和业务知识培训班，新置风力灭火机5台、二号工具40把、水枪和消防服一批。春节、清明、国庆、重阳等重大节日期间严抓森林防火工作。重阳节当天安排保护区观音山登高山头和周边人员执勤人员共80多人，严防森林火灾和确保登高人员的安全。重要节日和特别高火险期间不安排护林员休息。投入4万多元对辖区内41公里的生物防火林带进行抚育和山火重点防护部位进行铲修。不定期联合县林业局、县公安局森林分局开展打击非法经营、销售野生动物，没收放生非法经营销售野生动物蛇类100多条、鸟类30多只、虎纹蛙等一批“三有”动物；没收苗木50多株，捣毁捕鸟网3张。由于措施到位，工作得力，森林资源的生态环境和安全得到保障，保持十年无发生森林火灾。

【科普调查】 根据省环境保护厅、省林业厅等联合部门的要求开展对全省自然保护区基础情况进行全面调查要求，保护区严格按上级要求进行全面做好保护区资料收集、现场核实等工作，认真摸清保护区的基本情况。9月，会同中南林业科技大学在保护区内开展珍贵树种观光木调查活动，协助华南植物研究所在保护区内开展广东省森林大气及土壤本底项目调查实验活动。

【野生动物监测】 认真做好野生动物疫源疫病监测信息网络直报系统信息报告，坚持依法制疫、科学防疫的原则，对观音山保护区野生动物全面监测。切实做好野生动物疫源疫病防控工作，把加强防控，监测疫情纳入常态管理。坚持每天执行疫源疫病零报告制度。

【生态旅游开发】 7月保护区成功引进广东南方盛世投资控股有限公司，签订观音山自然保护区生态旅游资源开发项目协议书，发展生态旅游，合理利用资源。

【队伍建设】 逐步完善保护区人员岗位，2011年向社会公开招聘2名本科生，现有在职人员7人，大学本科以上有6人，占在职人数85.5%。制定保护区事业人员岗位设置方案，积极落实事业单位聘用制，调动人员的积极主动性。加强政策法规学习和业务知识培训。采取定期和不定期，集中学习和自学等方式，对全体职工进行各类政策法规、时事政治和业务知识的培训。强化财务管理，根据保护区建设项目的资金使用要求，加强项目建设过程中的财务管理工作，实行项目资金专款专用，同时提倡厉行节约、勤俭办事的方针。

（范秀泽、欧斯媛）

国营羊角山林场

【概况】 国营羊角山林场成立于1958年，是省属市管国营林场，位于佛冈县石角镇三八五虎擒羊（地名）。1972年划归韶关市林业局管辖，1984年至1987年划归广州市林业局管辖，1988年划归清远市林业局管辖。林场经营总面积2672公顷，属正科级单位。

林场是自收自支的事业单位，设一个党支部。2011年有职工92人，其中在职人数37人，退休55人，党员32人林场下设2室3股3个工区（办公室、森林公园办公室、生产股、保卫股、计财股、场部工区、大白洞工区、下坪工区），2间水电站股份经营（一、二级电站）装机容量1625千瓦。日常主要负责经营营林、木材生产、护林防火、保护生态公益林等工作。林场辖下一个农业队（又叫大白洞村民小组），分为2个自然村，农业队经济独立核算，主要从事农业生产，以种植水稻和水果（沙糖桔）为主。

【资源开发利用】 *开发生态旅游* 坚持科学发展，加快结构调整，转变林场经济方式取得新成效。成功引进“金谷公司”投资开发生态旅游，从而增加林场的经济收入。（1）将大白洞部分小班1572.5亩，以每亩106.20元出租给该公司开发休闲农庄，引进资金16.7万元；（2）将场部办公室背后约12亩林地，以每年4万元出租该公司开办野战场；（3）将办公室前面约3.8亩，以每年2.5万元出租该公司作临时停车场；（4）坚持原则，争取利益，灵活处理，做好服务工作，将大白洞工区61小班林地面积316.5亩，使其纳入开发范围内，为林场每年多争取经济收入33612元。

盘活林地资源 2011年妥善处理与威绿公司合作造林的历史遗留问题，为林场今后的发展拓展空间。林场与威绿公司多次协商，最后双方达成同意提前解除合同的还款协议，同意林场分两期还清合作造林款90万元。林场可以盘活这2000多亩林地资源，发展高效的速生丰产林，拓展林场发展空间。

维护林地权益 加大打击力度，做到守土有责。林场近几年来共发现多宗村民侵占国有林地种果，在市森林公安分局和县森林公安分局的大力支持下，采取果断措施，有效遏制一些村民侵占林地种果的行为，保护林场的合法权益，维护林场林地不受侵占和保持完整。

【以党建促工作】 由于场班子结构的调整，经支委充分酝酿，报市局批示，同意补选一名支部委员。8月26日林场召开支部大会，以无记名投票的选举方式补选产生出新一名支部委员，从而使支委场班子结构得到了健全，形成一个老中青相结合、富有活力的坚强领导核心。

认真搞好党组织活动。林场党支部深入贯彻落实科学发展观和“创先争优”活动，开展民主评议党员和党务公开以及市局组织的“创建文明行业先进单位”考评等工作。

在七一和春节期间开展慰问老党员和特困党员的活动。响应省委、省政府提出的“扶贫济困日”号召，开展踊跃捐款活动，2011年共捐善款4500元，并依时上交给清远市慈善会。2011年度林场党支部被市局党组评为“创建文明行业先进单位”。

（范永宽）

社会经济统计资料

责任编辑：钟榕斌

（一）佛冈县国民经济和社会发展主要指标

项　目	单　位	2010 年	2011 年
一、资源			
行政区域面积	平方公里	1295.3	1295.3
其中：建成区面积	平方公里	10	10
森林面积	公顷	77170	79940
年末耕地总资源	公顷	18607	18888
其中：常用耕地面积	公顷	18607	18888
自然保护区个数	个	5	1
自然保护区面积	公顷	14879	2785
二、人口			
年末户籍总人口	万人	32.85	32.81
其中：非农业人口	万人	6.4	6.23
其中：女	万人	16.05	15.96
当年出生人口	人	5364	5557
当年死亡人口	人	2763	2292
年末总户数	户	84018	85078
其中：乡村户数	户	67041	68858
年末常住人口	万人	30.33	30.61
其中：城镇人口	万人	11.86	12
城镇登记失业人员数	人	1503	1510
三、综合经济			
（一）地区生产总值	万元	613762	718400
第一产业增加值	万元	62062	75886
第二产业增加值	万元	305523	327455
第三产业增加值	万元	246177	315059
人均生产总值（当年价）	元	20293	23577
生产总值指数（可比价）	上年=100	108.0	108.4
第一产业	上年=100	109.7	106.6
第二产业	上年=100	104.9	101.8
第三产业	上年=100	111.9	117.1
人均生产总值指数	上年=100	106.8	107.6
（二）财政、金融			
财政总收入	万元	130487	139939
其中：地方财政一般预算收入	万元	68926	78071
各项税收	万元	37549	41057
地方财政一般预算支出	万元	105678	124820
年末金融机构本外币各项存款余额	万元	664782	766425

（续上表）

项　目	单　位	2010年	2011年
其中：城乡居民储蓄存款余额	万元	463558	517325
年末金融机构本外币各项贷款余额	万元	281790	345861
其中：农业贷款	万元	42600	43221
四、农业			
（一）生产条件			
农业机械总动力	万千瓦特	10	11
有效灌溉面积	公顷	6891	6998
（二）农作物总播种面积	公顷	17730	17749
粮食作物播种面积	公顷	13080	13067
其中：稻谷	公顷	11877	11877
蔬菜播种面积	公顷	3367	3349
（三）农产品产量			
粮食总产量	吨	59615	60174
其中：稻谷	吨	53030	53508
水果产量	吨	72973	82996
肉类总产量	吨	7624	7543
奶类产量	吨	32	0
禽蛋产量	吨	1919	2905
蔬菜产量	吨	51634	52130
水产品产量	吨	7527	7440
五、工业			
规模以上工业企业			
工业企业单位数	个	86	76
工业总产值（现价）	万元	1052415	1170507
工业总产值指数	上年＝100	103.3	111.2
六、固定资产投资			
全社会固定资产投资	万元	1308281	409124
按三次产业分			
第一产业	万元	13146	–
第二产业	万元	942051	200383
第三产业	万元	353084	208741
全年新增固定资产	万元	1075264	298320
七、交通运输、邮电通讯			
境内公路里程	公里	1388	1388
其中：高速公路	公里	55.8	55.8
民用汽车拥有量	辆	6576	11054
邮政业务总量	万元	1721	976
电信业务总量	万元	19074	19404

（续上表）

项　目	单　位	2010 年	2011 年
国定电话年末用户	万户	5.35	5.58
住宅电话年末用户	万户	4.28	4.4
移动电话年末用户数	万户	17.66	18.91
国际互联网用户	户	20749	27039
全年用电量	万千瓦时	156030	143952
其中：工业用电量	万千瓦时	130951	121699
八、贸易、外经、旅游			
社会消费品零售总额	万元	287602	309448
限额以上批发和零售业商品销售总额	万元	60792	59695
出口总额	万美元	33996	36342
当年实际使用外资金额	万美元	2430	5153
星级饭店个数	个	3	2
星级饭店客房总数	间	152	135
名胜风景区和文物保护区个数	个	8	8
九、教育、科技、文化、卫生			
普通中学数	所	15	15
小学数	所	33	33
普通中学专任教师数	人	1589	1578
小学专任教师数	人	1346	1355
普通中学在校学生数	人	16427	22174
小学在校学生数	人	19506	19091
初中升学率	%	92.2	97.4
高中升学率	%	77.7	77.3
专业技术人员数	人	6456	6615
全年专利申请数	件	37	53
公共图书馆图书总藏量	千册	97	97
医院、卫生院数	所	17	17
医院、卫生院床位数	床	676	719
医院、卫生院卫生技术人员数	人	1014	1448
其中：医生	人	330	326
十、人民生活			
在岗职工工资总额	万元	77319	86809
在岗职工年平均工资	元	29394	33098
农村恩格尔系数	%	46.65	48.91
农村居民人均纯收入	元	6638	7706
十一、社会保障			
各种社会福利收养性单位数	个	7	7
各种社会福利收养性单位床位数	床	366	407

（续上表）

项　目	单　位	2010 年	2011 年
参加基本养老保险职工数	人	36808	39136
参加基本医疗保险职工数	人	34631	35869
参加失业保险人数	人	13011	14095
城镇居民最低生活保障人数	人	910	1014
农村居民最低生活保障人数	人	10339	10708
参加农村新型合作医疗人数	人	254178	275726
十三、环境与可持续发展			
环境污染治理本年完成投资总额	万元	141	679
工业二氧化硫排放量	吨	1675	1077
工业废水排放量达标率	%	96.7	97
工业烟尘排放量达标率	%	92.11	95
城镇生活污水处理率	%	87.61	89
污水处理厂数	座	1	1
垃圾处理站数	个	2	2

注：1. 2011 年自然保护区仅指省级自然保护区。

2. 2011 年统计改革，规模以上工业企业统计标准由年主营业务收入 500 万元以上提高至 2000 万元以上；固定资产投资统计标准从 50 万元以上提高至 500 万元以上。

（黄淑芬）

（二）佛冈县各镇国民经济和社会发展主要指标

镇　别		高岗镇		迳头镇		水头镇	
年　份		2010 年	2011 年	2010 年	2011 年	2010 年	2011 年
人口	人	31327	31066	31680	31940	30440	30277
其中：非农人口	人	1059	1036	1239	1269	1161	1181
规模以上工业总产值	万元	715	0	54424	40797	13535	17925
农业总产值	万元	9957	12292	14311	15900	7875	9798
固定资产投资总额	万元	51143	8000	105194	69014	34340	46105
农民人均纯收入	元						

（续上表）

镇　别		石角镇		汤塘镇		龙山镇	
年　份		2010 年	2011 年	2010 年	2011 年	2010 年	2011 年
人口	人	116925	116476	71135	70755	46998	47565
其中：非农人口	人	55350	53665	2931	2921	2235	2274
规模以上工业总产值	万元	571083	691774	111255	153563	301404	266448
农业总产值	万元	22464	28912	20431	23393	16764	21040
固定资产投资总额	万元	787241	189071	188049	74909	142314	22025
农民人均纯收入	元						

注：从 2010 年开始，县统计局没有农民人均纯收入乡镇数据。

（张小燕）

县委、县政府规范性文件目录

责任编辑：黄春苗

县委、县政府规范性文件目录

1. 2011年1月5日，《转发关于建立佛冈县重点企业直通车服务制度的意见的通知》（佛府办〔2011〕1号）

2. 2011年1月19日，《关于提高我县村（居）“两委”干部补贴的通知》（佛委办〔2011〕9号）

3. 2011年1月24日，《关于在全县推行廉政风险防范管理工作的意见》（佛办发〔2011〕2号）

4. 2011年2月15日，《中共佛冈县委关于制定全县国民经济和社会发展第十二个五年规划的建议》（佛发〔2011〕1号）

5. 2011年2月22日，《关于印发佛冈县土地储备收益分配办法（试行）的通知》（佛府办〔2011〕3号）

6. 2011年2月22日，《关于印发佛冈县土地储备资金管理办法（试行）的通知》（佛府办〔2011〕4号）

7. 2011年3月7日，《关于印发〈佛冈县人口和计划生育工作有关奖励办法〉的通知》（佛委〔2011〕8号）

8. 2011年3月16日，《关于印发〈佛冈县委、县政府领导班子成员党风廉政建设岗位职责〉的通知》（佛发〔2011〕3号）

9. 2011年3月18日，《印发佛冈县县城市容和环境卫生管理实施细则的通知》（佛府办〔2011〕9号）

10. 2011年3月25日，《印发〈2011年全县及各镇十项民生工程〉的通知》（佛委办〔2011〕35号）

11. 2011年3月29日，《关于印发佛冈县农村公园建设奖励办法的通知》（佛委办〔2011〕41号）

12. 2011年4月2日，《印发佛冈县“扶贫济困日”活动募捐资金管理使用办法的通知》（佛委办〔2011〕43号）

13. 2011年4月7日，《关于〈佛冈县新型农村社会养老保险试行办法〉补充规定的通知》（佛府办〔2011〕12号）

14. 2011年4月11日，《中共佛冈县委佛冈县人民政府关于印发〈佛冈县中长期教育改革和发展规划纲要（2010—2020年）〉的通知》（佛发〔2011〕5号）

15. 2011年4月29日，《转发佛冈县抚恤定补优抚兑现医疗保障服务细则的通知》（佛府办〔2011〕18号）

16. 2011年5月5日，《关于县镇财政补助农村基层组织办公经费的通知》（佛委办〔2011〕53号）

17. 2011年5月19日，《中共佛冈县委、佛冈县人民政府关于创建全省名镇名村示范村建设示范县的实施方案》（佛发〔2011〕6号）

18. 2011年5月20日，《印发〈佛冈县关于开展领导干部“大调研、大排查、大下访、大化解”活动的工作方案〉的通知》（佛委办〔2011〕59号）

19. 2011年5月24日，《中共佛冈县委关于印发〈法治佛冈建设五年规划（2011－2015年）〉的通知》（佛委〔2011〕12号）

20. 2011年6月2日，《转发清远市价格调节基金征收使用管理办法的通知》（佛府办〔2011〕21号）

21. 2011年6月5日，《转发〈佛冈县贯彻落实法治广东建设五年规划（2011－2015年）实施意见〉的通知》（佛委办〔2011〕66号）

22. 2011年6月13日，《关于印发佛冈县农村宅基地管理暂行办法的通知》（佛府办〔2011〕26号）

23. 2011年6月24日，《转发市府办关于印发广东省建立健全基层医疗卫生机构补偿机制实施办法（试行）的通知》（佛府办〔2011〕34号）

24. 2011年7月28日，《转发关于进一步完善干部享受有关待遇工作的意见的通知》（佛委〔2011〕22号）

25. 2011年8月4日，《关于印发〈佛冈县治理车辆超限超载工作方案〉的通知》（佛委办〔2011〕74号）

26. 2011年8月8日，《印发佛冈县强化殡葬基本公共服务的实施办法的通知》（佛府办〔2011〕42号）

27. 2011年8月21日，《印发佛冈县排水管理规定的通知》（佛府办〔2011〕43号）

28. 2011年8月22日，《印发佛冈县城乡困难群众医疗救助暂行办法的通知》（佛府办〔2011〕45号）

29. 2011年9月2日，《关于规范午餐接待用酒问题的通知》（佛委办〔2011〕86号）

30. 2011年9月9日，《关于印发〈佛冈县推进党务公开工作实施方案〉的通知》（佛委办〔2011〕96号）

31. 2011年9月13日，《关于启用全县电子公文交换系统的通知》（佛委办〔2011〕91号）

32. 2011年9月26日，《关于印发〈佛冈县机关事业单位技术工人等级考核工作实施办法（试行）〉的通知》（佛委办〔2011〕93号）

33. 2011年9月27日，《印发〈佛冈县办公自动化（OA）系统管理办法（试行）〉的通知》（佛委办〔2011〕95号）

34. 2011年10月17日，《关于印发〈佛冈县2011～2015年史志工作规划〉的通知》（佛委办〔2011〕101号）

35. 2011年10月27日，《印发〈关于建立佛冈县反恐情报信息交流共享机制的实施方案〉的通知》（佛委办〔2011〕109号）

36. 2011年10月27日，《印发〈关于建立佛冈县反恐情报信息交流共享机制的意见〉的通知》（佛委办〔2011〕110号）

2011年广东佛冈中国汽车拉力锦标赛之车手见面会

37. 2011年11月9日，《关于转发〈广东省党的基层组织党务公开工作检查考核办法（试行）〉的通知》（佛委办〔2011〕115号）

38. 2011年11月9日，《印发佛冈县水资源管理办法的通知》（佛府〔2011〕82号）

39. 2011年11月9日，《印发佛冈县农村饮水安全工程水资源保护办法的通知》（佛府〔2011〕83号）

40. 2011年11月18日，《印发佛冈县广电网络改革重组实施方案的通知》（佛委办〔2011〕121号）

41. 2011年12月25日，《印发佛冈县集中式饮用水源地管理规定的通知》（佛府〔2011〕93号）

42. 2011年11月29日，《印发佛冈县村级公益事业建设一事一议财政奖补项目招标管理办法的通知》（佛府办〔2011〕71号）

43. 2011年12月2日，《关于印发〈佛冈县委书记公开大接访活动日方案〉的通知》（佛委〔2011〕125号）

44. 2011年12月2日，《印发佛冈县火灾隐患举报奖励暂行办法的通知》（佛府办〔2011〕72号）

45. 2011年12月13日，《印发2011年佛冈县森林防火工作考核办法的通知》（佛府办〔2011〕75号）

（范卓鸿、袁冬英）

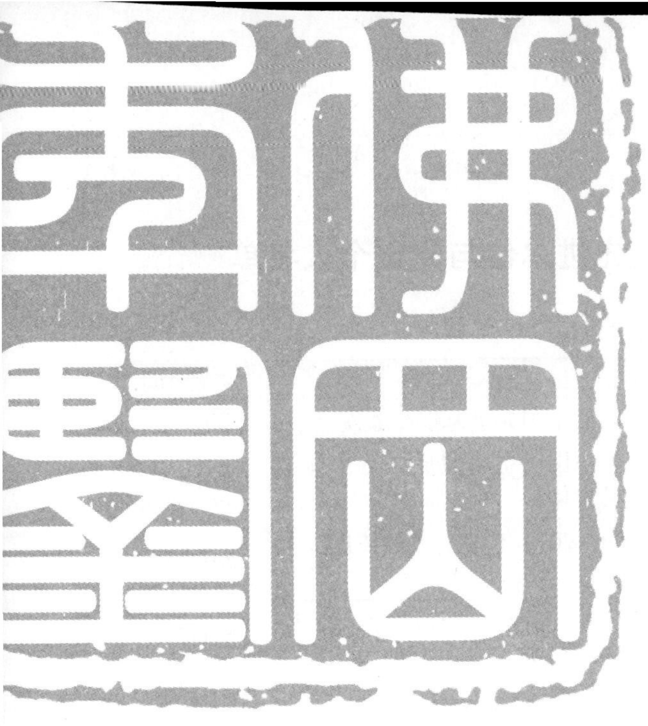

荣誉奖项

责任编辑：钟榕斌

（一）2011 年获得市级以上先进单位与先进个人名单

国家级先进单位

单　位	授予单位	荣誉称号	授予时间
县检察院	最高人民检察院	第四届全国先进基层检察院	2011.2
民盟佛冈县基层委员会	中国民主同盟中央委员会	纪念中国民主同盟成立七十周年先进集体	2011.5
佛冈县人民政府	国家科技部	2009～2010 年度全国科技进步考核先进县	2011.11
佛冈县青少年宫	全国青少年校外教育工作联席会议办公室	全国县（区级）示范性青少年校外活动场所	2011.11
石角镇政府	中央文明委	全国文明单位	2011.12
石角镇妇联	全国妇联	全国妇联基层组织建设示范镇	2011.12

省级先进单位

单　位	授予单位	荣誉称号	授予时间
佛冈县人民政府	省人民政府	广东省旅游综合改革示范县	2011.1
佛冈县人民政府	省人民政府	广东省 2010 年度人口与计划生育先进单位	2011.2
石角镇沿江社区	省委、省政府	广东省文明社区	2011.12

市级先进单位

单　位	授予单位	荣誉称号	授予时间
佛冈公路局	市政府	清远市科学技术进步一等奖	2011.2
佛冈县	市委、市政府	清远市 2008～2010 年城乡清洁工程达标单位	2011.2
佛冈县城市建设管理监察大队	市委、市政府	清远市 2008～2010 年城乡清洁工程先进集体	2011.2
石角镇人民政府	市委、市政府	清远市 2008～2010 年城乡清洁工程先进集体	2011.2
石角镇人民政府	市委、市政府	清远市乡镇（街道）一把手特殊贡献奖	2011.2
龙山镇人民政府	市委、市政府	清远市乡镇（街道）一把手特殊贡献奖	2011.2
汤塘镇人民政府	市委、市政府	清远市乡镇（街道）一把手特殊贡献奖	2011.2
水头镇人民政府	市委、市政府	清远市乡镇（街道）一把手特殊贡献奖	2011.2
迳头镇人民政府	市委、市政府	清远市乡镇（街道）一把手特殊贡献奖	2011.2

（续上表）

单　位	授予单位	荣誉称号	授予时间
高岗镇人民政府	市委、市政府	清远市乡镇（街道）一把手特殊贡献奖	2011.2
县旅游局	市委、市政府	清远市名牌带动战略奖	2011.2
广东博华陶瓷有限公司	市委、市政府	清远市名牌带动战略奖	2011.2
建滔（佛冈）积层板有限公司	市委、市政府	清远市外贸出口奖	2011.2
科惠（佛冈）电路有限公司	市委、市政府	清远市外贸出口奖	2011.2
佛冈县盈泰纺织品染整有限公司	市委、市政府	清远市节能减排达标奖	2011.2
佛冈县人民政府	市委、市政府	清远市2010年度人口与计划生育工作综合先进奖	2011.3
清远市广生元畜牧发展有限公司	市委、市政府	清远市重点农业龙头企业	2011.4
县供销合作社嘉华水果专业合作社	市委、市政府	清远市农民专业合作组织先进单位	2011.4
汤塘镇溢江荔枝专业合作社	市委、市政府	清远市农民专业合作组织先进单位	2011.4
高岗镇墩下村	市委、市政府	清远市特色生态产业村奖	2011.4
石角镇观山村	市委、市政府	清远市特色生态产业村奖	2011.4
汤塘镇江坳村	市委、市政府	清远市特色生态产业村奖	2011.4
龙山镇黄塱村	市委、市政府	清远市特色生态产业村奖	2011.4
佛冈县嘉华水果专业合作社（沙糖桔）	市委、市政府	清远市通过农产品认证奖（通过绿色食品认证）	2011.4
广东省佛冈金鲜美粮油食品有限公司（大米）	市委、市政府	清远市通过农产品认证奖（农产品采标）	2011.4
县质监局（竹山粉葛标准化示范区等）	市委、市政府	清远市农业标准化建设奖（国家级标准化示范区）	2011.4
佛冈县质监局等（竹山粉葛种植技术规程）	市委、市政府	清远市农业标准化建设奖（地方标准）	2011.4

（续上表）

单　位	授予单位	荣誉称号	授予时间
佛冈县质监局等（竹山粉葛）	市委、市政府	清远市农业标准化建设奖（地方标准）	2011.4
佛冈县质监局等（竹山粉葛、葛粉）	市委、市政府	清远市农业标准化建设奖（地方标准）	2011.4
县人民政府	市委、市政府	清远市农业农村工作年度考核任务考核奖	2011.4
佛冈县金鲜美粮油食品有限公司	市委、市政府	清远市农业企业展览展销奖	2011.4
高岗镇长江村上陈村民小组	市委、市政府	清远市新农村建设年度考评奖二等奖	2011.4
石角镇观山村西元村民小组	市委、市政府	清远市新农村建设年度考评奖三等奖	2011.4
佛冈县人民政府	市委、市政府	清远市农村饮水安全工程建设总体综合考核奖	2011.4
佛冈县史志办公室	市政府	（《中国共产党佛冈县组织史资料》（第二卷））获清远市第三届哲学社会科学优秀社科成果（政府）奖学术著作类三等奖	2011.4
佛冈县史志办公室	市政府	（《红色丰碑——佛冈革命斗争岁月风采》）获清远市第三届哲学社会科学优秀社科成果（政府）奖学术著作类三等奖	2011.4
佛冈县史志办公室	市政府	（《佛冈县国土资源志》）获清远市第三届哲学社会科学优秀社科成果（政府）奖学术著作类三等奖	2011.4
县工商局、汤塘镇人民政府驻溎江村工作组	市委、市政府	清远市2010年扶贫开发“规划到户责任到人”先进驻村工作组	2011.5
县住建局、县环保局、高岗镇人民政府驻三联村工作组	市委、市政府	清远市2010年扶贫开发“规划到户责任到人”先进驻村工作组	2011.5
县委办、县科协、佛冈供电局、石角镇人民政府驻黄花村工作组	市委、市政府	清远市2010年扶贫开发“规划到户责任到人”先进驻村工作组	2011.5
县财政局驻迳头镇湖洋村工作组	市委、市政府	清远市2010年扶贫开发“规划到户责任到人”先进驻村工作组	2011.5

（续上表）

单　位	授予单位	荣誉称号	授予时间
县府办驻高岗镇新联村工作组	市委、市政府	清远市2010年扶贫开发“规划到户责任到人”先进驻村工作组	2011.5
县旅游局驻汤塘镇洛洞村工作组	市委、市政府	清远市2010年扶贫开发“规划到户责任到人”先进驻村工作组	2011.5
县国土局驻石角镇二七村工作组	市委、市政府	清远市2010年扶贫开发“规划到户责任到人”先进驻村工作组	2011.5
县人口计生局驻水头镇王田村工作组	市委、市政府	清远市2010年扶贫开发“规划到户责任到人”先进驻村工作组	2011.5
石角镇党委	市委	清远市红旗基层党组织	2011.6
石角镇党委	市委	清远市先进基层党组织	2011.6
汤塘镇党委	市委	清远市先进基层党组织	2011.6
水头镇王田村党支部	市委	清远市先进基层党组织	2011.6
汤塘镇汤塘村党支部	市委	清远市先进基层党组织	2011.6
县检察院党支部	市委	清远市先进基层党组织	2011.6
石角镇黄花村党支部	市委	清远市先进基层党组织	2011.6
县史志办党支部	市委	清远市先进基层党组织	2011.6
县人大机关党支部	市委	清远市先进基层党组织	2011.6
县旅游局党支部	市委	清远市先进基层党组织	2011.6
石角镇	市政府	2010年度宜居城镇	2011.7
石角镇城东社区	市政府	2010年度宜居社区	2011.7
县住建局	市政府	清远市尊师重教先进单位	2011.9
石角镇政府	市委、市政府	2006～2010年清远市法制宣传教育先进集体	2011.9
县工商局	市委、市政府	2006～2010年清远市法制宣传教育先进集体	2011.9
县教育局	市委、市政府	2006～2010年清远市法制宣传教育先进集体	2011.9
县依法治县办	市委、市政府	2006～2010年清远市法制宣传教育先进集体	2011.9
县环卫所	市政府	清远市市容环卫工作先进集体	2011.10

国家级先进个人

姓　名	单　位	授予单位	荣誉称号	授予时间
招锡尧	县气象局	中国气象局	全国质量优秀测报员	2011.1
周国明	县气象局	中国气象局	全国质量优秀测报员	2011.1
王建庄	县气象局	中国气象局	全国质量优秀测报员	2011.1
余秀娟	县气象局	中国气象局	全国质量优秀测报员	2011.1
廖素慧	县气象局	中国气象局	全国质量优秀测报员	2011.1
谭日明	县气象局	中国气象局	全国质量优秀测报员	2011.1
李欣欣	县统计局	第二次全国 R&D 资源清查领导小组办公室	第二次全国 R&D 资源清查工作先进个人	2011.5
郭庆文	县科农局	国家科技部	2011 年全国县（市）科技进步考核先进个人	2011.11

省级先进个人

姓　名	单　位	授予单位	荣誉称号	授予时间
陈才金	石角镇黄花村党支部	省委	广东省优秀党务工作者	2011.6

市级先进个人

姓　名	单　位	授予单位	荣誉称号	授予时间
刘贤英	县环卫所	市委、市政府	清远市 2008～2010 年城乡清洁工程先进个人	2011.2
冯广华	汤塘镇人民政府	市委、市政府	清远市 2008～2010 年城乡清洁工程先进个人	2011.2
朱胤健	县城监大队	市委、市政府	清远市 2008～2010 年城乡清洁工程先进个人	2011.2
何　昊	高岗镇人民政府	市委、市政府	清远市 2008～2010 年城乡清洁工程先进个人	2011.2
罗文华	县规划办	市委、市政府	清远市 2008～2010 年城乡清洁工程先进个人	2011.2
周梓才	佛冈公路局	市政府	清远市科学技术进步奖	2011.2
宋振求	石角镇政府	市政府	清远市十佳村（居）委人口和计划生育干部	2011.3
谢国球	县史志办	市政府	(《论佛冈广府围屋的文化特点及其开发》）获清远市第三届哲学社会科学优秀社科成果（政府）奖学术论文类二等奖	2011.4
谢栢湖	龙山镇	市委、市政府	清远市农业产业化经营大户	2011.4
范伟胜	迳头镇	市委、市政府	清远市农业产业化经营大户	2011.4

（续上表）

姓 名	单 位	授予单位	荣誉称号	授予时间
何焕光	县委办	市委、市政府	清远市 2010 年度扶贫开发“规划到户责任到人”先进工作者	2011.5
谢 芸	县委组织部	市委、市政府	清远市 2010 年度扶贫开发“规划到户责任到人”先进工作者	2011.5
谢文界	县住建局	市委、市政府	清远市 2010 年度扶贫开发“规划到户责任到人”先进工作者	2011.5
曾小洪	县国税局	市委、市政府	清远市 2010 年度扶贫开发“规划到户责任到人”先进工作者	2011.5
郑中超	县烟草局	市委、市政府	清远市 2010 年度扶贫开发“规划到户责任到人”先进工作者	2011.5
潘光耀	县交通运输局	市委、市政府	清远市 2010 年度扶贫开发“规划到户责任到人”先进工作者	2011.5
朱前活	佛冈供电局	市委、市政府	清远市 2010 年度扶贫开发“规划到户责任到人”先进工作者	2011.5
冯振强	县机关事务局	市委、市政府	清远市 2010 年度扶贫开发“规划到户责任到人”先进工作者	2011.5
冯月宏	县食品药品监管局	市委、市政府	清远市 2010 年度扶贫开发“规划到户责任到人”先进工作者	2011.5
李伟林	县民政局	市委、市政府	清远市 2010 年度扶贫开发“规划到户责任到人”先进工作者	2011.5
何国飞	县扶贫开发“双到”办	市委、市政府	清远市 2010 年度扶贫开发“规划到户责任到人”先进工作者	2011.5

（续上表）

姓　名	单　位	授予单位	荣誉称号	授予时间
李　迅	县扶贫开发“双到”办	市委、市政府	清远市2010年度扶贫开发“规划到户责任到人”先进工作者	2011.5
廖伟东	县扶贫开发“双到”办	市委、市政府	清远市2010年度扶贫开发“规划到户责任到人”先进工作者	2011.5
谢利民	县财政局	市委、市政府	清远市2010年度扶贫开发“规划到户责任到人”先进工作者	2011.5
罗小清	县旅游局	市委、市政府	清远市2010年度扶贫开发“规划到户责任到人”先进工作者	2011.5
李　俊	县国土资源局	市委、市政府	清远市2010年度扶贫开发“规划到户责任到人”先进工作者	2011.5
曹伟林	县人口计生局	市委、市政府	清远市2010年度扶贫开发“规划到户责任到人”先进工作者	2011.5
沈俊达	高岗镇人民政府	市委、市政府	清远市2010年度扶贫开发“规划到户责任到人”先进工作者	2011.5
朱雪英	佛冈一中	市委	清远市模范共产党员	2011.6
何国委	高岗镇墩下村党支部	市委	清远市优秀共产党员	2011.6
刘贤英	县环卫所	市委	清远市优秀共产党员	2011.6
张卫芬	县广播电视台	市委	清远市优秀共产党员	2011.6
黄　丽	团县委	市委	清远市优秀共产党员	2011.6
范辉煌	迳头镇党委	市委	清远市优秀共产党员	2011.6
陈发兴	石角镇党委	市委	清远市优秀共产党员	2011.6
罗巨兴	汤塘镇潖江村党支部	市委	清远市优秀共产党员	2011.6
陈有扬	汤塘镇石门村党支部	市委	清远市优秀共产党员	2011.6
廖玉棉	县中医院	市委	清远市优秀共产党员	2011.6
朱雪英	佛冈一中	市委	清远市优秀共产党员	2011.6

（续上表）

姓　名	单　位	授予单位	荣誉称号	授予时间
廖列忠	县委办	市委	清远市优秀党务工作者	2011.6
曹榕村	县人口和计生局	市委	清远市优秀党务工作者	2011.6
黄幸民	县公安局	市委	清远市优秀党务工作者	2011.6
朱建星	高岗镇党委	市委	清远市优秀党务工作者	2011.6
陈列毅	迳头镇党委	市委	清远市优秀党务工作者	2011.6
曾志林	石角镇冈田村党支部	市委	清远市优秀党务工作者	2011.6
邹镜初	龙山镇门楼富村党支部	市委	清远市优秀党务工作者	2011.6
黄社强	汤塘镇党委	市委	清远市优秀党务工作者	2011.6
何玉琼	县委组织部	市委	清远市优秀党务工作者	2011.6
郭达华	县水务局	市委	清远市优秀党务工作者	2011.6
谭帮新	移动佛冈分公司	市委	清远市优秀党务工作者	2011.6
黄翠容	城北中学	市政府	清远市教书育人优秀教师	2011.9
曹泽全	汤塘二中	市政府	清远市教书育人优秀教师	2011.9
姚志强	佛冈一中	市政府	清远市教书育人优秀教师	2011.9
郑巧文	县教育局	市政府	清远市模范教育工作者	2011.9
梁义明	佛冈中学	市政府	清远市模范教育工作者	2011.9
黄有仪	龙山镇中心小学	市政府	清远市模范教育工作者	2011.9
杨丽萍	机关幼儿园	市政府	清远市优秀教育工作者	2011.9
何高报	高岗中学	市政府	清远市优秀教育工作者	2011.9
谭帮新	移动佛冈分公司	市政府	清远市尊师重教先进个人	2011.9
黄华波	县司法局	市委、市政府	2006～2010年清远市法制宣传教育先进工作者	2011.9

（续上表）

姓　名	单　位	授予单位	荣誉称号	授予时间
曹世慰	县工商局	市委、市政府	2006~2010年清远市法制宣传教育先进工作者	2011.9
李玉英	佛冈县教育局	市委、市政府	2006~2010年清远市法制宣传教育先进工作者	2011.9
谢振权	石角镇政府	市委、市政府	2006~2010年清远市法制宣传教育先进工作者	2011.9
李功仕	县人大办	市委、市政府	2006~2010年清远市法制宣传教育先进工作者	2011.9
陈列毅	迳头镇党委	市委、市政府	2006~2010年清远市法制宣传教育先进工作者	2011.9

（二）“守合同重信用”企业名单

佛冈县2011年度（1~5年）“守合同重信用”企业名单

企业名称	性质	地　　址	法定代表人	年限	备注
佛冈县贤艺包装实业有限公司	公司	佛冈县水头镇莲瑶村	黄超贤	1	佛冈公示
广东省佛冈金鲜美粮油食品有限公司	公司	佛冈县汤塘镇荣埔工业园	郭少锋	3	佛冈公示
冉拓（佛冈）金属制品有限公司	外商	清远市佛冈县迳头镇茶坪工业区	林峰	5	佛冈公示
广东烟草清远市有限公司佛冈县分公司	内资	佛冈县石角镇振兴中路189号	梁佩云	5	佛冈公示

佛冈县2011年度（6~9年）“守合同重信用”企业名单

企业名称	性质	地　　址	法定代表人	年限	备注
广东国珠精密模具有限公司	外商	广东省佛冈县汤塘镇黄花湖工业区	蔡应仁	7	清远公示
佛冈国珠吹瓶设备有限公司	外商	佛冈县黄花湖工业区（国珠塑胶有限公司内）	蔡应仁	7	清远公示
佛冈县盛发贸易有限公司	公司	佛冈县石角镇二七村象山自然村开发区	朱玉耿	9	清远公示
佛冈县旺发家纺有限公司	公司	佛冈县城南工业区	朱国平	9	清远公示
佛冈县泰康建筑安装工程有限公司	公司	佛冈县石角镇青松东路100号	黄强	6	清远公示

佛冈县2011年度（10年以上）“守合同重信用”企业名单

企业名称	性质	地　　址	法定代表人	年限	备注
广东佛冈长江实业有限公司	公司	佛冈县水头镇府前路12号	许维静	13	省公示
佛冈县仁济医药有限公司	公司	佛冈县石角镇建设路229号	邹基才	23	省公示

附　录

责任编辑：刘瑞生

（一）佛冈县副科以上单位、省市直管单位一览表
（2011. 12）

单位名称	主要负责人姓名	职　务	办公地址	办公电话
县委办	李贤成	主任（县委常委兼）	人民中心主楼4楼	4283566
县人大办	丘韶文	主任	人民中心东楼301室	4281557
县府办	朱会浪	纪检组长	人民中心主楼315室	4282239
县政协办	黄方洪	秘书长	人民中心西楼3楼	4283564
县纪委	虞卫旗	纪委书记（县委常委兼）	人民中心主楼410室	4272138
县监察局	朱向民	局长	人民中心主楼212室	4289329
县人武部	邓国宏	部长	石角镇环城西路83号	3838581
	甘运红	政委（县委常委兼）	石角镇环城西路83号	3838582
县委组织部	黄永华	部长（县委常委兼）	人民中心主楼409室	4281019
县委统战部	徐文婉	部长（县委常委兼）	人民中心主楼411室	4292389
县民宗局	黄杜立	局长	人民中心西楼201室	4292389
县直工委	刘纯心	书记	人民中心西楼208室	4282261
县委党校	蓝山鹰	校长（县委副书记兼）	人民中心主楼4楼	
	廖镜洲	常务副校长	石角镇文园路15号	
县编委办	李志加	主任	人民中心主楼218室	4299821
县史志办	谢国球	主任	人民中心综合楼507A	4281219
县总工会	吴琼芳	主席（县人大常委会副主任兼）	石角镇振兴北路45号	
	何永中	常务副主席		
团县委	黄　丽	书记	人民中心东楼409室	4282240
县妇联	黄少钦	主席	人民中心东楼205室	4271841
县科协	黄锐坚	主席	人民中心西楼102室	4281603
县侨联	黄穗明	主席	人民中心西楼106室	4283069
县工商联	陈应金	常务副主席	人民中心西楼105室	4299292
县残联	冯耀丰	副理事长	石角镇新华街27号2幢	4282117
县民盟	李功志	主委（县人大常委会副主任兼）	人民中心东楼308室	4272806
县人社局	黄如恒	局长	石角镇文康路劳动社保大厦302室	
县社保局	朱小松	局长	石角镇文康路劳动社保大厦603室	4293308
县国土资源局	黄泽川	局长	人民中心综合楼2楼	

（续上表）

单位名称	主要负责人姓名	职　务	办公地址	办公电话
县土地开发储备局	谢国华	局长	人民中心综合楼5楼	
县民政局	李蔚琴	局长	石角镇教育路301号	4281231
县人口计生局	曹榕村	局长	人民中心综合楼213室	4271182
县旅游局	黄小云	局长	人民中心综合楼103室	4294568
县档案局	李小珑	局长	人民中心东楼后座	4283283
县安监局	韦远明	局长	人民中心综合楼4楼	4273535
县药监局	欧阳炽荣	局长	石角镇振兴中路236号	4283183
县驻穗办	李志坚	主任	广州市德政中路388号	(020)83305510
县行政服务中心（招商局）	范秀永	主任、局长	人民中心综合楼115室	4281304
县园区委	张少捷	主任	人民中心综合楼514室	4886198
县机关事务局	林志强	局长	人民中心主楼103室	4272188
县委政法委	冯炽兴	书记（县委常委兼）	人民中心西楼	
县司法局	郑桂洪	局长	人民中心综合楼4楼	
县综治办	李功仕	主任	综治维稳中心	4278092
县公安局	陆上顶	局长（副县长兼）	石角镇振兴中路38号	4482388
	李理前	政委	石角镇振兴中路38号	4482001
县检察院	卢跃科	检察长	石角镇振兴中路园山街1号	4283768
县法院	黄富强	院长	石角镇（106国道旁）	4888051
县消防大队	杨德斌	大队长	石角镇环城中路消防巷2号	4285416
	黄国庆	教导员		
县武警中队	阎德祥	中队长		4200715
县委宣传部	卢少峰	部长（县委常委兼）	人民中心综合楼418室	4272163
县文广新局	谭武刚	局长	人民中心综合楼417室	4297772
县广播电视台	张永红	台长	石角镇文康路2号	4272788
县教育局	彭　宁	副局长	石角镇106国道东73号	4281170
佛冈一中	朱荣军	校长	石角镇沿江中路70号	4284555
佛冈中学	梁义明	校长	石角镇育才路157号	4283480
县职校	李伯拈	校长	石角镇文园路15号	4288093
县城北中学	郑华中	校长	石角镇沿江路30号	4293329
县城东中学	朱志勇	校长	石角镇石角镇青松东路	4200248
县卫生局	钟华光	局长	石角镇法政路2号	4297298
县人民医院	张明胜	院长	石角镇环城中路287号	4290613
县中医院	朱一柱	院长	石角镇建设路287号	4282047
县妇幼保健院	李伟标	院长	石角镇环城中路永康街2号	4287280

（续上表）

单位名称	主要负责人姓名	职 务	办公地址	办公电话
县卫监所	朱明勇	所长	石角镇法政路2号	4293786
县疾控中心	李功峰	主任	石角镇振兴中路园山西街52号	4272678
县发改局	黄伟棋	局长	人民中心东楼二楼	4288218
县统计局	卢建荣	局长	人民中心东楼203室	4270891
县经信局	廖耀彬	局长	人民中心综合楼3楼	4283276
佛冈供电局	冯志飞	局长	石角镇环城东路70号	
	欧锐明	书记		
县供销社	宋添明	主任	石角镇建设路131号	4281533
佛冈县烟草局	梁佩云	局长、经理	石角镇振兴中路189号	4285294
佛冈县邮政局	范裕民	局长	石角镇环城中路230号	4281331
电信佛冈分公司	郑志勇	总经理	石角镇教育路新电信大楼	4888834
移动佛冈分公司	谭邦新	总经理	石角镇福田路199号	6830688
佛冈盐务分局	邓志雄	局长	石角镇环城中路108号	4291230
县财政局	冯庆洲	局长	石角镇振兴中路289号	4281220
县公共资产管理中心	曾宪跃	主任	石角镇振兴中路289号	4291912
县住房公积金管理部	赖宏基	主任	石角镇振兴中路289号	4296313
县审计局	胡可铺	局长	石角镇教育路297号	4297833
县国税局	张志平	局长	石角镇环城东路66号	4283109
县地税局	熊诵伟	局长	石角镇环城东路65号	4295878
县工商局	陈树波	局长	石角镇教育路311号	4289219
县质监局	苏招明	局长	石角镇福田路208号	4287339
县市场开发中心	陈 维	主任	石角镇青松路德安街13号	4290001
人行佛冈县支行	骆维卡	行长	石角镇环城西路3号	4290390
工行佛冈支行	张 睿	行长	石角镇振兴中路120号	4287888
农行佛冈支行	张 波	行长	石角镇振兴中路149号	4291715
建行佛冈支行	黄永雄	行长	石角镇生产街26号	4282495
中行佛冈支行	黄记军	行长	石角镇建设路181－183号	4271601
县农信联社	叶桂南	理事长	石角镇振兴中路172号	4294188
	黄喜忠	主任	石角镇振兴中路172号	4289408
人保财险佛冈支公司	罗勇华	总经理	石角镇环城中路360号	4288463
人寿保险佛冈县支公司	郑继安	总经理	石角镇振兴中路107号	6830501

（续上表）

单位名称	主要负责人姓名	职　务	办公地址	办公电话
太平洋产险佛冈服务部	朱继帮	经理	石角镇振兴中路217号	4293688
县交通运输局	张少敏	局长	石角镇振兴中路186号	4273268
佛冈公路局	周梓才	局长	石角镇振兴中路318号	4281117
佛冈汽车站	陈绍银	站长	石角镇环城中路109号	4293812
县住建局	麦永斌	局长	石角镇教育路277号	4293812
县城乡规划办	罗文华	主任	石角镇教育路277号	4293280
县环保局	范志明	局长	石角镇教育路277号	4281618
县房管所	黄常山	所长	石角镇振兴中路290号	4295299
县城监大队	朱前子	大队长	石角镇建设路30号	4283545
县环卫所	刘贤英	所长	石角镇环城中路康西二巷24号	4298632
县科农局	刘伟平	局长	人民中心综合楼3楼	4281639
县农业技术推广中心	钟榕文	主任	石角镇环城东路49号9幢102室	4281402
县动物监督所	刘厚武	所长	石角镇环城东路241号	4200324
县林业局	王卓越	局长	石角镇解放路51号	4288451
县水务局	郭达华	局长	石角镇建设路3号	4283184
县农机监理站	刘扬壮	站长	石角镇建设路409号	4283982
县自来水公司	谢志军	常务副经理	石角镇沿江路145号	4297736
县气象局	莫汉锋	局长	石角镇环城东路292号	4200196
羊角山林场	罗石其	场长	石角镇三八五虎擒羊	4381023
观音山自然保护区	王卓越	主任	观音山自然保护区	
高岗镇	朱建星	镇委书记、人大主席	高岗镇府前街1号	4511003
	何　昊	镇长		4511003
迳头镇	范辉煌	镇委书记、人大主席	迳头镇政府办公大楼	4782398
	陈列毅	镇长		4782389
水头镇	陈发兴	镇委书记、人大主席	水头镇政府大院	4722866
	梁沛英	镇长		4722838
石角镇	袁卫国	镇委书记、人大主席	石角镇环城中路53号	4297301
	谢振权	镇长		4285992
汤塘镇	黄　河	镇委书记、人大主席	汤塘镇政府办公大楼	
	钟元武	镇长		
龙山镇	何志方	镇委书记、人大主席	龙山镇政府办公大楼	4681138
	陈耀忠	镇长		4681188

（注：单位排序不分先后）

（二）办事指南

1. 建设项目审批程序

（1）由建设项目单位提交项目立项申请、项目可行性研究报告、国有土地使用证或国土部门出具的相关证明材料、节能评估报告（表）或节能登记表。

（2）由环保部门出具项目环评初审意见、规划部门出具用地规划意见、项目建设地点属地镇政府意见。

（3）政府性投资项目需由项目单位的上级主管部门出具意见。

（4）最后由发展和改革局审批该项目是否符合国家的产业政策和市场准入标准，是否符合发展建设规划、土地供应政策和项目建设招投标等有关规定，在符合当地建设规模控制的计划内进行审批。经审批同意后，才能正式开工投入建设。

2. 土建项目新开工审批程序

（1）由建设单位填写自筹基建审批表，将土建项目的建设地点、建设内容、建筑面积、总投资等填写清楚。

（2）由环保和建设部门提出同意选址意见，并由县城乡规划部门审查是否符合我县城镇建设发展规划。

（3）由财政部门和审计部门审查建设资金是否符合规定，是否专款专用，或有没有挪用其他资金进行建设。

（4）最后由发展和改革局审批该项目是否符合国家的产业政策和市场准入标准，是否符合发展建设规划、土地供应政策和项目建设招投标等有关规定，在符合当地建设规模控制的计划内进行审批。经审批同意后，才能正式开工投入建设。

（邹玉林）

3. 佛冈县国家税务局办税流程

（1）申报纳税类办理流程（1号窗办理）

国产汽车、摩托车，车辆购置税的征收、减免，车辆购置税档案资料迁出、迁入

纳税人提交资料→税务机关受理、审核→征收税款→发放车辆购置税完税证明→资料回退

（2）申报纳税类办理流程（2号窗办理）

申请代开增值税专用发票、普通发票

纳税人提交资料→代开发票岗审核→报批→征收税款和工本费→开具发票

（3）申报纳税类办理流程（3号窗办理）

①增值税、企业所得税纳税申报

纳税人报送申报资料→受理申报→签署意见→税款征收→资料回退

②增值税专用发票抵扣联认证

一般纳税人持取得的专用发票抵扣联→税务机关申报征收岗进行认证→认证结果的处理→结果返回

③增值税防伪税控企业报税

防伪税控企业提交资料→税务机关申报征收岗受理报税初审→报税→报税处理→资料回退

④丢失、被盗“金税卡、IC卡”的办理流程

纳税人提交申请资料→税务机关受理→报批→资料回退

（4）综合服务类办理流程（4号窗办理）

①税务登记

纳税人提交资料→税务机关受理、审核→核准→发放税务登记证件→资料回退

②停业登记

纳税人提交资料→纳税人结清应纳税款、滞纳金、罚款，交回发票领购簿、未使用完的发票→税务机关受理→报批、核准→制作相关文书→资料回退

③注销税务登记

纳税人提交资料→税务机关受理→报批、核准→制作相关文书→资料回退

④个体工商户申请定额

纳税人提交申请资料→税务机关受理→资

料审核→上报审批→出具定期定额通知书→送达纳税人

⑤申请享受增值税优惠政策企业资格认定

纳税人提交申请资料→税务机关受理→报批→资料回退

⑥申请增值税一般纳税人资格认定

纳税人提交申请资料→税务机关受理→报批→资料回退

⑦企业所得税征收方式、定额或应税所得率的核定

纳税人提交申请资料→税务机关受理→资料审核→调查核定定额或应税所得率→报批→资料回退

⑧申请享受所得税优惠政策企业资格认定

纳税人提交申请资料→税务机关受理→报批→资料回退

⑨申请企业所得税税前扣除项目审批

纳税人提交申请资料→税务机关受理→报批→资料回退

⑩出口货物退（免）税认定

纳税人提交申请资料→税务机关受理→报批→资料回退

（5）发票管理类办税流程（5号窗办理）

①发票验旧

纳税人提交资料→税务机关验审→验审内容登记→资料回退→发票发售岗购票

②申请领购发票资格或变更发票种类、数量

纳税人申请→报批、核准→制作相关文书→资料回退→发票发售岗购票

③增值税防伪税控系统最高开票限额的许可

纳税人提出申请→税务机关受理、审查、决定→制作相关文书→企业发行岗发行

④丢失、被盗发票缴销

纳税人提出丢失、被盗发票的缴销申请→纳税人刊登“遗失声明”→取得报样和刊登发票到税务机关查验→税务机关进行审核、报批→发票缴销处理→资料回退

备注：丢失被盗专用发票必须在《中国税务报》、广东省国家税务局网站和地级市报刊上刊登；丢失被盗普通发票必须在广东省国家税务局网站和地级市报刊上刊登（刊登“遗失声明”的发票抬头必须有纳税人的名称）。

（6）发票管理类办理流程（6号窗办理）

领购发票

纳税人提出申请→税务机关受理、审核→收取发票工本费→发售发票

（佛冈县国税局）

4．佛冈县地方税务登记申报程序

办理税务登记

《中华人民共和国税收征收管理法》规定：企业，企业在外地设立的分支机构和从事生产、经营的场所，个体工商户和从事生产、经营的事业单位自领取营业执照之日起三十日内，持有关证件，向税务机关申报办理税务登记，税务机关审核后发给税务登记证件。不从事生产、经营，但依法律法规规定负有纳税义务的单位和个人，也应自有关部门批准之日起或按税法规定成为法定纳税人之日起三十日内向税务机关申请办理税务登记。

凡属开业登记范围的纳税人，应当在规定期限内，持营业执照副本或其他核准执业证件到所在市县地税局登记机关和各办税服务厅或各地行政服务中心地税窗口申报办理税务登记，领取《税务登记表》一式三份，按要求如实填写后，加盖公章和法人代表或负责人签章，报送所在本市县地税局登记机关，并根据不同情况提供下列有关证件、资料原件及复印件：

（1）营业执照或其他核准开业证件；

（2）合同、章程、协议书；

（3）银行账号证明；

（4）经营场所地证明或场地租赁合同证明；

（5）机构代码证（个体工商户除外）；

（6）法人代表或负责人的居民身份证、护照或其他合法证件；

（7）法人代表、负责人或个体工商业主的大一寸彩照三张；

（8）地方税务机关要求提供的其他有关证明、资料。

税务登记机关对送来的资料审核无误后予以受理，将《税务登记证》正、副本和《企业纳税通知书》发给纳税人，纳税人按照《企业纳税通知书》规定，到相应的主管税务分局办税服务厅（税务所）办理有关纳税核定。

未按规定的期限申报办理税务登记、变更或者注销登记的，税务机关责令限期改正，可以处以二千元以下的罚款；情节严重的，处二千元以上一万元以下的罚款。

如何办理纳税申报

（1）纳税申报方式：目前清远市主要为直接上门申报。

（2）纳税申报需提供如下资料：

①纳税申报表；

②财务、会计报表以及其他说明材料；

③税务机关要求报送的其他证明、材料。

（3）纳税申报期限：

①营业税、城建税、教育费附加以一个月为一期，纳税人应于次月十五日内申报；

②企业所得税按年计算，分季预缴，季度终了后十五日内预缴，内资企业于年度终了五个月内汇算清缴，外资企业于年度终了后五个月内汇算清缴，多退少补；

③个人所得税的纳税人应于次月十五日内申报。

④车船使用税的纳税人应在每年的 1 月 1 日至 12 月 31 日申报当年度的税款；

⑤印花税应于应税凭证书立或领受时申报。

（4）注意事项：

①纳税人在申报期内无论有无收入，都必须在规定的期限内如实填报申报表，并附送有关资料。

②享受减免税优惠的纳税人，在减、免税期内也应当进行纳税申报。

税款的缴纳

纳税人可以通过银行扣税、持卡 POS 缴款或者到银行缴交现金三种方式缴纳税款，税务机关征收税款时，必须给纳税人开具完税凭证。

纳税人在其履行纳税义务的过程中，因有特殊困难，不能按期缴纳税款的，经省、自治区、直辖市国家税务局、地方税务局批准，可以延期缴纳税款，但最长不得超过三个月，且在一个纳税年度内同一笔税款只能申请延期缴纳一次。

（佛冈县地税局）

5. 防雷装置申报程序

防雷装置报审程序

（1）防雷装置报审须提交以下图纸和资料：

①《防雷装置设计审核申请书》、《防雷设施设计审核申报表》。

②经规划部门批准的总平面图一套（原件或加盖建设单位公章的复印件）；

③防雷施工设计图、电气施工设计图各两套（含设计说明）及其电子文档；

④建筑施工设计图一套；

⑤工业建（构）筑物还应提交生产工艺流程图、物料存储方式、危险品场所分布等资料；

⑥有储罐的应提交储罐的材质、壁厚、储存物形态、储存工作压力数据等资料；

⑦建设项目立项批文（原件或加盖建设单位公章的复印件）；

⑧经当地气象主管机构认可的防雷专业技术机构出具的雷电灾害风险评估报告；

⑨防雷工程施工单位和人员的资质证、资格证书（首次需提交原件及加盖单位公章的复印件）。

（2）图纸及资料齐备，5 个工作日内出审核意见。缴交规费后（按省物价局粤价函［2004］409 号收费标准收费），审核不合格的，签发《防雷设计审核意见书》，提出修改意见；审核合格的，发给《广东省防雷装置设计核准书》及《广东省新建建筑物防雷设施验收手册》，凭《广东省防雷装置设计核准书》原件到规划、消防、建设等部门办理相关报建手续。

防雷装置验收程序

（1）防雷工程须由具有相应的《防雷工程专业施工资质证》的单位承接和具有《防雷工程资格证书》的人员施工。否则，将不予办理验收手续。

（2）对不按经审核批准的防雷图纸施工的防雷工程将不予办理验收手续。

（3）隐蔽工程的验收

防雷设施利用建筑物钢筋及金属构件作接地体及引下线时，每层（段）焊接好后，在浇灌混凝土前进行现场检测验收。具体为：

①完成桩与承台的连接；

②完成承台与地梁的连接；

③完成地梁均压网的焊接和地梁 与首层柱筋引下线的连接；

④完成各层间柱筋引下线的焊接；

⑤完成每道均压环与柱筋引下线 连接和均压环与外墙金属门窗的连接（高层建筑）；

⑥完成玻璃幕墙与接地系统的连接；

⑦完成最顶层板筋绑扎及避雷网 格的焊接；

⑧完成避雷针、网、带的敷设及天面金属物体等电位连接；

（4）防雷工程总验收须提交以下资料

①《防雷装置竣工验收申请书》；

②《广东省防雷装置设计核准书》复印件（需加盖建设单位公章）；

③防雷工程施工单位和人员的资质证和资格证书（首次需提交原件及加盖单位公章的复印件。在防雷装置设计审核申报时已经提交的无需再提交）；

④防雷装置竣工图；

⑤防雷产品出厂合格证书；

⑥《防雷装置检测报告》；

⑦经当地气象主管机构认可的防雷专业技术机构出具的雷电灾害风险评估报告。（在防雷装置设计审核申报时已经提交的无需再提交）；

⑧《广东省新建建筑物防雷设施验收手册》。

佛冈县气象局在收齐以上全部申请材料之日起5个工作日内，作出受理或者不予受理的书面决定。同意受理的，5个工作日内核发《防雷装置验收合格证》，建设单位凭该证书及相关资料到建设、消防等部门办理相关验收或备案手续。

（周国明）

上岳古民居

（三）佛冈县主要旅游接待酒店情况表

名　　称	地　　址	客房数（间）	床位数	电话	星级
聚龙湾天然温泉度假村酒店	汤塘镇汤塘村	1038	1995	4632888	
森波拉酒店	石角镇三八 106 国道旁	368	620	4382333	
篁胜国际花园酒店	石角镇振兴北路 87 号	165	306	4289999	
观音山王山寺迎宾楼	王山寺风景区内	38	80	4882088	
三泰商务酒店	县城 106 国道东 69 －1 号	99	150	4888111	
星光大酒店	石角镇振兴南路 106 国道西 15 号	50	100	4281238	三星级
洪发大酒店	石角镇环城中路 189 号	31	62	4288888	二星级
白云温泉山庄	黄花湖度假区内	98	204	4620198	三星级
樵春山庄	黄花湖度假区内	74	130	4620712	
白云机场温泉度假村	黄花湖度假区内	110	194	4620088	
颐和山庄	黄花湖度假区内	106	198	4620181	
好世界酒店	黄花湖度假区内	47	80	4620888	
观音山庄	高岗镇观音山风景区	25	29	4516028	
金鹏大酒店	县城振兴北路	38	72	4291728	
豪景酒店	县城建设路 75 号	34	68	6859888	
晶都大酒店	石角镇青云路 280 号	22	34	4275555	
丽湖山庄	黄花湖度假区内	22	45	4620063	
碧云天大酒店	县城 106 国道侧	47	94	4888666	

（刘建新）

（四）2011年佛冈汽车站客运线路及班车时刻表

序号	线 路	起止站开车时间
1	深圳福田	佛冈 8:05 10:20 13:40 15:40 18:00 深圳福田
		福田 7:00 9:00 12:00 15:00 18:00 佛冈
2	深圳银湖	佛冈 8:00 银湖 13:00 龙岗
		银湖 7:00（暂停） 12:20 佛冈（龙华发车：8:00 13:00）
3	深圳龙岗	佛冈 8:40 13:00 龙岗
		龙岗 7:00 13:00 佛冈
4	珠海	佛冈 8:10 12:40 16:30 珠海
		珠海 6:15 8:40 13:20 佛冈
5	佛山	佛冈 8:30 12:00 14:35 17:40 佛山
		佛山 9:00 11:40 15:00 18:00 佛冈
6	清远	佛冈 6:00 7:15 7:50 8:30 9:30 9:50 11:20 12:20 13:00 14:20 14:55 15:15 16:10 17:10 17:50 18:10
		清远 6:45 7:35 7:55 8:45 9:05 9:45 10:30 11:30 11:45 12:05 14:20 14:55 16:05 16:20 17:15 18:10
7	从化	佛冈 7:30 9:40 10:30 12:10 13:30 14:50 16:30 17:55
		从化 8:00 9:10 10:40 12:00 14:20 15:10 16:20 17:50
8	英德	佛冈 7:50 9:40 10:50 11:00 11:50 13:50 15:00 17:35
		英德 8:20 9:25 11:00 12:20 13:50 15:10 17:00
9	赣州	佛冈 10:10（暂停）
10	新塘	佛冈 13:50
11	广州（越秀南）	佛冈 4:45 6:00 6:30 6:55 7:25 7:50 8:15 8:40 9:05 9:30 9:55 10:20 10:45 11:10 11:35 12:00 12:25 12:50 13:15 13:40 14:05 14:30 14:55 15:20 15:45 16:15 17:30
		广州 7:15 8:45 9:15 9:40 10:10 10:34 11:00 11:25 11:50 12:15 12:40 13:05 13:30 13:55 14:20 14:45 15:10 15:35 16:00 16:25 16:50 17:20 17:40 18:10 18:40 19:20 20:10
12	广州天河	佛冈 10:05 16:00
		天河 7:25 13:30
13	东莞	佛冈 7:30（石龙）8:10 10:40 13:05 16:40
		东莞南城开出 8:00 16:20
		（万江）东莞总站开出 8:35 10:40 13:30 16:50

（五）2011年佛冈县通达汽车客运站客运线路及班车时刻表

始发站	终点站	每日班次	发车时间	标价（元）
佛冈县通达汽车客运站	广州广园客运站	23	头班车6:15，尾班车18:40，班车之间约40分钟1班。	45
	广州天河客运站	2	10:20　16:20	45
	广州芳村客运站	7	6:40　8:00　10:30　12:15　14:20　16:30　17:40	45
	广州火车东站	6	5:45　7:15　9:40　11:30　13:00 15:30	45
	番禺客运站	9	6:50　8:00　9:30　10:50　11:30　13:30　14:30　16:15　17:20	55
	东莞市万江总站	4	8:15　10:50　13:15　16:50	65
	深圳福田汽车站	1	7:30	105
	从化市汽车客运站	10	8:25　9:35　10:50　11:35　12:30 14:30　15:30　16:50　17:25　18:15	22
	花都长途汽车客运站	8	6:10　8:00　9:00　10:00　12:30　13:30　14:30　16:30	30
	韶关市新城客运站	8	6:20　7:30　9:30　10:30　12:40　14:00　15:30　16:40	50
	清远新城客运站	18	头班车6:35，尾班车18:30，班车之间约40分钟1班。	28
	清远北站	8	6:20　7:30　10:30　11:40　12:40 14:40　15:50　16:50	30
	英德城西客运站	10	7:30　8:15　9:20　10:30　12:00　13:20　14:00　14:45　16:20　17:20	17
	连州汽车站	2	8:35　14:15	80

主题索引

说 明

1. 本索引采用主题分析方法，款目按主题词汉语拼音顺序排列。

2. 索引款目后面的数字表示内容所在页码，数字后面的拉丁字母（a、b）表示该页自左向右的栏别。

3. 同一主题的内容在文中多处出现时，在其款目后用不同页码标明。

4. 本刊的“专载”、“特辑”、“大事记”、“社会经济统计资料”、“附录”等篇目未编入本索引。

A

B

C

D

F

G

H

J

K

L

M

N

T

W

X

Y

Z

《佛冈年鉴》编辑部人员简况

姓名	编辑部职务	性别	籍贯	出生年月	毕业院校及专业	现任（曾任）职务	技术职称
谢国球	执行主编	男	广东清新	1956. 7	华南师范大学中文系	县史志办主任	中教一级
谢春江	副主编	男	佛冈龙山	1963. 7	中共广东省委党校经济管理专业	县史志办副主任（正科）	助理农艺师
李阳光	编审	男	佛冈水头	1949. 8	中山大学汉语言文学专业	原县委办副主任（正科）	
刘瑞生	副编审	男	佛冈汤塘	1948. 10	广州大学经济管理专业	原县商业局办公室主任	政工师 助理经济师
钟榕斌	编辑	男	佛冈石角	1976. 8	中共广东省委党校现代经济管理专业	县史志办党史股股长	
黄春苗	编辑	女	佛冈水头	1982. 2	湛江师范学院历史系	县史志办方志股股长	
徐延浪	编辑	男	佛冈水头	1949. 6	佛冈县教师进修学校	原水头镇西田小学教师	
何东树	编辑	男	佛冈水头	1951. 4	广州市干部管理学院企业管理系	原县纪委常委、审理室主任（正科）	
何道井	编辑	男	佛冈高岗	1949. 11	华南农业大学农业经济管理专业	原县农技推广中心副主任	农艺师
邹伯传	编辑	男	佛冈水头	1949. 8	韶关地区师范专科学校	原县统计局办公室主任	
陈国材	编 辑	男	佛冈石角	1957. 10	广州市二商干部学校企业管理专业	原石角城市信用合作社部门负责人	助理经济师
周翠花	编辑	女	佛冈汤塘	1982. 8	广州工程技术职业学院机电系	县史志办编辑	